Entscheidungen

des

Reichsgerichts.

Herausgegeben

von

den Mitgliedern des Gerichtshofes
und der Reichsanwaltschaft.

Entscheidungen in Zivilsachen.

Neue Folge.

Vierundvierzigster Band.

Der ganzen Reihe vierundneunzigster Band.

Leipzig,
Verlag von Veit & Comp.
1919

Entscheidungen

des

Reichsgerichts

in

Zivilsachen.

Neue Folge.

Vierundvierzigster Band.

Der ganzen Reihe vierundneunzigster Band.

Leipzig,
Verlag von Veit & Comp.
1919

Manuldruck von F. Ullmann G. m. b. H., Zwickau Sa.

Inhalt.

I. Bürgerliches Recht.

a. Reichsrecht.

III. Gerichtliches Verfahren.

1. 1. § 299 StGB. als Schutzgesetz zugunsten des Briefempfängers.
2. Schadensersatz durch Herausgabe von Abschriften und Vervielfältigungen eines widerrechtlich eröffneten Briefes.

BGB. §§ 249, 823 Abs. 2; StGB. § 299.

VI. Zivilsenat. Urt. v. 3. Oktober 1918 i. S. v. P. u. Gen. (Bekl.) w. v. P. (Kl.). Rep. VI. 172/18.

I. Landgericht Hamburg.
II. Oberlandesgericht daselbst.

Am 20. Mai 1916 wurde vom Postboten in der Wohnung des Klägers in H. ein Feldpostbrief abgeliefert, den die Schwester der Beklagten zu 1, die Ehefrau R., an den Kläger abgesandt hatte. Die Beklagte zu 1, die Ehefrau des Klägers, ließ sich durch ihre Tochter, die den Brief gesehen und von dessen Eintreffen ihr Mitteilung gemacht hatte, den Brief aushändigen und übergab ihn dann ihrem Vater, dem Beklagten zu 2, der ihn öffnete, photographisch vervielfältigen ließ, dann in dem ursprünglichen Umschlage wieder verschloß und in einen Briefkasten an der Wohnung des Klägers werfen ließ. Den Inhalt des Briefes hat die Beklagte zu 1 demnächst in ihrem Ehescheidungsprozesse mit dem Kläger verwertet. Die Klage ist auf gesamschuldnerische Verurteilung der beiden Beklagten zur Herausgabe der von dem Briefe genommenen Abschriften und photographischen oder sonstigen Vervielfältigungen gerichtet.

Das Landgericht wies die Klage ab. Das Oberlandesgericht verurteilte die Beklagten nach dem Klagantrage, jedoch mit der Maßgabe, daß die Herausgabe an einen Gerichtsvollzieher zur Vernichtung zu erfolgen hat. Die Revision der Beklagten wurde zurückgewiesen aus folgenden

Gründen:

„Das Landgericht nimmt zwar eine unerlaubte Handlung beider Beklagten an, die sie zum Schadensersatze verpflichten könne, meint aber, ein Schaden sei nicht entstanden. Auch § 852 Abs. 2 BGB. stütze die Klage nicht. Die Beklagten hätten zwar in Verfolg der unerlaubten Handlung etwas erlangt, aber nicht auf Kosten des Klägers; eine Vermögensverschiebung zwischen den Parteien habe nicht stattgefunden. Der Kläger habe den Originalbrief zurückerhalten; einen weiteren Anspruch habe er nicht.

Das Berufungsgericht hat demgegenüber folgendes ausgeführt. Der Beklagte zu 2 habe sich einer Verletzung des Briefgeheimnisses (§ 299 StGB.) schuldig gemacht; die Beklagte zu 1 habe ihm den Brief zur Öffnung ausgehändigt und eine Photographie davon in ihrem Ehescheidungsprozesse benutzt. Sie sei Teilnehmerin der unerlaubten Handlung des Beklagten zu 2 und beide Beklagten daher dem Kläger schadensersatzpflichtig. Ein Schaden müsse nicht notwendig in einer Vermögensverschiebung bestehen; auch durch den Eingriff in ein immaterielles Recht könne ein Schaden entstehen. Sei das Briefgeheimnis verletzt, so sei es nicht möglich, die widerrechtlich erlangte Kenntnis des Schädigers von dem Briefinhalte rückgängig zu machen; wohl aber stelle die Herausgabe genommener Abschriften oder hergestellter Vervielfältigungen eine Form des Schadensersatzes dar (RGZ. Bd. 45 S. 170). Der Kläger könne jedoch die Herausgabe nicht an seine Person verlangen; denn er habe kein Recht auf die Vervielfältigungen, wohl aber habe er einen Anspruch auf ihre Vernichtung, die er in zweiter Instanz hilfsweise auch verlangt habe.

Die gegen dieses Urteil seitens der Beklagten eingelegte Revision war nicht für begründet zu erachten.

Ohne Rechtsirrtum hat das Berufungsgericht eine von beiden Beklagten gemeinschaftlich begangene unerlaubte Handlung gegenüber dem Kläger angenommen. Der Beklagte zu 2 hat einen nicht zu seiner Kenntnisnahme bestimmten verschlossenen Brief vorsätzlich und ohne Recht geöffnet und sich dadurch der Verletzung des Briefgeheimnisses nach § 299 StGB. schuldig gemacht. Die Beklagte zu 1 hat nach der Feststellung des Berufungsgerichts dem Beklagten zu 2 den Brief übergeben und war mit dessen rechtswidriger Öffnung durch den Beklagten zu 2 einverstanden, als sie ihn hingab. Sie hat sich damit an der strafbaren Handlung des Beklagten zu 2 beteiligt, mag man ihre Beteiligung als Mittäterschaft (§ 47 StGB.) oder als Beihilfe (§ 49) rechtlich bestimmen. Die Vorschrift des § 299 StGB. stellt unverkennbar ein Schutzgesetz im Sinne des § 823 BGB. dar; sie will die Personen, zwischen denen das Briefgeheimnis besteht und die über die Kenntnisnahme Dritter von seinem Inhalte zu verfügen haben, den Absender und den Empfänger des Briefes, gegen Verletzungen dieses Verfügungsrechts schützen. Mag man nun von der Rechtsansicht ausgehen, daß jede dieser Personen über den Brief verfügungsberechtigt und deshalb auch zur Stellung des Strafantrags nach § 299 Abs. 2 StGB. berechtigt ist, oder mag man bis zur Briefbestellung an den Adressaten durch die Postanstalt den Absender allein, nach der Postbestellung den Empfänger allein als verfügungsberechtigt über das Briefgeheimnis und deshalb als zur Stellung des Strafverfolgungsantrages befugt ansehen (vgl. GoltdArch. f. Strafr. Bd. 26 S. 133, Bd. 56 S. 316, Bd. 61 S. 339; Oppenhoff, Rechtspr. d. Ob.-Trib. Bd. 19 S. 71; Olshausen StGB. A. 8 zu § 299): in jedem Falle ist die von der Revision bestrittene Befugnis des Klägers, eine Verletzung des Briefgeheimnisses in bezug auf den hier in Rede stehenden Brief zu verfolgen, anzunehmen, da die Postbestellung des Briefes an den Empfänger bereits stattgefunden hatte, der Brief in der Wohnung des Klägers durch den Postboten abgegeben worden war. Der Kläger ist deshalb auch zur zivilrechtlichen Geltendmachung der Rechte des Verletzten nach § 823 Abs. 2 BGB. befugt.

Die Verletzung des Briefgeheimnisrechts des Klägers durch die Beklagten begründet die Forderung auf Schadensersatz, vorausgesetzt, daß ihm ein Schaden entstanden ist. Dies verneint die Revision im Einklange mit der Begründung des Urteils der ersten Instanz. Allein mit Recht führt das Berufungsgericht aus, daß ein Schadensersatz nach § 249 BGB., die Wiederherstellung des durch eine Rechtsverletzung gestörten Zustandes, nicht notwendig einen Vermögensschaden erfordere. Nur eine Entschädigung in Geld kann wegen eines Schadens, der nicht Vermögensschaden ist, lediglich in den gesetzlich bestimmten Fällen (§§ 847, 1300 BGB.) gefordert werden; im übrigen kennt das Bürgerliche Gesetzbuch eine Beschränkung des Schadens auf ein vermögensrechtliches Interesse nicht (vgl. Mot. z. BGB. Bd. 2 S. 21, Prot. Bd. 1 S. 296, 298). Die Verpflichtung zum Schadensersatze reicht so weit, als eine Herstellung des Zustandes möglich ist, der ohne die zum Schadensersatze verpflichtende Rechtsverletzung bestehen würde. Als eine solche Wiederherstellung im Sinne des § 249 BGB. sieht das Berufungsgericht die vom Kläger geforderte Herausgabe der von den Beklagten bewirkten Abschriften und der von ihnen oder in ihrem Auftrage hergestellten photographischen Vervielfältigungen zum Zwecke ihrer Vernichtung an, einschließlich der zur Herstellung dieser Vervielfältigungen benutzten Negative und Platten. Es bezieht sich hierfür auf das in der Sammlung der Entscheidungen Bd. 45 S. 170 wiedergegebene Urteil des erkennenden Senats vom 28. Dezember 1899 i. S. der Erben des Fürsten Bismarck wider die Photographen, die nach dem Tode des Fürsten in das Sterbegemach eingedrungen waren und dort photographische Aufnahmen der Leiche und des Sterbezimmers gemacht hatten. Die Revision bestreitet zu Unrecht die Anwendbarkeit der Grundsätze jener Entscheidung, da es sich bei dieser nicht um einen Schadensersatz, sondern um die condictio ob injustam causam des gemeinen Rechtes gehandelt habe. Wie in jener Entscheidung ausgeführt ist, stellt sich die römischrechtliche condictio ob injustam causam in der Tat als eine Art der Wiederherstellung des früheren Zustandes (Restitution) dar, wofür es nach dem System des römischen Rechtes eines ergänzenden Rechtsbehelfes bedurfte, da die auf einzelne Tatbestände beschränkte Deliktsklage auch in ihrem Umfange begrenzt war. Im Sinne der Rechtsordnung des Bürgerlichen Gesetzbuchs fällt diese Wiederherstellung unter den Begriff des Schadensersatzes nach § 249, so daß es einer besonderen condictio ob injustam causam nicht mehr bedarf (vgl. Mot. z. BGB. Bd. 2 S. 724, 851; Windscheid-Kipp Pandekten Bd. 2 §§ 425, 453 A. 1 und 5). So ist denn auch in der Entscheidung des erkennenden Senats RGZ. Bd. 71 S. 358 (360) ausgeführt, daß in der in § 852 Abs. 2 BGB. enthaltenen Vorschrift, wonach der Ersatzpflichtige das durch die unerlaubte Handlung auf Kosten des Verletzten Erlangte auch nach Vollendung der Verjährung der Klage aus der unerlaubten Handlung nach den Grundsätzen über die Bereicherung herauszugeben hat, diese Bereicherung keineswegs etwas von dem Schaden des Verletzten Verschiedenes darstelle; denn was der Schadensersatzpflichtige auf Kosten des Verletzten erlangt habe, habe er eben zu dessen Schaden erlangt. Vielmehr mache die Bereicherung nur denjenigen Teil des Schadens aus, hinsichtlich dessen der Schaden des Verletzten zugleich mit einem Vermögenszuwachse des Schädigers verbunden sei. Der Tatbestand des § 852 Abs. 2 BGB. kommt im übrigen im gegebenen Falle nicht weiter in Frage; maßgebend ist aber auch für die gegenwärtige Klage der in der angezogenen Entscheidung entwickelte Gesichtspunkt, daß die Wiederherstellung nach der gemeinrechtlichen condictio ob injustam causam, die die Entscheidung RGZ. Bd. 45 S. 170 behandelt hat, nichts von dem Schadensersatze des § 249 BGB. Verschiedenes ist, sondern dessen Umfange sich einordnet. Es ist im gegebenen Falle ein Schaden des Klägers, daß die Beklagten Abschriften und photographische Vervielfältigungen des rechtswidrig dem Kläger entzogenen Briefes nehmen und herstellen und davon Gebrauch machen konnten. Diesen Zustand zu beseitigen, hat der Kläger ein Recht, das in den Rahmen der Wiederherstellung nach § 249 BGB. fällt.

Die Rüge der Revision, daß die Beklagten nicht auf Kosten des Klägers als des Briefempfängers, sondern nur auf Kosten der Absenderin die Abschriften und Vervielfältigungen des Briefes erlangt hätten, erledigt sich mit der eingangs gegebenen Erwägung, daß als durch die Verletzung des Briefgeheimnisses geschädigt sowohl der Absender wie auch jedenfalls nach der Postbestellung des Briefes der Empfänger anzusehen sind. Ob die Beklagten sich zurzeit im Besitze der genommenen Abschriften und Vervielfältigungen sowie der Negative und Platten der photographischen Aufnahmen befinden, zu deren Herausgabe behufs Vernichtung das Berufungsurteil sie verurteilt, ist Sache der Zwangsvollstreckung. Für die Verurteilung genügt es, daß sie

Abschriften und photographische Vervielfältigungen des Briefes bewirkt haben oder haben bewirken lassen; das aber ist vom Berufungsgerichte festgestellt." ...

---

2. 1. Verwandelte sich eine im Geltungsgebiete der braunschweigischen Grundbuchgesetze vom 8. März 1878 ohne Bildung eines Hypothekenbriefs versehentlich in die zweite Abteilung des Grundbuchs eingetragene Hypothek mit dem Inkrafttreten des Bürgerlichen Gesetzbuchs in eine Eigentümergrundschuld?

2. Ist es statthaft, eine solche Post ohne die Zustimmung nacheingetragener Gläubiger mit ihrem bisherigen Range nach der dritten Abteilung zu übertragen?

3. Wird das Gläubigerrecht an einer Eigentümergrundschuld dadurch beeinflußt, daß das Pfandgrundstück im Zwangsversteigerungsverfahren einem Dritten zugeschlagen wird?

4. Zum Begriffe des ursächlichen Zusammenhanges und der adäquaten Folgen einer Amtspflichtverletzung.

Braunschw. AG. z. BGB. § 54. BGB. §§ 1163, 1177.

III. Zivilsenat. Urt. v. 4. Oktober 1918 i. S. K. (Bekl.) w. W. (Kl.). Rep. III. 139/18.

I. Landgericht Braunschweig.
II. Oberlandesgericht daselbst.

Durch Hausverlaßvertrag vom 13. November 1897 übertrugen der ursprüngliche Kläger und seine beiden Töchter das Grundstück Helmstedt Bd. III Bl. Nr. 36 dem Töpfer Friedrich W. Im § 2 übernahm dieser unter anderem die Verpflichtung, seinem Vater Eduard W. als „Hausabfindung" 6000 ℳ zu zahlen. Sie sollten so lange unverzinslich und unkündbar sein, als der Gläubiger von seinem Sohne Lebensunterhalt empfing. Sobald er aber dessen Haus verließ, sollten sie mit 4 Prozent in vierteljährlichen Raten verzinst werden und nach dreimonatiger Kündigung fällig sein. Diese 6000 ℳ sollten bei der Auflassung „als dingliche Last" eingetragen werden. Zu gerichtlichem Protokoll vom 5. November 1898 stellte Friedrich W. einen der eingegangenen Verpflichtung entsprechenden Eintragungsantrag, worauf der Grundbuchrichter K. die Eintragung der Hausabfindung in Abt. II unter Nr. 3 verfügte. Im September 1913 zog Eduard W. von seinem Sohne fort und kündigte das Kapital. Mangels Zahlung erhob er die dingliche und persönliche Klage gegen seinen Schuldner. Während die erstere rechtskräftig abgewiesen wurde, ist der persönlichen Klage zunächst in Höhe von 4000 ℳ stattgegeben worden.

Die Ehefrau des Friedrich W., Frau Franziska W., brachte das Pfandgrundstück zur Zwangsversteigerung, in welcher es ihr zugeschlagen wurde. Nach den Versteigerungsbedingungen war sie verpflichtet, die Post Abt. II Nr. 3 zu übernehmen. Nachdem sie als Eigentümerin eingetragen war, erwirkte sie gegen Eduard W. ein ihn zur Einwilligung in die Löschung der Hausabfindung verurteilendes rechtskräftiges Erkenntnis. Auf Grund dieses Urteils und ihres Antrags ist die Post gelöscht worden. Friedrich W. soll unpfändbar sein. Eduard W. und nach seinem Tode dessen Alleinerbin nahm nunmehr die Beklagten auf Schadensersatz in Anspruch, weil ihr Erblasser, der Oberamtsrichter K., die Hausabfindung als Hypothek in Abt. III hätte eintragen müssen und durch die schuldhafte Wahl der zweiten Abteilung den Verlust der dinglichen Sicherheit herbeigeführt hätte. Das Landgericht erkannte nach dem Klagantrage, mit dem 6000 *M* nebst Zinsen gefordert werden. Das Oberlandesgericht wies die Berufung der Beklagten im wesentlichen zurück. Ihre Revision führte zur Aufhebung des angefochtenen Urteils und zur Abweisung der Klage aus folgenden

Gründen:

„Da § 10 der Kaiserlichen Verordnung vom 28. September 1879 (RGBl. S. 299) auf Grund des § 6 EG. z. ZPO. das braunschweigische Gesetz vom 8. März 1878, betreffend den Eigentumserwerb und die dingliche Belastung der Grundstücke, Bergwerke und selbständigen Gerechtigkeiten, sowie die braunschweigische Grundbuchordnung von demselben Tage für revisibele Rechtsnormen erklärt hat, so unterliegt der von der Revision erbetenen Nachprüfung die angefochtene Entscheidung auch insoweit, als sie sich auf die genannten beiden Gesetze stützt. In deren Anwendung fällt dem Oberlandesgerichte jedoch ein Rechtsirrtum nicht zur Last.

Der Antrag des Friedrich W. auf Eintragung der Hausabfindung entsprach allen Anforderungen, welche die §§ 27 Nr. 1, 28 und 31 GEG. an einen solchen auf Hypothekeneintragung stellen. An seinem sachlichen Inhalte wurde dadurch nichts geändert, daß in ihm die einzutragende Post nicht als Hypothek, sondern als dingliche Last bezeichnet war. Sache des Grundbuchrichters war es vielmehr, das zu begründende dingliche Rechtsverhältnis nach der Gesamtheit der Erklärungen des Antragstellers zu beurteilen. Hätte er das in sorgfältiger, sachgemäßer Weise getan (vgl. § 17 GO.), so hätte es ihm bei der Einfachheit der Sachlage nicht entgehen können, daß die beabsichtigte dingliche Sicherung nur durch Eintragung einer Hypothek erreicht werden konnte und daß die gesetzlichen Voraussetzungen dafür — die Angabe eines bestimmten Gläubigers und einer bestimmten Schuldsumme, die Bemerkung anfänglicher Zinslosigkeit, die Angabe des Anfangstages der demnächstigen Verzinsung, des Zinssatzes und der Zahlungsbedingungen sowie die Überreichung einer den Verpflichtungsgrund enthaltenden Schuldurkunde — erfüllt waren. Daß der Grundbuchrichter demgegenüber das einzutragende Recht nicht als Hypothek im Sinne des dritten Abschnitts des Grunderwerbsgesetzes ansah, sondern zu den übrigen im zweiten Abschnitt behandelten dinglichen Rechten rechnete und demgemäß nicht in Abt. III (§ 12 d. Instruktion des Herz. Staatsministeriums vom 26. April 1878), sondern in die zweite Abteilung des Grundbuchs (§ 11 der Instruktion) eintrug, gereicht ihm daher, wie das Oberlandesgericht einwandfrei feststellt, zum Verschulden. Der Umstand, daß nach braunschweigischem Rechte bei bäuerlichen Grundstücken gesetzliche Abfindungsrechte mangels anderweitiger Einigung der Beteiligten in die Abteilung II gehören (§ 16 GEG., § 32 GO.) und daß nach der Behauptung der Beklagten einzelne Grundbuchrichter in gesetzwidriger Weise auch Abfindungsansprüchen der vorliegenden Art die gleiche Stelle im Grundbuche zu geben pflegen, ist selbstverständlich nicht geeignet, den Erblasser der Beklagten zu entlasten.

Aber auch die weitere Annahme des Berufungsrichters, daß der von K. verfügte und vollzogene Buchungsakt die Entstehung der Hypothek nicht gehindert habe, ist rechtlich nicht zu beanstanden. Sie entspricht der Rechtsanschauung, die sowohl für die Zeit vor dem 1. Januar 1900 hinsichtlich verschiedener Partikularrechte, insbesondere für das Geltungsgebiet der preußischen Grundbuchgesetze vom 5. Mai 1872, welche den braunschweigischen vom 8. März 1878 zum Vorbilde gedient haben, als auch hinsichtlich des Reichsgrundbuchrechts im Schrifttum und in der Rechtsprechung vertreten worden ist und vertreten wird.

Vgl. Dernburg-Hinrichs, Das preuß. Hypothekenrecht Bd. 1 S. 435; Turnau, Grundbuchordnung vom 5. Mai 1872 5. Aufl. Bd. 1 S. 311 N. 6 zu § 19 EEG.; Achilles, Preuß. Gesetz vom 5. Mai 1872 4. Aufl. N. I, 2 zu § 11 GO. S. 312; Bahlmann, Das preuß. Grundbuchrecht 3. Aufl. S. 262 N. 2 zu § 11 GO. Ob.-Trib. Entsch. vom 22. September 1876 (Entsch. Bd. 78 S. 172); Urteile des Reichsgerichts in RGZ. Bd. 28 S. 237, Bd. 31 S. 311, Bd. 54 S. 250, Bd. 55 S. 343 und für das Recht des Bürgerlichen Gesetzbuchs Turnau-Förster, Liegenschaftsrecht 3. Aufl. Bd. 1 S. 141 N. 7 zu § 874 BGB.; Oberneck, Reichsgrundbuchrecht 4. Aufl. Bd. 1 S. 405; Arnheim, Grundbuchordnung S. 660; Güthe, Grundbuchordnung S. 94 N. 49 zu § 3; Predari, Grundbuchordnung 2. Aufl. S. 76 N. 5 zu § 6; Planck, 4. Aufl. S. 105 Vorbem. III 4. a. E., RGR. Kom. Bd. 2 S. 111 N. 6 zu § 892.

§ 26 braunschw. GEG. verlangte für die Entstehung der Hypothek nur die Eintragung im Grundbuch, ohne die Stelle anzugeben, an welcher sie erfolgen sollte. Dagegen verwies die Ministerialinstruktion vom 26. April 1878, welche Anordnungen über die Einrichtung der

Grundbücher traf, die Hypotheken in deren dritte, die übrigen dinglichen Rechte in deren zweite Abteilung (§§ 11 und 12). Diese Paragraphen werden vom Oberlandesgerichte mit Recht lediglich als Ordnungsvorschriften bezeichnet. Eine Verwechselung der beiden Abteilungen war daher für die Wirksamkeit der in ihnen beurkundeten Rechte nicht von entscheidender Bedeutung. Beide Abteilungen waren dazu bestimmt, über die dinglichen Rechte am Grundstücke, zu welchen das braunschweigische Grunderwerbsgesetz auch die Hypotheken rechnete (vgl. die Überschriften des zweiten und dritten Abschnitts), Auskunft zu geben. Jeder, der eine solche wünschte, war daher gezwungen, beide Abteilungen einzusehen. Der Zweck und der öffentliche Glaube des Grundbuchs litten somit nicht, wenn eine nach den §§ 11 und 12 der Instr. in die dritte Abteilung gehörige Post versehentlich in die zweite Abteilung und umgekehrt eine für diese bestimmte Post irrtümlich in die dritte Abteilung eingetragen wurde, vorausgesetzt, daß wie im vorliegenden Falle der Inhalt des eingetragenen dinglichen Rechtes aus dem Eintragungsvermerk erkennbar und feststellbar war.

Erwies sich sonach das Vergreifen des Grundbuchrichters in der Abteilung als rechtlich belanglos, so gelangte trotzdem, wie das Berufungsgericht gleichfalls zutreffend ausführt, mangels der Aushändigung eines Hypothekenbriefs an Eduard W. (vgl. § 27 Abs. 2 GEG., § 34 GO.) für diesen nur ein formelles, unvollständiges Hypothekenrecht zur Entstehung, das der Post zwar die einmal erworbene Rangstelle sicherte, ihm aber die Verfügung über sie nicht gestattete. Es bedurfte aber auch nach der Eintragung späterer Hypotheken nur der nachträglichen Bildung des Hypothekenbriefs und seiner Übergabe an den Gläubiger, nicht auch der Berichtigung des Eintragungsversehens, um ohne Änderung der bereits feststehenden Rangfolge die Abfindungshypothek vom Eintragungstag an in volle Wirksamkeit treten zu lassen. Da ihr sonach trotz der Eintragung in Abt. II dingliche Wirkungen und der pfandrechtliche Charakter nicht abzusprechen waren, mußte sie — auch darin ist dem Oberlandesgerichte beizupflichten — in Gemäßheit des Art. 193 EG. und des § 54 braunschw. AG. z. BGB. mit dessen Inkrafttreten als Hypothek des neuen Rechtes, für welche die Bildung des Hypothekenbriefs nicht ausgeschlossen war, d. h. nach §§ 1163 Abs. 2, 1177 BGB. als Eigentümergrundschuld behandelt werden. Die Erwägungen, welche in dem vom V. Zivilsenat in RGZ. Bd. 48 S. 48 flg. erörterten Falle zu dem gleichen Ergebnis geführt haben, treffen auch hier zu (vgl. auch RGZ. Bd. 51 S. 398 flg.). Dann stand aber nichts im Wege, daß die Beteiligten, Friedrich und Eduard W., auf Grund einer Einigung an Stelle der ursprünglichen Forderung eine neue, eine Darlehnsforderung setzten (§§ 1180 Abs. 1, 1198 BGB.) und nicht nur die Aushändigung des zu bildenden Hypothekenbriefs an Eduard W., sondern auch die Übertragung der Post mit ihrem bisherigen Range nach Abt. III beantragten. Die Zulässigkeit einer derartigen Richtigstellung einer versehentlich in die zweite Abteilung eingetragenen Hypothek wird von Predari (GO. S. 76 N. 5 zu § 6), Güthe (GO. S. 94 N. 49 zu § 3, auch S. 986 N. 8 zu § 54), Arnheim (GO. S. 660) und Oberneck (RGR. Bd. 1 S. 405) mit Recht bejaht.

Der Anhörung und Zustimmung der nachstehenden Hypothekengläubiger bedurfte es nicht. Denn durch die Wahl der unrichtigen Abteilung war das Grundbuch nicht falsch geworden, und die aus ihm bisher ersichtliche Belastung des Grundstücks wurde durch die beantragte Umschreibung nicht geändert oder verstärkt. Rechte Dritter, die in der Zwischenzeit erworben waren, wurden durch sie nicht berührt. Das Bedenken, das Turnau-Förster (Liegenschaftsrecht Bd. 2 S. 358 N. 5 zu § 54) hervorheben und welches das Oberlandesgericht für seine entgegengesetzte Ansicht zu verwerten sucht, besagt nur, daß der Grundbuchrichter durch die Übertragung einer Post von einer Abteilung in die andere die durch die Vorschrift des § 879 Abs. 1 Satz 2 BGB. einmal begründete Reihenfolge nicht abändern könne. Das trifft zu, hindert den Richter aber nicht, die aus dem Grundbuch erkennbare materielle Rechtslage unter Aufrechterhaltung der gleichfalls aus ihm ersichtlichen Rangfolge mit den von ihm bisher nicht richtig gehandhabten Ordnungsvorschriften über die Eintragungsstelle nachträglich in Einklang zu setzen.

Schuldner und Gläubiger hatten also durch die in der Urkunde vom . . . formgerecht abgegebenen Erklärungen das Ihrige getan, um die von K. in falsche Bahnen gelenkte Hypothekenangelegenheit in Ordnung zu bringen und der Möglichkeit einer Schädigung des Eduard W. vorzubeugen. Da der damalige Grundbuchrichter und mit ihm das Landgericht ihre Anträge indessen zu Unrecht ablehnten, stand die streitige Post dem Grundstückseigentümer Friedrich W. nach wie vor als Grundschuld zu. An dieser Rechtslage wurde durch die zwangsweise Versteigerung und den Zuschlag des Pfandgrundstücks an Franziska W. nichts geändert. Die streitige Post sollte nach den Versteigerungsbedingungen als Teil des geringsten Gebots bestehen bleiben und von dem Erwerber des Grundstücks übernommen werden. Mit dieser Maßgabe war der Franziska W. am 3. Juli 1914 auch der Zuschlag erteilt worden. Wie das Oberlandesgericht unter diesen Umständen zu dem schweren Rechtsirrtum gekommen ist, einen Übergang der Grundschuld auf die Ersteherin anzunehmen, dafür fehlt es an jeder Erklärung. Es liegt auch nicht der geringste Grund vor, der das Ausscheiden der Grundschuld aus dem Vermögen des Friedrich W. zu rechtfertigen vermöchte (vgl. Staudinger 5./6. Aufl. Bd. 3 S. 803 N. II 4b zu § 1163, RGR. Kom. Bd. 2 N. 3 und 6 zu § 1163,

Jäckel-Güthe ZVG. 5. Aufl. S. 62 N. 16 zu § 10, S. 211 Anm. 2 zu § 45 und S. 657 Anm. 9 zu § 155). Deshalb war Eduard W. für die Klage der Franziska W. auf Einwilliguug in die Löschung der Post nicht der richtige Beklagte. Weder er noch Franziska W. waren über die Grundschuld des Friedrich W. zu verfügen berechtigt. Das von Franziska W. gegen Eduard W. erstrittene Erkenntnis war für sie und den Grundbuchrichter materiell ohne Bedeutung und beseitigte die Gläubigerstellnng des Friedrich W. nicht. Auf Grund dieses Urteils durfte der Grundbuchrichter daher dem Löschungsantrage der Franziska W. nicht stattgeben.

Ist die Post aber zu Unrecht gelöscht, so besteht sie auch jetzt noch materiell als Grundschuld des Friedrich W. fort. Die Klägerin ist jederzeit in der Lage, sie und den Anspruch des Friedrich W. auf Bildung und Aushändigung des Grundschuldbriefs sowie auf Berichtigung des Grundbuchs zu pfänden und sich zur Einziehung überweisen zu lassen. Aus § 894 BGB. sind Bedenken dagegen nicht herzuleiten, da die Überweisung der Klägerin nicht die Rechtsstellung einer Zessionarin, sondern nur die Ermächtigung geben würde, den Berichtigungsanspruch des Friedrich W. gerichtlich geltend zu machen und durchzuführen (vgl. RGZ. Bd. 27 S. 294, Bd. 63 S. 218, Bd. 65 S 416). Es kann jedoch in diesem Rechtsstreite nicht Aufgabe der Gerichte sein, zu untersuchen, ob der Klägerin wegen etwaiger nach Löschung der Grundschuld in gutem Glauben an die Richtigkeit des Grundbuchs erworbener dinglicher Rechte Dritter die Möglichkeit, auf dem angegebenen Wege durch Wiederherstellung der gelöschten Post ihren Schaden zu beseitigen, verschlossen sei oder nicht, da ohne Rücksicht hierauf ein anderer Gesichtspunkt zur Abweisung der Klage führt.

Es muß nämlich im Gegensatze zum Berufungsrichter mit der Revision verneint werden, daß zwischen dem Versehen des K. und dem eingetretenen Schaden noch ein ursächlicher Zusammenhang im Rechtssinne besteht. Ohne die vorschriftswidrige Eintragung der Post in Abteilung II wäre es freilich zu deren ungerechtfertigter Löschung nicht gekommen. K. hat zweifellos eine Bedingung dafür geschaffen. Das würde zur Herstellung des adäquaten Zusammenhanges aber nur unter der Voraussetzung genügen, daß der schließliche Enderfolg sich als eine, wenn auch noch durch andere Umstände begünstigte, natürliche und regelmäßige Fortentwicklung dieser Bedingung darstellt. Es ist aber oben bereits dargelegt worden, daß der Verstoß des K. gegen die Vorschriften der §§ 11 und 12 der Instr. vom 26. April 1878 sowohl nach braunschweigischem Rechte als auch unter der Herrschaft des Bürgerlichen Gesetzbuches keine nachteiligen Folgen für Eduard W. hätte zu zeitigen brauchen und auch nicht gezeitigt hätte, wenn die späteren Grundbuchrichter bei Prüfung der Anträge des Friedrich und Eduard W. vom . . .

und des Löschungsantrags der Franziska W. ihre Pflicht getan und die einschlägigen Gesetzesbestimmungen sowie die Auslegung, die sie in der Rechtsprechung und im Schrifttum gefunden haben, gebührend berücksichtigt hätten. Dazu kommt, daß Eduard W. zwar zunächst durch den Wechsel der Gesetzgebung insofern einen Rechtsverlust erlitt, als am 1. Januar 1900 sein unvollkommenes Hypothekenrecht erlosch und sich in eine Grundschuld des Friedrich W. verwandelte. Dieser Rechtsverlust wäre aber bei richtiger Behandlung der Anträge des Friedrich und Eduard W. wieder beseitigt worden. Hätte der damalige Grundbuchrichter ihnen, wie es seine Amtspflicht gebot, stattgegeben, so wäre Eduard W. vollberechtigter Hypothekengläubiger geworden. Daß das Versehen des K. zu einer solchen Verkennung der Sach- und Rechtslage, wie sie sich die Grundbuchrichter in den Jahren 1914 und 1915 schuldig gemacht haben, und schließlich zu einer rechtswidrigen Löschung der 6000 *M* führen könnte und würde, damit war nach dem gewöhnlichen Laufe der Dinge und den Erfahrungen des Lebens nicht zu rechnen. Die erheblichen Mißgriffe der späteren Grundbuchrichter und ihre Folgen können daher als nicht mehr adäquat dem K. nicht zugerechnet werden."

---

3. 1. Ist das Revisionsgericht von Amts wegen zur Nachprüfung verpflichtet, ob das Berufungsgericht gemäß § 565 Abs. 2 ZPO. die im früheren Revisionsurteile der Aufhebung zugrunde gelegte rechtliche Beurteilung auch seiner Entscheidung zugrunde gelegt hat?

2. Grenzen der Bindung des Berufungsgerichts nach § 565 Abs. 2 ZPO. Erstreckt sie sich auf Aussprüche des Revisionsgerichts, wodurch Revisionsangriffe zurückgewiesen oder worin Annahmen des Berufungsgerichts als frei von Rechtsirrtum erklärt werden?

ZPO. § 565 Abs. 2.

VI. Zivilsenat. Urt. v. 7. Oktober 1918 i. S. H. (Kl.) w. preuß. Eisenbahnfiskus (Bekl.). Rep. VI. 230/18.

I. Landgericht Essen.
II. Oberlandesgericht Hamm.

Aus den Gründen:

„Das Landgericht hatte die auf Grund des § 1 RHpflG. erhobene Klage wegen eigenen Verschuldens des Klägers abgewiesen, das die Betriebsgefahr der Eisenbahn weit überwiege. Das Verschulden des Klägers wurde darin gefunden, daß er an einer verbotenen Stelle den Bahndamm betreten und so der Gefahr des Überfahrenwerdens durch einen herannahenden Zug sich selbst grobfahrlässigerweise ausgesetzt habe. Der Kläger hatte behauptet, daß er infolge einer Benommenheit des Bewußtseins unfreiwillig auf den Bahndamm geraten sei. Das Landgericht erachtete diese Schutzbehauptung des Klägers für widerlegt. Das Berufungsgericht, das gleich dem Landgerichte dem Kläger für die sein an und für sich offenliegendes schweres Verschulden beseitigende Tatsache die Beweislast zuschob, nahm dagegen in seinem früheren Urteile seine Behauptung einigermaßen für glaubhaft gemacht an und legte ihm zur Ergänzung der richterlichen Überzeugung einen Eid darüber auf, „daß er nicht absichtlich und mit Bewußtsein" den Bahnkörper betreten habe. Der Beklagte hatte seinerseits höhere Gewalt geltend gemacht; diese liege gerade dann vor und schließe den Schadensersatzanspruch des Klägers aus, wenn er in einem Zustande von Willensunfreiheit den Bahndamm betreten habe, weil ein solches Ereignis nicht vorhergesehen und auch bei Aufwendung aller ordentlichen Sorgfalt nicht habe abgewendet werden können. Diese Einrede verwarf das frühere Berufungsurteil. Das reichsgerichtliche Urteil vom 3. Juli 1916 fand die für die bedingte Verneinung des eigenen Verschuldens des Klägers gegebene Begründung des Berufungsurteils frei von Rechtsirrtum; da ein Tatbestand vorliege, der regelmäßig ein Verschulden einschließe, sei es, wie das Berufungsgericht nicht verkannt habe, Sache des Verletzten, das Schuldmoment zu widerlegen und Umstände darzutun, durch welche seinem Verhalten der Charakter eigenen Verschuldens genommen werde. Ob die von dem Kläger dargelegten Umstände ausreichten, die von ihm behauptete geistige Benommenheit so weit für glaubhaft gemacht anzusehen, daß der Kläger darüber zu einem richterlichen Eide zu verstatten war, sei Sache tatsächlicher Würdigung und vom Revisionsgerichte nicht nachzuprüfen; doch gebe die Fassung des richterlichen Eides zu Bedenken Anlaß. Aufgehoben wurde das frühere Urteil des Berufungsgerichts dagegen wegen der Behandlung der Einrede der höheren Gewalt, die nicht schlechthin unbegründet erscheine; es sei den örtlichen Verhältnissen nachzugehen und zu prüfen, ob irgendwie zu erwarten gewesen sei, daß ein Kind oder eine willensunfreie Person unwillkürlich auf den Bahndamm geraten könne, und ob danach eine weitere Absonderung des Bahnkörpers von dem benachbarten Wege gefordert werden könne.

In seiner neuen Entscheidung ist nun das Berufungsgericht der vom Beklagten erhobenen Einrede der höheren Gewalt nicht erneut näher getreten, obwohl es in einem Beweisbeschlusse vom 12. Dezember 1916 die dafür oder dagegen von den Parteien vorgebrachten tatsächlichen Behauptungen zum Gegenstande seiner weiteren Ermittelungen gemacht hatte; es hat sich vielmehr jetzt dem Landgericht angeschlossen und die Klage wegen eigenen den Schadensersatz ganz ausschließenden Verschuldens des Klägers abgewiesen. Der vom Kläger behauptete Zustand der Bewußtseinstrübung sei an sich nicht wahrscheinlich, auch durch die Beweisaufnahme nicht erwiesen oder auch nur bis zur Auferlegung eines richterlichen Eides glaubhaft gemacht. Die Zeugenaussagen, wonach der Kläger am Unfallstage beim Verlassen der Arbeit und nachher über Unwohlsein geklagt habe, würden aufgewogen durch die Bekundungen anderer Zeugen, die den Kläger noch am Abend in anscheinend durchaus gesundem und nüchternem Zustande vorgefunden hätten. Ein Verschulden des Beklagten, das der Kläger behauptet hatte, liege nicht vor; eine Verpflichtung, den erhöhten Bahndamm, der überdies noch mit einer wenn auch zurzeit schadhaften Hecke versehen gewesen sei, noch mit einer besonderen Schutzwehr abzuschließen, sei nicht anzuerkennen.

Die gegen die neue Entscheidung des Berufungsgerichts seitens des Klägers eingelegte Revision war nicht für begründet zu erachten.

Die Revision hat zunächst die Frage aufgeworfen, ob nicht das Berufungsgericht durch die Entscheidung des Revisionsgerichts vom 3. Juli 1916 in betreff des eigenen Verschuldens des Klägers nach § 565 Abs. 2 ZPO. gebunden gewesen sei, und hat sich für solche Bindung auf neuere Entscheidungen des III. Zivilsenats des Reichsgerichts, insbesondere auf ein Urteil vom 31. Mai 1918 (Jur. Wochenschr. S. 562 Nr. 18) berufen. Die schriftliche Revisionsbegründung hat eine Prozeßrüge in dieser Richtung nicht erhoben, und es muß sich deshalb zuerst fragen, ob es sich hier um einen derjenigen Mängel des Verfahrens handeln würde, die trotz §§ 554 und 559 ZPO. in jeder Lage des Prozesses von Amts wegen zu berücksichtigen sind, da sie zu den unverrückbaren Grundlagen des Verfahrens überhaupt, zu den Prozeßvoraussetzungen gehören. Diese Frage ist zu bejahen. Die Vorschrift des § 565 Abs. 2 ZPO. gibt einen grundlegenden Satz für die Rechtsmittel der Revision wie der Berufung nach dem Systeme der Zivilprozeßordnung; sie bestimmt deren Charakter und gibt die Richtschnur für das ganze weitere Verfahren. Die in ihr ausgesprochene Bindung verpflichtet nicht nur das Berufungsgericht; sie bleibt auch maßgebend für die weiteren Entscheidungen des Revisionsgerichts, wenn die Sache an dieses zurückgelangt (RGZ. Bd. 58 S. 286, Bd. 72 S. 212, Bd. 74 S. 22; Urt. vom 25. Juni 1915 VII. 82/15, Recht Nr. 2328, unter Mißbilligung der von demselben Senate RGZ. Bd. 51 S. 389 ausgesprochenen abweichenden Ansicht); daraus ergibt sich, daß das Revisionsgericht auch von Amts wegen, ohne daß eine Prozeßrüge nach § 554 Abs. 2 Nr. 2b ZPO. erhoben ist, die Befolgung des Grundsatzes durch das Berufungsgericht nachzuprüfen hat.

Eine Verletzung des Grundsatzes des § 565 Abs. 2 ZPO. durch das Berufungsgericht ist indessen nicht anzuerkennen. Die Bestimmung sieht vor, daß das Berufungsgericht bei seiner neuen Entscheidung die rechtliche Beurteilung, aus der heraus das Revisionsgericht die Aufhebung ausgesprochen hat, auch seinerseits zugrunde zu legen hat; diejenigen Rechtsauffassungen des Revisionsgerichts also, auf denen die ausgesprochene Aufhebung beruhte, binden das Berufungsgericht bei seiner abermaligen Entscheidung. Im übrigen aber wird die Sache in die Lage zurückversetzt, in der sie sich vor der ersten Entscheidung des Berufungsgerichts befand: die Parteien sind frei in ihrem Sachvortrage; sie können neue Angriffs- und Verteidigungsmittel vorbringen sowie neue Beweise antreten, und das Berufungsgericht muß sie beachten; das Berufungsgericht ist frei in seiner tatsächlichen Würdigung und ist an seine eigenen früheren Feststellungen nicht gebunden, ebensowenig an seine eigenen früheren Rechtsansichten. Das Berufungsgericht ist auch frei in der Entscheidung über solche Punkte, hinsichtlich deren im Revisionsurteil Angriffe der Revision zurückgewiesen wurden oder ausgesprochen wurde, daß die Entscheidung des Berufungsgerichts einen Rechtsirrtum nicht erkennen lasse; denn auf solchem Ausspruche beruhte die aufhebende Entscheidung nicht, er lag der Aufhebung nicht zugrunde. Wird von dem Berufungsgerichte weiter auf Grund der neuen Verhandlung eine neue tatsächliche Feststellung getroffen, die die tatsächlichen Grundlagen für die rechtliche Beurteilung verschiebt, so wird das Berufungsgericht auch für die letztere vollständig frei, und es würde gegen das Gesetz verstoßen, wenn es sich durch die Entscheidung des Revisionsgerichts für gebunden erachten wollte, weil die Bindung nur die Anwendung der Rechtsansicht des Revisionsgerichts auf den Tatbestand, wie er diesem vorlag, zum Gegenstande hatte. So ist die einhellige feststehende Rechtsprechung des Reichsgerichts von Anfang an bis in die jüngste Zeit gewesen.

RGZ. Bd. 6 S. 374 (II. Ziv.-Sen.), Bd. 12 S. 408 (IV.), Bd. 26 S. 410 (IV.), Bd. 76 S. 189 (I.); Jur. Wochenschr. 89 S. 514 Nr. 5 (V.), 00 S. 442 Nr. 14 (III.), 02 S. 95 Nr. 23 (I.), 12 S. 875 Nr. 41 (V.); Gruch. Beitr. Bd. 29 S. 1122 (IV.), Bd. 38 S. 168 (V.), Bd. 49 S. 1038 (V.); SeuffArch. Bd. 38 Nr. 280 (V.), Bd. 48 Nr. 225 (IV.); Warn. Rechtspr. 11 Nr. 456 (IV.), 14 Nr. 344 (IV.); Recht. 07 Nr. 2778 (I.), 08 Nr. 1424 (II.), Nr. 1425 (VII.), 11 Nr. 1608 (V.), 12 Nr. 2322 (III.), 14 Nr. 385 (III.); Urt. v. 20. Dezember 1917 VI 366/17 u. a. m.

Werden die vorstehenden Sätze auf den gegebenen Fall angewendet, so ergibt sich folgendes. Das Berufungsgericht war für seine neue Entscheidung gebunden durch die rechtliche Beurteilung, die für die Behandlung der Einrede der höheren Gewalt im reichsgerichtlichen Urteile vom 3. Juli 1916 ausgesprochen war und zur Aufhebung des ersten Berufungsurteils führte; es war dagegen nicht gebunden für die Behandlung der Einrede des eigenen Verschuldens des Klägers, hinsichtlich deren das Revisionsgericht einen Rechtsirrtum in der Entscheidung des Berufungsgerichts nicht gefunden, die tatsächlichen Elemente der Entscheidung in diesem Punkte für der Revision entzogen erklärt und nur die Fassung des dem Kläger auferlegten richterlichen Eides beanstandet hatte. Es war weiter nicht gebunden an seine eigene frühere tatsächliche Würdigung; diese war auf Grund der neuen Verhandlung neu vorzunehmen und konnte, wenn sie die tatsächlichen Grundlagen der Entscheidung verschob, selbst zu einer anderen rechtlichen Beurteilung führen, wenn eine solche durch jene Verschiebung bedingt war. Hat das Berufungsgericht einen behaupteten Sachverhalt in seiner tatsächlichen Feststellung verneint und wurden vom Revisionsgerichte die dagegen von der Revision erhobenen Prozeßangriffe zurückgewiesen, so kann das Berufungsgericht, an das die Sache infolge der gleichzeitig zu einem anderen Teile der von ihm erlassenen Entscheidung ausgesprochenen Aufhebung seines Urteils zurückverwiesen ist, nicht gehindert sein, in seinem neuen Urteil auf Grund der neuen mündlichen Verhandlung nunmehr zu einer jenen ersteren Sachverhalt bejahenden Feststellung zu gelangen. Die rechtliche Beurteilung, die die prozeßrechtlichen Angriffe gegen die erste verneinende Feststellung gefunden haben, erledigte ganz allein diese Prozeßangriffe, nicht aber irgendeinen Teil des sachlichen Streitstoffes. Die ausgesprochene Aufhebung war davon unabhängig; jene rechtliche Beurteilung ist ihr nicht zugrunde gelegt, wie § 565 Abs. 2 ZPO. voraussetzt. So ist aber auch die Lage des gegebenen Falles.

Die Revision hat sich für ihre Auffassung, daß das Berufungsgericht sich nicht von neuem mit der Einrede des eigenen Verschuldens hätte befassen dürfen und seine vom Revisionsgerichte gebilligte Behandlung dieser Einrede in der früheren Entscheidung nach der rechtlichen wie nach der tatsächlichen Seite der neuen Gesamtentscheidung hätte zugrunde legen müssen, auf mehrere in neuester Zeit vom III. Zivilsenate des Reichsgerichts erlassene Urteile zu § 565 Abs. 2 ZPO. berufen. Von diesen Urteilen besagt das eine RGZ. Bd. 90 S. 23, daß die rechtliche Beurteilung, die nach dem genannten Gesetze für das Berufungsgericht maßgebend sein solle, nicht nur die Rechtsnormen und Rechtsgrundsätze, sondern auch deren Anwendung auf den Sachverhalt umfasse; habe das Revisionsgericht diese selbst vorgenommen, so bleibe das auch für das Berufungsgericht bindend. Habe dabei das Revisionsgericht eine bestimmte Frage auf Grund des ihm vorliegenden Sachverhalts abschließend bejaht, so könne das Berufungsgericht sie nicht mehr, auch nicht auf Grund neuer Tatsachen, in Zweifel ziehen. Die Entscheidung RGZ. Bd. 91 S. 134 wiederholt diese Sätze. Im ersteren Falle handelte es sich um die einer Konkursforderung zur Aufrechnung gegenübergestellte Schadensersatzgegenforderung, die das Revisionsurteil für unbegründet erklärt hatte, im zweiten um die Frage, ob die beklagte Gemeinde für das Verschulden einer Angestellten nach Vertragsgrundsätzen gemäß § 278 BGB. zu haften habe, was das Revisionsurteil bejaht hatte. In beiden Fällen hatte das Revisionsgericht selbständig die Fragen entschieden und seine Entscheidung an die Stelle derjenigen des Berufungsgerichts gesetzt. Es kann dahingestellt bleiben, ob der Inhalt dieser neuerlichen Entscheidungen des III. Zivilsenats mit der oben wiedergegebenen feststehenden Rechtsprechung aller Zivilsenate, frühere Entscheidungen des III. Zivilsenats eingeschlossen, in jeder Beziehung in Einklang zu bringen ist (vgl. Urteil des erkennenden Senats vom 20. Dezember 1917 VI. 366/17); für die Entscheidung des gegenwärtigen Falles besagen sie nichts. Das frühere Revisionsurteil hat in der Frage des eigenen Verschuldens des Klägers eine eigene abschließende Entscheidung nicht gefällt. Es hat sich darauf beschränkt, zu erklären, daß die rechtlichen Erwägungen des Berufungsgerichts zur Einrede des eigenen Verschuldens des Klägers unbedenklich, die tatsächlichen Feststellungen aber den Angriffen der Revision entzogen seien; eine eigene, die Einrede endgültig abschließende Entscheidung hat es nicht getroffen, um so weniger, als die Fassung des richterlichen Eides, ohne daß deswegen eine Aufhebung des Urteils in Frage kam — war doch durch diese Fassung wesentlich der Kläger und Revisionsbeklagte beschwert, nicht der Beklagte und Revisionskläger —, beanstandet wurde, damit für den Fall, daß das Berufungsgericht bei einem abermaligen Eingehen auf die Frage des eigenen Verschuldens zu demselben Ergebnis käme, diese Fassung verbessert werden könne.

Eine dritte Entscheidung des III. Zivilsenats, die oben bezeichnete, in der Jur. Wochenschr. 1918 S. 562 Nr. 18 auszugsweise wiedergegebene, wiederholt wie die zuletzt besprochene zunächst die maßgebenden Sätze der Entscheidung RGZ. Bd. 90, wendet den Grundsatz der Bindung aber nunmehr ausdrücklich auf den Fall an, daß das Revisionsgericht in einem Punkte lediglich die Annahmen des Berufungsgerichts für rechtlich bedenkenfrei erachtet hatte. Damit mag sie sich vielleicht zu der obenangeführten feststehenden früheren Rechtsprechung des Reichsgerichts, insbesondere RGZ. Bd. 12 S. 408; Jur. Wochenschr. 00 S. 442 Nr. 14, 12 S. 875 Nr. 41; Warn. Rechtspr. 1911 Nr. 456, SeuffArch. Bd. 48 Nr. 225, in Widerspruch setzen. Aber die Entscheidung selbst beruht nicht auf dieser Erwägung; denn die Revision wurde zurückgewiesen, weil die Entscheidung des Berufungsgerichts in dem Punkte, der früher zur Aufhebung geführt hatte, für zutreffend befunden wurde; dieser trage die Entscheidung; soweit das Berufungsgericht jene andere Frage nochmals erörtert habe, sei es über seine Aufgabe hinausgegangen; es habe damit etwas Überflüssiges in sein Urteil aufgenommen. Somit kann auch diese letztere Entscheidung des III. Zivilsenats den jetzt erkennenden Senat nicht veranlassen, eine Entscheidung der vereinigten Zivilsenate herbeizuführen.

Von einer abschließenden Beurteilung der Frage des eigenen mitwirkenden Verschuldens des Klägers in dem früheren reichsgerichtlichen Urteil in dem Sinne der angeführten Urteile des III. Zivilsenats kann im gegebenen Falle auch deshalb nicht die Rede sein, weil es sich um einen einheitlichen und untrennbaren Tatbestand handelt, der nach den zwei verschiedenen Richtungen, des eigenen Verschuldens des Klägers und der höheren Gewalt, in Frage kommt. Der Kläger hat den Unfall dadurch erlitten, daß er auf dem Bahnkörper unbefugt sich aufhielt an einer Stelle, wo dessen Betreten verboten war. Von dem dadurch von vornherein gegebenen eigenen Verschulden sucht er sich mit der Behauptung zu entlasten, daß er sich in einem Dämmerzustande des Bewußtseins befunden habe und nicht wisse, wie er auf den Bahnkörper gekommen sei. Der Beklagte macht dagegen geltend: gerade wenn eine Person in einer Störung des Bewußtseins auf den Bahndamm gerate, handle es sich um ein von außen auf den Betrieb einwirkendes außergewöhnliches Ereignis, dem nicht begegnet werden konnte, und der Unfall, der der Person zustieß, sei auf höhere Gewalt zurückzuführen, die den Eisenbahnunternehmer von der Schadensersatzpflicht befreie. Es handelte sich also darum: War der Aufenthalt des Klägers auf dem Bahndamm freiwillig oder der behauptete Dämmerzustand selbstverschuldet (Trunkenheit), so lag ein eigenes Verschulden des Klägers vor, das nach der Sachlage des Falles jeden Schadensersatzanspruch des Klägers auszuschließen geeignet war; lag aber kein Verschulden des Klägers vor, dann kam die höhere Gewalt in Frage, die, wenn sie zu bejahen war, wiederum den Schadensersatzanspruch ausschloß." . ..

---

4. Muß der Verkäufer, dem die Erfüllung aller laufenden Aufträge unmöglich ist, auf eine anteilsmäßige Befriedigung aller Kunden bedacht sein, auch soweit diese noch nicht abgerufen haben?

BGB. § 326.

III. Zivilsenat. Urt. v. 24. September 1918 i. S. Sch. (Bekl.) w. E. (Kl.). Rep. III. 145/18.

I. Landgericht Zwickau.
II. Oberlandesgericht Dresden.

Die Beklagte hat an die Klägerin am 4. Juni 1914 20000 Pfund Strumpfkops A. A. Basis 20er zum Preise von 93 Pf lieferbar auf Abruf bis Oktober 1914 verkauft. Abgesehen von einem bald nach Vertragsschluß erfolgten Abruf einer kleineren Menge rief die Klägerin trotz mehrfacher Mahnungen der Beklagten den Hauptteil des Schlusses erst am 21. und 24. Oktober 1914 ab. Nunmehr erklärte die Beklagte, daß sie im Hinblick auf die Kriegsverhältnisse wegen Baumwollmangels zunächst nicht liefern und auch nicht sagen könne, wann die Lieferungen wieder beginnen könnten. Mit der Klage verlangte die Klägerin Schadensersatz wegen Nichtlieferung des Rückstandes von 17147 Pfund in Höhe von je 30 ₰, somit einen Gesamtbetrag von 5144,10 ℳ.

Das Landgericht entsprach der Klage nur zum Betrage von 734,70 ℳ. Das Berufungsgericht verurteilte die Beklagte zum Ersatz eines weiteren Schadens von 3931,80 ℳ. Die Revision der Beklagten blieb erfolglos.

Gründe:

... „Die Behauptung der Revision, daß die Klägerin ihren Lieferungsanspruch auf den rückständigen Teil der Bestellung durch die Verzögerung des Abrufs verwirkt habe, ist unzutreffend. Die Ware war in den Monaten Juni bis Oktober 1914 auf Abruf zu liefern; die Klägerin hatte daher die Verpflichtung, in monatlich annähernd gleichmäßigen Raten abzurufen und abzunehmen. Abgesehen von einem bald nach der Bestellung abgerufenen kleinen Betrage hat sie aber erst am 21. Oktober 1914 abgerufen, obwohl sie mehrfach von der Beklagten gemahnt worden war. Die Klägerin ist daher, wie auch das Berufungsgericht festgestellt hat, in Einteilungsverzug geraten, und der Beklagten hätte gemäß § 375 Abs. 2 HGB. das Recht zugestanden, statt der Klägerin die Einteilung vorzunehmen oder gemäß § 326 BGB. Schadensersatz wegen Nichterfüllung zu verlangen oder vom Vertrage zurückzutreten. Von diesen Rechten hat jedoch die Beklagte keinen Gebrauch gemacht; sie hat vielmehr noch im Briefe vom 2. Oktober auf Abruf gedrängt und auch in den späteren Briefen lediglich ihre derzeitige Erfüllungsunmöglichkeit behauptet. Die Klägerin ihrerseits hat mit dem Abrufe vom 21. Oktober und dem weiteren vom 24. Oktober 1914 ihren Verzug geheilt und ist wieder vertragstreu geworden.

Der Angriff der Revision wendet sich insbesondere gegen die Berechnung des klägerischen Schadens, die sie aus rechtlichen Gründen beanstandet. Zugunsten der Beklagten hat das Berufungsgericht angenommen, daß sie infolge der Kriegsverhältnisse seit Beginn des Krieges ohne ihr Verschulden außerstande gewesen sei, sämtliche bei Kriegsausbruch vorhandenen Bestellungen ihrer mehrfachen Abnehmer vollständig auszuführen. Nach der Feststellung war die Kaufware aus amerikanischer Baumwolle unter Beimischung von 31,5 % ostindischer Baumwolle herzustellen; ferner ist unterstellt, daß die letztere Baumwolle seit Kriegsbeginn nicht mehr zu erlangen war und daß der Beklagten für die Herstellung der Kaufware nur ihre eigenen Bestände zur Verfügung standen. Die Parteien sind auch darüber einig, daß die Beklagte wegen der Unmöglichkeit der vollständigen Ausführung aller laufenden

Aufträge nur zur anteilmäßigen Befriedigung der Kaufgläubiger verpflichtet gewesen sei. Streit herrscht über den Umfang dieser Verpflichtung und über die Grundsätze, nach denen sich dieser Umfang ergebe. Während das Berufungsgericht die Möglichkeit einer klägerischen Befriedigung in Höhe von 15555 Pfund annimmt, gibt die Revision nur eine solche von 5424 Pfund zu. Diese Verschiedenheit ist auf die Frage zurückzuführen, ob die Beklagte, wie sie behauptet, befugt war, die einzelnen Abrufe ihrer Kunden nach der Zeitfolge ihres Eintreffens jeweils vollständig ohne Rücksicht auf die weiteren noch bestehenden Lieferpflichten zur Ausführung zu bringen, oder ob, wie das Berufungsgericht angenommen hat, die Beklagte von Kriegsbeginn an auf die möglichste Befriedigung aller Kunden einschließlich der im Abrufe verzögerlichen bedacht sein mußte.

Der Auffassung des Berufungsgerichts ist beizutreten. Allerdings hatte die Klägerin die Folgen ihres Einteilungsverzugs auf sich zu nehmen. Diese Folgen waren aber nicht die, daß die Beklagte von ihrer Lieferpflicht befreit wurde. Die Beklagte hätte, wie schon oben ausgeführt wurde, diese Befreiung auf dem Wege des § 375 Abs. 2 HGB. herbeiführen können. Sie hat es aber nicht getan, vielmehr am Vertrage festgehalten. Die Fortdauer des Vertrags schloß den Weiterbestand der Lieferpflicht in sich. Die Beklagte mußte also trotz des klägerischen Verzugs mit der Möglichkeit rechnen, daß die Klägerin die Lieferung beanspruche, und sie mußte daher auch auf deren Erfüllungsmöglichkeit in den durch die Umstände gegebenen Grenzen Rücksicht nehmen. Sie durfte, solange ihre Lieferpflicht nicht aufgehoben war, die Erfüllungsmöglichkeit nicht dadurch beseitigen oder beeinträchtigen, daß sie einzelnen Kunden auf deren Abruf vollständige Befriedigung gewährte. Die Berechtigung dieser Erwägung hat in den Verhältnissen des vorliegenden Falles ihre besondere Stütze. Noch anfangs Oktober 1914 hatte die Beklagte, wie aus ihren Briefen vom 29. September und 2. Oktober erhellt, ein stark angeschwollenes Lager in der Kaufware. Nach der Feststellung des Berufungsgerichts hatten bis dahin auch die übrigen Abnehmer der Beklagten nur sehr wenig abgenommen, was eine Folge der durch die Kriegsverhältnisse eingetretenen allgemeinen Unsicherheit der Marktlage war. Erst später, also nicht lange mehr vor dem Abrufe der Klägerin vom 21. Oktober, trat der Umschwung der Marktlage ein. Der Beklagten war also leicht erkennbar, daß auch die Klägerin aller Voraussicht nach abrufen werde, und sie mußte, da sie zu voller Lieferung nicht imstande war und den Vertrag mit der Klägerin nicht gemäß § 375 Abs. 2 HGB. beseitigte, für die Möglichkeit anteilmäßiger Befriedigung der Klägerin Fürsorge treffen. Zutreffend ist es also, wenn das Berufungsgericht bei der Schadensberechnung den gesamten bei Kriegsausbruch vorhandenen Bestand an ostindischer Baumwolle und nicht bloß den erheblich geringeren Bestand des 21. Oktober zugrunde gelegt hat." ...

5. Zur Frage des dinglichen Ersatzes bei der Enteignung und im Konkurse. Aussonderung und Ersatzaussonderung.

Preuß. Gesetz über die Enteignung von Grundeigentum vom 11. Juni 1874 § 45 Abs. 2; EG. z. BGB. Art. 52; BGB. § 281; KO. §§ 43, 46, 59 Nr. 3; Kriegsleistungsgesetz vom 13. Juni 1873 §§ 1 flg.

VII. Zivilsenat. Urt. v. 8. Oktober 1918 i. S. B. (Kl.) w. M. Konkurs (Bekl.). Rep. VII. 164/18.

I. Landgericht Trier.
II. Oberlandesgericht Cöln.

Am 2. November 1913 verkaufte der Schiffer Ba. in Z. eine Kiesbaggereinrichtung an M. Der Kaufpreis sollte in Raten abgetragen werden, das Eigentum an den verkauften Gegenständen blieb bis zur völligen Tilgung des Kaufpreises dem Verkäufer vorbehalten, Rückständigkeit des Käufers mit einer Rate über 4 Wochen hinaus sollte die Fälligkeit der ganzen Restschuld zur Folge haben. Seine sämtlichen Rechte aus diesem Vertrage trat Ba. noch am gleichen Tage an die Klägerin ab. M. ist seinen Zahlungsverpflichtungen nicht pünktlich nachgekommen. Einzelheiten darüber stehen nicht fest. Nach Ausbruch des Krieges wurden im August 1914 von den verkauften Sachen 3 eiserne Schiffe, ein Holzschiff und verschiedene kleinere Gegenstände von der Militärbehörde in Anspruch genommen und auf Grund des Kriegsleistungsgesetzes beschlagnahmt. Die Entschädigung für das Eigentum an den Sachen wurde auf 13496,20 ℳ festgesetzt und an M. ausgezahlt. Die Klägerin verlangte Herausgabe des Geldes an sie, M. erhob Gegenansprüche, weil er 2000 ℳ bereits auf den Kaufpreis gezahlt und für die Bewilligung eines guten Preises gesorgt habe, verlangte außerdem die Anschaffung von Ersatzschiffen. Die Verhandlungen wurden teils mündlich, teils schriftlich, teils von der Klägerin persönlich, teils auch von ihrem Vertrauensmanne J. geführt. Bevor sie zum Abschlusse gelangten, starb M. Ende Oktober 1914. Über seinen Nachlaß wurde zunächst Nachlaßverwaltung, alsbald aber Nachlaßkonkurs eingeleitet. Von dem empfangenen Gelde hatte M. 3496,20 ℳ bei sich behalten, 10000 ℳ hatte er an den Kaufmann Br. gegeben. Der Rechtsgrund dieser Hingabe ist streitig. Der Nachlaßverwalter fand im Geldschranke des M. 1500 ℳ vor, 283,70 ℳ betrug der Barbestand, den der Tote bei sich geführt hatte. Br. verrechnete auf die empfangenen 10000 ℳ eine eigene Forderung an M. von angeblich 4200 ℳ und zahlte 5800 ℳ an den Nachlaßverwalter heraus. Dieser legte 7000 ℳ bei einer Sparkasse an und gab nach Eröffnung des Konkurses an den Konkursverwalter das Sparkassenbuch und den noch vorhandenen Barbestand heraus. Die gesamten Beträge sind zur Konkursmasse gezogen worden.

Die Klage der Klägerin auf Auszahlung von 5800 + 1500 + 283,70 = 7583,70 nebst Zinsen wurde abgewiesen, ihre Berufung zurückgewiesen. Auch ihre Revision blieb erfolglos.

Gründe:

„Das Oberlandesgericht trifft zwar keine bestimmten Feststellungen in dieser Richtung, nimmt aber an, daß die Klägerin Eigentümerin der später beschlagnahmten Schiffe usw. geworden ist, als Ba. ihr seine Rechte aus dem Vertrage vom 2. November 1913 abtrat. Ebenso nimmt es an, daß die Klägerin zur Zeit der Beschlagnahme bereits einen Anspruch auf Rückgabe der Schiffe usw. besaß, weil M. die vereinbarten Abschlagszahlungen nicht innegehalten hatte. Beides ist auch im folgenden zugunsten der Klägerin zu unterstellen.

Zur Abweisung der unter verschiedenen rechtlichen Gesichtspunkten beurteilten Klage gelangt das Oberlandesgericht, weil es für erwiesen erachtet, daß M. Eigentümer der an ihn gezahlten Beträge geworden ist. Sowohl die zahlende Behörde habe ihm das Eigentum daran übertragen wollen, als auch sein eigener Wille sei dahin gegangen, dies Eigentum für sich zu erwerben; er habe bei Empfangnahme der Zahlung im eigenen Namen und für eigene Rechnung gehandelt und sei dabei gutgläubig gewesen, da er eigene Ansprüche auf das Geld zu haben geglaubt und sich höchstens für verpflichtet erachtet habe, einen etwaigen Überschuß an die Klägerin herauszuzahlen. Die Revision weist demgegenüber darauf hin, daß M. nach seiner Kenntnis des Vertrags vom 2. November 1913 und nach seinen Äußerungen und Briefen gewußt habe, der von der Heeresverwaltung für die Schiffe usw. geleistete Ersatz gebühre der Klägerin, daß gewissen Wendungen in den Briefen der Klägerin keine Bedeutung beizulegen, daß zwischen dem Auftreten M.s nach außen hin und seinem inneren Willen zu unterscheiden sei, daß M. das empfangene Geld von seinem eigenen getrennt gehalten habe, weil er eigenes überhaupt nicht besessen, und daß mindestens das an Br. gegebene Geld von seinem eigenen gesondert geblieben sei. Aus diesem Vorbringen will die Revision den Schluß gezogen wissen, daß M. die Entschädigungssumme für die Klägerin erworben habe. Das Vorbringen ist aber nach § 549 ZPO. unbeachtlich, denn die Revision begibt sich damit auf das ihr verschlossene Gebiet der Beweiswürdigung und kämpft gegen die tatsächlichen Feststellungen des Berufungsrichters.

Von einem Rechtsirrtum sind diese nicht beeinflußt. Das würde nur dann der Fall sein, wenn die Rechtsregel des dinglichen Ersatzes (der Surrogation) auf den gegebenen Sachverhalt zur Anwendung gelangen könnte. Bei der Entziehung des Eigentums auf Grund des Kriegsleistungsgesetzes handelt es sich um einen Fall der Enteignung, und gerade auf diesem Gebiete spielt der dingliche Ersatz eine gewisse Rolle. Nach § 45 Abs. 2 preuß. EntG. tritt z. B. die Entschädigung rücksichtlich aller Eigentums-, Nutzungs- und sonstigen Realsprüche an die Stelle des enteigneten Gegenstandes. In anderen Landesgesetzen findet sich die gleiche Bestimmung (vgl. den Nachweis bei Gierke, Sachenrecht S. 505 Anm. 194). Art. 52 EG. z. BGB. gibt eine ähnliche Vorschrift für Fälle, in denen dem Eigentümer einer Sache auf Grund eines Reichsgesetzes wegen der im öffentlichen Interesse erfolgenden Entziehung der Sache eine Entschädigung zu gewähren ist und einem Dritten ein nicht besonders entschädigtes Recht an der Sache zusteht. Der Dritte soll dann an dem Entschädigungsanspruche dieselben Rechte haben, die ihm im Falle des Erlöschens seines Rechtes durch Zwangsversteigerung an dem Erlöse zustehen. Es fragt sich, ob man aus solchen teils dem Landes-, teils dem Reichsrecht angehörenden Einzelbestimmungen den allgemeinen Rechtssatz ableiten kann, daß in allen Fällen der Enteignung die Entschädigungssumme rücksichtlich aller Eigentums-, Nutzungs- und sonstigen Realansprüche an die Stelle der enteigneten Sache tritt. Eine Auswirkung dieses Satzes würde es sein, daß der Anspruch auf Auszahlung der Entschädigungssumme dem wahren Eigentümer zustände, auch wenn sich die Enteignung nicht gegen ihn gerichtet hätte, und daß die Entschädigungssumme in der Hand desjenigen, gegen den sich die Enteignung fälschlich gerichtet hätte, Eigentum des Sacheigentümers würde ohne Rücksicht auf einen entgegenstehenden Willen der Beteiligten. Es erscheint indessen bedenklich, Grundsätze, die in der Lehre und der Gesetzgebung über die Enteignung von Grundeigentum hervorgetreten sind, auf die Enteignung von beweglichen Sachen zu übertragen, zumal die Enteignung bisher überhaupt nur in der Anwendung auf Grundstücke zu einem organischen Rechtsinstitut ausgebildet ist (vgl. Gierke, Sachenrecht S. 465). Der Senat hat deshalb die gegebenen Unterlagen nicht für tragkräftig genug erachtet, um jenen allgemeinen Rechtssatz aufzustellen; er hat keinen Anlaß gefunden, von seiner bereits RGZ. Bd. 70 S. 226 (233) ausgesprochenen Ansicht abzugehen. Danach ist die Rechtsregel des dinglichen Ersatzes nicht allgemein gültig, ihre Wirkungen und ihr Umfang sind vielmehr nach den einzelnen sie betreffenden Bestimmungen zu bemessen.

Die Vorschrift des von der Revision herangezogenen § 281 BGB. betrifft schuld- und sachenrechtliche Verhältnisse. Danach soll der Gläubiger, wenn der Schuldner infolge des Umstandes, welcher die Leistung unmöglich macht, einen Ersatz erlangt, die Herausgabe des als Ersatz Empfangenen verlangen können. Wenn diese Vorschrift, was unerörtert bleiben mag, überhaupt auf den vorliegenden Sachverhalt anwendbar ist, dann stand der Klägerin ein schuldrechtlicher Anspruch gegen M. zu, sei es auf Herausgabe der bestimmten von M. empfangenen und in sein Eigentum übergegangenen Geldstücke oder Scheine, sei es auf Zahlung der nicht mehr unterscheidbar bei M. vorhandenen Entschädigungssumme. Diesen ihren Anspruch könnte und müßte die Klägerin jetzt im Konkursverfahren anmelden. Von einem dinglichen Ersatz in dem oben erörterten Sinne, also davon, daß das als Ersatz Empfangene in das Eigentum des Gläubigers träte, ist im § 281 BGB. nicht die Rede.

Übrigens würde auch jener oben abgelehnte allgemeine Rechtssatz in dem vorliegenden Rechtsstreit einer Klage der Klägerin auf Aussonderung ihres Eigentums oder Herausgabe der bei der Konkursmasse auf ihre Kosten eingetretenen Bereicherung nur insoweit zum Siege verhelfen können, als die von M. als Entschädigung erhaltenen Münzen oder Scheine selbst noch in die Konkursmasse gelangt sind. War das Eigentum der Klägerin an dem Gelde schon vor der Konkurseröffnung untergegangen (§§ 932, 948 BGB.), dann ist es nicht die Konkursmasse, die bereichert ist. Nun mag es vielleicht noch zweifelhaft sein, ob die über 7000 ℳ hinaus geforderten 583,70 ℳ in den ursprünglichen Münzen oder Scheinen an den Konkursverwalter gekommen sind, sicher ist es nicht der Fall gewesen bei den 7000 ℳ, die bereits der Nachlaßverwalter bei einer Sparkasse angelegt hatte. Das Sparkassenguthaben oder der jetzt etwa in der Konkursmasse befindliche Gegenwert dafür würde nur dann der Klägerin zustehen, wenn die Enteignungsentschädigung in ähnlicher Weise ein Sondervermögen bildete, wie die verschiedenen Gütermassen im ehelichen Güterrecht es tun oder das Sondervermögen eines Kindes, das der Verwaltung oder der Nutznießung des Vaters entzogen ist, die Erbschaft in der Hand des Erbschaftsbesitzers, der Nachlaß und die Nacherbschaft. Wesentlich ist hier überall die Bestimmung, daß alles das Sondervermögen wird, was auf Grund eines zum Sondervermögen gehörenden Rechtes oder als Ersatz für die Zerstörung, Beschädigung oder Entziehung eines dazu gehörenden Gegenstandes oder durch ein Rechtsgeschäft erworben wird, das sich auf das Sondervermögen bezieht (§§ 1370, 1440, 1473, 1486, 1497, 1524, 1526, 1546, 1550, 1554, 1638, 1651, 2041, 2111 BGB.), oder auch das, was mit den Mitteln des Sondereigentums erworben wird (§§ 1381, 1646, 2019, 2111 BGB.). An ähnlichen Bestimmungen auf dem Gebiete des Sachenrechts fehlt es. Die Rechtsregel des dinglichen Ersatzes findet dort immer nur bestimmt begrenzte Anwendung. Dem Nießbraucher einer Sache steht auch der Nießbrauch an der Forderung gegen den Versicherer zu (§ 1046 BGB.); dem Nießbraucher an einer Forderung auch der Nießbrauch an dem geleisteten Gegenstande (§ 1075 a. a. O.); sind Gegenstände, die der Hypothek unterliegen, versichert, so erstreckt sich die Hypothek auch auf die Forderung gegen den Versicherer (§ 1127 a. a. O.); wird ein leicht verderbliches Pfand versteigert, so tritt der Erlös an die Stelle des Pfandes (§ 1219); ebenso zugunsten des Eigentümers der Mehrerlös beim Pfandverkaufe (§ 1247); ein Pfandrecht an dem Anteil eines Miteigentümers verwandelt sich in ein Pfandrecht an den Gegenständen, die er beim Ausscheiden erhält (§ 1258). In allen diesen Fällen ist von einer weitergehenden Wirkung der Regel vom dinglichen Ersatze nicht die Rede, namentlich werden die Ersatzgegenstände nicht als dauerndes Sondervermögen aus dem übrigen Vermögen ihrer Besitzer herausgehoben.

Dem Umstande, daß der Kommissionär mit den Mitteln des Kommittenten Forderungen erwirbt, will der § 392 HGB. Rechnung tragen. Auch diese Vorschrift sieht aber keinen dinglichen Ersatz vor. Die Forderung bleibt bis zu einer etwaigen Abtretung Forderung des Kommissionärs (Abs. 1); sie soll nur im Verhältnis zwischen dem Kommittenten und dem Kommissionär oder dessen Gläubigern als Forderung des Kommittenten gelten (Abs. 2). Bei dieser Sachlage muß eine rechtsähnliche Anwendung jener Vorschriften des Familien- und Erbrechts auf den sachenrechtlichen Fall der Enteignungsentschädigung ohne weiteres als ausgeschlossen erscheinen.

Die tatsächlichen Feststellungen des Berufungsrichters tragen seine Entscheidung. Zunächst fällt damit die Klage, soweit sie nach der ihr ursprünglich gegebenen Begründung unter dem Gesichtspunkte der Aussonderung nach § 43 KO. erhoben sein soll. Da M. das Eigentum an dem ihm gezahlten Gelde von vornherein für sich erworben hat, so war das Geld niemals „ein dem Gemeinschuldner nicht gehöriger Gegenstand“, wie § 43 KO. voraussetzt. Die späteren Schicksale des Geldes kommen nicht in Frage, denn die Behauptungen der Klägerin gehen immer nur dahin, daß dadurch ihr Eigentum an dem Gelde nicht untergegangen sei, nicht etwa dahin, daß aus diesen späteren Schicksalen sich ein Erwerb des Eigentums für sie ergeben habe. Damit erledigt sich auch die von der Revision erhobene Rüge, daß die Vorschriften über den Verwahrungsvertrag (§§ 688 flg. BGB.) verletzt seien. Der Revision ist es insoweit nur um den Nachweis zu tun, daß M. durch Einzahlung der 10000 ℳ bei Br. diesen Betrag von seinem eigenen Gelde getrennt gehalten habe. Das in der reichsgerichtlichen Rechtsprechung (RGZ. Bd. 45 S. 80 flg., Bd. 79 S. 121 flg.) anerkannte Aussonderungsrecht des Treugebers im Konkurse des Treuhänders steht der Klägerin nicht zur Seite. Zwischen ihr und M. bestand kein Treuhandverhältnis bezüglich der Enteignungsentschädigung. Nur nebenbei sei bemerkt, daß auch der Klagantrag selbst nicht einer Aussonderungsklage entspricht. Er geht schlechthin auf Zahlung einer Geldsumme; ausgesondert werden könnten aber immer nur einzelne bestimmte Geldstücke oder Scheine (vgl. Jaeger, Konkursordnung 5. Aufl. Anm. 8 zu § 43).

Weiter versucht die Revision, den § 46 KO. als Stütze für die Ansprüche der Klägerin heranzuziehen. Diese Vorschrift verleiht gewissen Forderungen, die an sich nur Konkursforderungen wären, die Eigenschaft von Aussonderungsansprüchen. Ihre Voraussetzungen sind aber nicht gegeben. Als Veräußerung im Sinne des § 46 KO. ist zwar auch eine Zwangsmaßnahme (Zwangsvollstreckung, Enteignung) anzusehen (vgl. Jaeger a. a. O. Anm. 8 zu § 46), aber die Gegenleistung ist im vorliegenden Falle nicht nach der Eröffnung des Verfahrens zur Masse gezogen worden. Das Geld hat bereits M. von der zuständigen Behörde erhalten, längst bevor nach seinem Tode der Konkurs über seinen Nachlaß eingeleitet worden ist. So fand bereits der Nachlaßverwalter das streitige Geld als Bestandteil des Nachlasses vor, teils in bar, teils als bei Br. eingezahlten Betrag, und so gelangte das Geld als Bestandteil des Nachlasses teils in bar, teils als Sparkassenguthaben in die Hand des Beklagten. Die Revision legt anscheinend Wert darauf, daß dieser das Sparkassenguthaben zur Masse eingezogen hat. Damit wurde aber nicht die Gegenleistung für die Veräußerung der Schiffe usw. zur Masse gebracht, sondern es wurde ein bereits in der Hand des Nachlaßverwalters entstandenes Recht auf Rückzahlung eines Darlehns ausgeübt (vgl. RG. in Leipz. Zeitschr. 1913 S. 156 flg.). Von einem Einziehen der Gegenleistung zur Konkursmasse könnte man nur sprechen, wenn das Reich den Preis für die Schiffe nach der Eröffnung des Verfahrens an den Beklagten gezahlt hätte.

Auf die Vorschrift des § 59 Nr. 3 KO., auf die sich die Revision endlich noch beruft, braucht hiernach nur noch kurz eingegangen zu werden. Sie soll nur rechtfertigen, daß statt des im § 46 Satz 2 KO. gegebenen Anspruchs auf Aussonderung der Gegenleistung aus der Masse ein Zahlungsanspruch erhoben ist, weil eben die Gegenleistung selbst nicht mehr unterscheidbar vorhanden, die Masse aber durch ihre Verwertung rechtlos bereichert sei. Dieser Gesichtspunkt ist an sich zutreffend. Da aber, wie dargelegt, die Erfordernisse des § 46 KO. nicht vorliegen, vermag auch er die Klage nicht zu stützen. Eine rechtlose Bereicherung, die dem M. bereits selbst zugeflossen ist, stellt keine solche der Masse im Sinne des § 59 Nr. 3 KO. dar [vgl. RGZ. Bd. 28 S. 146 (150), Bd. 45 S. 170 (172), Bd. 86 S. 385 (390)].

Der letzte entscheidende Grund ist eben überall der, daß M. das Geld schon selbst erhalten und daß er es zu Eigentum für sich erworben hat. Mit dieser Erwägung hat das Oberlandesgericht am Schlusse seiner Urteilsgründe auch die Anwendbarkeit der §§ 46, 59 Nr. 3 KO. kurz abgelehnt. Es hat also die jetzt von der Revision in den Vordergrund gerückten rechtlichen Gesichtspunkte nicht übersehen. Nach Lage der Sache hatte es auch keinen Anlaß, das Fragerecht auszuüben und den Sachverhalt weiter aufzuklären. Auch diese Rügen der Revision versagen daher."

6. Gilt die Bestimmung der Versicherungsbedingungen, daß Abtretungen der Versicherungsansprüche zur Rechtswirksamkeit gegenüber der Versicherungsgesellschaft der Anzeige des Verfügungsberechtigten an sie bedürfen, auch für Versicherungsscheine, die auf den Inhaber ausgestellt sind?

BGB. §§ 157, 808.

VII. Zivilsenat. Urt. v. 8. Oktober 1918 i. S. K. (Kl.) w. Allgemeine Versicherungsgesellschaft V. (Bekl.). Rep. VII. 181/18.

I. Landgericht Darmstadt.
II. Oberlandesgericht daselbst.

Die Witwe L. versicherte ihr Leben bei der Beklagten. Die Versicherungssumme ist an einem bestimmten Tage an die Versicherte, falls sie früher stirbt, an den Inhaber des Versicherungsscheins zu zahlen. Die Versicherte ist früher verstorben. Der Kläger forderte mit der Behauptung, daß die Witwe L. ihm den Versicherungsschein ausgehändigt und die Rechte aus diesem abgetreten habe, die Versicherungssumme. Die Beklagte bestritt, daß der Kläger ihr gegenüber forderungsberechtigt sei, weil nach den Versicherungsbedingungen zur Rechtswirksamkeit von Abtretungen der Ansprüche aus der Versicherung Anzeige erforderlich, diese ihr aber nicht gemacht worden sei.

Das Berufungsgericht wies aus diesem Grunde die Klage ab. Auf die Revision des Klägers wurde das Urteil aufgehoben.

Aus den Gründen:

... „Der Mangel der Berechtigung des Klägers wird hergeleitet aus den in den §§ 15, 16 der Versicherungsbedingungen enthaltenen Bestimmungen. § 15 mit der Überschrift „Verpfändung und Abtretung" lautet in seinem hier in Betracht kommenden Abs. 1:

> Verpfändungen und Abtretungen der Ansprüche aus der Versicherung sind der V. gegenüber nur dann rechtswirksam, wenn ihrem Vorstande eine schriftliche Anzeige des bisherigen Verfügungsberechtigten zugegangen ist.

§ 16 trägt die Überschrift „Inhaberklausel" und bestimmt:

> Die V. ist befugt, den Inhaber des Versicherungsscheins als berechtigt zur Verfügung über alle Ansprüche aus dem Versicherungsvertrag, insbesondere zur Empfangnahme der von der V. zu leistenden Zahlungen anzusehen, kann aber den Nachweis der Verfügungs- oder Empfangsberechtigung verlangen. ...

Nach diesen Bestimmungen in Verbindung mit den im Versicherungsschein enthaltenen Worten:

> die V. zahlt die Versicherungssumme am 1. Mai 1942 oder, wenn der Versicherte früher stirbt, sofort nach dessen Tode an den Inhaber des Versicherungsscheins —

sei — so führt das Berufungsgericht aus — die Rechtslage zu beurteilen. Es handle sich bei dem mit der vorstehenden Klausel versehenen Versicherungsscheine nicht um ein echtes, sondern um ein sogen. hinkendes Inhaber- oder Ausweispapier. Verpfändung und Abtretung seien deshalb nach den hierfür bei Forderungen geltenden Grundsätzen zu beurteilen. Der Kläger habe danach ein Recht auf die Versicherungssumme nur durch Abtretung, wie sie aus dem Schreiben der Versicherungsnehmerin vom 27. Oktober 1914 zu entnehmen sei, erwerben können. Die Rechtswirksamkeit der Abtretung von Ansprüchen aus der Versicherung sei aber nach § 15 der Beklagten gegenüber abhängig von der schriftlichen Anzeige der bisherigen Verfügungsberechtigten an ihren Vorstand. Auch bei Versicherungsscheinen mit der Inhaberklausel sei die Beklagte befugt, den Nachweis der Verfügungs- oder Empfangsberechtigung zu verlangen. Daraus ergebe sich, daß § 16, obschon er keine Bezugnahme auf § 15 enthalte, doch nach logischer Auslegung zu ergänzen sei. Er sei dahin aufzufassen, daß die Beklagte auch bei Inhaberpolicen den ihr nachgewiesenen Erwerb des Anspruchs als ihr gegenüber wirksam nicht anzuerkennen brauche, wenn beim Erwerbe durch Abtretung an sie keine Anzeige gemäß § 15 erfolgt sei. Eine solche Anzeige habe nicht stattgefuuden und deshalb sei der Kläger nicht als forderungsberechtigt anzusehen.

Den von der Revision gegen diese Entscheidung gerichteten Angriffen war der Erfolg nicht zu versagen. Sie fechten in erster Reihe die den Versicherungsbedingungen gegebene Auslegung als §§ 133, 157, 808 BGB. verletzend an." (Folgen prozessuale Angriffe. Darauf wird fortgefahren:) „Die vorinstanzliche Auslegung der Versicherungsbedingungen ist für das Revisionsgericht aus dem Gesichtspunkte der tatsächlichen Feststellung des Vertragswillens der Parteien nicht bindend. Soweit durch die allgemeinen Versicherungsbedingungen einer Versicherungsgesellschaft alle hierunter fallenden Vertragsverhältnisse mit ihr übereinstimmend geregelt werden, ist für die Feststellung des für den Einzelfall zu ermittelnden Vertragswillens kein Raum. Das Revisionsgericht hat deshalb selbständig den Sinn der allgemeinen Versicherungsbedingungen zu ermitteln (vgl. RGZ. Bd. 81 S. 117). Bei dieser Ermittelung ist den Ausführungen des angefochtenen Urteils über das Verhältnis der §§ 15 und 16 der Bedingungen zueinander nicht beizutreten und deshalb die hieraus zuungunsten des Klägers gezogene Folgerung nicht aufrecht zu erhalten.

Zutreffend ist es, daß neben dem im Versicherungsscheine selbst über den Zahlungsempfänger Bestimmten für die Frage der Forderungsberechtigung des Klägers gegenüber der Beklagten deren Versicherungsbedingungen mit in Betracht kommen. Zutreffend ist es weiter, daß es sich bei dem Versicherungsscheine nicht um ein Inhaberpapier im engeren

Sinne, sondern um ein Ausweispapier handelt und daß deshalb hier für den Kläger als Erwerbsakt die Abtretung des Forderungsrechts in Betracht kommt. Zuzugeben aber ist der Revision, daß Wortlaut und Inhalt der beiden auszulegenden Bestimmungen keinen ausreichenden Anhalt für die Annahme des Berufungsgerichts bieten, auch bei Versicherungsscheinen mit der Inhaberklausel müsse die Abtretung der Beklagten, um ihr gegenüber wirksam zu sein, vom bisherigen Gläubiger angezeigt werden.

Die Bestimmungen in den §§ 15 und 16 dienen der Regelung der rechtlichen Verhältnisse Dritter zu der Gesellschaft. Das ist ihnen gemeinsam. Diese rechtlichen Beziehungen aber selbst sind, wie schon äußerlich die Überschriften zeigen, in jeder der Bestimmungen besonderer Art. § 15 handelt von den nicht auf den Inhaber lautenden Versicherungsscheinen und verlangt für die Abtretung der Ansprüche aus ihnen zur Rechtswirksamkeit gegenüber der Gesellschaft Anzeige. Damit wird eine dem § 409 BGB. entsprechende Bestimmung getroffen, welche die Gesellschaft bei Leistungen an den ihr benannten Zessionar vor weiteren Ansprüchen schützt. § 16 gibt für Versicherungsscheine mit der Inhaberklausel die gesetzlichen Vorschriften des § 808 BGB. wieder. Einer Schutzbestimmung, wie sie § 15 enthält, bedurfte es hier nicht. Denn die Gesellschaft kann ohne weiteres den Inhaber als berechtigt ansehen und an ihn mit befreiender Wirkung zahlen. Daraus allein, daß sie das nicht braucht, sondern den Nachweis der Verfügungs- oder Empfangsberechtigung verlangen kann, rechtfertigt sich nicht die Annahme, daß dieser Nachweis ein dem § 15 entsprechender sein, also eine Abtretung der Gesellschaft angezeigt sein muß. Bei der Auffassung des Berufungsgerichts wird die Verkehrserleichterung, welche die Inhaberklausel schaffen soll, wieder beseitigt, die rechtliche Stellung des Inhabers ohne einen hierzu zwingenden Grund erschwert. Dafür, daß die Gesellschaft, wenn von ihr der Nachweis der Berechtigung des Inhabers für erforderlich erachtet wird, mehr als einen nach allgemeinen Rechtsgrundsätzen ausreichenden Erwerb nachgewiesen verlangen kann, bieten die auszulegenden Bedingungen keinen Anhalt. Die beiden Bestimmungen gehen, ohne im inneren Zusammenhange zu stehen, nebeneinander her. Sie behandeln, wie erwähnt, rechtliche Beziehungen Dritter verschiedener Art, es fehlt an einem Grunde, an die Abtretung als Erwerbsakt in beiden Fällen die gleiche Anforderung zu stellen, und es ist deshalb für eine ergänzende Auslegung des § 16 kein Raum.

Auch wenn aber die Auslegung des Berufungsgerichts nur als eine fernliegende, aber immerhin als mögliche zuzulassen und zuzugeben ist, daß die Beklagte die Bestimmungen in den §§ 15, 16 so, wie sie das Berufungsgericht auslegt, gemeint hat, kann das zu keinem dem Kläger ungünstigen Ergebnis führen. Es liegt dann, da der § 16 keinen Hinweis auf § 15 enthält und deshalb aus ihm, mindestens für den nicht Rechtsverständigen, nicht zu entnehmen ist, daß auch bei der besonders behandelten Inhaberpolice ebenfalls Anzeige von der Abtretung gemäß § 15 zu erstatten ist, eine Unklarheit der Bestimmungen vor. Unklarheiten in den von ihr entworfenen Versicherungsbedingungen gehen aber nach der ständigen Rechtsprechung des Reichsgerichts zu Lasten der Gesellschaft. Deshalb kann die Beklagte auch aus diesem Grunde nicht für berechtigt erachtet werden, die Forderungsberechtigung des Klägers unter Berufung auf § 15 der Bedingungen in Abrede zu stellen." ...

---

7. Ist die Fristsetzung des § 643 BGB. auch in dem Falle erforderlich, daß die vom Besteller vorzunehmende Handlung unmöglich geworden ist?

VII. Zivilsenat. Urt. v. 11. Oktober 1918 i. S. St. (Bekl.) w. Br. & Sohn (Kl.). Rep. VII. 114/18.

I. Landgericht Bochum.
II. Oberlandesgericht Hamm.

Aus den Gründen:

... „Die vom Berufungsrichter seiner Entscheidung gegebene Begründung hat folgenden Inhalt. Das zwischen den Parteien bestehende Vertragsverhältnis i. S. des § 645 Abs. 1 Satz 2 BGB. sei aufgehoben worden; die Beklagte habe es nämlich unterlassen, die Fundamentierung, welche zur Fertigstellung der von der Klägerin zu liefernden Arbeiten erforderlich gewesen sei, rechtzeitig herzustellen. Sie sei deswegen in Verzug der Annahme der ihr von der Klägerin angebotenen Leistung geraten, als infolge des Ausbruchs des Krieges sowohl die von der Beklagten herzustellende weitere Fundamentierung als auch die völlige Vertragserfüllung seitens der Klägerin unmöglich wurde, so daß es einer Fristsetzung seitens der Klägerin gemäß § 643 BGB. nicht bedurft hätte. Die gegen diese Begründung seitens der Revision erhobenen Rügen gehen fehl.

Der Berufungsrichter hat keineswegs verkannt, daß der § 643 seinem Wortlaute nach die Aufhebung des Vertrags davon abhängig macht, daß der Unternehmer dem Besteller, der in Annahmeverzug gekommen ist, eine angemessene Frist zur Nachholung der unterlassenen Handlung mit der Erklärung bestimmt, daß er den Vertrag kündige, wenn die Handlung nicht bis zum Ablaufe der Frist vorgenommen werde. Der Berufungsrichter ist aber der Ansicht, daß es einer solchen Fristsetzung dann nicht bedarf, wenn die vom Besteller vorzunehmende Handlung, wie es vorliegend unbestritten geschehen ist, inzwischen unmöglich geworden ist. Dieser Auffassung ist beizutreten. Wenn es auch für angezeigt erachtet ist, in den § 634 BGB. bezüglich der von dem Unternehmer vorzunehmenden Handlung (Beseitigung eines Mangels) die ausdrückliche Bestimmung aufzunehmen, daß es einer Fristsetzung im Falle der Unmöglichkeit der Beseitigung des Mangels nicht bedarf, so ist damit doch nur ein allgemeiner Gedanke zum Ausdruck gebracht, dessen Anwendung auf den Gläubigerverzug nicht zu beanstanden ist. Nicht der Umstand, daß der Unternehmer zur Beseitigung des Mangels schuldnerisch verpflichtet ist, rechtfertigt die im § 634 enthaltene Vorschrift, wie die Revision meint, sondern die ganz allgemeine Erwägung, daß es sinn- und zwecklos sein würde, dem Vertragsgenossen zur Vornahme einer Handlung eine Frist zu bestimmen, obgleich die Unmöglichkeit, diese Handlung vorzunehmen, feststeht." . . .

---

8. 1. Kann dem Staate, der gemäß § 12 des Unfallfürsorgegesetzes für Beamte und für Personen des Soldatenstandes vom 18. Juni 1901 (RGBl. S. 211) auf Ersatz des dem verunglückten Beamten zu zahlenden Ruhegehalts klagt, mit Erfolg eingewendet werden, der Unfall habe die Dienstunfähigkeit nicht herbeigeführt und die Zuruhesetzung sei deshalb nicht gerechtfertigt?

2. Bedarf es für den in dieser Vorschrift vorausgesetzten ursächlichen Zusammenhang zwischen dem Unfall und der Zuruhesetzung des verunglückten Beamten stets der Feststellung des Gerichts, daß der Beamte infolge des Unfalls dienstunfähig geworden ist?

VI. Zivilsenat. Urt. v. 14. Oktober 1918 i. S. Kreis Hadersleben (Bekl.) w. Reichspostfiskus (Kl.). Rep. VI. 190/18.

I. Landgericht Flensburg.
II. Oberlandesgericht Kiel.

Am 5. Juni 1912 entgleiste ein Zug der von dem Beklagten betriebenen Kleinbahn Scherrebeck-Oberjersdal infolge falscher Weichenstellung. Hierbei erlitt der im Dienste des Klägers stehende Postschaffner A., der den Zug postdienstlich zu begleiten hatte, eine Beschädigung, wegen deren er unter dem 10. September 1914 zum 1. Januar 1915 in den Ruhestand versetzt worden ist. Sein Ruhegehalt beträgt jährlich 1347 *M*. Diesen Betrag verlangt der Kläger vom Beklagten ersetzt für die Zeit vom 1. Januar 1915 bis zum vollendeten 65. Lebensjahre des Verunglückten (1. August 1934), eventuell bis zu dessen vorher eintretendem Tode. Rechtlich wird dieses Begehren gestützt auf § 1 des Haftpflichtgesetzes und § 12 des Unfallfürsorgegesetzes für Beamte und für Personen des Soldatenstandes vom 18. Juni 1901. Die Vorinstanzen willfahrten dem Klagbegehren. Die Revision des Beklagten hatte keinen Erfolg.

Aus den Gründen:

„Der Beklagte hat bestritten, daß die Zuruhesetzung des A. eine notwendige Folge des Unfalls gewesen sei, und hat sich dafür auf das Gutachten der chirurgischen Universitätsklinik zu K. vom 26. Juni 1917 berufen, wonach A. nicht dienstunfähig war oder ist, eine Versetzung in den Ruhestand wegen des Unfalls vom 5. Juni 1912 nicht erforderlich, vielmehr höchstens nach dem Maßstabe des allgemeinen Arbeitsmarkts eine Arbeitsbeschränkung von 10% eingetreten war.

Das Berufungsgericht stellt fest, daß die Beschädigung, wegen deren die Zuruhesetzung erfolgt ist, eine Folge des Unfalls gewesen sei. Es führt aus, daß dem Verunglückten gegenüber vom Beklagten nicht mit Erfolg eingewendet werden könnte, die Zuruhesetzung sei zu Unrecht erfolgt, weil eine dauernde Dienstunfähigkeit nicht vorgelegen habe; hierüber habe lediglich die vorgesetzte Dienstbehörde zu befinden und eine Nachprüfung ihrer Entscheidung sei den Gerichten nicht verstattet. Ein eigenes Verschulden könne dem Kläger — in Ansehung der Prüfung und Entscheidung bezüglich der Dienstfähigkeit des A. — gleichfalls nicht mit Erfolg entgegengehalten werden, weil dem Kläger kein selbständiges Klagrecht, sondern nur ein solches aus der Person des A. zustehe. Es falle aber auch tatsächlich dem Kläger in der Person seiner berufenen Vertreter kein solches Verschulden zur Last; die Annahme, daß A. dienstunfähig sei, finde in den Feststellungen der Ärzte und in deren Gutachten eine ausreichende Grundlage.... Das erst nach der Zuruhesetzung ergangene Gutachten der Klinik zu K. vom 26. Juni 1917 könne für die Frage, ob der Kläger nach dem Materiale, das ihm zur Zeit seiner Anordnung vom 10. September 1914 vorgelegen habe, fahrlässigerweise die Außerdienststellung verfügt habe, keine Verwendung finden.

Gegen diesen letztangeführten Satz wendet sich die Revision: das Berufungsgericht habe insbesondere im Hinblick auf das Gutachten vom 26. Juni 1917 würdigen müssen, ob, worauf schon die Berufungsbegründung hingewiesen habe, A. infolge des Unfalls dienstunfähig geworden sei. Diese Frage sei der Beurteilung der Gerichte nicht entzogen. Zu Unrecht habe sich das Berufungsgericht auf die Frage beschränkt, ob der Klage ein Einwand aus § 254 BGB. entgegengestellt werden könne.

Die Revision war zurückzuweisen. Die Regelung des § 12 UFG. dient dazu, der Person, die im Ergebnis durch den von dem Dritten zu vertretenden Unfall in ihrem Vermögen beschädigt ist, so dem Staate, der den verunglückten Beamten vorzeitig zuruhesetzen und zugleich an seiner Stelle einen neuen Beamten anstellen muß, auf einem Umwege Schadensersatz zu verschaffen (RGZ. Bd. 73 S. 216). Nach allgemeinen

Rechtssätzen kann solcher nicht verlangt werden; dem Kläger als nur mittelbar Verletzten steht weder nach § 823 BGB. vergl. mit §§ 844, 845 noch nach den Vorschriften des Reichshaftpflichtgesetzes ein Schadensersatzanspruch zu. Es steht ihm nur nach § 12 UFG. ein Anspruch gegen den Beklagten zu, dieser übrigens auch dann, wenn er, was ja nicht ausgeschlossen ist, durch die Zuruhesetzung des Beamten gar keinen Schaden erlitten haben sollte. Dieser Anspruch ist hier der dem Verunglückten nach § 1 RHpflG. entstandene Anspruch, der alsbald mit seiner Entstehung in einem gewissen Umfang im Wege einer gesetzlichen Abtretung auf den Kläger übergegangen ist (RGZ. Bd. 80 S. 50, Bd. 82 S. 257, VI. 426/17).

Ob das Berufungsgericht auf dieser Grundlage den Vorwurf eines dem Kläger selbst bezüglich der Zuruhesetzung zur Last fallenden eigenen Verschuldens mit Recht für unstatthaft erklärt hat, kann dahinstehen; weder insoweit noch bezüglich der weiteren Ausführung, daß tatsächlich dieser Vorwurf nicht begründet sei, die Postbehörde vielmehr ohne Fahrlässigkeit die Zuruhesetzung des A. verfügt habe, ist ein Revisionsangriff erhoben worden. Dagegen ist es zu billigen, wenn das Berufungsgericht davon ausgegangen ist, daß darüber, ob A. in der Tat dienstunfähig geworden und deshalb die Zuruhesetzung auszusprechen war, lediglich die vorgesetzte Dienstbehörde zu entscheiden habe (§ 155 RBeamtG., vgl. RGZ. Bd. 82 S. 262) und ihre Entscheidung im Rechtswege nicht einer Nachprüfung auf ihre Richtigkeit unterzogen werden könne. Diese dem Beamtenverhältnis des Verunglückten entfließende Beschränkung, die, wenn er selbst dem dritten Schädiger gegenüber Entschädigungsansprüche wegen seiner Zuruhesetzung zu verfolgen hat, ihn des Nachweises überhebt, daß die Zuruhesetzung wegen eingetretener Dienstunfähigkeit geboten war, muß auch dann Platz greifen, wenn wie hier der Staat aus den Rechten des Verletzten den ihm in § 12 UFG. eingeräumten Schadensersatzanspruch gegen den Dritten verfolgt.

Auch der Kläger hat demgemäß im vorliegenden Falle nicht mehr darzutun, als daß zwischen dem Unfall und der Zuruhesetzung des Verunglückten ein ursächlicher Zusammenhang besteht solcher Art, daß er im Rechtssinne zu beachten ist. Ein solcher ist nicht ausschließlich bedingt durch die — von der Revision vermißte — Feststellung der Dienstunfähigkeit; er ist auch dann anzunehmen, wenn der Unfall zur Zuruhesetzung geführt hat und dieser Verlauf als adäquat, nicht als ungewöhnlich anzusehen ist. Ob eine willkürliche, etwa nur äußerlich an den Unfall anknüpfende Zuruhesetzung einerseits oder etwa ein bewußt unberechtigtes Herbeiführen der Zuruhesetzung seitens des Verunglückten anderseits als inadäquate Verursachung anzusehen oder ob insoweit nach der einen oder nach der andern Richtung überhaupt eine Unterbrechung des ursächlichen Zusammenhanges anzunehmen sein würde, braucht hier grundsätzlich nicht entschieden zu werden. Denn nach den vom Berufungsgericht einwandfrei und ohne Rechtsirrtum getroffenen Feststellungen trifft hier weder das eine noch das andere zu. Vielmehr ist festgestellt, daß ein sachlich berechtigtes, ordnungsmäßig verlaufendes behördliches Verfahren der Zuruhesetzung vorausgegangen ist, das an die unmittelbaren Unfallfolgen angeknüpft hat. Darin ist eine ausreichende Feststellung jenes ursächlichen Zusammenhanges zu finden, die die Entscheidung trägt." ...

---

9. 1. Natur des Rechtes des preußischen Staates an dem in seinem Gebiete liegenden Teile der Unterweser.
2. Verletzung dieses Rechtes durch unbefugte Ausübung der Fischerei seitens Dritter.
3. Zur Frage der Revisibilität von Privilegien.

Preuß. Wassergesetz vom 7. April 1913 §§ 7, 382; preuß. Fischereigesetz vom 11. Mai 1916 §§ 7, 8; BGB. § 905; ZPO. § 549.

VII. Zivilsenat. Urt. v. 11. Oktober 1918 i. S. Fischeramt Br. (Bekl.) w. den preuß. und den oldenburgischen Staat (Kl.). Rep. VII. 138/18.

I. Landgericht Oldenburg.
II. Oberlandesgericht daselbst.

Der Unterlauf der Weser steht, abgesehen von der unter bremischer Staatshoheit stehenden Strecke zwischen Bremen und Vegesack, teils unter der Hoheit des preußischen und teils unter der des oldenburgischen Staates. Die letzteren beiden Staaten, die jetzigen Kläger, behaupten, sie seien privatrechtlich Eigentümer dieses Unterlaufs. Sie hätten auch durch Ausübung der Fischerei seit unvordenklicher Zeit die Fischereigerechtigkeit dort erworben. Daneben stehe auf derselben Stromstrecke die Fischerei den „Bremer Fischern", d. h. solchen Mitgliedern der alten Fischergilde in Bremen zu, die Bremer Bürger seien. Diese Bremer „Amtsfischer" seien jetzt in dem beklagten Fischeramte zusammengeschlossen, dem juristische Persönlichkeit zukomme. Das Fischeramt habe dadurch in das Recht der Kläger eingegriffen, daß es seit mehreren Jahren alljährlich gegen Entgelt sogenannte Fischkarten an Personen ausgebe, die nicht Bremer Bürger und auch nicht Mitglieder des Fischeramts sind. Die Kläger beantragen danach im Wege der Klage, das Fischeramt zu verurteilen, sich bei einer vom Gerichte festzusetzenden Strafe jeder Störung des Eigentums der Kläger an den unter preußischer oder oldenburgischer Staatshoheit stehenden Teilen der Unterweser durch Ausgabe von sogenannten Fischkarten für diese

Stromteile an solche Personen zu enthalten, die nicht a) Bremer Bürger und b) Mitglieder des Fischeramts sind.

Das Landgericht gab dem Klagantrage statt. Die Berufung des Beklagten blieb erfolglos. Auch seine Revision wurde zurückgewiesen aus folgenden

Gründen:

... „Die Kläger gründen den Klaganspruch auf die Behauptung, daß jeder von ihnen privatrechtlicher Eigentümer des zu seinem Staatsgebiete gehörigen Teiles der Unterweser sei. Die Klage ist daher der aus dem § 1004 BGB. sich ergebende Rechtsbehelf und der Rechtsstreit eine bürgerliche Rechtsstreitigkeit im Sinne des § 13 GVG., sodaß an der vom Berufungsrichter festgestellten, auch in der jetzigen Instanz noch von Amts wegen zu prüfenden Zulässigkeit des Rechtswegs nicht zu zweifeln ist. Als Ausfluß ihres Eigentums machen die Kläger das Recht geltend, auf dem ihnen gehörigen Stromteile die Fischerei auszuüben. Sie behaupten aber ferner, es stände ihnen das Fischereirecht auch als selbständiges Recht auf Grund Gewohnheitsrechts und unvordenklicher Verjährung, bei dem Kläger zu 1 auch als Regal zu. Diese Behauptung ist zwar an sich geeignet, den Klaganspruch zu stützen (§§ 1090, 1027 BGB.); da aber ein Sonderrecht des Eigentümers an der ihm eigentümlich gehörigen Sache neben dem Eigentum wenigstens insoweit, als es sich um Fischereinutzung handelt, infolge der allumfassenden, schon aus dem Eigentum sich ergebenden Nutzungsbefugnisse des Eigentümers rechtlich ausgeschlossen ist, kann die Behauptung dieser engeren selbständigen Grundlage des Klaganspruchs nur in dem Sinne verstanden werden, daß sie gelten soll, wenn das Eigentum der Kläger nicht nachgewiesen werden sollte. Von der Prüfung dieser engeren Grundlage kann hier abgesehen werden, da, wie weiter unten sich zeigen wird, das Eigentum der Kläger dargetan ist. Sie stellen nicht in Abrede, daß der Beklagte befugt ist, die Fischerei auf der Unterweser selbst oder durch andere auszuüben, sie bestreiten aber den vom Beklagten in Anspruch genommenen Umfang seiner Befugnis. Für diesen Umfang ist dem Eigentümer gegenüber der angeblich Sonderberechtigte beweispflichtig. Sind also die Kläger Eigentümer, so hat der Beklagte ihnen gegenüber darzutun, daß er befugt ist, die Fischerei auf dem preußischen und oldenburgischen Anteile der Unterweser auch durch Ausgabe von Fischkarten an Personen auszuüben, die weder Bremer Bürger noch Mitglieder des Fischeramts sind. Dieser Nachweis ist nach der Meinung des Berufungsrichters nicht geführt.

Da nach Art. 69 EG. z. BGB. die landesgesetzlichen Vorschriften über Fischerei — abgesehen von der hier nicht in Betracht kommenden Ausnahme — vom Bürgerlichen Gesetzbuch unberührt geblieben sind, ist die Frage, ob der Beklagte das Fischereirecht und damit das Eigentum der Kläger beeinträchtigt hat, sowohl nach preußischem als auch nach oldenburgischem Landesrechte zu prüfen.

Von den preußischen für die Fischerei maßgebenden Rechtsnormen waren zur Zeit der Erlassung des Berufungsurteils in Geltung das am 1. Mai 1914 in Kraft getretene Wassergesetz vom 7. April 1913 und das am 15. April 1917 in Kraft getretene Fischereigesetz vom 11. Mai 1916. Beide Gesetze sind vom Berufungsrichter ohne Rechtsverstoß seiner Entscheidung zugrunde gelegt worden. Nach § 7 WG. und der Anlage dazu steht dem preußischen Staate an der Weser, einem Wasserlauf erster Ordnung, das Eigentum zu. Unter diesem Eigentum ist zweifellos, was auch, abgesehen vom Wortlaute des § 7 die Begründung des Gesetzentwurfs und die sonstige Entstehungsgeschichte des Gesetzes klar ergibt, Eigentum im Sinne des Bürgerlichen Gesetzbuchs zu verstehen. Dem Eigentumsbegriffe steht es auch nicht entgegen, daß gesetzlich die Befugnisse des Eigentümers am Strome durch die Vorschriften des § 9 Abs. 1, der §§ 40 bis 45 und durch die im § 25 enthaltenen Bestimmungen über den Gemeingebrauch am Wasserlauf eingeschränkt sind. Das privatrechtliche Eigentum des preußischen Staates am Strome ist als solches mit dem Inkrafttreten des Wassergesetzes entstanden, mag auch sein bisheriges Recht am Strome eine andere Rechtsnatur (z. B. die des sog. gemeinen Eigentums) gehabt haben. Gegenstand des Eigentums ist der „Wasserlauf". Ob der Begriff des Wasserlaufs auch das im Strome fließende Wasser mit umfaßt und auch dieses damit Gegenstand des Eigentums des preußischen Staates ist oder ob dies fließende Wasser sich seiner Natur nach der menschlichen Herrschaft und damit dem Eigentum entzieht — darüber herrscht auch jetzt noch Streit (vgl. Wassergesetz bei Holtz und Kreuz Bd. 1 S. 46 bis 50, Bitter und v. Kries S. 14 bis 19, Wulff und Herold S. 30/31, Lenhard und Reichau S. 24) —, bedarf hier keiner Entscheidung. Denn jedenfalls ergreift das Eigentum des Staates das Flußgrundstück, also das Flußbett und damit auch den über dem Bette innerhalb der Ufer befindlichen Raum, in dem sich das Flußwasser bewegt (§ 905 BGB), und jede vom Wassergesetze nicht besonders zugelassene, den Gemeingebrauch des § 25 überschreitende in diesem Raume durch unbefugte Dritte erfolgende Betätigung, auch solche durch Ausübung der Fischerei, stellt schon eine rechtswidrige Störung des Eigentums dar (RGZ. Bd. 53 S. 99; Jur. Wochenschr. 1914 S. 87 Nr. 17). Insbesondere ist das dem Staate als dem Eigentümer nach § 7 des Fischereigesetzes vom 11. Mai 1916 zustehende Fischereirecht am Strome verletzt, soweit der Beklagte nicht sein Gegenrecht nachweist. Das Wassergesetz hat weder das hier unstreitige Fischereirecht des Beklagten selbst noch auch seinen streitigen Umfang geändert, da nach § 382 das. die beim Inkrafttreten des Gesetzes bestehenden Rechte an einem Wasserlaufe, soweit sie auf besonderem Titel beruhen, — abgesehen von der dort bezeichneten, hier nicht in Betracht kommenden Ausnahme — mit dem bisherigen Inhalt aufrechterhalten blieben (ebenso § 8 FischG.).

Für die Entstehung seines Rechtes beruft sich der Beklagte auf Verleihung durch den Kaiser Karl V. Der Berufungsrichter gelangt aber im Wege der Auslegung der vom Beklagten beigebrachten Urkunden zu dem Ergebnis, daß in ihnen eine solche Verleihung nicht enthalten ist. Insbesondere stellt er den Inhalt der vom Kaiser Karl V. ausgestellten Urkunde vom 20. Juli 1541 dahin fest: Der Kaiser habe darin dem Bürgermeister und Rat der Stadt Bremen auf deren Bitte ihre Privilegien, insbesondere ihr Recht auf alle und jede Fischerei in der Weser, wie sie von alters Herkommen und Gebrauch sei, konfirmiert, bestätigt und erneuert. Hieraus folgert der Berufungsrichter, es handle sich in der Urkunde nicht um die Verleihung eines Rechtes, sondern um die Bestätigung eines schon vorhandenen Fischereirechts, dessen näherer Inhalt und Umfang sich aus der Urkunde nicht ergebe; dieser Mangel sei aus der Art der unvordenklichen Ausübung des Rechtes zu ergänzen, da aus ihr die Vermutung sich ergebe, daß das Recht in diesem Umfange begründet sei. Nach den eigenen Angaben des Beklagten sei aber das Fischereirecht seit unvordenklicher Zeit nicht anders als durch Bremer Fischer ausgeübt worden und deshalb sei der Klaganspruch gerechtfertigt. Diese Ausführungen lassen einen Rechtsirrtum nicht erkennen, und sie werden auch durch die Angriffe der Revision nicht erschüttert. Unbegründet ist freilich der Zweifel der Revisionsbeklagten, ob das Privileg Karls V. vom 20. Juli 1541 eine revisibele Rechtsnorm darstelle. In ständiger Rechtsprechung hat das Reichsgericht den Standpunkt vertreten, daß ein Privileg, außer wenn es durch lästigen Vertrag mit dem Regalherrn erworben ist, als eine objektive Rechtsnorm anzusehen ist und deshalb der Nachprüfung des Revisionsgerichts unterliegt, wenn sein Geltungsbereich sich — wie im vorliegenden Falle — über den Bezirk des Berufungsgerichts hinaus erstreckt und die Voraussetzungen des § 1 der Kais. Verordnung vom 28. September 1879 erfüllt sind (RG. Urteil IV. 402/85 Gruchot Bd. 30 S. 897, Urteil vom 8. November 1912 VII. 234/12, vom 23. September 1911 V. 70/11 Jur. Wochenschr. 1911 S. 989 Nr. 27, vom 14. November 1916 III. 217/1916 und vom 15. November 1917 IV. 346/1917). Bei der hiernach erforderlichen Nachprüfung ist aber das Revisionsgericht an die dem Privileg durch den Berufungsrichter gegebene Auslegung, soweit diese selbst nicht eine Rechtsverletzung enthält, gebunden. Eine solche Verletzung ist hier nicht zu finden, insbesondere nicht ein Verstoß gegen anerkannte Auslegungsgrundsätze. Grundlos ist die Rüge der Revision, der Berufungsrichter habe es abgelehnt, sich der Auslegung des Privilegs zu unterziehen. Der Berufungsrichter hat vielmehr die Auslegung dahin vorgenommen, daß es über den Inhalt und Umfang des in der Urkunde nur bestätigten, schon früher begründeten Fischereirechts nichts Ausreichendes ergebe. Daß diese Auslegung mit dem Inhalte der Urkunde unvereinbar sei, ist in keiner Weise erkennbar, auch von der Revision nicht dargelegt. Anhaltspunkte dafür, daß der Berufungsrichter nicht den gesamten Inhalt der Urkunde geprüft habe, sind nicht vorhanden.

Eine weitere Rüge der Revision betrifft folgenden Punkt. Sie führt aus, daß das Recht des Beklagten, das ihm als ein unbeschränktes verliehen sei, dadurch nicht zu einem beschränkten geworden sei, daß er sein Fischereirecht nur durch solche Fischer ausübte, die Bremer Bürger und Fischereiamtsgenossen waren; mit der Verwendung dieser Bürger und Mitglieder des Fischeramts habe sich das letztere keineswegs der Befugnis zur Verwendung anderer Personen bei der Ausübung des Rechtes begeben. Die Rüge geht fehl. Abgesehen davon, daß der Beklagte die Fischkarten an andere gegen Entgelt zu dem Zwecke abgibt, daß sie die Fischerei nicht für Rechnung des Beklagten, sondern für eigene Rechnung ausüben, der Beklagte also nicht sein Recht durch andere für sich ausübt, sondern die Ausübung anderen gegen Vergütung überläßt, ist schon der Ausgangspunkt der Rüge verfehlt. Denn die Feststellung des Umfanges des Fischereirechts des Beklagten beruht im Berufungsurteile nicht auf der Annahme, das ursprünglich unbeschränkt verliehene Recht habe durch unvollständige Ausübung während unvordenklicher Zeit hinterher eine Einschränkung erfahren, der Berufungsrichter folgert vielmehr aus der eingeschränkten Art der Ausübung während unvordenklicher Zeit, daß das Recht von vornherein nur in diesem eingeschränkten Umfange begründet worden sei. Diese Folgerung gehört lediglich dem Gebiete der Würdigung des Sachverhalts und des Beweisergebnisses an und ist frei von Rechtsirrtum.

Gegenüber der Klage des Staates Oldenburg ist die Entscheidung des Berufungsrichters in der jetzigen Instanz insoweit nicht anzufechten, als sie sich auf irrevisibele oldenburgische Rechtsnormen stützt (§ 549 ZPO.). Auch der jetzigen Entscheidung ist daher die Feststellung des Berufungsrichters zugrunde zu legen, daß nach oldenburgischem Rechte der oldenburgische Staat Eigentümer des in seinem Gebiete liegenden Teiles der Unterweser ist und daß ihm dort das Fischereirecht zusteht. Das Fischereirecht des Beklagten hält der Berufungsrichter dadurch für beseitigt, daß durch den Art. 64 § 2 des Revidierten Staatsgrundgesetzes für Oldenburg vom 22. November 1852 bestimmt ist, Fischereigerechtigkeiten in fremden Gewässern würden ohne Entschädigung aufgehoben. Diese nach § 9 der Kaiserlichen Verordnung vom 28. September 1879 revisibele Rechtsnorm bezeichnet die Revision als verletzt, eine solche Verletzung ist aber nicht erkennbar. Zunächst zieht die Revision ohne Grund in Zweifel, daß der oldenburgische Staat ein vom Kaiser Karl V.

verliehenes oder doch bestätigtes Fischereirecht im Wege der Gesetzgebung habe beseitigen können. Das Fischereirecht des Beklagten ist ein Privatrecht vermögensrechtlicher Art an einer zum Staatsgebiet Oldenburgs gehörigen Sache, und es bestand für diesen souveränen Staat keine rechtliche Schranke, auf gesetzlichem Wege die vermögensrechtlichen Verhältnisse an dem seiner Staatshoheit unterworfenen Stromteile zu ordnen und auch jenes Recht zu beseitigen (Art. 69 EG. z. BGB.). Dabei macht es keinen Unterschied, ob die Aufhebung gegen Entschädigung oder ohne eine solche erfolgt ist und ob der Berechtigte dem oldenburgischen Staate oder einem anderen Staate angehörte. Die Frage, ob dem Beklagten trotz der Vorschrift des Art. 64 aus der Aufhebung seines Rechtes gegen den aufhebenden Staat etwa Entschädigungsansprüche kraft öffentlichen Rechtes zustehen, bedarf im vorliegenden Rechtsstreite keiner Erörterung.

Die im Art. 64 angeordnete Aufhebung hat auch das Recht des Beklagten am Weserstrome getroffen. Zwar vertritt der Beklagte die Ansicht, die Vorschrift des Art. 64 habe nur die Fischerei in Privatgewässern, nicht auch diejenige in öffentlichen Gewässern zum Gegenstande der Aufhebung gemacht, aber diese Einschränkung findet im Wortlaut und Sinne der Vorschrift, die in ganz allgemeiner Fassung „Fischereigerechtigkeiten in fremden Gewässern" aufhebt, keine Stütze. Für eine solche Einschränkung weist die Revision darauf hin, daß auch der Art. 1 Nr. 7 und der Art. 12 des preuß. Ergänzungsgesetzes zur Gemeinheitsteilungsordnung vom 2. März 1850 sich nur auf Privatgewässer beziehe; dieser Hinweis erledigt sich aber dadurch, daß in dem letzteren Gesetz an den bezeichneten Stellen ausdrücklich nur von der Fischerei in stehenden oder fließenden „Privatgewässern" die Rede ist. Demgegenüber ergibt der Inhalt des Art. 64 des oldenburgischen Staatsgrundgesetzes, daß er auch Rechte öffentlichrechtlicher Art, also auch die Rechte an öffentlichen Gewässern hat treffen sollen, denn es sind im Art. 64 § 2 auch das Jagd- und Fischereiregal, die Jagdhoheit und sämtliche Jagdgesetze als aufgehoben bezeichnet. Was aus dem von der Revision als verletzt bezeichneten § 4 das. zu ihren Gunsten folgen solle, ist nicht zu erkennen. Nach dieser Vorschrift darf das Fischereirecht in fremden Gewässern in Zukunft „nicht wieder als Grundgerechtigkeit bestellt werden". Daraus ist für die Revision nur zu entnehmen, daß das Fischereirecht früher auch an Privatgewässern als Grundgerechtigkeit bestellt werden konnte. Die Bezugnahme der Revision auf das oldenburgische Fischereigesetz vom 17. März 1879, das übrigens nur Vorschriften über die Ausübung der Fischerei, nicht aber über das Recht zur Ausübung enthält, erledigt sich schon dadurch, daß dieses Gesetz irrevisibel ist. Sollte aber selbst das Fischereirecht des Beklagten auch als gegenüber dem Staate Oldenburg noch bestehend anzuerkennen sein, so würden doch hinsichtlich des jetzt allein streitigen Umfanges dieses

Rechtes gegen den Beklagten alle oben in dieser Beziehung angestellten Erwägungen zutreffen, die zur Verurteilung des Beklagten gegenüber der Klage des preußischen Staates führen mußten." ...

---

10. Wann dienen Einzahlungen auf Anteilscheine gewerkschaftlich betriebener Bergwerke zur Deckung von Betriebsverlusten, wann sind sie zur Erhaltung des Betriebes in seinem bisherigen Umfange bestimmt, und wann werden sie dazu verwendet?

Tarifnr. 1d des Reichsstempelgesetzes vom 15. Juli 1909.

VII. Zivilsenat. Urt. v. 15. Oktober 1918 i. S. Gewerkschaft des Braunkohlenwerks L. (Kl.) w. preuß. Staat (Bekl.). Rep. VII. 175/18.

I. Landgericht Cöln, Kammer für Handelssachen.
II. Oberlandesgericht daselbst.

Die Klägerin betreibt ihr Bergwerk in der Weise, daß sie die geförderte Braunkohle an Ort und Stelle in zwei Brikettfabriken — im folgenden mit I und II bezeichnet — zu Briketts preßt und diese dann verkauft. Ihr Geschäftsjahr läuft vom 1. April des einen bis zum 31. März des folgenden Jahres. Die für den 31. März 1912 aufgestellte Gewinn- und Verlustrechnung schloß mit einem Verluste von 673747,51 *M* ab. Zu dessen Deckung schrieb die Klägerin im Mai 1912 eine Einzahlung (Zubuße) von 675000 *M* aus. Den vom Beklagten nach Tarifnr. 1d des Reichsstempelgesetzes vom 15. Juli 1909 erforderten Stempel hat die Klägerin mit 20250 *M* unter Vorbehalt der Rückforderung bezahlt. Ihre Klage auf Zurückzahlung dieses Betrags wurde vom Landgericht abgewiesen, die schließlich nur in Höhe von 20211 *M* aufrecht erhaltene Berufung vom Oberlandesgerichte zurückgewiesen. Auch ihre Revision wurde zurückgewiesen aus folgenden

Gründen:

... „Nach den Vorschriften der Tarifnr. 1d RStempG. vom 15. Juli 1909 — jetzt Tarifnr. 1b RStempG. vom 3. Juli 1913 — unterliegen alle Einzahlungen, die nach dem 1. August 1909 auf Anteilscheine gewerkschaftlich betriebener Bergwerke ausgeschrieben sind, einem Stempel von 3 v. H. des Betrags der Einzahlung, soweit solche nicht zur Deckung von Betriebsverlusten dienen oder zur Erhaltung des Betriebes in seinem bisherigen Umfange bestimmt sind und verwendet werden. Die Klägerin vertritt die Ansicht, daß die von ihr ausgeschriebene Einzahlung unter die Befreiungsvorschrift falle, soweit sie zur Deckung des rechnungsmäßigen Verlustes von 673747,51 *M* bestimmt gewesen sei. Über die Entstehung des Verlustes hat sie folgende, vom Beklagten bestrittene, aber von den Instanzgerichten als richtig unterstellte Behauptungen vorgetragen.

Im Jahre 1906 habe sie mit der Erschließung der Grube und dem Baue der erforderlichen Anlagen begonnen. Die Brikettfabrik I mit einer Leistungsfähigkeit von 150000 Tonnen jährlich sei am 1. April 1909, die Brikettfabrik II mit einer Leistungsfähigkeit von 250000 Tonnen jährlich sei im Sommer 1910 betriebsfähig geworden. Die Bauten habe sie zum größten Teile mit geliehenem Gelde ausgeführt, die während der Bauzeit aufgewendeten Zinsen und Kosten habe sie den Anlagekonten zugeschrieben. Das erste Geschäftsjahr 1909/10, während dessen nur die Brikettfabrik I in Betrieb gewesen sei, habe bei 75977,48 M Einnahmen, 111177,02 M Generalunkosten und 19206,24 M laufenden Zinsen mit einem Verluste von 54405,78 M abgeschlossen. Im zweiten Geschäftsjahre sei außer der Brikettfabrik I während etwa 6 Monaten auch die Brikettfabrik II in Betrieb gewesen. Dieses Jahr habe bei 147575,82 M Einnahmen, 105536,17 M Generalunkosten und 461640,22 M laufenden Zinsen zu einem Verluste von 419600,82 M — rechnerisch richtig 419600,57 M — geführt. Im Geschäftsjahre 1911/12 endlich seien beide Brikettfabriken in Betrieb gewesen, es habe bei 569463,84 M Einnahmen, 112146,22 M Generalunkosten, 509043,53 M laufenden Zinsen und Anlage einer Erneuerungsmasse von 148015,00 M einen Verlust von 199740,91 M ergeben. Der Gesamtverlust von 54405,78 + 419600,82 + 199740,91 = 673747,51 M sei darauf zurückzuführen, daß die Klägerin wegen mangelnder Aufträge die Leistungsfähigkeit ihrer Fabriken nicht habe ausnützen können. Die Beschäftigung habe im Jahre 1909/10 nur 2567 Tonnen, 1910/11 42530 und 1911/12 148015 Tonnen betragen.

Bei seiner Beurteilung des Sachverhalts geht das Oberlandesgericht übereinstimmend mit der herrschenden Lehre und Verwaltungsübung richtig davon aus, daß die Brikettfabriken der Klägerin, weil am Gewinnungsorte der Kohle zur Bearbeitung der eigenen Förderung errichtet, als zum Bergwerke selbst gehörige Betriebsanstalten anzusehen sind. Es weist die Klage ab, weil die für das Baukapital gezahlten Zinsen mit dem Betriebe des Bergwerks nichts zu tun hätten und deshalb aus den Betriebseinnahmen nicht zu decken seien, und weil die Erneuerungsmasse nur buchmäßig zurückgestellt sei, also keine tatsächliche Ausgabe für die Erhaltung des Betriebes im bisherigen Umfange bedeute

Der Revision ist zuzugeben, daß die Auffassung des Oberlandesgerichts über die Zinsen nicht gebilligt werden kann. Seine Forderung kommt darauf hinaus, daß jede Gewerkschaft an sich nur mit eigenem Kapitale bauen darf und daß sie, wenn sie dazu fremdes Kapital verwendet hat, die Zinsen für dieses bei der Ermittelung eines etwaigen Betriebsverlustes außer Betracht lassen muß. Das Gesetz schränkt indessen die finanzielle Bewegungsfreiheit gerade der Gewerkschaften in dieser Weise nicht ein, droht ihnen auch nirgends steuerliche Nachteile für das Arbeiten mit fremdem Kapital an; vgl. die Entscheidung des erkennenden Senats vom 1. März 1907, VII. 199/06, bei Holdheim Bd. 17 S. 75 flg. und Jur. Wochenschr. 1907 S. 285, in der ebenfalls die finanzielle Bewegungsfreiheit der Gewerkschaften anerkannt ist. Auch für sie muß, und zwar auch in steuerlicher Beziehung, der allgemeine Grundsatz gelten, daß die laufenden Ausgaben aus den laufenden Einnahmen zu decken sind. Ein Unternehmen, das mit fremdem Kapital arbeitet, hat Zinsen aufzuwenden, einem Unternehmen, das mit eigenem Kapital arbeitet, entgehen die Zinsen für dieses, im wirtschaftlichen Ergebnis gleicht sich das aus (vgl. Rehm, Bilanzen der Aktienges. 2. Aufl. S. 374). Wie ein Unternehmen sich einrichten will, muß mangels einschlägiger gesetzlicher Bestimmungen ihm allein überlassen bleiben.

Bei der Beratung der in Rede stehenden Tarifvorschrift in der Reichstagskommission (Session 1898/1900 Drucks. Nr. 870 S. 24) ist darauf hingewiesen worden, daß die Gewerkschaften nicht gleich bei Beginn ihres Unternehmens den vollen Kapitalbetrag einforderten, sondern erst allmählich mit fortschreitendem Ausbau des Bergwerks von den Gewerken Einzahlung forderten, daß aber gerade die großen und kapitalkräftigen Unternehmen, die man in erster Linie zu der Steuer heranzuziehen wünsche, durch Ausnützen ihres Bankkredits das Einfordern von Zubußen und damit das Zahlen der Steuer vermeiden könnten. Ähnliche Gedanken sprach der preußische Handelsminister in der Vollversammlung des Reichstags vom 8. Juni 1900 aus (Sten. Ber. S. 5876). Es wird also damit gerechnet, daß fremdes Kapital zum Baue des Bergwerks verwendet wird, es wird das aber nicht als unzulässig oder irgendwie bedenklich, vielmehr als ganz selbstverständlich hingestellt. Es wird auch nicht der Versuch gemacht, daran steuerliche Nachteile zu knüpfen, etwa durch Ausschalten der Zinsen des fremden Baukapitals aus der Berechnung eines Betriebsverlustes, wie es jetzt das Oberlandesgericht vornimmt. Dieses folgt dabei im wesentlichen dem in dem vorliegenden Stempelstreit ergangenen Erlaß des preußischen Finanzministers vom 29. März 1913 — IV. 1429 —, der zwischen den Zinsen für ein aufgenommenes Baukapital und den allein aus den Einnahmen zu bestreitenden Zinsen für Darlehen unterscheiden will, die zur Deckung von Betriebsverlusten oder zur Erhaltung des Betriebes im bisherigen Umfang aufgenommen sind. Der Erlaß geht also noch etwas weiter als das Oberlandesgericht, denn dieses scheidet bei der Ermittelung eines Betriebsverlustes nur gewisse Zinsen aus, während der Erlaß überhaupt nur bestimmte Zinsen zulassen will, z. B. also nicht die Zinsen für ein bei Beginn des Betriebes aufgenommenes Betriebskapital. Worauf sich die von ihm vorgenommene Unterscheidung gründet, sagt der Erlaß nicht, eines näheren Eingehens darauf bedarf es deshalb nicht.

Mit dieser Ablehnung des vom Oberlandesgerichte hinsichtlich der Zinsausgaben vertretenen Standpunkts — auf seine Ausführungen über die Erneuerungsmasse wird später zurückzukommen sein — ist aber die Frage noch nicht entschieden, ob die streitige Befreiungsvorschrift zugunsten der Klägerin anzuwenden ist. Der Stempel auf Kuxe ist aus einem im Reichstage gestellten Antrage (Drucks. Nr. 713 a. a. O.) hervorgegangen, der auch bei den Bergwerksgesellschaften den allgemeinen Gedanken der Stempelgesetzgebung durchführen, das auf dem öffentlichen Markte sich zeigende Kapital mit einer Steuer belegen wollte (Sten. Ber. S. 5879). Im Sinne ausgleichender Gerechtigkeit sollten die Bergwerksgesellschaften den Aktiengesellschaften möglichst gleichgestellt werden (KommBer. S. 22, Sten. Ber. S 5877 u. öfter). Die Einzahlungen auf Kuxe sind erst durch Anträge in der Reichstagskommission (Ber. S. 23flg.) steuerlich erfaßt worden. Dabei wurde erwogen, daß die Einzahlungen nicht immer „als Kapitalzuwachs und eine Verbesserung der Vermögenslage" anzusehen seien, daß sie vielfach „zur Deckung von unerwarteten Betriebsverlusten" eingefordert werden müßten. Stempelpflichtig wollte man deshalb nur diejenigen Zahlungen machen, die nicht nachweislich zur Deckung von Betriebsverlusten dienten. Die Kommission verkannte nicht, daß es im einzelnen Falle schwierig sein werde, zu entscheiden, ob ein Betriebsverlust vorliege, hielt es nicht für möglich, im Gesetze selbst genaue Bestimmungen darüber zu treffen, konnte sich aber auf Vorschläge (a. a. O. S. 25), diese Entscheidung dem Bundesrat oder den Steuerdirektivbehörden zu übertragen, nicht einigen. Die daraufhin zunächst gewählte Fassung, daß stempelpflichtig seien Einzahlungen, soweit sie nicht zur Deckung von Betriebsverlusten dienten, wurde bei der zweiten Beratung in der Vollversammlung allgemein als unbefriedigend empfunden; Sten. Ber. S. 5872 (Abg. Graf v. Oriola), 5873 (Abg. Richter), 5875 (Abg. Hilbek: „es ist durchaus nicht alles Betriebsverlust, was unglückliche Zufälle dem Bergbau aufbürden"), 5876 (Handelsminister Brefeld). Als neues Unterscheidungsmerkmal wurde hervorgehoben, daß nur Einzahlungen stempelpflichtig sein sollten, die zur Erweiterung des Geschäftsbetriebes dienten — a. a. O. S. 5872 (Abg. Graf v. Oriola) —, auch dieser Begriff wurde aber bemängelt, a. a. O. S. 5876 (Handelsminister Brefeld). Ein Antrag „zur näheren Kennzeichnung des Begriffs Betriebsverlust", der in der zweiten Beratung angekündigt war (a. a. O. S. 5872), wurde zur dritten Beratung gestellt (Drucks. Nr. 902 a. a. O.) und gab dem Gesetzentwurfe durch Einfügung der Worte: „oder zur Erhaltung des Betriebes in seinem bisherigen Umfange bestimmt sind und verwendet werden" die zum Gesetze erhobene Fassung. Zur Begründung des Antrags wurde vom

Abg. Hilbek (a. a. O. S. 6017) ausgeführt, daß beim Bergbau eine große Menge Ausgaben erforderlich sei, nicht um den Betrieb zu erweitern, sondern um ihn im Kampfe mit den Naturgewalten in seinen seitherigen Grenzen weiterzuführen, und daß die dafür nötigen Ausgaben, wenn sie durch Zubuße aufgebracht würden, nach dem Sinne der Antragsteller von der Steuer freibleiben sollten. Über die dabei in Frage kommenden Aufwendungen fügte er eine Aufzählung von Beispielen an, die später in die AusfBest. des Bundesrats zum Reichsstempelgesetz und sodann in die Grundsätze zur Auslegung des Reichsstempelgesetzes (I. 3 das.) übergegangen ist (Kunckels Ztschr. 1912 S. 149). Die Beispiele betreffen sämtlich Ausgaben, die in dem eigentlich bergmännischen Betrieb und in den dabei vorkommenden Ereignissen begründet sind.

Nach dieser Entstehungsgeschichte des Gesetzes handelt es sich bei beiden Ausnahmen der Steuerpflicht, bei den Einzahlungen zur Deckung eines Betriebsverlustes und zur Erhaltung des Betriebes in seinem bisherigen Umfange, weniger um zwei verschiedene Fälle als um zwei verschiedene Erscheinungsformen desselben Falles, daß nämlich durch „Unglücksfälle" oder sonstige Ereignisse, wie sie die „Natur des Bergwerkbetriebes" und der dort herrschende „Kampf mit den Naturgewalten" mit sich bringt, „unerwartete" Ausgaben entstehen, die entweder sofort durch Einzahlungen gedeckt werden oder am Schlusse des Rechnungsjahres einen Verlust begründen. Jedenfalls bedeutet aber — und das verkennt die Revision — das Wort „Betrieb" in der Verbindung „Betriebsverlust" dasselbe wie in der Verbindung „zur Erhaltung des Betriebes in seinem bisherigen Umfange", nämlich den technischen Betrieb des Bergwerks und der zu ihm gehörigen Anstalten im Gegensatze zu dem allgemein-geschäftlichen, mehr kaufmännischen Betriebe des ganzen Unternehmens. Diesen zu begünstigen, lag kein Anlaß vor. Es würde das sogar gegenüber den Aktiengesellschaften eine Unbilligkeit bedeutet haben.

So hat denn auch der erkennende Senat in seinen Urteilen vom 30. September 1902 (RGZ. Bd. 52 S. 189 flg., bei Gruchot Bd. 47 S. 435 flg.) ausgesprochen, daß von einem Betriebsverlust erst die Rede sein könne, wenn mit der ertragbringenden Tätigkeit der Förderung des Minerals begonnen sei, und in dem Urteile vom 9. Januar 1917 (RGZ. Bd. 89 S. 311 flg., 314) wird unter Betrieb der technische Betrieb verstanden. Für steuerpflichtig ist danach stets erachtet worden das in Form von Zubußen aufgebrachte, zur ersten Herstellung des Bergwerks oder zu seiner Erweiterung verwendete Kapital, das sogenannte Anlagekapital und sein wirklicher Zuwachs. Für nicht stempelpflichtig dagegen ist angesehen worden eine Zubuße, welche erhoben wurde, um das Anlagekapital unversehrt zu lassen oder in seinem ursprünglichen Umfange wiederherzustellen (vgl. die oben bereits angezogene

Entscheidung des Senats vom 1. März 1907 und RGZ. Bd. 89 S. 311 flg.). In dem ersteren Falle handelte es sich um nicht näher bezeichnete Anlagen, die aber erweislich unter die in die Ausführungsbestimmungen übergegangenen Beispiele des Abg. Hilbek fielen, in dem zweiten Falle stand die Wiederherstellung eines durch ein Schlagwetter zum großen Teile zerstörten Bergwerks in Frage.

Im Gegensatze dazu ist vorliegend der Verlust durch mangelnde Beschäftigung des Bergwerks und durch das Ausscheiden einer Erneuerungsmasse entstanden. Die ungenügende Beschäftigung hat mit dem eigentlichen technischen Betrieb und seinen Gefahren nichts zu tun, sie beeinträchtigt auch nicht das Anlagekapital, sie führt nur zu einer stärkeren Beanspruchung des Betriebskapitals. Dieses hat vorliegend nicht ausgereicht und mußte deshalb durch Einfordern einer Zubuße vergrößert, oder, wenn man es durch die Zinszahlungen als teilweise aufgezehrt ansehen will, zu diesem Teile wieder ergänzt werden. In dem ersteren Falle würde man von einer wirklichen Kapitalerweiterung sprechen können, in dem zweiten Falle würde es sich zwar um eine Wiederherstellung des Kapitals in seinem bisherigen Umfange handeln, aber nicht des Anlage-, sondern des Betriebskapitals. In beiden Fällen ist die Steuerpflicht gegeben. Zutreffend heißt es in dem Erlasse des Reichskanzlers (Reichsschatzamts) vom 28. Juni 1912 (abgedr. in Kunckels Ztschr. Bd. 12 S. 212): „Ist der Bergwerksbetrieb selbst in ordnungsmäßigem Stande und haben nur die Betriebskapitalien der Gewerkschaft aus welchem Grunde immer eine Verminderung erfahren, so bedeuten m. E. die zu ihrer Auffüllung ausgeschriebenen Zubußen übrigens auch einen Kapitalzuwachs und eine Verbesserung der Vermögenslage.... Von dieser Auffassung habe ich mich sowohl in dem in Rede stehenden Falle" — d. h. bei der Einziehung einer Zubuße zur Tilgung einer Wechselverbindlichkeit der Gewerkschaft, die dadurch entstanden war, daß der Grubenvorstand widerrechtlich einen Wechsel mit dem Giro versehen hatte — „als auch in einem andern, in dem die Geschäftsbetriebsmittel der Gewerkschaft durch ungünstigen Verkauf der Bergwerkserzeugnisse zurückgegangen waren, für die Steuerpflichtigkeit der ausgeschriebenen Zubußen ausgesprochen." Die Erläuterungsbücher zum Reichsstempelgesetze von Greiff, 2. Aufl., S. 457 und Weinbach, 2. Aufl., S. 368 meinen, daß diesen Sätzen die oben bereits erwähnten Entscheidungen des Senats vom 30. September 1902 widersprächen. Ein solcher Widerspruch ist aber nicht ersichtlich. In den dort entschiedenen Fällen war vor der Eröffnung des Bergwerkbetriebes Anlagekapital durch Zubußen aufgebracht, und diese sind für steuerpflichtig erachtet worden. Erwähnt ist aus der Entstehungsgeschichte des Gesetzes, daß man alle Einzahlungen von der Besteuerung befreien wollte, die nicht der Erweiterung des Betriebes dienten. Dieser Satz bezieht sich aber nach dem ganzen

Zusammenhang, in dem er gesprochen ist, nur auf Einzahlungen, die das Anlagekapital, nicht solche, die das Betriebskapital betreffen. Nur in diesem Sinne ist er auch in jenen Entscheidungen angeführt.

Zu den Ausführungen des Berufungsrichters über die Erneuerungsmasse bemerkt die Revision, daß das Ausscheiden der Erneuerungsmasse einer Abschreibung gleichstehe und daß es sich in beiden Fällen um den Ausgleich einer wirklichen Entwertung der Anlagen handele. Diese sei jetzt schon vorhanden, könne aber der Natur der Sache nach durch tatsächliche Auslagen erst dann beseitigt werden, wenn zu einer Neuanschaffung geschritten werden müsse. Es ist der Revision zuzugeben, daß die Entwertung der Anlagen durch den Gebrauch einen Verlust darstellt, und zwar einen Betriebsverlust, da er auf dem eigentlichen, technischen Betriebe des Werkes beruht; vermindert wird das Anlagekapital, nicht das Betriebskapital. Aber durch das Ausscheiden einer Erneuerungsmasse und durch die zu diesem Behufe ausgeschriebene Einzahlung wird der Betriebsverlust nicht gedeckt, es wird nur eine Masse geschaffen, aus der er künftig einmal gedeckt werden kann und nach der gegenwärtigen Absicht der Klägerin auch gedeckt werden soll. Was in Zukunft wirklich mit der Erneuerungsmasse geschehen, in welcher Weise die Klägerin darüber verfügen, zu welchem Zwecke sie sie ausschütten wird, steht noch dahin. Die Klägerin ist in ihren Entschließungen darüber frei, sie kann die Masse z. B. auch zu einer Erweiterung des Betriebes, d. h. zu einer steuerpflichtigen Vergrößerung des Anlagekapitals verwerten. Die Ausführung der Revision, daß bereits das Ausscheiden der Masse der tatsächlichen Deckungsausgabe gleich zu achten sei, trifft nach dem Gesagten offenbar nicht zu. Das wird durch die in Tarifnr. 1d a. a. O. aufgestellte zweite Möglichkeit der Steuerfreiheit einwandfrei klargestellt. Wenn die Klägerin ohne Feststellung eines rechnungsmäßigen Verlustes Einzahlungen zum Ankaufe neuer Maschinen an Stelle der alten ausgeschrieben hätte, so würde es sich um Einzahlungen zur Erhaltung des Betriebes in seinem bisherigen Umfange gehandelt haben. Solche müssen nach dem Gesetz aber nicht nur dazu bestimmt sein, sondern auch dazu verwendet werden, um Steuerfreiheit zu genießen. Es wird also hier ausdrücklich verlangt, daß die ausgeschriebene Einzahlung zu dem gesetzlich bevorzugten Zwecke auch tatsächlich ausgegeben wird, und das muß bei der Gleichartigkeit der Fälle auch für die andere im Gesetze vorgesehene Möglichkeit gelten." . . .

---

11. Einfluß der durch den Krieg eingetretenen völligen Umwälzung der Verhältnisse auf die vor dem Kriege abgeschlossenen Lieferungsverträge, deren Erfüllung einen Bezug von Rohstoffen aus über-

seeischen Ländern voraussetzt. Sind solche Verträge auch dann hinfällig, wenn sich die Parteien während des Krieges zu einer Zeit, da jene völlige Umwälzung noch nicht vorauszusehen war, auf eine Ausführung nach dem Friedensschlusse geeinigt haben?

III. Zivilsenat. Urt. v. 15. Oktober 1918 i. S. H.-Draht- und Kabelwerke (Kl.) w. Elektrizitäts-AG. vorm. Sch. & Co. (Bekl.). Rep. III. 104/18.

I. Landgericht Hannover.
II. Oberlandesgericht Celle.

Die Klägerin war nach einem von der Verkaufsstelle des Deutschen Kupferdrahtverbandes abgeschlossenen, auf die Klägerin übergegangenen Kaufvertrage vom 13. Februar 1914 verpflichtet, der Beklagten auf Abruf 10000 kg Kupferdraht zu liefern. Als der Krieg ausbrach, hatte die Klägerin nur einen kleinen Teil dieser Menge geliefert. Im September und Oktober 1914 wurden ihre gesamten Kupferbestände, vorhandene und später hinzukommende, beschlagnahmt. In Briefen vom Januar 1915 einigten sich die Parteien dahin, daß die Lieferung des Restes von 9839,3 kg Kupferdraht bis zum Friedensschlusse mit England hinausgeschoben werden, eine frühere Lieferung aber dann stattfinden sollte, wenn sich die Möglichkeit dazu ergeben würde. Im Juli 1915 und wiederholt im Mai 1916 erklärte die Klägerin der Beklagten, daß sie mit Rücksicht auf die weitere Entwickelung des Krieges und die dadurch hervorgerufenen Verhältnisse den Abschluß in ihren Büchern gestrichen habe und den Vertrag wegen Unmöglichkeit der Erfüllung als erloschen betrachte. Die Beklagte widersprach in beiden Fällen. Mit der im Februar 1917 erhobenen Klage beantragte die Klägerin festzustellen, daß sie zur Lieferung des Restes nicht verpflichtet sei.

Die Klage wurde abgewiesen, die Berufung der Klägerin zurückgewiesen. Auf die Revision der Klägerin wurde das Berufungsurteil aufgehoben und der Klage stattgegeben.

Gründe:

„Das Berufungsgericht hält die Klägerin auch jetzt noch an den Vertrag vom 13. Februar 1914, wie er sich durch die Vereinbarung vom Januar 1915 gestaltet hat, für gebunden, indem es folgendes erwägt. Die Klägerin habe sich durch die Vereinbarung vom Januar 1915 des aus der Unmöglichkeit der Lieferung abzuleitenden Rücktrittsrechts begeben. Sie habe schon damals mit einer längeren Dauer des Krieges und mit einer daraus zu erwartenden Umwälzung der wirtschaftlichen Verhältnisse rechnen müssen, und wenn sie gleichwohl eine Lieferung nach dem Friedensschlusse vereinbart habe, so habe sie damit sich die Beklagte als Abnehmerin für den Rest des Kupfers sichern wollen und in berechnender Weise die mit dem Geschäfte verbundene Gefahr übernommen. Durch die lange Dauer des Krieges und den Eintritt der Vereinigten Staaten von Nordamerika in den Krieg habe sich die wirtschaftliche Lage der Klägerin nicht verschlechtert, insbesondere die schon durch die Beschlagnahme begründete Unmöglichkeit der Lieferung nicht verändert. Ob der im Herbst 1917 in Paris von den gegen Deutschland verbündeten Staaten gefaßte Beschluß, Deutschland vom Welthandel auszuschließen und ihm die Zufuhr von Rohstoffen zu den früheren Bedingungen unmöglich zu machen, und die von der deutschen Regierung gehegte Absicht, das Kupfer mit einem Eingangszolle zu belasten und während der Übergangswirtschaft auf die einzelnen Werke zu verteilen, nach dem Friedensschlusse wirklich ausgeführt werden würden, lasse sich jetzt noch nicht mit einiger Sicherheit beurteilen. Sollte dieser Fall eintreten, dann bleibe es der Klägerin unbenommen, die Unmöglichkeit der Erfüllung von neuem geltend zu machen.

Diese Erwägungen werden aber der Entwickelung des Krieges und der ungeahnten Umwälzung aller Verhältnisse, die dadurch herbeigeführt worden ist, in keiner Weise gerecht und stehen auch im Widerspruche mit der Rechtsprechung des Reichsgerichts über den Einfluß der durch den Krieg begründeten Veränderung der wirtschaftlichen Verhältnisse auf den Bestand handelsrechtlicher Lieferungsverträge. Das Reichsgericht hat wiederholt, insbesondere in Entscheidungen des I. und II. Zivilsenats, ausgesprochen, daß die durch den Krieg notwendig gewordene zeitliche Verschiebung der Leistung als ein der Unmöglichkeit gleichzuachtender Umstand die dauernde Befreiung des Schuldners mit der Folge einer Auflösung des Vertragsverhältnisses bewirkt, wenn die Leistung durch die Verschiebung derart verändert wird, daß sie nicht mehr als die beim Vertragsschluß erwartete und gewollte Leistung zu erachten sein würde. Das gilt auch für den Fall, daß während des Krieges anläßlich der durch ihn hervorgerufenen Behinderung der Leistung eine Einigung über die Ausführung nach Beendigung des Krieges erzielt wird, es müßte denn sein, daß nach dem Willen der Parteien die Leistung nach dem Kriege ohne Rücksicht auf irgendwelche infolge des Krieges eingetretene Veränderungen der Verhältnisse unter allen Umständen erfolgen sollte. Die Übernahme aller und jeder Gefahr durch die Vertragsteile, insbesondere den Verkäufer, ist aber nicht zu vermuten, vielmehr als eine seltene Ausnahme zu betrachten, die nur dann angenommen werden darf, wenn der Wille der Parteien, an der Lieferungspflicht für alle Fälle festzuhalten, mögen sich auch die Verhältnisse ändern, wie sie wollen, klar und unzweideutig zum Ausdruck gekommen ist. In diesem Sinne hat sich der I. Zivilsenat in verschiedenen Entscheidungen ausgesprochen (vgl. Urteile vom 26. und 30. Januar, 6. Februar, 4. und 15. Mai 1918, I. 188, 285, 259, 319, 253/17), und auch der II. Zivilsenat vertritt, von einer teilweise abweichenden Beurteilung einzelner Fälle abgesehen, diesen Standpunkt (vgl. RGZ. Bd. 93 S. 341).

Eine so weitgehende Übernahme der durch die weitere Entwickelung des Krieges begründeten Gefahr ist aber den Briefen vom Januar 1915, in denen die spätere Einigung der Parteien ihren Ausdruck gefunden hat, nicht zu entnehmen und auch vom Berufungsgerichte nicht angenommen worden. Es meint zwar, die Klägerin habe sich die Beklagte als Abnehmerin sichern wollen und in berechnender Weise die mit dem Geschäfte verbundene Gefahr übernommen, untersucht aber dann selbst, ob die seit der Einigung vom Januar 1915 eingetretenen Veränderungen so erheblich gewesen seien, daß die für die Zeit nach dem Friedensschlusse zugesagte Lieferung als unausführbar zu betrachten und die Berechtigung der Klägerin, die Lieferung zu verweigern, anzuerkennen sei. Die Ausführungen, mit denen das Berufungsgericht diese Frage verneint, beruhen indes auf einer Verkennung der durch die Entwickelung des Krieges begründeten Sach- und Rechtslage. Der Krieg beschränkte sich nicht auf die zunächst an ihm beteiligten Staaten, sondern dehnte sich auf eine Reihe anderer Staaten aus und erreichte schließlich durch den im Frühjahr 1917 erfolgten Eintritt der Vereinigten Staaten von Nordamerika in die Reihe der gegen Deutschland kämpfenden Staaten einen Umfang und eine Bedeutung, die in den ersten Monaten des Krieges und auch im Jahre 1915 noch nicht vorauszusehen war. Die dadurch begründete Veränderung aller Verhältnisse trifft in ihren Wirkungen auch den Handel Deutschlands nach dem Kriege. Man braucht dabei noch nicht an eine absichtliche Schädigung dieses Handels durch feindliche Staaten oder an Belastungen und Beschränkungen zu denken, die Deutschland selbst der Einfuhr und Verarbeitung von Rohstoffen auferlegen muß. Die Rohstoffe, auf deren Einfuhr Deutschland angewiesen ist, werden bei dem durch den Krieg erhöhten Verbrauch im Lande der Erzeugung wie auch in anderen Ländern einer gesteigerten Nachfrage unterliegen und für die danach noch in Betracht kommenden Mengen werden Beförderungsschwierigkeiten aller Art, insbesondere der durch den Seekrieg verursachte Mangel an Schiffsraum, störend und hemmend wirken. Wie sich unter diesen allgemein bekannten, daher einer besonderen Feststellung durch den Tatrichter nicht bedürftigen Umständen der deutsche Handel mit dem Auslande, vor allem mit den überseeischen Ländern, gestalten wird, ist völlig ungewiß. Sicher jedoch ist schon nach der gegenwärtigen Lage der Verhältnisse, daß er auf absehbare Zeit nicht mehr unter den Bedingungen und Voraussetzungen stattfinden wird, die ihm vor dem Kriege zu Gebote standen, und auch nicht unter denjenigen, mit denen man in den ersten Monaten des Krieges und auch im Jahre 1915 noch rechnen konnte und durfte. Diese schon jetzt gegebene, nach Art und Umfang nicht voraussehbar gewesene Umwälzung der Verhältnisse muß aber rechtlich dazu führen, daß, von dem erwähnten Ausnahmefall abgesehen, alle vor dem Kriege abgeschlossenen Lieferungsverträge, wenigstens insoweit als ihre Erfüllung einen Bezug von Rohstoffen aus überseeischen Ländern voraussetzt, grundsätzlich auch dann als hinfällig geworden zu erachten sind, wenn die Parteien während des Krieges zu einer Zeit, da jene völlige Umwälzung noch nicht vorauszusehen war, sich auf eine Ausführung nach dem Friedensschlusse geeinigt haben. Die Ausführung unter den völlig veränderten Verhältnissen nach Beendigung des Krieges kann in solchem Falle nicht mehr als eine sinngemäße Erfüllung des Vertrags betrachtet werden, ist vielmehr als dauernd unmöglich geworden zu behandeln.

Wenn auch grundsätzlich daran festgehalten werden muß, daß Verträge zu wahren sind, so darf dies doch nicht dahin führen, ihre Ausführung auch unter völlig veränderten, bei ihrem Abschlusse nicht voraussehbaren Verhältnissen zu verlangen. Das gilt aber für den Handelsverkehr nach diesem einzigartigen, alles umwälzenden Weltkriege, dem etwas Ähnliches aus dem bisherigen Völkerleben nicht zur Seite gestellt werden kann, in besonderem Grade. Der deutsche Kaufmann wird eines ganz außerordentlichen Maßes von Mut, Kraft und Ausdauer bedürfen, um unter den zu erwartenden Schwierigkeiten nach dem Kriege wieder ersprießliche Handelsverhältnisse herbeizuführen und den deutschen Handel mit dem Auslande neu aufzubauen. Die Erfüllung dieser Aufgabe würde ihm aber in ganz unverhältnismäßiger Weise erschwert werden, wenn er durch alte aus der Zeit vor dem Kriege stammende, unter ganz anderen Verhältnissen abgeschlossene oder, sei es auch während des Krieges, verlängerte Verträge gebunden wäre oder seine Befreiung erst durch nach dem Kriege zu führende Prozesse erkämpfen müßte. Seine Unternehmungslust und seine Unternehmungskraft würden dadurch geradezu gelähmt werden, und zwar schon allein durch die Ungewißheit, wie jene Prozesse ausfallen würden und in welchem Umfange daher seine Mittel durch jene ungewissen Verhältnisse würden in Anspruch genommen werden. Dem hieraus geborenen dringenden Bedürfnis des deutschen Handels nach Klarheit und Sicherheit für die Zeit und in der Zeit nach Beendigung des Krieges muß die Rechtsprechung verständnisvoll Rechnung tragen. Daß es sich bei der fraglichen Umwälzung der Verhältnisse um Veränderungen handelt, die in erster Linie den Verkäufer und seine Interessen berühren, daher die vereinbarte Leistung zunächst für ihn als eine andere erscheinen lassen, steht dieser rechtlichen Beurteilung nicht entgegen. In den angeführten Entscheidungen des I. und II. Zivilsenats wird zwar regelmäßig betont, daß die Leistung für beide Vertragsteile eine andere geworden sein müsse. Allein damit, daß sie für den einen Teil eine wirtschaftlich völlig andere geworden ist, wird sie es begriffsnotwendig auch für den anderen Teil. Es genügt daher schon die Feststellung, daß die vereinbarte Leistung für den Verkäufer eine wirtschaftlich völlig andere geworden ist.

Dem hier ausgesprochenen Grundsatz unterliegt auch der vorliegende Vertrag. Es handelt sich um die Lieferung von Kupferdraht, zu dessen Herstellung die Klägerin des aus Amerika zu beziehenden Elektrolytkupfers bedarf. Die schon erwähnte Umwälzung aller Verhältnisse wird den Bezug von Kupfer nach dem Friedensschluß aus dem Grunde besonders erschweren, weil der Krieg mit einem ganz außer ordentlichen Verbrauche von Kupfer verbunden war und ist, die Nachfrage nach diesem Metalle daher in allen Ländern eine besonders große sein wird. Erschwerend wirkt ferner, auch für die Zeit nach dem Friedensschlusse, daß die Vereinigten Staaten von Nordamerika, die das Haupterzeugungsgebiet für Kupfer bilden und nach der unbestritten gebliebenen Behauptung der Klägerin $^{9}/_{10}$ alles nach Deutschland gelieferten Kupfers für elektrische Drähte erzeugt hatten, sich den gegen Deutschland Krieg führenden Staaten angeschlossen haben. Dieser Eintritt der Vereinigten Staaten in den Krieg war im Januar 1915, als sich die Parteien auf eine Lieferung nach Friedensschluß einigten, noch ebensowenig zu erwarten, wie die durch die Entwickelung des Krieges überhaupt eingetretene völlige Umwälzung aller Verhältnisse. Der vom Berufungsgerichte hervorgehobene Umstand, daß sich durch den Eintritt der Vereinigten Staaten in den Krieg die schon durch die Beschlagnahme des Kupfers herbeigeführte Unmöglichkeit der Lieferung nicht geändert habe, kann nicht dazu führen, die Entscheidung über die Lieferungspflicht der Klägerin bis zum Friedensschlusse hinauszuschieben. Die Klägerin muß wissen, mit welchen Verpflichtungen sie beim Friedensschlusse zu rechnen hat, damit sie danach ihre Maßnahmen treffen und den für diese Zeit ohnehin zu erwartenden schwierigen Verhältnissen tunlichst gerecht werden kann. Das wäre ausgeschlossen, wenn sie darauf angewiesen wäre, auf eine Klarstellung ihrer Verpflichtungen im Wege des Prozesses bis zum Friedensschlusse zu warten. Das Berufungsgericht übersieht aber auch, daß, wie erwähnt, zwar die Gestaltung des Handels mit dem Auslande, vor allem mit den überseeischen Ländern, ungewiß, das eine aber sicher ist, daß er sich nicht mehr unter den früheren, sondern unter wesentlich anderen erschwerten Bedingungen vollziehen wird. Die Klägerin müßte, wenn sie gezwungen wäre, nach Beendigung des Krieges zu liefern, dies unter völlig veränderten, bei der Einigung im Januar 1915 nicht voraussehbaren Verhältnissen tun. Ihre Leistung wäre dann nicht mehr eine sinngemäße Erfüllung des Vertrags. Die Vertragsleistung ist daher als dauernd unmöglich geworden und das ganze Vertragsverhältnis gemäß §§ 275, 323 Abs. 1 BGB. als aufgelöst zu erachten.

Demgemäß ist das Berufungsurteil aufzuheben und, da es weiterer tatsächlicher Feststellungen nicht bedarf, in Abänderung des Urteils der ersten Instanz der Klage stattzugeben."

---

12. Kann der politische Zwangsverwalter eine seiner Verwaltung unterstellte Forderung einklagen, obschon ihm der Gläubiger den Schuldschein vorenthält?

Bekanntmachung, betr. die zwangsweise Verwaltung französischer Unternehmungen vom 26. November 1914 (RGBl. S. 487); Bekanntmachung, betr. Ergänzung dieser Vorschriften, vom 10. Februar 1916 (RGBl. S. 89).

III. Zivilsenat. Urt. v. 18. Oktober 1918 i. S. Bank von M. (Bekl.) w. H. als Zwangsverw. (Kl.). Rep. III. 234/18.

I. Landgericht Colmar.
II. Oberlandesgericht daselbst.

Die Beklagte verwahrt für den französischen Staatsangehörigen L. Wertpapiere, die dessen Erblasser im Jahre 1911 bei ihr hinterlegt hat. Die Papiere und die dem L. aus der Geschäftsverbindung mit der Beklagten zustehenden Ansprüche sind zwangsweise unter Verwaltung gestellt und der Kläger ist zum Zwangsverwalter ernannt worden. Er beansprucht die Herausgabe der Papiere und erklärt sich, da er den in den Händen des L. befindlichen Hinterlegungsschein nicht vorlegen kann, bereit, ein öffentlich beglaubigtes Anerkenntnis nach § 371 Satz 2 BGB. auszustellen. Das Oberlandesgericht wies die Berufung der Beklagten, die vom Landgericht antragsgemäß verurteilt ist, zurück. Die Revision der Beklagten blieb ohne Erfolg.

Aus den Gründen:

„Nach den Ausführungen des Berufungsgerichts herrscht kein Streit darüber, daß der Kläger den Hinterlegungsschein von dem Berechtigten nicht ausgeliefert erhalten hat und deshalb zu dessen Rückgabe an die Beklagte außerstande ist. Das Berufungsgericht ist jedoch mit Recht der Ansicht, daß die Beklagte den Herausgabeanspruch des Klägers mit dem Hinweise hierauf nicht zum Scheitern bringen kann. Die Rechtslage ist in dem vorliegenden Falle keine andere, als wenn der Gläubiger selbst eine Schuld einklagt und ihm die Rückgabe des Schuldscheins unmöglich ist. Die Revision hält entgegen, daß ein auf Grund der Bundesratsverordnungen vom 26. November 1914 und 10. Februar 1916 bestellter Zwangsverwalter nicht mehr Rechte als der Gläubiger selbst habe und deshalb Herausgabe der hinterlegten Papiere nur gegen Auslieferung des in den Händen des Gläubigers befindlichen Hinterlegungsscheins fordern könne. Der Angriff ist verfehlt. Der Zwangsverwalter ist ein Organ, das nicht zur Wahrnehmung der Rechte des Gläubigers, sondern entsprechend dem Vergeltungszwecke, den die bezeichneten Verordnungen im Auge haben, zur Verfolgung der deutschen Allgemeininteressen an der Verwaltung der fremden Vermögenswerte bestellt wird (RGZ. Bd. 89 S. 390). Er ist deshalb nicht der gesetzliche Vertreter des Gläubigers, sondern versieht ein zur Wahrung staatlicher Interessen bestimmtes öffentliches Amt. Die seiner Verwaltung unterstellten Vermögensrechte macht er daher nicht im Namen des Gläubigers, sondern in eigenem Namen und an dessen Stelle geltend. Nur in ersterem Falle würde die Ansicht der Revision begründet sein....

Das Berufungsgericht erachtet mit Recht auch das Bestehen der Möglichkeit für unerheblich, daß der Gläubiger selbst mit Hilfe des Hinterlegungsscheins eine der ausländischen Unternehmungen der Beklagten auf Herausgabe der Wertpapiere in Anspruch nimmt und daß die Gerichte im feindlichen Auslande hierbei der Auslieferung der Papiere an den Zwangsverwalter die befreiende Wirkung zuungunsten der Beklagten absprechen. Die Revision meint, daß die Nichtbeachtung dieser der Beklagten drohenden Gefahr mit dem Zwecke der Zwangsverwaltung unverträglich sei. Dabei weist sie darauf hin, daß die Zwangsverwaltung eine Einrichtung zum Schutze der inländischen Wirtschaft sei, und macht geltend, daß die Nichtberücksichtigung der Möglichkeit einer doppelten Verurteilung hiermit nicht im Einklange stehe. Bei diesen Ausführungen ist verkannt, daß es nur private Interessen sind, welche durch die Möglichkeit einer solchen Sachgestaltung gefährdet werden, und daß diese hinter die mit der Klage verfolgten allgemeinen Interessen zurücktreten müssen. Die Zwangsverwaltung soll es u. a. auch ermöglichen, daß die inländischen Gläubiger, welche infolge der im feindlichen Auslande gegen Deutschland erlassenen Zahlungsverbote Zahlung von ihren ausländischen Schuldnern nicht erlangen können, aus deren im Inlande befindlichen Vermögen befriedigt werden (vgl. Urt. des RG.'s II. 238/15 in Warn. Rechtsprechung 1916 Nr. 62, insbes. S. 104). Die Interessen der deutschen Volkswirtschaft erheischen es deshalb gerade, daß der Zwangsverwalter dieses Vermögen ohne Rücksicht auf Privatinteressen der von der Beklagten dargelegten Art erfassen und sicherstellen kann."

---

13. Beschwerde eines Eisenbahnbeamten gegen Festsetzung seiner Pension durch die Eisenbahndirektion. Muß eine bei dieser eingereichte Eingabe, um als Beschwerde an den Departementschef und

den Finanzminister gelten zu können, erkennen lassen, daß nötigenfalls der Minister entscheiden solle?

Preuß. Gesetz, betr. die Fürsorge für Beamte infolge von Betriebsunfällen, vom 2. Juni 1902 § 9; Preuß. Beamtenpensionsgesetz vom 27. März 1872/30. April 1884 § 23.

III. Zivilsenat. Urt. v. 18. Oktober 1918 i. S. preuß. Staat (Bekl.) w. M. (Kl.). Rep. III. 219/18.

I. Landgericht Hagen.
II. Oberlandesgericht Hamm.

Der Kläger, seit 1897 im preußischen Staatseisenbahndienste beschäftigt, wurde im Jahre 1907 als Schaffner angestellt und durch Verfügung der Eisenbahndirektion E. vom 11. Juli 1914 zum 1. Oktober 1914 mit der gewöhnlichen Zivilpension in den Ruhestand versetzt. Die Eisenbahndirektion ging dabei von der Annahme aus, daß die Dienstunfähigkeit des Klägers auf einen Unfall vom Jahre 1903 zurückzuführen sei. Der Kläger dagegen betrachtete als Ursache seiner Dienstunfähigkeit einen Unfall, den er als Beamter im Jahre 1908 im Eisenbahnbetrieb erlitten hatte, und verlangte eine Unfallpension nach dem Gesetze vom 2. Juni 1902. Die erste Instanz wies die Klage ab, weil der Kläger nicht innerhalb sechs Monaten gegen die Verfügung vom 11. Juli 1914 Beschwerde bei dem Minister der öffentlichen Arbeiten oder bei dem Finanzminister erhoben habe. Das Berufungsgericht fand diese Beschwerde in einer Eingabe des Klägers an die Eisenbahndirektion vom 1. August 1914 und gab der Klage statt. Die Revision des Beklagten wurde zurückgewiesen.

Gründe:

. . . „Die Klage ist innerhalb sechs Monaten, nachdem der Minister der öffentlichen Arbeiten als „Departementschef" im Einverständnis mit dem Finanzminister die Ansprüche des Klägers zurückgewiesen hatte, erhoben worden. Ihre Zulässigkeit hängt also nur noch davon ab, ob der Kläger mit seiner Eingabe vom 1. August 1914, also rechtzeitig, gegen die die Pensionsfestsetzung enthaltende Verfügung der Eisenbahndirektion vom 11. Juli 1914 die nach § 9 des Gesetzes vom 2. Juni 1902 in Verbindung mit § 23 Abs. 1 Satz 2 des Pensionsgesetzes vom 27. März 1872/30. April 1884 erforderliche „Beschwerde an den Departementschef und den Finanzminister" erhoben hat. Die Revision bestreitet das. Es ist aber dem Berufungsgerichte zuzustimmen.

Daß eine solche Beschwerde mangels abweichender Vorschriften auch bei der Eisenbahndirektion, die die Pension festgesetzt hat, eingereicht werden kann, hat der erkennende Senat schon im Urteile vom 2. Mai 1913 III. 551/12 anerkannt. Ob die Eingabe vom 1. August

1914 ihrem Inhalte nach als Beschwerde zu betrachten ist, läßt sich nach ihrer Fassung in Zweifel ziehen. Die Eingabe enthält Ausführungen darüber, daß nicht der Unfall von 1903, auch nicht ein solcher von 1906, sondern der Unfall von 1908 die Ursache der Dienstunfähigkeit bilde, daß der Kläger durch die „Festsetzung der Unfallrente" geschädigt sei und $66^2/_3$% seines letzten Einkommens zu beanspruchen habe, und schließt mit der Bitte, seine Ansprüche noch einmal zu prüfen und seine Rente zu erhöhen. Wäre die Eingabe von einer rechtskundigen, mit den einschlägigen Vorschriften vertrauten Person verfaßt worden, so könnte aus ihrem Schlusse gefolgert werden, daß eine Beschwerde nicht eingelegt werden sollte. Bei Erklärungen eines Laien ist ihrer Fassung kein solches Gewicht beizulegen. Um die Eingabe als Beschwerde erachten zu können, muß es daher genügen, wenn darin zum Ausdrucke gekommen ist, daß der Kläger sich bei der Pensionsfestsetzung nicht beruhigen, vielmehr eine andere Festsetzung und zwar unter Berücksichtigung des Unfalls von 1908 als Ursache der Dienstunfähigkeit haben wollte. Dem entspricht der Inhalt der Eingabe. Ihre Eigenschaft als Beschwerde im Sinne des Gesetzes wird auch nicht dadurch ausgeschlossen, daß der Kläger nicht zum Ausdrucke gebracht hat, daß, wenn die Eisenbahndirektion seiner Bitte nicht entspreche, der Minister entscheiden solle. Daß eine Beschwerde im Sinne des § 23 Abs. 1 Satz 2 a. O. ausdrücklich an den Minister gerichtet werden müsse, ist im Gesetze nicht vorgeschrieben und auch aus dem Zusammenhange der Bestimmungen nicht zu entnehmen. Nach Satz 1 der Vorschrift soll der Klage die Entscheidung des Departementschefs und des Finanzministers vorhergehen. Satz 2 bestimmt folgerichtig, daß, wenn über den Anspruch auf Pension von einer nachgeordneten Behörde entschieden worden ist, die Entscheidung der nach Satz 1 zuständigen höheren Stelle im Wege der Beschwerde herbeigeführt werden muß. Das Wesentliche ist danach nur, daß der Beamte rechtzeitig Beschwerde einlegt und daß der Departementschef im Einverständnis mit dem Finanzminister über die den Gegenstand der Beschwerde bildenden Ansprüche entscheidet. Aus dem gleichen Grunde ist es auch unerheblich, daß der Minister der öffentlichen Arbeiten in seiner der Klage vorausgegangenen Entscheidung nicht auf die Eingabe vom 1. August 1914, sondern auf eine spätere Beschwerdeschrift des Klägers Bezug genommen hat. Es wäre Sache der Eisenbahndirektion gewesen, die rechtzeitig eingelaufene Beschwerde des Klägers, wenn sie ihr nicht abhelfen wollte, der zuständigen Stelle vorzulegen oder doch wenigstens dem Kläger anheimzugeben, sich an diese Stelle zu wenden. Ob das abweichende Verfahren der Eisenbahndirektion dieser nach Lage der Sache als Verschulden angerechnet werden kann, ist belanglos. Für die Wahrung der Rechte des Klägers genügt es, daß er rechtzeitig Beschwerde eingelegt hat.

Unbegründet ist auch die auf § 286 ZPO. gestützte Rüge, das Berufungsgericht habe nicht gewürdigt, daß die Parteien selbst, wie auch der Minister, die Eingabe vom 1. August 1914 nicht als Beschwerde im Sinne des Gesetzes betrachtet hätten. Daß die Eingabe zum Gegenstand der mündlichen Verhandlung gemacht worden ist, bestreitet die Revision nicht. Ihre rechtliche Würdigung hatte das Gericht unabhängig von den Meinungen der Parteien und anderer Personen vorzunehmen.

Die Zulässigkeit der Klage ist daher nicht zu beanstanden. Da auch die sachliche Beurteilung des eingeklagten Anspruchs keinen Anlaß zu rechtlichen Bedenken gibt, ist die Revision unbegründet." ...

---

14. 1. Erfordert die Freigabe eines Gegenstandes aus der Konkursmasse eine empfangsbedürftige Willenserklärung des Konkursverwalters gegenüber dem Gemeinschuldner?
2. Bedeutung des § 1148 BGB.

V. Zivilsenat. Urt. v. 19. Oktober 1918 i. S. St. (Bekl.) w. Frau F. (Kl.). Rep. V. 176/18.

I. Landgericht I Berlin.
II. Kammergericht daselbst.

Auf dem Grundstücke P.er Straße 50 in B. sind unter 8 und 9 der III. Abteilung zwei Hypotheken von 54000 ℳ und 21000 ℳ je mit 4% Zinsen und bei nicht pünktlicher Zinszahlung ohne Kündigung fällig für die Klägerin eingetragen. Eingetragener Eigentümer des Grundstücks ist auf Grund des Zuschlagsbeschlusses vom 13. Juli 1914 der Kaufmann Elias Z., der später wegen Geistesschwäche entmündigt und über dessen Vermögen der Konkurs eröffnet worden ist. Gegen den Konkursverwalter Dr. N., an dessen Stelle dann der jetzige Konkursverwalter getreten ist, erhob die Klägerin aus den bezeichneten Hypotheken wegen Zinsrückständen von 2750 ℳ und wegen eines Teilbetrags der fällig gewordenen Hauptforderungen die dingliche Klage auf Zahlung von 12750 ℳ zur Vermeidung der Zwangsvollstreckung in das bezeichnete Grundstück. Der Beklagte machte demgegenüber geltend, der Gemeinschuldner sei trotz der Eintragung nicht Eigentümer des Grundstücks geworden; denn er sei bei der Abgabe des Meistgebots, auf Grund dessen er am 13. Juli 1914 den Zuschlag erhalten habe, bereits geisteskrank und geschäftsunfähig gewesen. Es sei deshalb auch gegen den Zuschlagsbeschluß Beschwerde eingelegt worden. Der richtige Beklagte sei der Konkursverwalter aber auch deshalb nicht, weil er das Grundstück nicht zur

Konkursmasse gezogen habe. Das Landgericht verurteilte den Beklagten nach dem Klagantrage. Berufung und Revision sind zurückgewiesen worden.

Aus den Gründen:

... „In Übereinstimmung mit dem Landgerichte hat das Berufungsgericht angenommen, daß der verklagte Konkursverwalter ... der richtige Beklagte sei, und die in dieser Beziehung vom Beklagten erhobenen Einwendungen verworfen. Nur hiergegen richteten sich die Angriffe der Revision, und diese sind hinfällig.

Mit der Eröffnung des Konkursverfahrens verlor Elias Z. die Verfügungsbefugnis über sein ihm damals gehöriges, der Zwangsvollstreckung unterliegendes Vermögen (§§ 1, 6 KO.) und damit über sein bezeichnetes, einen Bestandteil dieses Vermögens bildendes Grundstück. Das Verwaltungs- und Verfügungsrecht darüber wurde fortan durch den Konkursverwalter ausgeübt (§ 6 Abs. 2), und er ist deshalb auch für alle Ansprüche aus dinglichen Rechten an dem Grundstücke der richtige Beklagte. Daß der Konkursverwalter „das Grundstück zur Masse gezogen“, oder gemäß § 117 KO. in Besitz und Verwaltung genommen hat, ist dazu nicht erforderlich. Wohl aber ist der Konkursverwalter nach dem angezogenen § 6 Abs. 2 in der Lage, zur Konkursmasse gehörige Sachen, insbesondere auch das Grundstück, — unbeschadet der im § 82 KO. verordneten Verantwortlichkeit — aus der Masse freizugeben. Es wird dies im § 114 KO. vorausgesetzt, ist in der Rechtsprechung des Reichsgerichts wiederholt anerkannt (vgl. RGZ. Bd. 60 S. 108/9, Bd. 79 S. 29) und auch vom Berufungsgerichte nicht verkannt worden. Mit Recht nimmt dieses indes weiter an, daß dazu eine empfangsbedürftige Willenserklärung des Verwalters gegenüber dem Gemeinschuldner erforderlich ist. Dies folgt schon daraus, daß es sich dabei um eine Regelung der Rechtsbeziehungen eben des Verwalters und des Gemeinschuldners mit Bezug auf die Vermögensmasse handelt; das wird im Schrifttum namentlich von Jaeger (5. Aufl. Anm. 44 zu § 6 KO.) und unter Bezugnahme auf ein Urteil des Oberlandesgerichts Hamburg von Willenbücher (3. Aufl. Anm. 5 Abs. 2 zu § 6 KO.) vertreten und ist auch bereits vom Reichsgericht anerkannt, weniger in dem bereits herangezogenen Urteile des VII. Zivilsenats Bd. 60 S. 108 der Entscheidungen, das auf diesen Punkt nicht besonders eingeht, als in dem Urteile des I. Zivilsenats vom 27. Mai 1914 in der Leipz. Zeitschr. 1914 S. 1720 Nr. 6. Eine Erklärung des Konkursverwalters gegenüber einem anderen als dem Gemeinschuldner, im gegebenen Falle das Schreiben des Konkursverwalters an die Klägerin vom 13. März 1918, konnte den Bestand der Konkursmasse sowie die Verfügungsbefugnisse des Konkursverwalters und des Gemeinschuldners über das dazu gehörige Grundstück nicht ändern, und mit Unrecht meint die Revision, daß der mit der dinglichen Klage etwa belangte Gemeinschuldner angesichts des Schreibens vom 13. März 1918 nicht mit der Einrede gehört werden könnte, der Konkurs sei ausgebrochen und die Verfügung über das Grundstück stehe dem Konkursverwalter zu, zu Unrecht meint sie auch, daß das Schreiben die „möglicherweise vorher vorhandene Passivlegitimation" des Verwalters beseitigt habe. Richtig ist, daß der § 265 ZPO. der letzteren Ansicht nicht entgegenstehen würde (vgl. RGZ. Bd. 79 S. 30/31); es kommt hierauf indes nicht an, und dahingestellt kann bleiben, ob das Berufungsgericht recht auch damit hat, daß es die Erklärung, durch die der Verwalter einen zur Konkursmasse gehörigen Gegenstand dem Gemeinschuldner zur freien Verfügung überläßt, als Verzicht auffaßt.

Ohne Grund greift die Revision sodann die Feststellung des Berufungsgerichts an, der Beklagte habe weder in erster Instanz, noch ungeachtet der an ihn gerichteten Frage in zweiter Instanz behauptet, daß er dem Gemeinschuldner oder dessen Vormunde gegenüber die Freigabe des Grundstücks erklärt habe." ... (Dies wird im folgenden ausgeführt. Dann wird fortgefahren:)

... „Der Einwendung gegen die Klage, die der Beklagte auf die Behauptung stützt, der Gemeinschuldner sei zu der Zeit, als er das Meistgebot abgab und den Zuschlag erhielt, geisteskrank und geschäftsunfähig gewesen, er sei deshalb nicht Eigentümer des Grundstücks geworden, begegnet das Berufungsgericht mit dem § 1148 BGB. Danach gilt bei der Verfolgung des Rechtes aus der Hypothek zugunsten des Gläubigers der im Grundbuch als Eigentümer Eingetragene als der wirkliche Eigentümer. Die auf einem Beschlusse der II. Kommission beruhende Vorschrift bezweckt, dem Hypothekengläubiger die Verfolgung seines dinglichen Anspruchs zu erleichtern. Sie entspricht dem sich auf die Kündigung der Hypothek beziehenden § 1141 Satz 2 BGB. und stellt wie dieser zugunsten des Gläubigers hinsichtlich der Eigentumseintragung nicht nur eine widerlegbare Vermutung, sondern — über den § 891 hinausgehend — eine unwiderlegliche Fiktion auf. Der eingetragene Eigentümer wird gegenüber der hypothekarischen Klage mit dem Einwand, er sei nicht der wahre Eigentümer, seine Eintragung sei zu Unrecht erfolgt, gar nicht gehört. Allerdings wahrt der 2. Satz des § 1148 dem nicht eingetragenen wahren Eigentümer die ihm gegen die Hypothek zustehenden Einwendungen; diese müssen aber gegen den Gläubiger mittels besonderer Klage geltend gemacht werden und kommen keinesfalls dem als Eigentümer Eingetragenen oder dem infolge der Eröffnung des Konkurses an seiner Stelle stehenden Konkursverwalter zu (vgl. Prot. der II. Komm. bei Mugdan Bd. 3 S. 816; Turnau und Foerster, Liegenschaftsrecht 3. Aufl. Anm. zu § 1148, Komm. der RGRäte 2. Aufl. Anm. 2 zu § 1148). Die Revision hat in diesem Punkte übrigens nur die Ausführungen des Berufungsurteils, ohne besondere Angriffe zu erheben, zur Nachprüfung gestellt." ...

---

15. 1. Beeinträchtigt der Umstand, daß es dem Schuldner nachträglich unmöglich geworden ist, von der ihm eingeräumten Lösungsbefugnis (facultas alternativa) Gebrauch zu machen, den Anspruch des Gläubigers auf die ihm geschuldete Leistung?

2. Wird, wenn der Gebrauch der Lösungsbefugnis von einer Bedingung (der vormundschaftsgerichtlichen Genehmigung) abhängig ist, der Anspruch auf die geschuldete Leistung ebenfalls zu einem bedingten?

BGB. §§ 262, 265.

V. Zivilsenat. Urt. v. 19. Oktober 1918 i. S. L. u. Gen. (Kl.) w. Gesellschaft U. (Bekl.). Rep. V. 167/18.

I. Landgericht I Berlin.
II. Kammergericht daselbst.

Der Kläger zu 1 und der Rentier Hugo L. hatten auf Grund des Vertrags vom 18. Januar 1912 von der Stadtgemeinde Berlin ein Baugelände erworben. Nachdem Hugo L. am 26. September 1912 verstorben, hierauf über seinen Nachlaß die Nachlaßverwaltung angeordnet und der Regierungsrat Schl. zum Nachlaßverwalter, am 14. März 1913 hierauf der Justizrat Scha. und der Bankdirektor H. zu weiteren Nachlaßverwaltern bestellt worden waren, verkauften die Nachlaßverwalter und der Kläger zu 1 einen Teil von dem bezeichneten Baugelände durch Vertrag vom 14. April 1913 für den Preis von 1770000 ℳ an die Freie Volksbühne zur Errichtung eines Theaters. In Höhe von 1091000 ℳ bestellte die Käuferin für das Kaufgeld eine Hypothek. Durch Vertrag vom 18. Dezember 1912 beauftragte die Freie Bühne die Beklagte mit der Finanzierung und Herstellung des Theaterbaues. Die Beklagte behauptet, daß das Zustandekommen dieses Bauvertrags, bei dessen Vorverhandlungen sie 100000 ℳ mehr verlangt habe, als die Freie Bühne hätte bewilligen wollen, dadurch ermöglicht worden sei, daß der Kläger zu 1 und der Regierungsrat Schl., als damaliger alleiniger Nachlaßverwalter, ihr zuvor die Gewährung eines Zuschusses von 50000 ℳ zu der ihr von der Freien Volksbühne zuzusagenden Vergütung verbindlich versprochen hätten. Schl. habe das getan wegen des eigenen großen Interesses der unter seiner Verwaltung stehenden Nachlaßmasse an dem Zustandekommen der geplanten Veranstaltungen. Nur so viel sei Schl. auf seinen Wunsch zugestanden worden, daß der Zuschuß von 50000 ℳ statt durch Barzahlung durch Abtretung des gleichnamigen Betrags von der Kaufgelderresthypothek von 1091000 *M* sollte beglichen werden dürfen. Da die Beklagte durch Schreiben vom 21. Juli 1913 die Kläger zur Zahlung von 50000 *M* oder zur Abtretung des letztstelligen Teiles der genannten Hypothek aufgefordert hat, sind die Kläger mit dem Antrage klagbar geworden: festzustellen, daß der Beklagten ein Anspruch weder auf die Barzahlung noch auf die Abtretung zustehe.

Die Kläger haben jederlei Verpflichtung der Beklagten gegenüber in Abrede gestellt. Namentlich machten sie geltend, daß sie der Beklagten von vornherein überhaupt nur die Abtretung des Hypothekenteilbetrags von 50000 *M*, dagegen nicht auch eine Zahlung in bar zugesagt hätten, daß aber auch diese, erst bei den Vorverhandlungen gemachte Zusage durch die späteren endgültigen Verhandlungen wieder beseitigt worden sei. Überdies sei die Zusage sogleich nur unter der Bedingung abgegeben worden, daß das Nachlaßgericht die Abtretung genehmigen würde, und diese Bedingung sei durch Versagung der Genehmigung ausgefallen. Das Landgericht erachtete jedweden Anspruch der Beklagten wegen der verweigerten Genehmigung des Nachlaßgerichts für hinfällig und gab deshalb der Klage statt. Das Kammergericht wies nach der Berufung der Beklagten die Klage ab. Die Revision der Kläger wurde zurückgewiesen.

Aus den Gründen:

„Die Entscheidung des Berufungsgerichts beruht zunächst auf der Feststellung, daß am 8. Dezember 1912 eine endgültige und vorbehaltlose Vereinbarung zwischen der Beklagten einerseits und dem Kläger zu 1 sowie dem damaligen alleinigen Nachlaßverwalter Regierungsrat Schl. anderseits zustande gekommen ist, und zwar eine Vereinbarung des Inhalts, daß sich die beiden Letztgenannten zur Gewährung eines Zuschusses von 50000 *M* zu der Vergütung verpflichteten, welche die Freie Volksbühne an die Beklagte für die von ihr zu übernehmende Bauausführung zu entrichten haben sollte, daß ferner den Verpflichteten nur gestattet sein sollte, sich von der übernommenen Verpflichtung durch Abtretung des Hypothekenteilbetrags von 50000 *M* zu lösen. Indem das Berufungsgericht sonach davon ausgeht, daß Gegenstand der Verpflichtung der Kläger an sich nur die Leistung der Abfindungssumme von 50000 *M* sein sollte, ist es auch zu dem Ergebnis gelangt, daß die Kläger von ihrer eigentlichen Verpflichtung nicht deswegen frei geworden sind, und anderseits die Beklagte ihres Vertragsanspruchs nicht deshalb verlustig gegangen ist, weil das Nachlaßgericht in der Folge die Abtretung des Hypothekenteilbetrags nicht genehmigt hat und aus diesem Grunde die Verwendbarkeit der Lösungsbefugnis unmöglich geworden ist. Dies Ergebnis des Urteils läßt sich, die Stichhaltigkeit seiner Feststellung vorausgesetzt, nicht beanstanden. Richtig ist zunächst die Annahme, daß die nachträglich eingetretene Unmöglichkeit, von der Lösungsbefugnis Gebrauch zu machen, nicht zugleich die Befreiung der Kläger von ihrer eigentlichen Verpflichtung zur Folge gehabt hat (§ 275 BGB.). Selbst bei der Wahlschuld im Sinne des § 362 BGB., bei der also die mehreren Leistungen in gleicher Weise verschuldet werden, führt die Unmöglichkeit der einen Leistung nicht die Befreiung des Schuldners überhaupt herbei; in solchem Falle beschränkt sich vielmehr das Schuldverhältnis auf die möglich gebliebene Leistung, es sei denn, daß der nicht wahlberechtigte Teil die Unmöglichkeit zu vertreten hätte (§ 265 BGB.). Diese Anschauungsweise muß erst recht Platz greifen, wenn es sich lediglich um ein Schuldverhältnis handelt, bei dem dem Schuldner nur eine Lösungsbefugnis im angegebenen Sinne eingeräumt worden ist (facultas alternativa). Denn hier muß es als selbstverständliche Voraussetzung gelten, daß der Verpflichtete sich seiner im Schuldverhältnis begründeten Verpflichtung durch die Ersatzleistung nur dann zu entledigen vermag, wenn er die Ersatzleistung überhaupt anzubieten imstande ist. Demgemäß trägt er auch nach jeder Richtung hin allein die Gefahr der Verwendbarkeit oder Unverwendbarkeit der ihm zugestandenen Lösungsbefugnis, während dem Gläubiger keine andere Verpflichtung obliegt, als gegebenenfalls die ihm gehörig angebotene Ersatzleistung an Stelle der geschuldeten als Erfüllung anzunehmen. Daß die Beklagte in dem gegenwärtigen Falle die Möglichkeit der Ersatzleistung ihrerseits in irgendeiner Weise vereitelt hätte, kann nicht in Frage kommen, ist von den Klägern auch nicht behauptet worden. Die eingetretene Unmöglichkeit der Ersatzleistung beeinträchtigt also den Vertragsanspruch der Beklagten keineswegs.

Anders läge die Sache, wenn man damit zu rechnen hätte, wie die Kläger und die Revision es wollen, daß der vertragsmäßige Anspruch der Beklagten selbst ebenfalls ein bedingter sei, nämlich dadurch, daß seine Geltendmachung gleichfalls von einer Genehmigung der Abtretung der Teilhypothek abhängig geworden wäre. Dies trifft jedoch in keiner Weise zu. Daß die Bedingung ausdrücklich gestellt worden sei, muß nach den Feststellungen des Berufungsgerichts als ausgeschlossen gelten. Es läßt sich aber auch nicht sagen, daß, weil die Erfüllbarkeit der Lösungsbefugnis ohne weiteres von der Genehmigung des Nachlaßgerichts abhängig war, dadurch mittelbar gleichzeitig auch die eigentliche Schuldverbindlichkeit der Kläger unter die gleiche Bedingung gestellt worden ist. Auch dieser Auffassung steht die Erwägung entgegen, daß die Beklagte die Erfüllbarkeit der Lösungsbefugnis nichts anging und nichts angeht, daß sie vielmehr ihren Vertragsanspruch so lange, als er seinerseits überhaupt erfüllbar ist, unbedingt geltend machen kann, gleichgültig, welchem Schicksale die Lösungsbefugnis anheimgefallen ist.

Endlich versagt auch die Anschauung, als hätte das ganze Abkommen um deswillen der Genehmigung des Nachlaßgerichts bedurft, weil ein Teil davon genehmigungsbedürftig war. Auch ihr steht entgegen, daß dieser letztere Teil nur die Lösungsbefugnis betraf, von deren Verwendbarkeit das Recht zur Geltendmachung des bedungenen Leistungsanspruchs unabhängig ist. Namentlich dürfen sich die Kläger somit auch nicht auf den Grundsatz des § 139 BGB. berufen. Für Anwendung dieser Vorschrift ist im übrigen hier schon deswegen kein Raum, weil es sich selbst bei demjenigen Teile des Vertrags, der die Lösungsbefugnis betrifft, keineswegs um Nichtigkeit der Abrede, sondern nur darum handelt, daß die Abrede wegen Versagung der nachlaßgerichtlichen Genehmigung gegenstandslos geworden ist. Wenn übrigens auch das Berufungsgericht den § 139 herangezogen hat, um auszuführen, daß die Parteien den Vertrag auch dann mit dem gegebenen Inhalt abgeschlossen haben würden, wenn sie das Ausbleiben der nachlaßgerichtlichen Genehmigung in Rechnung gezogen hätten, so ist diese Ausführung nach den obwaltenden Umständen für das Ergebnis ohne Bedeutung und kann daher nebst den gegen sie gerichteten Revisionsangriffen auf sich beruhen bleiben." ...

---

16. Zur Einzahlungspflicht des Aktionärs.

1. Zum Begriffe der Barzahlung nach § 195 Abs. 3 HGB.

2. Wann ist nach § 221 HGB. eine vertragsmäßige Verrechnung zulässig?

3. Inwieweit kann der Zeichner, wenn die Gesellschaft in Konkurs geraten ist, verlangen, daß ihm Zug um Zug gegen die Einzahlung Aktien ausgehändigt werden?

II. Zivilsenat. Urt. v. 22. Oktober 1918 i. S. Z. u. Gen. (Bekl.) w. Aktiengesellschaft S. & P. Konkurs (Kl.). Rep. II. 158/18.

I. Landgericht Hamburg.
II. Oberlandesgericht daselbst.

Die Aktiengesellschaft für Betonbau S. & P. beschloß in einer Generalversammlung vom 29. Dezember 1911 behufs Beseitigung ihrer Zahlungsschwierigkeiten, das damals 1 Million betragende Grundkapital durch Ausgabe von 200 Vorrechtsaktien über je 1000 ℳ um 200000 ℳ zu erhöhen. An der Kapitalerhöhung beteiligten sich besonders Gläubiger der Gesellschaft, darunter Z., Sch. und P. Indessen scheiterte der Versuch, das Unternehmen wieder flott zu machen, vielmehr wurde am 9. August 1913 der Konkurs über die Gesellschaft eröffnet.

Der zum Verwalter bestellte Kläger nahm die Genannten sowie eine Anzahl anderer Kapitalzeichner auf Einzahlung der Einlage in

Anspruch. Er warf ihnen vor, daß sie sich auf Grund einer schon vor oder bei der Zeichnung mit dem Vorstande getroffenen Vereinbarung damit begnügt hätten, ihre Forderungen gegen die einzuzahlenden Beträge aufzurechnen. Der Klagantrag ging gegen Z. auf 15750 ℳ, gegen Sch. auf 8400 ℳ, gegen P. auf 31500 ℳ, alles zuzüglich 5 % Zinsen seit dem 29. Dezember 1911. Die Beklagten behaupteten wirksame Tilgung der Einlagepflicht.

Das Landgericht erließ zwei Urteile, wodurch es Z. unter Vorbehalt des Mehranspruchs zu 11812,50 ℳ nebst Zinsen, Sch. und P. aber zu den vollen geforderten Beträgen verurteilte. Auf Berufung der Beklagten erkannte das Oberlandesgericht dahin, daß die Zahlung nur Zug um Zug gegen Lieferung von 11 (Z.) bez. 8 (Sch.) bez. 30 (P.) Vorrechtsaktien der Gemeinschuldnerin zu erfolgen habe; ferner wies es die Zinsansprüche ab. Das Reichsgericht wies die Revision der Beklagten zurück und stellte auf die Anschlußrevision des Klägers das erste Urteil mit einem Abstrich im Zinsenpunkte wieder her.

Gründe:

„1. Zur Revision.

Es handelt sich zunächst um die nach §§ 195 Abs. 3, 284 Abs. 3 HGB. bar zu zahlenden 25 %. Und zwar kommen insoweit nur Sch. und P. in Betracht, da die Vorinstanzen über das Viertel des Nennbetrags gegenüber Z. noch nicht erkannt haben. Sch. und P. machen unter Hinweis auf das Zeugnis der Buchhalterin W. geltend, sie seien im Januar 1912 im Kassenlokal der Aktiengesellschaft erschienen und hätten das Geld bei sich gehabt. Da sie aber gleichzeitig ebenso hohe Summen von der Gesellschaft zu fordern hatten und die Buchhalterin Anweisung zur Zahlung gehabt habe, hätten sie das Geld nicht in die Kasse gelegt, vielmehr gegen Empfang von Quittungen über die Einlagen auch ihrerseits Quittungen über die Gesellschaftsschulden erteilt; im Kassabuch der Gesellschaft seien die Zeichnungsbeträge als gezahlt gebucht worden.

Mit Recht sind die Vorinstanzen der Ansicht, daß dies eine Aufrechnung oder Verrechnung, nicht aber eine Barzahlung war, wie das Gesetz sie verlangt. Vergebens beruft sich die Revision auf die Entscheidung des erkennenden Senats RGZ. Bd. 85 S. 354, wo gesagt ist, daß die gegenseitige Verrechnung, wenn sie ausschließlich die Wirkung habe, ein zweckloses Hin- und Herschieben von Geldstücken zu ersparen, der Barzahlung der Einlage gleichstehe. Jener Satz bezieht sich auf das Aufrechnungsverbot des § 19 Abs. 2 GmbHG., das er in gewisser Hinsicht einschränkt, ohne jedoch in Frage zu stellen, daß die Aufrechnung, auch wo sie in ihrer Wirkung der Barzahlung gleichsteht und deshalb gestattet ist, rechtlich doch immer Aufrechnung bleibt. Es kann daraus nichts gefolgert werden für die Auslegung des § 195 Abs. 3 HGB., der positiv Barzahlung vorschreibt. Was das Gesetz unter Barzahlung versteht, läßt es nicht im unklaren, indem es bestimmt: „als Barzahlung gilt nur die Zahlung in deutschem Gelde, in Reichskassenscheinen sowie in gesetzlich zugelassenen Noten deutscher Banken", und indem es hinzufügt, daß der bar eingezahlte Betrag „im Besitze des Vorstandes" sein muß. Davon war im vorliegenden Falle keine Rede. Geldstücke haben Sch. und P. nicht in die Kasse gelegt.

Anlangend die restlichen 75% der Zeichnungsbeträge, so erklärt zwar § 221 Satz 2 HGB. ausdrücklich nur die einseitige Aufrechnung des Zeichners für unwirksam. Doch ist nach ständiger Rechtsprechung des Reichsgerichts auch eine Aufrechnung seitens der Gesellschaft ausgeschlossen, falls die Gegenforderung des Zeichners der Einlageforderung nicht gleichwertig ist, denn dann würde die Aufrechnung eine durch § 221 Satz 1 verbotene teilweise Befreiung des Zeichners von seiner Leistung enthalten. Das Berufungsgericht, das dieser Rechtsprechung folgt, hat das Erfordernis der Vollwertigkeit der Gegenforderungen bedenkenfrei verneint. Nach seinen Ausführungen ist die Aktiengesellschaft zur Zeit der Kapitalerhöhung überschuldet gewesen und bis zur Konkurseröffnung aus der Überschuldung nicht hinausgekommen. Es ist verfehlt, wenn Z. und P. einwenden, es habe festgestellt werden müssen, in welchem Maße dies der Fall war, weil, wenn die Aktiven z. B. 90% der Passiven ausgemacht hätten, die Aufrechnung in Höhe von $^9/_{10}$ gültig gewesen sei. Eine solche Feststellung wäre praktisch kaum möglich, da es sich um Schätzungen handelt, die der Natur der Sache nach nur annähernde Richtigkeit beanspruchen können. Die Ansicht entspricht aber auch nicht dem Gesetze, vielmehr ist danach die Aufrechnung, sofern die Vollwertigkeit der Gegenforderung nicht außer jedem Zweifel steht, schlechthin für unzulässig zu erachten.

Z. hat noch besonders geltend gemacht, daß er für seine Forderung Sicherheiten erhalten habe. Indes nach Annahme des Berufungsgerichts ist die Forderung hierdurch doch nie vollständig gedeckt gewesen. Es hätten verwickelte Hin- und Herrechnungen zwischen Z. und der Gesellschaft stattgefunden. . . . Schließlich am 28. September 1912 habe sie seine Forderung auf 43340,72 *M* angegeben und von dieser Summe die 15750 *M* Einlage abgesetzt. Daß er damals Sicherheiten in Höhe von 43340,72 *M* in der Hand gehabt hätte, behaupte er selbst nicht.

Die Revision verweist demgegenüber auf den Kontoauszug, wonach Z. anfangs Januar 1912 nur 30003,91 *M* zu fordern hatte. Diese Forderung sei durch eine Hypothek und die seit dem 29. Januar 1912 an deren Stelle getretenen Sicherheiten durchaus gedeckt gewesen. Auch der Kläger trage in der Klageschrift vor, daß Ende Januar eine Verrechnung mit der Einlage stattgefunden habe. Allein in der Klageschrift heißt es nur, schon bei Zeichnung der Aktien habe Z. mit dem Vorstande vereinbart, daß die Einzahlung durch Verrechnung gegen seine Warenforderung aus dem Jahre 1911 erledigt werden sollte; demgemäß sei er gegen den ihm am 1. Januar 1912 zustehenden Saldo von 30003,91 *M* am 26. desselben Monats mit 15750 *M* belastet worden. Hieraus ergibt sich nichts zu Z.s Gunsten. Die bei der Zeichnung vereinbarte Verrechnung war unwirksam mangels Aufnahme in den Kapitalerhöhungsbeschluß (vgl. § 279 HGB.); was aber die spätere Verrechnung betrifft, so verkennt die Revision den Zeitpunkt ihrer Vornahme. Da Z. mit der Gesellschaft in Kontokurrent stand, erfolgte die Aufrechnung nach § 355 HGB. nicht schon am 26. Januar 1912, als ihm die 15750 *M* zur Last geschrieben wurden, sondern erst durch Übersendung und Anerkennung des nächsten Rechnungsabschlusses, also Ende September 1912. Damals aber war seine Forderung durch die Sicherheiten unstreitig nicht mehr voll gedeckt.

2. Mit der Anschlußrevision rügt der Kläger zunächst, daß die Verurteilung an die Bedingung der Hergabe von Aktienurkunden geknüpft worden ist. In der Tat ist dies rechtsirrtümlich. Die Erwägung des Berufungsgerichts, auch wenn die Gesellschaft in Konkurs geraten sei, hätten die Aktien noch Wert und Bedeutung, trifft nicht den entscheidenden Punkt. Sind allerdings Aktienurkunden in der Konkursmasse vorhanden, so kann sie der Zeichner, da er kraft seiner Eigenschaft als Aktionär Eigentümer der Urkunden ist und die Masse sie für ihn aufbewahrt, nach § 43 KO. aussondern. Er hat auf die vorhandenen Papiere einen fälligen Anspruch (Aussonderungsanspruch) gegen den Konkursverwalter, der auf demselben Verhältnis wie seine Einzahlungspflicht beruht und folglich nach §§ 273, 274 BGB. zur Begründung des Zurückbehaltungsrechts benutzt werden kann. Anders aber, wenn Aktienurkunden vor der Konkurseröffnung noch gar nicht ausgefertigt wurden. Nach § 69 KO. ist der Zeichner als Konkursgläubiger zur Geltendmachung von Verschaffungsansprüchen außerstande; er kann daher auch nicht fordern, daß der Konkursverwalter Aktien ausfertigt und ihm übereignet. Da ein Gegenanspruch nicht gegeben ist, fällt das Zurückbehaltungsrecht. Staub, HGB. 218 Anm. 15, übersieht diesen Unterschied und schießt deshalb über das Ziel hinaus. Daß aber im vorliegenden Falle vor dem Konkurse der Gesellschaft noch keine Ausfertigung von Aktien stattgefunden hat, darüber herrschte in den Vorinstanzen Einverständnis. Die gegenteilige Behauptung, die die Vertreter der Beklagten in der Revisionsverhandlung aufgestellt haben, ist neu, mithin unbeachtlich. . . .

Waren die Beklagten hiernach zur Rückbehaltung wegen der Aktienurkunden nicht befugt, so entfällt auch der Grund, der das Berufungsgericht verhindert hat, Zinsen von der Klagerhebung an zuzubilligen (§ 291 BGB.). Mit einem früheren Zeitpunkte freilich, wie es der Kläger will, — mit dem Tage der Aktienzeichnung oder doch mit dem der Konkurseröffnung — begannen die Zinsen noch nicht zu laufen. Nach § 218 Abs. 1, 3 HGB. hätte es dazu der gehörigen Einforderung der Einlagen bedurft, während nach Feststellung des Berufungsgerichts erst der Konkursverwalter die Beklagten zur Einzahlung aufgefordert hat." ...

---

17. Kommission oder Propergeschäft. Zum Begriffe des Irrtums über den Inhalt einer Erklärung.

HGB. §§ 383 flg.; BGB. § 119.

I. Zivilsenat. Urt. v. 16. Oktober 1918 i. S. H. (Kl.) w. Bank für H. u. I. (Bekl.). Rep. I. 110/18.

I. Landgericht I Berlin.
II. Kammergericht daselbst.

Der Kläger wollte im Oktober 1916 10000 ℳ Aktien der Rheinisch-Westfälischen Sprengstoff Aktiengesellschaft kaufen. Er übergab der Depositenkasse L. der Beklagten den Auftragszettel vom 10. Oktober 1916. In diesem bezeichnet er sich als Käufer, auch wird von seinem „Kaufgebot" gesprochen. Als Preis wird angegeben „höchstens 340/42". Es ist die Klausel hinzugefügt: auf die vorstehenden ohne Kursbegrenzung oder bestens gegebenen Anerbieten wollen Sie den Kurs nach billigem Ermessen (§ 315 BGB.) bestimmen. Die Beklagte ließ die Stücke durch ihren Börsenvertreter St. am 10. Oktober 1916 an der Börse ankaufen und zwar zum Kurse vom 437 1/2. Der Börsenvertreter hat nach den Einrichtungen der Beklagten die Ausführung auf einem Zettel zu notieren. Ein Bote teilt auf Grund des Zettels der Depositenkasse mit, zu welchem Kurse der Auftrag ausgeführt ist. Gleichfalls auf Grund dieser Zettel werden die sogenannten Börsenbogen zusammengestellt, durch die jede Depositenkasse nochmals über die Ausführung unterrichtet wird. Der Börsenvertreter St. schrieb nun versehentlich 337 1/2 statt 437 1/2 auf den Zettel. Dies wurde der Depositenkasse mitgeteilt, und ein Beamter der Kasse, S., setzte einen nachfragenden Boten des Klägers in Kenntnis, daß die Ausführung zu 337 1/2 erfolgt sei. Das Versehen wurde bald bemerkt. Die Beamten der Depositenkasse erklärten dem Kläger am Nachmittage des 10. Oktober, es sei ein Irrtum vorgekommen, der Kurs sei 437 1/2. Der Kläger wollte jedoch den höheren Kurs nicht gelten lassen. Da die Beklagte zu 337 1/2 nicht liefern wollte, hat Kläger sich nach seiner Behauptung anderweitig eingedeckt und verlangt klagend Schadensersatz.

Das Landgericht wies die Klage ab. Die Berufung des Klägers wurde vom Kammergerichte zurückgewiesen.

Die Revision des Klägers blieb gleichfalls erfolglos.

Gründe:

„Der Auftragszettel vom 10. Oktober 1916, den der Kläger unterzeichnet hat, stellt sich seinem Wortlaute nach als Kaufangebot dar. Das vorgedruckte Formular rührt von der Beklagten her; diese wollte also offensichtlich bei ihren Geschäften in der Regel als Eigenhändlerin, nicht als Kommissionärin auftreten. Dementsprechend hat das Kammergericht — bei Unterstellung einer Abschlußbefugnis des Beamten der Depositenkasse S. — einen Kaufvertrag als vorliegend angenommen. Dem kann nicht zugestimmt werden. Es ist anerkannt, daß in der kaufmännischen Praxis Eigenhandel und Kommission vielfach ineinander übergehen. Ob Eigenhandel oder Kommission vorliegt, dafür ist nicht die Wahl des Ausdrucks im Auftrag entscheidend. Der Gebrauch des Wortes Auftrag hindert nicht, daß in Wahrheit ein Kauf vorliegt, und ebenso findet sich der Ausdruck kaufen, wenn es sich in Wahrheit um eine Kommission handelt. Auch eine etwaige Vereinbarung von Provision deutet nicht mit Sicherheit darauf, daß nur eine Kommission beabsichtigt war. Vielmehr ist — neben etwaigen beweiserheblichen Vorverhandlungen — das in der Regel entscheidende Merkmal, ob ein fester Preis vereinbart ist. Nur bei solcher Vereinbarung liegt der Regel nach ein Kauf vor. Der Preis braucht nicht in bestimmten Zahlen ausgedrückt zu sein, aber er muß objektiv feststellbar sein, z. B. $^1/_4$% über Berliner Kurs (vgl. Breit im Verbandskommentar zum Börsengesetz, Anhang, Einführung Anm. 42; Nußbaum, Kommentar zum Börsengesetz, Anhang II; B. Lehmann, Handelsrecht, § 189, 8; Düringer-Hachenburg, § 383 Anm. 22; Staub-Koenige, § 383 Anm. 9).

Ist ein objektiv bestimmbarer Preis nicht festgesetzt, verlangt vielmehr der Kunde, daß zu einem möglichst günstigen Preise abgeschlossen werden und daß der Bankier sich bemühen soll, einen solchen zu erzielen, so ist eine Kommission gegeben. So liegt die Sache hier. Als Preis ist angegeben: höchstens 340/42. Das heißt, die Beklagte sollte sich bemühen, möglichst billig zu kaufen, und sollte jedenfalls die Grenze von 340/42 nicht überschreiten. Eine solche Abmachung ist mit einem Kaufvertrage nicht vereinbar. An diesem Ergebnis wird auch nichts durch die Klausel des Zettels geändert „auf die vorstehenden ohne Kursbegrenzung oder bestens gegebenen Anerbieten wollen Sie den Kurs nach billigem Ermessen (§ 315 BGB.) bestimmen". Einmal ist der Preis weder „ohne Kursbegrenzung" noch „bestens" angegeben. Und zweitens kann durch eine Klausel nicht aus der Welt geschafft werden, daß die verlangten Bemühungen, billig einzukaufen (höchstens 340/42), mit einem Kaufvertrag unvereinbar sind.

Hiernach liegt eine Kommission vor. Da nun die Beklagte die Ausführung der Kommission angezeigt hat, ohne zu bemerken, daß sie selbst eintreten wolle, so gilt dies als Erklärung, daß die Ausführung durch Abschluß mit einem Dritten für Rechnung des Klägers erfolgt ist (§ 405 Abs. 1 HGB.). Mithin ist dem Kläger mitgeteilt worden, daß für seine Rechnung mit einem Dritten zu 337 1/2 abgeschlossen sei. Diese Mitteilung war inhaltlich unrichtig und beruhte auf einem Irrtum. Die Beklagte war daher in der Lage, sie auf Grund des § 119 Abs. 1 BGB. mit Erfolg anzufechten. Das hat sie, wie das Berufungsgericht festgestellt hat, unverzüglich getan. Sie ist deshalb an ihre Mitteilung nicht gebunden, so daß der Schadensersatzanspruch des Klägers sich als unbegründet erweist.

Allerdings ist es etwas Seltenes, daß eine Bank einen Kommissionsauftrag durch Abschluß mit einem Dritten (und nicht durch Selbsteintritt) ausführt. Man könnte deshalb annehmen, daß die Ausführungsanzeige dahin von der Beklagten gemeint und vom Kläger unter Zustimmung verstanden war, daß die Beklagte selbst eintreten und zu 337 1/2 liefern wollte. Auch dann wäre das Endergebnis kein anderes. Freilich liegt die Sache dann insofern nicht ganz so klar, als in Betracht zu ziehen wäre, ob es sich solchenfalls bei der Beklagten nicht um einen — zur Anfechtung nicht berechtigenden — Irrtum im Beweggrunde handelte. Diese Annahme wäre indessen nicht gerechtfertigt. Die Erklärung der Beklagten wäre zwar ihrem Wortlaute nach nur dahin gegangen, daß sie zu 337 1/2 liefern wollte. Aber nicht alles, was in der Erklärung keinen wörtlichen Ausdruck gefunden hat, ist darum reiner Irrtum im Beweggrunde. Auch die — irrtümlich für richtig gehaltenen — Grundlagen der Erklärung, auf denen diese sich aufbaut und die an sich nur einen Irrtum im Motiv abgeben, werden zum Inhalte der Erklärung, wenn sie in einer dem Gegner erkennbaren Weise die Erklärung beeinflußt haben und wenn sie Gegenstand der rechtsgeschäftlichen Erklärungen der Parteien geworden sind (RGZ. Bd. 64 S. 268, Bd. 85 S. 323 flg.). So liegt die Sache hier. Der Kläger hat sich nach seiner Darstellung am 9. Oktober bei der Beklagten nach dem Kurse der Aktien erkundigen lassen. Ihm soll ein Kurs von 340 bis 342 genannt worden sein. Er hat sodann nochmals nachfragen lassen, ob dieser ihm zu niedrig erscheinende Kurs richtig sei. Als das bejaht wurde, hat er am Mittag des 10. Oktober den Kaufauftrag erteilt und sodann nach 5 Uhr, also nach der Börse, nachfragen lassen, ob das Geschäft in Ordnung sei. Aus dieser Darstellung geht hervor, daß der Kläger nichts anderes erwartete, als zu dem am 10. Oktober bestehenden Kurse die Aktien zu erhalten. Das war die ausdrückliche, sich übrigens auch von selbst verstehende Grundlage, von der die gesamten Verhandlungen und der Kaufvertrag ausgingen. Die Preisbestimmung „höchstens 340/42“ ließ weiter deutlich erkennen, daß die Beklagte möglichst billig für ihn einkaufen sollte. Wenn diese Momente im Auge behalten werden, so gewinnt der dem Kläger schließlich gewordene Bescheid, der Kauf sei mit 337 $^1/_2$ in Ordnung, eine weitergehende Bedeutung. Es wurde in einer dem Kläger erkennbaren Weise zum Ausdruck gebracht, daß die Beklagte den Auftrag zum Tageskurse von 337 $^1/_2$ gedeckt habe. Damit zeigt sich, daß die erwähnte Erklärung des Beamten der Beklagten einen über den reinen Wortlaut hinausgehenden Sinn hatte, nämlich daß der Auftrag zum Tageskurse von 337 $^1/_2$ ausgeführt sei und die Beklagte deshalb — nach der gemachten Unterstellung — zu diesem Kurse als Selbstkontrahentin liefern wollte. Dies war Inhalt der Erklärung. Da er auf Irrtum beruhte, war der Inhalt der Erklärung irrtümlich. Somit ist die unverzüglich vorgenommene Anfechtung berechtigt."

---

18. Zur Frage der Einwirkung des Krieges auf Lieferverträge, die vereinbarungsgemäß nach Friedensschluß erfüllt werden sollen.

II. Zivilsenat. Urt. v. 22. Oktober 1918 i. S. B. & Co. (Kl.) w. P. (Bekl.). Rep. II. 187/18.

I. Landgericht Hamburg, Kammer für Handelssachen.
II. Oberlandesgericht daselbst.

Die Klägerin hatte der Beklagten auf Grund von vier vor dem Kriege geschlossenen Kaufverträgen (Nr. 779, 169, 277 und 278) indische Baumwolle zu liefern. Die Verträge enthielten die Klausel, daß Krieg usw. die Klägerin von der Lieferungspflicht für den ganzen Abschluß oder den nicht ausgeführten Teil desselben entbänden. Bei Kriegsausbruch waren auf den Vertrag Nr. 779 noch 110 Ballen, auf die weiteren drei Verträge noch die ganze gekaufte Menge von zusammen 880 Ballen rückständig. Im Oktober 1914 vereinbarten die Parteien, daß die Lieferung des ganzen Rückstandes auf die Zeit nach dem Kriege verschoben werden solle. Die Klägerin bestätigte am 27. Oktober 1914 die Vereinbarung mit Bezug auf jeden einzelnen Abschluß durch folgendes Schreiben:

„Wir bestätigen Ihnen hiermit, daß laut der zwischen uns getroffenen Vereinbarung der Liefertermin für obigen Kontrakt bis nach Beendigung des augenblicklichen Kriegszustandes verschoben ist, d. h. also so lange, bis die für uns unterwegs befindlichen Dampfer hereinkommen oder, falls diese inzwischen verloren gegangen sein sollten, neue Abladungen von Indien eintreffen können."

Die die Verträge Nr. 169, 277 und 278 betreffenden Schreiben enthielten außerdem den Zusatz: „Die Lieferung soll dann in der gleichen Weise geschehen, wie im Kontrakt vereinbart, d. h. vom Eintreffen der ersten 110 Ballen ab monatlich 110 Ballen."

Mit der im Dezember 1916 erhobenen Klage beantragte die Klägerin, indem sie sich auf die durch den Krieg herbeigeführte Umgestaltung der geschäftlichen Verhältnisse berief, die Feststellung, daß die vier Kaufverträge keine Rechtswirkung mehr hätten und daß sie, die Klägerin, nicht verpflichtet sei, die aus den vier Verträgen noch rückständigen Mengen der Beklagten zu liefern. Zuvor hatte sie der Beklagten durch Brief vom 30. Juni 1916 von dieser Auffassung Kenntnis gegeben. Die Beklagte begehrte widerklagend die Feststellung, daß die Klägerin die rückständige Ware entsprechend ihren Erklärungen vom 27. Oktober 1914 zu liefern habe; eventuell ging die Widerklage dahin, festzustellen, daß die Abmachungen der Parteien vom 27. Oktober 1914 noch zu Recht beständen und daß die Erklärungen der Klägerin vom 30. Juni 1916 unberechtigt seien.

Das Landgericht gab dem eventuellen Antrage der Widerklage statt; die Klage und den in erster Reihe gestellten Widerklagantrag wies es ab. Die Berufung der Klägerin wurde durch Urteil des Oberlandesgerichts zurückgewiesen. Das Reichsgericht hat das Berufungsurteil aufgehoben und zugunsten der Klägerin erkannt.

Aus den Gründen:

... „Das Berufungsgericht geht zutreffend davon aus, daß bei später zu erfüllenden Kaufverträgen eine Umgestaltung der Verhältnisse die Folge haben kann, daß die Beteiligten an den Vertrag nicht mehr gebunden sind. Gerade für Geschäfte, deren Erledigung durch den gegenwärtigen Krieg eine Verzögerung erleidet, hat auch das Reichsgericht diesen Satz schon mehrfach anerkannt; vgl. u. a. das Urteil des erkennenden Senats vom 8. Februar 1918 (RGZ. Bd. 93 S. 341). Ihre Rechtfertigung findet die danach eintretende Befreiung in der Erwägung, daß eine Leistungspflicht nicht mehr besteht, wenn die Erfüllung unter Umständen stattzufinden hätte, die dem, was die Beteiligten vernünftigerweise beabsichtigt haben, so wenig mehr entspricht, daß der Erfüllungszwang mit der durch §§ 157, 242 BGB. gebotenen Rücksichtnahme auf Treu und Glauben und auf die Verkehrssitte unvereinbar wäre. Dieser Fall ist aber hier schon nach der Art der zu liefernden Ware gegeben, und zwar trifft dies bereits zu auf den auch für die Entscheidung des Revisionsgerichts maßgebenden Zeitpunkt der Berufungsverhandlung (19. März 1918).

Gegenstand der streitigen Verträge ist ein von Übersee einzuführender Rohstoff, der früher nach den durch den Krieg abgeschlossenen mitteleuropäischen Ländern in großen Mengen gelangte und dort nach seiner Verarbeitung der Befriedigung der verschiedenartigsten dauernden Bedürfnisse genügte. Es ist klar, daß bei einer Ware dieser Art die Unterbindung der Einfuhr, wie sie der Krieg zur Folge hat, sich in immer stärkerem Maße fühlbar macht und daß im Zusammenhange damit auch die wirtschaftlichen Verhältnisse, unter denen die nach der Beendigung des Krieges auszuführende Lieferung stattzufinden hätte, bei mehrjähriger Kriegsdauer völlig andere sein werden, als sie bei dem noch in die Friedenszeit fallenden Abschlusse der ursprünglichen Verträge und bei dem Abkommen, das in der ersten Kriegszeit über die spätere Lieferung getroffen wurde, gewesen sind. Bei solcher Sachlage könnte die Fortdauer der Erfüllungspflicht der Klägerin nur angenommen werden, wenn gewichtige, von der Beklagten darzulegende Umstände die dahin gehende Absicht der Parteien unzweifelhaft ergeben würden. Daran fehlt es aber. Das Berufungsgericht führt aus, die Klägerin habe bei der Entschließung, ob sie von der Kriegsklausel Gebrauch machen oder sich auf die Schiebung der Verträge einlassen wolle, als vorsichtiger Kaufmann mit einer ihr ungünstigen Entwickelung gerechnet und die Gefahr einer Verschlechterung der Wirtschaftslage auf sich genommen. Um die Einwirkung der Kriegsdauer auszuschließen, hätte es nur der Aufnahme einer diesbezüglichen Klausel bedurft. Habe die Klägerin dies nicht angestrebt, so dürfe davon ausgegangen werden, daß sie die Gefahr einer völligen Veränderung der wirtschaftlichen Verhältnisse in den Kauf habe nehmen wollen und daß sie als Gegenwert des hierin liegenden spekulativen Moments die bis zum Ende des Krieges dauernde vertragliche Bindung des Käufers angesehen habe. Damit ist dem Erfordernis, daß nur aus besonderen Umständen auf den Ausnahmefall der vorbehaltlosen Bindung geschlossen werden könnte, nicht genügt. Zu einer anderen Beurteilung können auch die Erwägungen nicht führen, die das Berufungsgericht weiterhin anstellt aus Anlaß der Erörterung der Frage, ob die Klägerin etwa dadurch befreit sei, daß sie in der Zwischenzeit zufolge der kriegerischen Ereignisse die Möglichkeit der Benutzung des Baumwolleterminmarktes verloren habe. Bei der Verneinung der Erheblichkeit dieser Tatsache legt das Berufungsgericht darauf Gewicht, daß im vorliegenden Falle der Zeitpunkt der Erfüllung nicht auf das Kriegsende gelegt, sondern darauf abgestellt sei, daß wieder normale Verhältnisse eingekehrt seien, was in dem Abgesprochenen durch die Worte ausgedrückt werde „bis neue Abladungen von Indien eintreffen können". Dieser Gesichtspunkt kann schon deshalb nicht von entscheidender Bedeutung sein, weil bei der langen Dauer des Krieges und seiner tiefgreifenden Einwirkung auf den Baumwollehandel die Parteien sich nur irrtümlich vorgestellt haben könnten, daß die Wiederaufnahme der Einfuhr und die Wiederkehr normaler Verhältnisse sich decken würden. Darin wäre aber kein Umstand zu erblicken, der die Annahme rechtfertigt, daß die Berücksichtigung einer ganz anderen Entwickelung ausgeschlossen sein sollte.

Das Berufungsgericht kommt daher mit Unrecht schließlich zu dem Ergebnis, daß die Klägerin zurzeit noch gebunden sei und daß erst nach der Beendigung des Krieges und auf Grund der dann bestehenden Verhältnisse zu entscheiden sein werde, ob die Lieferung sich noch als sinngemäße Erfüllung der Verträge darstelle. Die feststehenden Tatsachen ergeben vielmehr schon für die maßgebende Zeit der Berufungsverhandlung, daß die Leistungspflicht der Klägerin erloschen ist. Deshalb mußte in der zur Endentscheidung reifen Sache der Klage stattgegeben und die ganze Widerklage abgewiesen werden."

---

19. Zur Frage, ob nach den Grundsätzen des gemeinen Rechtes ein Grundeigentümer, dem die Baupolizeibehörde die Genehmigung zur Errichtung eines Baues versagt hat, Entschädigung beanspruchen darf.

VII. Zivilsenat. Urt. v. 25. Oktober 1918 i. S. Stadt Bergedorf (Bekl.) w. P. Sch. (Kl.) Rep. VII. 304/18.

I. Landgericht Hamburg.
II. Oberlandesgericht daselbst.

Der Kläger ist Eigentümer eines an der Ecke der Kamp- und Holstenstraße in Bergedorf belegenen, mit einem Gebäude, dem Gasthofe „zur Sonne", bebauten Grundstücks. Der vorn, neben der Kampstraße bis zur Holstenstraße sich hinziehende Grundstücksteil von 120 qm Flächeninhalt ist unbebaut geblieben. Ein Baugesuch des Klägers, wonach auf diesem Grundstücksteil ein an das Gasthaus sich anschließender Anbau errichtet werden sollte, wurde durch den Bescheid des Magistrats in Bergedorf vom 2. Februar 1914 abgelehnt. Der vom Kläger eingeschlagene Beschwerdeweg blieb erfolglos. Der Kläger machte darauf geltend, daß er durch die Verordnung des Magistrats in seinen wohlerworbenen Rechten beeinträchtigt sei, und forderte mit der Klage des vorliegenden Rechtsstreits zunächst 4100 ℳ als Teilbetrag des ihm dadurch erwachsenen Schadens. Die Beklagte widersprach dem Klagebegehren.

Das Landgericht erklärte den Klaganspruch dem Grunde nach für berechtigt. Die Berufung der Beklagten wurde zurückgewiesen. Auch ihre Revision blieb erfolglos.

Gründe:

„Die zuständigen Verwaltungsbehörden haben in befugter Ausübung des ihnen in der Bauordnung für das Städtchen Bergedorf vom 4./18. Dezember 1850 eingeräumten Rechtes die vom Kläger nachgesuchte Bauerlaubnis im Interesse des öffentlichen Verkehrs versagt und es dadurch dem Kläger unmöglich gemacht, den der Straßenecke nächstgelegenen Teil des unbebaut gebliebenen Streifens seines Grundstücks baulich auszunutzen. Die Streitfrage, ob der Kläger für die ihm hierdurch erwachsenen Vermögensnachteile Ersatz begehren darf, prüft das Berufungsurteil zunächst vom Standpunkte des besonders für den Staat Hamburg und innerhalb des Staatsgebiets geltenden Gesetzes- und Gewohnheitsrechtes aus. Insofern gelangt das Urteil zu der Annahme, daß die eingeklagte Entschädigungsforderung weder durch ein Gesetz, insbesondere durch die Bestimmungen der bezeichneten Bauordnung, noch auch durch ein Gewohnheitsrecht ausgeschlossen ist. Demgegenüber sucht die Revision auszuführen, die maßgebliche Fragestellung der Vorinstanz sei zu bemängeln, namentlich bestehe für Rechtsbeschränkungen, die durch ein Gesetz auferlegt seien, eine Entschädigungspflicht nur dann, wenn das Gesetz selbst eine solche anordne, die Frage hätte daher nicht auf einen gesetzlichen Ausschluß einer Entschädigungspflicht, sondern darauf gerichtet werden sollen, ob das Gesetz eine solche Pflicht vorsehe. Den Ausführungen ist jedoch nicht zu folgen. Die hier in Betracht kommenden Erwägungen der Vorinstanz sind nach ihrem Sinne und Zusammenhange dahin zu verstehen, aus den besonderen hamburgischen gesetzlichen und gewohnheitsrechtlichen Normen seien Bedenken gegen den Klaganspruch nicht herzuleiten. Diese Entscheidung über Bestand und Inhalt irrevisibelen Rechtes ist einer Nachprüfung entzogen (ZPO. § 549).

Den zutreffenden Ausgangspunkt der weiteren Erörterungen des Berufungsurteils bildet der im gemeinen Recht anerkannte Grundsatz, daß der Eigentümer Entschädigung beanspruchen darf, der durch eine Maßnahme einer zuständigen Behörde genötigt ist, im Interesse und zum Vorteile der Allgemeinheit Opfer an seinem wohlerworbenen Rechte zu bringen (vgl. RGZ. Bd. 16 S. 159, Bd. 41 S. 142, 191, Bd 49 S. 241, Bd. 72 S. 89; Jur. Wochenschr. 1902 S. 175, sowie das Urteil des erkennenden Senats vom 13. Juni 1913, veröffentlicht im Beibl. der Hanseat. Ger.-Zeitg. 1914 Nr. 59 und in Jur. Wochenschr. 1913 S. 998 Nr. 27). Mit eingehender Begründung wird im Berufungsurteile die Auffassung vertreten, vorliegend enthalte der Magistratsbescheid vom 2 Februar 1914 einen Eingriff in wohlerworbene Rechte des Klägers, wofür die Beklagte nach dem angeführten Grundsatz Entschädigung zu leisten habe. Diese Ansicht erscheint richtig, und der Gegenausführung der Revision, Kläger hätte von vornherein damit rechnen müssen, daß ihm die Baugenehmigung versagt werden würde, für ihn habe nicht ein Recht, sondern nur eine unbestimmte Aussicht auf Verwertung des Streifens an der Straße als Bauplatz bestanden, kann nicht beigestimmt werden.

Der Berufungsrichter hat keineswegs verkannt, daß das Grundeigentum mannigfachen, teils im Privatrechte, teils im öffentlichen Rechte wurzelnden, seinen Inhalt und seine Wirkungen wesentlich beeinflussenden Einschränkungen unterliegt, die namentlich auch einer Bebauung nach schrankenlosem Belieben des Eigentümers im Wege stehen. Es ist indes ausdrücklich und rechtlich einwandfrei festgestellt, daß die Bebauung, welche der Kläger beabsichtigte, durch kein Gesetz behindert war, daß ihr keine allgemeinen baupolizeilichen oder verkehrspolizeilichen Beschränkungen entgegenstanden, hier vielmehr das Hindernis erst dadurch gegeben wird, daß die Behörde mit ihrer Verfügung einschritt. Dem unmittelbar an fertigen städtischen Straßen belegenen Grundstücke des Klägers kam naturgemäß und unbedenklich die Eigenschaft einer Baustelle zu. Diese rechtmäßig begründete Eigenschaft des Grundstücks war tatsächlich bei dem seiner Zeit aufgeführten Baue des Gasthofs „zur Sonne" nicht voll ausgenutzt worden. Man hatte abweichend von dem bis zur Kampstraße reichenden Nachbargebäude der Deutschen Bank an der Straße einen Landstreifen unbebaut gelassen. Die hierdurch ermöglichte freie Sicht kam den an der Straßenecke herrschenden schwierigen Verhältnissen des öffentlichen Verkehrs tatsächlich zustatten. Für die im Interesse der Beklagten als Straßenherrin liegende dauernde Erhaltung solcher freien Sicht war aber in den bis zum Bescheide vom 2. Februar 1914 bestehenden Anlagen und Verhältnissen eine rechtliche Grundlage und Gewähr noch nicht gegeben. Es konnte der Weg der Enteignung des unbebauten Streifens an der Straßenecke und eine dem Verkehrsbedürfnis entsprechende Verbreiterung der Straße in Frage kommen. Wenn die Beklagte davon absah und durch den mehrerwähnten Bescheid den Kläger in seiner grundsätzlich berechtigten Baufreiheit beschränkte, so hat sie nicht eine rechtlich schon bestehende und für jeden Bau in Betracht kommende Eigentumsbeschränkung baupolizeilichen Charakters zur Anwendung gebracht, sondern durch eine der öffentlichen Wohlfahrt dienende Verwaltungsmaßnahme in die nach der Rechtsordnung wohlbegründete Rechtsstellung eines einzelnen eingegriffen. Dem überragenden Gemeinwohle, das den Eingriff veranlaßte, muß das Eigentumsrecht des Klägers und seine daraus entspringende Baubefugnis weichen, Kläger darf aber für die einem Teile seines Grundbesitzes auferlegte Last der Nichtbebaubarkeit Geldentschädigung fordern.

In seinen rechtlich erheblichen Beziehungen ist der vorliegende Tatbestand nicht wesentlich verschieden von dem Falle, den die schon erwähnte Entscheidung des Senats vom 13. Juni 1913 behandelte. In jenem Falle war der damalige Kläger durch Versagung einer Baugenehmigung verhindert worden, an der Stelle und in den Grenzen eines vorhanden gewesenen und durch Feuer zerstörten Gebäudes ein neues Wohnhaus zu errichten. Gewisse sich enge an den Sachverhalt anschließende Wendungen aus der Begründung jenes Urteils sind dann von dem Berufungssenat, an den die Sache zurückverwiesen war, dahin aufgefaßt worden, das Revisionsgericht habe einen Eingriff in wohlerworbene Rechte und einen Entschädigungsanspruch des Grundeigentümers nach gemeinrechtlichen Grundsätzen nur hinsichtlich des bebaut gewesenen Grundstücksteiles bejahen, hinsichtlich eines tatsächlich unbebauten Teiles aber verneinen wollen. Solche Begrenzung lag jedoch nicht im Willen des erkennenden Senats, der den damaligen Entschädigungsanspruch nicht auch auf Entziehung der Bebauungsmöglichkeit unbebaut gewesenen Landes bezogen hatte. Der Senat hat in dem Urteile vom 13. Juni 1913 auf die nahe Ähnlichkeit des damals behandelten Tatbestandes mit den eigentlichen Enteignungsfällen hingewiesen. Er hat ferner das Urteil des ehemaligen preuß. Obertribunals (Entsch. d. ObTrib. Bd. 74 S. 137) herangezogen, das einem Straßenanlieger, dem in Rücksicht auf einen städtischen Bebauungsplan die Genehmigung zur Neubebauung, nicht Wiederbebauung, seines Grundstücks versagt war, einen Entschädigungsanspruch zuerkannte. Er hat aus dem reichsgerichtlichen Urteile RGZ. Bd. 63 S. 298 den Ausspruch erwähnt: „Was von der Enteignung gilt, muß naturgemäß auch von der Belastung des Grundstücks mit der Servitut der Unbebaubarkeit gelten. Denn die letztere ist ihrem Wesen nach nichts anderes als eine Teilenteignung." Endlich hat der Senat auch auf die Rechtsprechung für preußisches Gebiet hingewiesen, die sich auf Versagungen von Baugenehmigungen zufolge Straßenerweiterungen aus der Zeit vor Anwendbarkeit des preußischen Fluchtliniengesetzes bezieht. Alle jene Hinweise erscheinen auch gegenwärtig angebracht, als geeignet, die für die Berechtigung des vorliegenden Klaganspruchs sprechenden Gründe zu unterstützen und zu verstärken."

---

20. Zum Begriffe
1. der „Geschäfte rechtlicher Natur" im Sinne der Tarifst. 73 des preußischen Stempelsteuergesetzes vom 30. Juni 1909;
2. des sog. Schrankfachvertrags.

VII. Zivilsenat. Urt. v. 25. Oktober 1918 i. S. Bank für Handel und Industrie (Kl.) w. preuß. Staat (Bekl.). Rep. VII. 200/18.

I. Landgericht Cassel.
II. Oberlandesgericht daselbst.

Die Klägerin läßt sich von ihren Schrankfachkunden vielfach Urkunden ausstellen, in denen der Kunde einen Anderen bevollmächtigt, an seiner Statt den Tresor der Bank zu besuchen und über das vom Kunden gemietete Schrankfach zu verfügen. Der Beklagte erforderte für solche „Vollmachten" Stempelabgaben im Gesamtbetrage von 36 M, die von der Klägerin bezahlt worden sind. Mit der Klage verlangte sie die Rückzahlung. Das Landgericht wies die Klage ab und das Oberlandesgericht die Berufung zurück. Auch die Revision wurde zurückgewiesen aus folgenden

Gründen:

... „Der Beklagte hat die streitige Abgabe auf Grund der Tarifst. 73 preuß. StempStG. vom 30. Juni 1909 erfordert, wonach

„Vollmachten, Ermächtigungen und Aufträge zur Vornahme von Geschäften rechtlicher Natur für den Vollmachtgeber" als Gegenstand der Besteuerung bezeichnet sind. In den zur Versteuerung gezogenen, der Bank auf deren Ersuchen von den Kunden ausgestellten und ihr übergebenen Schriftstücken ist die Erteilung der Vollmacht nicht durch Erklärung gegenüber dem zu Bevollmächtigenden, sondern durch Erklärung gegenüber dem Dritten, nämlich der Bank, erfolgt, der gegenüber die Vertretung des Kunden stattfinden soll. Damit erfüllen aber die Urkunden den Tatbestand der Vollmachterteilung im Sinne des auch für die Frage der Stempelpflichtigkeit maßgebenden Zivilrechts (§ 167 BGB.). Sind hiernach die Schriftstücke nach ihrem Inhalte Vollmachten, so ist es, da die Stempelpflichtigkeit einer Urkunde sich nach ihrem Inhalte richtet (§ 3 Abs. 1 StempStG. vom 30. Juni 1909), für diese ihre Rechtsnatur ohne Einfluß, ob daneben auch noch gegenüber dem Bevollmächtigten selbst die Vollmachterteilung erklärt ist. Fehlt es an einer solchen unmittelbaren Ermächtigung — die auch formlos gültig erteilt werden kann —, oder erfährt der als Bevollmächtigter dem Dritten gegenüber Bezeichnete nichts von der mittelbaren Vollmachterteilung, so wird dadurch nichts daran geändert, daß die Urkunde inhaltlich als Ausweis des in ihr Genannten über das Vorhandensein seiner Vertretungsmacht gegenüber dem Dritten zu dienen geeignet ist und durch die Übergabe an die Bank in den Rechtsverkehr gebracht ist. Da sie auch ermächtigt, „für den Vollmachtgeber" zu handeln, bleibt nur noch zu erörtern, ob sie auf die Vornahme von „Geschäften rechtlicher Natur" gerichtet ist. Die Frage ist zu bejahen. Die Tarifstelle erfordert nicht, daß die Ermächtigung die Vornahme von Rechtsgeschäften im technisch-juristischen Sinne des Wortes zum Gegenstande hat; der Begriff der Geschäfte rechtlicher Natur ist vielmehr ein weiterer und allgemeiner. Es genügt, wenn die Vollmacht dem Bevollmächtigten die Befugnis gewährt, Rechte des Machtgebers an dessen Stelle mit Rechtswirksamkeit geltend zu machen. Zur Entscheidung, ob dies Merkmal hier zutrifft, ist auf das Rechtsverhältnis zurückzugehen, auf das die Vollmacht sich bezieht. In dieser Hinsicht ergibt die Vollmacht, daß der Bevollmächtigte befugt sein soll, an Stelle des Kunden den Banktresor zu besuchen und über das vom Kunden gemietete Schrankfach zu verfügen, daß sie also einen sogenannten Schrankfachvertrag betrifft. Über die Rechtsnatur derartiger Verträge herrscht im Schrifttum Streit. Von der einen Seite wird die Ansicht verteidigt, daß er ein eigentümlich gestalteter Verwahrungsvertrag, von der anderen, daß er ein besonders gearteter Mietvertrag sei. Das Reichsgericht hat sich über die Natur des Vertrags unmittelbar noch nicht ausgesprochen, scheint aber im Urteile vom 10. Juli 1895 (Jur. Wochenschr. 1895 S. 399 Nr. 63) der letzteren Meinung beizustimmen, da es den Inhalt des entstandenen

Schuldverhältnisses dahin feststellt, die Bank sei verpflichtet, dem Kunden (gegen Entgelt) den „Gebrauch" des überlassenen Schrankfachs zur Aufbewahrung von Gegenständen zu gestatten, dem Kunden, soweit es von ihr abhängt, das Schrankfach zugänglich zu machen und zu dulden, daß der Kunde über den etwaigen Inhalt des Faches nach seinem Belieben verfügt.

Der Stellungnahme zu dem bestehenden Streite bedarf es im vorliegenden Falle nicht. Darüber herrscht allgemeines Einverständnis, daß — was sich ohne weiteres aus dem Zwecke des Vertrags ergibt — dieser die Bank verpflichtet, die Benutzung des Schrankfachs dahin zu überwachen, daß kein Unbefugter zu dem Schrankfache den Zutritt nehmen kann, und, soweit es in ihrer Macht steht, dazu mitzuwirken, daß dem Kunden auf sein Verlangen der Zugang zum Fache eröffnet wird. Gewährt sie einem Unbefugten den Zugang oder verweigert sie diesen ohne besonderen Rechtsgrund dem Kunden, so haftet sie für den daraus entstehenden Schaden. Ist nichts anderes besonders vereinbart, so ist das Zugangsrecht des Kunden, das ihm auf Grund gegenseitigen Vertrauens beider Vertragsteile eingeräumt ist, ein höchst persönliches. Dadurch, daß der Kunde der Bank gegenüber einen Anderen ermächtigt, an seiner Statt über das Schrankfach zu verfügen, wird im Falle der Annahme der Ermächtigung durch die Bank deren Verpflichtung dahin neu festgestellt, daß sie auch dem Anderen den Zutritt zu gestatten und auch diesem gegenüber zur Öffnung mitzuwirken hat. Für den Anderen ist das entsprechende Recht durch die Vollmacht neu begründet. Er ist befugt, dies Recht gegenüber der Bank geltend zu machen und erforderlichenfalls zu erzwingen. Macht er es geltend, so nimmt er damit ein Geschäft rechtlicher Natur vor. Kommt die Bank seinem Verlangen, ihm den Zugang zu gewähren, nicht nach, so gerät sie in Leistungsverzug. Das Geschäft, zu dem die Vollmacht den Anderen ermächtigt, geht daher über den Begriff einer bloß tatsächlichen Handlung hinaus. Der Beklagte hat hiernach den Vollmachtstempel mit Recht gefordert, und deshalb war das Berufungsurteil aufrechtzuerhalten."

---

21. Über die Voraussetzungen der Feststellung einer stillschweigenden Vereinbarung mit feindlichen Staatsangehörigen während des Krieges.

III. Zivilsenat. Urt. v. 25. Oktober 1918 i. S. W. (Kl.) w. Firma H. & W. in Nottingham (Bekl.). Rep. III. 131/18.

I. Landgericht Chemnitz.
II. Oberlandesgericht Dresden.

Die Klägerin hat von der Beklagten laut dreier von dieser am 21. November 1912 (über 7000 und über 3000 Pfund Garn B. U. D.)

und am 6. September 1913 (über 10000 Pfund Garn D. M. T.) in Nottingham vollzogener Schlußscheine Garn gekauft und bis zum Beginne des Krieges auf die Schlüsse vom 21. November 1912 2697 Pfd., auf den Schluß vom 6. September 1913 nichts geliefert erhalten. Die Schlußscheine enthalten je einen „Delivery"-Vermerk, der über 7000 Pfd., „During 1913", der über 3000 Pfd. „to follow present orders", der über 10000 Pfd. „As required" sowie die gedruckte Klausel: „In case of stoppage of the mill, arising from fire, strikes, combination of workmen, breakdown or any other accident, — it is mutually understood and agreed that this contract may be suspended". Die Klägerin hatte am 6. Mai 1914 auf den Schluß vom 6. September 1913 je 1800 Pfd. auf die Monate August, September 1914, und am 8. Juni 1914 auf die Schlüsse vom 21. November 1912 je 600 Pfd. auf die Monate August September, Oktober 1914 abgerufen und beansprucht, nachdem die Beklagte diesen Abrufen keinerlei Folge leistete, mittels der am 17. Februar 1917 bei Gericht eingelaufenen, auf ihren Antrag öffentlich zugestellten Klage Schadensersatz wegen Nichterfüllung, weil sie infolge des Verzugs der Beklagten an der Lieferung kein Interesse mehr habe; mit dieser ihrer Schadensersatzforderung rechnet sie auf gegen ihre Kaufpreisschuld von 21108,90 ℳ für frühere Garnlieferungen der Beklagten einschließlich der Lieferung von 2697 Pfd. auf die Schlüsse vom 21. November 1912 und beantragt demgemäß, festzustellen, daß der Beklagten aus ihren Garnlieferungen an die Klägerin eine Forderung gegen die Klägerin nicht mehr zusteht.

Die Inhaber der Beklagten sind die Kaufleute W. in Nottingham und L. bzw. nach dessen am 15. November 1915 zu Rabenstein erfolgten Tode seine Witwe in Rabenstein. Eben diese Kaufleute sind die Inhaber der als Zweigniederlassung der Nottinghamer Firma im Handelsregister eingetragenen offenen Handelsgesellschaft H. & W. in Chemnitz. Über die Zweigniederlassung, die der Nottinghamer Firma mehrere 100000 ℳ schuldet, ist am 4. Oktober 1915 die Zwangsverwaltung verhängt worden; ebenso über den Nachlaß des L. Zum Zwangsverwalter ist bestellt der Rechtsanwalt Justizrat Dr. L. in Chemnitz. Dieser ist im gegenwärtigen Rechtsstreite Prozeßbevollmächtigter der Beklagten und hat durch Vermittelung der holländischen Regierung ein Telegramm sowie die von der Beklagten am 4. April 1917 im Nottingham vollzogene Prozeßvollmacht erhalten.

Das Landgericht entsprach der Klage, der Berufungsrichter wies sie ab. Die Revision der Klägerin hatte Erfolg.

Gründe:

„Das Landgericht hatte die Klage zugesprochen, weil die Beklagte mit der ihr obliegenden Leistung in Verzug gekommen sei und die Klägerin an der weiteren Erfüllung kein Interesse mehr habe. Der

Berufungsrichter weist ab, nicht, weil die Voraussetzungen des § 326 BGB. zu verneinen, sondern weil die Verträge der Parteien, soweit sie noch nicht erfüllt waren, aufgehoben seien durch eine mindestens schon zur Zeit der Klagerhebung vollzogene stillschweigende Vereinbarung, durch gegenseitiges stillschweigendes Einverständnis, da die Verträge „eben in der in den Schlußscheinen vorgesehenen, dem Vertragszweck und den beiderseitigen Interessen der Parteien entsprechenden Weise nicht mehr erfüllt werden können, und da durch die Hinausschiebung der Leistung auf so lange Zeit der Leistungsgegenstand selber verändert worden ist". Der Berufungsrichter stützt somit seine Entscheidung allein auf eine stillschweigende Vereinbarung, nicht auf die von ihm angenommene Unerfüllbarkeit der Verträge; diese soll nur als Motiv die Parteien zu dem gegenseitigen Einverständnis, zu der stillschweigenden Vereinbarung geführt haben.

Diese Begründung kann als eine rechtlich genügende und zutreffende nicht erachtet werden. Rechtliche Bedenken erheben sich aus der gesamten Sachlage schon dagegen, daß die Parteien den Willen zu völliger Ausstreichung der Verträge, soweit nicht erfüllt, gehabt haben sollen. Angenommen aber auch, es hatte spätestens zur Zeit der Klagerhebung beiderseits der Wille bestanden, daß die nicht erfüllten Verträge ausgelöscht sein sollten, so liegt doch keinesfalls vor eine gegenseitige Erklärung dieses Willens, eine Erklärung je des einen Teiles gegenüber dem anderen Teile. Bei den vom Berufungsrichter angeführten Beispielen ähnlicher stillschweigender Vereinbarungen handelte es sich um im Inlande wohnende und darum von den gegenwärtigen und zukünftigen Einwirkungen des feindlichen Auslandes und des Krieges in gleicher Weise betroffene Parteien, die je von Handlungen und Äußerungen des andern Teiles Kenntnis erhalten konnten und erhielten und daraus Schlüsse ziehen durften und zogen. Hier liegt lediglich nichts vor als ein völliges Schweigen beider Teile seit Kriegsausbruch, und beide Teile stehen als Angehörige feindlicher Staaten der Einwirkung des Krieges durchaus verschieden gegenüber. Die Beklagte hat die auf die ersten Kriegsmonate abgerufenen Garnmengen nicht geliefert und die Klägerin an Zahlung der rückständigen bedeutenden Schuldsummen nicht gemahnt; die Klägerin hat ihrerseits nicht an Lieferung gemahnt und ihre Schuld nicht gezahlt. Es ist ohne weiteres anzunehmen und liegt im Sinne der beiderseitigen Parteibehauptungen, daß dieses völlige Schweigen durch den Krieg und je durch die Kriegsgesetze aufgezwungen war. Daß die Parteien bis zur Klagerhebung auf irgendeinem Wege in Verbindung miteinander treten konnten, nimmt der Berufungsrichter selbst nicht an; er weist das in wiederholten Schriftsätzen des beklagtischen Prozeßbevollmächtigten und in der Schlußverhandlung gestellte, mit Mangel an jeder „Information und Instruktion" begründete Aussetzungsgesuch der Beklagten nur darum ab, weil die Beklagte durch den Krieg von dem Verkehr mit dem Prozeßgerichte nicht abgeschnitten und imstande gewesen sei, ihren Prozeßbevollmächtigten ausreichend zu informieren. Insbesondere nimmt der Berufungsrichter nicht an, daß die Parteien durch die Chemnitzer Zweigniederlassung miteinander verkehren konnten; irgendeine Mitwirkung dieser Zweigniederlassung scheint weder bei den früheren noch bei den strittigen Geschäften stattgefunden zu haben. Der Berufungsrichter betont, die Klägerin habe trotz Nichtlieferung auf ihre Abrufe jahrelang geschwiegen, nicht ein einziges Mal gemahnt und zur Lieferung aufgefordert und sei dann unerwartet im Februar 1917 mit ihrer Klage auf Schadensersatz hervorgetreten. Aber auch die Beklagte hat jahrelang geschwiegen, stillschweigend nicht geliefert und die Klägerin zur Zahlung der erheblichen rückständigen Schuld nie aufgefordert oder gemahnt. Beide Teile waren durch den Krieg voneinander abgeschnitten; dies war der einzige, sie zwingende Grund ihres Schweigens, und dieses Schweigen für sich allein ist und enthält mehr nicht als ein notgedrungenes Zuwarten mit der Erledigung der schwebenden Rechtsgeschäfte Wenn die Klägerin erst im Februar 1917 — wenige Monate nach der Bekanntmachung des Reichskanzlers vom 16. und vom 17. Dezember 1916, betreffend Verträge mit feindlichen Staatsangehörigen, vgl. die Denkschrift dazu Reichstag II. 1914/1917 Drucksache Nr. 650 S. 46/47 — mit eventueller Setzung einer Nachfrist zur Lieferung die jetzige Klage auf Schadensersatz wegen Nichterfüllung erhoben hat, deren öffentliche Zustellung sie nachsuchte und erhielt, so kann daraus nicht der Schluß gezogen werden, daß die Klägerin vorher einen ganz anderen Willen, nämlich den der völligen Streichung der noch nicht erfüllten, ihr kraft des Friedenspreises günstigen Verträge, gefaßt, geschweige, daß sie einen solchen andern Willen der Beklagten irgendwie erklärt hat. Ihr Schweigen war wie das der Beklagten durch die Unmöglichkeit jedes Verkehrs notwendig geworden; es wollte und konnte beiderseits keine Willenserklärung sein. Die Klägerin hat zudem als Anlaß der Klagerhebung die ihr bekannt gewordenen englischen Maßnahmen, betreffend die Verträge mit feindlichen Ausländern, bezeichnet; vgl. die oben angezogene Denkschrift.

Die Annahme einer stillschweigenden Willenserklärung der Beklagten hat keinen Boden, weil dies behauptende Prozeßerklärungen der Beklagten selbst gar nicht vorliegen. Der Prozeßbevollmächtigte der Beklagten in den Instanzen ist, wie er immer wieder bis zuletzt betont hat, ohne jede sachliche „Information und Instruktion" geblieben; er weiß nicht einmal, ob ein Stillstand der Produktion der Beklagten — stoppage of the mill im Sinne der gedruckten Vertragsklausel — eingetreten ist. Die instruktionslosen Aufstellungen des Prozeßbevollmächtigten der Beklagten aber können keinen Anhalt geben. Erstmals im letzten zur Schlußverhandlung eingereichten Schriftsatze zweiter Instanz hat der Prozeßbevollmächtigte hinter dem Satze, daß das nach $2^1/_2$ Jahren gestellte Lieferungsverlangen der Klägerin wegen der gewaltigen Verschiebung der Markt- und Preislage gegen Treu und Glauben verstoße, die Bemerkung angefügt: „außerdem ist in dem langen Stillschweigen der Klägerin ihr Einverständnis mit der von der Beklagten gewollten Aufhebung des Schlusses zu erblicken. Der Vertrag hat also durch das beiderseitige mehrjährige Stillschweigen als aufgehoben zu gelten". Diese Bemerkung kennzeichnet sich als eine lediglich auf allgemeinen juristischen Begriffen beruhende Konstruktion; und dies um so mehr, als gerade dieser letzte Schriftsatz den Berufungsbegründungsschriftsatz und den darin wegen Mangels jeder Information gestellten Aussetzungsantrag aufrecht erhält. Von seiten der Beklagten selbst liegt außer ihrem völligen Schweigen bis zur Klagerhebung nur vor ihre im April 1917 durch ein Telegramm der britischen Regierung an die holländische Regierung und von dieser an den beklagtischen Prozeßbevollmächtigten übermittelte Äußerung: „die Firma H. & W. hat den Brief des L. erhalten und wird Vollmacht und Vorschriften senden, damit er Maßnahmen treffe, um die Angelegenheit zu vertagen. Urkunden folgen brieflich." Der angebliche Beweggrund der Parteien ist in Wahrheit nur die eigene nach deutschen Maßstäben gewonnene Anschauung des Berufungsrichters, daß die Vertragserfüllung unmöglich geworden sei — unmöglich in wirtschaftlich erweitertem Sinne —, und lediglich diese seine Anschauungen will der Berufungsrichter in einer stillschweigenden Vereinbarung der Parteien verwirklicht und verkörpert wissen, während die Sach- und Rechtslage für eine solche Willensrichtung, geschweige für eine solche gegenseitige Willenserklärung der Parteien keine Handhabe bietet. Eine stillschweigende Vereinbarung wird nicht aus irgend schlüssigen Tatsachen gefolgert, sondern sie wird als ein in den Willen der Parteien hinein entworfenes Abbild der vom Berufungsrichter selbst über die Unmöglichkeit der Erfüllung gehegten Meinung in die Tatsachen hineingeschoben."

---

22. Auslegung des Ausdrucks Betriebsstörung in der Vertragsbestimmung: „Betriebsstörungen ermächtigen den Verkäufer zu entsprechender Hinausschiebung der Leistungen."

BGB. §§ 133, 157.

III. Zivilsenat. Urt. v. 29. Oktober 1918 i. S. S. (Bekl.) w. U. (Kl.). Rep. III. 156/18.

I. Landgericht Zwickau, Kammer für Handelssachen.
II. Oberlandesgericht Dresden

Die Klägerin beansprucht Schadensersatz wegen Nichterfüllung eines Schlusses vom 29. Juli 1914, durch den ihr die Beklagte 40000 Zollpfund Strumpfkops verkaufte. Die Beklagte beruft sich unter anderem auf die Vertragsbestimmung, daß Arbeiterausstand und Betriebsstörungen sie zu entsprechender Hinausschiebung der Lieferungen ermächtigen.

Das Landgericht wies die Klage ab. Das Oberlandesgericht stellte den Klaganspruch dem Grunde nach fest. Auf die Revision der Beklagten wurde das Berufungsurteil aufgehoben und die Sache zur Verhandlung und Entscheidung an das Berufungsgericht zurückverwiesen.

Gründe:

... „Die Revision ist begründet, soweit sie sich gegen die die Betriebsstörungsabrede betreffenden Ausführungen des Berufungsgerichts richtet. Während die Kammer für Handelssachen die Berufung der Beklagten auf diese Abrede für gerechtfertigt erachtet, weist das Oberlandesgericht sie mit der kurzen Begründung zurück, „bei Klauseln der vorliegenden Art" seien unter Betriebsstörungen nur Störungen im Gange der technischen Warenerzeugung, nicht aber der hier in Betracht kommende Mangel an Rohstoffen zu verstehen, wie von dem Berufungsgerichte schon mehrfach erkannt sei und auch das Reichsgericht in dem bei Warneyer 1917 S. 293 flg. abgedruckten Urteil I. 49/17 ausgesprochen habe. Demnach scheint der Berufungsrichter davon auszugehen, daß solche Vertragsbestimmungen nach einer allgemeinen Regel zu beurteilen seien. Das ist nicht zutreffend. Es ist vielmehr eine Frage der Auslegung des einzelnen Vertrags, was als eine Betriebsstörung im Sinne der Abrede anzusehen ist. Die angeführte Entscheidung des Reichsgerichts legt auch allein für den betreffenden Fall, mit Rücksicht auf die übrigen in der Abrede angeführten Befreiungsumstände, den Ausdruck Betriebsstörung dahin aus, daß nur technische Unfälle und Störungen, nicht auch „Betriebsstörungen, die sich aus dem durch den Krieg verursachten Rohstoffmangel ergeben", darunter fallen; sie gibt also deutlich zu erkennen, daß auch letztere unter den Begriff Betriebsstörungen im Sinne einer solchen Abrede fallen können. Auf dem gleichen Standpunkte steht der II. Zivilsenat in einem Urteile vom 30. Oktober 1917 (II. 213/17, Leipz. Z. 1918 S. 377), in dem die Berufung der Beklagten auf Mangel an Rohstoff als auf eine Betriebsstörung nur deshalb für ungerechtfertigt erkärt ist, weil nach der dort vorliegenden Vertragsbestimmung die Beklagte nicht in jedem Falle einer Betriebsstörung frei werden sollte, sondern nur, wenn eine solche infolge höherer Gewalt eintrete, während der Mangel an Rohstoff von der Beklagten verschuldet sei. Der I. Zivilsenat hat denn auch in einem Urteile vom 26. Januar 1918 (I. 262/17, Warneyer S. 71) Betriebsstörungen, die durch die Unterbindung der Zufuhr aus dem Ausland und die dadurch hervorgerufene Knappheit der Ware hervorgerufen sind, für geeignet erklärt, die Anwendung der Betriebsstörungsabrede zu rechtfertigen. Der Berufungsrichter hat demnach zu prüfen, was in dem gegebenen Falle unter Betriebsstörungen zu verstehen ist." ...

---

23. Zum Begriffe der rechtsgeschäftlichen Verfügungen nach § 4 Abs. 2 der Bekanntmachung des Reichskanzlers über die Beschlagnahme von Fässern vom 28. Juni 1917 (RGBl. S. 577). Sind früher abgeschlossene Lieferungsverträge mit dem Inkrafttreten dieser Bekanntmachung nichtig geworden?

III. Zivilsenat. Urt. v. 29. Oktober 1918 i. S. F. & Co. (Bekl.) w. S. & Co. (Kl.). Rep. III. 163/18.

I. Landgericht Hannover.
II. Oberlandesgericht Celle.

Die Beklagte verkaufte am 12. Dezember 1916 der Klägerin 1000 helle Russenfässer mit 20% dunklen Fässern zum Preise von 13 *M* für das Stück. Als am 30. Juni 1917 die Beschlagnahme von Fässern nach der Bekanntmachung des Reichskanzlers vom 28. Juni 1917 in Kraft trat, waren 668 Fässer noch nicht geliefert. Die Klägerin verlangte ihre Lieferung. Die Beklagte machte geltend, der Kaufvertrag sei infolge der Beschlagnahme nichtig, seine Ausführung unmöglich geworden. Die erste Instanz wies die Klage ab, das Berufungsgericht gab ihr statt. Die Revision der Beklagten blieb ohne Erfolg.

Aus den Gründen:

... „Die auf Grund der Bundesratsverordnung über den Verkehr mit Fässern vom 6. Juni 1917 (RGBl. S. 473) erlassene Bekanntmachung des Reichskanzlers vom 28. Juni 1917 erklärte mit den in den §§ 5, 6 vorgesehenen Ausnahmen alle innerhalb des Deutschen Reichs vorhandenen Fässer, Kübel, Bottiche und ähnlichen Gebinde der im § 2 bezeichneten Art für beschlagnahmt. Im § 4 Abs. 2 heißt es: „Rechtsgeschäftliche Verfügungen über beschlagnahmte Fässer, Kübel, Bottiche und ähnliche Gebinde sind nichtig Den rechtsgeschäftlichen Verfügungen stehen Verfügungen gleich, die im Wege der Zwangsvollstreckung oder Arrestvollziehung erfolgen." Das Berufungsgericht versteht entsprechend dem Sprachgebrauche des Bürgerlichen Gesetzbuchs (vgl. § 135) unter rechtsgeschäftlichen Verfügungen nur solche Rechtsgeschäfte, durch die unmittelbar ein Recht übertragen, verändert oder aufgehoben wird, nicht auch schuldrechtliche Lieferungsverträge, die ihrerseits nur die Verpflichtung zu einer solchen Rechtsänderung begründen sollen. Diese Rechtsauffassung ist nicht zu beanstanden. Sie steht im Einklange mit der Auslegung, die der gleiche, in zahlreichen Beschlagnahmeanordnungen wiederkehrende Begriff bei der Anwendung des § 4 der BRVO. vom 24. Juni 1915 über die Sicherstellung des Kriegsbedarfs im Urteile des I. Zivilsenats vom 15. Dezember 1917 (RGZ. Bd. 92 S. 34) gefunden hat und wird auch durch den Zweck der hier fraglichen Beschlagnahme nicht ausgeschlossen. Der I. Zivilsenat legt bezüglich der Beschlagnahme von Gegenständen des Kriegsbedarfs Gewicht auf die Feststellung, daß es sich um einen Eingriff in die Verfügungsmacht des Eigentümers im höheren Interesse der Gesamtheit handle. Um einen solchen Eingriff handelt es sich auch hier. Der Zweck dieses Eingriffs fordert eine Beschränkung der Rechtswirksamkeit von Lieferungsverträgen, die nach der Beschlagnahme abgeschlossen werden, nur dann, wenn sie entgegen der in der Beschlagnahme liegenden Beschränkung zur Ausführung gebracht werden sollen, nicht dagegen, wenn mit einer Freigabe gerechnet wird, und im ersteren Falle läßt sich die Nichtigkeit, wenn nicht aus § 134, so doch aus §§ 306 flg. BGB. ableiten. Gegenüber älteren Verträgen ist der Zweck der Beschlagnahme durch das Verbot der Verfügung über die beschlagnahmten Gegenstände und die Nichtigkeit solcher Verfügungen hinreichend gesichert. Daß solche Verträge mit dem Inkrafttreten der Beschlagnahme am 30. Juni 1917 nichtig geworden seien, kann daher mangels einer dahingehenden ausdrücklichen Vorschrift nicht angenommen werden.

Eine solche Vorschrift ist auch in der Bekanntmachung des Reichskommissars für Faßbewirtschaftung vom 1. August 1917 (Reichsanzeiger Nr. 189) nicht zu finden. Zwar heißt es dort unter IV. 2: „Rechtsgeschäftliche Verfügungen über beschlagnahmte Fässer usw. sind nichtig. Diese Nichtigkeit umfaßt nicht nur alle im Zeitpunkte des Inkrafttretens der Bekanntmachung noch nicht abgewickelten, auf beschlagnahmte Fässer usw. bezüglichen, sondern auch alle nach dem Inkrafttreten der Bekanntmachung abgeschlossenen Rechtsgeschäfte." . . . Es kann unterstellt werden, daß der Reichskommissar für Faßbewirtschaftung, auf den nach § 4 der BRVO. vom 6. Juni 1917 in Verbindung mit der Bekanntmachung des Reichskanzlers über die Einrichtung einer Reichsstelle für Faßbewirtschaftung (Reichsfaßstelle) vom 28. Juni 1917 (RGBl. S. 575) die in jener Bundesratsverordnung dem Reichskanzler erteilten Befugnisse übergegangen sind, berechtigt war, von der Beschlagnahmebekanntmachung des Reichskanzlers abweichend zu bestimmen, daß nicht nur rechtsgeschäftliche Verfügungen im oben dargelegten Sinne, sondern auch Rechtsgeschäfte, die nur die Verpflichtung zu solchen Verfügungen begründen sollten, gleichviel, ob sie vor oder nach dem Inkrafttreten der Beschlagnahme abgeschlossen worden, nichtig sein sollten. Es fehlt aber an einem genügenden Anhaltspunkte dafür, daß eine solche abweichende Bestimmung getroffen werden sollte. Die Fassung der oben wiedergegebenen Bestimmung zwingt nicht zur Annahme, daß eine solche abweichende Regelung beabsichtigt war, und der Anlaß, Zweck und Inhalt der ganzen Bekanntmachung des Reichskommissars sprechen dagegen. Nach § 1 Abs. 2 der Beschlagnahmebekanntmachung sollte der Reichskommissar für Faßbewirtschaftung nähere Anordnungen über die Anmeldung von Fässern erlassen und nach § 8 sollte er für die Durchführung der Bekanntmachung sorgen. Dieser Aufgabe entsprach er in der Bekanntmachung vom 1. August 1917, die ausdrücklich als Bekanntmachung zur Ausführung der Bekanntmachung über die Beschlagnahme von Fässern vom 28. Juni 1917 bezeichnet ist und im Eingang auf § 1 Abs. 2 und § 8 dieser Bekanntmachung als die Grundlage der folgenden Bestimmungen Bezug nimmt. Ist danach schon an sich zu vermuten, daß es sich nur um die Durchführung der Beschlagnahmebekanntmachung, nicht um abweichende Anordnungen grundsätzlicher Art handelte, so ergibt auch der Inhalt im einzelnen, daß etwas anderes nicht gewollt war. Das gilt auch von den Bestimmungen, die sich unter der Überschrift „Bewegung und Gebrauch der beschlagnahmten Fässer" in Nr. IV der Bekanntmachung vom 1. August 1917 finden. Nr. IV 1 entspricht dem § 4 Abs. 1 in Verbindung mit § 3 der Beschlagnahmebekanntmachung. In Nr. IV 2 wird zunächst dem § 4 Abs. 2 a. O. entsprechend wiederholt, daß rechtsgeschäftliche Verfügungen über beschlagnahmte Fässer usw. nichtig seien (Satz 1). Die dazu im Satz 2 gegebene Erläuterung läßt sich ohne Zwang dahin verstehen, daß diese Nichtigkeit, d. h. die Nichtigkeit rechtsgeschäftlicher Verfügungen im Sinne der Beschlagnahmebekanntmachung, Platz greife nicht nur bei früher abgeschlossenen, noch nicht abgewickelten Rechtsgeschäften, sondern auch bei solchen, deren Abschluß nach dem Inkrafttreten der Beschlagnahme liege. Sollte mit der fraglichen Bestimmung etwas anderes angeordnet werden, dann hätte dies einen klaren, unzweideutigen Ausdruck finden müssen und sicherlich auch gefunden. Mangels eines solchen Ausdrucks muß davon ausgegangen werden, daß die Bekanntmachung vom 1. August 1917 weder an dem Begriffe der rechtsgeschäftlichen Verfügungen im Sinne der Beschlagnahmebekanntmachung etwas ändern noch darüber hinausgehend eine Nichtigkeit von Rechtsgeschäften, die nur die Verpflichtung zur Vornahme solcher Verfügungen begründen, anordnen sollte. Daß die Reichsfaßstelle in einem in der jetzt streitigen Angelegenheit an die Beklagte gerichteten Schreiben vom 23. August 1917 die Ansicht aussprach, daß durch die Beschlagnahme die am 30. Juni 1917 noch nicht abgewickelten Kaufverträge nichtig geworden seien und daß es deshalb im Falle einer Freigabe eines neuen Vertrags bedürfe, kann an dem Ergebnis nichts ändern. Die Bekanntmachung vom 1. August 1917 ist aus sich selbst auszulegen und nicht nach Äußerungen zu beurteilen, die in einer einzelnen Angelegenheit von der Behörde gemacht worden sind (vgl. RGZ. Bd. 93 S. 316). Dazu kommt im vorliegenden Falle, daß das Schreiben vom 23. August 1917 nicht vom Reichskommissar für Faßbewirtschaftung, sondern von einer Abteilung der Reichsfaßstelle ausgegangen ist, daher schon an sich zuverlässige Schlüsse darauf nicht zuläßt, was der Reichskommissar selbst bei Erlassung der Bekanntmachung vom 1. August 1917 gedacht und gewollt hat.

Ist aber der Kaufvertrag vom 12. Dezember 1916 mit dem Inkrafttreten der Beschlagnahme nicht nichtig geworden, so ließe sich die Auflösung des Vertragsverhältnisses nur aus einer durch die Beschlagnahme begründeten dauernden Unmöglichkeit der der Beklagten obliegenden Leistung ableiten (§§ 275, 323 BGB.). Von einer solchen dauernden Unmöglichkeit kann aber nach dem feststehenden Sachverhalt keine Rede sein" ... (wird, namentlich in Rücksicht auf die Freigabe der Fässer, ausgeführt).

---

24. 1. Stellt die zu dem wirtschaftlichen Zwecke eines Einstehens für fremde Schuld eingegangene Wechselverpflichtung einen Bürgschaftsvertrag dar dergestalt, daß die Schriftform des Wechsels die in § 766 BGB. vorgesehene schriftliche Form für die Bürgschaftserklärung ersetzt und demgemäß auch auf den zahlenden Wechselverpflichteten die durch den Wechsel gesicherte Forderung auf Grund des § 774 BGB. übergeht?

2. Entsprechende Anwendung des § 774 BGB.?

3. Wirkung einer Einschränkung des Antrags des Berufungsbeklagten für die Rechtskraft des ersten Urteils.

4. Vertragsverletzung bei der Weiterbegebung eines Garantiewechsels durch Unterlassung der Mitteilung eines Abkommens, wonach die Unterzeichner des Wechsels aus diesem nur beschränkt und erst dann in Anspruch genommen werden sollen, wenn alle anderen Sicherheiten erschöpft sind.

BGB. §§ 765, 774 Abs. 1.
ZPO. § 525.

VI. Zivilsenat. Urt. v. 30. Oktober 1918 i. S. Rittergutsbesitzer Dr. C. (Kl.) w. Verwalter im Konkurse der Haupt-Ein- und Verkaufsgenossenschaft für Getreide usw. in D. (Bekl.). Rep. VI. 176/18.

I. Landgericht Dortmund.
II. Oberlandesgericht Hamm.

Die Haupt-Ein- und Verkaufsgenossenschaft für Getreide und landwirtschaftliche Bedarfsartikel für Westfalen, E. Genossenschaft m. b. H. in D., geriet Anfang 1903 in Zahlungsschwierigkeiten. Sie war schon vorher von der Zentralkasse des Bundes der Landwirte und von der mit dieser in Verbindung stehenden Preußischen Zentralgenossenschaftskasse (Preußenkasse) in Berlin gegen Sicherheiten durch Kredite unterstützt worden. Die Zentralkasse schrieb am 26. Februar 1903 an den Kläger, der Vorsitzender des Aufsichtsrats der notleidenden Genossenschaft war, die Preußenkasse sei bereit, der Zentralkasse für die Genossenschaft das zur Behebung der Schwierigkeiten erforderliche Kapital von 500000 *M* zur Verfügung zu stellen, wenn sämtliche Mitglieder des Aufsichtsrats der Genossenschaft einen Garantiewechsel unterzeichneten. In einer Sitzung des Aufsichtsrats und des Vorstandes der Genossenschaft vom 2. März 1903 wurde die Hingabe eines solchen Garantiewechsels beschlossen, der von acht Personen, darunter dem Kläger, gezeichnete Wechsel wurde dem Vorstande der Genossenschaft übergeben; der Wechsel lautete auf Zahlung von 500000 *M*, zahlbar bei Sicht innerhalb drei Jahren, war von dem Vorstandsmitgliede S. ausgestellt, von der Genossenschaft selbst angenommen und von den erwähnten acht Personen des Aufsichtsrats und des Vorstandes giriert. Der Wechsel wurde an die Zentralkasse und von dieser an die Preußenkasse weitergeleitet. Zwischen den Garantiezeichnern und der Genossenschaft war bei der Hingabe des Wechsels vereinbart worden, daß die Zeichner aus dem Wechsel nur für die Verbindlichkeiten der Genossenschaft gegenüber der Zentralkasse haften sollten und erst dann in Anspruch genommen werden durften, nachdem alle sonstigen Sicherheiten verwertet seien und sich herausgestellt habe, daß auch die Haftungssummen der Genossenschaftsmitglieder zur Tilgung nicht ausreichten. Diese Vereinbarung wurde auch bei der Weitergabe des Wechsels an die Zentralkasse dieser mitgeteilt, die durch Schreiben vom 5. März 1903 die Bedingung anerkannte. Die Zentralkasse unterließ es jedoch, bei der Weitergabe des Wechsels an die Preußenkasse dieser die gleiche Mitteilung von der Haftungsbeschränkung zu machen. Am 16. November 1903 wurde über das Vermögen der Genossenschaft der Konkurs eröffnet.

Die Preußenkasse erhob dann am 11. Mai 1906 gegen den Kläger aus dem Wechsel Klage; der Kläger wurde zur Zahlung von 62500 *M* verurteilt, die er im November 1906 an die Preußenkasse zahlte. Er meldete die Forderung auf Erstattung des Betrags zur Konkursmasse der Genossenschaft an und erhob, nachdem der Verwalter sie bestritten hatte, Klage auf Feststellung nach § 146 KO. Diese Feststellung erfolgte durch das Schlußurteil des Landgerichts vom 1. März 1913. Auf die Berufung des beklagten Konkursverwalters ist dieses Urteil vom Oberlandesgerichte dahin abgeändert worden, daß die Forderung des Klägers auf 62500 *M* ohne Zinsen nur mit der Maßgabe festgestellt wurde, daß sie an der Konkursmasse insoweit teilnehmen dürfe, als dadurch die Preußische Genossenschaftskasse wegen ihrer unter Nr. 15 der Tabelle festgestellten Forderung von 1411388 M nicht benachteiligt werde. Auf die Revision des Klägers wurde das Urteil des Oberlandesgerichts aufgehoben aus folgenden

Gründen:

„Der beklagte Konkursverwalter hat die von dem Kläger zur Konkursmasse der Haupt-Ein- und Verkaufsgenossenschaft (Genossenschaft) angemeldete Forderung von 62500 M im Prüfungstermine sowohl als nach Erhebung der Feststellungsklage durch den Kläger gemäß § 146 KO. auch im Prozesse bestritten. Er hat jedoch schon in erster Instanz, wie aus den Entscheidungsgründen des landgerichlichen Urteils hervorgeht, die Erklärung abgegeben, daß er den Übergang der Forderung der Gläubigerin, der Preußischen Zentralgenossenschaftskasse in Berlin (Preußenkasse) auf den Kläger, der in Höhe der gezahlten 62500 M auf Grund des § 774 Abs. 1 BGB. erfolgt sei, nicht bestreite, aber auf dem Standpunkte stehe, daß der Kläger diesen Übergang gemäß § 774 Abs. 1 Satz 2 BGB. nicht zum Nachteile der Gläubigerin geltend machen dürfe, die ihre Gesamtforderung gleichfalls zur Konkursmasse angemeldet habe. In der Berufungsinstanz hat der Beklagte dementsprechend den Antrag gestellt, die Forderung des Klägers zur Konkursmasse festzustellen mit der Maßgabe, daß die Forderung an der Konkursmasse nur insoweit teilnehme, als dadurch die Preußische Zentralgenossenschaftskasse wegen ihrer angemeldeten und unter Nr. 15 der Tabelle festgestellten Forderung von 1411388 M nicht benachteiligt werde. Diesem Antrage gemäß hat nun auch das Berufungsgericht entschieden. Durch die erwähnte Erklärung des Beklagten und seinen Antrag der zweiten Instanz ist der Rechtsstreit gemäß § 525 ZPO. dahin begrenzt, daß nur die Feststellung der klägerischen Forderung ohne die Einschränkung nach § 774 Abs. 1 Satz 2 BGB. oder mit dieser Einschränkung in Frage steht und das erste Urteil nicht mehr zuungunsten des Klägers dahin abgeändert werden kann, daß die Klage überhaupt abgewiesen wird. Gleichzeitig muß durch diese Erklärung und den ihr entsprechenden Antrag des beklagten Konkursverwalters in zweiter Instanz die Forderung des Klägers gemäß §§ 146, 147 KO. zunächst mit der erklärten Einschränkung im Konkurse und gegenüber den Konkursgläubigern als festgestellt gelten dergestalt, daß nur mehr in Frage kommt, ob darüber hinaus und unbedingt und unbeschränkt die Klageforderung als Konkursforderung an der Konkursmasse teilnimmt.

Beide Parteien gehen von der Rechtsauffassung aus, daß infolge der Zahlung der Teilsumme von 62500 M des von dem Kläger als Giranten mitunterzeichneten Garantiewechsels von 500000 M die gezahlte Forderung insoweit auf den Kläger auf Grund des § 774 Abs. 1 BGB. übergegangen sei, und der Kläger hat seine Konkursforderung bei der Anmeldung neben anderen Rechtsgründen hierauf gestützt. Beide Parteien nehmen also an, daß durch die Unterzeichnung und Hingabe des Wechsels ein Bürgschaftsverhältnis zwischen den Unterzeichnern des Wechsels und dem Kreditgläubiger der Genossenschaft zugunsten seiner Kreditforderung geschaffen worden sei. Während aber der Beklagte mit dem Berufungsgericht als den begünstigten Gläubiger die Preußenkasse ansieht, steht die Revision des Klägers auf einem anderen Standpunkte. Sie nimmt an, daß zwischen ihm und den übrigen Wechselunterzeichnern einerseits und der Preußenkasse anderseits ein Vertragsverhältnis nicht begründet worden sei, daß vielmehr nach den für das Hauptschuldverhältnis sowohl wie für dessen Sicherung durch den Garantiewechsel maßgebenden Willenserklärungen und Beschlüssen der Beteiligten der Kreditgeber der Genossenschaft die Zentralkasse des Bundes der Landwirte in Berlin (Zentralkasse) gewesen sei; diese habe wieder ihrerseits mit der Preußenkasse in einem Kreditverkehr gestanden, dergestalt, daß ihr für ihre Rechnung und in ihrem Namen die Preußenkasse die Kreditleistungen machte, die zwar die Zweckstimmung hatten, der Haupt-Ein- und Verkaufsgenossenschaft die Mittel zur Behebung ihrer Schwierigkeiten zu gewähren, die letztere aber in unmittelbare rechtliche Beziehungen zur Preußenkasse nicht brachten. Demgemäß sei denn auch ein Bürgschaftsverhältnis durch Unterzeichnung und Hingabe des Garantiewechsels nur zwischen den Unterzeichnern des Wechsels und der genannten Zentralkasse zustande gekommen.

Würde die übereinstimmende Rechtsauffassung der Parteien, daß ein Bürgschaftsverhältnis, sei es zwischen den Unterzeichnern des Wechsels und der Preußenkasse, sei es zwischen den ersteren und der Zentralkasse des Bundes der Landwirte begründet worden sei, daß in Erfüllung seiner Bürgschaftsverpflichtung der Kläger die 62500 *M* gezahlt und dadurch gemäß § 774 Abs. 1 BGB. in dieser Höhe die Schuldforderung des Hauptgläubigers durch gesetzlichen Übergang erworben habe, den weiteren rechtlichen Schlußfolgerungen zugrunde gelegt werden können, so müßte geprüft werden, ob der Auffassung des Klägers oder derjenigen des Beklagten der Vorzug gebührt. Aber die rechtliche Grundlage für die Anwendung des § 774 Abs. 1 BGB., wie sie die Gerichte der Vorinstanzen für richtig erachtet haben, ist überhaupt nicht gegeben. Die Annahme eines Bürgschaftsverhältnisses, auf Grund dessen der Kläger durch seine Zahlung der 62500 *M* an die Stelle des Gläubigers getreten wäre, ist rechtlich unhaltbar, und die Klageforderung, insoweit sie auf den gesetzlichen Übergang der Hauptforderung auf den Kläger als den zahlenden Bürgen gestützt ist, ist in Wirklichkeit unbegründet.

Der Bürgschaftsvertrag erfordert zu seiner Gültigkeit, soweit es sich nicht um die von einem Kaufmann eingegangene Bürgschaftsverpflichtung handelt (§ 350 HGB.), was im gegebenen Falle nicht zutrifft, eine schriftliche Bürgschaftserklärung (§ 766 BGB.). Diese Erklärung muß, wenn auch im übrigen zu ihrer Auslegung außerhalb der schriftlichen Urkunde liegende Umstände herangezogen werden dürfen, zum mindesten den Willen des Erklärenden ausdrücken, für eine bestimmte fremde Schuld einzustehen (RGZ. Bd. 57 S. 238, Bd. 63 S. 148, Bd. 76 S. 195, Bd. 78 S. 37; Warn. Rechtspr. 1908 Nr. 506, 1910 Nr. 410, 1917 Nr. 388). Diesem Erfordernis genügt ein selbständiges Schuldversprechen oder -Anerkenntnis oder die Unterzeichnung eines Wechsels in der Absicht bürgschaftlicher Verpflichtung nicht. Die Meinung des Berufungsgerichts, die fehlende schriftliche Form des Bürgschaftsvertrags werde im letzteren Falle durch die schriftliche Form des Wechsels ersetzt, ist rechtsirrig und findet in den vom Berufungsgerichte dafür angezogenen Urteilen des Reichsgerichts Bd. 51 S. 114, Bd. 61 S. 6 der Sammlung keine Stütze. Allerdings ist in diesen beiden Urteilen gesagt, daß der Unterzeichner eines Garantiewechsels sich dem Wechselgläubiger gegenüber nicht auf die mangelnde Schriftform des Bürgschaftsvertrags berufen könne, und in der ersteren Entscheidung heißt es: der Mangel dieser Form (des § 766 BGB.) kann nur die bürgschaftliche Haftung ausschließen, nicht aber auch die Haftung aus dem, sei es auf Grund formloser Bürgschaftsübernahme erfolgten oder nur eine Verbürgung in Wechselform bezielenden Wechselversprechen als solchem, weil insoweit die fehlende schriftliche Bürgschaftsform einen hinsichtlich ihrer vom Gesetzgeber erwarteten Wirkung mindestens gleichwertigen Ersatz findet in der Schriftform des Wechsels selber. Das heißt nun aber nicht, wie es das Berufungsgericht auffaßt, daß hier eine gültige Bürgschaft vorliege, für welche die mangelnde Form des § 766 BGB. durch die Schriftform des Wechsels ersetzt werde, sondern daß die Wechselverpflichtung selbständig bestehe und **für diese** eben an die Stelle jener Form die Wechselform trete, so daß der Wechselschuldner nicht den Mangel der Form aus dem der Wechselverpflichtung zugrunde liegenden Schuldverhältnis einwenden könne; es ist deutlich gesagt, daß der Mangel der schriftlichen Erteilung der Bürgschaftserklärung die **bürgschaftliche** Haftung ausschließe.

Ganz klar wird diese Rechtslage ausgesprochen in der Entscheidung RGZ. Bd. 48 S. 152 (155 bis 157), auf welche die Entscheidung Bd. 61 S. 6 ausdrücklich verweist. Die Wechselverpflichtung stelle, wird hier ausgeführt, in solchen Fällen gewiß eine Art der Interzession, ein Einstehen für fremde Schuld dar; daraus folge aber nicht, daß das zugrunde liegende Rechtsgeschäft als eine zivilrechtliche Bürgschaft zu erachten sei. Denn etwas anderes als die Unterzeichnung des Wechsels sei nicht vorgefallen, die eben eine wechselmäßige Haftung und nichts anderes erzeuge. Daß der wirtschaftliche Zweck der gleiche wie bei einer Bürgschaft sei, sei nicht geeignet, den Unterschriften eine andere als die wechselrechtliche Bedeutung beizulegen. Dasselbe ist ausgesprochen RGZ. Bd. 65 S. 407 und in den nicht veröffentlichten Entscheidungen vom 3. März 1906 I. 424/05, 7. November 1906 I. 150/06, 9. November 1914 VI. 204/14. Der vorliegende Fall liegt so, daß die Preußenkasse erklärte, den verlangten weiteren Kredit von 500000 ℳ für die Genossenschaft nur gewähren zu können, wenn sie durch einen Garantiewechsel, den die Mitglieder des Aufsichtsrats unterzeichnen sollten, gedeckt werde. Darauf haben die letzteren ihre Wechselunterschriften gegeben; eine weitere Vertragsbeziehung zwischen ihnen und der Preußenkasse besteht nicht. Wie RGZ. Bd. 48 S. 155 bemerkt ist, würde bei der Annahme eines Bürgschaftsvertrags der Wechselgläubiger, hier die Preußenkasse, auch nach der Präjudizierung des Wechsels auf jenen Vertrag zurückgreifen und daraus an die Wechselunterzeichner sich halten können, ein Ergebnis, das offenbar unmöglich ist.

Fällt aber die Annahme eines Bürgschaftsverhältnisses zwischen dem Kläger und der Preußenkasse oder auch zwischen dem Kläger und der Zentralkasse, dann entfällt auch die Anwendung des § 774 BGB., es sei denn, daß man diesen in entsprechender Anwendung auf jede Art der Interzession eines Dritten für fremde Schuld ausdehnen wollte. Das erscheint aber nicht angängig; nur in den Fällen des § 1225 BGB. (Befriedigung des Pfandgläubigers durch den Verpfänder, der nicht der persönliche Schuldner ist, beim Pfandrecht an beweglichen Sachen) und des § 268 BGB. (Befriedigung des Gläubigers in der Zwangsvollstreckung durch einen Dritten, der Gefahr läuft, ein Recht an dem Gegenstande der Zwangsvollstreckung zu verlieren, oder durch den Besitzer eines solchen Gegenstandes) ist diese Anwendung oder wie in § 774 BGB. der Übergang ausgesprochen. Im übrigen hat die Zahlung einer Schuld durch einen Dritten — etwas anderes liegt, abgesehen von der Wechselverpflichtung, nicht vor — nach § 267 BGB. einen Übergang der Forderung auf den Zahlenden nicht zur Folge (vgl. das Urteil des erkennenden Senats vom 25. März 1918 VI. 35/18). Damit ist die Anwendung des § 774 Abs. 1 Satz 2 BGB., die zur Beschränkung der Verurteilung des Beklagten im Berufungsurteile führte, erledigt, aber auch diese Verurteilung selbst, die das Berufungsgericht ebenfalls und allein auf § 774 Abs. 1 (Satz 1) gestützt hat.

Es könnte sich fragen, ob nun nicht, da die Forderung des Klägers an sich seitens des beklagten Konkursverwalters nicht mehr bestritten ist und die im Berufungsurteil ausgesprochene Beschränkung der Berücksichtigung der Konkursforderung des Klägers nach Maßgabe des § 774 Abs. 1 Satz 2 BGB. mangels der Anwendbarkeit dieser Gesetzesbestimmung überhaupt in Wegfall gebracht werden muß, nur die letztere Beschränkung aufzuheben und dem Antrage der Revision stattzugeben wäre. Dies kann aber nicht angenommen werden. Denn der beklagte Konkursverwalter hat die streitige Konkursforderung nicht schlechthin, sondern in einer einheitlichen Erklärung, deren beide Teile zusammengehören, nur mit jener Beschränkung anerkannt. Die Klageforderung kann nicht mehr ganz abgewiesen werden, da davor den Kläger der eingeengte Antrag des Beklagten in der Berufungsinstanz schützt; eine Abänderung des ersten Urteils über diesen Antrag hinaus kann nicht mehr stattfinden. Würden nicht noch andere Begründungen der klägerischen Konkursforderung, auf welche die Anmeldung zum Konkurse gestützt ist, in Frage stehen, die noch der Prüfung bedürfen, so müßte vielmehr die Revision zurückgewiesen werden, und das Zurücktreten der Klageforderung hinter die Forderungen der Preußenkasse gemäß § 774 Abs. 1 Satz 2 BGB. müßte Platz greifen, obgleich dafür rechtlich kein Raum ist, aus dem Grunde, weil die so eingeschränkte Konkursforderung des Klägers nicht mehr streitig ist.

Die Klageforderung kann auf verschiedene Weise rechtlich begründet gedacht werden; insbesondere erscheinen außer der Wechselregreßklage gegen den Akzeptanten die Rechtsgründe des Auftrags oder der Geschäftsführung ohne Auftrag als möglich. Gegenwärtig können gemäß § 146 KO. aber nur solche Rechtsgründe in Betracht kommen, auf welche der Kläger bei der Anmeldung oder im Prüfungstermine seinen Anspruch gestützt hat. Diese sind nun, außer dem Übergange der Forderung des Gläubigers gegen den Hauptschuldner nach § 774 BGB., unerlaubte Handlung, Vertragsverletzung und Bereicherung. Der Rechtsgrund der unerlaubten Handlung (betrügliche Täuschung) ist durch das Urteil des Berufungsgerichts erledigt; eine unerlaubte Handlung nach Maßgabe der dafür vorgebrachten Klagetatsachen ist nicht für dargetan erachtet. Ein Angriff der Revision ist dagegen nicht erhoben und der darauf bezügliche Teil der Berufungsentscheidung in der Revisionsinstanz gar nicht vorgetragen worden. Den Rechtsgrund der Bereicherung hat das Berufungsgericht überhaupt noch nicht geprüft, wozu es von seinem Rechtsstandpunkt aus bisher auch keine Veranlassung hatte. Der Rechtsgrund der Vertragsverletzung ist dagegen geprüft und bedarf deshalb nunmehr der Nachprüfung des Revisionsgerichts, da er möglicherweise zu einer Abänderung der Vorentscheidung im Sinne des Revisionsantrags führen könnte. . . .

Der Vertrag zwischen den Wechselunterzeichnern und der Genossenschaft, dessen Verletzung vom Kläger behauptet und worauf die Klageforderung als Schadensersatzforderung gestützt wird, ist das zu dem Protokoll vom 2. März 1903 niedergelegte, von der Genossenschaft angenommene und von ihr auch pflichtgemäß der Zentralkasse mitgeteilte Abkommen, wonach die Unterzeichner des Wechsels aus diesem nur wegen der bezeichneten Forderungen und erst dann in Anspruch genommen werden dürfen, wenn die übrigen Sicherheiten für die der Gläubigerin zustehenden Forderungen, zu deren weiteren Sicherung die Wechselverpflichtungen eingegangen sind, erschöpft sein würden. Das Berufungsgericht nimmt mit dem ersten Gericht ohne Rechtsirrtum an, daß eine Vertragsverpflichtung der Genossenschaft vorliegt und daß sie diese Verpflichtung verletzt hat, indem sie zwar davon der Zentralkasse Mitteilung machte, aber nicht dafür sorgte, daß auch die Preußenkasse davon in Kenntnis gesetzt wurde, an die der Wechsel weiter begeben werden sollte, damit nicht diese als gutgläubige Erwerberin des Wechsels in die Lage gesetzt wurde, ohne Rücksicht auf die vereinbarten Haftungsbedingungen gegen die Wechselschuldner vorzugehen. Aber das Berufungsgericht verneint, daß aus der Verletzung des Abkommens dem Kläger ein Schaden erwachsen sei. Die von dem Berufungsgerichte dafür gegebene Begründung kann indessen nicht als genügend erachtet werden, um die Abweisung der Klage aus diesem Klagegrunde zu rechtfertigen.

Ein Schaden sei, erwägt das Berufungsgericht, dem Kläger nicht entstanden, weil der Kläger auch nach Verwertung der sämtlichen Sicherheiten der Inanspruchnahme aus dem Wechsel nicht entgangen sein würde. Der Wechsel habe der Preußenkasse nicht allein zur Sicherheit wegen der neu gegebenen 500000 ℳ, sondern zur Verstärkung ihrer Sicherheiten überhaupt gedient. Die Preußenkasse gewähre aber nach ihren Geschäftsbedingungen den Verbandskassen nur einen einheitlichen Kredit dergestalt, daß jede einzelne Sicherheit für den Gesamtkredit hafte. Da die Gesamtforderung der Preußenkasse zur Zeit der Erhebung der Wechselklage über $1\frac{1}{2}$ Millionen Mark betragen habe, würden die Sicherheiten bei weitem nicht ausgereicht haben, die Schuld zu decken. Für die Tragweite des Abkommens vom 2. März 1903 und die daraus der Schuldnerin — der Genossenschaft — erwachsenen Verpflichtungen kann es indessen nicht auf die Geschäftsgepflogenheiten der Preußenkasse ankommen, sondern nur darauf, in welchem Sinne die Vertragsparteien des Abkommens die Vereinbarung getroffen haben. In dem Abkommen ist bestimmt, daß der Wechsel nur haften soll für die Gelder, die von der Zentralkasse des Bundes der Landwirte der Genossenschaft bis zum 2. März 1903 bereits gegeben waren zuzüglich der 500000 ℳ, die neu gegeben werden sollten, und daß die Inanspruchnahme der Wechselunterzeichner erst erfolgen dürfe, wenn die übrigen Sicherheiten zur Tilgung der in dieser Weise bestimmten Forderungen nicht ausgereicht haben würden. So hat die Genossenschaft und auch die Zentralkasse die Bedingungen ausdrücklich angenommen, und so muß die Vereinbarung im Verhältnis der gegenwärtigen Parteien zueinander für die Ermittelung eines Schadensersatzanspruchs gegen die Genossenschaft aus der Verletzung des Abkommens zugrunde gelegt werden. Wie sich das Verhältnis der Genossenschaft zur Zentralkasse und der letzteren zur Preußenkasse gestaltet, kommt für diesen Schadensersatzanspruch gar nicht in Frage. Die Einheitlichkeit des Kredits, den die Preußenkasse der Zentralkasse oder auch die letztere der Genossenschaft gewährt hat, berührt den Vertragsinhalt des Abkommens vom 2. März 1903 zwischen den Wechselunterzeichnern und der Genossenschaft nicht. Würde das Abkommen vertragsmäßig von der Genossenschaft der Preußenkasse mitgeteilt worden sein, so würde auch diese sich über den darin festgesetzten Inhalt hinaus den Wechselunterzeichnern gegenüber nicht auf ihre Geschäftsgepflogenheiten hinsichtlich der Einheitlichkeit der von ihr gewährten Kredite haben berufen können. Sie würde den Wechsel entweder mit der in dem Abkommen festgesetzten Beschränkung haben entgegennehmen oder aber dessen Annahme als Sicherheit haben ablehnen und den verlangten weiteren Kredit haben versagen müssen. Diese Rechtslage, die sich bei Einhaltung des Abkommens durch die Genossenschaft ergeben haben würde, ist der Beurteilung des Schadensersatzanspruchs des Klägers zugrunde zu legen.

Die Entscheidung des Berufungsgerichts ist daher in diesem Punkte auf eine unrichtige rechtliche Grundlage gestellt worden. Deshalb war das Urteil des Berufungsgerichts, und zwar aus den zuvor entwickelten Gründen nicht nur im Umfange des Revisionsantrags, wobei sich eine der gegenwärtigen Prozeßlage nicht entsprechende Verurteilung des Beklagten nach dem Klagantrag ergeben hätte, sondern ganz aufzuheben und die Sache zur anderweiten Prüfung des Rechtsgrundes der Vertragsverletzung und zur Prüfung des Rechtsgrundes der Bereicherung an das Berufungsgericht zurückzuverweisen."

---

25. Kann nach Art. 4 des Internationalen Übereinkommens vom 23. September 1910 (RGBl. 1913 S. 57) und § 736 HGB. n. F. (daselbst S. 91) bei beiderseitigem Verschulden dem bei weitem überwiegend schuldigen Teile der Gesamtschaden auferlegt werden?

I. Zivilsenat. Urt. v. 30. Oktober 1918 i. S. Reederei Aktiebolaget K. (Kl.) w. Reederei L. P. & Co. (Bekl.). Rep. I. 100/18.

I. Landgericht Hamburg, Kammer für Handelssachen.
II. Oberlandesgericht daselbst.

Aus den Gründen:

... „Was die Revision anlangt, so ist es nach dem hier einschlägigen Artikel 4 des Übereinkommens vom 23. September 1910 (RGBl. 1913 S. 49 flg., vgl. S. 764) nicht mehr möglich, bei beiderseitigem Verschulden dem bei weitem überwiegend schuldigen Teile den Gesamtschaden aufzuerlegen, wie es nach der früheren Fassung des § 736 HGB. geschehen konnte. Denn Artikel 4 des Übereinkommens bestimmt: „Bei gemeinsamem Verschulden sind die Schiffe nach Verhältnis der Schwere des ihnen zur Last fallenden Verschuldens zum Ersatze des Schadens verpflichtet.“ ...

26. Erfordernisse der Vinkulierung bei Lieferungsgeschäften zwischen Militärbehörden und inländischen Kaufleuten.

III. Zivilsenat. Urt. v. 1. November 1918 i. S. S. (Kl.) w. Deutsches Reich (Bekl.). Rep. III. 190/18.

I. Landgericht Danzig.
II. Oberlandesgericht Marienwerder.

Das Proviantamt in Th. kaufte im August 1914 von dem Kaufmann J. in K. 40 Tonnen gelbe Bohnen. Die Übersendung der Bohnen erfolgte durch die Klägerin. Diese schrieb am 17. Oktober 1914 dem Proviantamte, daß sie 280 Sack gelbe Bohnen an das Proviantamt verladen habe, ihm die Faktura übersende und den Betrag durch die Ostbank für Handel und Gewerbe auf das Proviantamt entnommen habe. Der Brief enthält weiter folgenden Satz: „Die Frachtbriefduplikate werden Ihnen durch die Ostbank für Handel und Gewerbe zugesandt werden, wogegen Sie gefl. obigen Betrag zahlen wollen.“ Auf der diesem Briefe beigefügten Rechnung befand sich der von J. unterzeichnete Vermerk: „Ich bitte Sie, obigen Betrag zur Verfügung des Herrn S. hierselbst zu halten und an denselben gegen Duplikatfrachtbrief zu bezahlen.“ Das Proviantamt sandte darauf am 26. Oktober 1914 dem J. einen Quittungsentwurf zur Unterzeichnung, auf dem mit Bleistift vermerkt war: „Bitte unterschreiben und baldigst zurücksenden. Betrag für Firma S. in K. an Ostbank hier gezahlt. Proviantamt.“ J. vollzog diese Quittung und sandte sie dem Proviantamt ein. Auch die Klägerin übersandte eine von ihr ausgestellte Quittung der Ostbank zwecks Herausgabe an das Proviantamt. Das Proviantamt leistete jedoch die Zahlung nicht, stellte vielmehr eine Schadensersatzforderung, die es wegen Nichterfüllung eines mit J. geschlossenen Vertrags über die Lieferung von 60 t grüner Erbsen an J. zu haben behauptet, zur Aufrechnung. Die Klägerin erkannte die Berechtigung des Beklagten zur Aufrechnung mit dieser Forderung gegen J. nicht an, da sie ein selbständiges Recht auf die Bezahlung der von ihr gelieferten Bohnen habe, und forderte aus eigenem Rechte und kraft der an sie erfolgten Abtretung des Anspruchs des J. die Zahlung des Kaufpreises für die gelieferten Bohnen.

Das Landgericht verurteilte den Beklagten gemäß dem Klagantrage. Das Berufungsgericht dagegen wies die Klage ab. Die Revision der Klägerin wurde zurückgewiesen.

Aus den Gründen:

„Das Berufungsgericht erklärt die Aufrechnung des Beklagten mit der ihr gegen J. zustehenden Forderung gegenüber der Klageforderung für zulässig, weil die Klägerin diese Forderung nur auf Grund der ihr von J. erteilten Vollmacht und Abtretung, nicht aus ursprünglich eigenem Rechte geltend machen könne. Die Klägerin habe nicht klar und deutlich zum Ausdruck gebracht, daß sie die dem Beklagten übersandte Ware „vinkulieren" wolle, d. h. daß sie ihre angeblichen Rechte daran nur unter der Bedingung der Zahlung an sie selbst aufgeben wolle. Ihr Schreiben vom 17. Oktober 1914 lasse nicht erkennen, daß sie das Verfügungsrecht über die Ware beanspruche und bis zur vorbehaltlosen Zahlung behalten wolle. Aus dem Eingange des Schreibens: „Ich verlud an Ihre werte Adresse ... und überreiche ich Ihnen anliegend Faktura", in dem auf eine von J. ausgeschriebene Rechnung verwiesen werde, lasse sich wohl entnehmen, daß die Verladung von der Klägerin auf Veranlassung und im Auftrage des J. ausgeführt werde, das Proviantamt habe aber keine Veranlassung gehabt, das Schreiben in dem von der Klägerin behaupteten Sinne aufzufassen, zumal vorher immer nur J. die Stellung von Wagen für die Sendung beantragt habe. Daß das Proviantamt den J. für den Verfügungsberechtigten gehalten habe, gehe daraus hervor, daß es diesem einen Quittungsentwurf über die Zahlung des Kaufpreises zugesandt habe. Auch der von J. auf die Rechnung gesetzte Vermerk, der das Rechtsverhältnis zwischen J. und der Klägerin nicht zu erkennen gebe, habe das Proviantamt zu keiner anderen Auffassung führen können, als daß J. es ermächtige, an die Klägerin zu zahlen.

Die Revision rügt die Verletzung des § 157 BGB. und führt aus, daß das Schreiben der Klägerin vom 17. Oktober 1914 mit voller Klarheit ergebe, daß sie als Dritte in das bisher von J. behandelte Geschäft eintrete, daß sie die Ware für eigene Rechnung liefere, und zwar nur gegen Zahlung an ihre Zahlungsempfängerin, die Ostbank.

Dieser Angriff ist nicht begründet. Wenn die Klägerin in das von J. mit dem Beklagten abgeschlossene Geschäft ihrerseits an Stelle des J. eintreten oder wenn sie doch die Erfüllung dieses Geschäfts an Stelle des J. übernehmen und dabei zur Bedingung machen wollte, daß der Kaufpreis unter allen Umständen an sie gezahlt werden sollte, so mußte sie dies mit voller Klarheit und Schärfe zum Ausdruck bringen. Denn sie schlug alsdann einen Weg ein, der nach den obwaltenden Verhältnissen gegenüber der Militärbehörde als ein ganz außergewöhnlicher bezeichnet werden muß. Dafür, daß die Klägerin völlig als Selbstverkäuferin, unter Ausschaltung des J., in dessen Lieferungsvertrag mit dem Proviantamt eingetreten wäre, besteht nach dem Briefe vom 17. Oktober 1914 nicht der geringste Anhalt. Die Klägerin schreibt nicht etwa, daß sie die Ware liefern wolle, sondern daß sie sie verladen habe; welches Recht ihr an der verladenen Ware zustehe, ist in keiner Weise angedeutet. Wollte aber die Klägerin, ohne in den Kaufvertrag einzutreten, nur die Ware unter der Bedingung der Zahlung des Preises an sie anbieten, sie „vinkulieren“, so würde sie die Gepflogenheiten, welche im allgemeinen nur in dem Handelsverkehr zwischen dem deutschen Kaufmanne, der aus dem Auslande Getreide oder andere Waren bestimmter Art bezieht, und seinen Lieferanten im Osten vorzukommen pflegen, auf den Geschäftsverkehr zwischen dem inländischen Kaufmann und der Behörde ausdehnen. Sie war aber nicht berechtigt, anzunehmen, daß die Militärbehörde eine solche Vinkulierungsabsicht ohne weiteres erkennen und sich eine Einmischung des Dritten, wie der deutsche Importhandel sie bei der Art des Geschäftsverkehrs mit den östlichen Ländern notgedrungen hinnehmen muß, gefallen lassen würde. Im Verkehr mit Militär- und sonstigen staatlichen Behörden ist eine solche Vinkulierung durchaus ungewöhnlich. Der geschäftliche Verkehr mit den Behörden erfordert einfache, klare Formen. Die selbstverständliche, unbezweifelte Zahlungsfähigkeit des Reichs oder Staates überhebt die Behörde der Notwendigkeit, sich verwickelten und unklaren Bedingungen zu unterwerfen. Damit mußte die Klägerin rechnen, und sie war daher verpflichtet, ihre Absicht, die Ware zu „vinkulieren“, derart bestimmt zu erklären, daß sie für die Person des anderen, hier also einer Behörde, bei deren Beamten die Vertrautheit mit den Gepflogenheiten des Importhandels nicht vorauszusetzen war, unzweifelhaft erkennbar war. Dies hat sie, wie das Berufungsgericht zutreffend annimmt, nicht getan. Daraus, daß die Klägerin die Ware verlud, war dies schlechterdings nicht zu entnehmen. Aber auch daraus ergab sich dies nicht ohne weiteres, daß die Klägerin die Zahlung an sie gegen Aushändigung der Duplikatfrachtbriefe forderte. Diese Mitteilung besagte nicht, aus welchem Rechte die Klägerin die Zahlung an sie forderte; sie ließ das Verhältnis zwischen ihr und J. im Dunkeln und nötigte den Beklagten nicht, bei seinen Maßnahmen auf dieses Verhältnis Rücksicht zu nehmen. Das Proviantamt begnügte sich damit, die Zahlung des Kaufpreises an die Klägerin in Aussicht zu nehmen, da J. damit einverstanden war, sah aber nach wie vor den J. als den Zahlungsberechtigten an, und forderte daher von diesem die Quittung über den Kaufpreis. Diese Auffassung des Proviantamts kann bei der Lage der Verhältnisse nach Treu und Glauben nur als gerechtfertigt erscheinen.

Danach ist der Beklagte nicht behindert, eine Forderung, die ihm aus der weiteren Geschäftsverbindung mit J. gegen diesen erwachsen ist, gegen die Klageforderung, die nur aus dem Rechte des J. begründet ist, nach Maßgabe des § 406 BGB. zur Aufrechnung zu stellen.“ ...

27. 1. Zur Frage der Haftung des Spediteurs, der sich mit dem Versender auf einen bestimmten Satz der Beförderungskosten geeinigt hat.
2. Zum Begriffe des Verlustes beim Frachtgeschäfte.
3. Zum Begriffe „Zwischenspediteur".

HGB. §§ 407, 413 Abs. 1, 429 Abs. 1, 408, 431.

I. Zivilsenat. Urt. v. 2. Februar 1918 i. S. Internationale Transportgesellschaft Gebr. G. (Bekl.) w. O. P. (Kl.). Rep. I. 245/17.

I. Landgericht Leipzig, Kammer für Handelssachen.
II. Oberlandesgericht Dresden.

Im Juli 1912 übertrug der Kläger der Beklagten, einer internationalen Speditionsfirma mit einer Zweigniederlassung in Leipzig, die Versendung eines Baggers von Prenzlau nach Crajova in Rumänien zum Einheitssatze von 7 Fr. für 1 dz und eines Motors von Offenbach a. M. ebendorthin zum Satze von 8 Fr. für 1 dz. In Crajova sollten beide Maschinen an die Aktiengesellschaft Plugarul für einen gewissen T. B. abgeliefert werden. Die Beklagte verpflichtete sich gegenüber dem Kläger, die Auslieferung der Maschinen nur nach vorherigem Empfang einer Barzahlung von 3000 Fr., dreier Wechselakzepte des T. B. über je 2500 Fr. und eines solchen über 3926 Fr. sowie einer Bürgschaftserklärung der Bank C. O. zu bewirken. Die genaue Beobachtung dieser Bedingungen schärfte die Beklagte mittels zweier „Bordereaux" vom 19. August 1912 auch der Firma S. & W. H. in Budapest ein, die von ihr mit der Aushändigung der Sendungen beauftragt wurde und die Ausführung dieses Auftrags wiederum der Firma A. St. in Crajova übertrug. Letztere gab demnächst die Maschinen gegen den Empfang der Barzahlung an die Aktiengesellschaft Plugarul heraus, ohne jedoch die Wechselakzepte und die Bürgschaftserklärung ausgehändigt zu erhalten.

Der Kläger, der auch später weder diese Urkunden noch Deckung dafür empfangen hat, nahm die Beklagte auf Ersatz des Schadens, der ihm durch die vertragswidrige Auslieferung der Maschinen entstanden ist, in Anspruch. Das Landgericht erkannte nach dem Klagantrage. Die Berufung wurde zurückgewiesen. Auch die Revision hatte keinen Erfolg.

Gründe:

„Unstreitig hat die Beklagte, die sich mit Güterversendungen gewerbsmäßig befaßt, es durch Vertrag mit dem Kläger übernommen, für dessen Rechnung einen Bagger von Prenzlau und einen Motor von Offenbach a. M. nach Crajova mit der Eisenbahn im eigenen Namen zu versenden und dort die Maschinen an die Aktiengesellschaft Plugarul abzuliefern. Diese Besorgung würde an sich nach § 407 HGB. als Speditionsgeschäft aufzufassen sein. Da aber die Parteien sich auf einen bestimmten Satz der Beförderungskosten geeinigt haben, so greift die Vorschrift des § 413 Abs. 1 HGB. Platz, wonach in einem solchen Falle der Spediteur ausschließlich die Rechte und Pflichten eines Frachtführers hat. Dazu gehört nach § 429 Abs. 1 HGB., daß der Frachtführer für den Schaden haftet, der durch Verlust oder Beschädigung des Gutes in der Zeit von der Annahme bis zur Ablieferung oder durch Versäumung der Lieferzeit entsteht, es sei denn, daß der Verlust, die Beschädigung oder die Verspätung auf Umständen beruht, die durch die Sorgfalt eines ordentlichen Frachtführers nicht abgewendet werden können. Die Anwendung dieser Bestimmung wird jedoch im vorliegenden Falle beschränkt durch die Allgemeinen Beförderungsbedingungen des Vereins deutscher Spediteure, die, wie das Berufungsgericht festgestellt hat, dem Vertragsverhältnis der Parteien zugrunde gelegt sind und unter Nr. 8 besagen:

> „Der Spediteur haftet, auch wenn er die Beförderung zu einem bestimmten Satze übernommen hat, ... nicht als Frachtführer, sondern nur als Spediteur gemäß § 408 HGB. für Verlust, Beschädigung und Verzögerung und erfüllt seine Vertragspflichten durch Abtretung der ihm an die beteiligten Transportanstalten gesetzlich oder vertragsmäßig zustehenden Ansprüche."

Hieraus folgert die Beklagte, daß sie gemäß § 408 HGB. von jeder Schadensersatzpflicht dem Kläger gegenüber befreit sei, da sie, wie sie unter Beweis gestellt habe, die Versendung, insbesondere die Wahl der Zwischenspediteurin, der Firma S. & W. H. in Budapest, mit der Sorgfalt eines ordentlichen Kaufmanns ausgeführt habe.

Dieser Auffassung ist das Berufungsgericht entgegengetreten. Aus dem zweiten Teile der Bestimmung, in dem von den Ansprüchen an die Transportanstalten die Rede ist, hat es geschlossen, daß auch die ganze Bestimmung zur Voraussetzung habe, daß das Gut zur Zeit des nachteiligen Ereignisses sich im Gewahrsam einer dritten Transportanstalt befinde. Deshalb faßt es den Sinn der Bestimmung dahin zusammen: „Tritt Verlust, Beschädigung oder Verzögerung auf dem Transport ein, während sich das Gut in der Hand einer dritten Transportanstalt befindet, so haftet der Spediteur abweichend von § 413 Abs. 1, §§ 425 flg. HGB. dem Versender nicht schlechthin auf Schadensersatz, sondern hat nur den ihm etwa gegen den Transportunternehmer zustehenden Anspruch auf Schadensersatz aus dem Frachtvertrag abzutreten, vorausgesetzt, daß er seine Verpflichtung aus § 408 HGB. erfüllt hat". Einen Verlust des Gutes im Sinne dieser Bestimmung erklärt sodann das Berufungsgericht als nicht eingetreten, da die Maschinen an die richtige Empfängerin, die Plugarul, ausgeliefert und von dieser dem Käufer B. ausgehändigt worden seien. Deshalb könne die Bestimmung hier nicht Anwendung finden und die Beklagte hafte dem Kläger für den Schaden, der ihm durch die anweisungswidrige Herausgabe der Maschinen entstanden sei, nach den allgemeinen Gesetzesvorschriften über die Haftung des Frachtführers, insbesondere habe sie nach § 431 HGB. ein Verschulden ihrer Erfüllungsgehilfin, der Firma S. & W. H. oder deren Beauftragten, in gleichem Umfange zu vertreten wie eigenes Verschulden.

Mit Recht wird diese Begründung von der Revision bekämpft. Die Nr. 8 der Allgemeinen Versicherungsbedingungen schließt sich in ihrem Wortlaut offensichtlich an den § 429 HGB. an, indem auch sie die drei Fälle des Verlustes, der Beschädigung des Gutes und der verspäteten Ablieferung berücksichtigt. Für diese Fälle will sie, auch bei Vereinbarung eines festen Beförderungssatzes, die strengere Haftung des Frachtführers aus §§ 413 Abs. 1, 429 HGB. ausschließen und sie durch die mildere Haftpflicht des Spediteurs ersetzen, der nach § 408 HGB. sich durch den Nachweis haftfrei machen kann, daß er die Versendung, insbesondere die Wahl der Frachtführer, Verfrachter und Zwischenspediteure mit der Sorgfalt eines ordentlichen Kaufmanns ausgeführt hat. Gegen diese aus dem Wortlaute wie aus dem offensichtlichen Zwecke der Haftpflichtminderung sich ergebende Auslegung läßt sich nicht, wie es im Berufungsurteile geschieht, der Umstand verwerten, daß im zweiten Teile der Bestimmung von der Abtretung der Ansprüche an die Transportanstalten die Rede ist. Denn weder aus dem Satzbau noch aus dem logischen Zusammenhange der beiden Teile der Bestimmung geht hervor daß der erste durch den zweiten Teil auf den vom Berufungsgericht angenommenen besonderen Tatbestand beschränkt werden soll. Der Nachsatz spricht vielmehr nur selbständig den Gedanken aus, daß der Spediteur, sofern er auf Grund des Vordersatzes zu einer weitergehenden Haftung nicht verpflichtet ist, gehalten sein soll, die ihm gegen die Transportanstalten zustehenden Ansprüche an den Versender abzutreten. Hiernach ist der Revision zuzugeben, daß durch die Nr. 8 der Allgemeinen Bedingungen die bei Vereinbarung eines festen Beförderungssatzes im § 413 HGB. angeordnete Verschärfung der Haftpflicht wieder herabgesetzt wird für die Tatbestände des § 429 HGB. auf das im § 408 HGB. vorgesehene Maß der Spediteurhaftung.

Zu eng ist auch die Auslegung, die das Berufungsgericht dem Begriffe des Verlustes im Sinne des § 429 HGB. und der Nr. 8 der Allgemeinen Beförderungsbedingungen gibt. Zum „Verlust" ist, wie bereits in ROHG. Bd. 4 S. 14 ausgeführt ist, nicht gänzliches Abhandenkommen des Gutes und vollständige Unkenntnis über seinen Verbleib erforderlich, sondern für den Frachtführer ist das Gut schon dann verloren, wenn er außerstande ist, es auszuhändigen, ohne Unterschied, worin das seinen Grund hat. Ein Verlust ist deshalb angenommen worden, wenn der Spediteur oder Frachtführer das Gut an eine andere Person als den bestimmungsmäßigen Empfänger herausgegeben hat und von ihr die Rückgabe verweigert wird (ROHG. Bd. 4 S. 14, RGZ. Bd. 58 S. 77). Nicht anders ist rechtlich der hier interessierende Fall zu beurteilen, daß der Spediteur oder Frachtführer das Gut unter Außerachtlassung der ihm erteilten Weisungen oder sonst unbefugterweise an diejenige Person ausgehändigt hat, die erst nach Erfüllung gewisser Voraussetzungen Empfänger hat sein sollen (RG. im Sächs. Archiv Bd. 14 S. 704, RGZ. Bd. 75 S. 109). Auch bei solcher Sachlage ist er außer stande, über das Gut in der ihm obliegenden Weise zu verfügen und es entsprechend den ihm erteilten bindenden Weisungen abzuliefern. Damit ist es für ihn in Verlust geraten. Von diesem Standpunkt aus erscheint auch die Aushändigung des Motors und des Baggers an die Plugarul als ein Verlust im frachtrechtlichen Sinne. Der Beklagten war, wie im Berufungsurteile festgestellt ist, vom Kläger mehrfach, besonders durch die Briefe vom 7. und 14. August 1912, aufs eindringlichste eingeschärft worden, daß die Maschinen nur gegen Barzahlung von 3000 Fr. sowie Herausgabe der Wechselakzepte des B. über zusammen 11426 Fr. und der Bürgschaftserklärung der Bank C. O. an die Plugarul abgeliefert werden dürften. Wenn trotzdem die Maschinen von der Firma A. St. der Plugarul ausgehändigt wurden, ohne daß die Wechselakzepte und die Bürgschaftserklärung herausgegeben wurden, so verlor die Beklagte damit einerseits die Verfügungsgewalt über das Gut, anderseits auch die Möglichkeit, die Ablieferung des Gutes in der ihr durch den Vertrag mit dem Kläger vorgeschriebenen Weise zu bewirken. Das Gut, das von der Plugarul an B. weitergegeben und von diesem in dauernden Besitz genommen wurde, war nunmehr der Beklagten endgültig entzogen, ohne daß sie durch die Aushändigung ihre Ablieferungspflicht in vertragsmäßiger Weise erfüllt hatte; es geriet damit für sie und nicht minder für den Kläger in Verlust.

Es fragt sich nun, ob die Beklagte für diesen Verlust dem Kläger einzustehen hat. Wäre die Firma S. & W. H., deren Beauftragte, die Firma A. St., die Aushändigung der Maschinen bewirkt hat, als Zwischenspediteurin anzusehen und hätte — was für die Revisionsinstanz zu unterstellen ist — die Beklagte als Hauptspediteurin bei der Wahl der Zwischenspediteurin die Sorgfalt eines ordentlichen Kaufmanns beobachtet, so würde sie nach den obigen Ausführungen von der Haftung für den Verlust durch die Nr. 8 der Allgemeinen Beförderungsbedingungen und den § 408 HGB. befreit sein. Das Berufungsgericht hat aber angenommen, daß die Firma S. & W. H. nicht eine Zwischenspediteurstellung erlangt habe, sondern, ebenso wie die von ihr beauftragte Firma A. St., zur Beklagten nur in das Verhältnis einer Erfüllungsgehilfin getreten sei, deren Verschulden die Beklagte nach § 431 HGB.

wie eigenes zu vertreten habe. Gegen diese Auffassung wendet sich die Revisic., ihre Rüge ist jedoch nicht berechtigt.

Der Begriff „Zwischenspediteur" ist im Handelsgesetzbuch oder in seinen Materialien nicht erläutert. In ROHG. Bd. 12 S. 380 wird derjenige Spediteur, an den der erste Spediteur (Hauptspediteur) das Gut zum Zwecke der Weiterversendung und Ablieferung adressiert, als Zwischenspediteur angesehen, und dieser Begriffsbestimmung ist auch die Rechtslehre im wesentlichen gefolgt (Staub-Könige, HGB. Anm. 4 zu § 408; Düringer-Hachenburg, Anm. 8 zu § 408; Makower, HGB. Anm. III z zu § 407; Lehmann-Ring, Anm. 11 zu § 407; Lehmann, Lehrbuch des Handelsrechts § 215 Ziff. 4 S. 950; Senkpiehl, das Speditionsgeschäft nach deutschem Rechte, § 98 S. 141). Ebenso trägt der erkennende Senat kein Bedenken, sich jener Begriffsbestimmung anzuschließen. Danach tritt der Zwischenspediteur zu dem Hauptspediteur in ein Vertragsverhältnis, kraft dessen er in eigenem Namen für Rechnung des Versenders die Weiterversendung des Gutes innerhalb eines Teiles der Beförderungsstrecke oder die Ablieferung übernimmt. Wesentlich ist aber, daß er innerhalb des ihm zugewiesenen Bereichs die Spediteurtätigkeit selbständig auszuüben hat und nicht lediglich zur Unterstützung des Hauptspediteurs zugezogen wird. Hierin liegt das Merkmal, das den Zwischenspediteur von einem bloßen Erfüllungsgehilfen unterscheidet. Der Zwischenspediteur tritt innerhalb seines Bereichs als selbständiger Spediteur an die Stelle des Hauptspediteurs; der Erfüllungsgehilfe übt nur eine die Versendung des Gutes fördernde Tätigkeit nach Weisung des Spediteurs aus, während dieser auch innerhalb des örtlichen und zeitlichen Bereichs, in dem der Gehilfe tätig wird, die eigentliche Besorgung selbst in der Hand behält (RGZ. Bd. 78 S. 312, 313).

Diese Gesichtspunkte hat das Berufungsgericht beachtet, wenn es aus dem Briefwechsel der Parteien, den beiden Bordereaux vom 19. August 1912 sowie dem Schreiben der Firma S. & W. H. vom 22. desselben Monats gefolgert hat, daß die letztere von der Beklagten zur Auslieferung des Gutes und zur Empfangnahme der Barnachnahme und Urkunden lediglich als eine Hilfsperson im Sinne des § 431 HGB. zugezogen worden ist, während die Beklagte selbst alleinige Spediteurin geblieben ist. Diese Ausführungen lassen einen Rechtsirrtum nicht erkennen. Ist aber die Firma S. & W. H. nur als Erfüllungsgehilfin der Beklagten anzusehen, so kann die auf die Wahl eines Zwischenspediteurs sich beziehende Vergünstigung des § 408 HGB. der Beklagten nicht zustatten kommen, vielmehr ist dem Berufungsgerichte darin beizupflichten, daß die Beklagte nach § 431 HGB. das Verschulden der zur Ablieferung des Gutes zugezogenen Hilfspersonen in gleichem Umfange wie eigenes Verschulden zu vertreten hat." ....

28. 1. Verhältnis des Gesetzes über den Verkehr mit Kraftfahrzeugen vom 3. Mai 1909 zum Gesetze über die Haftung des Reichs für seine Beamten vom 22. Mai 1910.
2. Anwendbarkeit der §§ 844, 845 im Falle des § 839 BGB.

III. Zivilsenat. Urt. v. 1. November 1918 i. S. Deutsches Reich (Bekl.) w. R. (Kl.). Rep. III. 207/18.

I. Landgericht Metz.
II. Oberlandesgericht Colmar.

Die 25 Jahre alte Tochter der klagenden Eheleute wurde am 26. Februar 1915 in Metz von einem Militärkraftwagen zu Boden geschleudert und starb bald darauf an den Verletzungen. Die Kläger führten den Unfall auf ein Verschulden des Wagenführers zurück und verlangten vom Beklagten Ersatz der Beerdigungskosten und Entschädigung für Entziehung des Rechtes auf Unterhalt und für entgehende Dienste. Die erste Instanz hielt ein Verschulden des Wagenführers nicht für erwiesen und erklärte den Klaganspruch nur nach Maßgabe des Gesetzes über den Verkehr mit Kraftfahrzeugen vom 3. Mai 1909 für teilweise berechtigt. Auf die Berufung der Kläger wurde nach dem Gesetze vom 22. Mai 1910 in Verbind. mit §§ 839, 844, 845 BGB. der Anspruch auf Zahlung der Beerdigungskosten und auf Entrichtung einer Geldrente für entgehende Dienste auf fünf Jahre von der Tötung an dem Grunde nach für gerechtfertigt erklärt, die Ersatzpflicht für Entziehung des Rechtes auf Unterhalt festgestellt, im übrigen die Klage abgewiesen und die Berufung der Kläger zurückgewiesen. Die Revision des Beklagten hatte keinen Erfolg.

Gründe:

„Das Berufungsgericht läßt die Anwendbarkeit des Kraftfahrzeuggesetzes dahingestellt und kommt zur Annahme einer Schadensersatzpflicht, indem es als Ursache des Unfalls und damit des Todes der Verletzten und des Schadens der Kläger eine fahrlässige Verletzung der ihm der Verletzten gegenüber obliegenden Amtspflicht durch den zu den Personen des Soldatenstandes gehörigen Wagenführer betrachtet und die Haftung für diese in Ausübung anvertrauter öffentlicher Gewalt begangene Amtspflichtverletzung nach § 1 Abs. 1 und 3 des Gesetzes vom 22. Mai 1910 in Verbind. mit §§ 839, 844, 845 BGB. dem beklagten Deutschen Reiche auferlegt.

Die Revision beschwert sich über die Nichtanwendung des Kraftfahrzeuggesetzes und meint, daß dieses Sondergesetz die vom Berufungsgericht angewendeten Vorschriften ausschließe oder doch die danach begründete Haftung auf das Maß des nach jenem Gesetze zu ersetzenden Schadens beschränke. Da nach § 10 KFG. im Falle der Tötung der

Ersatzpflichtige zwar, wie nach § 844 BGB., für die Kosten der Beerdigung und für Entziehung des Rechtes auf Unterhalt Ersatz zu leisten hat, eine dem § 845 BGB. entsprechende Entschädigungspflicht für entgehende Dienste dagegen nicht besteht, so würde die Meinung der Revision dazu führen, daß die Kläger einen Anspruch der letzteren Art in keinem Falle hätten. Die Meinung der Revision ist jedoch nicht begründet. Sie ist schon deshalb abzulehnen, weil sie mit Zweck und Inhalt des Kraftfahrzeuggesetzes im Widerspruche steht. Das Gesetz soll mit Rücksicht auf die Gefährlichkeit des Kraftwagenbetriebes eine Mindesthaftung auch für solche Fälle sichern, in denen eine Haftung für Schadensersatz nach allgemeinen Grundsätzen nicht oder nur mit Schwierigkeiten durchzuführen wäre. Dagegen liegt es nicht im Sinne des Gesetzes, die Anwendung von Bestimmungen auszuschließen, die, insbesondere beim Nachweise eines Verschuldens, eine weitergehende Haftung des Fahrzeughalters oder des Führers oder eine Haftung anderer Personen begründen. § 16 KFG., der nach § 18 Abs. 2 bei Haftung des Fahrzeugführers entsprechend anzuwenden ist, bestimmt denn auch ausdrücklich, daß die reichsgesetzlichen Vorschriften unberührt bleiben sollen, nach denen der Fahrzeughalter für den durch das Fahrzeug verursachten Schaden in weiterem Umfang als nach den Vorschriften dieses Gesetzes haftet oder nach denen ein anderer für den Schaden verantwortlich ist. In der Begründung zu § 10 des Entwurfs wird unter den Vorschriften, die unberührt bleiben sollen, der § 845 BGB. ausdrücklich angeführt. Eine ausschließliche Anwendung der Grundsätze des Kraftfahrzeuggesetzes würde aber auch mit dem Grundgedanken des hier anzuwendenden Gesetzes vom 22. Mai 1910 nicht zu vereinigen sein, das für sein Gebiet, die Ausübung öffentlicher Gewalt, die unmittelbare Haftung der Reichsbeamten und der ihnen gleichgestellten Personen des Soldatenstandes ausschließen und diese Haftung im vollen Umfange des § 839 BGB. dem Reiche auferlegt wissen will. Es ist nicht abzusehen, weshalb hiervon für den Fall der Schädigung durch ein Kraftfahrzeug eine Ausnahme gemacht werden sollte. Dem Kraftfahrzeuggesetze kann daher ein einschränkender Einfluß auch nicht in dem Sinne beigemessen werden, daß seine Vorschriften den Umfang des Schadensersatzes ausschließlich bestimmen.

Auch sonst ist ein Rechtsirrtum nicht ersichtlich. Insbesondere lassen sich Bedenken gegen die Anwendbarkeit der §§ 844, 845 BGB. nicht aus § 839 BGB. ableiten. Das Berufungsgericht weist zutreffend darauf hin, daß die Anwendung jener Vorschriften die Verletzung einer Amtspflicht nur gegenüber der Getöteten, nicht gegenüber den jetzt klagenden Eltern voraussetzt. Die Sonderregelung, die die Haftung der Beamten im § 839 gefunden hat, mag für das Gebiet dieser Vorschrift zu einer Ausschließung oder Einschränkung der in den §§ 823 flg.

aufgestellten Voraussetzungen für die Haftung wegen unerlaubter Handlungen führen, wie z. B. für das Verhältnis des § 839 zum § 823 schon wiederholt ausgesprochen worden ist (RGZ. Bd. 74 S. 252, Bd. 87 S. 347). Die Vorschriften der §§ 842 flg. über den Umfang der Ersatzpflicht, wozu auch die Regelung der Ansprüche Dritter in den §§ 844, 845 gehört, gelten aber im Falle des § 839 ebenso wie bei anderen unerlaubten Handlungen (vgl. RGZ. Bd. 91 S. 9)."

---

29. Kommt es bei einer taxierten Police nicht darauf an, ob die versicherten Güter vor dem Wirksamwerden des Abandons durch inneren Verderb eine Werteinbuße erlitten haben?

HGB. §§ 793, 799, 858, 875, 876, 821 Nr. 5; Allg. SVB. von 1867 §§ 16, 22, 70 Nr. 3.

I. Zivilsenat. Urt. v. 2. November 1918 i. S. Bad. Assekuranzges. u. Gen. (Bekl.) w. G. & B. (Kl.). Rep. I. 105/18.

I. Landgericht Hamburg, Kammer für Handelssachen.
II. Oberlandesgericht daselbst.

Die Klägerin ist für ihre Verschiffungen nach China bei den Beklagten durch laufende Police gegen See- und Kriegsgefahr gemäß den Hamburger Allg. Seeversicherungsbedingungen von 1867 und besonderer Kriegsklausel versichert. Hierauf hat sie im Juli 1914 mit dem deutschen Dampfer Uckermark Güter im taxierten Versicherungswerte von 18640 ℳ verladen und deklariert. Der Dampfer lief kurz nach Kriegsausbruch Lissabon an und blieb dort liegen. Im Februar 1916 wurde er von der portugiesischen Regierung mit Beschlag belegt und entlöscht. Durch Dekret derselben Regierung vom 20. April 1916 wurden die Waren der Verfügung der Klägerin entzogen, welche daraufhin den Abandon erklärte und die Versicherungssumme nebst Zinsen verlangte. Die Beklagten haben den Klaganspruch dem Grunde und dem Betrage nach bestritten.

In den Instanzen wurden die Beklagten in der Hauptsache nach der Klage verurteilt. Bei der Revision der Beklagten handelte es sich nur noch um einen Teilbetrag von 5608 ℳ. Es wurde ihr stattgegeben aus folgenden

Gründen:

„Die Beklagten hatten unter Beweisantretung behauptet, daß am 25. Juli 1916, wo der Abandon wirksam wurde, die versicherten Güter durch Eigenverderb infolge der zweijährigen Lagerung eine Wertverminderung in Höhe von 5608 ℳ erlitten gehabt hätten, und wollten diesen

Betrag von dem zu vergütenden Totalverlust in Abzug gebracht wissen. Das Oberlandesgericht beseitigt diese Einrede mit der Erwägung, daß es sich um eine taxierte Police handle, bei der die Taxe, also die ganze Versicherungssumme von 18640 ℳ unter den Parteien für den Versicherungswert maßgebend sei, und daß es deshalb auf eine Wertverringerung der Güter hier nicht ankomme.

Diese Ausführung ist rechtsirrtümlich. Nicht die behauptete Wertverminderung, sondern vielmehr die Tatsache, daß es sich um eine taxierte Police handelt, ist für die vorliegende Frage unerheblich. Die Taxe hat nach §§ 16, 22 Allg. SVB. (§§ 793, 799 HGB.) die Bedeutung, daß — abgesehen von dem Falle erheblicher Übersetzung — der taxierte Abladewert der Güter unter den Parteien feststeht. Der Abladewert, gleichgültig, ob taxiert oder nicht taxiert, bleibt auch für die Dauer der Versicherung maßgebend, so daß sich keine Partei auf eine inzwischen eintretende Preisänderung infolge wechselnder Konjunktur berufen kann. Dies kommt in den Bestimmungen über die Bezahlung des Schadens (§§ 858, 875, 876 HGB.) zum Ausdruck und wird in Anlehnung an §§ 140, 141 VersVG. ausdrücklich ausgesprochen in § 90 Abs. 2 des Entwurfs der Allg. D. Seeversicherungsbedingungen von 1914, wo es heißt: „Dieser Wert (d. h. der Abladewert) gilt auch bei dem Eintritte des Versicherungsfalles als Versicherungswert." (Eine Abweichung von diesem Grundsatz enthält § 877 HGB. für den Fall, daß Güter auf der Reise infolge eines Unfalls verkauft werden.) Wohl zu unterscheiden von dem Falle einer Preisänderung ist aber der Fall einer Wertverminderung durch Verlust oder Beschädigung. Eine solche geht keineswegs ohne weiteres in dem nachfolgenden Totalverlust auf, vielmehr kommt es darauf an, ob sie dem Versicherer, der den Totalverlust zu tragen hat, ebenfalls zur Last fällt. Die Rechtsauffassung des Oberlandesgerichts würde auf den von Voigt S. 384 flg. mit Recht bekämpften Satz hinauslaufen: „Der Totalverlust verschlingt den Partialschaden." Auch das Reichsgericht hat in der Entscheidung vom 2. Dezember 1916 RGZ. Bd. 89 S. 144 auf S. 147 anerkannt, daß ein dem Totalschaden vorausgehender Partialschaden, der dem Versicherer nicht zur Last fällt, von ersterem in Abzug zu bringen sei.

Für den vorliegenden Fall scheint, obwohl es nicht ausdrücklich festgestellt ist, nach den Vorträgen der Parteien ... die Hamburger Kriegsklausel vereinbart zu sein. Danach haftet der Versicherer nicht für Verderb und Verminderung der Güter als Folgen eines durch Kriegsgefahr verursachten Aufenthalts. Schon nach dem Handelsgesetzbuch und den Allg. Seeversicherungsbedingungen fallen ihm Verderb und Beschädigung dann nicht zur Last, wenn sie auf einer nicht durch versicherten Unfall verursachten Verzögerung der Reise beruhen (§ 821 Nr. 5 HGB.; § 70 Nr. 3 Allg. SVB.). Um einen solchen Verderb der

Güter vor dem Abandon, der die Vergütung des in Aussicht stehenden Totalverlustes bezweckt, handelt es sich nach den vorläufig genügend substanziierten Behauptungen der Beklagten. Werden diese bewiesen, so muß der vorher entstandene Partialschaden in Ermangelung eines besonderen Haftungsgrundes von dem der Versicherungssumme entsprechenden Totalschaden in Abzug gebracht werden." . .

---

30. Auseinandersetzung mit dem ausscheidenden Gesellschafter. Berücksichtigung des Geschäfts- oder Firmenwerts.

II. Zivilsenat. Urt. v. 5. November 1918 i. S. Sch. (Bekl.) w. Schn. (Kl.). Rep. II. 243/18.

I. Landgericht Leipzig.
II. Oberlandesgericht Dresden.

Die jetzt vom Beklagten unter der Firma E. P. Berger betriebene Großbuchbinderei wurde vom Schwager des Klägers begründet, nach dessen Tode vom Kläger einige Zeit weitergeführt und dann an den Beklagten verkauft, der durch Vertrag vom 8. März 1895 den Kläger als stillen Gesellschafter in das Geschäft aufnahm. Der Beklagte kündigte das Gesellschaftsverhältnis auf den 30. Juni 1917. Für die Auseinandersetzung stellte er die in der Klaganlage wiedergegebene Bilanz auf und zahlte dem Kläger als Guthaben 19364 *M*, die dieser unter Vorbehalt annahm. Die Bilanz war nach denselben Grundsätzen aufgestellt, die regelmäßig bei den Jahresbilanzen des Geschäfts beobachtet waren. Der Kläger erklärte dies für ungenügend. Mit der Klage beantragte er, den Beklagten zu verurteilen, 1. ihm eine vollständige Aufnahme der Geschäftsbestände und eine die wahren Werte, namentlich auch den Wert des Geschäfts und der Firma enthaltende Auseinandersetzungsbilanz für den 30. Juni 1917 vorzulegen, 2. das hieraus sich ergebende Guthaben im Betrage von mindestens 50000 *M* mit 5% Zinsen seit dem 1. Juli 1917 auszuzahlen.

Das Landgericht erließ über den Antrag 1 ein Teilurteil, wodurch es den Beklagten verurteilte, die Bilanz der Klaganlage in der Weise zu ergänzen, daß sie eine vollständige Aufnahme der Bestände und deren wahren Wert enthalte; mit dem Anspruch auf Berücksichtigung des Geschäftswerts und des Wertes der Firma wies es den Kläger ab. Hiergegen legten beide Parteien Berufung ein. Das Oberlandesgericht wies das Rechtsmittel des Beklagten zurück. Auf die Berufung des Klägers änderte es das erste Urteil dahin, daß auch der Wert des Geschäfts und der Firma aufgenommen werden sollte.

Die Revision des Beklagten wurde zurückgewiesen.

Gründe:

„Mit Recht gehen die Vorinstanzen davon aus, daß der nach den Regeln der alljährlichen Gewinnverteilungsbilanzen aufgenommene Abschluß für die Auseinandersetzung mit dem ausscheidenden Gesellschafter nicht maßgebend sein kann. Haben die Parteien nicht das Gegenteil vereinbart, so müssen die gesamten Vermögensgegenstände nach ihrem wahren Werte eingestellt werden. Der Beklagte hatte eine solche gegenteilige Vereinbarung in § 11 des Vertrags vom 8. März 1895 finden wollen. § 11 spricht aber nur von dem Falle, wenn einer der Gesellschafter stirbt. Die Ausdehnung der dort getroffenen Regelung auf den Kündigungsfall ist ohne Rechtsirrtum verneint worden. . . .

Hauptsächlich tadelt die Revision die Berücksichtigung des Geschäfts- und Firmenwerts. Das Berufungsgericht hat dahingestellt gelassen, ob ein solcher Wert bei Auflösung einer stillen Gesellschaft grundsätzlich als Posten der Auseinandersetzungsbilanz einzustellen sei. Hier sei dies nötig mit Rücksicht auf die besonderen Umstände des Falles. Der Kläger habe die gleiche Summe (18000 *M*) eingelegt wie der Beklagte, sei im gleichen Maße wie dieser am Gewinn und Verluste beteiligt gewesen, die Überwachung des kaufmännischen Teiles habe ihm obgelegen, er habe dem Geschäfte bare Darlehen und durch Hingabe seiner Wechselakzepte Bankkredit verschafft. Seine Beteiligung sei mithin über das gewöhnliche Maß der Beteiligung eines stillen Gesellschafters weit hinausgegangen und habe seine Stellung der eines offenen Gesellschafters nahe gerückt. Es sei anzunehmen, daß die günstige Vermögenslage, zu der sich das anfänglich schlecht gehende Geschäft im Laufe der Jahre emporgearbeitet habe, zu einem nicht geringen Teile auf seine Tätigkeit zurückzuführen sei. Deshalb müsse der jetzt vorhandene Geschäfts- und Firmenwert, zu dessen Schaffung sicherlich auch die mit seiner Zustimmung alljährlich vorgenommenen beträchtlichen Abschreibungen und die dadurch erzielten stillen Reserven beigetragen hätten, als Ergebnis des gemeinsamen Wirkens beider Parteien angesehen werden. Es sei daher unbillig, den Kläger bei der Auseinandersetzung an diesem Geschäftswerte nicht teilnehmen zu lassen. Übrigens hätten die Parteien längere Zeit hindurch einen Aktivposten für den Firmenwert in die Jahresbilanzen eingestellt.

Die Revision wendet ein, es sei nicht ersichtlich, was das Berufungsgericht unter dem Geschäfts- und Firmenwerte verstehe, wenn es davon spreche, daß dieser Wert auch durch die jährlichen Abschreibungen mitgeschaffen worden sei. Jedenfalls entbehre der Anspruch des Klägers auf Aufnahme eines solchen Wertes der gesetzlichen Grundlage. Allgemeine Billigkeitserwägungen vermöchten die Grundlage nicht zu ersetzen. Der Beklagte werde aber auch gerade vom Standpunkte des Berufungsgerichts aus höchst unbillig beschwert. Danach solle er dem

Kläger einen Anteil an dem unter Streichung der Abschreibungen ermittelten wahren Werte der einzelnen Aktiven gewähren und ihm außerdem noch für die Abschreibungen einen Extragegenwert bezahlen. Auch übersehe das Berufungsgericht, daß er vertragsmäßig verpflichtet gewesen sei, für eine Vergütung von nur 2500 ℳ seine ganze Tätigkeit dem Geschäfte zu widmen.

Der Angriff der Revision kann keinen Erfolg haben. Mit Geschäfts- oder Firmenwert ist der Wert des Unternehmens als solchen gemeint, der über den Wert der einzelnen Aktiven hinausgeht. Versteht man unter Unternehmen die durch gewerbliche Tätigkeit geschaffene Organisation des Betriebes und gesicherte Absatzgelegenheit, so ist klar, daß es sich um einen selbständigen Posten der Abschichtungsbilanz handelt (vgl. Pisko, Das Unternehmen als Gegenstand des Rechtsverkehrs S. 15flg., 86flg., in Ehrenbergs Handbuch Bd. 2 S. 195flg.; Düringer-Hachenburg, HGB. § 138 Anm. 11). Das Reichsgericht hat denn auch schon entschieden, daß der Ansatz eines besonderen Geschäftswertes mit der Schätzung der Aktiva nach ihrem wahren Werte sehr wohl vereinbar ist (Warneyer 1909 Nr. 138). Beabsichtigt ist mithin nicht, wie die Revision befürchtet, dem Beklagten denselben Gegenstand doppelt in Rechnung zu stellen. Vielmehr gilt es, die greifbaren Aktiva (Maschinen, Werkzeuge, Utensilien, Schriften, Platten) durch Ermäßigung der zu starken Abschreibungen auf ihren wahren Wert zu erhöhen und darüber hinaus dem in dem Unternehmen als solchem steckenden Werte — wenn ein solcher hier überhaupt schätzbar sein sollte — den gebührenden Platz in der Bilanz anzuweisen.

Überall da, wo ein besonderer Geschäftswert (Firmenwert) zu ermitteln ist, muß er bei der Auseinandersetzung auch berücksichtigt werden. Zur Rechtfertigung dieses Satzes bedarf es keiner Billigkeitserwägungen, wie sie das Berufungsurteil enthält. Wenn sich im vorliegenden Falle die Stellung des Klägers im Innenverhältnis der eines offenen Gesellschafters genähert hat, so zeigt das nur, daß die Nichtbeachtung des etwaigen Geschäftswertes hier besonders ungerecht wirken würde. Die Notwendigkeit der Beachtung folgt aber allgemein aus dem Grundsatze, daß die Berechnung des Guthabens des Ausscheidenden unter Zugrundelegung des gesamten Geschäftsvermögens erfolgt. Der § 738 Abs. 2 BGB., wonach der Wert des Gesellschaftsvermögens, soweit erforderlich, im Wege der Schätzung zu ermitteln ist, muß auch auf die stille Gesellschaft, bei der es ein Gesellschaftsvermögen im Rechtssinne nicht gibt, entsprechend angewendet werden. Es war deshalb verfehlt, wenn das Landgericht die Einstellung des Geschäftswertes in die Bilanz deshalb für ausgeschlossen erachtete, weil es sich hier um eine stille Gesellschaft handelt. Ausgeschlossen mag die Berücksichtigung des Geschäftswerts bei Genossenschaften sein, da § 73 Abs. 2 GenG. die Auseinandersetzung

„auf Grund der Bilanz" vorschreibt und damit nur die für die Gewinn- und Verlustverteilung maßgebende Bilanz im Sinne haben kann (vgl. RGZ. Bd. 32 S. 93, Bd. 68 S. 1; Pisko, Unternehmen S. 88 Anm. 28). Im übrigen begründet die Form der Gesellschaft keinen Unterschied."

---

31. Wann ist ein Arzt als Unternehmer einer Privatkrankenanstalt „Gewerbetreibender"?

Reichsstempelgesetz vom 3. Juli 1913 § 76, Tarifnr. 10 in der Fassung des Gesetzes über einen Warenumsatzstempel vom 26. Juni 1916 (RGBl. S. 639); GewO. § 30.

VII. Zivilsenat. Urt. v. 8. November 1918 i. S. E. (Kl.) w. preuß. Staat (Bekl.). Rep. VII. 223/18.

I. Landgericht I Berlin.
II. Kammergericht daselbst.

Der Kläger ist der Unternehmer einer Privatkrankenanstalt. In dieser wird den Kranken ärztliche Behandlung, Unterkunft und Verpflegung gegen ein einheitliches Entgelt gewährt; außerdem erhalten sie gegen besondere Bezahlung Wein, Bier und Zigarren. Die zuständige Steuerbehörde hat den Kläger nach Maßgabe des Warenumsatzstempelgesetzes vom 26. Juni 1916 — Tarifnr. 10 RStempG. — zunächst zur Anmeldung über bezahlte Warenlieferungen, die im Betriebe der Krankenanstalt stattgefunden hatten, für das Jahr 1916 aufgefordert und später 180,50 *M* von ihm eingezogen; die Zahlung ist unter Vorbehalt erfolgt. Der Kläger begehrt die Feststellung, daß er nicht verpflichtet sei, einen Warenumsatzstempel zu entrichten, und Rückzahlung der gezahlten 180,50 *M*. Beide Vorinstanzen wiesen die Klage ab. Die Revision wurde zurückgewiesen aus folgenden

Gründen:

... „Das Berufungsgericht hat angenommen, daß die Tarifst. 10 des Reichsstempelgesetzes in der Fassung des Gesetzes über einen Warenumsatzstempel vom 26. Juni 1916, wonach Anmeldungen Gewerbetreibender über bezahlte Warenlieferungen einem Stempel von 1 vom Tausend unterliegen, auf die Verabfolgung von Nahrungs- und Genußmitteln im Anstaltsbetriebe des Klägers Anwendung findet.

Die Revision rügt Verkennung des Begriffs des Gewerbebetriebes. Der Vorderrichter habe nicht berücksichtigt, daß nach dem Vorbringen des Klägers die Absicht fernliege, aus der Beköstigung der Kranken Gewinn zu erzielen. Die Gewinnabsicht sei aber, ebenso wie nach der Gewerbeordnung, auch nach § 76 des Gesetzes vom 26. Juni 1916 wesentliches Erfordernis des „Gewerbebetriebes." Ferner sei der Betrieb der Anstalt für den Kläger nicht Selbstzweck, sondern nur ein unselbständiges Mittel zur Ausübung des ärztlichen Berufs. Die Beköstigung der Kranken bilde nur eine Nebenleistung gegenüber der ärztlichen Leistung des Klägers, als der Hauptleistung und sei deshalb steuerfrei. Der Revision war der Erfolg zu versagen.

Nach den auf das eigene Vorbringen des Klägers gestützten Feststellungen des Berufungsgerichts finden in der Anstalt des Klägers Kranke gegen Entgelt für eine gewisse Dauer Aufenthalt, Verpflegung und ärztliche Behandlung. Das Unternehmen ist ein einheitliches. Die ärztliche Behandlung und die Verpflegung bilden die Mittel zu seiner Durchführung und zur Erreichung des Zweckes, der Erzielung von Gewinn. Der Gewinn soll das Ergebnis des ganzen Unternehmens sein und ist es auch. Die Lieferung der Nahrungsmittel ist nach der Auffassung des Berufungsgerichts nicht nur eine Nebenleistung. Nun ist es anerkannten Rechtens, daß der Betrieb einer Privatkrankenanstalt einen Gewerbebetrieb im Sinne der Gewerbeordnung (§ 30) darstellt und daß auch ein Arzt, wenn er Unternehmer einer solchen Anstalt ist, als Gewerbetreibender anzusehen ist (vgl. u. a. Entsch. d. preuß. OVG. Bd. 24 S. 322, Bd. 31 S. 284; RGSt. Bd. 32 S. 255; Weinbach, Warenumsatzsteuergesetz S. 98; Kloß, dasselbe. S. 36). Allerdings ist es erforderlich, wie der erkennende Senat im Urteile vom 17. Mai 1907 VII. 310/06 (Jur. Wochenschr. 1907 S. 401 Nr. 34) bereits ausgesprochen hat, daß die Anstalt vom Arzte als ein selbständiges Mittel zur Erzielung einer dauernden Einnahmequelle gehalten wird. Er wird nicht schon dadurch Gewerbetreibender, daß die auf Gewinnerzielung gerichtete ärztliche Tätigkeit, die an sich keinen Gewerbebetrieb im Sinne der Gewerbeordnung bildet (§ 6 das.), die Unterhaltung der Anstalt erforderlich macht, wie z. B. der Klinik eines Chirurgen, in welche die Kranken lediglich zum Zwecke der Durchführung operativer Eingriffe für eine gewisse Zeit aufgenommen werden. Damit stimmt auch das vom Revisionskläger in der Verhandlung in Bezug genommene Urteil des preuß. Oberverwaltungsgerichts vom 14. Januar 1914, betr. die Privat-Heil- und Pflegeanstalt Berolinum, überein. Aber hier liegt die Sache nach den Feststellungen des Berufungsgerichts, die einen prozeßrechtlichen Verstoß nicht erkennen lassen, so, daß das Unternehmen des Sanatoriums des Klägers ein selbständiges Mittel zur Erzielung einer dauernden Einnahmequelle bildet, daß die Anstalt nicht nur der Ausübung des ärztlichen Berufs des Klägers dient, sondern Selbstzweck zur Gewinnerzielung ist. Die einzelnen Leistungen des Klägers: ärztliche Behandlung, Gewährung von Unterkunft, Beköstigung nebst Lieferung von Getränken und Zigarren, sind gleichwertige Leistungen innerhalb des auf Gewinnerzielung gerichteten Gesamtunternehmens. Es braucht daher hier nicht zu der Frage Stellung genommen zu werden, ob nach § 76 des Warenumsatzstempelgesetzes der Begriff des Gewerbebetriebes weitergreift, als nach der Gewerbeordnung, ob nämlich auch nach § 76 die Absicht der Gewinnerzielung erfordert wird.

Da, wie erwähnt, die einzelnen Leistungen des Klägers gleichwertig nebeneinanderstehen und die Beköstigung der Kranken zu den anderen Leistungen, insbesondere zur ärztlichen Behandlung, nicht im Verhältnis der Nebenleistung zur Hauptleistung steht, so kann auch keine Rede davon sein, daß gemäß Nr. V der Grundsätze zur Auslegung des Warenumsatzstempelgesetzes — Bekanntm. des Reichskanzlers vom 23. Oktober 1916 — die Beköstigung als Nebenleistung steuerfrei wäre." ...

---

32. Ist der Warenumsatzstempel der Tarifnr. 10 des Reichsstempelgesetzes in der Fassung vom 26. Juni 1916 zu erheben, wenn bei der Verkaufskommission der Kommittent dem Kommissionär ohne Selbsteintritt des letzteren das Kommissionsgut übergibt, der Kommissionär es an einen Dritten absetzt und den erzielten Preis an den Kommittenten zahlt?

VII. Zivilsenat. Urt. v. 8. November 1918 i. S. Fleischerinnung in L. (Kl.) w. preuß. Staat (Bekl.). Rep. VII. 188/18.

I. Landgericht I Berlin.
II. Kammergericht daselbst.

Die Klägerin hat zur Förderung des Gewerbebetriebes ihrer Mitglieder für diese einen gemeinschaftlichen Geschäftsbetrieb, insbesondere zur gemeinschaftlichen Verwertung der im Schlachtbetriebe der Mitglieder gewonnenen Häute und Felle eingerichtet. Dabei übergeben ihr die Mitglieder die Häute und Felle zur sachgemäßen Bearbeitung und Veräußerung für Rechnung der Einlieferer. Die Klägerin besorgt die Veräußerung nicht selbst, sondern übergibt die bearbeiteten Häute und Felle der Berliner Häuteverwertung, die sie auf ihre ordnungsmäßige Behandlung nachprüft und im eigenen Namen für Rechnung der Klägerin verkauft. Den Erlös führt die Häuteverwertung nach Abzug einer Provision an die Klägerin ab. Für die in der Zeit vom 1. Oktober bis 31. Dezember 1916 von der Klägerin der Häuteverwertung übergebenen Häute und Felle hat die letztere den Warenumsatzstempel bezahlt. Der Beklagte hat aber einen solchen in Höhe von 26,90 ℳ auch von der Klägerin eingezogen. Diese verlangt mit der Klage die Rückzahlung. In den Vorinstanzen wurde die Klage abgewiesen. Auf die Revision der Klägerin wurde das Berufungsurteil aufgehoben und der Beklagte nach dem Klagantrage verurteilt aus folgenden

Gründen:

„Den Gegenstand des Warenumsatzstempels der Tarifnr. 10 des Reichsstempelgesetzes in der Fassung vom 26. Juni 1916 bilden die für Warenlieferungen der Gewerbetreibenden als Gegenleistung erlangten Zahlungen. Als Warenlieferung gilt die entgeltliche Übertragung beweglicher Sachen (Zus. 2 das.). Wird bei Abwickelung mehrerer Kauf- oder Anschaffungsgeschäfte, die zwischen verschiedenen Personen über dieselben Waren abgeschlossen sind, die Ware nur einmal „in Natur übertragen", so gilt dies nur als Warenlieferung desjenigen, der die Ware in Natur überträgt (Zus. 4). Im Streitfall sind dieselben Häute zunächst aus der Hand der Klägerin als der Kommittentin (§ 383 HGB.) an die Häuteverwertung als Kommissionärin gegeben und dann von der letzteren ihren Abnehmern übertragen worden. Die Klägerin hat daher die für die Häute von der Häuteverwertung erhaltenen Zahlungen nach der Tarifst. 10 nur dann zu versteuern, wenn sie die Häute an die Häuteverwertung in Natur übertragen hat. Den Begriff des Übertragens „in Natur" hat der erkennende Senat in seiner Entscheidung vom 26. März 1918 (RGZ. Bd. 92 S. 347) für die Tarifnr. 10 dahin festgestellt, daß darunter die Übertragung des Eigentums an der Ware zu verstehen ist. Die Steuervorschrift ist hiernach im vorliegenden Falle auf die Klägerin nur dann anwendbar, wenn diese das Eigentum an den Häuten auf die Häuteverwertung übertragen hat. Eine solche Übereignung hat nicht stattgefunden.

Die zwischen der Klägerin und der Häuteverwertung vereinbarte Erteilung einer Verkaufskommission an die letztere hat die Natur eines auf Geschäftsbesorgung gerichteten Dienstvertrags (Urt. des RG.s vom 29. Oktober 1904 V. 283/04). Die Häuteverwertung war zur Erfüllung dieses Vertrags als Kommissionär verpflichtet, den übernommenen Verkauf der Häute an Dritte auszuführen (§ 384 Abs. 1 HGB.), und die Klägerin hatte ihr die Häute zu diesem Zwecke zur Verfügung zu stellen. Dementsprechend sind der Häuteverwertung die Häute übergeben worden. Daß ihr ein Recht zum Selbsteintritt eingeräumt sei, ist nirgends behauptet. Eine auf Eigentumsübergang gerichtete Willenseinigung hat nicht stattgefunden. Zwar konnte die Häuteverwertung, obschon sie selbst nicht Eigentümer der Häute geworden war, Eigentum an diesen auf ihre Abnehmer mit Rechtswirkung übertragen; das beruht jedoch auf der Sondervorschrift des § 185 BGB., wonach eine Verfügung, die ein Nichtberechtigter über einen Gegenstand trifft, wirksam ist, wenn sie mit Einwilligung des Berechtigten erfolgt. Diese Einwilligung hat die Klägerin durch den Abschluß des Kommissionsvertrags erklärt. Daß die Erteilung einer Verkaufskommission, soweit es sich um das Rechtsverhältnis zwischen dem Kommittenten und dem Kommissionär handelt, nicht die Natur eines entgeltlichen Umsatzgeschäfts hat, zeigt sich auch darin, daß die aus dem Absatze des Kommissionsguts für den Kommissionär sich ergebenden Forderungen gegen den dritten Abnehmer, auch wenn sie dem Kommittenten nicht abgetreten sind, im Verhältnis zwischen dem Kommittenten und dem Kommissionär oder dessen Gläubigern kraft Gesetzes als Forderungen des Kommittenten gelten (§ 392 Abs. 2 HGB.). Erfolgt die Abtretung, z. B. behufs ihrer Geltendmachung durch den Kommittenten gegenüber dem Schuldner, so ist darin zwar eine Erfüllung des Verkaufskommissionsvertrags, nicht aber eine Gegenleistung des Kommissionärs für eine Übereignung des Kommissionsguts an ihn zu erblicken. Erst die vom Kommissionär (hier der Häuteverwertung) an ihre Abnehmer erfolgten Veräußerungen stellen entgeltliche Übertragungen in Natur dar, und der bezüglich ihrer für die als Entgelt erhaltenen Zahlungen entrichtete Warenumsatzstempel ist deshalb gemäß dem Zusatz zu 2, 4 der Tarifnummer von der Häuteverwertung mit Recht eingezogen worden.

In seinem Urteile vom 25. Juni 1918 (VII. 92/18) hat der erkennende Senat zwar ausgesprochen, daß die Tarifnr. 10 auch auf das Verhältnis zwischen dem Kommittenten und dem Kommissionär Anwendung finde, diese Entscheidung steht aber nicht in Widerspruch mit den vorstehenden Erörterungen; denn in jenem Falle handelt es sich nicht wie im jetzigen um eine Verkaufskommission, sondern um eine Einkaufskommission. Bei der Erledigung einer Einkaufskommission erfolgen zwei entgeltliche Übertragungen in Natur hintereinander, und nach dem Zusatze 4 zur Tarifnummer sind daher beide steuerpflichtig. Denn zunächst erwirbt der im eigenen Namen kaufende Kommissionär vom Dritten das Eigentum des Kommissionsguts für sich, und erst dann überträgt er dies Eigentum vertragsgemäß dem Kommittenten. Diesem wesentlichen Unterschiede zwischen der Verkaufs- und der Einkaufskommission tragen auch die vom Bundesrat aufgestellten Grundsätze zur Auslegung des Warenumsatzstempels (RGBl. 1916 S. 382) Rechnung. Sie besagen unter III, daß, falls Waren durch Vermittelung eines Kommissionärs in der Weise umgesetzt werden, daß der Kommissionär die Ware in Natur übertragen erhält und sie weiter übergibt, dann sowohl das Geschäft zwischen dem Kommissionär und dem Dritten als auch das Geschäft zwischen dem Kommissionär und dem Kommittenten als entgeltliches Warenumsatzgeschäft zu gelten habe. Diese Bestimmung scheint sich trotz ihrer allgemeinen Fassung nur, was freilich nicht unzweifelhaft ist, auf den Fall der Einkaufskommission zu beziehen, da in ihr das zwischen dem Kommissionär und dem Dritten geschlossene Umsatzgeschäft dem Geschäfte zwischen dem Kommissionär und dem Kommittenten vorangestellt ist und dies hinsichtlich der wirklichen Zeitfolge der Umsatzgeschäfte nur den bei der Einkaufskommission vorzunehmenden Geschäften entspricht, während bei der Verkaufskommission die Überlassung des Kommissionsguts an den Kommissionär der Überlassung seitens des letzteren an den Abnehmer vorangeht. Sollte aber der Grundsatz Nr. III dahin zu verstehen sein, daß er auch bei Verkaufskommissionen gelten solle, so könnte dieser Auffassung nicht beigetreten werden.

Der Berufungsrichter weist für seine Annahme, auch die Überlassung des Kommissionsguts seitens des Kommittenten an den Verkaufskommissionär sei eine Übertragung der Ware in Natur, auf die Vorschrift in § 19 Abs. 3 RStempG. vom 3. Juli 1913 hin, wonach beim Abschluß eines Anschaffungsgeschäfts durch einen Kommissionär regelmäßig die Reichsabgabe sowohl für das Geschäft zwischen dem Kommissionär und dem Dritten als auch für das „Abwickelungsgeschäft" zwischen dem Kommissionär und dem Kommittenten zu entrichten ist. Diese Vorschrift gilt aber ausschließlich für den Anschaffungsstempel der Tarifnr. 4 und die dessen alleinigen Gegenstand bildenden Umsätze von Wertpapieren und börsenmäßig gehandelten Mengen von Waren. Zu diesen Gegenständen gehören die hier in Betracht kommenden Häute nicht. Schon deshalb kann auch von einer nur entsprechenden Anwendung des § 19 Abs. 3 auf den vorliegenden Fall keine Rede sein. Überdies mag darauf hingewiesen werden, daß schon die Reichstagskommission, der die Vorschrift des § 19 Abs. 3 ihre Aufnahme in das Reichsstempelgesetz (zunächst in dasjenige vom 29. Mai 1885, vgl. § 7 Abs. 3 das.) verdankt, den gesetzgeberischen Grund für diese Aufnahme darin gefunden hat, daß bei den vorbezeichneten Anschaffungsgeschäften der Tarifnr. 4 der Kommissionär „regelmäßig und mit verschwindenden Ausnahmen" von dem ihm nach Art. 376 Abs. 1 AHGB. (jetzt § 400 Abs. 1 HGB.) zustehenden Rechte, die Kommission als Selbsteintretender auszuführen, Gebrauch mache. Beim Selbsteintritt freilich kommt stets ein echtes Anschaffungsgeschäft, d. h. ein unmittelbar auf den entgeltlichen Erwerb des Eigentums an beweglichen Sachen gerichtetes Umsatzgeschäft zwischen dem Kommittenten und dem Kommissionär zustande. Im vorliegenden Falle aber entfällt jener gesetzgeberische Grund, denn für die Häuteverwertung bestand weder ein gesetzliches noch auch ein vertragliches Recht zum Selbsteintritt. Da hiernach dem Beklagten auf die streitige Abgabe ein Anspruch nicht zusteht, war das Berufungsurteil aufzuheben und der Beklagte zur Rückzahlung des eingezogenen Betrags zu verurteilen."

33. Begriff der „besonders wertvollen Spitzen und besonders wertvollen Stickereien" im Sinne des § 54 Abs. 2 der Eisenbahnverkehrsordnung. Bedeutung der Bedingung der „reglementmäßigen" Einlieferung des Frachtguts an die Bahn als Voraussetzung für den Anspruch auf die Versicherungssumme.

I. Zivilsenat. Urt. v. 9. November 1918 i. S. G. (Kl.) w. bayer. Eisenbahnfiskus u. Versicherungsaktienges. A. (Bekl.). Rep. I. 150/18.

I. Landgericht München I.
II. Oberlandesgericht daselbst.

Der Kläger hat am 9. Juli 1916 auf dem Hauptbahnhof in München einen 50 cm breiten, 80 cm langen und 35 kg schweren Koffer, dessen Inhalt aus Stickereimustern (Filetmustern, Tischdecken, Spitzen, Läufern, Tabletten, Servietten usw.) bestand und zusammen 13822,20 ℳ wert war, als Passagiergut nach Cöln aufgegeben. Der Koffer ist an dem Bestimmungsorte nicht angelangt und auch später nicht wieder zum Vorschein gekommen.

Sowohl der beklagte Eisenbahnfiskus als auch die Allianz, mit welcher der Kläger eine Reiseversicherung in Höhe von 10000 ℳ für einen Koffer, enthaltend handgestickte Wäsche und sonstige Artikel, abgeschlossen hatte, haben die Leistung jedweder Entschädigung — die der Kläger auf 10000 ℳ bemißt — abgelehnt. Beide Vorinstanzen erkannten zuungunsten des Klägers. Seine Revision ist zurückgewiesen worden aus folgenden

Gründen:

... „Der Berufungsrichter geht von der Bestimmung des § 54 Abs. 2 EVO. aus, wonach unter anderem „besonders wertvolle Spitzen und besonders wertvolle Stickereien" zur Beförderung nur bedingt zuzulassen sind, sowie von der Vorschrift Nr. 3 der allgemeinen Ausführungsbestimmung zum § 30 EVO., wonach die im § 54 Abs. 2 unter B. Ziff. 1 bezeichneten Gegenstände zur Gepäckbeförderung nur unter der Bedingung zugelassen werden: ... b. daß der Inhalt der Gepäckstücke und der Wert, der den Höchstbetrag der Entschädigung bilden soll, angegeben und im Gepäckscheine vermerkt wird, wobei die genannten Gegenstände zur Gepäckbeförderung nicht angenommen werden, wenn der Wert oder das Interesse an der Lieferung mit mehr als 500 ℳ angegeben wird. Der Berufungsrichter erkennt in eingehender Begründung mindestens drei im Koffer befindliche Tischdecken im Preise von 1250 ℳ, 800 ℳ und 600 ℳ und einem Filetstreifen im Preise von 800 ℳ die Eigenschaft von „besonders wertvollen Spitzen" im Sinne des § 54 der EVO. zu und folgert aus der unbestrittenen Tatsache, daß der Inhalt des Musterkoffers und der den Höchstbetrag der Entschädigung bildende Wert vom Kläger nicht angegeben und im Gepäckscheine nicht vermerkt worden ist, daß dieser gemäß § 467 HGB. seinen Ersatzanspruch gegen die Eisenbahn eingebüßt habe. Die Revision will in erster Linie die genannten Gegenstände nicht als „besonders wertvolle Spitzen und besonders wertvolle Stickereien" im Sinne des § 54 EVO. angesehen wissen.

Daß der Berufungsrichter bei seiner Feststellung von einer falschen Rechtsauffassung ausgegangen ist, ist nirgends hervorgetreten. Ob man einer Spitze die Eigenschaft einer „besonders wertvollen" zuerkennen muß, ist im wesentlichen Tatfrage, wobei allerdings die allgemeine Verkehrsauffassung eine entscheidende Rolle spielt. Der Berufungsrichter hat geglaubt, diese Frage aus eigener Sachkunde im vorliegenden Falle bejahen zu dürfen. Unter solchen Umständen enthielt die Ablehnung der bezüglichen Beweisanträge seitens des Vorderrichters keinen Prozeßverstoß, denn der erkennende Richter hat nach pflichtmäßigem Ermessen darüber zu befinden, ob er der Hilfe eines Sachverständigen bedarf. Zudem hatte der Berufungsrichter bereits das Gutachten eines Sachverständigen gehört, der sich dahin geäußert hatte, daß es sich im vorliegenden Falle zwar nicht um genähte Spitzenarbeit, die als feinste gilt, sondern um Spitzenarbeit zweiten Ranges gehandelt habe, daß aber auch diesen Spitzen noch mit Rücksicht auf die Höhe des Preises und, weil Spitzen der hier fraglichen Art als Kostbarkeit wohl einem Edelsteine je nach Wert gleichgestellt werden könnten, die Eigenschaft besonders wertvoller Spitzen beizumessen sei. Im übrigen läuft der Beweisantrag des Klägers im wesentlichen darauf hinaus, was man im S p i t z e n handel als ganz besonders wertvolle Spitze ansieht, was also im Spitzenhandel unter den an sich wertvollen Spitzen als das Allerhervorragendste gilt. In diesem Sinne ist aber zweifellos von der Eisenbahnverkehrsordnung der Ausdruck besonders wertvolle Spitzen nicht gemeint. In der früheren Eisenbahnverkehrsordnung waren Spitzen nicht besonders hervorgehoben und fielen damals unter den Begriff der Kostbarkeiten; deshalb heißt es auch im Zusatz I der Ausführungsbestimmungen zum internationalen Übereinkommen über den Eisenbahnfrachtverkehr unter § 1: Zu den Kostbarkeiten sind beispielsweise auch besonders wertvolle Spitzen und besonders wertvolle Stickereien zu rechnen. Wenn nach der jetzt geltenden Eisenbahnverkehrsordnung neben den „anderen Kostbarkeiten" ausdrücklich „besonders wertvolle Spitzen und besonders wertvolle Stickereien" aufgeführt werden, so ist gegenwärtig allerdings nicht mehr zu untersuchen, ob die hier fraglichen Decken sich als Kostbarkeiten darstellen, d. h. als Sachen, die im Verhältnis zu ihrem Umfang und Gewicht einen außerordentlich und ungewöhnlich hohen Wert haben, aber für die Frage, wann Spitzen die Eigenschaft einer besonders wertvollen beizumessen ist, muß doch darauf Gewicht gelegt werden, daß sie im Zusammenhange mit Edelmetallen, Edelsteinen, echten Perlen und Pretiosen sowie anderen Kostbarkeiten genannt werden.

Die Bahnverwaltung soll durch die hier fragliche Bestimmung davor geschützt werden, daß sie bei Verlust von Sendungen, in denen sich solche ungewöhnlich wertvollen Gegenstände befinden, mit unverhältnismäßig hohen Schadensersatzansprüchen, mit denen man bei gewöhnlichen Sendungen nicht rechnet, belastet wird; es soll ihr in solchem Falle freistehen, die Beförderungsbedingungen im Tarife zu bestimmen und die Beförderung als Gepäck überhaupt abzulehnen, wenn der Wert oder das Interesse an der Lieferung mit mehr als 500 *M* angegeben wird. Wenn nun auch aus der Befugnis der Eisenbahnverwaltung, die Gepäckbeförderung abzulehnen, falls der Wert oder das Interesse an der Lieferung mit mehr als 500 *M* angegeben wird, keineswegs gefolgert werden kann, daß alle Gegenstände, welche diesen Wert übersteigen, zu den im § 54 aufgeführten Kostbarkeiten zu rechnen sind, so ist doch auf der anderen Seite klar, daß die Eisenbahnverwaltung nicht nur die wertvollsten Spitzen ersten Ranges von der freien Versendung ausschließen wollte, sondern bereits solche Spitzen, die verglichen mit Gütern, die sonst zur Gepäckbeförderung zugelassen sind, einen unverhältnismäßig hohen Wert haben. Auch wenn es sich bei den hier fraglichen Spitzen, was übrigens nicht festgestellt ist, um solche handeln sollte, die von Heimarbeitern in Oberfranken hergestellt sind, schließt das nicht aus, daß sie mit einem ungewöhnlichen Maße von Kunstfertigkeit angefertigt sind, wofür schon, wie der Berufungsrichter mit Recht hervorhebt, der unverhältnismäßig hohe Preis spricht. Den Gegensatz zu den besonders wertvollen Spitzen (wobei der Ton nicht auf besonders, sondern auf wertvoll zu legen ist) bildet die nicht besonders wertvolle Spitze.

Hiernach war die Revision gegen den beklagten Fiskus abzuweisen; dasselbe gilt aber auch für die Revision gegen die beklagte Versicherungsgesellschaft. Eine reglementmäßige Einlieferung des Koffers hat nicht stattgefunden. Die beklagte Versicherungsgesellschaft hatte auch keine Verpflichtung, den Kläger auf die Vorschriften der Bahnverwaltung hinsichtlich der reglementmäßigen Einlieferuug aufmerksam zu machen, sondern konnte erwarten, daß sich der Kläger über die bestehenden gesetzlichen Bestimmungen seinerseits vergewisserte. Eine solche Belehrungspflicht bestand schon deshalb nicht, weil aus der Versicherung selbst nicht zu schließen war, daß besonders wertvolle Spitzen als Reisegepäck in Frage kamen. Als Versicherungsgegenstand nennt die Versicherungspolice nur „einen Koffer, enthaltend handgestickte Wäsche und sonstige Artikel"; es ging also über die Größe des Koffers und sein Gewicht nichts aus der Versicherung hervor. Der Ausdruck handgestickte Wäsche legte den Gedanken nicht nahe, daß es sich um besonders wertvolle Stickereien handelte, mochte auch in der Police und der Nachtragspolice der Gesamtversicherungswert auf 10000 *M* angegeben sein.

Nun ist allerdings zuzugeben, daß in Art. 8 der allgemeinen Versicherungsbedingungen, der von dem Beweise des Unfalls handelt, die Verpflichtung des Versicherten zur reglementmäßigen Einlieferung nicht ausdrücklich vorgeschrieben ist, sondern daß nur ein Attest der betreffenden Eisenbahn usw. verlangt wird, wonach unter anderem eine reglementmäßige Einlieferung stattgefunden hat. Allein der Art. 9 läßt erkennen, daß die beklagte Versicherungsgesellschaft ein großes Interesse daran hatte, dem Versicherungsnehmer eine reglementmäßige Einlieferung zur Pflicht zu machen, und daß dies durch die allgemeinen Versicherungsbedingungen hat geschehen sollen. Denn die Versicherungsgesellschaft tritt nach Vergütung des Schadens ohne besondere Zession in alle Rechte des Versicherten gegen Dritte, also auch gegen die Eisenbahn ein; sie hat also ein wesentliches Interesse daran, daß der Versicherte bei Abschluß des Frachtvertrags diejenigen Vorschriften beobachtet, von denen sein Schadensersatzanspruch gegen den Frachtführer bei Verlust des Frachtguts abhängig ist. Deshalb heißt es in Art. 9 Satz 2 ausdrücklich, daß der Versicherte für jede Handlung oder Unterlassung verantwortlich ist, durch die er die Rechte gegen Dritte beeinträchtigt. Hiernach stellt sich die reglementmäßige Einlieferung als eine Voraussetzung dar, von der die Schadensvergütung der beklagten Versicherungsgesellschaft abhängig ist.

Schließlich versagt auch der Gesichtspunkt, daß die beklagte Versicherungsgesellschaft eine Versicherung eingegangen sei, für die sie in Wirklichkeit nie aufzukommen brauche, da bei reglementmäßiger Einlieferung die Eisenbahn ohnehin hafte. Abgesehen davon, daß der Kläger durch die Versicherung gegen Verlust und Beschädigung in gewissen Fällen, in denen von der Eisenbahn Ersatz nicht geleistet zu werden braucht, geschützt ist, erlangte der Kläger, wenn er bei der Bahn den Wert oder das Interesse an der Lieferung auf 500 ℳ angab, die Beförderung seines Koffers durch Frachtgut, Eilgut oder Postgut und behielt dann bei reglementmäßiger Einlieferung im Verlustfalle die Vergütung des vollen Schadens seitens der Beklagten; denn in den besonderen Bedingungen für die Versicherung des Reiselagers, die als Anhang zur Police 245105 beigefügt ist, schreibt die Beklagte im § 4 selbst vor, daß bei Versendung des Reiselagers oder eines Teiles davon oder der Muster per Frachtgut, Eilgut oder Post 10 Prozent des Wertes deklariert werden müßten. Bei dieser Bestimmung ist zu berücksichtigen, daß die ursprüngliche Versicherungssumme 5000 ℳ betrug. Wie die Bestimmung des § 4 nunmehr auszulegen ist, seit durch Nachtrag 1 vom 15. Mai 1914 die Versicherungssumme auf 10000 ℳ erhöht worden ist, kann auf sich beruhen, da es gegenwärtig nur darauf ankommt, dem Einwande des Klägers zu begegnen, die Beklagte sei mit dem Kläger eine Versicherung ohne jedes eigene Risiko eingegangen."

34. 1. Zum Begriffe „Kostbarkeit" im Sinne des Eisenbahnfrachtrechts.

2. Liegt eine unrichtige oder ungenaue Bezeichnung des Beförderungsgegenstandes vor, wenn der Absender bei Auflieferung eines als Kostbarkeit anzusehenden Gegenstandes zur Expreßgutbeförderung es unterläßt, den Inhalt des Frachtstücks und den Wert auf der Eisenbahnpaketadresse anzugeben?

Eisenbahnverkehrsordnung §§ 96, 54 Abs. 2 B1; HGB. § 467.

I. Zivilsenat. Urt. v. 16. November 1918 i. S. Monopolfilm-Vertriebsgesellschaft H. & S. G. m. b. H. (Kl.) w. preuß. Eisenbahnfiskus (Bekl.). Rep. I. 147/18.

I. Landgericht I Berlin.
II. Kammergericht daselbst.

Die Klägerin gab am 14. Februar 1917 in Berlin auf dem Bahnhofe Friedrichstraße der preußischen Staatseisenbahn eine Kiste zur Beförderung als Expreßgut an eine Lichtspielgesellschaft in K. auf. Die Kiste, die einen photographischen Filmabzug des Originalfilms „Der Meineidbauer" enthielt, ist der Empfangsberechtigten nicht ausgeliefert worden und abhanden gekommen. Mit der Behauptung, daß der Inhalt der Kiste, die eine Länge und Breite von etwa 35 cm, eine Höhe von etwa 25 cm und ein Gewicht von etwa 15 kg gehabt habe, bei der neuen und tadellosen Beschaffenheit des Filmabzugs einen Wert von 3500 ℳ besessen habe, forderte die Klägerin diesen Betrag vom Beklagten als Ersatz des ihr durch den Verlust des Gutes entstandenen Schadens; daneben machte sie noch Ansprüche wegen Einbuße an Leihgebühren geltend. Der Beklagte bat um Klagabweisung. Er bestritt die klägerische Wertangabe und wandte ein, daß er zum Schadensersatze nicht verpflichtet wäre, da die Klägerin den Film, der als Kunstgegenstand und Kostbarkeit anzusehen wäre, nach den maßgeblichen Tarifvorschriften als Expreßgut nur mit Wertangabe hätte aufgeben dürfen und durch die Unterlassung der Wertangabe jeden Ersatzanspruch verwirkt hätte. Überdies würde die Kiste bei Angabe eines Wertes von 3500 ℳ als Expreßgut überhaupt nicht angenommen worden sein, da zu dieser Art der Güterbeförderung Sendungen von Kunstgegenständen oder Kostbarkeiten nur bei Angabe eines Wertes von höchstens 500 ℳ zugelassen würden.

Das Landgericht wies die Klage ab. Die Berufung der Klägerin wurde zurückgewiesen. Auch die Revision hatte keinen Erfolg.

Gründe:

„In rechtlicher Beziehung geht das Berufungsgericht zutreffend davon aus, daß die Eisenbahn nach § 456 HGB., § 84 EVO.

grundsätzlich aus dem Frachtvertrage für den Schaden, der durch Verlust des Gutes in der Zeit von der Annahme der Beförderung bis zur Ablieferung entsteht, zu haften hat, daß aber im vorliegenden Falle eine Haftung des Beklagten auf Grund des Frachtvertrags gemäß § 96 EVO. ausgeschlossen sein würde, wenn das verlorene Gut zu den nur bedingungsweise zur Beförderung zugelassenen Gegenständen zu rechnen wäre und die Klägerin als Absenderin diese Gegenstände unter unrichtiger Bezeichnung aufgegeben oder die für sie vorgesehenen Sicherheitsmaßregeln unterlassen hätte. Nur bedingungsweise zur Beförderung zugelassen sind nach § 54 Abs. 2 B 1:

Gold- und Silberbarren, Platina, Geld, Münzen und Papiere mit Geldwert, Dokumente, Edelsteine, echte Perlen, besonders wertvolle Spitzen und besonders wertvolle Stickereien sowie andere Kostbarkeiten, ferner Kunstgegenstände, wie Gemälde, Bildwerke, Gegenstände aus Erzguß, Kunstaltertümer.

Für diese Gegenstände hat nach der ausdrücklichen Vorschrift der eben genannten Gesetzesstelle der Tarif die Beförderungsbedingungen zu bestimmen. Der deutsche Eisenbahn-, Personen- und Gepäcktarif vom 1. Mai 1916 läßt nach Ausführungsbestimmung 4 zu § 40 EVO. die Gegenstände zur Beförderung als Expreßgut nur unter folgenden Bedingungen zu:

„a) Die Stücke müssen fest verschlossen sein.

b) Der Inhalt der Stücke und der Wert, der den Höchstbetrag für die zu zahlende Entschädigung bilden soll, sind auf der Eisenbahnpaketadresse anzugeben. Wird der Wert oder das Interesse an der Lieferung auf mehr als 500 ℳ angegeben, so sind die Gegenstände zur Expreßgutbeförderung nicht anzunehmen."

Mit Rücksicht auf diese Tarifbestimmung gelangt das Berufungsgericht, übereinstimmend mit dem Landgerichte, zur Verneinung des Klaganspruchs. Es läßt dahingestellt, ob der in Verlust geratene Film ein Kunstgegenstand im Sinne des vorerwähnten § 54 Abs. 2 B 1 EVO. gewesen sei, da es sich bei ihm nicht um die ursprüngliche Filmaufnahme des „Meineidbauern", sondern um einen der vielen fabrikmäßig ohne künstlerische Betätigung auf mechanisch-technischem Wege hergestellten Filmabzüge gehandelt habe. Dagegen erachtet es ihn im Hinblick auf den hohen Wert von 3500 ℳ, der in einem auffälligen Mißverhältnis zur Größe und zum Gewichte des Frachtstücks gestanden habe, für eine Kostbarkeit. Als solche aber wäre der Film von der Expreßbeförderung — so führt das Berufungsurteil weiter aus — ausgeschlossen gewesen, wenn die Klägerin den Wert auf 3500 ℳ angegeben hätte. Aus der bloßen Bezeichnung „Kinematographenfilm aus Zelluloid" auf der Kiste hätte die Bahn nicht entnehmen können, welchen hohen Wert die Sendung gehabt habe, da es auch sehr minderwertige Filme gebe. Da somit die Klägerin gegen die Vorschrift des § 96 EVO. in Verbind. mit der Tarifvorschrift zu § 40 Abs. 4 verstoßen habe, so sei die Haftung des Beklagten aus dem Frachtvertrag ausgeschlossen.

Hiergegen wendet sich die Revision, indem sie rügt, daß das Berufungsgericht den Begriff „Kostbarkeit" verkannt habe, da dieser nur solche Güter von hohem Werte umfasse, bei denen Umfang und Gewicht im Verhältnis zum Werte außergewöhnlich gering seien. Diese Rüge erscheint jedoch nicht begründet. Über den Begriff „Kostbarkeit" im Sinne des Eisenbahnfrachtrechts hat sich das Reichsgericht bereits wiederholt ausgesprochen. In seinem Urteile vom 7. März 1885 (RGZ. Bd. 13 S. 38) hat es ausgeführt, daß der Ausdruck „Kostbarkeit" schon nach dem gewöhnlichen Sprachgebrauche nicht nur solche Gegenstände umfasse, die aus besonders wertvollem Stoffe hergestellt seien oder einen besonders hohen Kunstwert besäßen. Wenn für den Frachtverkehr die Bestimmung getroffen sei, daß der Frachtführer für Kostbarkeiten nur bei Angabe der Beschaffenheit oder des Wertes des Gutes zu haften habe, so habe der Gesetzgeber den Frachtführer dadurch in den Stand setzen wollen, bei der Beförderung eines im Verhältnis zu seinem Umfange und Gewichte besonders wertvollen Gutes entsprechend größere Vorsichtsmaßregeln anzuwenden. Auf Grund dieser Erwägung hat das Reichsgericht angenommen, daß ein Ölgemälde, auch wenn es an sich nicht aus kostbarem Stoffe gefertigt sei, mit Rücksicht auf seinen Kunstwert als Kostbarkeit erscheinen könne. Auf den gleichen Standpunkt hat sich das Reichsgericht in seinem Urteile vom 18. Januar 1911 (RGZ. Bd. 75 S. 191) gestellt, wo es sich um die Frage handelte, ob ein Zobelpelz im Sinne des internationalen Eisenbahnfrachtrechts als Kostbarkeit gelten könne. Diese Frage hat es mit der Begründung bejaht, daß es für den Begriff der Kostbarkeit entscheidend sei, ob das betreffende Stück bei Betrachtung von Umfang und Gewicht im Vergleiche mit anderen als Frachtgut aufgegebenen Waren einen das gewöhnliche Maß erheblich übersteigenden Wert habe. Hiermit steht auch die von der Revisionsbegründung angezogene Entscheidung des Reichsgerichts vom 10. Januar 1913 (Warneyer Rechtspr. 1913 Nr. 163; Jur. Wochenschr. 1913 S. 382) keineswegs im Widerspruche. Wenn hier als Kostbarkeiten „solche Güter von hohem Werte" bezeichnet worden sind, „bei denen Umfang und Gewicht im Verhältnis zum Werte außergewöhnlich gering erscheinen", so hat damit genau dasselbe gesagt sein sollen, was die früheren Entscheidungen „ein im Verhältnis zu seinem Umfang und Gewicht besonders wertvolles Gut" genannt haben. Das beweist schon der Umstand, daß im Urteile vom 10. Januar 1913 auf die beiden älteren Entscheidungen des Reichsgerichts als Belegstellen für die gleiche Rechtsansicht ausdrücklich hingewiesen wird.

Hiernach steht die Auslegung, die das Berufungsgericht dem Begriffe „Kostbarkeit" gibt, in vollem Einklange mit der bisherigen Rechtsprechung des Reichsgerichts, von der abzugehen auch der jetzt erkennende Senat keinen Anlaß findet.

Wann ein solches Mißverhältnis zwischen dem Werte des Frachtguts einerseits, seinem Umfang und Gewicht anderseits als vorhanden anzusehen ist, ist im wesentlichen Sache des tatsächlichen Ermessens (RGZ. Bd. 13 S. 38). In vorliegendem Falle hat die Klägerin den Wert des in Verlust geratenen Filmes auf 3500 *M*, den Umfang der zur Verpackung verwendeten Kiste auf 35 × 35 × 25 cm und das Gewicht des ganzen Frachtstücks auf 15 kg angegeben, während bahnamtlich sogar nur ein Gewicht von 9 kg festgestellt worden ist. Bei Zugrundelegung der Angabe der Klägerin entfällt also auf das Kilogramm des Frachtstücks ein Wert von 233 *M*, nach der bahnamtlichen Feststellung sogar ein solcher von 389 *M*, während beispielsweise ein Kilogramm deutscher Silbermünzen nur 180 *M* ausmacht (Art. 3 § 1 MünzG.). Auch der Umfang des eng zusammengerollten Filmes wie des ganzen Frachtstücks war geringfügig sowohl im Verhältnis zu dem hohen Werte der Sendung als auch im Vergleiche mit denjenigen Gepäckstücken, welche für gewöhnlich bei der Eisenbahn zur Beförderung aufgeliefert werden. Wenn unter diesen Umständen das Berufungsgericht den abhanden gekommenen Film für eine Kostbarkeit im Sinne des § 54 Abs. 2 B 1 EVO. erklärt hat, so kann ein Rechtsirrtum darin nicht gefunden werden.

Zutreffend hat auch das Berufungsgericht darauf hingewiesen, daß der vorliegende Fall sich in tatsächlicher Hinsicht wesentlich von demjenigen unterscheidet, der dem reichsgerichtlichen Urteile vom 10. Januar 1913 zugrunde gelegen hat. Die damals nicht als Kostbarkeiten angesehenen Filme hatten einen Wert von 13000 *M* bei 134 kg Gewicht; es handelte sich also um ein schweres Frachtstück, bei dem nur ein Wert von 97 *M* auf 1 kg entfiel. Auch das von der Klägerin angezogene Urteil des Österreichischen Obersten Gerichtshofs vom 23. November 1915 (Eger, Eisenbahnentscheidungen Bd. 33 S. 88) nimmt in rechtlicher Hinsicht keinen abweichenden Standpunkt ein. Nur aus tatsächlichen Erwägungen wird der dort behandelte Film nicht zu den Kostbarkeiten gerechnet, weil sein Umfang und Gewicht zu seinem Werte „in keinem allzu disproportionellen Verhältnis ständen". Dabei wird erwogen, daß der Wert des Filmes nur etwa 1 Krone auf 1 m Länge betragen, mithin sich etwa auf der gleichen Stufe mit besseren Arten von Seidenbändern gehalten habe, die als Kostbarkeiten nicht gelten könnten. Dem ist aber entgegenzuhalten, daß für die Beurteilung des Umfanges eines Frachtstücks das Gut nur in derjenigen Form gewürdigt werden kann, in der es bei der Eisenbahn aufgeliefert wird. Es kommt daher, wenn das Frachtstück einen zusammengerollten Film enthält, weder auf dessen Länge in ausgebreiteter Form noch auf den Wert an, der auf 1 m Länge entfällt. Maßgeblich kann vielmehr nur das Verhältnis des Wertes zu dem Gewicht und dem Umfange des Frachtstücks sein, wie dieses zur Beförderung aufgeliefert worden ist. Hier interessierten also nur das Gewicht und der Umfang des für die Beförderung zusammengerollten Filmes, nicht dessen Länge beim Lichtspiele.

Hat hiernach das Berufungsgericht den in Rede stehenden Film ohne Rechtsirrtum für eine Kostbarkeit erklärt, so ist auch seiner weiteren Ansicht beizupflichten, daß die Klägerin bei der Auflieferung des Frachtstücks nach der Tarifausführungsbestimmung 4b zu § 40 EVO. verpflichtet war, den Inhalt des Stückes und den Wert, der den Höchstbetrag für die zu zahlende Entschädigung bilden sollte, auf der Eisenbahnpaketadresse anzugeben. Dieser Verpflichtung ist die Klägerin nicht nachgekommen, da sie in die Paketadresse keine Angabe über den Inhalt und den Wert des Frachtstücks aufgenommen hat. Der Umstand, daß sie auf die Kiste Zettel mit der Aufschrift „Zelluloid" und „Inhalt: Kinematographische Films aus Zelluloid" geklebt hat, ist nicht geeignet, die für die Ausfüllung der Paketadresse vorgeschriebene Inhalts- und Wertangabe zu ersetzen. Durch die Unterlassung dieser Angabe hat die Klägerin, wie das Berufungsgericht mit Recht angenommen hat, ihre vertragsmäßigen Ersatzansprüche gegen den Beklagten verwirkt, da nach § 467 HGB., § 96 EVO. die Haftpflicht der Eisenbahn auf Grund des Frachtvertrags ausgeschlossen ist, wenn Gegenstände, die nur bedingungsweise zur Beförderung zugelassen sind, unter unrichtiger und ungenauer Bezeichnung aufgegeben werden. Liegt ein solcher Mangel der Bezeichnung vor, so entfällt jeder vertragsmäßige Ersatzanspruch des Absenders auch dann, wenn der Schaden durch Vorsatz oder grobe Fahrlässigkeit der Eisenbahn (§ 457 Abs. 3 HGB., § 95 EVO.) herbeigeführt worden ist. Denn da nach § 467 HGB., § 96 EVO. jede vertragsmäßige Haftung ausgeschlossen ist, so ist es gleichgültig, ob der Eisenbahn bei Erfüllung des Frachtvertrags in einem solchen Falle ein Verschulden zur Last fällt oder nicht (ROHG. Bd. 8 S. 271, RGZ. Bd. 13 S. 38)." . . .

---

35. Bildet bei vorhandener Beiwohnungsfähigkeit der Mangel der Zeugungs- oder Gebärfähigkeit unter keinen Umständen einen Eheanfechtungsgrund?

BGB. §§ 1333, 1334.

VI. Zivilsenat. Urt. v. 11. November 1918 i. S. P. (Kl.) w. Ehefrau P. (Bekl.). Rep. VI. 242/18.

I. Landgericht Rudolstadt.
II. Oberlandesgericht Jena.

Die Parteien, die in beiderseits zweiter Ehe am 27. Februar 1912 geheiratet haben, leben seit dem 25. Oktober 1913 getrennt. Zur Zeit der Eheschließung war der Kläger 32 Jahre, die Beklagte 25 Jahre alt. Der Kläger hat zunächst auf Grund des § 1568 BGB. die Scheidung der Ehe begehrt. Gegen das die Klage abweisende Urteil legte er Berufung ein und beantragte nunmehr in erster Linie, die Ehe für nichtig zu erklären, eventuell aber zu scheiden. Er ficht die Ehe wegen Irrtums und gröblicher Täuschung durch die Beklagte an, weil er nicht gewußt, vielmehr erst im Laufe des Rechtsstreits erfahren habe, daß bereits vor Eingehung seiner Ehe mit der Beklagten deren Gebärmutter durch einen operativen Eingriff entfernt war, was ihm die Beklagte arglistigerweise verschwiegen habe. Diese hat zwar zugegeben, daß ihre Gebärmutter durch einen operativen Eingriff bereits vor Eingehung der Ehe entfernt war, behauptet aber, auf diesen Umstand habe der Kläger bei der Verheiratung kein Gewicht gelegt.

Die Berufung des Klägers wurde zurückgewiesen. Seine Revision war von Erfolg.

Aus den Gründen:

„Das Berufungsgericht weist die Eheanfechtungsklage mit der Erwägung zurück, daß, wie nach herrschender Rechtsprechung und Rechtslehre Zeugungsunfähigkeit des Mannes bei vorhandener Beiwohnungsfähigkeit **keinen** Eheanfechtungsgrund bilde, so auch bei der Frau, der nach Entfernung der Gebärmutter die Beiwohnungsfähigkeit geblieben sei, das Fehlen der Gebärmutter nicht als Anfechtungsgrund anerkannt werden könne.

Schon dieser Ausgangspunkt des angefochtenen Urteils ist rechtsirrtümlich, da er auf einer Verletzung der §§ 1333, 1334 BGB. beruht. Nach der ersteren Vorschrift ist ein Eheanfechtungsgrund dann gegeben, wenn ein Ehegatte sich bei der Eheschließung über solche Eigenschaften des anderen Ehegatten geirrt hat, die ihn bei Kenntnis der Sachlage und bei verständiger Würdigung des Wesens der Ehe von deren Eingehung abgehalten haben würden. Dem sittlichen Wesen der Ehe wird aber die Erwägung des Berufungsgerichts nicht gerecht. Wenngleich nämlich das Bürgerliche Gesetzbuch eine ausdrückliche Vorschrift des Inhalts, wie sie in dem von der Ehe handelnden II. Teil des Allg. Landrechts an die Spitze gestellt ist (§ 1. „Der Hauptzweck der Ehe ist die Erzeugung und die Erziehung der Kinder"), nicht enthält, so muß doch auch nach jetzigem Rechte die Kindererzeugung als dem sittlichen Zwecke und Wesen der Ehe entsprechend angesehen werden. Von diesem Gedanken ausgehend, ist denn auch von jeher die „Impotenz" des Mannes als ein Eheanfechtungsgrund angesehen worden (vgl. Mot. zum 1. Entw. des BGB. Bd. 4 S. 77). Der Entwurf glaubte aber, daß die „Beiwohnungsunfähigkeit", wie er das Wort „Impotenz" verdeutscht hat, dem davon Betroffenen in der Regel bekannt sein werde, so daß alsdann § 1259 Nr. 1 des Entwurfs Platz greife. Da, wo dies nicht der Fall, sei eine Abweichung von dem Grundsatze des § 102 des Entwurfs, der einen Irrtum im Beweggrunde für unbeachtlich erklärt, nicht geboten. Demgegenüber ist aber durch die Fassung des Gesetzes, wie sie bei der Beratung des Entwurfs durch die II. Kommission (Prot. Bd. 4 S. 72 flg.) umgestaltet worden ist, auch die Berücksichtigung der „Beiwohnungsunfähigkeit" als einer die Anfechtung der Ehe begründenden Eigenschaft in vollem Umfang ausdrücklich anerkannt worden (a. a. O. S. 78).

Nun hat zwar die Rechtsprechung und Rechtslehre den Begriff der „Impotenz" insofern umgestaltet, als sie zwischen der „Beiwohnungsunfähigkeit" auf der einen und der „Zeugungs- (oder Gebär-)unfähigkeit" auf der anderen Seite unterscheidet. So heißt es in dieser Hinsicht in der Entscheidung des RG.s vom 11. April 1906, IV. 504/05 (teilw. abgedr. Jur. Wochenschr. 1906 S. 389 Nr. 15):

... „Es ist nicht als rechtsirrtümlich anzusehen, wenn das Berufungsgericht zum Ergebnis gelangt ist, der hier in Betracht kommende trotz ungeschmälerter Beiwohnungsfähigkeit von jeher bestehende Mangel der Fortpflanzungsfähigkeit des einen Ehegatten stelle bei verständiger Würdigung des Wesens der Ehe nicht eine solche persönliche Eigenschaft dar, die den anderen Ehegatten ohne weiteres und unter allen Umständen von der Eingehung der Ehe bei Kenntnis der Sachlage abgehalten haben würde."

In dieser Fassung ist dem Satze unbedenklich zuzustimmen, da, wie schon die amtliche Begründung zum I. Entw. des BGB. (Bd. 4 S. 74) mit Recht hervorhebt, „nicht unter allen Umständen die Annahme gerechtfertigt sein wird, daß die Ehe in der sicheren Erwartung der Beiwohnungsfähigkeit geschlossen ist. Eine solche Erwartung wird z. B. bei der Eheschließung zwischen betagten Personen nicht selten zu verneinen sein". Immerhin ist aber daran festzuhalten, daß es der Regel nach, und von einem gegenteiligen erkennbaren Willen beider Ehegatten abgesehen, dem wahren Wesen der Ehe entspricht, daß diese insbesondere auch und vornehmlich zum Zwecke der Kindererzeugung abgeschlossen wird. Es würde also dem sittlichen Wesen der Ehe geradezu widersprechen, wenn lediglich die Fähigkeit, den Geschlechtsakt auszuüben, also einen rein sinnlichen Trieb befriedigen zu können, für ausreichend erachtet würde, um der auf § 1333 BGB. begründeten Klage den Erfolg zu versagen, so daß also die Tatsache der mangelnden Zeugungs- oder Gebärfähigkeit völlig außer Betracht bliebe.

Der oben mitgeteilte in der Entscheidung vom 11. April 1906 aufgestellte Satz ist in der Rechtslehre vielfach mißverstanden worden. Es wird nämlich unter Berufung auf diesen Satz die Ansicht vertreten, daß regelmäßig das Vorhandensein der Beiwohnungsfähigkeit im Sinne der Fähigkeit zur Ausübung des Geschlechtsaktes genüge und daß deshalb der Mangel der Zeugungs- und Gebärfähigkeit keinen Eheanfechtungsgrund im Sinne des § 1333 BGB. darstelle. Käme es für die eheliche Lebensgemeinschaft lediglich auf die Vornahme des Geschlechtsaktes an, so würde es sich auch kaum rechtfertigen lassen, das Verlangen eines Ehegatten, bei der Beischlafsvollziehung ein sog. Präservativ zu benutzen, als Verweigerung des Geschlechtsverkehrs im Sinne des § 1568 BGB. anzusehen, wie dies indessen in der Entscheidung des RG.s vom 2. Mai 1901, IV. 62/1901 mit Recht angenommen worden ist. Diesem Standpunkt ist um so mehr beizupflichten, als gerade während der Zeit des gegenwärtigen Weltkriegs die Bedeutung einer richtigen Bevölkerungspolitik immer mehr hervorgetreten ist, und als auch schon gesetzgeberische Arbeiten im Gange sind, die darauf abzielen, jede künstliche Verhinderung der Fortpflanzung mit allen Mitteln des Straf- und Verwaltungsrechts zu bekämpfen."[1] ...

---

36. Zum Begriffe der Lieferung aus einem Werkvertrag im Sinne der Tarifnr. 10 Zusatz 3 RStempG. in der Fassung des Gesetzes über einen Warenumsatzstempel vom 26. Juni 1916.

BGB. §§ 651, 946.

VII. Zivilsenat. Urt. 12. November 1918 i. S. Aktiengesellschaft für Beton- und Monierbau (Kl.) w. preuß. Staat (Bekl.). Rep. VII. 226/18.

I. Landgericht I Berlin, Kammer für Handelssachen.
II. Kammergericht daselbst.

Die Klägerin führt im Betrieb ihres Gewerbes Beton- und Eisenbetonbauten aus eigenen Rohstoffen auf fremdem Grund nnd Boden aus. Die Wände werden aus einem Gemenge von Zement, Kies und Steinschlag mit Wasser abschnittweise zwischen Einschalungen hergestellt. Bei Eisenbetonbau werden noch Rundeisenstücke hineingelegt. Wenn die Masse getrocknet ist, werden die Einschalungen fortgenommen. Dann

---

[1] In der Rechtslehre haben Staudinger, Kommentar zum BGB. Anm. 8b zu § 1333 und Gaupp im Arch. für die ziv. Praxis Bd. 104 S. 365 flg. sowohl die Zeugungsunfähigkeit des Mannes wie die Unfruchtbarkeit der Frau als Eheanfechtungsgrund bezeichnet; in letzterer Hinsicht ebenso Planck, Anm. 8a zu § 1333 BGB. A. A. Komm. von RGR. Anm. 5 zu § 1333; Dernburg, Bürgerliches Recht Bd. 4 § 19 Nr. 8, Meißner, Anm. 4a zu § 1333; Endemann, Lehrbuch Bd. 2 § 162 Nr. 22 (S. 208); Schmidt, Familienrecht Anm. 8cβ zu § 1333; Eck-Leonhardt, Vorträge über das BGB. S. 376; Wolff bei Enneccerus Bd. II, 2 (6—9. Aufl.) § 25 Anm. 28 S. 79. D. E.

stehen die Wandstücke bereits am richtigen Platze, auf ihnen und neben ihnen wird weitergebaut. Für so ausgeführte Bauten hat die Klägerin in der Zeit vom 1. Oktober bis 31. Dezember 1916 Zahlungen im Gesamtbetrage von 1062965 ℳ erhalten. Sie hat sie auf Anfordern des Beklagten der Steuerstelle angemeldet und dafür 1062,90 ℳ Warenumsatzstempel unter Vorbehalt der Rückforderung bezahlt. Ihre Klage auf Zurückzahlung wurde abgewiesen, ihre Berufung zurückgewiesen. Die Revision hatte Erfolg.

Gründe:

„Der Beklagte und ihm folgend das Landgericht und das Kammergericht halten die Anmeldung der Klägerin nach Tarifnr. 10 RStempG. in der Fassung des Gesetzes über einen Warenumsatzstempel vom 26. Juni 1916 für stempelpflichtig. Den Gegenstand der Besteuerung bilden dort nach der Überschrift Warenumsätze und nach der Tarifnr. 10 selbst Anmeldungen der Gewerbetreibenden über bezahlte Warenlieferungen. Es folgt eine Anzahl von Zusätzen. Zusatz 1 sagt, was außer der wirklichen Barzahlung noch als Bezahlung gilt, Zusatz 2 sagt, was eine Warenlieferung ist, was außerdem als solche gilt und was jedenfalls nicht als Ware gilt, Zusatz 3 bestimmt, was den Warenlieferungen gleichsteht, Zusatz 4 endlich regelt den Fall, daß bei Abwickelung mehrerer Kauf- oder Anschaffungsgeschäfte, die zwischen verschiedenen Personen über dieselben Waren oder über Waren gleicher Art abgeschlossen sind, die Ware nur einmal in Natur übertragen wird. Warenlieferung ist nach Zusatz 2 die entgeltliche Übertragung beweglicher Sachen. Übertragung bedeutet im Sinne der Tarifnr. 10 a. a. O. die Übertragung des Eigentums an der Ware, die, abgesehen von der erforderlichen Willenseinigung der Beteiligten, hinsichtlich des Eigentumsüberganges mittels körperlicher Übergabe (§ 929 Satz 1 BGB.), mittels Übergabe kurzer Hand (§ 929 Satz 2), durch Besitzkonstitut (§ 930), durch Abtretung des dinglichen Herausgabeanspruchs des Eigentümers (§ 931) oder auch durch Übergabe des Lagerscheins, Ladescheins oder des Konnossements (§§ 424, 450, 647 HGB.) erfolgen kann; vgl. RGZ. Bd. 92 S. 347 (350). Für die handelsrechtlichen Übereignungsmöglichkeiten gibt Zusatz 5 der Tarifnr. 10 eine hier nicht in Frage kommende Sondervorschrift.

Entgeltlich ist eine Übertragung nach Zusatz 4, wenn durch sie ein Kauf- oder sonstiges Anschaffungsgeschäft erfüllt wird (vgl. Urteil des erkennenden Senats vom 25. Juni 1918, VII. 92/18). Eine Ware ist hiernach geliefert, wenn das Eigentum an einer beweglichen Sache auf Grund eines Kauf- oder sonstigen Anschaffungsgeschäfts einem anderen übertragen ist. Zusatz 3 stellt den Warenlieferungen unter bestimmten Voraussetzungen Lieferungen aus Werkverträgen gleich. Da der Zusatz 3 nach dem oben mitgeteilten Plane des Gesetzes sich nicht mit dem Begriffe der Ware beschäftigt, diesen vielmehr Zusatz 2 umgrenzt und teils einschränkt, teils ausdehnt, so handelt es sich in dem Zusatz 3 um den Begriff der Lieferung. Obwohl den Gegenstand eines Werkvertrags an sich nicht der Warenumsatz bildet, sondern die Herstellung oder Veränderung einer Sache oder ein anderer durch Arbeit oder Dienstleistung herbeizuführender Erfolg (§ 631 Abs. 2 BGB.), so sollen doch den Warenlieferungen gleichstehen Lieferungen aus Werkverträgen, wenn der Unternehmer das Werk aus den von ihm zu beschaffenden Stoffen herzustellen verpflichtet ist und es sich hierbei nicht bloß um Zutaten oder Nebensachen handelt. Das hat seinen guten Grund, denn wenn der Unternehmer das Werk aus einem von ihm zu beschaffenden Stoffe herzustellen hat, so kommt es in der Tat zu einer Lieferung, der Unternehmer hat alsdann dem Besteller die hergestellte Sache zu übergeben und ihm das Eigentum an der Sache zu verschaffen (§ 651 Satz 1 BGB.). Solche Verträge, die in der Rechtslehre Werklieferungsverträge genannt werden, sehen Kaufverträgen ähnlich, und deshalb finden auf sie nach § 651 Satz 2 BGB. grundsätzlich die Vorschriften über den Kauf Anwendung, es sei denn, daß es sich bei den zu beschaffenden Stoffen nur um Zutaten oder Nebensachen handelt (§ 651 Abs. 2 a. a. O.).

Der Wortlaut des Zusatzes 3 a. a. O. stimmt, wie sich gezeigt hat, mit dem Wortlaute des § 651 BGB. in den wesentlichen Punkten überein. Das ist kein Zufall, sondern bewußte Absicht. Die Warenumsatzsteuer ist ein Werk der Reichstagskommission. Bei der dort stattfindenden zweiten Lesung erklärte der Berichterstatter (13. Legislat-Per. II. Sess., Anl. zu den Stenograph. Ber. Aktenst. Nr. 321 S. 638 flg.), einige wichtige Grundgedanken des Gesetzes festlegen zu wollen, und bat die Regierungsvertreter, deren Richtigkeit zu bestätigen. Zum Zus. 3 a. a. O. erklärte er, daß dadurch die Fälle des Werklieferungsvertrags getroffen werden sollten und daß wegen dieses Begriffes auf das bürgerliche Recht zn verweisen sei. Von den Regierungsvertretern wurde ein Widerspruch dagegen nicht erhoben.

Übrigens fallen trotz des Zusatzes 3 nicht alle Werklieferungsverträge in den Rahmen der Tarifnr. 10 a. a. O. Ein Vertrag, durch den jemand sich verpflichtete, auf einem von ihm zu beschaffenden Grundstück und aus den von ihm zu beschaffenden Stoffen ein Gebäude zu errichten und das bebaute Grundstück dem Besteller zu übergeben und zu übereignen, würde ein Werklieferungsvertrag sein (Planck, Anm. 2a zu § 651; Staudinger, Anm. VIIb ebenda, Örtmann, Anm. 2a ebenda), zu einer Warenlieferung i. S. der Tarifnr. 10 würde aber ein solcher Vertrag nicht führen, denn es würden nicht bewegliche Sachen umgesetzt werden, sondern ein Grundstück. Zusatz 2 a. a. O. erfordert, wie schon hervorgehoben, die Übertragung beweglicher Sachen, spricht in seinem Schlußsatz auch noch besonders aus, daß Grundstücke nicht als Waren gelten.

Eine unter die Tarifnr. 10 fallende Lieferung aus einem Werkvertrage liegt nach alledem vor, wenn der Unternehmer auf Grund des Vertrags verpflichtet ist, aus den von ihm zu beschaffenden Stoffen, bei denen es sich nicht bloß um Zutaten oder Nebensachen handeln darf, eine bewegliche Sache herzustellen, sie dem Besteller zu übergeben und ihm das Eigentum daran entgeltlich zu übertragen. Die Geschäfte der Klägerin, um die es sich in dem gegenwärtigen Rechtsstreite handelt, weisen diese Merkmale nicht auf. Die Klägerin stellt dabei überhaupt keine beweglichen Sachen her, sondern sie fügt Baustoffe als neue wesentliche Bestandteile (§ 94 Abs. 1 BGB.) in unbewegliche Sachen der Besteller ein und verändert sie dadurch. Es kann deshalb auch die Übertragung des Eigentums an einer beweglichen Sache nicht stattfinden. In einigen vom Kammergerichte gebilligten Bemerkungen des Landgerichts tritt die Auffassung zutage, als ob die Klägerin erst das Eigentum an den Baustoffen als solchen auf die Besteller übertrage und nachher daraus die Gebäude errichte. In einem solchen Falle würde selbstverständlich ein steuerpflichtiger Umsatz von beweglichen Sachen gegeben sein, aber jene Auffassung des Landgerichts widerspricht dem unstreitigen Sachverhalte, nach welchem die Klägerin die noch in ihrem Eigentum befindlichen Baustoffe nach und nach in Grundstücksteile verwandelt und diese, nicht die Baustoffe als solche, in das Eigentum der Besteller übergehen. Die Klägerin entäußert sich zwar ihrer Ware, indem sie sie in das Grundstück des Bestellers hineinbaut, der Besteller empfängt aber keine Ware, und deshalb liegt keine Lieferung von Ware, kein Warenumsatz vor. Der Eigentumsübergang findet auch nicht, wie es zu dem oben entwickelten Begriffe der Warenlieferung gehört, auf Grund der §§ 929 flg. BGB. oder der §§ 424, 450, 647 HGB. statt, sondern auf Grund der sachenrechtlichen Vorschrift des § 946 BGB., nach der sich das Eigentum an dem Grundstück auch auf dessen wesentliche Bestandteile erstreckt. Was wesentlicher Bestandteil des Grundstücks wird, tritt in das Eigentum des Grundstückseigentümers, ohne daß es auf den Willen der Beteiligten ankommt, und sogar gegen ihn. Das übersieht das Kammergericht, wenn es ausführt, daß die Besteller Bauwerke bestellt hatten und daß ihnen solche sinngemäß erst nach der Fertigstellung geliefert werden konnten. Ein auf fremdem Grund und Boden errichtetes Bauwerk kann nicht mehr geliefert, d. h. übereignet werden, es gehört ohnehin bereits dem Besteller. An anderer Stelle sagt das Kammergericht auch selbst, daß die Klägerin ihrer vertragsmäßigen Pflicht, Bauten auf fremdem Grund und Boden zu liefern, nicht erst mit Fertigstellung der einzelnen Bauten genüge.

Nicht zu verkennen ist, daß die Auslegungsgrundsätze des Bundesrats zum Warenumsatzstempelgesetze vom 19. Oktober 1916 (nichtamtlicher Teil des Reichsanzeigers Nr. 251 vom 24. Oktober 1916) auf einem anderen Standpunkte stehen, als er hier vertreten wird. Nach der Vorschrift zu IV 3 das. soll auch die Errichtung von Gebäuden auf fremdem Grund und Boden dem Umsatzstempel unterliegen. Die Auslegungsgrundsätze sind indessen keine Rechtsvorschriften, die den Richter binden, es sind nur Verwaltungsvorschriften, die zwar Beachtung verdienen, weil sie von einer der an der Gesetzgebung beteiligten Stellen ausgehen, denen aber eine entscheidende Bedeutung nicht beigelegt werden kann. Stehen sie mit dem Gesetz in Widerspruch, so müssen sie zurücktreten (vgl. RGZ. Bd. 76 S. 19, Urteil des erk. Sen. vom 26. März 1918 VII. 32/1918). Der Satz, in welchem der Bundesrat a. a. O. seine Ansicht klarlegt und aus dem er die oben wiedergegebene Folge herleitet, lautet folgendermaßen:

Unter die Herstellung von Sachen, die als Lieferung aus Werkverträgen anzusehen ist, fällt die Herstellung von Sachen auch dann, wenn in Ausführung des Werkvertrags die hergestellte Sache mit dem Grund und Boden als wesentlicher Bestandteil fest verbunden wird.

Anders ausgedrückt heißt das: Eine Lieferung aus Werkverträgen liegt auch dann vor, wenn usw. wie oben. Es wird also vorausgesetzt, daß erst eine Sache hergestellt und dann mit dem Grund und Boden verbunden wird. Der Eigentumsübergang, der sich durch die Verbindung mit dem Boden nach § 946 BGB. von Gesetzes wegen vollzieht, soll dann als Verschaffung des Eigentums im Sinne des § 651 BGB., als Übertragung beweglicher Sachen im Sinne der Tarifnr. 10 RStempG. angesehen werden. Schon das widerspricht dem oben Ausgeführten. Auch abgesehen davon aber, jener Satz des Bundesrats trägt nicht die daraus gezogene allgemeine Folgerung. Bei dem Errichten eines Gebäudes handelt es sich — von hier nicht in Frage kommenden Ausnahmefällen abgesehen — nicht um das Einfügen eines als bewegliche Sache fertiggestellten Gebäudes in das Grundstück, sondern um das allmähliche Herstellen des Bauwerkes aus den verschiedenen Stoffen. Dabei wird eine unbewegliche Sache verändert, keine bewegliche Sache hergestellt, wie oben bereits näher dargelegt ist. Für diesen Fall müßte es in dem Satze des Bundesrats statt: „hergestellte Sache" mindestens heißen: „herzustellende Sache", und auch dann würde bei dem gezogenen Schlusse immer noch das Gebäude als selbständige bewegliche Sache angesehen sein, während es in jedem Augenblicke seines Entstehens immer nur den wesentlichen Bestandteil einer unbeweglichen Sache bildet, eines Grundstücks, das durch allmähliches Einfügen von Stoffen, die eben damit zu Gebäudeteilen werden, aus einem unbebauten zu einem bebauten gemacht wird.

Gleich den meisten Erläuterern des Gesetzes über einen Warenumsatzstempel billigt auch Kloß (a. a. O. S. 96 Nr. 33) die Ansicht des Bundesrats; a. M. z. B. Lindemann a. a. O. S. 37 Nr. 13; Jur. Wochenschr. 1916

S. 1063, 1917 S. 144. Kloß meint, daß es gleichgültig sei, ob der Unternehmer die auf Bestellung hergestellten Sachen einem Grundstück einfüge oder nicht; in beiden Fällen gebe er Sachen hin und empfange Bezahlung dafür, und das sei das Wesen des Warenumsatzes, den das Gesetz besteuern wolle. Auch hier findet sich also der schon mehrfach hervorgehobene Irrtum. Der Besteller empfängt eben keine Sachen, das „Werk" besteht in der Veränderung einer ihm bereits gehörigen Sache, seines Grundstücks. Ein Umsatz von Waren, den das Gesetz besteuert, findet nicht statt. Die Ware geht nicht als Ware von Hand zu Hand. Was umgesetzt wird, das sind wirtschaftliche Werte. Wenn Kloß diesen Umsatz dem vom Gesetze besteuerten Warenumsatze gleichstellt, so wird er damit dem Sinne und dem Wortlaute des Gesetzes nicht gerecht. Warenumsatz ist nur Umsatz der Ware selbst, nicht des wirtschaftlichen Wertes der Ware, wie der Senat schon RGZ. Bd. 92 S. 347 (350) ausgesprochen hat. Soweit die Entstehungsgeschichte des Gesetzes erkennen läßt, hat man auch bei seiner Beratung nicht daran gedacht, alle wirtschaftlichen Werte den Waren gleichzustellen. Was die durch den Werkvertrag umgesetzten Werte anlangt, so hat der Berichterstatter der Reichstagskommission bei der schon erwähnten Gelegenheit — wiederum ohne bei den Regierungsvertretern Widerspruch zu finden — erklärt: „Damit freilich müsse man sich bescheiden, daß die Fälle des reinen Werkvertrags von der Steuer nicht ergriffen werden". Für die von dem Revisionsbeklagten angeregte Möglichkeit, daß der Berichterstatter sich über den Begriff des reinen Werkvertrags geirrt, einen solchen nur als gegeben angenommen habe, wenn der Unternehmer überhaupt keinen Stoff zu liefern habe, liegt ein Anhalt nicht vor. Bei reinen Arbeitsverträgen, deren Gegenstand etwa eine Gesangsleistung bildet, kann an einen Warenumsatz keinesfalls gedacht werden. Der Berichterstatter hat denn auch unmittelbar vor seiner oben wiedergegebenen Schlußbemerkung von Kunstwerken gesprochen, Gemälden und Bildwerken, bei denen die Leinwand, die Farbe und der Stein vom Künstler zu beschaffen sind; gerade diese Fälle haben ihn angeregt, jene Bemerkung wegen des reinen Werkvertrags zu machen. Das Gesetz über einen Warenumsatzstempel war ein erster Schritt der Gesetzgebung auf ein neues Gebiet. Dem damaligen Sichbescheiden ist das Umsatzsteuergesetz vom 26. Juli 1918 (RGBl. S. 779) gefolgt, das den Kreis der Steuerpflicht wesentlich erweitert hat.

Der Revisionsbeklagte hat weiter gemeint, daß die Tarifst. 75 preuß. StempG. das Vorbild für den Zusatz 3 der Tarifnr. 10 RStempG. gebildet habe. Die Entstehungsgeschichte des Warenumsatzstempelgesetzes gibt dafür keinen Anhalt. Zutreffen kann es höchstens für Abs. 1 der Tarifst. 75 a. a. O., nach welchem Verträge über die Herstellung beweglicher Sachen aus Stoffen des Übernehmers als Lieferungsverträge versteuert werden sollen. Handelt es sich bei dem Werke um eine nichtbewegliche Sache, so soll es nach Abs. 2 a. a. O. so angesehen werden, als ob über die mit dem Grund und Boden in dauernde Verbindung zu bringenden Stoffe des Unternehmers ein unter Tarifst. 32 fallender Lieferungsvertrag und über die Arbeitsleistung ein unter Tarifst. 72 Nr. 2 a. a. O. fallender Arbeitsvertrag abgeschlossen wäre. Entscheidend ist hier das Merkmal der Trennung in zwei steuerlich besonders zu behandelnde Verträge. Gerade dies fehlt in dem Warenumsatzstempelgesetze. Wenn wirklich die Tarifst. 75 preuß. StempG. vorbildlich gewesen sein sollte, müßte man aus diesem Sachverhalt ebenfalls schließen, daß das Warenumsatzstempelgesetz mit Verträgen, bei denen es sich um eine nicht bewegliche Sache handelt, nichts zu tun hat. Jedenfalls ist aus seinem Inhalte nichts dafür zu entnehmen, daß solche Verträge in einen Lieferungs- und einen Arbeitsvertrag zu zerlegen wären. Der Bundesrat ist denn auch in seinen Auslegungsgrundsätzen (V 3 das.) — von seinem Standpunkt aus folgerichtig — dazu gelangt, bei Lieferungen aus Werkverträgen, die den Warenlieferungen gleichzustellen sind, ganz allgemein den Gesamtbetrag der Steuerberechnung zugrunde zu legen, auch wenn für den zu beschaffenden Stoff und für die geleistete Arbeit besondere Preise veranschlagt waren. Das entspricht dem Rechte und der Billigkeit, wenn es sich um bewegliche Sachen handelt, denn die aus dem Stoffe und mit der Arbeit des Unternehmers hergestellte bewegliche Sache ist die Ware, die übergeben und übereignet, also umgesetzt wird. Es widerspricht aber der Billigkeit und, wie der Senat annimmt, auch dem Rechte, wenn es sich um unbewegliche Sachen handelt. Als umgesetzte Waren könnten in einem solchen Falle höchstens die verwendeten Stoffe gelten, eine Besteuerung auch der Arbeit würde ganz aus dem Rahmen des Warenumsatzstempelgesetzes herausfallen.

Der Revisionsbeklagte hat endlich noch gemeint, daß die Steuerpflicht doch sicherlich gegeben sei, wenn die Klägerin die Betonklötze zur Herstellung des Gebäudes auf ihrem eigenen Grundstücke fertigstelle und demnächst auf das fremde Grundstück anliefere, oder wenn sie ein bei ihr bestelltes kleines Bauwerk, z. B. eine Hundehütte, aus Beton auf ihrem eigenen Grundstück anfertige, demnächst nach dem fremden Grundstücke bringe und dort einbaue. Dazu sei kurz bemerkt, daß auch die Betonklötze lediglich Baustoffe sind und die Entscheidung der streitigen Frage bei ihnen wie bei andern Baustoffen davon abhängt, ob sie als solche dem Besteller übereignet und dann erst zum Baue des Hauses verwendet werden, oder ob sie erst durch die Einfügung in das Grundstück in das Eigentum des Bestellers übergehen. Ebenso liegt die Sache im Grunde bei der Hundehütte. Geht sie noch als bewegliche Sache in das Eigentum des Bestellers über, erscheint also die Einfügung in das Grundstück nur als Nebenleistung, so ist die Steuerpflicht gegeben, andernfalls nicht. Als Nebenleistung ist z. B. angesehen worden die Aufstellung und Installation von Herden, die ohne nähere Individualisierung als vertretbare Sachen zu einem bestimmten Neubaue geliefert wurden (Urt. d. RG.s vom 1. Oktober 1907 II. 122/07).

Das Kammergericht hat in seinem Urteile noch einen zweiten selbständigen Entscheidungsgrund angeführt. Es meint, daß im vorliegenden Falle eine „untrennbare Verbindung" der einzelnen zur Herstellung des Baues dienenden Teile mit dem Grund und Boden des Bestellers gar nicht stattgefunden habe. Die Klägerin habe in einer durch Einschalungen gebildeten Form eine Mischung hergestellt, sie sei also imstande gewesen, diese Mischung, falls sie sich als ungeeignet erwies, wieder herauszunehmen, zu verändern oder durch eine andere zu ersetzen. Die Klägerin habe daher auch tatsächlich das bestellte Werk erst nach der Fertigstellung und nach Fortnahme der die Form bildenden Einschalungen übergeben. Auch diese Erwägung ist von dem Rechtsirrtum beeinflußt, daß ein auf fremdem Grund und Boden errichtetes Gebäude nach seiner Fertigstellung überhaupt noch übergeben werden kann, während es dann bereits Eigentum des Grundstückseigentümers ist. Unerheblich ist dabei, ob die einzelnen Mischungen zunächst gleichsam versuchsweise dem Grundstück eingefügt werden. Bleiben sie darin, so sind sie eben eingefügt und sind dann mit dem Grund und Boden fest verbundene Sachen im Sinne des § 94 Abs. 1 BGB.

Das Urteil des Kammergerichts war hiernach aufzuheben und das Urteil des Landgerichts dahin abzuändern, daß der Klage stattgegeben wird."

---

37. Zur Zulassung des Rechtswegs nach § 13 preuß. Wasserstraßengesetzes vom 1. April 1905 und zur neunzigtägigen Ausschlußfrist dieser Vorschrift.

VII. Zivilsenat. Urt. v. 15. November 1918 i. S. Deutsches Reich (Kl.) w. M. u. Gen. (Bekl.). Rep. VII. 193/18.

I. Landgericht Altona.
II. Oberlandesgericht Kiel.

Der Erweiterungsbau des Kaiser-Wilhelm-Kanals hat eine Verlegung der Marschbahn notwendig gemacht. Der neue Bahnkörper trennt die Hauptgrundstücke der Beklagten von einzelnen ihnen gehörigen Parzellen. Dies führte zu einer Verlegung der Verbindungswege. Der zuständige Bezirksausschuß hat auf Grund des § 13 des preuß. Wasserstraßengesetzes vom 1. April 1905 in Verbind. mit § 1 des preußischen Gesetzes, betreffend die Erweiterung des Kaiser-Wilhelm-Kanals, vom 17. November 1907 das Deutsche Reich für verpflichtet erklärt, den Beklagten für die zu ihren Grundstücken entstehenden Umwege gewisse, summenmäßig festgesetzte Entschädigungen zu zahlen. Innerhalb 90 Tage nach Zustellung dieses Beschlusses griff ihn der Kläger durch die bei dem Landgericht in Altona erhobene Klage mit dem Antrag auf die Feststellung an, daß er zur Zahlung der Entschädigungen nicht verpflichtet sei. Das angegangene Prozeßgericht hielt sich in Rücksicht darauf, daß Nutteln, wo die Beklagten wohnen und auch ihre Grundstücke belegen sind, zum Bezirke des Landgerichts Kiel gehört, unter Heranziehung des § 30 preuß. EntG. für örtlich unzuständig und wies deshalb die Klage ab. Auf Berufung des Klägers wurde dagegen vom Oberlandesgerichte die Sache unter Verwerfung der Einrede der Unzuständigkeit in die erste Instanz zurückverwiesen. Das Landgericht erließ darauf ein Teilurteil, durch das die Klage gegen die Beklagten zu 1, 2, 7, 8 aus sachlichen Gründen abgewiesen wurde. Die wiederum vom Kläger erhobene Berufung wurde zurückgewiesen. Das Berufungsgericht hielt aber, abweichend vom Landgerichte, das Klagerecht für verwirkt, weil hier die Zuständigkeit des Altonaer Gerichts durch eine stillschweigende Vereinbarung gemäß § 39 ZPO. begründet, in dem Zeitpunkte jedoch die für die Beschreitung des Rechtswegs vorgeschriebene Frist von 90 Tagen schon abgelaufen war. Diese am 19. April 1917 verkündete Entscheidung erlangte Rechtskraft. Durch ein weiteres Urteil des Landgerichts, das sich nunmehr der Ansicht der Berufungsinstanz anschloß, wurde sodann die Klage gegen die Beklagten zu 3, 4, 5, 6, 9 abgewiesen.

Die Berufung des Klägers wurde zurückgewiesen. Seine Revision hatte Erfolg.

Gründe:

„In dem durch die Entscheidung des Oberlandesgerichts vom 19. April 1917 abgeschlossenen Berufungsverfahren war darüber gestritten worden, ob für die auf Verneinung einer Entschädigungspflicht des Klägers gerichtete Klage der Rechtsweg statthaft sei, und ob die neunzigtägige Klagefrist des § 13 Wasserstraßengesetzes vorliegend gewahrt sei. Die genannte Entscheidung hat sich mit eingehender Begründung für die Zulässigkeit des Rechtswegs ausgesprochen. Diese Ansicht, die weiterhin nicht mehr bekämpft worden ist, erscheint unbedenklich richtig. Um einen Streit über die Höhe der Entschädigung im Sinne des angeführten § 13 handelt es sich auch dann, wenn, wie vorliegend geschehen, das Reich geltend macht, daß den Grundeigentümern, für die der Bezirksausschuß Entschädigungen festsetzte, aus den in Betracht kommenden Arbeiten neben Nachteilen zugleich überwiegende Vorteile und sonach im Ergebnis überhaupt keine Schäden erwachsen seien.

Ferner hat die genannte Entscheidung die Auffassung vertreten, die gesetzliche Ausschlußfrist von 90 Tagen sei versäumt, weil erst nach ihrem Ablauf in dem Rechtsstreite mündlich verhandelt und gemäß § 39 ZPO. — mangels Erhebung einer an sich möglich gewesenen Unzuständigkeitseinrede — stillschweigend die Zuständigkeit des angegangenen Prozeßgerichts vereinbart wurde. Diese Auffassung, an der auch das jetzt angefochtene Berufungsurteil festgehalten hat, kann nicht gebilligt werden.

Mit Unrecht hat der Berufungsrichter das Urteil des erkennenden Senats vom 24. November 1916 (Jur. Wochenschr. 1917 S. 231 Nr. 21) herangezogen. Jenes und auch das einen gleichartigen Fall betreffende Urteil vom 11. Januar 1918 (RGZ. Bd. 92 S. 40) behandelte die im engen Zusammenhange miteinander stehende Ausschlußfrist und Zuständigkeitsbestimmung der Absätze 1 beziehentlich 3 des § 30 preußischen Enteignungsgesetzes vom 11. Juni 1874. In jenen Entscheidungen hat der Senat für den § 30 den Standpunkt vertreten, daß die materielle Befugnis, innerhalb einer Ausschlußfrist von 6 Monaten nach Zustellung des Entschädigungsfeststellungsbeschlusses die im Verwaltungsverfahren erfolgte Bemessung der Enteignungsentschädigung wirksam anzugreifen, nur durch eine Klage innerhalb der Frist bei dem allein und ausschließlich zuständigen Gerichte der belegenen Sache gewahrt werden könne (vgl. auch RGZ. Bd. 3 S. 303). Im vorliegenden Falle ist jedoch, wie schon im Urteile des Berufungsgerichts vom 2. März 1916 nachgewiesen wurde, nicht der § 30 EntG., sondern § 13 WasserstrG. anwendbar, welcher keine Bestimmung über das Gericht trifft, bei dem der Beschluß der Verwaltungsbehörde mittels Klage (preuß. AG. z. ZPO. § 2) anzugreifen ist. Hier kann daher die Entscheidung Jur. Wochenschr. 1917 S. 231 Nr. 21 nicht maßgeblich in Betracht kommen. Als Wegweiser kann dagegen das Urteil des Senats vom 24. September 1918, RGZ. Bd. 93 S. 312, dienen. In dem Falle war eine auf Grund des § 30 EntG. erhobene Klage fristgerecht bei einem örtlich zuständigen, indes sachlich unzuständigen Gericht angebracht und nach Ablauf der Frist der Rechtsstreit auf Antrag der klagenden Partei an das zuständige Gericht verwiesen worden. Für den Tatbestand hat das Reichsgericht die Frage, ob die Klagefrist gewahrt sei, bejaht. Ähnlich wie dort ist auch hier der gesetzlich zugelassene Rechtsweg noch innerhalb der maßgebenden Ausschlußfrist durch Klage bei einem unzuständigen Gerichte beschritten, und wie dort erst nach Ablauf der Klagefrist die Verweisung des Rechtsstreits an das sachlich zuständige Gericht erfolgte, so hat hier erst nach Ablauf der Klagefrist die mündliche Verhandlung stattgefunden, durch welche die örtliche Zuständigkeit des angegangenen Gerichts zufolge stillschweigender Vereinbarung der Parteien begründet wurde. Für jenen wie für diesen Rechtsfall fehlt es an einer Vorschrift, aus der sich mit zureichendem Grunde folgern ließe, daß der innerhalb der maßgebenden Ausschlußfrist im ordentlichen Rechtsweg angebrachten Klage gleichwohl nicht die Wirkung der Wahrung der Klagefrist zukäme. Dort wie hier ist für den Entscheidungsgrund, daß das Klagerecht bei dem tatsächlich angegangenen Gericht überhaupt nicht wirksam ausgeübt werden dürfe, kein Raum.

Das zunächst vorliegende Bedenken, nämlich der sachlichen Unzuständigkeit im Falle der Entscheidung RGZ. Bd. 93 S. 312 und der örtlichen Unzuständigkeit im vorliegenden Falle, entsprang lediglich aus Regeln des allgemeinen Prozeßrechts, und dies Recht gab zugleich Mittel zur Behebung des betreffenden Bedenkens an die Hand (vgl. ZPO. §§ 38 flg, 505, Bundesratsverordnung vom 9. September 1915 § 27 RGBl. S. 542). Dadurch, daß von solchem Mittel tatsächlich und rechtlich Gebrauch gemacht wurde, ist der beklagten Partei die Möglichkeit entfallen und entzogen, auf das Bedenken nach irgendeiner Richtung hin, insbesondere zum Nachweise der Verwirkung des Klagerechts, wieder zurückzukommen. Die Revisionsbeantwortung betonte, die Wahrung der Klagefrist sei eine Prozeßvoraussetzung, deren Erfüllung nicht den Gegenstand eines gültigen Parteiabkommens bilden könne. Das ist zuzugeben, steht aber der hier vertretenen Ansicht nicht im Wege. Das stillschweigende Abkommen der Parteien über die Zuständigkeit des Altonaer Gerichts hatte gar nicht zum Inhalt, daß die Klagefrist als gewahrt gelten sollte. Vielmehr ergab sich nach Lage des Falles als Folge jenes Abkommens, daß eine wirksame Einrede der Unzuständigkeit des Gerichts ausgeschlossen, mithin ein nach dieser Richtung zunächst mögliches formales Bedenken beseitigt war. Dabei ist aber hieraus nicht etwa zu entnehmen, jenem Abkommen werde eine ihm nicht zukommende rückwirkende Kraft beigemessen. Den zur Wahrung der Ausschlußfrist von 90 Tagen wesentlichen Anforderungen genügte schon die Klage, da sie innerhalb der Frist erhoben ist und ihr die Fähigkeit innewohnte, eine gerichtliche Verhandlung und Entscheidung in der Sache selbst herbeizuführen. Wäre selbst, wozu es tatsächlich nicht gekommen ist, die Einrede der örtlichen Unzuständigkeit des Gerichts rechtzeitig vorgebracht worden, so hätte Kläger den Nachteil einer Versäumung der Klagefrist und einer Verwirkung des Klagerechts durch einen Verweisungsantrag gemäß § 505 Abs. 1 ZPO. und § 27 der erwähnten Bundesratsverordnung abwenden können.

Nach alledem kann hier die Ausschlußfrist des § 13 WasserstrG. nicht als versäumt angesehen werden. Daher war das angefochtene Berufungsurteil aufzuheben und die Sache zur anderweiten Verhandlung und Entscheidung an das Berufungsgericht (vgl. RGZ. Bd. 93 S. 315 am Schluß) zurückzuverweisen."

38. Ist das Verbot des § 400 BGB. auf ein Inkassomandat anwendbar?

VI. Zivilsenat. Urt. v. 18. November 1918 i. S. S. u. Gen. (Bekl.) w. Reichspostfiskus (Kl.). Rep. VI. 180/18.

I. Landgericht Gießen.
II. Oberlandesgericht Darmstadt.

Die Frage wurde verneint aus folgenden

Gründen:

... „Nach feststehender Rechtsprechung des Reichsgerichts ist es rechtlich zulässig, lediglich das Verfügungsrecht über eine Forderung, insbesondere die Klagebefugnis derart abzutreten, daß das Gläubigerrecht selbst dem Zedenten verbleibt und der Zessionar mithin das ihm übertragene Recht zwar im eigenen Namen und im eigenen Interesse, im übrigen aber als ein fremdes auszuüben vermag (RGZ. Bd. 73 S. 308, Bd. 78 S. 90, Urteil vom 10. Juli 1917 Rep. VII 182/17, Komm. d. RGR. zu § 398 Erl. 1). Mit Recht legt das Berufungsgericht dar, daß auf einen solchen Vertrag das Verbot des § 400, das die wirtschaftliche Sicherung des zum Bezug einer Rente usw. Berechtigten und die Abwendung von Nachteilen, die durch Abtretung solcher entstehen können, auch im öffentlichen Interesse bezweckt, nicht anwendbar ist, da eine wirtschaftliche Schädigung des Forderungsberechtigten weder beabsichtigt noch herbeigeführt wird, der Anspruch vielmehr nach wie vor Bestandteil des Vermögens des Gläubigers bleibt." ...

---

39. Kann durch Vertrag zwischen dem Schuldner eines Kapitals und einem anderen als dem Kapitalgläubiger die Zahlung von Zinsen an den anderen in der Weise versprochen werden, daß das Versprechen die Verpflichtung selbständig begründet?

BGB. §§ 246, 780.

II. Zivilsenat. Urt. v. 19. November 1918 i. S. Sch. (Bekl.) w. M. (Kl.). Rep. II. 189/18.

I. Landgericht I Berlin.
II. Kammergericht daselbst.

Aus den Gründen:

... „Der Revision ist zuzugeben, daß jede Zinsschuld eine Kapitalschuld voraussetzt (§ 246 BGB.), also ohne eine solche nicht, insbesondere nicht durch ein abstraktes Schuldversprechen, zur Entstehung gebracht werden kann. Dagegen ist es nicht erforderlich, daß Kapital- und Zinsforderung sich in der Hand desselben Gläubigers befinden; die Zinsforderung kann ohne die Kapitalforderung abgetreten und sie kann von vornherein für einen anderen als den Kapitalgläubiger begründet werden. Infolgedessen ist aber auch die rechtliche Möglichkeit eines Vertrags nicht zu bezweifeln, durch den der Schuldner einer bereits bestehenden Kapitalschuld deren Verzinsung einem anderen als dem Kapitalgläubiger in der Weise verspricht, daß das Versprechen die Verpflichtung gegen den anderen selbständig begründen soll (§ 780 BGB.). Die Wirksamkeit eines solchen Versprechens hängt zwar von dem Bestehen der Kapitalschuld ab, sie erfordert jedoch nicht, daß auch über die Kapitalschuld ein selbständig verpflichtendes Schuldversprechen oder Schuldanerkenntnis (§ 781 das.) abgegeben wird. Es ist deshalb unerheblich, ob durch den der Klage zugrunde liegenden Vertrag vom 3. März 1914 ein Anspruch auf Zahlung der Kapitalschuld von insgesamt 50000 ℳ an die Albert M.sche Nachlaßmasse und an die Kommerz- und Diskontobank, sei es für diese Gläubiger selbst, sei es für den Kläger, selbständig begründet worden ist. Vielmehr genügt es, daß die Kapitalschuld der 50000 ℳ zur Zeit des Vertragschlusses bereits bestanden hat. Das hat aber das Berufungsgericht bedenkenfrei angenommen." ...

---

40. Ist der Vermieter, der Räume zum Betrieb einer Schankwirtschaft vermietet, zur Vornahme der baulichen Änderungen verpflichtet, von denen die Polizeibehörde die Erteilung der Schankerlaubnis an den Mieter abhängig macht, obwohl er bei dem Vertragsschluß erklärt hat, er vermiete die Räume so, wie er sie bis dahin benutzt habe?

BGB. §§ 536, 538.

III. Zivilsenat. Urt. v. 19. November 1918 i. S. K. (Bekl.) w. H. (Kl.). Rep. III. 293/18.

I. Landgericht Bartenstein.
II. Oberlandesgericht Königsberg.

Durch schriftlichen Vertrag vom 28. Juli 1909 vermietete der Beklagte dem Kläger für die Zeit vom 15. August 1909 bis zum 15. August 1914 Räume zum Betrieb einer Schankwirtschaft und zur Wohnung. Im Februar 1913 erhob er gegen den Kläger die Räumungsklage und am 5. März 1913 erwirkte er eine einstweilige Verfügung, durch die dem Kläger die Räumung der Wohnung und der Geschäftsräume aufgegeben wurde. Auf Grund dieser Verfügung mußte der Kläger am

13. März 1913 die Mieträume verlassen. Schon vorher, am 1. dess. Mon., hatte er den Schankwirtschaftsbetrieb eingestellt. Ihm war nämlich die Schankwirtschaftserlaubnis am 27. Dezember 1909 unter der Bedingung erteilt worden, daß ein besonderer Abort für Frauen herzustellen sei. Nachdem er seit Oktober 1912 wiederholt zur Erfüllung dieser Bedingung innerhalb bestimmter Fristen vergeblich aufgefordert worden war, wurde ihm durch Verfügung vom 12. Februar 1913 aufgegeben, binnen 14 Tagen den Schankbetrieb einzustellen, widrigenfalls die polizeiliche Schließung der Schankräume und Strafverfolgung wegen unbefugter Ausübung des Schankgewerbes erfolgen werde. Daraufhin stellte der Kläger den Schankbetrieb am 1. März 1913 ein.

In dem auf Räumung gerichteten vorhergehenden Rechtsstreite wurde auf die Widerklage des jetzigen Klägers durch Urteil des Amtsgerichts vom 23. Dezember 1913, das durch Zurückweisung der Berufung am 12. Februar 1915 die Rechtskraft erlangte, festgestellt, daß der Mietvertrag vom 28. Juli 1909 bis zum 15. August 1914 laufe, und die einstweilige Verfügung am 13. Februar 1914 aufgehoben, weil die Voraussetzungen für deren Erlaß nicht vorgelegen hätten.

In dem vorliegenden Rechtsstreite verlangt der Kläger, der den Beklagten zur Herstellung des Frauenaborts wiederholt vergeblich aufgefordert hatte, Ersatz des Schadens, der ihm durch die vorzeitige Einstellung des Schankbetriebes und durch Räumung der Mieträume erwachsen sei. Das Landgericht hat ihn mit einem Teilbetrag abgewiesen und im übrigen die Entscheidung von einem Schätzungseide des Klägers abhängig gemacht. Die Berufung des Beklagten ist zurückgewiesen worden. Seine Revision hatte keinen Erfolg.

Gründe:

... „Die Entscheidung hängt von der Frage ab, ob der Beklagte dem Kläger gegenüber verpflichtet war, den Frauenabort zu errichten, dessen Herstellung dem Kläger in der Schankwirtschaftserlaubnis zur Bedingung gesetzt war. Das Berufungsgericht bejaht diese Frage. Es geht davon aus, daß der Vermieter, der Räume zum Betrieb einer Schankwirtschaft vermietet, auf Grund des § 536 BGB. die Mieträume in einem solchen Zustande zu gewähren und während der Mietzeit zu erhalten hat, daß sie geeignet sind, für diesen Betrieb zu dienen, insbesondere den polizeilichen Anforderungen genügen, und nimmt deshalb an, daß er auch verpflichtet ist, diejenigen baulichen Veränderungen vorzunehmen, von denen die Polizeibehörde die Erteilung der Schankerlaubnis an den Mieter abhängig macht. Dem ist grundsätzlich, jedenfalls, wenn es sich, wie hier nach der nicht angefochtenen tatsächlichen Feststellung des Berufungsrichters, um eine bauliche Änderung geringfügiger Art handelt, beizupflichten.

Die Revision wendet sich auch nicht gegen die Aufstellung dieses

Grundsatzes, sie hält ihn nur auf den gegebenen Fall nicht für anwendbar, weil der Beklagte nach seiner Behauptung die streitigen Räume lediglich in dem Zustande vermietet habe, in dem sie sich bei dem Abschlusse des Mietvertrags befunden hätten und von ihm bis dahin zum Schankwirtschaftsbetriebe benutzt worden seien; er habe damals ausdrücklich erklärt, er verpachte das Geschäft und die Räume so, wie er sie bis dahin benutzt habe. Diese Behauptung wird indessen mit Recht von dem Berufungsrichter für unerheblich erachtet. Durch eine Abrede solchen Inhalts wird dem Vermieter von dem Mieter nur die gesetzliche Haftung für solche Mängel erlassen, die für diesen bei dem Vertragsschluß ersichtlich waren, nicht für solche, die sich erst später herausstellen. Daß dem Kläger die Notwendigkeit eines besonderen Frauenaborts bekannt gewesen sei, hat der Beklagte aber nicht behauptet.

War demnach die Errichtung des Aborts Sache des Beklagten, so wird er nach § 538 BGB. mit Recht auf Schadensersatz in Anspruch genommen, da es sich um einen bei dem Vertragsschlusse vorhandenen Mangel handelt und der Beklagte nach der Feststellung des Berufungsgerichts mit dessen Beseitigung in Verzug gekommen ist." ...

---

41. 1. **Findet § 254 Abs. 1 BGB. Anwendung, wenn ein Verschulden beider Vertragsparteien für das spätere Leistungsunvermögen des einen Teiles ursächlich geworden ist?**

2. **Ist es dem Verkäufer unter allen Umständen als Verschulden anzurechnen, wenn er während des Annahmeverzugs des Käufers das diesem verkaufte Fuhrunternehmen aufgibt?**

3. **Ist ein Selbsthilfeverkauf wirksam angedroht, wenn die Androhung dem einen Mitkäufer nur persönlich und nicht auch ausdrücklich in seiner Eigenschaft als Bevollmächtigter des zweiten Mitkäufers zugestellt wird?**

3. **Richterliche Fragepflicht.**

BGB. §§ 324, 325, 254, 300, 384; ZPO. § 139.

III. Zivilsenat. Urt. v. 22. November 1918 i. S. M. (Kl.) w. G. u. Gen. (Bekl.). Rep. III. 226/18.

I. Landgericht Beuthen O./S.
II. Oberlandesgericht Breslau.

Der Kläger, welcher seit vielen Jahren für das Sägewerk der G.schen Erben die erforderlichen Fuhren leistete, behauptet, er habe im Januar/Februar 1914 das Fuhrunternehmen nebst verschiedenen Pferden,

Wagen und Geschirren an die beiden ursprünglichen Beklagten für 9000 M verkauft. Im vorliegenden Rechtsstreite verlangt er das Restkaufgeld von 8700 M, während die Beklagten, welche den Abschluß eines festen Kaufvertrags bestreiten, nicht nur Klagabweisung, sondern im Wege der Widerklage auch Rückgewähr der geleisteten Anzahlung von 300 M begehren. Das Landgericht machte die Entscheidung von einem richterlichen Eide des Klägers über die von ihm behaupteten Vereinbarungen abhängig, das Oberlandesgericht wies die Klage ab, weil der Kläger seine Erfüllungsunmöglichkeit selbst verschuldet habe, und gab der Widerklage statt. Auf die Revision des Klägers wurde das Berufungsurteil aufgehoben, aus folgenden

Gründen:

„Der Berufungsrichter sieht auf Grund einer umfangreichen Beweisaufnahme für erwiesen an, daß ein Kaufvertrag des von dem Kläger behaupteten Inhalts zustande gekommen und daß der Kläger im März 1914 mit Rücksicht auf die damalige Bereitwilligkeit der G.schen Verwaltung, den Beklagten die Holzfuhren zu übertragen, in der Lage und Willens gewesen sei, die ihm obliegenden Vertragsleistungen zu bewirken, daß es dazu aber lediglich deshalb nicht gekommen sei, weil die Beklagten sich unbegründeterweise geweigert hätten, die ihnen wiederholt angebotene Vertragserfüllung gegen Zahlung des Restpreises anzunehmen. Da diese Feststellungen ebensowenig zu beanstanden sind wie die aus ihnen gezogene rechtliche Folgerung, daß die Beklagten in Gläubigerverzug geraten seien (§§ 293, 295 BGB.), so ist für die Annahme der Revision, der Kläger habe den Vertrag in bezug auf dessen Hauptgegenstand, das Fuhrunternehmen, erfüllt, kein Raum.

Die Beklagten haben indessen nicht nur im Gläubigerverzuge verharrt, sondern der im April 1914 erhobenen Klage gegenüber auch auf das Hartnäckigste bestritten, daß sie überhaupt bindende Vereinbarungen mit dem Kläger getroffen hätten. Dieser hat dagegen bis zum 1. Dezember 1915 das Fuhrgeschäft persönlich in der bisherigen Weise fortbetrieben und ist daher mindestens bis dahin, d. h. 20 Monate lang trotz des vertragswidrigen Verhaltens der Beklagten — denn für das Gegenteil ist dem festgestellten Sachverhalte nichts zu entnehmen — erfüllungsbereit und erfüllungsfähig gewesen. Alles das hat aber bei der weiteren Beurteilung der Rechtslage keine Berücksichtigung gefunden, obgleich es, wie die Revision zutreffend hervorhebt, zu einer Prüfung der Frage genötigt hatte, ob neben dem vom Oberlandesgericht angenommenen Verschulden des Klägers nicht auch ein solches der Beklagten für seine spätere Leistungsunfähigkeit mitursächlich geworden und ob diese, wenn man zu einer Bejahung gelangt, nur von einem Teile oder anteilsmäßig von beiden Parteien zu vertreten sei. Daß in einem solchen Falle die vollständige oder teilweise Anwendung des

§ 324 oder des § 325 BGB. sich nach den Grundsätzen des § 254 a. a. O. richte und bestimme, ist bereits vom II. Zivilsenat im Urteile vom 21. Mai 1909 (RGZ. Bd. 71 S. 188 flg.) ausgesprochen. Daran ist festzuhalten. Denn nur auf diesem Wege läßt sich eine einwandfreie, ebenso dem Inhalt und Zwecke der §§ 324, 325 BGB. wie der Billigkeit entsprechende Grundlage für die Entscheidung finden. Der Gesetzgeber hat den Fall der schuldhaften Mitwirkung beider Vertragsparteien an dem späteren Erfüllungsunvermögen des einen Teiles nicht ausdrücklich behandelt. Er brauchte es aber auch nicht, weil der in dem § 254 BGB. verkörperte allgemeine Rechtsgedanke die Möglichkeit bot, den Einfluß, welchen das Verhalten des einen und das des anderen Teiles auf das Unmöglichwerden der gerade in Betracht kommenden Leistung ausgeübt hat, in gerechter Weise abzuwägen und die Vertretungspflicht nach den Gesamtumständen des Falles und den Forderungen und Bedürfnissen des Verkehrs zu regeln.

Ist danach der Vorwurf einer Verletzung der §§ 324, 325, 254 BGB. gerechtfertigt, so ist auch den weiteren, gegen die Feststellung eines klägerischen Verschuldens gerichteten Revisionsangriffen der Erfolg nicht zu versagen. Der Kläger hatte während des Verzugs der Beklagten nur für Vorsatz und grobe Fahrlässigkeit einzustehen (§ 300 BGB.). Ob der Berufungsrichter dieser dem § 276 BGB. gegenüber abgeschwächten Haftung des Schuldners sich voll bewußt gewesen ist, erhellt mangels einer Erörterung über die Art und den Grad des klägerischen Verschuldens aus den Urteilsgründen nicht. Es ist davon auszugehen, daß der Kläger, wie der Mitbeklagte D. in seinem an die Forstverwaltung der G.schen Erben gerichteten Schreiben vom 28. Februar 1914 anerkannt hat, das Fuhrgeschäft krankheitshalber auf die Beklagten übertragen wollte. Er hat aber weiter behauptet, daß er bereits hochbetagt und in den Jahren 1914 und 1915 wiederholt erkrankt sei. Deshalb sowie wegen der durch den Krieg hervorgerufenen Futter- und Leutenot habe er persönlich den Fuhrbetrieb für die G.schen Erben schließlich nicht mehr ausüben können und im Dezember 1915 in bezug auf ihn den M. zu seinem Vertreter und zum Platzhalter für die Beklagten bis zur Erledigung des vorliegenden Rechtsstreits bestellt. Das letztere hat M. in dem Schriftstücke vom 6. August 1917 mit dem Zusatze bestätigt, er habe mit einer so langen Dauer des Prozesses nicht gerechnet und deshalb den Fuhrbetrieb, den er nur dem Kläger zu Liebe übernommen habe, Ende März 1917 wieder aufgegeben. Das Oberlandesgericht unterstellt die Richtigkeit der M.schen Angaben, hält sie aber nicht für geeignet, den Kläger zu entlasten, weil er einerseits für die Schwere seines Leidens und für die dadurch bedingte Unmöglichkeit der Fortführung des Fuhrgeschäfts keinen Beweis angetreten habe und weil anderseits in ländlichen Bezirken genügende

Futtermengen und eine hinreichende Anzahl zum Lenken von Fuhren geeigneter Personen vorhanden gewesen seien. Die letztere Erwägung steht nicht nur mit dem, was hinsichtlich der Ernährung der Zugtiere und des Mangels an Arbeitskräften auf dem Lande in den Jahren 1916 und 1917 allgemein bekannt geworden ist, in Widerspruch sondern läßt vor allem auch jeden tatsächlichen Anhalt dafür vermissen, daß die günstige Auffassung des Berufungsrichters gerade für die Verhältnisse in Z., dem damaligen Wohnorte des Klägers, zutraf.

Zwar hat der Kläger für einzelne seiner Behauptungen keine Beweismittel benannt. Das begründete aber unter den obwaltenden Umständen für den Berufungsrichter die Pflicht, in Gemäßheit des § 139 ZPO. das Fragerecht auszuüben. Denn wenn sich alles das als wahr erweist, was der Kläger über die Gründe der Aufgabe des Fuhrbetriebes und über sein Abkommen mit M. vorgetragen hat, wenn er also trotz schlechten Gesundheitszustandes und trotz der Ungunst der wirtschaftlichen Verhältnisse den Beklagten drei Jahre lang die Möglichkeit offen gehalten hat, ihren Verzug zu heilen und das Fuhrgeschäft zu übernehmen, so liegt hinreichender Anlaß zu erneuter Prüfung der Frage vor, ob dem Kläger nach Treu und Glauben anzusinnen war, auf jeden Fall und in anderer Weise, als er es getan hat, für die Sicherung dieser Möglichkeit auch über den März 1917 hinaus zu sorgen und ob ihr schließlicher Wegfall unter den gegebenen Umständen überhaupt auf ein Verschulden des Klägers im Sinne des § 300 BGB. zurückzuführen sei.

Mit Recht bekämpft die Revision endlich auch die Erwägungen, mit welchen das Oberlandesgericht die Unwirksamkeit des Selbsthilfeverkaufs (§ 383 BGB.) begründet. Unstreitig ist er durch das Schreiben vom 23. November 1915 dem Mitbeklagten G. angedroht worden. War dieser aber, wie der Kläger behauptet, von D. beim Eintritt in den Heeresdienst mit der Wahrnehmung seiner Interessen und seiner Vertretung Dritten gegenüber betraut worden, so hatte der Tod des Machtgebers nicht ohne weiteres das Erlöschen der Vollmacht zur Folge. Ob und wann sie endete, bestimmte sich vielmehr nach dem ihrer Erteilung zugrunde liegenden Rechtsverhältnis, nach dem Anlaß und Zwecke der Vollmacht. Eine Prüfung nach dieser Richtung hat das Oberlandesgericht unterlassen und dadurch gegen § 168 BGB. verstoßen. Daß für die Beurteilung der Rechtslage und des Willens der Beteiligten deren persönliche und wirtschaftliche Beziehungen zueinander von erheblicher Bedeutung sein können, bedarf kaum der Erwähnung.

Für den Fall der Fortdauer der Vollmacht über den 22. November 1915 hinaus war es aber für die Wirksamkeit der Verkaufsandrohung (§ 384 BGB.) ohne Belang, daß sie dem G. nicht ausdrücklich auch in seiner Eigenschaft als Vertreter des D. zugestellt wurde. Nach ihrem Inhalt und den sonstigen Umständen des Falles konnte G. nicht in

Zweifel sein, daß sie sich wie gegen ihn so auch gegen seinen Machtgeber als den Mitkäufer des zu versteigernden Inventars richtete. Damit war der Zweck der Androhung, die beiden Gläubiger in die Lage zu versetzen, die Versteigerung zu verhindern und die Pferde sich zu erhalten, erfüllt. Die entgegengesetzte Ansicht des Berufungsgerichts legt der äußeren Form des Benachrichtigungsschreibens ein zu großes Gewicht bei und stellt an dieses Anforderungen, die über das hinausgehen, was unter Berücksichtigung der Interessen des Schuldners und des Gläubigers nach dem Sinne und Zwecke des Gesetzes für notwendig, aber auch für genügend zu erachten ist. Diese Erwägungen treffen selbstverständlich erst recht für die beiden Briefe zu, welche der Kläger nach der Einziehung des D. noch zu dessen Lebzeiten durch K. und P. an G. gerichtet und in denen er ihn unter Androhung der Versteigerung zur Abnahme des Inventars aufgefordert haben will. Das war unter allen Umständen erheblich, und die dafür angetretenen Beweise hat das Oberlandesgericht unter Verstoß gegen § 286 ZPO. unbeachtet gelassen. Erheblich war auch die Eideszuschiebung über wiederholte mündliche Verkaufsandrohungen, welche der Kläger seiner Behauptung nach im Laufe des Jahres 1914 nicht nur dem G., sondern auch dem D. gegenüber ausgesprochen hat. Hielt der Berufungsrichter nach den Umständen des Falles genauere Angaben über den Zeitpunkt und den Ort der angeblichen Verkaufsankündigungen für geboten, dann war es gemäß § 139 ZPO. seine Pflicht, auf deren Nachholung hinzuwirken." ...

---

42. Rechtliche Beurteilung von Vereinbarungen, die eine Allgemeine Ortskrankenkasse mit einer besonderen Krankenkasse hinsichtlich der Übernahme von Angestellten der letzteren trifft, bevor es feststeht, ob es zu einer Vereinigung beider Kassen oder zu einer Schließung der besonderen Krankenkasse kommen wird.

BGB. § 328; RVO. §§ 239, 280, 288, 290, 302; EG. z. RVO. Art. 32.

III. Zivilsenat. Urt. v. 29. November 1918 i. S. R. (Kl.) w. Allgemeine Ortskrankenkasse B. (Bekl.). Rep. III. 255/18.

I. Landgericht I Berlin.
II. Kammergericht daselbst.

Der Ehemann der Klägerin war Angestellter der Ortskrankenkasse der Schneider, Schneiderinnen und verwandten Gewerbe zu B., welche anläßlich des Inkrafttretens des 2. Buches der Reichsversicherungsordnung am 1. Januar 1914 geschlossen wurde. In ihrem „Pensionsregulativ" waren Ruhegehaltsansprüche für die Angestellten und Fürsorgemaßnahmen für deren Witwen und Kinder vorgesehen. Die Mitglieder der geschlossenen Kasse fielen der Beklagten als der zur Allgemeinen Ortskrankenkasse des neuen Rechtes ausgestalteten früheren Allgemeinen Ortskrankenkasse zu B. zu. R. wurde von der Beklagten nach Maßgabe ihrer vom Oberversicherungsamte genehmigten Dienstordnung ohne Anrecht auf Ruhegehalt oder Hinterbliebenenfürsorge angestellt. Nach dem Tode ihres Ehemanns verlangte die Klägerin von der Beklagten eine Witwenrente. Das Versicherungsamt und das Oberversicherungsamt erklärten den Anspruch für unbegründet. Hierauf erhob die Klägerin Klage mit dem Antrag auf Zahlung einer Rente von jährlich 840 *M*. Sie stützte ihn auf die Behauptung, daß in einer gemeinsamen Sitzung von Vertretern der Vorstände der Allgemeinen Ortskrankenkasse zu B. als Rechtsvorgängerin der Beklagten, der Ortskrankenkasse der Schneider usw. und zweier anderer Ortskrankenkassen beschlossen worden sei, die Angestellten der Ortskrankenkasse der Schneider usw. sollten unter Aufrechterhaltung ihres Anspruchs auf Ruhegehalt und Hinterbliebenenfürsorge von der Beklagten übernommen werden. Mit diesen Abmachungen vom 2. Mai 1913 habe sich der Vorstand der Allgemeinen Ortskrankenkasse in dem an den Vorstand der Ortskrankenkasse der Schneider usw. gerichteten Schreiben vom 28. Mai 1913 ausdrücklich einverstanden erklärt.

Das Landgericht und das Kammergericht wiesen die Klage ab. Die Revision der Klägerin wurde zurückgewiesen aus folgenden

Gründen:

„Die Reichsversicherungsordnung bezweckte unter anderem die Leistungsfähigkeit der Versicherungsträger zum Vorteile der Versicherten zu steigern. Das sollte durch Beseitigung der vielen kleinen besonderen Krankenkassen, durch Schaffung großer und kapitalkräftiger Verbände und durch eine damit verbundene Vereinfachung und Verbilligung der Verwaltung erreicht werden. Diese Absicht wäre von vornherein vereitelt worden, wenn die neuen Rechtsgebilde gezwungen gewesen wären, sämtliche Angestellte der von Amts wegen geschlossenen oder auf Beschluß ihrer Ausschüsse aufgelösten Krankenkassen zu übernehmen. Deshalb sah sich der Gesetzgeber genötigt, unter Voranstellung der öffentlichen Interessen in die der Kassenangestellten und in deren wohlerworbene Rechte in einschneidender Weise einzugreifen. Nach der ausdrücklichen Vorschrift des § 302 RVO. und des Art. 32 EG. sollten ihre — nicht bereits früher ablaufenden — Verträge mit den bisherigen Kassen 12 Monate nach Mitteilung des ihnen unverzüglich bekannt zu gebenden Auflösungs- oder Schließungsbeschlusses enden (vgl. KommBer. zu Art. 32 EG., Drucks. des Reichstags 12. Leg.-Per. II. Sess. 1909/11

Nr. 1052). Damit war allen weiteren Ansprüchen der Angestellten, insbesondere solchen auf Ruhegehalt und Hinterbliebenenfürsorge, der Boden entzogen.

Sollte somit die Schließung oder Auflösung der für einzelne Gewerbezweige bestehenden besonderen Kassen die Regel bilden, so sah das Gesetz doch ausnahmsweise, nämlich wenn sie den Anforderungen der §§ 240 bis 242 RVO. genügten, auch die Möglichkeit ihrer weiteren Zulassung (§ 239 a. a. O.) und in diesem Falle zugleich die ihrer Vereinigung mit der Allgemeinen Ortskrankenkasse ihres Bezirkes zu einem beliebigen Zeitpunkte vor (§ 268 a. a. O.). Erfolgte ein solcher Zusammenschluß, so ging die bisherige besondere Kasse nicht — wie bei ihrer Schließung oder Auflösung — als Rechtssubjekt unter, sondern fand in der aufnehmenden Kasse eine Rechtsnachfolgerin, auf welche ihre gesamten Rechte und Pflichten übergingen (§ 288 RVO.) und welche deshalb auch gehalten war, die Beamten und Angestellten der aufgenommenen Kasse zu denselben oder zu gleichwertigen Bedingungen zu übernehmen (§ 290 RVO.).

Das war die künftige Rechtslage, welcher sich die Kassen gegenübersahen, deren Abgesandte sich in der Sitzung vom 2. Mai 1913 zur Beratung ihrer durch das demnächstige Inkrafttreten der Reichsversicherungsordnung bedingten Umbildung eingefunden hatten. Sie ließ es von vornherein ausgeschlossen erscheinen, daß die Allgemeine Ortskrankenkasse den Angestellten der kleinen Kassen mehr Rechte zuzugestehen beabsichtigt hätte, als das Gesetz ihnen gab, und daß sie sich in deren Interesse mit Verpflichtungen hätte belasten wollen, welche dem Geiste und dem Zwecke der Reichsversicherungsordnung zuwiderliefen. Beiden entspricht aber die — übrigens wesentlich auf tatsächlichem Gebiete liegende und rechtlich nicht zu beanstandende — Feststellung des Kammergerichts, daß die Versammlungsbeschlüsse hinsichtlich der Angestelltenübernahme nur für den Fall hätten gelten sollen, daß eine Vereinigung der Kassen nach Maßgabe der §§ 268, 280 flg. RVO. möglich wäre und zustande käme. Ausdrücklich unter der gleichen Voraussetzung wird in dem Briefe vom 28. Mai 1913 das Einverständnis der damaligen Berliner Allgemeinen Ortskrankenkasse mit den Versammlungsbeschlüssen vom 2. des genannten Monats erklärt. Anders als diese selbst konnte daher das erwähnte Schreiben von der Schneiderkrankenkasse nicht aufgefaßt werden. Eine Vereinigung der beiden Kassen ist jedoch nicht erfolgt und konnte auch nicht erfolgen, weil die Schneiderkrankenkasse ihren Antrag auf Zulassung wieder zurückzog und demnächst vom Oberversicherungsamte geschlossen wurde. Die Bedingung für das Wirksamwerden der Beschlüsse vom 2. Mai 1913 ist daher nicht eingetreten, so daß es ohne Belang ist, ob diese lediglich vorbereitender Natur waren oder — sei es bereits am 2. Mai 1913 oder infolge des Briefes vom 28. Mai — zu einem bindenden Abkommen zwischen der Ortskrankenkasse und der Schneiderkrankenkasse geführt hatten.

Auch der Erblasser der Klägerin ist, wie sein Verhalten zeigt, nicht der Ansicht gewesen, daß von der Schneiderkrankenkasse mit der Rechtsvorgängerin der Beklagten ein Vertrag zu seinen Gunsten geschlossen worden sei. Denn er hat sich am 2. Januar 1914 von der Beklagten zunächst für sechs Monate auf Probe anstellen lassen und sich so der Gefahr ausgesetzt, nach deren Ablaufe wieder entlassen zu werden. Bei seiner demnächstigen endgültigen Übernahme hat er sich der Dienstordnung der Beklagten unterworfen, obgleich er wußte, daß diese ihm einen Anspruch auf Ruhegehalt und Hinterbliebenenfürsorge nicht einräumte. Daß er während seiner Dienstzeit jemals mit der Behauptung aufgetreten sei, er könne Rechte aus seinem früheren Anstellungsvertrag oder aus einem zwischen der Schneiderkrankenkasse und der Allgemeinen Ortskrankenkasse zu Berlin getroffenen Abkommen gegen die Beklagte herleiten, ist von der Klägerin nicht geltend gemacht worden." ...

---

43. 1. Wird ein formloser Grundstücksveräußerungsvertrag durch die Auflassung und Eigentumseintragung gültig, wenn die Auflassung durch jemand vorgenommen wurde, der zu ihr von den Vertragsparteien in dem formlosen Kaufvertrage bevollmächtigt worden war?

2. Tritt die Heilung in der Folge ein, wenn die Vertragsparteien nachträglich die Auflassung genehmigen?

3. Wird von der Nichtigkeit eines formlosen Grundstücksveräußerungsvertrags die in ihm einem anderen erteilte Auflassungsvollmacht mit ergriffen?

4. Bedarf der Vergleich, durch den die Vertragsparteien einen formlosen Grundstücksveräußerungsvertrag gemäß § 141 BGB. bestätigen, der Form des § 313 BGB.?

BGB. §§ 313, 139, 141.

V. Zivilsenat. Urt. v. 13. November 1918 i. S. K. u. Gen. (Kl.) w. F. (Bekl.). Rep. V. 294/18.

I. Landgericht Wiesbaden.
II. Oberlandesgericht Frankfurt a. M.

Die Beklagte hatte durch notariellen Vertrag vom 2. September 1912 ihr Grundstück an die Klägerin zu 2 verkauft, worauf auch die Auflassung und die Eigentumseintragung erfolgten. Die Auflassung war durch den Kläger zu 1, den Ehemann der Klägerin zu 2, auf Grund der ihm im Kaufvertrage von beiden Vertragsparteien erteilten Vollmacht vorgenommen. Die Kläger machten demnächst die Nichtigkeit des Kaufvertrags geltend und begehrten mit ihrer Klage die Anerkennung der Nichtigkeit sowie die Rückgewährung der auf Grund des Vertrags gemachten Leistungen. Sie behaupteten namentlich, daß in der Vertragsurkunde der Kaufpreis unrichtig angegeben sei. Die Beklagte verteidigte sich insbesondere damit, daß die Parteien später (nach der Auflassung und der Eigentumseintragung) einen notariell beurkundeten Vergleich abgeschlossen hätten, durch den der (notarielle) Kaufvertrag bestätigt worden sei. Das Landgericht wies die Klage ab, auch die Berufung der Kläger blieb erfolglos. Der Revision der Kläger wurde stattgegeben aus folgenden

Gründen:

... „Das Berufungsgericht ist zu dem Ergebnis gelangt, daß die sämtlichen gegen die Rechtswirksamkeit der Rechtsgeschäfte vom 2. September 1912 gerichteten Angriffe gescheitert seien und daß sonach den Klagansprüchen der Boden schon deshalb entzogen sei, ohne daß es noch auf den Vergleich vom 30. April 1913 ankomme. Die Revision vertritt demgegenüber den Standpunkt, daß sowohl der Vergleich wie auch die zuvor bezeichneten Rechtsgeschäfte nichtig seien.

1. Daß der notarielle Kaufvertrag vom 2. September 1912 nichtig ist, weil in ihm als Kaufpreis die Summe von 160000 *M* angegeben worden ist, während der Preis in Wahrheit auf den Betrag von 180000 *M* vereinbart war, wie das Urteil ausdrücklich feststellt, nimmt auch das Berufungsgericht an. Es geht alsdann jedoch davon aus, daß die Vertragsparteien, abgesehen von dem beurkundeten Vertrag, an demselben Tage auch einen bloß mündlichen Vertrag mit dem Inhalte des genannten Vertrags abgeschlossen haben, unter der alleinigen Abweichung, daß hier der wahre Kaufpreis zugrunde gelegt wurde, und es meint, daß dieser nebenher gehende mündliche Vertrag durch die nachfolgende Auflassung nebst der ebenfalls erfolgten Eigentumsberichtigung gemäß § 313 Satz 2 BGB. seine volle Rechtsgültigkeit erlangt habe. Eben diese Auffassung beruht jedoch auf Rechtsirrtum....

Ein Zweifel besteht daran nicht, daß die beiden Vertragsparteien (die Beklagte einerseits und die mitklagende Ehefrau anderseits) die Auflassung nicht in Person vorgenommen haben, daß diese vielmehr durch den mitklagenden Ehemann in Vertretung beider Vertragsparteien und auf Grund der ihm von diesen erteilten Vollmacht bewirkt worden ist. Zunächst verbietet sich nun die Annahme des Berufungsgerichts, daß die im notariellen Vertrag erteilte Vollmacht trotz seiner sonstigen Nichtigkeit für sich rechtsgültig bestehen geblieben sei. Das Berufungsgericht führt selbst aus, daß die Erteilung der Vollmacht zur „Ausführung des Kaufvertrags" hat dienen sollen. War das aber der Fall, und daran kann ein begründeter Zweifel nicht bestehen, dann erscheint damit die beanstandete Annahme des Berufungsgerichts als unvereinbar. Hatte die Erteilung der Vollmacht auch mit dem Kaufe selbst nichts zu tun, so ist sie doch nur um der Erledigung dieses Geschäfts willen erfolgt, und sie bildete daher, wenn auch nicht einen Bestandteil des Kaufgeschäfts, so doch unfraglich einen Bestandteil des gesamten Vertrags, wie schon grundsätzlich davon auszugehen ist, daß im Zweifel alle Bestimmungen eines Vertrags nach der Parteiabsicht als ein zusammengehöriges einheitliches Ganze zu betrachten sind (RGZ. Bd. 72 S. 218). Es läßt sich auch nicht denken, daß die Vertragsparteien die Vollmacht selbst dann erteilt haben würden, wenn sie das Kaufgeschäft als nichtig angesehen hätten. Bei dieser Sachlage ist die Anwendbarkeit des Grundsatzes des § 139 BGB., daß, wenn auch nur ein Teil des Rechtsgeschäfts nichtig ist, das ganze Rechtsgeschäft von dieser Nichtigkeit ergriffen wird, unbedenklich gegeben. Keineswegs steht dem Berufungsgerichte das Urteil Bd. 81 S. 51 der Entscheidungen, auf das es sich beruft, zur Seite. Auch dort ist vielmehr die Auflassungsvollmacht aus dem Grunde, weil sie als ein „integrierender, unausscheidbarer Teil des kausalen Geschäfts" aufgefaßt wurde, unter Anwendung des § 139 für nichtig erklärt worden. Allerdings handelte es sich damals um eine unwiderrufliche Vollmacht. Aber der Umstand der Unwiderruflichkeit wurde nur mit zum Beweise dessen verwertet, daß die Vollmacht, die in einer besonderen Urkunde erteilt worden war, trotzdem als Bestandteil des in einer anderen Urkunde abgeschlossenen Hauptgeschäfts zu gelten hatte, und im gegenwärtigen Falle ergab sich die in der Vertragsurkunde selbst enthaltene Erklärung über die Bevollmächtigung des mitklagenden Ehemanns als Teil des Hauptgeschäfts ohnehin schon aus anderen Gründen; dies aber um so zweifelloser, als beide Vertragsparteien die nämliche Person bevollmächtigt hatten und hieraus zu folgern ist, daß sich die Einigung der Vertragsparteien zugleich auf die Art erstreckt hatte, wie der Vertrag zur Ausführung gebracht werden sollte.

Hat sich sonach der Gesichtspunkt des Berufungsurteils, daß die im notariellen Vertrag erteilte Vollmacht von seiner Nichtigkeit nicht betroffen sei, als unhaltbar erwiesen, so fällt damit sofort auch die Anschauung, als hätte der mitklagende Ehemann noch kraft jener Vollmacht die Auflassung auf Grund des nebenher gegangenen mündlichen Vertrags wirksam vornehmen können und als wäre die Auflassung aus diesem Grunde ein wirksames Rechtsgeschäft gewesen.

Des weiteren könnte freilich noch folgendes erwogen werden. Den Feststellungen des Berufungsgerichts gemäß wäre anzunehmen, daß die Vertragsparteien auch in dem nebenhergehenden mündlichen Vertrage die gleichen Erklärungen betreffs der Vollmachterteilung abgegeben haben, wie sie der notarielle Vertrag enthalten hat, und es könnte sich sonach die Frage erheben, ob nicht der Bevollmächtigte kraft dieser mündlich erteilten Vollmacht, die der Form nach ausgereicht hätte (§ 167 Abs. 2 BGB.), das Auflassungsgeschäft wirksam vollziehen konnte, oder ob nicht im Verneinungsfalle wenigstens die Annahme zulässig wäre, daß die Auflassung späterhin durch das Hinzutreten der Eigentumseintragung nach § 313 Satz 2 wirksam geworden ist. Beide Fragen haben jedoch ebenfalls verneint werden müssen. Die erstere deswegen, weil jetzt wiederum die Anschauung Platz greifen müßte, daß die Vollmachterteilung auch hier einen Bestandteil des gesamten Vertrags gebildet hätte und daß sie von der Nichtigkeit des Kaufvertrags, die sich nunmehr aus § 313 Satz 1 BGB. ergeben hätte, gemäß § 139 BGB. gleichfalls ergriffen wurde. Die Annahme sodann, daß die nachfolgende Eigentumsübertragung noch heilend hätte wirken können, erscheint um deswillen als unstatthaft, weil die Anwendbarkeit des § 313 Satz 2 voraussetzt nicht nur die Eigentumseintragung, sondern auch die Auflassung und unter dieser nur eine wirksame Auflassung verstanden sein kann. Die vom mitklagenden Ehemanne vorgenommene war aber wegen mangelnder Vollmacht unwirksam. Auch die Auffassung muß sonach als ausgeschlossen gelten, daß, weil die Heilung im Sinne des § 313 Satz 2 zurückwirke und sonach den Vertrag seinem ganzen Inhalte nach als von Anfang an rechtsgültig erscheinen lasse, im gegebenen Falle diese Heilung auch der Vollmachtserteilung zustatten gekommen sei. Denn immer fehlte es daran, daß die Heilung überhaupt hat eintreten können. Eine rechtlich fehlerhafte Auflassung kann nicht zur Beseitigung des ihr anhaftenden Mangels selbst mit beitragen. Erfordernis für die Anwendung des § 313 Satz 2 ist mithin, falls nichts weiteres hinzukommt, daß die Auflassung zur Zeit ihrer Vornahme eine rechtlich anstandslose war.

Im gegenwärtigen Falle kommt hinzu, daß der mitklagende Ehemann als Vertreter beider Parteien handeln sollte und gehandelt hat. Mit Wirksamkeit für und gegen die beiden Vertragsparteien konnte er jedoch gemäß § 181 BGB. nur dann handeln, wenn entweder die ihm dazu erteilte Ermächtigung, wie sie im Vertrag ausgesprochen war, von rechtlichem Bestande gewesen wäre oder wenn es sich um eine bloße Erfüllung bestehender Verpflichtungen gehandelt hätte Beide Voraussetzungen liegen hier aber nicht vor: die erteilte Ermächtigung war hinfällig geworden, und wegen der Nichtigkeit des Kaufvertrags bestanden erfüllbare Verpflichtungen überhaupt nicht. Zu bemerken ist schließlich im allgemeinen, daß das Formerfordernis des § 313 dazu dienen soll, die Beteiligten vor etwaigen schädlichen Übereilungen zu schützen, und daß die Vorschrift des Satzes 2 a. a. O. über die Heilbarkeit des Formmangels auf dem Gedanken beruht, daß die Beteiligten, die späterhin die Auflassung vornehmen, sich die Sache nochmals überlegt hatten. Anders ist es daher, wenn die Vertragsparteien das Auflassungsgeschäft selbst vornehmen, als wenn es durch Bevollmächtigte geschieht, die die

Vollmacht schon im Kaufvertrag erhalten haben und unter Umständen von der Vollmacht auch dann Gebrauch machen können, wenn die Beteiligten inzwischen ihre Absichten bereits geändert haben. Daß jemand, der nur eine unwirksame Vollmacht besitzt, den Mangel sich selbst beseitigt, ist ausgeschlossen.

... Anders wäre es nur, wenn man, davon ausgehend, daß der mitklagende Ehemann als auftragloser Geschäftsführer gehandelt hat und daß somit das von ihm vorgenommene Rechtsgeschäft durch spätere Genehmigung wirksam hätte werden können (§ 177 BGB.), annehmen dürfte, daß auf solche Weise die Auflassung nachträglich wirksam geworden ist; oder wenn die Behauptung der Beklagten zutreffend wäre, daß alle etwaigen Mängel des Kaufvertrags durch den späteren Vergleich vom 30. April 1913, im Sinne einer Bestätigung gemäß § 141 BGB., als beseitigt gelten müßten. Weder die eine noch die andere Voraussetzung ist jedoch erfüllt. Daß die Vertragsparteien die auftraglose Geschäftsführung nachträglich genehmigt hätten, ist nicht einmal behauptet worden, und eine solche Genehmigung läßt sich auch aus nichts entnehmen. In Betracht könnte auch hier höchstens der genannte Vergleich kommen. Aber, abgesehen davon, daß der Vergleich sich nur über den notariellen Kaufvertrag verhält und auch selbst, wie nachfolgend erörtert werden soll, nichtig ist, widerspräche es offenbar dem Willen der Parteien selbst, wenn man annehmen wollte, daß sie die Auflassung auch für den Fall hätten genehmigen wollen, daß trotz des Vergleichs ein gültiger Kaufvertrag nicht gegeben wäre. Dieser Fall liegt nun aber in der Tat vor, da der Vergleich überhaupt nicht imstande war, die Nichtigkeit des förmlichen oder des nebenher gehenden mündlichen Vertrags zu beseitigen, noch auch geeignet ist, eine Verpflichtung zur Leistung gemäß § 141 Abs. 2 BGB. von neuem zu begründen.

2. Die Nichtigkeit des Vergleichs erhellt aus folgender Betrachtung. Die in der Vergleichsurkunde enthaltenen Erklärungen, die die Bestätigung des Kaufvertrags vom 2. September 1912 ergeben sollen, beziehen sich, wie der ganze Inhalt der Urkunde außer Zweifel setzt, ausschließlich auf den notariell beurkundeten Vertrag. Dieser Vertrag war aber für die Vertragsparteien, wie festgestellt ist, überhaupt nicht maßgebend; für sie hatte vielmehr die verbindliche Geltung nur der mündliche Kaufvertrag. Auch die Auflassung ist nach der Annahme des Berufungsgerichts lediglich auf Grund des letzteren Vertrags erfolgt. Demgemäß können die Vertragsparteien (mit Einschluß des mitklagenden Ehemanns) auch nur die Bestätigung des mündlichen Vertrags in Absicht gehabt haben. Einen Vertrag zu bestätigen, der überhaupt nicht als der maßgebliche angesehen wurde, hätte keinen Sinn gehabt. Daraus folgt aber, daß die Kläger der Bestätigung halber Erklärungen haben beurkunden lassen, die sich mit ihrem wirklichen Willen nicht deckten, und daß

anderseits das, was in Wahrheit beabsichtigt war, nämlich die Bestätigung des mündlichen Vertrags, in den urkundlichen Erklärungen keinen Ausdruck gefunden hat, wie in der Vergleichsurkunde davon, daß in der Vertragsurkunde ein falscher Preis angegeben war und daß nunmehr auch auf Geltendmachung dieses Anstandes verzichtet werden solle, aus begreiflichen Gründen überhaupt nichts verlautet. Endlich läßt sich auch nicht bezweifeln, daß die Kläger bei Abgabe ihrer in gewissem Sinne nur zum Schein abgegebenen Erklärungen im Einverständnis mit der Beklagten gehandelt haben, die wußte, daß in Wirklichkeit nur die Aufrechterhaltung des mündlichen Vertrags beabsichtigt sein sollte und sein konnte. Sonach sind die Voraussetzungen des § 117 BGB. erfüllt.

Im übrigen ist auch zu erwägen, daß einer Bestätigung des beurkundeten Vertrags vom 2. September 1912 sachlich überhaupt keine Bedeutung beigelegt werden könnte, da dieser Vertrag an sich für die Vertragsparteien selbst bedeutungslos war. Daß sie infolge des Vergleichsabschlusses fortan nicht mehr den Preis von 180000 *M*, sondern nur einen solchen von 160000 *M* hätten als maßgebend gelten lassen wollen, ist nicht einmal behauptet worden. Und wollte man schließlich erwägen, ob nicht auch neben dem beurkundeten Vergleiche mit einer noch nebenher gehenden mündlichen Bestätigung des mündlichen Kaufvertrags zu rechnen sei, so wäre der Beklagten auch damit nichts geholfen da gemäß § 141 BGB. nur eine Bestätigung von Wirksamkeit sein würde, bei der die Form des § 313 BGB. beobachtet worden wäre; denn nur in diesem Falle könnte die Bestätigung als „erneute Vornahme“ des zu bestätigenden Grundstücksveräußerungsvertrags gelten, während eine Heilung des Formmangels im Sinne des § 313 Satz 2 durch die am Tage des Vergleichs bereits erfolgte Auflassung und Eintragung nicht in Frage kommen kann. Es ist vom Reichsgerichte zwar wiederholt ausgesprochen worden, daß Vergleiche auch in bezug auf die durch einen Grundstücksveräußerungsvertrag begründeten Rechtsverhältnisse der Form des § 313 nicht bedürftig sind (vgl. Jur. Wochenschr. 1902 Beil. 233 Nr. 105; Warneyer 1910 Nr 200; Gruchot Bd. 54 S. 910). Indes in seinem Urteile vom 29. Mai 1911 Rep. V. 540/10 hat der erkennende Senat bereits die Einschränkung gemacht, daß der angeführte Grundsatz dann nicht anwendbar sei, wenn die Verpflichtung des Verkäufers zur Grundstücksübertragung von neuem übernommen werde, und sollte es sich in dem hier gegebenen Falle bei der Bestätigung des nichtigen Kaufvertrags vom 2. September 1912 um dessen erneute Vornahme handeln, dann war das nicht anders denkbar, als daß auch die Beklagte von neuem die Verpflichtung übernahm, ihrer Veräußerungspflicht nachzukommen, ungeachtet dessen, daß die Auflassung bereits erfolgt war. Denn die Bestätigung hätte nicht zur Folge gehabt, daß der Vertrag rechtsbeständig „von Anfang an“ geworden wäre, sondern nur, daß die Parteien selbst verpflichtet wurden, einander zu gewähren, was bei Gültigkeit des Vertrags „von Anfang an" schon damals zu gewähren gewesen wäre (§ 141 Abs. 2). Daß es sich bei dem beurkundeten Vertrage vom 30. April 1913 um einen Vergleich im Sinne des § 779 BGB. gehandelt hat, kann als zutreffend erachtet werden, da die Kläger ihrerseits den ausgeführten Einwendungen gegen die Rechtsgültigkeit des Vertrags entsagten und die Beklagte anderseits Stundung ihrer fällig gewordenen und vollstreckbaren Forderungen gewährte, von ihren Ansprüchen aus dem Vertrag also ebenfalls etwas aufgab.

Aus den erörterten Gründen mußte das Berufungsurteil der Aufhebung unterliegen. Welche Ansprüche aus der Klage zuzubilligen sein werden, bedarf, da hierüber eine sachliche Erörterung noch fehlt, einer weiteren Prüfung." ...

---

44. Unterliegt in Ehescheidungssachen, wenn das Berufungsgericht teilweise zugunsten der einen, teilweise zugunsten der anderen Partei erkannt und nur eine Partei Revision eingelegt hat, die zur Aufhebung und Zurückverweisung führt, das ganze Berufungsurteil der Aufhebung?

V. Zivilsenat. Urt. v. 16. November 1918 i. S. H. Ehefrau (Kl.) w. H. Ehemann (Bekl.). Rep. V. 211/18.

I. Landgericht Essen.
II. Oberlandesgericht Hamm.

Beide Parteien klagten, ungefähr gleichzeitig, in getrennten Akten auf Ehescheidung. Die Klage der Frau stützte sich auf einen unbestrittenen Ehebruch des Mannes, der ihr den Einwand der Verzeihung entgegensetzte. Der Mann begründete seine Klage damit, daß ihm seine Frau durch ihr Verhalten, das die Ehe schon vor dem am 11. März 1914 begangenen Ehebruch zerrüttet habe, die Fortsetzung der Ehe unmöglich gemacht habe.

Das Landgericht, das beide Rechtsstreitigkeiten verbunden hatte, wies die Klage des Mannes ab und schied auf die Klage der Frau die Ehe, den Mann für den allein schuldigen Teil erklärend. Hiergegen legte der Mann Berufung ein und behauptete jetzt auch noch einen Ehebruch der Frau. Er beantragte, die Klage der Frau abzuweisen, dagegen auf seine Klage die Ehe zu scheiden und die Frau für den allein schuldigen Teil zu erklären. Das Berufungsgericht gab der Berufung insofern statt, daß es die Klage der Frau abwies; aber es beließ es bei der Abweisung der Klage des Mannes. Mit der Revision begehrt dieser, daß die Ehe auf seine Klage unter Alleinschuldigerklärung der Frau geschieden werde, während die Frau nur beantragt, die Revision zurückzuweisen. Das Berufungsurteil wurde wegen prozessualer Mängel aufgehoben und die Sache an das Berufungsgericht zurückverwiesen.

Aus den Gründen:

... „Wegen dieser prozessualen Mängel mußte das angefochtene Urteil aufgehoben werden, und zwar ohne die vom Revisionskläger beantragte Beschränkung auf den ihm zum Nachteile gereichenden Teil der Entscheidung, nämlich die Abweisung seiner Klage. Der vom Reichsgerichte von jeher festgehaltene Grundsatz der Notwendigkeit einheitlicher Entscheidung in Ehesachen führt dazu, daß durch die Einlegung eines Rechtsmittels von seiten auch nur einer Partei die Rechtskraft des Urteils im ganzen Umfange gehemmt wird (vgl. RGZ. Bd. 58 S. 313, Bd. 64 S. 317). Das hat zur Folge, daß, wenn auch nur von einer Partei Revision eingelegt und die Aufhebung des Urteils, soweit es ihr zum Nachteile gereicht, beantragt ist, dennoch, falls die Revision begründet erscheint und eine Aufhebung und Zurückverweisung erforderlich wird, das ganze Berufungsurteil aufgehoben werden muß, damit in der neuen Berufungsinstanz eine einheitliche und gleichzeitige Entscheidung über den ganzen Prozeßstoff erfolgen kann (vgl. RGZ. Bd. 58 S. 307; RG. IV. 530/04, Urteil vom 5. Dezember 1904, IV. 433/15, Urteil vom 29. Mai 1916; Warneyer 1916 Nr. 259).

Einem solchen Verfahren steht die in den §§ 536 und 559 ZPO. enthaltene Beschränkung der Prüfung und Entscheidung auf die gestellten Anträge (Verhandlungsmaxime) nicht entgegen. Zwar finden diese Vorschriften auch in Ehescheidungssachen Anwendung, aber ihre Bedeutung geht nur dahin, daß bei der Entscheidung über die Sache selbst einer Partei nicht etwas zugesprochen werden darf, was sie nach den von ihr bis zum Schlusse der mündlichen Verhandlung, auf die das Endurteil ergeht, gestellten Anträgen nicht beansprucht hat (vgl. RGZ. Bd. 64 S. 317, V. 385/15, Urteil vom 29. Januar 1916 — Jur. Wochenschr. 1916 S. 751 Nr. 17 —, angef. Urteil IV. 433/15). Dagegen beziehen sich diese Vorschriften, wie das Reichsgericht auch bereits ausgesprochen hat (RGZ. Bd. 58 S. 256), nicht auf Fragen des Verfahrens, die dem Belieben der Parteien entzogen sind, und es bildet deshalb der engere Antrag des Revisionsklägers kein Hindernis für die Aufhebung des ganzen Urteils zum Zwecke der durch die Vorschriften über das Verfahren in Ehesachen gebotenen einheitlichen Entscheidung."

---

45. 1. Steht § 1114 BGB., der die hypothekarische Belastung eines Grundstückbruchteils nur gestattet, wenn er in dem Anteil eines Miteigentümers besteht, der Eintragung von Ersatzhypotheken auf Miteigentumsanteilen entgegen, die durch Zuschlag an denselben Ersteher wiedervereinigt und damit beseitigt sind?

2. Besteht die Möglichkeit, daß solche Ersatzhypotheken, nachdem sie eingetragen worden sind, in der Folge aufrücken und befriedigt werden oder sind sie als gegenstandslos zu löschen?

ZwVG. §§ 50, 125, 19, 20, 90, 130; ZPO. § 864 Abs. 2; BGB. §§ 1114, 894, 1169.

V. Zivilsenat. Urt. v. 23. November 1918 i. S. Volksbank u. Gen. (Bekl.) w. P. (Kl.). Rep. V. 246/18.

I. Landgericht Beuthen.
II. Oberlandesgericht Breslau.

Auf dem Grundstücke Deutsch P. Bd. 5 Bl. 117, dessen Alleineigentümer früher der Beklagte Martin B. war, hafteten in Abt. III Nr. 5: 6000 ℳ Darlehn, mit $4\frac{1}{2}$ % verzinslich, für die Kreissparkasse, Nr. 6: 5000 ℳ Darlehn mit $4\frac{1}{2}$ % Zinsen für die Kaufmannswitwe Amalie J.

Am 6. November 1899 ließ Martin B. die Miteigentumshälfte schenkungsweise seiner Ehefrau, der Mitbeklagten Pauline B., auf, und es kamen dann im Jahre 1904 die beiden Eigentumshälften nacheinander zur Zwangsversteigerung. Beide Eigentumsanteile erstand der Kläger, und zwar zuerst durch Zuschlagsbescheid vom 10. März 1904 den des Martin B., dann durch Zuschlag vom 26. Oktober 1904 den der Pauline B. Beide Male wurde die Hypothek der Kreissparkasse als im geringsten Gebot enthalten übernommen, von den 5000 ℳ Abt. III Nr. 6 blieben 3205,11 ℳ unter Freigabe des andern Anteils auf dem früheren Anteile von Martin B., der Rest von 1794,89 ℳ unter dessen Freigabe auf dem früheren Anteile der Pauline B. stehen. Außerdem aber wurde, da die Hypothek der Kreissparkasse von 6000 ℳ bei beiden Zwangsversteigerungen in vollem Umfange berücksichtigt war, gemäß den §§ 50, 125 ZwVG. zur Sicherung der bedingten Ersatzzahlungsverpflichtung zunächst in Abt. III Nr. 17 bzw. 18 je eine Sicherungshypothek von 6000 ℳ eingetragen und dann am 30. Juni 1905 eine Ersatzverteilung vorgenommen, wobei „für den Fall und insoweit, als das Recht auf Befriedigung aus der Sparkassenhypothek nach Maßgabe der besonderen Vorschriften über die Gesamthypothek erlösche", zunächst die Ersatzhypothek Nr. 17 auf dem früheren Anteile von Martin B. und dann die Ersatzhypothek Nr. 18 auf dem früheren Anteile der Pauline B. in bestimmter Reihenfolge und in bestimmten Beträgen den ausgefallenen Berechtigten, den Beklagten Nr. 1 bis 3, und in letzter Linie den früheren Eigentümern, den Beklagten Nr. 4, 5, zugeteilt wurde.

Mit der im Mai 1917 erhobenen Klage verlangt der Kläger die Löschung der Ersatzhypotheken, indem er geltend macht, daß zwar die erste Ersatzhypothek zu Recht eingetragen worden sei, nicht aber die zweite, nachdem er auch die andere Hälfte erworben habe und so Alleineigentümer geworden sei (§ 1114 BGB.). Aber auch die erste Ersatzhypothek auf dem früheren Anteile von Martin B. sei deswegen gegenstandlos geworden und müsse gelöscht werden, weil die Bedingung, daß die Sparkassenhypothek nach den Vorschriften über die Gesamthypothek auf dem Anteil erlösche, nicht mehr eintreten könne, nachdem beide Anteile wieder in einer Hand vereinigt seien.

Das Landgricht trat dem bei und verurteilte nach dem Klagantrage die Beklagten zur Löschung bzw. Duldung dieser Löschung. Ihre Berufung ist vom Oberlandesgerichte zurückgewiesen, auf ihre Revision aber das Berufungsurteil aufgehoben und unter Abänderung des landgerichtlichen Urteils die Klage abgewiesen worden.

Aus den Gründen:

... „Die Klage, die nach den §§ 894, 1169 BGB. (vgl. RGZ. Bd. 86 S. 301/5, Bd. 91 S. 218/26; Jur. Wochenschr. 1916 S. 910 Nr. 7) berechtigt erscheinen könnte, wenn ihre Voraussetzungen zuträfen, stützt sich auf zwei Gründe.

1. Es sei zum mindesten die Ersatzhypothek Nr. 18 auf dem früheren Anteile der Pauline B. hinfällig, weil dieser Anteil durch den Zuschlag an den früheren Ersteher des andern Anteils — der dadurch gemäß § 90 ZwVG. Alleineigentümer des Grundstücks geworden sei — zu bestehen aufgehört habe und nach § 1114 BGB. mit einer Sonderhypothek nicht mehr habe belastet werden dürfen. Diesen Grund hat das Landgericht unter Bezugnahme auf die Entscheidungen des Kammergerichts in Johows Jahrbuch Bd. 23 A S. 230, Bd. 26 A S. 157/160 für zutreffend erachtet, das Oberlandesgericht hat sich darüber nicht ausgelassen. Der Grund berührt die Ersatzhypothek auf dem früheren Anteile des Martin B. (Abt. III Nr. 17) überhaupt nicht, kann aber auch für die Ersatzhypothek Abt. III Nr. 18 nicht für durchgreifend erachtet werden. Die Vertreter dieser Ansicht berücksichtigen nicht, daß der Eigentumsübergang des § 90 ZwVG. nicht für sich allein, losgelöst von den anderen Vorschriften dieses Gesetzes, insbesondere der Kaufgelderbelegung und den Eintragungen im Grundbuche, betrachtet werden kann. Er wird in seinen Wirkungen gehemmt durch die Beschlagnahme des Grundstücks und deren Eintragung im Grundbuche (§§ 19, 20 ZwVG.) und erlangt seine volle Wirkung erst, wenn nach der Kaufgelderbelegung auf Ersuchen des Vollstreckungsrichters die daraus sich ergebenden Eintragungen im Grundbuche vorgenommen und der Versteigerungsvermerk gelöscht wird (§ 130 ZwVG., vgl. auch Stillschweig in der Jur. Wochenschr. 1914 S. 9). Aber auch vom Standpunkte des Kammergerichts würde das Löschungsbegehren aus diesem Grunde nicht ohne weiteres berechtigt sein. Denn das Kammergericht verlangt, daß

in einem Falle wie dem vorliegenden die Ersatzhypothek an Stelle des erloschenen Anteils auf dem ganzen Grundstück eingetragen wird, und zur Bewilligung einer solchen Eintragung hat sich der Kläger nicht bereit erklärt.

2. Die Bedingung der Ersatzhypotheken soll überhaupt nicht mehr eintreten können und deshalb sollen die Ersatzhypotheken gegenstandslos geworden sein. Dieser von beiden Vorderrichtern für zutreffend erachtete Grund wird von der Revision mit Recht angegriffen.

Zunächst ist nicht einzusehen, warum die beiden jetzt vereinigten, aber verschieden belasteten Anteile nicht in der Folge durch freiwillige Veräußerung (Auflassung, Testament) aus irgendwelchen Gründen sollten wiederhergestellt werden können. Aber auch wenn man davon absieht, bietet sich die in der Berufungsinstanz von den Beklagten vorgebrachte und vom Berufungsrichter erörterte Möglichkeit, daß wegen der auf die früheren Anteile erteilten Hypothek Nr. 6 gemäß § 864 Abs. 2 ZPO. die früheren Anteile als solche zur Zwangsversteigerung kommen. Der Berufungsrichter erkennt dies an, hält es aber für einflußlos, weil die Hypothek der Kreissparkasse dadurch nicht berührt werden und nicht nach den Vorschriften über die Gesamthypothek erlöschen könne. Die Befugnis zur Anteilsversteigerung nach der Vorschrift des § 864 Abs. 2 ZPO. (vgl. auch RGZ. Bd. 20 S. 270; Gruchot Beitr. Bd. 55 S. 670; Jäckel-Güthe, Zwangsversteigerungsgesetz, Vorbem. vor. § 1 Anm. 5, 6) stehe der Sparkasse nicht zu, weil Anteile von Miteigentümern nach der Vereinigung nicht mehr vorhanden seien und ihre Hypothek nicht mehr die verschwundenen Anteile, sondern nur noch das ganze Grundstück belaste. Eine Anteilsversteigerung sei vielmehr nur auf Antrag der Gläubigerin Abt. III Nr. 6 möglich. Dann sei aber die Sparkassenhypothek in das geringste Gebot aufzunehmen und könne nicht erlöschen. Dabei ist jedoch, wie die Revision mit Recht gerügt hat, übersehen, daß die Anteilsversteigerung der Witwe J. dazu führen kann, daß die Anteile durch die Zwangsversteigerung wieder in verschiedene Hände kommen und so der frühere Zustand wiederhergestellt wird. Infolgedessen erübrigt sich das Eingehen auf die Frage, ob die Vorschriften des Zwangsversteigerungsgesetzes, insbesondere eine etwaige analoge Anwendung des § 64 a. a. O. (vgl. Jäckel-Güthe Anm. 2 Abs. 2, 7, 13), nicht auch sonst die Möglichkeit des Aufrückens und einer gänzlichen oder teilweisen Befriedigung der Ersatzhypotheken begründen könnten." ...

---

46. Unterliegt das einem Dienstverpflichteten gegebene Ruhegehaltsversprechen der Formvorschrift des § 761 BGB.?

III. Zivilsenat. Urt. v. 29. November 1918 i. S. B. (Kl.) w. E. u. Gen. (Bekl.). Rep. III. 277/18.

I. Landgericht Mainz.
II. Oberlandesgericht Darmstadt.

Der Ehemann der Klägerin war lange Jahre hindurch bis zu seinem Austritt am 1. Juli 1907 zuletzt als Braumeister im Dienste der Rechtsvorgänger der Beklagten zu 1, des Brauereiinhabers O. und dann der Aktiengesellschaft W. Br. Nach der Behauptung der Klage ist ihm einige Zeit vor dem Austritte mündlich die Zusage eines lebenslänglichen Ruhegehalts gegeben worden. Tatsächlich hat er auch ein solches bis 1. Oktober 1910 bezogen. Mit der Klage wird die Bezahlung des Ruhegehalts bis zum Tode des Ehemanns der Klägerin (10. Juni 1915) verlangt. Das Landgericht wies die Klage wegen mangelnden Beweises der Zusage ab. Das Berufungsgericht wies die Berufung zurück, weil das Ruhegehaltsversprechen einen Leibrentenvertrag darstelle, der mangels der schriftlichen Form nichtig sei. Auf die Revision ist dieses Urteil aufgehoben und die Sache an das Berufungsgericht zurückverwiesen worden aus folgenden

Gründen:

... „Das Berufungsgericht hat zur Begründung seiner Rechtsauffassung ausgeführt: wenn auch, wie dies schon in RGZ. Bd. 80 S. 208 dargelegt sei, ein einem Angestellten gegebenes Ruhegehaltsversprechen für die Regel keinen Leibrentenvertrag begründe, so rechtfertige doch die Sachlage des vorliegenden Falles eine Ausnahme. Es handle sich nicht um die Zusage eines Ruhegehalts in einem Dienstvertrage, bei dem das Ruhegehalt als eine gehaltsgleiche Vergütung durch die Dienstleistungen noch zu erdienen und von diesen abhängig sei. Vielmehr sei das Ruhegehaltsversprechen gegen Aufgabe der Rechte aus dem Dienstvertrage zu dessen Ablösung erteilt worden, und es habe den Bediensteten ohne weiteres in die Rechte auf den Bezug des Ruhegehalts eingesetzt, ohne daß diese Rechte von Gegenleistungen des Bediensteten, insbesondere seinen Dienstleistungen, abhängen sollten.

Diese Ausführungen des Berufungsgerichts verkennen den Begriff und die Voraussetzungen des Leibrentenvertrags. Er ist ein eigenartiger Vertrag, der dem Versprechensempfänger ein Grundrecht auf eine Rente verschafft, aus dem sich die Ansprüche auf die einzelnen Bezüge ableiten. Wesentlich ist hierbei, daß dieses Grundrecht lediglich nach Maßgabe des Vertrags unabhängig und losgelöst von sonstigen Beziehungen und Verhältnissen der Parteien gewährt wird. Deshalb hat auch das Reichsgericht eine Leibrente dann verneint, wenn gemäß den Vereinbarungen der Parteien an Stelle ursprünglicher Schadensersatz- oder Erbansprüche lebenslängliche Renten festgesetzt wurden (RGZ. Bd. 89 S. 259; Bd. 91 S. 6); denn die wahre Grundlage dieser Rentenversprechen waren die schon vor dem Vertragsschlusse vorhandenen Ansprüche auf Schadensersatz und aus Erbrecht. Ähnlich verhält es sich mit dem einem Angestellten gegebenen Ruhegehaltsversprechen. Ein solches Versprechen wird dem Angestellten als Gegenleistung für seine Dienste gegeben. Hierbei ist es gleichgültig, ob das Versprechen während der Dienstzeit oder bei deren Ablauf erfolgt. Auch die nachträgliche Vergütung, selbst die für ursprünglich unentgeltliche Dienste, ist keine Schenkung (RGZ. Bd. 75 S. 327). Das Ruhegehaltsversprechen steht also in engem Zusammenhange mit dem Dienstverhältnis und wird nicht selbständig und unabhängig von den Dienstleistungen gewährt. Es widerstreitet auch durchaus der Verkehrsauffassung, derartige Ruhegehaltsversprechen als Leibrentenverträge aufzufassen, und der Verkehrsauffassung kommt, wie schon RGZ. Bd. 80 S 208 betont hat, für die Begrenzung des Begriffs dieser Verträge deshalb eine besonders wesentliche Bedeutung zu, weil nach der Begründung des Gesetzes die nähere Begriffsbestimmung der Wissenschaft und Praxis überlassen worden ist. Der vorliegende Fall läßt keine besonderen Umstände erkennen, die die Annahme eines Leibrentenvertrags rechtfertigen könnten. Das Ruhegehaltsversprechen ist auch dann eine nachträgliche Vergütung für die in langer Dienstzeit vom Erblasser der Klägerin geleisteten Dienste, wenn es ohne dessen weitere künftige Leistungen zwecks Ablösung des Dienstvertrags gegeben wird. Übrigens ergibt sich aus der von den Beklagten vorgelegten Urkunde vom 3. Juni 1907, daß der Erblasser der Klägerin bei seinem Austritt ein Wettbewerbsverbot auf sich genommen hat. Hiernach war das behauptete Ruhegehaltsversprechen kein Leibrentenvertrag und bedurfte nicht der gesetzlichen Schriftform." ...

---

47. Anspruch der Offiziere auf das zweite Mobilmachungsgeld, soweit es zur Erneuerung der Feldausrüstung bestimmt ist (Kabinettsorder vom 24. Februar 1915, ArmeeVerBl. S. 86 Nr. 147). Zulässigkeit des Rechtswegs; Voraussetzung des Anspruchs.

III. Zivilsenat. Urt. v. 29. November 1918 i. S. Deutsches Reich (Bekl.) w. L. (Kl.). Rep. III. 260/18.

I. Landgericht Kiel.
II. Oberlandesgericht daselbst.

Der Kläger gehörte zu Anfang des Krieges einem mobilen Regiment als Offizier der Reserve an. Am 13. Oktober 1914 rückte er ins Feld; am 23. Dezember 1914 kam er wegen einer Verwundung in die Heimat zurück, am 15. Februar 1915 wurde er zu einer immobilen Formation versetzt. Vom 13. April 1915 bis 1. Oktober 1916 war er als Marinebaurat angestellt. Auf Veranlassung der Militärverwaltung und auf Anordnung des Reichsmarineamts wurden ihm an dem Gehalt, das er in dieser Eigenschaft bezog, 250 M mit der Begründung gekürzt, er habe das ihm am 10. März 1915 mit 500 M ausgezahlte zweite Mobilmachungsgeld zu der für die Erneuerung der Feldausrüstung bestimmten Hälfte nicht zu beanspruchen gehabt. Im jetzigen Rechtsstreite fordert der Kläger die Zahlung der einbehaltenen Gehaltsbeträge nebst Zinsen. Das Landgericht wies die Klage ab, der Berufungsrichter sprach sie zu. Auf die Revision des Beklagten ist das Berufungsurteil aufgehoben und die Berufung des Klägers zurückgewiesen worden.

Aus den Gründen:

... „Mit Recht hat sich der Vorderrichter für befugt erachtet, über die Gegenforderung zu befinden. Zwar findet diese Ansicht ihre Rechtfertigung nicht schon in dem vom Berufungsgericht an erster Stelle betonten Umstande, daß der Anspruch aus einer ungerechtfertigten Bereicherung des Klägers abgeleitet wird. Denn hätte über den öffentlichrechtlichen Anspruch des Klägers, von dessen Nichtbestehen die Gegenforderung abhängt, ausschließlich die Militärbehörde zu entscheiden, so könnte jener auch nicht unter der Hülle eines Bereicherungsanspruchs vor den Richter gebracht werden (RGZ. Bd. 67 S. 402, Bd. 70 S. 398, Bd. 89 S. 421, 424). Wie jedoch das Berufungsgericht an zweiter Stelle zutreffend ausführt, ist — durch § 1 des Gesetzes vom 24. Mai 1861 — für die Ansprüche der Offiziere aus dem Dienstverhältnis der Rechtsweg eröffnet, und es ist kein stichhaltiger Grund ersichtlich, der es rechtfertigte, den Anspruch auf das Mobilmachungsgeld hiervon auszunehmen. Die Revision glaubt entgegenhalten zu können, daß die Kriegsgebührnisse der Offiziere ihre Rechtsgrundlage nicht wie die Friedensbezüge im Besoldungsgesetze haben, sondern auf einer Bewilligung des obersten Kriegsherrn beruhen. Sie läßt unberücksichtigt, daß die Kabinettsorder vom 24. Februar 1915, auf die der Kläger den Anspruch auf das Mobilmachungsgeld stützt, gleich dem Besoldungsgesetz eine objektive Rechtsnorm ist, die, ebenso wie dieses in bezug auf den Gehalt, hinsichtlich der Ausrüstungsgebührnisse Rechtsansprüche der Offiziere begründet (RGZ. Bd. 89 S. 250 flg. und S. 253 flg.). Demgegenüber verfängt auch der weitere Einwand der Revision nicht, daß mit der Zulassung des Rechtswegs für die Geltendmachung der Kriegsbezüge den Gerichten auch die Entscheidung eines etwaigen Streites über die Zugehörigkeit eines Offiziers zu einem mobilen Truppenteil, also die Beantwortung einer Frage zufallen müsse, welche sachgemäß vielfach nicht ohne Einsicht in den streng geheim zu haltenden Mobilmachungsplan zu entscheiden sei. Diese Erwägung kann um so weniger ausschlaggebend sein, als auch der § 2 Nr. 1 des Reichsgesetzes vom 4. August 1914 (RGBl. S. 328) den Gerichten die Entscheidung in der bezeichneten Richtung anvertraut hat, und Zweifel, die bei der Anwendung dieser Vorschrift darüber entstanden, ob ein Heeresteil mobil sei, durch die Einholung von Auskünften der zuständigen Militärbehörden regelmäßig eine befriedigende Lösung fanden.

In der Sache selbst erweisen sich die Angriffe der Revision als begründet. Schon aus der Kabinettsorder vom 24. Februar 1915 ergibt sich, daß nicht ein viermonatiges Mobilsein schlechthin, sondern ein solches in einer Kriegsfeldstelle die Voraussetzung für den Anspruch der Offiziere auf die streitige Hälfte des zweiten Mobilmachungsgeldes bildet. Nach § 33 Nr. 1 der Kriegsbesoldungsvorschrift ist das Mobilmachungsgeld eine Beihilfe zur Ausrüstung für das Feldverhältnis. Es steht nach der Bestimmung in § 33 Nr. 3 das. dem Berechtigten nach Maßgabe der Kriegsstelle zu, mit der er beliehen oder als deren Inhaber er zu behandeln ist. Hiernach ist es der durch den Aufenthalt im Felde bedingte Mehraufwand für Ausrüstungsgegenstände, zu dessen Bestreitung das Mobilmachungsgeld beitragen soll. Wenn nun die Kabinettsorder vom 24. Februar 1915 anordnet, daß den Offizieren zum Zwecke der Erneuerung der Feldausrüstung eine weitere Beihilfe gewährt werden soll, so muß angenommen werden, daß die Vorschrift die Erneuerung im Auge hat, welche durch den Feldaufenthalt notwendig wird, und daß für die hierdurch entstehende Abnützung der Ausrüstungsgegenstände eine Entschädigung geboten werden soll. Die Bestimmung der Kabinettsorder unter 2, welche als bezugsberechtigt die Offiziere bezeichnet, die zur Zeit mindestens vier Monate mobil sind oder waren, ist dann aber folgerichtig dahin auszulegen, daß unter dem viermonatigen Mobilsein das Mobilsein in einer Feldstelle verstanden wird. Das Berufungsgericht ist der Ansicht, daß viermonatiges Mobilsein schlechthin genüge, und führt aus, daß die Hervorhebung der Zweckbestimmung des zweiten Mobilmachungsgeldes im Eingange der Order nur der sachlichen Rechtfertigung der Anspruchsgewährung dienen solle und deshalb für die Auffassung der Bestimmung unter 2 belanglos sei. Dabei wird die Bedeutung, welche dem Grunde einer Vorschrift als Hilfsmittel der Auslegung zukommt, verkannt und unberücksichtigt gelassen, daß die Order nur in ihrem Zusammenhange richtig gewürdigt werden kann. Dem Kläger ist sonach, da er weniger als vier Monate im Felde zugebracht hat, die Hälfte der fraglichen Gebühr zu Unrecht ausgezahlt worden. Die Tatsache allein, daß er vier Monate mobil war und die mobilen Gebührnisse bezog, reicht als Unterlage für den streitigen Anspruch nicht aus.

Zu demselben Ergebnis würde, wenn die Kabinettsorder vom 24. Februar 1915 im Sinne der Auffassung des Berufungsgerichts zu deuten wäre, die Order vom 19. September 1916 (AVBl. S. 399) führen. Sie ist, wie in der Fassung des zweiten und dritten Satzes (vgl. die Worte „sollte“ und „war“) zur Genüge hervortritt, zur

Erläuterung der ersten Order erlassen worden. Den Kreis der Offiziere, welche auf die den Gegenstand des Streites bildende Hälfte des zweiten Mobilmachungsgeldes Anspruch haben, grenzt sie in der Weise ab, daß sie viermonatiges tatsächliches Mobilsein in einer Kriegsfeldstelle fordert. Hätte daher auch die Bestimmung der früheren Order die ihr vom Berufungsgerichte beigemessene Tragweite gehabt, so würde aus ihr jetzt eine weitergehende Vergünstigung, als es die Erläuterungsorder zuläßt, nicht abgeleitet werden können. Es liegt im Wesen der sog. authentischen Auslegung, daß sie für den Richter selbst dann bindend ist, wenn sie den Sinn der erläuterten Vorschrift nicht trifft und in Wahrheit demnach auf die Aufstellung einer neuen, von der ausgelegten Vorschrift abweichenden Norm hinausläuft. Ferner folgt aus ihrer Natur, daß die der Auslegung unterliegende Vorschrift auch auf solche Tatbestände, die sich schon vor der Erläuterung verwirklicht haben, nur in dem erläuterten Sinne anzuwenden ist. Ob sie diese aber selbst dann ergreift, wenn die daraus abgeleiteten Rechtsverhältnisse vor der authentischen Auslegung bereits ihre Erledigung durch Erfüllung gefunden haben, hängt wiederum von der Tragweite des erläuternden Rechtssatzes ab. Im vorliegenden Falle muß davon ausgegangen werden, daß die Kabinettsorder vom 19. September 1916 auch für die Beurteilung derjenigen Fälle maßgebend sein will, in denen das zweite Mobilmachungsgeld bereits zur Auszahlung gelangt ist. Das Berufungsgericht vermißt mit Unrecht ausreichende Anhaltspunkte hierfür. Wären die Beträge, welche sich nach der Erläuterungsvorschrift als überhobene Gebührnisse darstellen, den Empfängern belassen worden, so würde dies eine durch nichts gerechtfertigte Preisgabe von Rechten des Reichs bedeutet haben, die sicher nicht gewollt war. Eine solche Regelung würde auch der Absicht der obersten Kriegsleitung widerstreiten, alle hierher gehörigen Ansprüche im Interesse der Gerechtigkeit einer gleichmäßigen Behandlung zu unterwerfen. Ein unbilliges Ergebnis war von dieser Rückwirkung der erläuternden Vorschrift im Hinblick auf den Einwand, der den Empfängern auf Grund von § 818 Abs. 3 BGB. offensteht, nicht zu erwarten." ...

---

48. Kann die Vermietung von Wohnungen durch den Eigentümer eines Hauses als Gewerbebetrieb im Sinne des § 196 Nr. 1 BGB. angesehen werden?

VII. Zivilsenat. Urt. v. 8. November 1918 i. S. S.sche Erben (Bekl.) w. R. (Kl.). Rep. VII. 132/18.

I. Landgericht Frankfurt.
II. Oberlandesgericht daselbst.

Den Gegenstand der Klage bilden Forderungen für Bauarbeiten, die der Vater des Klägers, zum Teil der Kläger selbst an einem Hausgrundstücke des Erblassers der Beklagten, Heinrich S., ausgeführt hatte. Dem auf Grund des § 196 Nr. 1 BGB. erhobenen Einwande der Verjährung trat der Kläger mit der Behauptung entgegen, daß die Leistungen für den Gewerbebetrieb des Schuldners erfolgt seien, da Heinrich S. durch Vermietung von Wohnungen in den ihm gehörigen Häusern ein Gewerbe betrieben habe.

Die Verjährungseinrede wurde in beiden Vorinstanzen verworfen. Die Revision blieb ohne Erfolg.

Aus den Gründen:

... „In der Sache tritt die Revision lediglich der Annahme des Berufungsgerichts entgegen, daß Heinrich S. durch Vermietung von ihm gehörigen Häusern ein Gewerbe betrieben habe. Sie meint, regelmäßig könne die Vermietung von Wohnungen durch den Eigentümer des Hauses nicht als Gewerbebetrieb angesehen werden, nur unter besonderen Umständen sei dies der Fall, deshalb habe durch Ausübung des Fragerechts nach dieser Richtung eine nähere Aufklärung herbeigeführt werden müssen. Der Berufungsrichter hat aber keineswegs verkannt, daß nicht jede Vermietung von Wohnungen durch den Hauseigentümer einen Gewerbebetrieb des letzteren in sich schließt; er geht vielmehr hiervon aus und stützt seine Entscheidung auf die besonderen, in der Urteilsbegründung näher dargelegten Umstände des vorliegenden Falles. Nach der allgemeinen Verkehrsanschauung wird man in der Vermietung von Wohnungen durch den Hauseigentümer, obschon diesem daraus eine Einnahmequelle entsteht, einen Gewerbebetrieb im Sinne des § 196 Nr. 1 BGB. in der Regel nicht zu erblicken haben, weil es sich in solchen Fällen gewöhnlich nicht um eine auf Gewinn gerichtete selbständige Tätigkeit des Vermieters, sondern lediglich um eine in den Rahmen der Ausübung seiner Eigentümerrechte fallende, allgemein übliche Ausnutzung des Eigentums am Hause handelt, wobei die hierzu erforderliche persönliche Tätigkeit des Eigentümers als ganz unerheblich völlig in den Hintergrund tritt. Anders aber, wenn der Eigentümer wesentlich darauf ausgeht, durch die Vermietung von Wohnungen seines Hauses unter Aufwendung persönlicher Arbeitskraft seinen Unterhalt zu gewinnen; hier geht das Unternehmen des Eigentümers über den sonst üblichen Umfang der bloßen Ausnutzung des Grundstücks hinaus und steigert sich zum Betrieb eines Gewerbes. Von diesem Standpunkt aus hat auch der Berufungsrichter die Sache beurteilt. Er hat ausgeführt, Heinrich S. habe nach der Errichtung zweier Hinterhäuser ungefähr 26 Wohnungen vermietet, daneben allerdings noch einen Schweinehandel als Nebengewerbe betrieben, aus der Vermietung von Wohnungen aber seine Hauptbeschäftigung gemacht, die auf fortlaufende Gewinnerzielung aus dem Bauen und Vermieten zahlreicher Wohnungen gerichtet gewesen sei und seine persönliche Arbeitskraft in erheblichem Maße in Anspruch genommen habe. Er habe sich in dieser Tätigkeit einen dauernden Beruf geschaffen. Diese Feststellungen sind ausreichend, um die getroffene Entscheidung in der hier in Betracht kommenden Hinsicht zu rechtfertigen; einer weitergehenden Aufklärung der Sache nach dieser Richtung hin bedurfte es nicht."

49. Enthält ein Urteil genügende Entscheidungsgründe, wenn die in Bezug genommenen Einzelheiten des Parteivorbringens und der Beweisergebnisse nur nach Blattzahlen der gerichtlichen Prozeßakten bezeichnet werden?

ZPO. § 313 Nr. 4.

VI. Zivilsenat. Urt. v. 21. November 1918 i. S. K. (Kl.) w. Ehefrau K. (Bekl.). Rep. VI. 274/18.

I. Landgericht Dresden.
II. Oberlandesgericht daselbst.

In dem Urteil über die vorliegende, auf Ehescheidung gerichtete, auf § 1568 BGB. gestützte Klage hatte das Berufungsgericht unter einem Abschnitte der Entscheidungsgründe eine größere Reihe von Einzelheiten zusammengestellt, die es einerseits für unbeachtlich hielt, weil die in Rede stehenden Verfehlungen der Beklagten in die Zeit vor dem 21. März 1915 (Versöhnung) fielen, anderseits aber auch zum größten Teil als unbewiesen bezeichnete. Hierbei wurden in dem Urteile die betreffenden Tatsachen lediglich nach Blattzahlen der Prozeßakten angeführt, z. B.: „Die Bl. 91 Nr. 4 behaupteten Beschimpfungen; vgl. die Fl. Bl. 186. Die Bl. 92 Nr. 6 aufgeführten Behauptungen; vgl. Eheleute F. Bl. 195, W. Bl. 200, B. Bl. 197. Die Bl. 93 Nr. 11 Abs. 2 erwähnten Schimpfreden; vgl. die P. Bl. 195" u. ähnl. Diese Darstellungsweise wurde beanstandet.

Aus den Gründen:

... „Die Revision beschwert sich darüber, daß aus diesen Ausführungen des Urteils weder in der einen Richtung (ob bewiesen), noch in der anderen (Zeitpunkt) ausreichend zu ersehen sei, welche Gründe für die richterliche Überzeugung leitend gewesen seien. Insbesondere sei aus den Zeugenaussagen über den Zeitpunkt jener Verfehlungen im einzelnen zum Teil überhaupt nichts zu ersehen, und es habe mindestens insoweit dargelegt werden müssen, wie das Berufungsgericht dazu gekommen sei, die Vorgänge in die Zeit vor dem 21. März 1915 zu verlegen.

Auch dieser Teil der Urteilsbegründung war in der Tat zu beanstanden. Eines Eingehens auf die von der Revision berührten Einzelheiten bedarf es indessen hier nicht. Die angegriffenen Ausführungen des Urteils unterliegen vielmehr der Aufhebung schon deshalb, weil insoweit die Entscheidungsgründe überhaupt nicht zu einem für die Parteien verständlichen Ausdruck gelangt sind. Das Berufungsgericht führt nämlich in diesem Abschnitte der Gründe seine Erwägungen unter Bezugnahme auf den Inhalt vorbereitender Schriftsätze und von Beweisprotokollen aus, bezeichnet aber hierbei sowohl das Parteivorbringen wie die Einzelheiten der Beweisergebnisse lediglich nach Blattzahlen der Prozeßakten, ohne sonstige Bezeichnung der einschlägigen Schriftsätze und Protokolle. Wie auch die Revision zutreffend hervorgehoben hat, ist daher die Entscheidung des Berufungsgerichts zu diesen Einzelheiten ohne die Prozeßakten des Gerichts nicht zu verstehen und nachzuprüfen. Darin kann eine dem § 313 Nr. 4 ZPO. genügende Darlegung der Entscheidungsgründe nicht mehr gefunden werden (vgl. auch RG. VII. 429/17). Die Entscheidungsgründe sollen vor allem auch den Prozeßparteien die Erwägungen darlegen, auf denen die Entscheidung beruht. Das Gericht hat in den Entscheidungsgründen Rechenschaft darüber abzulegen, daß es — formell und sachlich — den Parteien volles rechtliches Gehör gewährt, daß es ihr Vorbringen aufgefaßt und wie es dazu Stellung genommen hat, als es ihre Anträge beschied. Dazu gehört insbesondere auch eine sachlich ausreichende und verständliche Darlegung der Tatsachen, welche für bewiesen oder für nicht bewiesen erachtet sind. Dies braucht aus den Entscheidungsgründen nicht in aller Breite zu erhellen. Wie die Darstellung des Tatbestands auf den Inhalt der vorbereitenden Schriftsätze und auf die zum Sitzungsprotokoll erfolgten Feststellungen nach der ausdrücklichen Vorschrift des § 313 Abs. 2 ZPO. Bezug nehmen, nach der Bundesratsverordnung vom 9. September 1915 (RGBl. S. 562) § 24 sogar durch eine solche Bezugnahme ersetzt werden kann, so ist auch für die Darlegung der Entscheidungsgründe eine solche Bezugnahme auf den Inhalt von Prozeßschriften, Urkunden und Gerichtsprotokollen nicht grundsätzlich für ausgeschlossen zu erachten, vielmehr dem praktischen Bedürfnis entsprechend allgemein in Übung. Ohne weiteres aber erhellt der praktisch wesentliche Unterschied, wenn die in Bezug genommenen Schriftstücke so angeführt werden, daß sie in den Handakten der Parteien und ihrer Prozeßbevollmächtigten aufgefunden werden können, gegenüber einer Anführungsweise, bei der ein solches Auffinden nur in den gerichtlichen Akten möglich ist. Diese letztere Anführungsweise wird für den Regelfall — etwa von ganz einfacher Sachlage abgesehen — dem Bedürfnis der Parteien nicht gerecht. Sind auch die Parteien nach § 299 ZPO. berechtigt, von den Prozeßakten Einsicht zu nehmen und sich daraus Auszüge, Abschriften und Ausfertigungen erteilen zu lassen, so sind sie doch anderseits nicht verpflichtet, sich solcher Hilfsmittel zu bedienen, um den für sie maßgebenden Teil der Urteilsausführungen verstehen, prüfen und sich über die Einlegung eines Rechtsmittels schlüssig machen zu können. Ist daher auch die gerichtliche Nachprüfung des hier in Rede stehenden Teiles der Urteilsbegründung bei der beanstandeten Anführungsweise nicht wesentlich behindert, so war das Urteil doch auch insoweit aufzuheben, weil es den gekennzeichneten, von den Parteien und für sie zu stellenden Anforderungen nicht genügt." ...

---

50. Sind bei der Prüfung der Rechtmäßigkeit einer fristlosen Kündigung nach § 626 BGB., § 92 HGB. auch die vermögensrechtlichen Folgen der Auflösung des Vertragsverhältnisses zu berücksichtigen?

III. Zivilsenat. Urt. v. 26. November 1918 i. S. Gr. B. Str. u. V. Reklame-Gesellschaft m. b. H. (Bekl.) u. K. (Nebeninterv.) w. B. (Kl.). Rep. III. 246/18.

I. Landgericht I Berlin.
II. Kammergericht daselbst.

Der Kläger war seit dem November 1911 als Agent zur Beschaffung von Reklameaufträgen für die Beklagte tätig; der Vertrag lief bis zum 15. April 1917. Am 3. Mai 1916 kündigte er fristlos wegen einer ihm an diesem Tage von dem damaligen Geschäftsführer der Beklagen, dem Nebenintervenienten K. widerfahrenen ehrverletzenden Behandlung. Er fordert den Ersatz des ihm durch die Lösung des Vertragsverhältnisses entstandenen Schadens. Das Landgericht erklärte unter Abweisung der Klage im übrigen den Schadensersatzanspruch zum Teil, das Berufungsgericht erklärte ihn im vollen Umfange dem Grunde nach für gerechtfertigt. Auf die Revision der Beklagten wurde die Klage abgewiesen.

Aus den Gründen:

„Ob eine Tatsache als ein wichtiger Grund zur fristlosen Kündigung eines Agenturverhältnisses nach § 92 HGB. oder eines sonstigen Dienstverhältnisses nach § 626 BGB. angesehen werden kann, ist nach ihrer Bedeutung an und für sich und im Verhältnis zu den vertraglichen Beziehungen zwischen den Parteien in ihrer Gesamtheit zu entscheiden. Dabei können auch die vermögensrechtlichen Folgen der fristlosen Kündigung nicht außer Betracht bleiben. Nach § 628 BGB. wird schadensersatzpflichtig, wer durch vertragswidriges Verhalten die Kündigung des anderen Teiles veranlaßt. Die Schadensersatzpflicht erscheint hiernach, sofern ein vertragswidriges Verhalten des anderen Teiles die Kündigung veranlaßt hat, als die selbstverständliche Folge der Kündigung, und es wird daher im allgemeinen der Erwägung dieser Folge bei der Prüfung der Berechtigung zur Kündigung nicht bedürfen. Anders aber ist die Sachlage zu beurteilen, wenn mit der Lösung des Vertragsverhältnisses Schadensersatzansprüche von ganz ungewöhnlicher Höhe geltend gemacht werden, wie dies hier der Fall ist. Selbstverständlich kann dem Dienstverpflichteten, welcher Art auch das Dienstverhältnis sei, nicht zugemutet werden, sich grobe Ehrenkränkungen oder ein sonstiges verletzendes Verhalten gefallen zu lassen, weil seine Kündigung empfindliche Nachteile für den Vertragsgegner zur Folge haben würde, und ebensowenig kann die Höhe seiner Schadensersatzforderung einen Grund bilden, ihm diese Forderung zu versagen. Wohl aber ist zu fordern, daß zwischen der Ursache der Kündigung und ihren vermögensrechtlichen Folgen noch ein gewisses Maß des Verhältnisses besteht. Es ist mit Treu und Glauben, welche bei der Beurteilung der Berechtigung zur fristlosen Kündigung entscheiden müssen, nicht vereinbar, daß ein verhältnismäßig geringfügiger Vorfall, ein in Erregung gesprochenes oder sonst entschuldbares scharfes Wort, das vielleicht bei losen Vertragsbeziehungen und beim Fehlen schwerwiegender Folgen hinreichen könnte, die Kündigung zu rechtfertigen, zum Anlaß oder wohl gar zum Vorwande genommen wird, ein Vertragsverhältnis, dessen Bruch die schwerste Schädigung des anderen zur Folge haben muß, zu lösen und einen ungewöhnlichen Gewinn ohne jede Gegenleistung zu fordern.

Die hier gegebene Sachlage gebot zwingend, die Berechtigung der Kündigung des Klägers auch von diesem Gesichtspunkt aus zu prüfen. Denn der Kläger fordert für einen Zeitraum von noch nicht einem Jahre einen Schadensersatz, und zwar den Ersatz entgangenen Gewinnes, von 150000 *M*, einen Betrag, der selbst für diejenigen Erwerbskreise, in denen hohe Gewinne mit geringer Mühe erzielt zu werden pflegen, als ein außergewöhnlich hoher erachtet werden muß. Das Berufungsgericht hat diese Prüfung nicht vorgenommen, sein Urteil ist deshalb aufzuheben.

Bei der nunmehr dem Revisionsgerichte nach § 565 Abs. 3 Nr. 1 ZPO. zustehenden freien rechtlichen Würdigung des festgestellten Sachverhältnisses ist ein ausreichender Grund für die Kündigung des Klägers nicht als vorliegend anzuerkennen. Der Geschäftsführer der Beklagten, K., hat den Kläger am 3. Mai 1916 allerdings in unziemlicher Weise behandelt; er hat ihn angeschrieen, „ich schmeiße Sie raus" und ihn an den Arm gefaßt. Aber es handelte sich um einen Ausfluß starker Erregung, nicht um eine vorbedachte Ehrenkränkung. K. befand sich von vornherein in einem Zustande der Ungeduld und Erregung. Diese Erregung wurde dadurch gesteigert, daß ihm der Kläger im Laufe der Unterredung den Vorwurf unrichtiger Buchführung machte. Mochte dieser Vorwurf auch nicht in dem Sinne gemeint sein, daß der Kläger den K. einer absichtlich unrichtigen Führung der Bücher bezichtigen wollte, und mochte der Vorwurf der lediglich objektiv unrichtigen Buchführung berechtigt sein, so war der Vorwurf doch durchaus geeignet, als ein solcher der absichtlich falschen Buchführung und also als ehrenkränkend verstanden zu werden und die Erregung des K. zu steigern. Auch die Äußerung des Klägers „ich bin doch nicht Ihr Hausknecht" war nach den Umständen wohl geeignet, den K. noch mehr zu reizen. Steht es nun auch außer Zweifel, daß K. sich in schuldhafter und strafbarer Weise einer wörtlichen und tätlichen Beleidigung des Klägers schuldig gemacht hat, so hat er doch unmittelbar nach dem Vorfall alles getan, was er tun konnte, um sein Unrecht wieder gut zu machen. Er hat sofort den Kläger brieflich um Entschuldigung gebeten, ihm mitgeteilt, daß er durch eine ihn bedrückende, sehr unangenehme Sache in einen außerordentlich erregten Zustand versetzt gewesen sei, und daß er sich in dieser Verfassung dem Kläger gegenüber „zu einem häßlichen Benehmen" habe hinreißen lassen, das er „aufrichtig bedauere". Er hat ferner den Zeugen Th. veranlaßt, zum Kläger zu gehen und zu versuchen, die Sache wieder in Ordnung zu bringen. Nach der Art des Vorganges und den dem K. zur Seite stehenden Milderungsgründen seines Verhaltens war diese förmliche Abbitte wohl geeignet, auch einen Mann von empfindlichem Ehrgefühle zufrieden zu stellen. Genügte sie dem Kläger nicht, weil noch andere Personen von dem Vorfalle Kenntnis erlangt hatten, so hätte er das Verlangen äußern können, daß auch nach dieser Richtung hin seiner Ehre und seinem Ansehen Genugtuung geleistet werde.

Hierzu kommt, daß K. nicht derjenige war, mit dem er im Vertragsverhältnis stand, sondern nur der gesetzliche Vertreter seines Vertragsgegners. Haftet die beklagte Gesellschaft auch für das Verschulden ihres Vertreters, so ist es doch für die Frage der Kündigungsberechtigung des Klägers nicht gleichgültig, daß er eben nur von einem Vertreter der Beklagten eine Unbill erlitten hatte, die schweren Folgen seiner Kündigung aber die Beklagte treffen mußten. Dies war um so bedeutungsvoller, als Th. ihm am Tage nach dem Vorfalle mitteilte, daß bei der Beklagten in wenigen Tagen einschneidende Änderungen bevorstünden, nach denen er mit K. überhaupt nichts mehr zu tun haben würde. Trat dieses Ereignis ein, das der Kläger billig hätte abwarten sollen, ehe er kündigte, so verlor damit das Verhalten des K.

hinsichtlich seiner Wertung als Kündigungsgrund vollends an Bedeutung.

Nach alledem erscheint die Kündigung des Klägers als ein Ausfluß übermäßiger Empfindlichkeit und Unversöhnlichkeit, der nach Treu und Glauben da, wo so außergewöhnliche wirtschaftliche Interessen in Frage kommen wie hier, und wo aus der erlittenen Kränkung der Anlaß zu einer außer allem Verhältnis stehenden Schadensersatzforderung hergeleitet wird, eine Schranke gezogen werden muß." ...

---

51. 1. Kann in Fällen, in denen mit der Übernahme und Ausführung eines im öffentlichen Interesse unentgeltlich übernommenen Auftrags offensichtlich und nach der Natur der Sache eine für beide Teile erkennbare Gefahr für das Leben und die Gesundheit des Beauftragten verbunden ist, nach dem Parteiwillen angenommen werden, daß der Auftraggeber für die aus der Ausführung des Auftrags dem Beauftragten erwachsenden Schäden aufzukommen hat?

2. Steht eine derartige Annahme mit der Vorschrift des § 670 BGB. in Einklang?

VI. Zivilsenat. Urt v. 28. November 1918 i. S. Stadtgemeinde Passau (Bekl.) w. W. (Kl.). Rep. VI. 290/18.

I. Landgericht Passau.
II. Oberlandesgericht München.

Am 11. Mai 1916 erhielt der als Wasenmeister tätige Kläger von dem Polizeiwachtmeister der Beklagten den Auftrag, einen in der Stadt Passau sich herumtreibenden tollwutverdächtigen Hund einzufangen. Beim Versuch, den Hund zu ergreifen, ist der Kläger von diesem gebissen worden, so daß er eine erhebliche dauernde Verletzung der rechten Hand davongetragen hat. Seine Klage auf Ersatz des ihm dadurch erwachsenen Schadens wies das Landgericht ab. Das Oberlandesgericht hat jedoch den Klaganspruch zur Hälfte dem Grunde nach für gerechtfertigt erklärt und im übrigen die Berufung zurückgewiesen.

Die Revision der Beklagten blieb ohne Erfolg.

Aus den Gründen:

... „Das Berufungsgericht nimmt an, der Kläger sei im vorliegenden Falle veranlaßt worden, im öffentlichen Interesse seine Gesundheit in Gefahr zu bringen, woraus mit Rechtsnotwendigkeit die Schadenshaftung der Beklagten folge, wie das Landgericht zutreffend ausgeführt habe. Dieses hat dargelegt, daß das Einfangen von tollwutverdächtigen Hunden auch bei Anwendung von Fanggeräten immer mit einer Gefahr für Leben und Gesundheit des Hundefängers verbunden sei, weil selbst bei aller Vorsicht die unberechenbaren Anfälle des kranken Tieres und sonstige Zwischenfälle nicht ausgeschlossen werden könnten. Es entspreche daher der Billigkeit, daß der Auftraggeber für die Schäden aufkomme, die derjenige bei Ausführung des Auftrags erleide, der sich ohne gesetzlichen und behördlichen Zwang, also freiwillig und im öffentlichen Interesse solchen nicht bloß zufälligen Gefahren aussetze.

Diese Ausführungen sind rechtlich bedenkenfrei und auch an und für sich geeignet, den Klaganspruch zu rechtfertigen, so daß die Rüge einer Verletzung des § 670 BGB. unbegründet erscheint. Denn aus dem von den Vorinstanzen festgestellten Sachverhalte konnte ohne Rechtsirrtum die Schlußfolgerung gezogen werden, daß nach dem Parteiwillen die beklagte Stadtgemeinde für denjenigen Schaden aufkommen wollte und sollte, der dem Kläger durch die Ausführung des von ihm unentgeltlich übernommenen Auftrags insofern erwuchs, als dieser Schaden durch die mit der Ausführung des Auftrags naturgemäß verbundene Gefahr entstanden war und nicht ganz oder zum Teil durch ein Verschulden des beauftragten Klägers herbeigeführt worden ist. Indem das Landgericht diese Annahme als „der Billigkeit entsprechend" bezeichnet und das Oberlandesgericht erklärt es folge daraus, daß der Kläger im öffentlichen Interesse veranlaßt worden sei, seine Gesundheit in Gefahr zu bringen, „mit Rechtsnotwendigkeit" die Haftung der Beklagten für den dem Kläger durch die Ausführung des Auftrags entstandenen Schaden, haben die Vorinstanzen zum Ausdruck gebracht, daß in Fällen wie dem vorliegenden, wo mit der Übernahme und Ausführung eines im öffentlichen Interesse unentgeltlich übernommenen Auftrags offensichtlich und nach der Natur der Sache eine für beide Teile erkennbare Gefahr für das Leben und die Gesundheit des Beauftragten verbunden ist, nach dem Parteiwillen angenommen werden kann, daß der Auftraggeber für die aus der Ausführung eines derartigen Auftrags dem Beauftragten erwachsenden Schäden vertragsmäßig aufzukommen hat.

Diese Annahme, die der Vorschrift des § 157 BGB. durchaus entspricht, steht auch nicht etwa, wie die Revision meint, mit der Vorschrift des § 670 BGB. in Widerspruch, wird vielmehr umgekehrt durch deren Zweck und Inhalt unterstützt. § 670 bestimmt nämlich: „Macht der Beauftragte zum Zwecke der Ausführung des Auftrags Aufwendungen, die er den Umständen nach für erforderlich halten darf, so ist der Auftraggeber zum Ersatz verpflichtet." In dem ersten Entwurfe des Bürgerlichen Gesetzbuchs lautet diese Vorschrift in dem entsprechenden Abs. 1 des § 595: „Hat der Beaustagte Aufwendungen gemacht, so ist der Auftraggeber verpflichtet, dieselben zu ersetzen, soweit sie zur Ausführung des Auftrags erforderlich geworden sind." Hierzu bemerken die Motive (Bd. 2 S. 541), soweit es hier interessiert: „In Ansehung der Frage, inwiefern der Auftraggeber den Schaden zu tragen habe, welchen der Beauftragte bei Ausführung des Auftrags durch Zufall erleidet, kann wegen Verschiedenheit der in Betracht kommenden Fälle eine Entscheidung durch das Gesetz nicht gegeben werden." Hier hat es der Gesetzgeber also abgelehnt, die Frage, inwieweit derartige Schäden als „Aufwendungen" anzusehen sind, die zwecks Ausführung des Auftrags gemacht werden mußten, durch bestimmte Vorschriften zu regeln, vielmehr es der Rechtsprechung und Rechtslehre überlassen, die Frage von Fall zu Fall zu entscheiden. Die §§ 80 und 81 ALR. I, 13, auf die in Anm. 2 zu jenem Satze hingewiesen wird, lauten folgendermaßen:

„§ 80. Unglücksfälle, welche den Bevollmächtigten bei Ausrichtung des Geschäfts treffen, ist der Machtgeber nur insofern zu vergüten schuldig, als er dazu auch nur durch geringes Versehen Anlaß gegeben hat.

§ 81. Doch muß der bloß zufällige Schaden auch alsdann vergütet werden, wenn der Bevollmächtigte die bestimmte Vorschrift des Machtgebers, ohne sich der Gefahr einer solchen Beschädigung auszusetzen, nicht hat befolgen können."

Auch bei der Beratung des Entwurfs durch die Kommission für die 2. Lesung des Entwurfs (Prot. Bd. 2 S. 567flg.) lehnte man eine ausdrückliche Gesetzesvorschrift im Sinne der vorstehend mitgeteilten Paragraphen des Allg. Landrechts ab. Für die Ablehnung des in dieser Hinsicht gestellten Antrags wurde u. a. geltend gemacht: „Einer besonderen gesetzlichen Bestimmung bedürfe es nach dieser Richtung aber auch deshalb nicht, weil die allgemeinen Grundsätze über den Ersatz von Aufwendungen in vielen Fällen zu dem Ziele führen würden, welches der abgelehnte Antrag verfolge. Denn ... wer einen Auftrag übernehme, stelle gewissermaßen seine ganze Persönlichkeit zum Zweck der Erfüllung des Auftrags in den Dienst des Auftraggebers; erleide er hierbei an seiner Gesundheit Schaden, so opfere er ein Rechtsgut auf und für dieses Opfer könne er, soweit dies möglich sei, ebensogut Ersatz fordern wie für gewisse Vermögensaufwendungen. Man könne auch nicht sagen, es handle sich in einem solchen Falle nicht um Aufwendungen, weil die Einbuße, die der Beauftragte erleide, von ihm nicht vorsätzlich herbeigeführt worden sei; die Handlung, mit der die Gefahr verbunden sei, habe der Beauftragte vorsätzlich vorgenommen, und es sei für seinen Regreßanspruch der Umstand gleichgültig, daß er die Gefahr nicht gekannt habe."

Aus dieser Entstehungsgeschichte des Gesetzes geht so viel hervor.

daß der Gesetzgeber es absichtlich abgelehnt hat, grundsätzlich zu bestimmen, daß bei einem jeden mit Gefahr für Leben oder Gesundheit verbundenen Auftrage der Auftraggeber dem Beauftragten denjenigen Schaden zu ersetzen hat, der ihm an seiner Gesundheit oder an seinem Leben bei Ausführung des Auftrags entstanden ist, daß es vielmehr ausdrücklich der Rechtsprechung überlassen ist, je nach Lage des Falles eine derartige Haftung des Auftraggebers festzusetzen. Auch das Urteil des erkennenden Senats vom 5. April 1909, VI. 195/08 (Jur. Wochenschr. 1909 S. 311 Nr. 7) ist davon ausgegangen, daß der § 670 BGB. einen derartigen allgemeinen Rechtsgrundsatz nicht enthält Hierbei hat es aber ausdrücklich den Vorbehalt gemacht, es könne eine solche Haftung je nach der besonderen Gestaltung des einzelnen Falles Platz greifen. Ein solcher besonderer Fall liegt nach den Feststellungen der Vorinstanzen hier vor. Es kann deshalb auch, wie das Reichsgericht bereits in einem dem vorliegenden völlig entsprechenden Falle in dem Urteile vom 31. März 1914, III. 116/13 (Jur. Wochenschr. 1914 S. 676 Nr. 4) angenommen hat, von einer Verletzung des § 670 BGB. nicht die Rede sein, wenn in einem solchen Falle der Auftraggeber für den durch die Ausführung des Auftrags dem Beauftragten erwachsenen Schaden für haftbar erklärt wird.

Daß im vorliegenden Falle das Berufungsgericht den Schaden nicht lediglich auf die mit der Ausführung des Auftrags unmittelbar verbundenen Gefahren, sondern zum Teil auch auf die fahrlässige Handlungsweise des Klägers zurückgeführt und darum auf Grund des § 254 BGB. die Beklagte nur zur Hälfte für den dem Kläger entstandenen Schaden haftbar gemacht hat, erscheint gleichfalls rechtsbedenkenfrei und gereicht der Beklagten keinesfalls zur Beschwerde."

---

52. Kann durch Parteivereinbarung die Ernennung von Schiedsgutachtern dem Amtsgericht übertragen werden?

IV. Zivilsenat. Beschl. v. 28. November 1918 i. S. G. (Antragsteller) w S. (Antragsgegner). Rep. IV B. 4/18.

I. Amtsgericht Lyck.
II. Landgericht daselbst.

Obige Frage ist für den gegebenen Fall verneint worden aus folgenden

Gründen:

„Durch Vertrag vom 2. Juli 1914 verkaufte der Antragsgegner S. ein Grundstück zum Preise von 140000 ℳ gegen eine Baranzahlung von 12000 ℳ an den Antragsteller G. In einem Rechtsstreit, in dem S. die Zahlung weiterer 13000 ℳ verlangte, kam es am 29. März 1916 zu einem Vergleich, wodurch der Kaufvertrag rückgängig gemacht wurde und S. sich verpflichtete, dem G. von der erhaltenen Anzahlung von 12000 ℳ den Betrag von 4000 ℳ zurückzuzahlen. Weiter wurde vereinbart, daß der Kreistaxator N. endgültig bestimmen solle, welchen Nutzen der Beklagte aus dem Grundstücke gezogen habe, und so feststellen solle, ob der Betrag von 4000 ℳ zum Ausgleich ausreiche oder ob der Kläger zu diesem Ausgleiche noch einen weiteren Betrag, und gegebenenfalls welchen, zu zahlen habe. Für den Fall, daß N. und andere namentlich bezeichnete Sachverständige diese Feststellungen nicht würden treffen wollen oder können, sollte die Bestimmung der in Frage kommenden Persönlichkeit durch das Amtsgericht in Lyck erfolgen.

N. hat ein Gutachten erstattet. Der Antragsteller ist aber der Ansicht, daß dieses den Anforderungen nicht genüge. Er hat mit der Angabe, daß auch die anderen ernannten Sachverständigen abgelehnt hätten, bei dem Amtsgericht in Lyck beantragt, einen Sachverständigen als Schiedsrichter zu bestellen. Das Amtsgericht bestimmte den Rentner Pf. „als Schiedsgutachter". Gegen diesen Beschluß hat S. Beschwerde eingelegt, indem er einmal geltend machte, N. habe ein dem Vergleich entsprechendes Gutachten erstattet, ferner die Persönlichkeit des ernannten Gutachters für ungeeignet erklärte. Das Landgericht hat die Beschwerde, soweit sie sich gegen die Zulässigkeit der Schiedsgutachterbestellung überhaupt richtete, zurückgewiesen, im übrigen aber den angefochtenen Beschluß aufgehoben und die Sache zur weiteren Verhandlung und Entscheidung über die Bestellung eines Schiedsgutachters an das Amtsgericht zurückverwiesen. S. hat weitere Beschwerde eingelegt und gebeten, den Antrag des G. abzuweisen.

Das Kammergericht hält die gerichtliche Ernennung eines Schiedsgutachters auf Grund des Vergleichs für rechtlich unzulässig und will deshalb der Beschwerde abhelfen. Es sieht sich aber daran gehindert durch einen Beschluß des Oberlandesgerichts in Jena vom 3. Dezember 1908, in dem die Zulässigkeit einer solchen Ernennung vertreten wird (Bl. f. Rechtspflege in Thüringen Bd. 56 S. 18flg.). Es hat deshalb die weitere Beschwerde durch Beschluß vom 18. Oktober 1918 gemäß § 28 Nr. 2 FGG. dem Reichsgerichte zur Entscheidung vorgelegt.

1. Der Konfliktsfall ist gegeben. Die vom Kammergerichte gebilligte Annahme des Landgerichts, daß der Vergleich nicht die Vereinbarung eines Schiedsvertrags, sondern eines Schiedsgutachtervertrags enthalte, ist rechtlich nicht zu beanstanden. Beizutreten ist weiter dem Landgericht und dem Kammergerichte darin, daß, wenn die Bestimmung des Schiedsgutachters durch Parteivereinbarung rechtswirksam dem Amtsgericht übertragen werden kann, die alsdann dem Gericht obliegende

Tätigkeit in das Gebiet der freiwilligen Gerichtsbarkeit fällt. Die Voraussetzungen des § 28 FGG. liegen also vor. Denn wie das Kammergericht zutreffend sagt, beruht die Entscheidung des Oberlandesgerichts Jena auf Reichsrecht, das sachsen-altenburgische Recht ist nur unterstützend herangezogen. ...

2. In der Sache selbst ist für den vorliegenden Fall der Auffassung des Kammergerichts beizutreten. Das Oberlandesgericht Jena erkennt an, daß es eine ausdrückliche Vorschrift, auf die es seine Ansicht stützen könnte, nicht gibt. Es meint aber, ein grundsätzliches Bedenken gegen die Zulässigkeit und Wirksamkeit einer Parteivereinbarung, welche die Ernennung von Schiedsgutachtern der für eine unparteiliche Auswahl geeignetsten Stelle, dem Gericht, übertrage, könne nicht bestehen. Zwar werde man nicht jeder beliebigen Vereinbarung von Privaten, daß das Gericht gewisse Personen (etwa auch den Kassierer eines Kegelklubs u. dgl.) zu bestimmen habe, eine die Tätigkeitspflicht des Gerichts bindende Wirkung beimessen können. Man müsse vielmehr gewisse Schranken setzen, wie etwa die, daß das Gericht nach pflichtmäßigem Ermessen ein Bedürfnis und die Angemessenheit der gerichtlichen Ernennung anerkenne (wie § 2200 BGB.). Aber ein solches Bedürfnis des Rechtslebens zur unparteiischen Auswahl und Ernennung von Schiedsgutachtern könne kaum verneint werden.

Dieser Auffassung ist das Kammergericht mit Recht entgegengetreten, indem es ausführt, der Geschäftskreis, die sachliche Zuständigkeit der Gerichte, sei auf die ihnen durch die Vorschriften der Gesetze übertragenen Angelegenheiten beschränkt und könne durch eine Vereinbarung Dritter nicht erweitert werden. Das war, wie das Oberlandesgericht Jena selbst anerkennt, der Standpunkt des preußischen Rechtes (ROHG. Bd. 2 S. 272, Bd. 10 S. 5, Bd. 17 S. 251). Derjenige des Reichsrechts ist aber kein anderer. Das ist zwar in den Gesetzen nicht allgemein und ausdrücklich ausgesprochen, ergibt sich aber daraus, daß das Gesetz die Fälle, in denen ein Gericht zur Berufung von Personen, die im Interesse von anderen in rechtserheblicher Weise tätig werden sollen, einzeln aufgeführt und für sie die Voraussetzungen des gerichtlichen Einschreitens genau bestimmt hat.... Entsprechend hat auch das Reichsgericht in dem vom Oberlandesgerichte Jena erwähnten Beschlusse vom 17. Oktober 1902 (RGZ. Bd. 53 S. 3) angenommen, daß durch Vertrag die Wahl eines Schiedsrichters dem jeweiligen Vorsitzenden einer Zivilkammer als solchem rechtswirksam nicht übertragen werden könne. Die Vereinbarung müsse vielmehr, um rechtswirksam sein zu können, dahin aufgefaßt werden, daß unter dem Vorsitzenden weder eine Behörde, noch ein Beamter in seiner amtlichen Funktion gemeint, sondern eine durch ihr Amt nur bezeichnete physische Person als Privatperson gedacht sei.... Was aber von diesem Zweige der Gerichtsbarkeit gilt, muß auch von dem anderen, der freiwilligen Gerichtsbarkeit gelten. Es ist daher nicht angängig, wenn das Oberlandesgericht Jena aus den von ihm angeführten positivrechtlichen Bestimmungen und überhaupt aus der allgemeinen Aufgabe der freiwilligen Gerichtsbarkeit, den Privaten bei der Gestaltung ihrer Privatrechtsverhältnisse förderlich zu sein, also im Wege der sog. Rechtsanalogie, die Zulässigkeit einer Vereinbarung herleiten will, durch welche die Berufung von Schiedsgutachtern dem Amtsgericht übertragen wird. Es handelt sich um Erwägungen de lege ferenda, wenn das Oberlandesgericht meint, das Bedürfnis des Rechtslebens nach einer solchen Mitwirkung des Gerichts könne nicht verneint werden. Der Gesetzgeber selbst hat im Einzelfalle geprüft, inwieweit das Verkehrsinteresse ein Eingreifen des Richters der freiwilligen Gerichtsbarkeit fordert, und dies nur so weit vorgeschrieben, als er ein solches Interesse für vorliegend erachtete. Dies zeigen z. B. die Erwägungen, die zur Einfügung des im I. Entwurfe nicht enthaltenen § 2200 BGB. geführt haben. Gegen die Anträge auf Einfügung wurde der Zweifel geäußert, ob für die gerichtliche Ernennung von Testamentsvollstreckern ein Bedürfnis bestehe und ob nicht damit die Gerichte in übertriebener Weise mit der Fürsorge für Privatinteressen belastet werden würden. Es handle sich nicht, wie bei Bestellung von Vormündern und Pflegern, um die Wahrnehmung der Interessen schutzwürdiger Personen. Auch sei die Mühewaltung, welche den Behörden erwachse, eine größere, weil keine Verpflichtung zur Übernahme der Testamentsvollstreckung bestehe, und mit der Mühe werde nicht selten eine gewisse Verantwortlichkeit verbunden sein. Das Ergebnis war, daß der § 2200 gegenüber weitergehenden Anträgen seine jetzige beschränktere Fassung erhielt (Protokolle Bd. 5 S. 250). Ein ferneres Beispiel bieten die Verhandlungen, die zur jetzigen Formulierung des § 29 BGB. geführt haben (Motive zu § 44 Ab 6 Satz 2 Entw. I Bd. 1 S. 100, Prot. der II. Komm. Bd. 1 S. 516 flg.). Es ist also nicht zulässig, daß der Richter wegen des vermeintlich weitergehenden Verkehrsbedürfnisses seine Zuständigkeit für eine gerichtliche Tätigkeit in Fällen annimmt, für die das Gesetz sie nicht vorsieht.

Nicht zu bezweifeln ist, daß, wie das Oberlandesgericht Jena darlegt, nicht bloß Privatpersonen, sondern auch Behörden zur Ernennung von Schiedsgutachtern ermächtigt werden können. Voraussetzung ist aber, daß diese Funktion in ihren Geschäftsbereich fällt. Anerkannt ist dies vom Reichsgerichte für Handelskammern (RGZ. Bd. 26 S. 371, Bd. 53 S. 387). Daraus kann aber für die Zulässigkeit einer solchen Ermächtigung an die Gerichte nichts hergeleitet werden.

3. Es kann sich daher nur fragen, ob sich die Ansicht des Ober-

landesgerichts Jena im Wege der sog. Gesetzesanalogie (vgl. RGZ. Bd. 65 S. 137) oder einer ausdehnenden Auslegung anderer Zuständigkeitsvorschriften rechtfertigen läßt. Aber auch diese Frage wird vom Kammergerichte für unseren Fall mit Recht verneint. Auszuscheiden sind die Vorschriften der §§ 64, 184 VersVG. und des § 884 Nr. 4 HGB. in Verb. mit § 145 Nr. 1 FGG., in denen für besondere, vom Gesetz genau umschriebene Fälle auf Anrufen von Privatpersonen Sachverständige vom Richter der freiwilligen Gerichtsbarkeit ernannt werden können. Die Vorschriften sprechen wiederum gegen die Auffassung des Oberlandesgerichts Jena. Denn wenn der Gesetzgeber jenes Verfahren allgemein hätte zulassen wollen, wäre es ein Leichtes gewesen, dies im Gesetz über die freiwillige Gerichtsbarkeit zum Ausdruck zu bringen.

Auch § 164 Abs. 1 FGG. leidet keine ausdehnende Auslegung. Er enthält lediglich eine Bestimmung über die Zuständigkeit und das Verfahren für diejenigen Fälle, in denen jemand nach gesetzlicher Vorschrift den Zustand oder den Wert einer Sache durch Sachverständige feststellen lassen kann. Es läßt sich daraus also nichts dafür entnehmen, daß das Gesetz das Gericht auch infolge von Parteivereinbarung mit der Ernennung von Sachverständigen befassen will (vgl. Johow Bd. 43 S. 104). Ob auch der Umstand, daß nach § 164 der Sachverständige nur zur Feststellung des Zustandes oder Wertes einer Sache berufen ist, einer entsprechenden Anwendung entgegenstehen würde, wie das Kammergericht meint, kann hier dahingestellt bleiben.

Zweifelhaft kann es dagegen sein, ob nicht für das Gebiet des preußischen Rechtes der Art. 34 Nr. 2 preuß. Ges. über die freiwillige Gerichtsbarkeit, der wörtlich mit dem vom Oberlandesgerichte Jena angezogenen § 5 Nr. 2 des altenburg. AG. zum FGG. vom 4. Mai 1899 übereinstimmt, der Ansicht des Oberlandesgerichts Jena zur Stütze dienen kann. Die Vorschrift dient der Ergänzung des § 15 FGG. Sie läßt die Beeidigung eines Sachverständigen auch außerhalb eines bei dem Richter der freiwilligen Gerichtsbarkeit anhängigen Verfahrens zu (Stegemann, Materialien S. 484; Johow Bd. 42 S. 8). Über die Frage, ob der Richter den zu beeidigenden Sachverständigen auch selbst ernennen kann, sagt das Gesetz nichts. Auch die Gesetzesmaterialien geben darüber keinen Ausschluß. Aber da dies nach § 15 FGG. nicht bloß zulässig, sondern gesetzlich geboten ist (§ 404 ZPO.), so ist jene Frage zu bejahen. Richtig bemerkt Rausnitz (Anm. 9 zu § 164 FGG), daß der Sachverständige sowohl von sämtlichen Beteiligten vorgeschlagen, als auch seine Auswahl dem Gericht überlassen werden kann. Dann aber ließe sich mit dem Oberlandesgerichte Jena sagen, wenn der Richter der freiwilligen Gerichtsbarkeit auf Antrag der Parteien einen Sachverständigen ernennen und beeidigen kann, so ist nicht abzusehen, weshalb sich seine Tätigkeit nicht auf die bloße Ernennung sollte beschränken dürfen. Die Frage kann aber hier dahingestellt bleiben. Denn wenn man den Art. 34 Nr. 2 analog anwenden will, so muß dies auch, wie das Kammergericht mit Recht annimmt, seinem ganzem Umfange nach geschehen. Er setzt aber voraus, daß alle bei der Angelegenheit beteiligten Personen darauf antragen. Diese Voraussetzung trifft hier nicht zu. Der Antragsgegner S. hat vielmehr dem Antrag ausdrücklich widersprochen, und weil ihm stattgegeben war, Beschwerde und weitere Beschwerde eingelegt. Jenem Erfordernis eines Antrags aller Beteiligten muß, wie auch die Gesetzesmaterialien ergeben, wesentliche Bedeutung beigemessen werden. Gegenüber einem in der Kommission des Abgeordnetenhauses gestellten Antrage, die Einschränkung in Wegfall zu bringen, da auch § 15 des Gesetzes sie nicht enthalte, wurde regierungsseitig ausgeführt, daß sich § 15 nur auf die Vereidigung eines Sachverständigen innerhalb eines anhängigen Verfahrens beziehe und daß anderseits die Vereidigung eines Sachverständigen präjudiziell sein könne für die bei der Angelegenheit Beteiligten (Stegemann S. 551). Allerdings richteten sich diese Bedenken gegen die Zulässigkeit der Beeidigung eines Sachverständigen ohne Einwilligung der Beteiligten. Solche Bedenken können sich aber auch gegen die Ernennung eines Sachverständigen ergeben. Das zeigt der vorliegende Fall. Der Richter der freiwilligen Gerichtsbarkeit soll hier zunächst entscheiden, ob die vertraglichen Voraussetzungen für die gerichtliche Berufung eines Sachverständigen vorliegen, und dann einen solchen auswählen. Eine Entscheidung über streitige Fragen liegt nun allerdings nicht außerhalb des Bereichs der freiwilligen Gerichtsbarkeit (vgl. z. B. §§ 1379 Abs. 1, 2358 flg., 2360 BGB.). Aber doch nur dann nicht, wenn sie durch besondere Vorschrift dem Richter der freiwilligen Gerichtsbarkeit übertragen ist. Sonst gehört sie zum Bereich der streitigen Gerichtsbarkeit. Ließe man im vorliegenden Falle die Entscheidung zu, so würde sich sogleich die Frage erheben, ob die Ernennung des Schiedsgutachters, wie es diejenige des Schiedsrichters im Falle der §§ 1031, 1045 ZPO. ist (Urt. des Reichsgerichts vom 3. Januar 1913 VII. 400/13), eine endgültige sei oder ob sie im ordentlichen Prozeß angefochten werden könne. Mangels einer besonderen Vorschrift ist letzteres anzunehmen. Dann aber würde die Zulassung der Entscheidung des Richters der freiwilligen Gerichtsbarkeit nicht den Bedürfnissen des Verkehrs entsprechen, im Gegenteil leicht zu einer Verwirrung der Rechtslage führen können. Dann nämlich, wenn der Prozeßrichter zu dem Ergebnis käme, daß die vertraglichen Voraussetzungen der Ernennung nicht gegeben gewesen seien. In diesem Falle würde die ganze mühsame und kostspielige Tätigkeit des Gutachters sich als überflüssig herausstellen.

Aus diesen Gründen ist auch die Anwendung des Art. 34 Nr. 2 auf unseren Fall abzulehnen. Hervorzuheben ist übrigens, daß sich der vom Oberlandesgerichte Jena entschiedene Fall von dem vorliegenden insofern unterscheidet, als dort beide Teile über die Ernennung des sog. Obmanns durch das Gericht einig waren und nur Streit über die Frage herrschte, ob das Landgericht oder das Amtsgericht zuständig sei."

---

53. Zur Auslegung des § 202 BGB.

VI. Zivilsenat. Urt. v. 25. November 1918 i. S. preuß. Eisenbahnfiskus (Bekl.) w. W. (Kl.). Rep. VI. 256/18.

I. Landgericht Bromberg.
II. Oberlandesgericht Posen.

Der Sachverhalt ergibt sich aus dem Urteile des erkennenden Senats vom 4. Februar 1918 Bd. 92 S. 153. Das Oberlandesgericht, an das die Sache zur anderweiten Verhandlung und Entscheidung zurückgelangte, wies unterm 5. Juli 1918 die Berufung des Beklagten auch insoweit zurück, als der Anspruch der Klägerin auf Zahlung einer Jahresrente wegen Beeinträchtigung ihrer Erwerbsfähigkeit dem Grunde nach für gerechtfertigt erklärt war. Die Revision des Beklagten blieb ohne Erfolg.

Gründe:

„Es handelt sich im gegenwärtigen Rechtsstreite nur noch um die Entscheidung der Frage, ob der von der Klägerin geltend gemachte Rentenanspruch in Höhe von 4000 ℳ Jahresrente verjährt ist oder nicht. In dieser Hinsicht hat das Oberlandesgericht unter Beachtung des in dem reichsgerichtlichen Urteile vom 4. Februar 1918 eingenommenen Rechtsstandpunktes folgendes ausgeführt:

Die zweijährige Verjährungsfrist des § 8 HaftpflG. für den Unterhaltsanspruch der Klägerin lief zunächst vom Tage des Unfalls, dem 5. Oktober 1910, bis zur Erhebung der Klage des Vorprozesses seitens des verstorbenen Ehemanns der Klägerin, also bis zum Februar 1911. Die nunmehr eingetretene Unterbrechung der Verjährung dauerte bis zur Rechtskraft des Urteils des Vorprozesses, nämlich bis zum 3. März 1913. Von da ab bis zu dem im September 1915 erfolgten Tode des Ehemanns der Klägerin war die Verjährung gehemmt. Denn da der Ehemann der Klägerin mit seinem im Vorprozesse gestellten Antrag, festzustellen, daß der Beklagte verpflichtet sei, denjenigen Schaden zu ersetzen, der aus der Verminderung der Erwerbsfähigkeit der Ehefrau abgeleitet werde, rechtskräftig abgewiesen worden war, die Klägerin selbst aber ebensowenig wie ihr Ehemann zu dessen Lebzeiten eine Leistungsklage auf Gewährung einer Rente wegen Verminderung ihrer Erwerbsfähigkeit anstrengen konnte, weil mit Rücksicht auf die Erwerbsverhältnisse des Ehemanns die Klägerin zu dessen Lebzeiten eine Verschlechterung ihrer Vermögenslage oder eine Verminderung ihres Unterhalts durch ihren Unfall nicht erlitten hatte, so blieb die Verjährung des Anspruchs der Klägerin wegen Erwerbsverminderung so lange gehemmt, bis sie nach dem Tode ihres Ehemanns und durch diesen in die Lage kam, die Leistungsklage auf Gewährung einer Unterhaltsrente anstrengen zu können.

Diese Darlegungen lassen einen Rechtsirrtum nicht erkennen, stehen vielmehr mit der Vorschrift des § 202 BGB. durchaus in Einklang. § 202 bestimmt: „Die Verjährung ist gehemmt, solange die Leistung gestundet oder der Verpflichtete aus einem anderen Grunde vorübergehend zur Verweigerung berechtigt ist." Diese Vorschrift greift auf den vorliegenden Fall Platz.

Eine Leistungsklage auf Zahlung einer Unterhaltsrente wegen Verminderung ihrer Erwerbsfähigkeit konnte die Klägerin oder ihr Ehemann bei des letzteren Lebzeiten nicht anstrengen, weil, wie das Berufungsgericht einwandfrei festgestellt hat, das Einkommen des Ehemanns aus seiner ärztlichen Tätigkeit ein derartig hohes war, daß die Klägerin selbst für ihren Unterhalt irgendwelche Tätigkeit nicht zu entfalten brauchte. Solange also ihr Ehemann lebte, war eine Erwerbsverminderung der Klägerin nicht eingetreten, da sie bei Lebzeiten ihres Mannes einem Erwerbe nicht nachzugehen brauchte, um ihren Unterhalt zu bestreiten, dieser vielmehr in der Lage und nach § 1360 BGB. verpflichtet war, für ihren Unterhalt zu sorgen. Dementsprechend ist denn auch in dem im Vorprozeß ergangenen rechtskräftigen Urteile des Oberlandesgerichts in Posen vom 14. Januar 1913 der hier fragliche Rentenanspruch der Klägerin als ein durch den Tod ihres Ehemanns oder eine Änderung seiner Vermögensverhältnisse „bedingter" bezeichnet worden. Schon dadurch wurde hinsichtlich des Leistungsanspruchs der Beginn der Verjährung beeinflußt (vgl. RGZ. Bd. 84 S. 311).

Die danach allein in Betracht kommende Klage auf Feststellung, daß der Beklagte verpflichtet sei, der Klägerin allen weiteren ihr aus dem Unfall entstehenden Schaden, insbesondere also auch den etwa durch ihre Erwerbsverminderung künftig entstehenden Schaden zu ersetzen, hat der Ehemann der Klägerin innerhalb der seit dem Tage des Unfalls laufenden zweijährigen Verjährungsfrist des § 8 HaftpflG., nämlich im Februar 1911 angestrengt. Mit dieser Klage ist er lediglich deshalb rechtskräftig abgewiesen worden, weil in jenem Vorprozeß (zu Unrecht) angenommen wurde, es fehle das Interesse an einer alsbaldigen Feststellung.

Dieses Urteil wirkte, wie in RGZ. Bd. 92 S. 153 dargelegt worden ist, nicht bloß für und gegen den klagenden Ehemann, sondern auch für und gegen dessen Ehefrau, die jetzige Klägerin. Da es aber eine materiellrechtliche Abweisung nicht enthielt, so steht es der jetzigen Geltendmachung der Rentenansprüche wegen Erwerbsverminderung nicht entgegen, wie gleichfalls in jenem reichsgerichtlichen Urteile dargelegt ist. Es hatte aber vermöge seiner Rechtskraft die Wirkung, eine erneute Geltendmachung des Feststellungsbegehrens sowohl auf seiten des Mannes wie auf seiten der Frau unmöglich zu machen, mit anderen Worten, es hemmte die weitere Rechtsverfolgung in Gestalt einer Feststellungsklage.

Danach blieb trotz der Abweisung der Feststellungsklage in dem Vorprozesse die nach § 8 HaftpflG. laufende zweijährige Verjährung gehemmt. Denn wenn auch der Grundsatz: „agere non valenti non currit praescriptio“ in dieser Allgemeinheit im § 202 BGB. nicht zum Ausdruck gelangt ist, so tritt doch die Hemmung der Verjährung nicht bloß in dem dort besonders bezeichneten Falle, sondern ganz allgemein dann ein, wenn der Durchführung eines an sich fortbestehenden Anspruchs ein ernstliches Hindernis entgegensteht, wenn insbesondere die Einleitung eines gerichtlichen Verfahrens zwecks Unterbrechung der Verjährung ausgeschlossen erscheint (vgl. RGZ. Bd. 80 S. 215flg.; Komm. von RGR. zu § 202 BGB. Anm. 1; Planck zu § 202 Anm. 2). Dementsprechend heißt es denn auch in den Protokollen der Kommission für die II. Lesung des Entw. des BGB. (Bd. 1 S. 217), der den ersten Entwurf in einer dem jetzigen Gesetze entsprechenden Weise geändert hat, der gefaßte Beschluß genüge, um alle Fälle zu decken, in welchen die Hemmung der Verjährung ihren Grund in einem der Geltendmachung des Anspruchs entgegenstehenden rechtlichen Hindernis habe. Völlig in Einklang hiermit wird in RGZ. Bd. 86 S. 370 der Satz aufgestellt: „Die Einreden des § 202 Abs. 1 sind solche, welche, ohne das Bestehen des Anspruchs selbst zu berühren, dem Verpflichteten nur vorübergehend das Recht zur Verweigerung der Leistung geben.“ Ein solcher Fall liegt hier vor: eine erneute Feststellungsklage vor Ablauf der zweijährigen Verjährungsfrist des § 8 HaftpflG. zu erheben, war die Klägerin und ihr Ehemann mit Rücksicht auf das rechtskräftige Urteil des Oberlandesgerichts in Posen vom 14. Januar 1913 nicht in der Lage, und die Leistungsklage wurde erst nach dem im September 1915 erfolgten Tode des Ehemanns möglich, da vorher ein Anspruch der Klägerin wegen Verminderung ihrer Erwerbsfähigkeit nicht bestand.

Hiernach hat das Berufungsgericht mit Recht auf Grund des

§ 202 BGB. angenommen, daß die Verjährungsfrist des § 8 HaftpflG. gehemmt und somit die im Oktober 1916 erhobene Leistungsklage damals noch nicht verjährt war."

---

54. Wird durch § 66 des Reichsmilitärgesetzes vom 2. Mai 1874/6. Mai 1880 jede Kündigung der Beamten für die Zeit ihrer Einberufung zum Heeresdienst ausgeschlossen?

III. Zivilsenat. Urt. v. 29. November 1918 i. S. v. L. (Bekl.) w. M. (Kl.). Rep. III. 252/18.

I. Landgericht Güstrow.
II. Oberlandesgericht Rostock.

Durch Vertrag vom 12. Mai 1914 stellte der Beklagte als Träger der Gutsobrigkeit über das Rittergut G. in Mecklenburg den Kläger als Lehrer daselbst zum Herbst 1914 an. Dieser trat die Stelle nicht an, da er alsbald nach Kriegsausbruch zum Heeresdienst einberufen wurde. Ostern 1915 kündigte der Beklagte dem Kläger zum Herbst 1915.

Das Landgericht stellte auf Antrag des Klägers fest, daß dieser für die Dauer seiner Einberufung zum Militärdienste das Amt eines Lehrers in G. bekleide. Die Berufung und die Revision des Beklagten sind zurückgewiesen worden.

Gründe:

„Das Berufungsgericht hat die Kündigung des Beklagten, die, von einer besonderen abweichenden Vereinbarung abgesehen, an sich und zwar ohne Angabe von Gründen zum 24. Oktober 1915 zulässig gewesen sei, auf Grund des § 66 des Reichsmilitärgesetzes vom 2. Mai 1874 / 6. Mai 1880 für unwirksam erklärt, da der Kläger als Gemeindebeamter im Sinne dieses Gesetzes anzusehen sei. Es legt den § 66 dahin aus, daß nicht nur, wie der Beklagte meint, die Kündigung aus Anlaß der Einberufung des Beamten zum Heeresdienste, sondern jede, auch die aus anderer Veranlassung erfolgende Kündigung unzulässig sei, es sei denn, daß im einzelnen Falle ein wichtiger Kündigungsgrund vorliege; das sei hier zu verneinen, weil in dem Verhalten des Klägers, worin der Beklagte einen wichtigen Kündigungsgrund findet, eine grobe Verletzung der diesem von jenem zu erweisenden Schicklichkeit, wie sie ein solcher Kündigungsgrund voraussetze, nicht gefunden werden könne. Da die letztere Feststellung auf tatsächlichem Gebiete liegt und von der Revision nicht angegriffen wird, da ferner die Annahme der Gemeindebeamteneigenschaft des Klägers auf dem nicht revisibelen mecklenburgischen Rechte beruht und deshalb nach § 562 ZPO für das Revisionsgericht bindend ist, hat dieses nur zu prüfen, ob dem Berufungsrichter in der Auslegung des § 66, von der Bedeutung eines wichtigen Kündigungsgrundes abgesehen, beizupflichten ist. Das ist zu bejahen.

Nach § 66 Abs. 1 sollen die Beamten „durch ihre Einberufung zum Militärdienst in ihren bürgerlichen Dienstverhältnissen keinen Nachteil erleiden", und Abs. 2 Satz 1 bestimmt: „Ihre Stellen, ihr persönliches Diensteinkommen aus demselben und ihre Anziennität, sowie alle sich daraus ergebenden Ansprüche bleiben ihnen in der Zeit der Einberufung zum Militärdienste gewahrt." Mit der Fassung des letzteren Satzes ist die Ansicht der Revision, daß nur die Einberufung zum Heeresdienste nicht als Grund zur Kündigung genommen werden dürfe, eine Kündigung aus anderen Gründen dagegen zulässig sei, nicht vereinbar. Sie zwingt vielmehr zu der Auslegung, daß, von dem — wie erwähnt — hier nicht der Entscheidung bedürfenden Falle des Vorliegens eines wichtigen Kündigungsgrundes vielleicht abgesehen, jede an sich zulässige Kündigung für die Zeit der Einberufung ausgeschlossen sein soll; denn dadurch tritt der Verlust der Stelle und des Diensteinkommens ein, die dem Beamten gewahrt bleiben sollen. Demgegenüber kann man sich auch nicht darauf berufen, daß nach dieser Auslegung dem Beamten durch den Ausschluß der an sich zulässigen Kündigung aus anderen Gründen oder ohne Angabe von Gründen ein Vorteil aus ihrer Einberufung zum Heeresdienst erwachse, während sie nach Abs. 1 durch letztere nur keinen Nachteil erleiden sollten. Die Bestimmung des Abs. 2 darf nicht auf Grund der des Abs. 1 einschränkend ausgelegt werden; sie bringt die Besserstellung der zum Heeresdienst einberufenen Beamten im Verhältnis zu den übrigen deutlich zum Ausdruck. Außerdem erwachsen jenen durch eine Kündigung während ihres Heeresdienstes auch Nachteile im Vergleiche mit diesen, da sie infolge ihrer Einberufung meist nicht in der Lage sind, eine neue Stelle zu erlangen."

---

55. Zur Anwendung des Telegraphenwege-Gesetzes vom 18. Dezember 1899 § 6 Abs. 4 (Veräußerung des Anteils des Wegeunterhaltungspflichtigen an der Anlage).

VI. Zivilsenat. Urt. v. 2. Dezember 1918 i. S. Stadt Elberfeld (Kl.) w. Reichspostfiskus (Bekl.). Rep. VI. 217/18.

I. Landgericht Düsseldorf.
II. Oberlandesgericht daselbst.

Die Klägerin hat im Jahre 1900 die sog. Rundbahn und im Jahre 1902 die sog. Nord-Südbahn als städtische Straßenbahnen angelegt und sie bis Februar 1914 betrieben, sodann aber der Aktiengesellschaft Bergische Kleinbahnen übereignet. Unter Berufung auf § 6 Abs. 4 des Telegraphenwege-Gesetzes vom 18. Dezember 1899 verlangt der Postfiskus von der Klägerin 5870,80 ℳ als Ersatz von Auslagen, welche s. Zt. der Telegraphenverwaltung durch Verlegung und Veränderung von Telegraphenlinien aus Anlaß des Baues der beiden Straßenbahnen sowie durch Herstellung und Unterhaltung von Schutzvorrichtungen erwachsen sind.

Sowohl die Verwaltungsbehörde (Beschluß des Regierungspräsidenten vom 21 Dezember 1916, § 13 des Gesetzes) wie die gerichtlichen Vorinstanzen willfahrten dem Anspruche der Postverwaltung. Die Klägerin legte hiergegen die Revision ein und wiederholte den Klagantrag, den Anspruch für unbegründet zu erklären. Die Revision wurde zurückgewiesen aus folgenden

Gründen:

„Wenn spätere besondere Anlagen die Verlegung oder Veränderung einer Telegraphenlinie oder die Herstellung von Schutzvorkehrungen notwendig machen, so fallen die Kosten gemäß § 6 Abs. 2 TelWG. der Telegraphenverwaltung zur Last, wenn sonst die Herstellung der Anlage unterbleiben müßte oder wesentlich erschwert werden würde und die Anlage aus Gründen des öffentlichen Interesses, insbesondere aus volkswirtschaftlichen oder Verkehrsrücksichten, von den Wegeunterhaltungspflichtigen oder unter überwiegender Beteiligung eines oder mehrerer derselben zur Ausführung gebracht werden soll Überläßt ein Wegeunterhaltungspflichtiger in der Folge seinen Anteil einem nicht unterhaltungspflichtigen Dritten, so sind gemäß Abs. 4 das. die durch die Verlegung oder Veränderung oder durch die Herstellung der Schutzvorkehrungen erwachsenden Kosten, soweit sie auf jenen Anteil fallen, der Telegraphenverwaltung — nachträglich — zu erstatten.

Gegen den hierauf gegründeten Erstattungsanspruch des Beklagten hat die Klägerin Einwendungen erhoben, die das Berufungsgericht insgesamt zutreffend verworfen hat. Im besonderen

1. kann es keinem Zweifel unterliegen, daß der im Falle des § 6 Abs. 4 gegebene Anspruch sich nicht gegen den dritten neuen Erwerber, sondern gegen den — veräußernden — Wegeunterhaltungspflichtigen richtet. Dafür sei auch auf den Kommissionsbericht zu § 6 Ges. VIIc (Reichst. 1898/1900, Stenogr. Ber. Anl. Bd. 4 Nr. 498, abgedr. in den Komm. von v. Rohr S. 127, Wolf S. 76) verwiesen, wo es bei Erwähnung der Streichung der vorher vorgesehen gewesenen fünfjährigen Frist heißt: „Sei ein Unterhaltungspflichtiger nur dann verpflichtet, die . . . Kosten zu tragen, wenn . . . " —, wobei offensichtlich gleichfalls von der Zahlungspflicht des Wegeunterhaltungspflichtigen ausgegangen ist. Und wenn auch bei der Schaffung der Bestimmung, wie

das Berufungsgericht zutreffend (aus dem KommBer., abgedr. bei v. Rohr S. 123 flg.) hervorhebt in erster Reihe an Schiebungen und Verschleierungen des wahren Sachverhältnisses gedacht worden ist, so sind doch solche Umstände nicht zur Voraussetzung der gesetzlichen Regelung gemacht. Die Vorschrift des Abs. 4 greift vielmehr bei jeder Veräußerung ein, auch wenn sie nicht auf eine Verschleierung des Sachverhalts oder sonst zu mißbilligende Zwecke gerichtet ist.

Ebensowenig kann der Wortlaut der Vorschrift, die nur von der Veräußerung des „Anteils" eines Wegeunterhaltungspflichtigen spricht, der Anwendung auf den vorliegenden Fall entgegenstehen, wo die ganze Anlage veräußert worden ist. Die Revision will die Anwendbarkeit des Abs. 4 auf den vorliegenden Fall insbesondere deshalb verneinen, weil die Gemeinde das Unternehmen allein erstellt, 12 und 14 Jahre allein betrieben habe, jetzt noch an der Aktiengesellschaft beteiligt sei und sich maßgebenden Einfluß gesichert habe; danach seien die in Rede stehenden Bahnunternehmungen wirtschaftlich auch jetzt noch als solche zu behandeln, die die Gemeinde hergestellt habe. Dem kann indessen nicht gefolgt werden. Der Fall der Veräußerung liegt unzweifelhaft vor. Und die Fassung des Gesetzes will alle Fälle treffen, auch die des nur anteiligen Besitzes des Wegeunterhaltungspflichtigen, nicht aber den Fall, wo die Anlage ganz und allein diesem gehört hat, ausnehmen, wofür kein innerer Grund abzusehen wäre.

2. Auch der Versuch, den Wortlaut des Abs. 4 in den Worten „erwachsenden Kosten" dahin zu deuten, daß in der Vergangenheit entstandene Kosten überhaupt nicht unter diese Vorschrift fielen, ist mit Recht zurückgewiesen. Nicht nur daß, wie das Berufungsgericht bereits zutreffend festgestellt hat, der Kommissionsentwurf wie der Kommissionsbericht den Wortlaut „erwachsene Kosten" aufweisen, die Worte „erwachsende Kosten" statt dessen erst im veröffentlichten Gesetzestext auftreten: es erhellt ohne weiteres, daß eine Beschränkung der Vorschrift auf künftige Kosten ganz gegenstandslos wäre, da insoweit nur eine Erstattungspflicht des dritten — neuen — Erwerbers in Frage kommen könnte. Da auch der Wortlaut „erwachsende Kosten" der Beziehung auf die in der Vergangenheit entstandenen Kosten nicht zwingend entgegensteht, war zu diesem Punkte gleichfalls dem Berufungsgerichte lediglich beizutreten.

3. Die Klägerin hält endlich dafür, daß der Erstattungsanspruch der Telegraphenverwaltung deshalb nicht begründet sei, weil auch nach geschehener Veräußerung die Klägerin am Unternehmen überwiegend beteiligt im Sinne des § 6 Abs. 2 des Gesetzes geblieben sei.

Mit Recht geht das Berufungsgericht hierzu davon aus, daß die in § 6 Abs. 2 TelWG. für den Fall der überwiegenden Beteiligung des Wegeunterhaltungspflichtigen an der Errichtung der Anlage getroffene Regelung auch für den Fall des Abs. 4 heranzuziehen ist, wo es sich um die Veräußerung jener Anlage handelt. Innere Gründe für die gegenteilige Annahme sind in der Tat nicht zu erkennen. Wenn die überwiegende Beteiligung des Wegeunterhaltungspflichtigen bei der Erstellung der Anlage genügt, um ihn der in Rede stehenden Vergünstigung teilhaftig werden zu lassen, so entspricht es der Billigkeit, daß es dabei bleibt, wenn er — nach der Veräußerung — überwiegend beteiligt bleibt. Der Neuerwerber tritt solchenfalls noch nicht in dem Maße hervor, daß die Anlage den für die Frage maßgebenden Charakter der Gemeinnützigkeit, den Zusammenhang mit dem Wegeeigentum verloren hätte. Es könnte nicht angemessen erscheinen, wenn die Veräußerung jedes, auch des kleinsten Teiles jenes Anteils schon genügen würde, um dem Wegeunterhaltungspflichtigen die mit der „überwiegenden Beteiligung" verbundene Vergünstigung zu entziehen.

Im übrigen stellt das Berufungsgericht fest, daß die Klägerin etwas über ein Viertel der Aktien der Bergischen Kleinbahnen besitzt, daß zwar für wichtige Angelegenheiten Dreiviertelmehrheit der Aktionäre erfordert wird und daß der Klägerin ein Posten im Aufsichtsrate zukommt, daß aber eine überwiegende Beteiligung der Klägerin im Sinne des § 6 Abs. 2 hierin nicht gefunden werden könne. Diese Beurteilung ist im wesentlichen tatsächlichen Inhalts (vgl. RGZ. Bd. 90 S. 117) und läßt nach der Sachlage keinen Rechtsirrtum erkennen." ...

---

56. 1. Zur Frage des Umfangs der Säkularisation besonders in der Provinz Posen und den anderen im Anfange des vorigen Jahrhunderts zeitweise vom preußischen Staate getrennten rechtsrheinischen Gebieten.

2. Gehören zu dem kirchlichen Vermögen, das nach §§ 3 und 4 des Gesetzes über die Vermögensverwaltung in den katholischen Kirchengemeinden vom 20. Juni 1875 der Verwaltung der Kirchengemeinde unterliegt, auch die mit Stiftungszwecken beschwerten, infolge der Säkularisation der Klöster auf den Staat übergegangenen Fonds, insbesondere Meßstiftungskapitalien? Kann der Staat die Verwaltung auch dann beanspruchen, wenn die Verwaltung bisher von der Kirchengemeinde geführt ist?

Reichsdeputationshauptschluß vom 25. Februar 1803 §§ 35, 65.

IV. Zivilsenat. Urt. v. 2. Dezember 1918 i. S. kath. Trinitatiskirchengemeinde in G. (Bekl.) w. preuß. Staat (Kl.). Rep. IV. 200/18.

I. Landgericht Gnesen.
II. Oberlandesgericht Posen.

Durch Edikt vom 31. März 1833 bestimmte der König, daß die in der Provinz Posen noch befindlichen Klöster binnen drei Jahren aufgehoben und ihr Vermögen zur Ausstattung der in einer Nachweisung näher bezeichneten Anstalten und Einrichtungen verwendet werden sollte. Auf Grund dieses Edikts wurde durch Ministerialerlaß vom 29. November 1836 die Aufhebung des Franziskaner-Mönchsklosters in Gnesen mit Wirkung vom 1. Januar 1837 ausgesprochen. Die bisherige Klosterkirche blieb dem gottesdienstlichen Gebrauch erhalten. Die Staatsregierung wollte darin für die deutschen Katholiken sämtlicher drei Gnesener Pfarrgemeinden deutschen Gottesdienst und zu dem Zwecke eine besondere Personalgemeinde mit selbständigem Pfarrer einrichten. Diese Absicht scheiterte an dem Widerspruche der erzbischöflichen Behörde, die geltend machte, daß die Errichtung einer Personalgemeinde dem kanonischen Rechte widerspreche. Die Staatsregierung begnügte sich deshalb mit der Anstellung eines besonderen Geistlichen an der Franziskanerkirche, der den deutschen Gottesdienst zu besorgen hatte.

Die Klosterkirche, die im Sprengel der beklagten Gemeinde gelegen ist, wurde am 20. Dezember 1837 deren Pfarrprobst Kanonikus Sucharski übergeben. Gleichzeitig wurden ihm zur Fortsetzung des Gottesdienstes und zur Erfüllung der dem Franziskanerkloster obliegenden Meßstiftungen die damit beschwerten Kapitalien des Klosters ausgeantwortet. Die Verwaltung dieser Kapitalien ging später auf ein von Sucharski im Auftrage der Regierung gebildetes sog. „Kirchenkollegium“ über, das aus dem Stadtpfarrprobst der beklagten Gemeinde, dem Geistlichen der ehemaligen Franziskanerkirche und drei aus den drei Gnesener katholischen Kirchengemeinden gewählten Kirchenvorstehern bestand. Nach Inkrafttreten des Gesetzes über die Vermögensverwaltung in den katholischen Kirchengemeinden vom 20. Juni 1875 übernahm der Kirchenvorstand der beklagten Kirchengemeinde die Verwaltung.

Der preußische Staat wollte nunmehr jene Kapitalien in eigene Verwaltung nehmen. Da die Beklagte sich weigerte, erhob er Klage auf Herausgabe. Beide Vorinstanzen erkannten nach dem Klagantrage. Die Revision der Beklagten hatte keinen Erfolg.

Aus den Gründen:

„Das Berufungsgericht nimmt an, daß der Kläger durch die Säkularisation des Franziskanerklosters Eigentümer der Klosterkapitalien, insbesondere der Meßstiftungskapitalien (Meßfundationen, Memorienfonds, Anniversarien) geworden, es auch in der Folgezeit geblieben sei und daß er sie deshalb von der Beklagten, weil diese zum Besitze nicht berechtigt sei, zurückfordern könne. Gegen diese Begründung richtet die Revision eine Reihe von Angriffen.

Die Revision bestreitet zunächst, daß der Kläger durch die Säkularisation Eigentümer der Meßstiftungskapitalien geworden sei. Sie stützt diese Auffassung auf zwei Schreiben der Regierung vom 10. Februar 1837. In dem einen Schreiben ersucht die Regierung, Abteilung des Innern, die zweite Abteilung der Regierung, die nach der beigefügten Vermögensübersicht dem Säkularisationsfonds anheimfallenden Vermögensgegenstände des Klosters zur Domänenverwaltung einzuziehen, und bemerkt dabei, daß von der Einziehung nur ausgeschlossen seien: a) die Kirche mit ihrem gesamten Schmuck und Gerät, b) die mit den Stiftungszwecken beschwerten Kapitalien. Die gleiche Einschränkung wird von der Regierung in dem an demselben Tage an das erzbischöfliche Generalkonsistorium gerichteten Schreiben gemacht.

Der Auffassung der Beklagten ist das Berufungsgericht mit folgender Begründung entgegengetreten: Zunächst komme es auf den Willen des Staates an, den er bei Aufhebung des Klosters den Konventualen gegenüber geäußert habe. Durch den Gnesener Landrat, seinen Beamten, habe er diesen am 14. März 1837 klar und unzweideutig erklären lassen, daß er das gesamte Klostervermögen einziehe. Der Staat habe es aber auch erworben. Denn er habe alles, was zum Klostervermögen gehöre, inventarisieren lassen und an sich genommen. Insbesondere die Meßstiftungskapitalien habe er zunächst in eigene Verwahrung genommen und sie erst später, wie die Beklagte selbst anführe, an sie und andere Kirchengemeinden überlassen.

Diese Begründung gibt, wie der Revision zuzugeben ist, allerdings insofern zu rechtlichen Bedenken Anlaß, als das Berufungsgericht annimmt, daß es auf den den Klostergeistlichen von dem Landrat erklärten Willen entscheidend ankomme. Die Rechtslage ist vielmehr folgende: Die Berechtigung des Staates zur Säkularisation der Klöster beruht auf § 35 des Reichsdeputationshauptschlusses vom 25. Februar 1803. Das zu dessen Ausführung am 30. Oktober 1810 (GS. von 1811 S. 32) erlassene Edikt gilt allerdings nicht in Posen und den anderen Landesteilen, die damals unter französischer Herrschaft standen. Es ist auch nicht nachträglich dort eingeführt worden. Vielmehr ist durch eine nicht gedruckte Kabinettsorder vom 9. August 1816 ausgesprochen worden, daß eine allgemeine Säkularisation in den neu- oder wiedererworbenen Landesteilen nicht erfolgen, die Klöster vielmehr allmählich zum Aussterben gebracht werden sollten. Demgemäß ist die Aufhebung der Klöster jeweils durch besondere Kabinettsorder verfügt worden, in unserem Falle durch das im Tatbestand erwähnte Edikt vom 31. März 1833.[1] Der Umfang der

---

[1] Vgl. hierzu Meyer, Säkularisation der Klöster im Regierungsbezirke Bromberg in Bd. 15 der Zeitschr. der histor. Gesellschaft für Posen S. 160flg.;

Säkularisation bestimmt sich demnach nach dem Reichsdeputationshauptschluß und dem Edikt vom 31. März 1833 (Urt. des RG.'s vom 8. März 1907, Jur. Wochenschr. S. 292). Nach § 35 des ersteren sind alle Güter der fundierten Stifte, Abteien und Klöster der freien und vollen Disposition der respektiven Landesherren überlassen. Dazu gehören auch die mit Stiftungszwecken beschwerten Fonds, insbesondere die Meßkapitalien. Sie gehören nicht zu den nach § 65 RDHSchl. bei Bestand bleibenden „frommen und milden Stiftungen". Darunter sind vielmehr nur solche verstanden, die außerhalb jener aufgehobenen Institute stehen und für sich selbst Zweck und Selbständigkeit haben (so Erk. des Obertrib. vom 15. Dezember 1852, Striethorst Arch. Bd. 8 S. 122). Die Beklagte meint, die Franziskaner als Bettelorden hätten nicht Eigentümer des von ihnen verwalteten Vermögens sein können. Als Träger der Meßfundationen sei vielmehr eine besondere neben dem Kloster bestehende Stiftung anzusehen. Auch diese Ansicht hat in dem erwähnten Urteile des Obertribunals bereits eine zutreffende Widerlegung erfahren.

Mit diesen sich aus dem Reichsdeputationshauptschluß ergebenden Grundsätzen befindet sich das Edikt vom 31. März 1833 im Einklang. Insbesondere ist darin ausdrücklich gesagt, daß das gesamte Vermögen der Klöster eingezogen werden sollte. Daß darunter auch die Meßfundationen verstanden wurden, ergibt sich aus der dem Edikte beigegebenen Nachweisung über die Verwendungszwecke des eingezogenen Vermögens, und zwar gerade aus der von der Beklagten für ihre Ansicht ins Feld geführten Nr. 7. Dort heißt es: „Zur Verbesserung schlecht dotierter katholischer Pfarrstellen (exkl. dessen, was durch Überweisung von Meßfundation geschehen kann) 2000 Thaler." Danach müssen auch diese Meßfundationen eingezogen sein, sonst hätte der Staat sie nicht zu Zuschüssen verwenden können. Ohne Verstoß gegen revisibles Recht nimmt auch das Berufungsgericht an, daß aus der Nichtaufnahme der Meßfundationen in den nach dem Edikte zu bildenden Säkularisationsfonds kein Schluß gegen die Einziehung durch den Staat gezogen werden könne. Wie das Berufungsgericht darlegt, handelte es sich nach dem Edikt darum, festzustellen, ob aus dem zum Säkularisationsfonds zu vereinnahmenden Klostervermögen die in der Nachweisung ziffermäßig festgestellten Summen für die darin erwähnten Kirchen- und Schulzwecke gewonnen werden konnten. Deshalb eigneten sich die Meßfundationen zur Aufnahme in den Fonds nicht, da sie nach der Absicht der Regierung dem auf ihnen bereits lastenden Ver-

Hinschius, Orden und Kongregationen der k. Kirche S. 10 flg.; Derselbe, Preuß. Kirchenrecht Anm. 4 zu § 941 ALR. II, 11; Niedner, Die Ausgaben des preuß. Staates für die ev. Landeskirche S. 185 flg., 151, 156 flg.

wendungszweck im Hinblick auf §-193 ALR. II 6 erhalten bleiben sollten....

Was den Einfluß jenes Gesetzes von 1875 auf den vom Kläger geltend gemachten Anspruch anlangt, so führt das Berufungsgericht zunächst zutreffend aus, daß das Gesetz keine Abänderung bestehender Eigentumsverhältnisse, sondern nur die formelle Ordnung der Gemeindevermögensverwaltung beabsichtigt habe (Kommissionsbericht des Abgeordnetenhauses S. 1578; Hinschius, Preußische Kirchengesetze der Jahre 1874/75, Anm. 14 zu § 3 des Gesetzes vom 20. Juni 1875). Das Berufungsgericht meint weiter, als „Anniversarien" würden die hier streitigen Kapitalien an sich unter § 3 Nr. 1 des Gesetzes fallen. Es treffe aber der Ausnahmefall des § 4 Abs. 2 zu. Daß die Kapitalien zu kirchlichen Zwecken bestimmt seien, sei außer Streit. Aber auch die zweite Voraussetzung jener Ausnahmevorschrift sei gegeben. Denn, wie dargelegt, hätten die fraglichen Kapitalien unter der dauernden Verwaltung des Klägers gestanden und stünden noch heute darunter, da der Probst Sucharski und das frühere Kirchenkollegium sowie von 1875 ab der Kirchenvorstand der Beklagten im Auftrage des Klägers die Verwaltung darüber ausgeübt hätten und noch ausübten. Dieser Auffassung ist im Ergebnis beizutreten. Um „kirchliches Vermögen" im Sinne des § 3 handelt es sich hier überhaupt nicht. In allen Fällen dieses Paragraphen wird Vermögen vorausgesetzt, das entweder einer bestimmten Kirchengemeinde gehört oder zu deren Zwecken bestimmt ist. Insbesondere ist in der Kommission des Abgeordnetenhauses anerkannt worden, daß in § 3 Nr. 1 nur Vermögen der betreffenden Pfarrgemeinde gemeint sei. Ein Antrag, dies ausdrücklich auszusprechen, wurde abgelehnt, weil es selbstverständlich sei (KommBer. S. 1578; Hinschius a. a. O. Anm. 15, 17, 19 zu § 3). Die hier in Betracht kommenden Meßstiftungskapitalien sind aber weder Anniversarien der beklagten Kirchengemeinde, noch Vermögensstücke zur Besoldung ihrer Geistlichen und fallen aus diesem Grunde nicht unter die Nr. 1. Die Nummern 2 und 4, von denen die erstere sich auf unselbständige, letztere auf selbständige Stiftungen bezieht, treffen nicht zu, da die Kapitalien nicht im Eigentum der Beklagten stehen und nicht ihren Zwecken allein, sondern dem Zwecke sämtlicher Kirchengemeinden in Gnesen zu dienen bestimmt sind. Die Worte „innerhalb des Gemeindebezirks bestimmten" in Nr. 4 sind zu den vorhergehenden Worten zu ziehen; sie sollen also, wie ohne Widerspruch bei der zweiten Beratung des Abgeordnetenhauses festgestellt ist (Sten. Ber. S. 1448), so viel bedeuten als Stiftungen, deren Zweck nicht über den Gemeindebezirk hinausgeht, nicht aber alle Stiftungen, die in diesem ihren Sitz haben (Hinschius a. a. O. Anm. 32, 23 zu § 3; Hermes, die Verwaltung des Kirchenvermögens, 2. Aufl., zu

§§ 3, 4 S. 28; v. Schilgen, kirchl. Vermögensrecht, 2. Aufl., Bd. 3 Anm. 17 zu § 3 S. 167). Die Nr. 4 kann übrigens schon deshalb nicht zur Anwendung kommen weil sie selbständige Stiftungen voraussetzt.

Es fehlt hiernach schon an jeder gesetzlichen Handhabe für die von der Beklagten für ihren Kirchenvorstand beanspruchte Verwaltung der den Gegenstand der Klage bildenden Kapitalien. Aber auch wenn man anderer Ansicht sein sollte, so ist der Klaganspruch doch nach § 4 gerechtfertigt, und zwar sowohl nach Abs. 2 als nach Abs. 1. Während der Abs. 1 je nach der Art des dem Staate oder der Gemeinde an den Vermögensstucken zustehenden Rechtes die Frage nach der Übernahme der Verwaltung entscheidet, schließt der Abs. 2 grundsätzlich gewisse Stücke von der kirchlichen Verwaltung unter der Voraussetzung aus, daß sie der dauernden Verwaltung des Staates unterstellt sind (KommBer. des Abgeordnetenhauses S. 1582; Hinschius a. a. O. Note 40 zu § 4). Eine solche dauernde Verwaltung des Staates hat das Berufungsgericht nach dem Vorerörterten rechtlich einwandfrei bejaht. Eine im Auftrage des Staates geführte Verwaltung ist eine staatliche, mag selbst das Organ, welches mit der Verwaltung beauftragt ist, ein kirchliches sein. Letzteres würde übrigens nur bezüglich des Kirchenvorstandes seit 1875 gelten, nicht bezüglich des 1837 vom Staate eingerichteten sog. Kirchenkollegiums.[1] Richtig ist, daß, wie die Revision bemerkt, die Rechtsverhältnisse der Küstereigebäude den Anlaß zur Aufnahme des § 4 Abs. 2 in das Gesetz gegeben haben. Aber das schließt selbstverständlich nicht aus, daß auch andere Rechtsverhältnisse darunter fallen können.

Es findet aber auch § 4 Abs. 1 Anwendung. Zu den hier vorbehaltenen Rechten gehören hauptsächlich Eigentum und Verwaltung Hinschius Anm. 37). Nach dem Ausgeführten steht hier das Recht auf Verwaltung dem Staate zu. Es verbleibt also dabei. ...

Mit Recht hat hiernach das Berufungsgericht den Klaganspruch für begründet erklärt, und zwar ist er es nicht bloß aus dem Gesichtspunkte des Eigentums des Staates an den Papieren, sondern auch aus dem des Vertrags (Auftrags oder Verwaltungsvertrags). Denn dieser ist nach Art. 170 EG. z. BGB § 159 I 13, § 109 I 14 ALR. jederzeit kündbar. Die Kündigung ist durch das Schreiben der Regierung vom 9. Juli 1913 erfolgt."

[1] Dazu sagt das RG. an anderer Stelle: Zutreffend hebt dagegen das Berufungsgericht hervor, daß es sich um ein Kirchenkollegium im landrechtlichen Sinne nicht gehandelt haben könne, weil seine Mitglieder aus allen drei Gnesener Pfarreien gewählt seien, während die sonst als „Kirchenkollegien" bezeichneten Körperschaften sich nur aus Mitgliedern einer Pfarrei zusammensetzten (vgl. §§ 156, 554 ALR. II, 11).

57. 1. Kann derjenige, der sich einen Geldbetrag durch Überweisung zahlen läßt, obwohl er weiß oder den Umständen nach annehmen muß, daß der Zahlende sich das Geld durch Betrug verschafft hat, wider die guten Sitten verstoßen, wenn er einen rechtlich begründeten Anspruch auf die Zahlung hat?

2. Hat hier der Betrogene, wenn der Betrüger in Konkurs verfallen ist, einen Schadensersatzanspruch gegen den bösgläubigen Empfänger, weil ihm ohne dessen Dazwischentreten ein Aussonderungsrecht gegen die Konkursmasse entstanden sein würde?

3. Ist der Betrogene durch den Empfänger um deswillen nicht geschädigt, weil sein Schaden bereits durch den Betrug entstanden ist?

VI. Zivilsenat. Urt. v. 2. Dezember 1918 i. S. L. (Kl.) w. C. (Bekl.). Rep. VI. 296/18.

I. Landgericht I Berlin.
II. Kammergericht daselbst.

Der Kläger hat zur Begründung seines Anspruchs auf Zahlung von 200000 *M*, den er auf §§ 812, 823 Abs. 2, 830, 826 BGB. stützt, folgende Behauptungen aufgestellt. Er sei am 2. Januar 1917 von der Frau Marta K., die ihm betrüglich ein erdichtetes Speckgeschäft vorgespiegelt habe, an dem er sich mit sicherem Gewinne beteiligen sollte, bestimmt worden, ihr 200000 *M* bar vorzustrecken. Das Geld habe er auf ihre Anweisung bei der Dr. Bank auf das Konto des Beklagten eingezahlt. Die Marta K. habe seit Jahren Kreditschwindeleien in größtem Umfange getrieben, sei Mitte Januar 1917 verhaftet worden und Ende Januar in Konkurs geraten, bei dem eine Dividende kaum zu erwarten sei. Der Beklagte habe lange mit der K. in Geschäftsverbindung gestanden, sich an ihren Unternehmungen mit hochverzinslichen Darlehen beteiligt und sehr hohe Gewinne gezogen, die sich von April bis Oktober 1916 auf fast eine Million beliefen und auf ehrliche Weise nicht hätten gemacht werden können. Ende 1916 habe er gemerkt, daß sie sich in schwerer Zahlungsbedrängnis befinde. Sie habe eine Gesellschaft m. b. H. zur Verwertung eines neuen Stahlhärtungsverfahrens gegründet, aber weder ihren Geschäftsanteil von 900000 *M* noch trotz schärfster Mahnungen die Stempelkosten von 60000 *M* aufbringen können. Um Weihnachten 1916 habe er erfahren, daß sie zum Zwecke der Täuschung von einer gefälschten Schuldurkunde über 3800000 *M* Gebrauch gemacht habe. Er und andere Personen, denen sie mehrere hunderttausend Mark schuldete, seien sich darüber einig gewesen, daß sie durch betrügliche Machenschaften Geldmittel zu beschaffen suchte. Von Weihnachten 1916 bis zu ihrer Verhaftung habe sie durch Schwindeleien zwei

Millionen errafft, wovon dem Beklagten 675000 *M*, damit sie vor der Beschlagnahme durch die Behörden gesichert würden, als Gewinnanteil zugeflossen seien.

Die beiden Vordergerichte wiesen die Klage ab. Auf die Revision des Klägers ist das Berufungsurteil aufgehoben und die Sache zurückverwiesen worden.

Gründe:

(Das Reichsgericht tritt dem Berufungsgerichte darin bei, daß mangels einer unmittelbaren Vermögensverschiebung zwischen den Parteien keine ungerechtfertigte Bereicherung des Beklagten vorliege, da das Geld, das die K. von dem Kläger erhalten habe, an die Dr. Bank gezahlt und auf die Weisung der K. von der Bank dem Beklagten gutgeschrieben worden sei; weiter auch darin, daß sich den von dem Kläger angeführten Tatsachen keine Handlungen des Beklagten entnehmen ließen, die eine Teilnahme an dem Betruge der K. gegen den Kläger im Sinne des § 830 BGB. darstellten. Sodann wird fortgefahren:)

... „Wohl aber könnten jene Tatsachen dafür verwertet werden, daß der Beklagte, als er hohe Summen von der K. bezog, gewußt hat oder den Umständen nach annehmen mußte, daß sie durch Betrügereien erlangt seien. In dieser Hinsicht fragt sich, ob der Beklagte die Schutzgesetze der §§ 257, 259 StGB. (Begünstigung und Hehlerei) übertreten habe. Begünstigung erfordert die Absicht des Täters, durch seine Beistandsleistung dem Begünstigten die Vorteile seiner Straftat zu sichern, vornehmlich also die zivilrechtliche Ausgleichung dieser Tat zu vereiteln oder zu erschweren. Ob der Beklagte bei der Annahme des Geldes diese Absicht gehabt hat, läßt sich erst beurteilen, wenn ersichtlich ist, aus welchem Grunde die Zahlung an ihn erfolgt ist, und welchem Zwecke sie dienen sollte. Hehlerei liegt nicht vor, weil der Beklagte keine körperlichen Sachen, die unmittelbar durch den Betrug erlangt waren, an sich gebracht, sondern durch die Überweisung seitens der K. lediglich eine Forderung an die Dr. Bank erworben hat (vgl. Olshausen, Komm. z. StGB. § 259 Anm. 2, 5).

Dagegen kann, wovon auch das Berufungsgericht ausgeht, in der bezeichneten Handlung des Beklagten ein Verstoß gegen die guten Sitten gefunden werden. Der Beklagte und der Nebenintervenient leugnen dies. Sie meinen, der Beklagte habe das Geld als Geschäftsanteil der K. für die Gesellschaft m. b. H. erhalten und es, falls er einen rechtlich begründeten Anspruch darauf gehabt, annehmen dürfen, auch wenn er gewußt habe, daß die K. es sich auf unredlichem Wege verschafft hatte; ein solches Verhalten sei nicht als sittenwidrig anzusehen, möge es auch der Empfindung eines vornehm denkenden Mannes widerstreben.

Der Auffassung des Beklagten ist in dieser Allgemeinheit nicht beizupflichten. Der Gläubiger hat an sich nur das Recht, aus dem Vermögen des Schuldners befriedigt zu werden. Zu diesem Vermögen gehören zwar äußerlich und unter Umständen nach formalem Rechte, nicht aber nach dem wahren Rechte Gelder, die der Schuldner einem Dritten durch Betrug abgelockt hat. Weiß der Gläubiger oder muß er annehmen, daß die Leistung des Schuldners aus dermaßen gewonnenen Mitteln bewirkt wird, so kann in der Annahme des unrechtmäßig erlangten Geldes nach der Gestaltung des Falles eine das Anstandsgefühl jedes rechtlich denkenden Menschen verletzende und damit wider die guten Sitten verstoßende Handlungsweise erblickt werden. Auf eine solche Betrachtung weist schon die Verwandtschaft mit der Begünstigung und Hehlerei hin. Vielfach wird es auf die Art des Anspruchs des Gläubigers und der Beziehungen zwischen ihm und dem Schuldner ankommen. Hier ist über den Anspruch des Beklagten auf die 200000 ℳ bis jetzt nichts festgestellt. Wäre richtig, daß der Betrag ganz oder teilweise als Gewinnanteil aus den von ihm als schwindelhaft erkannten Unternehmungen der überschuldeten K. an den Beklagten fallen sollte, so würde die Annahme eines Sittenverstoßes des Beklagten kaum einem Bedenken begegnen. Aber auch wenn die Zahlung, wie der Beklagte behauptet, auf die von der K. übernommene Einlage für die Ferrosilicium-Gesellschaft m. b. H. geschehen wäre, so wäre die Sittenwidrigkeit der Empfangnahme des Geldes nicht ohne weiteres ausgeschlossen, sondern es wäre zu untersuchen, ob es sich nicht auch bei der Gründung dieser Gesellschaft und der Einziehung der Geschäftsanteile um unlautere, auf unredlichen Gewinn abzielende Machenschaften gehandelt hat.

Das Berufungsgericht, das, wie bemerkt, eine sittlich anstößige Handlung des Beklagten unterstellt, kommt aus folgenden Gründen zur Abweisung der Klage. Der Beklagte könne, da er mit der K. nicht zu einem gemeinschaftlichen Zwecke zusammengewirkt habe, lediglich für den Schaden haftbar gemacht werden, der durch seine eigene Handlung entstanden sei. Der Kläger sei aber hierdurch nicht geschädigt worden. Denn sein Schaden sei dadurch entstanden, daß er auf Grund der betrüglichen Vorspiegelungen der K. ihr das Geld aushändigte. Ohne das Dazwischentreten des Beklagten würde der Erfolg der gewesen sein, daß das Geld in der Konkursmasse verblieben wäre. Zur Geltendmachung des durch das Dazwischentreten des Beklagten entstandenen Schadens wäre nur der Konkursverwalter berechtigt, der sich mit dem Beklagten dahin geeinigt habe, daß dieser einen entsprechenden Betrag zur Konkursmasse zurückgewährt habe.

Die Revision wendet hiergegen ein, der Beklagte habe durch die Annahme des Geldes auch den Kläger geschädigt. Wäre das Geld bei der Dr. Bank nicht auf das Konto des Beklagten eingezahlt worden, dann würde die Bank es auf das Konto der K. gebucht haben. Nach der Konkurseröffnung habe der Kläger sein Geschäft mit der K. dem Konkursverwalter gegenüber wegen arglistiger Täuschung angefochten, die Herausgabe des Guthabens der K. bei der Bank erwirkt und seine Aussonderung gefordert. Das Aussonderungsrecht sei nur deshalb nicht entstanden, weil der Beklagte den Betrag auf sein Konto habe gutschreiben lassen.

Der Angriff ist verfehlt. Nach § 43 KO. unterliegen der Aussonderung Gegenstände, nämlich individuell bestimmte körperliche Sachen oder Rechte, die sich in der Konkursmasse befinden, aber dem Gemeinschuldner nicht gehören, wenn der Gläubiger ein dingliches oder persönliches Recht an ihnen hat. Geld als Zahlungsmittel ist danach, von bestimmten Geldstücken abgesehen, regelmäßig kein Gegenstand der Aussonderung. Nach der Feststellung des Berufungsgerichts hat der Kläger die 200000 *M* an die K. ausgezahlt, die den Betrag dem Beklagten hat gutbringen lassen. Näheres ist über den Zahlungsvorgang nicht bemerkt. Durch die Auszahlung ist das Eigentum des Klägers an dem Gelde auf die K. übergegangen. Wäre es an den Beklagten nicht überwiesen worden, so wäre es als der Gemeinschuldnerin gehörig in der Konkursmasse geblieben. Hätte der Kläger das Geschäft mit der K. angefochten, so wäre das Geld nicht etwa in sein Eigentum zurückgefallen, sondern nur der Konkursverwalter zur Herausgabe der ungerechtfertigten Bereicherung verpflichtet gewesen. Der Kläger hätte eine Konkursforderung, aber keinen Aussonderungsanspruch erworben. Durch die Anfechtung wäre natürlich auch kein dingliches oder persönliches Recht an einem etwaigen Guthaben der K. an die Dr. Bank, wie es § 43 voraussetzt, begründet worden. Die Konkursforderung wegen des gegen ihn begangenen Betrugs steht aber auch jetzt dem Kläger zu.

Dagegen sind die Erwägungen des Berufungsgerichts aus anderen Gründen zu beanstanden. Zunächst ist bis jetzt nicht ersichtlich, wie das Rechtsverhältnis zwischen dem Konkursverwalter und dem Beklagten für den Anspruch des Klägers von Bedeutung sein soll. Es mag sein, daß das Geld des Klägers, wenn es der Beklagte nicht bekommen hätte, in der Konkursmasse verblieben wäre. Aus welchem Rechtsgrunde der Konkursverwalter von dem Beklagten Erstattung verlangt hat, die durch den Vergleich zwischen ihnen bereinigt wurde, erhellt nicht. Daß nur der Konkursverwalter, wie das Berufungsgericht sagt, berechtigt sei, den durch das Dazwischentreten des Beklagten entstandenen Schaden geltend zu machen, trifft für den Schaden zu, den der Beklagte der K. oder der Konkursmasse, nicht aber für den Schaden, den er dem Kläger zugefügt hat.

Zu Unrecht verneint sodann das Berufungsgericht, daß der Kläger durch eine etwaige sittenwidrige Handlung des Beklagten geschädigt wurde, weil sein Schaden bereits durch die Aushändigung der 200000 M an die K. entstanden sei. Wohl hat er sein Geld dadurch eingebüßt. daß er es an die K. bezahlt hat. Allein er konnte das Geschäft mit ihr anfechten und Herausgabe der ungerechtfertigten Bereicherung oder er konnte Schadensersatz von ihr fordern (§§ 123, 142, 812, 823 Abs. 2, 249 BGB.). Daß er diesen Anspruch nicht verwirklichen und von der K. Rückerstattung des Geldes nicht zu erlangen vermochte, kann dadurch herbeigeführt worden sein, daß es sofort an den Beklagten mit dessen Einverständnis verschoben und für den Kläger nicht mehr erreichbar wurde. Der Kläger ist durch die Verschiebung gehindert worden, seine Ansprüche gegen die K. durchzusetzen, weil ihr der Beklagte die Mittel zur Befriedigung dieser Ansprüche entwunden hat. Insofern kann daher der Kläger allerdings geschädigt worden sein. Welchen Lauf die Dinge genommen hätten, wenn dem Beklagten das Geld nicht überwiesen worden wäre, ob der Kläger den Betrug alsbald entdeckt, die möglichen und geeigneten Schritte zur Wiedererlangung seines Geldes unternommen hätte und mit welchem Ergebnis, steht zunächst dahin und wird gegebenenfalls der Aufklärung und Feststellung bedürfen. Der Ansicht des Berufungsgerichts mußte indes entgegengetreten werden, weil sie dahin führt, daß derjenige, an den der Erlös von Sachen, die durch eine strafbare Handlung erlangt wurden, oder entwendetes, veruntreutes oder erschwindeltes Geld nicht als körperliche Sache, sondern etwa im Wege der Überweisung oder auf ähnliche Art verschoben wurde, gegen den also die Eigentumsklage (§§ 985 bis 992 BGB.) in keinem Falle durchdringen wird, seine Beute in Sicherheit bringen und unangefochten genießen dürfte. Denn er könnte, wenn das Berufungsgericht recht hätte, dem Verletzten entgegenhalten, sein Schaden sei bereits durch die Vortat entstanden, an der er — der Belangte — nicht teilgenommen habe." ...

---

58. Kann, nachdem die Klage des Gläubigers gegen den Bürgen wegen Irrtums des Bürgen rechtskräftig abgewiesen worden ist, die spätere Klage auf Ersatz des Vertrauensinteresses deshalb abgewiesen werden, weil der im Vorprozesse für erwiesen erachtete Irrtum nicht erwiesen sei?

ZPO. § 322.

VI. Zivilsenat. Urt. v. 5. Dezember 1918 i. S. H.er Dampfziegelei u. Gen. (Bekl.) w. H.er Sparkassen (Kl.). Rep. VI. 248/18.

I. Landgericht Bremen.
II. Oberlandesgericht Hamburg.

Aus den Gründen:

„Auf Grund einer Urkunde vom 4. Mai 1904 hatte die Klägerin die Beklagten als Bürgen in einem Vorprozesse, der durch diesseitiges Urteil vom 16. Januar 1911 (RGZ. Bd. 75 S. 271) abgeschlossen worden ist, in Anspruch genommen. Die Klage wurde auf Grund der §§ 119 Abs. 1, 1280 BGB. und einer von den Beklagten rechtzeitig erklärten Anfechtung (§§ 142, 143) abgewiesen, weil, wie für erwiesen erachtet wurde, die Bürgen bei der Bürgschaftsleistung irrtümlich angenommen hätten, daß dem Gläubiger vom Hauptschuldner ein Forderungspfandrecht gültig bestellt worden sei, was in Wahrheit wegen Unterlassung der dafür in § 1280 vorgenommenen Anzeige nicht zutraf.

Im vorliegenden Rechtsstreite sucht die Klägerin als Gläubigerin Schadensersatz bei den Bürgen für deren entgangene Bürgschaftshaftung, und zwar auf verschiedener rechtlicher Grundlage. In der Revisionsinstanz interessiert davon nur noch ein rechtlicher Gesichtspunkt, der des § 122 BGB., auf dessen Abs. 2 die Beklagten zwei Einwendungen gestützt haben. Zum ersten: die Klägerin habe den Grund der Anfechtbarkeit, d. i. die Unkenntnis der Bürgen von der Unwirksamkeit der Forderungspfändung kennen müssen. Durch Zwischenurteil vom 18. Juni 1917 hat das Berufungsgericht hierüber dahin befunden, daß es im Verhältnis der Parteien zueinander nicht Sache der Klägerin, sondern der Beklagten gewesen wäre, sich über die Erstattung der Anzeige nach § 1280 zu vergewissern. Gegen diese Entscheidung (über fahrlässige Unkenntnis) ist kein Angriff erhoben worden.

Zum anderen haben die Beklagten die Klage damit bekämpft, daß die Klägerin jenen Irrtum der Beklagten über die Forderungspfändung selbst hervorgerufen habe und deshalb, auch wenn dies ohne Verschulden (§ 276 BGB.) geschehen sei, den Schadensersatz nach § 122 nicht fordern könne. Mit diesem Einwande befaßt sich das Endurteil des Berufungsgerichts vom 17. Juni 1918. Es betrachtet ihn an und für sich als erheblich, und dies mit Recht, wofür auf die rechtsgrundsätzlichen Ausführungen in RGZ. Bd. 81 S. 398/399 verwiesen sei. Auf Grund einer von ihm gepflogenen Beweisaufnahme indessen hält es für nicht erwiesen, daß die Beklagten bei der Verbürgung über das Bestehen einer wirksamen Verpfändung überhaupt im Irrtum gewesen seien. Sie hätten eine solche nur in Aussicht genommen, aber kein Anhalt bestehe dafür, daß sie sie schon als zustande gekommen angenommen hätten. Sei mithin schon kein Irrtum der Bürgen über die Wirksamkeit der Verpfändung dargetan, so könne auch nicht behauptet werden, die Klägerin habe einen solchen Irrtum verursacht. Das Klagebegehren wurde mithin für begründet erachtet.

Hiernach liegt zwischen dem jetzt angefochtenen Urteile des Oberlandesgerichts Hamburg und dem im Vorprozeß ergangenen Urteil des Oberlandesgerichts Celle vom 6. Oktober 1909 in den tatsächlichen Voraussetzungen der Beurteilung ein Widerstreit vor. Während früher angenommen wurde, die Beklagten hätten zur Zeit der Verbürgung die Hauptforderung bereits als durch die Forderungsverpfändung gesichert angesehen, haben sie nach jetziger Annahme des Tatrichters eine solche Sicherung nur erhofft, während für nicht bewiesen erachtet wird, daß die Beklagten sie schon als bestehend angenommen hätten, als sie sich verbürgten.

Diese Abweichung des jetzt angefochtenen Urteils von der tatsächlichen Grundlage des Vorprozesses hält die Revision für unzulässig. Für den Fall einer Rückkehr zu jener aber will die Revision dem Beweisergebnis des vorliegenden Rechtsstreits den Umstand entnehmen, daß die Klägerin zur Zeit der Verbürgung um das Nichtbestehen der Verpfändung gewußt habe, daher die Klage gemäß § 122 Abs. 2 wegen Kennens des Anfechtungsgrundes abzuweisen sei.

Die Revision war zurückzuweisen, da die beanstandete Abweichung von den tatsächlichen Annahmen des Vorprozesses rechtlich für zulässig zu erachten ist. Die Revision hat dagegen ausgeführt: Da der Erfolg der Anfechtung im Vorprozesse darauf beruht habe, daß die Beklagten bei der Verbürgung von dem Bestehen des Forderungspfandrechts ausgegangen seien, so müsse die Klägerin dies gegen sich gelten lassen, wenn sie aus der geschehenen und erfolgreichen Anfechtung — wie hier — Rechte herleite. Ob jener Anfechtungsgrund tatsächlich vorhanden war, sei jetzt nicht nochmals zu prüfen, andernfalls würde der ganze Vorprozeß bedeutungslos werden und Widerspruch entstehen. Dieser Erwägung ist indessen Sachdienliches nicht zu entnehmen. Für eine Bindung des Gerichts im vorliegenden Rechtsstreit an die Ergebnisse der tatsächlichen Würdigung im Vorprozesse fehlt es an einer rechtlichen Grundlage. Im besonderen ist eine solche nicht unter dem Gesichtspunkte der Rechtskraft der den Vorprozeß abschließenden Urteile zu gewinnen (§ 322 ZPO.) Ohne weiteres erhellt, daß im Vorprozeß ein anderer Anspruch zur Entscheidung stand, als hier: dort die Bürgschaftsforderung, hier Schadensersatz für deren Wegfall. Die erste Voraussetzung des § 322, daß über den durch die Klage oder Widerklage erhobenen Anspruch entschieden ist, trifft mithin schon nicht zu. Aber auch keiner der in der Rechtsprechung gleichgestellten Fälle, wo das Bestehen oder Nichtbestehen des früher beurteilten Anspruchs die Voraussetzung des jetzt erhobenen bildet (vgl. u. a. RGZ. Bd. 49 S. 33, Bd. 50 S. 417, Bd. 80 S. 323) und deshalb jenes Bestehen oder Nichtbestehen nicht in Frage gezogen werden kann, liegt hier vor. Denn es handelt sich bei dem in Rede stehenden Revisionsangriff lediglich um eine tatsächliche Feststellung, die dem früheren Urteile zugrunde gelegen hat. Eine solche aber erwächst nicht in Rechtskraft. Vielmehr kann der Richter zur Entscheidung einer anderen Streitfrage den früher geführten Beweis einer erneuten und selbständigen Prüfung unterziehen, ausgenommen die nach § 256 ZPO. erwirkte Feststellung der Echtheit einer Urkunde. Ist z. B. (Hellwig, System des Zivilprozesses § 231) der Anspruch des Verkäufers wegen arglistiger Täuschung abgewiesen, so steht diese nicht rechtskräftig fest für den Fall, daß der Käufer auf Schadensersatz wegen Betrugs klagt. Für den hier neu erhobenen Ersatzanspruch stand auf Grund des Vorprozesses nur eine der rechtlichen Voraussetzungen fest und durfte nicht mehr in Zweifel gezogen werden: das Nichtbestehen des aberkannten Bürgschaftsanspruchs. Die besonderen weiteren Voraussetzungen des vorliegenden Ersatzanspruchs waren selbständig zu prüfen; für die tatsächlichen Vorgänge und Zustände, auf deren Bejahung oder Verneinung die Entscheidung der Rechtsfrage im Vorprozesse beruhte, gibt es keine Rechtskraft (Stein, ZPO. § 322 V). Daran kann es auch nichts ändern, daß der neue Klaganspruch selbst sich auf die durch das frühere Urteil geschaffene Rechtslage stützt. Auch gegenüber solcher Klage ist die Beurteilung der Tatsachen durch das Gericht frei.

Hiernach bleibt es für das angefochtene Urteil dabei, daß ein Irrtum der Beklagten über das Bestehen des Forderungspfandrechts nicht erwiesen ist. Damit wird der Einwand, die Klägerin habe solchen Irrtum ihrerseits verursacht oder darum gewußt, von selbst erledigt." ...

---

59. Unter welchen Voraussetzungen ist in Preußen einem an einer staatlichen höheren Schule angestellten Oberlehrer bei seiner Versetzung in den Ruhestand auf die pensionsfähige Dienstzeit diejenige Zeit anzurechnen, während welcher er nach Bekleidung einer unbesoldeten Hilfslehrerstelle an einem staatlichen Gymnasium einen Kursus an einer Turnlehrerbildungsanstalt durchgemacht und demnächst ohne Beschäftigung zur Verfügung eines Provinzialschulkollegiums gestanden hat?

Preuß. Gesetz, betr. die Pensionierung der unmittelbaren Staatsbeamten usw., vom 27. März 1872 §§ 13, 14 Nr. 5, 19a.

III. Zivilsenat. Urt. v. 6. Dezember 1918 i. S. preuß. Staat (Bekl.) w. B. (Kl.). Rep. III. 316/18.

I. Landgericht Coblenz.
II. Oberlandesgericht Cöln.

Der Kläger, welcher am 1. April 1914 als Oberlehrer an dem staatlichen Gymnasium in C. in den Ruhestand trat, hatte nach Ablegung seines Probejahres eine unbesoldete Hilfslehrerstelle an dem staatlichen Gymnasium zu G. inne. Im Anschluß an sie nahm er vom 1. Oktober 1886 bis zum 31. März 1887 an einem Kursus an der Turnlehrerbildungsanstalt in B. teil. Während des darauf folgenden Jahres blieb er unbeschäftigt, obwohl er sich wiederholt dem Provinzialschulkollegium in B. zur Verfügung stellte. Diese 18 Monate sind bei Berechnung seines pensionsfähigen Dienstalters nicht berücksichtigt worden. Seine Pension wurde nach einem solchen von 29 Jahren festgesetzt, während er ihre Erhöhung nach Maßgabe eines Dienstalters von $30^1/_2$ Jahren beansprucht. Der Minister der geistlichen und Unterrichtsangelegenheiten und der Finanzminister beschieden ihn abschlägig.

Dagegen gaben das Landgericht und das Oberlandesgericht seinem Klagebegehren statt. Die Revision des Beklagten blieb erfolglos.

Gründe:

„Der erkennende Senat hat in dem Urteile vom 16. Januar 1914 (RGZ. Bd. 84 S. 54 flg.) mit eingehender Begründung dargelegt, daß die anstellungsfähigen Kandidaten des höheren Schulamts mit der Übernahme einer, sei es besoldeten, sei es unbesoldeten Hilfslehrerstelle an einer staatlichen höheren Schule unmittelbare Staatsbeamte werden und ebenso vor wie nach dem Inkrafttreten des Pensionsgesetzes vom 27. März 1872 auch von der Anstellungsbehörde als solche angesehen worden sind. Von dieser Auffassung abzugehen, bieten die Ausführungen der Revision keinen Anlaß. Sie beruft sich für ihre abweichende Ansicht auf § 14 Nr. 5 PensG. in a. F., aus welchem hervorgehe, daß den Kandidaten jedenfalls während des Probejahres die Beamteneigenschaft gefehlt habe, da die Vorschrift, daß dieses der pensionsfähigen Dienstzeit zuzurechnen sei, sich anderenfalls erübrigt hätte. Eine Willensänderung der Unterrichtsverwaltung sei aber, so meint die Revision weiter, nicht anzunehmen, wenn sie dem Kandidaten im Anschluß an das Probejahr gestatte, auch nach dessen Erledigung einige Stunden in der Woche unentgeltlich Unterricht zu erteilen. Diese Erwägungen entbehren schon deshalb der Überzeugungskraft, weil die Rechtslage der Kandidaten während des Probejahres eine ganz andere ist als nach dessen erfolgreicher Beendigung. Das Probejahr dient ihrer praktischen Vorbereitung und der Bewährung ihres Lehrgeschickes. Nur soweit es zu diesem Zwecke erforderlich ist, werden sie unter der Leitung und Überwachung des Anstaltsdirektors zur Unterrichtserteilung herangezogen. Je nach dem Erfolg oder Mißerfolge dieser Lehrbetätigung hat ihnen das zuständige Provinzialschulkollegium nach Ablauf des Probejahres die Anstellungsfähigkeit zuzuerkennen oder zu versagen, d. h. darüber zu befinden, ob die Kandidaten zur Erfüllung der Amtspflichten eines Lehrers und Jugenderziehers geeignet seien oder nicht. Die Veränderung, welche die Zuerkennung der Anstellungsfähigkeit für die Rechtsstellung des Kandidaten zur Folge hat, ist von der Revision übersehen. Mit ihr endet der Vorbereitungsdienst der Kandidaten, mit ihr erlangen sie die Möglichkeit, als selbständige wissenschaftliche Hilfslehrer Verwendung zu finden und ein besoldetes Staatsamt zu erhalten. Es bedarf daher im vorliegenden Rechtsstreite keiner Entscheidung darüber, ob die Kandidaten der 1880er Jahre bereits mit dem Beginne des Probejahres in den Staatsdienst traten oder ob § 14 Nr. 5 PensG. in a. F. einer solchen Annahme entgegenstehe, denn jedenfalls für die Frage der Beamteneigenschaft der nach erlangter Anstellungsfähigkeit an höheren Staatsschulen als Hilfslehrer beschäftigten Kandidaten kann jener Vorschrift keine ausschlaggebende Bedeutung beigemessen werden. Mit dem Antritt einer besoldeten oder unbesoldeten Hilfslehrerstelle übernahmen sie zweifellos dem Staate, den Eltern der Kinder, welche sie unterrichteten, sowie den Kindern selbst gegenüber öffentlichrechtliche Pflichten und wurden ihnen gegenüber, z. B. in bezug auf das Züchtigungsrecht, auch mit öffentlichrechtlichen Befugnissen ausgestattet. Ist daher an dem im Urteile vom 16. Januar 1914 gewonnenen Ergebnisse festzuhalten, so ist der Kläger durch Ausübung der Hilfslehrertätigkeit am Gymnasium in G. unmittelbarer Staatsbeamter geworden.

Das Beamtenverhältnis ist aber, wie der erkennende Senat — und zwar in Übereinstimmung mit dem IV. Zivilsenate (vgl. RGZ. Bd. 41 S. 112, Bd. 47 S. 287) — wiederholt ausgesprochen hat, seinem Wesen nach ein dauerndes, das nur nach Maßgabe des Gesetzes oder der Anstellungsbedingungen endet, jedoch dadurch nicht unterbrochen wird, daß der Staat von den Diensten des ihm zur Verfügung stehenden Beamten zeitweise keinen Gebrauch macht (RGZ. Bd. 51 S. 304 flg., Bd. 86 S. 291). Auch daran ist festzuhalten. Die Revision vertritt die Ansicht, daß dieser Grundsatz, wenn er auch im übrigen zutreffend sei, auf Lehrer an höheren Schulen deshalb keine unbeschränkte Anwendung finden könne, weil vor der endgültigen Anstellung die Beschäftigung der jüngeren Oberlehreranwärter häufig wechsle, d. h. bald an staatlichen, bald an städtischen oder Stiftsanstalten stattfinde. Gerade diesem Umstande trage § 19a PensG. (Art. III des Gesetzes v. 25. April 1896) Rechnung. Aus ihm sei zu entnehmen, daß es für die Ruhegehaltsansprüche der Lehrer nicht auf ihre Beamteneigenschaft und deren Dauer, sondern nur darauf ankomme, ob sie im öffentlichen oder nichtöffentlichen Schuldienste tätig gewesen seien. Damit wird dem § 19a eine Tragweite beigelegt, die ihm dem § 13 a. a. O. gegenüber nicht zukommt. Er beabsichtigte nicht, die bisherigen staatsrechtlichen Grundsätze über die Entstehung und Fortdauer des Beamtenverhältnisses der Lehrer abzuändern, sondern lediglich, die den Lehrern an staatlichen höheren Unterrichtsanstalten durch § 13 der Verordnung vom 28. Mai 1846 (GS. S. 214 flg., vgl. auch § 6 Abs. 2 PensG.) gewährleistete Anrechnungsfähigkeit der gesamten im öffentlichen Schuldienste verbrachten Zeit auch den Lehrern an nicht staatlichen höheren Schulen zugute kommen zu lassen, also eine sachlich nicht gerechtfertigte Ungleichheit zu beseitigen (vgl. Drucks. des Abgeordnetenhauses 1896 Nr. 8 S. 7 flg.). § 19a hat also für die Berechnung der pensionsfähigen Dienstzeit der als unmittelbare Staatsbeamte in den Ruhestand tretenden Oberlehrer nur die Bedeutung, die vor seinem Inkrafttreten § 13 der angezogenen Verordnung für sie hatte.

Die Ministerialverfügung vom 15. Mai 1905 (U II 1234, bei Beier, Die höheren Schulen in Preußen, 3. Aufl. S. 1031) ordnete an, daß denjenigen Kandidaten, welche in Gemäßheit der Bestimmungen der Erlasse vom 7. August 1892 (U II 1388, Beier S. 604 flg.) und vom 22. November 1892 (U II 2100, Beier S. 609) zur Verfügung des Provinzialschulkollegiums gestanden hatten, bei der Pensionierung die Zeit von der Eintragung in die Anziennitätslisten bis zum Ausscheiden aus dem öffentlichen Schuldienst als öffentlicher Schuldienst anzurechnen sei. Aus diesen Verfügungen ist indessen im Gegensatze zu der Auffassung der Revision hinsichtlich der Fortdauer der einmal erworbenen Beamteneigenschaft zuungunsten der Oberlehrer älterer Jahrgänge nichts zu entnehmen. Ihnen sollte und konnte durch sie der im § 13 PensG. zugelassene Nachweis dafür, zu welchem Zeitpunkte sich ihr Eintritt in den Staatsdienst vollzogen habe, nicht abgeschnitten werden. Für die Annahme, daß die Beamtenstellung eines Lehrers nicht dieselben öffentlichrechtlichen Wirkungen äußere wie die anderer Beamtengruppen, bieten daher die beiden Verfügungen vom 7. August 1892 und 15. Mai 1905 sowie die Ordnung betreffend die Verhältnisse der anstellungsfähigen Kandidaten für das Lehramt an höheren Schulen vom gleichen Tage (U II 1234, Beier S. 613 flg.) nicht den geringsten Anhalt. Daß übrigens über die den Provinzialschulkollegien zur Verfügung stehenden Kandidaten auch schon vor 1892 Listen in irgendeiner Form geführt wurden und geführt werden mußten, erhellt nicht nur aus der Natur der Sache, sondern auch aus früheren Ministerialerlassen. Schon der Erlaß vom 14. Oktober 1884 (Zentralbl. f. d. gesamte Unterrichtsverwaltung Preußens 1885 S. 186) verlangte eine angemessene Berücksichtigung des Dienstalters der Kandidaten des höheren Schulamts, die sich dem Provinzialschulkollegium zur Verfügung gestellt hatten, bei der Vergebung von Kommissorien und bei der Anstellung. Eine solche war nur möglich, wenn eine urkundliche

Unterlage über die Zahl, die Namen und das Dienstalter der dem Provinzialschulkollegium zur Verfügung stehenden Kandidaten vorhanden war oder nunmehr geschaffen wurde. Der Erlaß vom 5. Februar 1891 (Zentralbl. S. 294) schärfte die Befolgung der erwähnten Verfügung von 1884 ein und forderte eine Zusammenstellung aller an staatlichen Lehranstalten entgeltlich beschäftigten oder zu einer solchen Beschäftigung „notierten" Kandidaten, setzte also das Vorhandensein von Kandidatenlisten voraus. Hieran schließt sich die Verfügung vom 7. August 1892, welche die Meldepflicht derjenigen Kandidaten regelte, die eine Anstellung im preußischen höheren Schuldienste wünschten, und auch Bestimmungen für diejenigen traf, bei denen die Voraussetzungen für die Meldung schon vor dem Erlasse der Verfügung vorlagen, die aber trotzdem sich bisher bei keinem Provinzialschulkollegium „zur Aufnahme in die Anziennitätsliste" gemeldet hatten. Es ist daher nicht richtig, daß, wie die Revision meint, der Eintragung in sie vor dem Jahre 1892 keinerlei Bedeutung beizumessen sei. Sie gewährte dem Provinzialschulkollegium nicht nur eine Übersicht über die ihm zur Verfügung stehenden Kandidaten, sondern ermöglichte es ihm auch, mit ihnen jederzeit in unmittelbare amtliche Beziehungen zu treten, stellte also ein, wenn auch noch so loses Band zwischen dem Provinzialschulkollegium und den Kandidaten während der Dauer ihrer Nichtbeschäftigung her. Jedenfalls läßt sich die Listenführung vor 1892 nicht für die Auffassung der Revision verwerten, daß damals das Beamtenverhältnis eines Hilfslehrers an einer staatlichen höheren Schule stets mit dem Aufhören seiner Hilfslehrertätigkeit endete. Dazu bedurfte es vielmehr des Hinzutritts anderer Umstände, an denen es hier indessen fehlt.

Der Kläger hatte sich auf eine Anregung des Ministers hin zu einem Kursus bei der Turnlehrerbildungsanstalt gemeldet. Die Meldung erfolgte ebenso in seinem Interesse wie in dem des Staates, dem daran liegen mußte, tüchtige Kräfte für den Turnunterricht zu gewinnen und auszubilden. Die Entscheidung über die Zulassung des Klägers hatte dessen vorgesetzte Behörde zu treffen. Sie fiel zu seinen Gunsten aus und wurde ihm amtlich mit der Anweisung mitgeteilt, sich rechtzeitig am 1. Oktober 1886 bei dem Leiter des Turnunterrichts zu melden. In diesem Verhalten der Unterrichtsverwaltung liegt die unzweideutige Erklärung, daß sie für die Dauer des Kursus den Kläger von seiner bisherigen Tätigkeit wie überhaupt von jeder Dienstleistung für den Staat entbinde, d. h. ihn zu seiner Ausbildung als Turnlehrer auf 6 Monate beurlaube. Eines besonderen Zusatzes, daß das ohne Beeinträchtigung seiner durch den Eintritt in den Staatsdienst erworbenen Rechte geschehe, bedurfte es nicht, da es einem anerkannten öffentlichrechtlichen Grundsatz entspricht, daß diese ihm wie jedem anderen Beamten wider seinen Willen nur nach Maßgabe des Gesetzes genommen oder geschmälert werden können. Unter den geschilderten Umständen bildete die Unterbrechung der dienstlichen Tätigkeit keinen gesetzlichen Grund für die des Beamtenverhältnisses. Weder der Kläger hatte seinen Willen, aus dem Staatsdienst auszuscheiden, noch der Beklagte seine Absicht, ihn daraus zu entlassen, kundgetan.

Daß der Kläger nach Beendigung des Turnkursus zunächst nicht wieder als Hilfslehrer beschäftigt wurde, war nicht seine Schuld, sondern beruhte auf dem freien Entschlusse seiner vorgesetzten Behörde. Er hat sich in der Zeit vom 1. April 1887 bis zum 31. März 1888 dem Provinzialschulkollegium in B. dreimal zur Verfügung gestellt: „Damit sei", — so führt die Revision aus, — „aber nicht gesagt, daß er zur Verfügung des Provinzialschulkollegiums gestanden habe." Es ist indessen nicht ersichtlich, was der Kläger denn anders hätte tun sollen, als seine Dienste dem Provinzialschulkollegium anzubieten und sich wiederholt zur Annahme einer Hilfslehrerstelle bereit zu erklären. Daß er tatsächlich nicht dazu bereit gewesen sei, hat der Beklagte selbst nicht behauptet. Für die Frage der Bereitschaft des Klägers, den Anweisungen des Provinzialschulkollegiums jederzeit nachzukommen, ist selbstverständlich auch der von der Revision hervorgehobene Umstand ohne Belang, daß dieses ihn zur Annahme einer bestimmten Hilfslehrerstelle nicht hätte zwingen und ihrer Ansicht nach eine Gehorsamsverweigerung nach dieser Richtung disziplinarisch nicht hätte ahnden können. Denn eine solche Weigerung liegt nicht vor, so daß eine Erörterung über deren etwaige Rechtsfolgen sich erübrigt." ...

---

60. Wann kann außer wegen Nichterfüllung noch wegen verspäteter Erfüllung Schadensersatz gefordert werden?

BGB. §§ 286, 326.

VII. Zivilsenat. Urt. v. 6. Dezember 1918 i. S. E.er gemeinnütziger Bauverein (Bekl.) w. A. (Kl.). Rep. VII. 211/18.

I. Landgericht Elbing.
II. Oberlandesgericht Marienwerder.

Der Beklagte hatte mit dem Bauunternehmer S. und dem Architekten M. in E. je einen Bauvertrag über zu errichtende Häuser abgeschlossen. Der Preis war bei S. auf 71000 *M*, bei M. auf 110000 *M* bedungen. Fertiggestellt sollten die Häuser bis zum 1. Oktober 1914 sein, widrigenfalls für jede angefangene Woche der Verspätung eine Vertragsstrafe von 100 *M* gezahlt werden sollte. Die Häuser sind nicht rechtzeitig fertig geworden. Am 1. April 1915 konnten sie zwar notdürftig von den Mietern des Beklagten bezogen werden, ein Rest von Arbeiten war aber auch dann noch zu leisten. S. stellte die Arbeit im Sommer 1915 ganz ein und weigerte sich ausdrücklich, sie fortzusetzen, als der Beklagte ihm eine am 15. September 1915 ablaufende Nachfrist setzte. M. starb am 4. April 1915; über seinen Nachlaß wurde Konkurs eröffnet, der Konkursverwalter lehnte es am 26. April 1915 ab, den Bauvertrag zu erfüllen. Der Beklagte hat darauf die noch rückständigen Arbeiten anderweit in der Zeit bis Anfang Januar 1916 ausführen lassen und dafür bei S. 5996,80 ℳ, bei M. 13311,27 ℳ aufgewendet.

Beide Unternehmer haben von dem ihnen zustehenden Preise größere Beträge an ihre Gläubiger abgetreten, darunter auch an die Klägerin. Im gegenwärtigen Rechtsstreite hat diese einen Betrag von 1500 ℳ eingeklagt, den ihr S. am 12. Oktober 1914, und einen Betrag von 3000 ℳ, den ihr M. am 12. Januar 1915 abgetreten hatte. In beiden Fällen ist der Beklagte von der Abtretung sofort benachrichtigt worden. Bevor ihm die Nachrichten zugingen, hatte der Beklagte an S. selbst 25312,19 ℳ auf die Bausumme bezahlt; hinterher hat er in verschiedenen Teilbeträgen und — bis auf eine a conto-Zahlung von 175 ℳ — zur Zahlung von Löhnen noch 3525 ℳ an ihn entrichtet. Bei M. sind die entsprechenden Zahlen 32878,87 ℳ und 6917,80 ℳ. Der Abtretung von S. gehen andere Abtretungen im Betrage von 33990,93 ℳ im Range vor, der von M. andere im Betrage von 57256,65 ℳ.

Der Beklagte hat die von ihm begehrten Zahlungen verweigert. Er macht sowohl gegenüber der S.schen, wie gegenüber der M.'schen Forderung eine Vertragsstrafe von 5200 ℳ für die Zeit vom 1. Januar bis 31. Dezember 1915 geltend. Wenn diese von den bedungenen Preisen in Abzug komme, habe er für die Hausbauten schon mehr aufgewendet, als S. und M. zu fordern hätten. Für den Fall, daß die Vertragsstrafen nicht in Ansatz kämen, berechne er als Schaden die erlittenen Mietausfälle, bei den S.schen Bauten 748,34 ℳ, bei den M.schen 1333,75 ℳ.

Das Landgericht sprach der Klägerin von der Forderung des S. 707,08 ℳ, von der des M. 1803,04 ℳ zu; einen dritten — für die Revisionsinstanz nicht mehr in Betracht kommenden — Anspruch auf Zahlung von 993 ℳ wies es ab. Beide Parteien legten Berufung ein und hielten ihre erstinstanzlichen Anträge aufrecht. Das Oberlandesgericht hat der Klägerin die S.sche Forderung mit 1500 ℳ, die M.sche Forderung mit 3000 ℳ und von dem dritten Anspruch 97,20 ℳ — alles nebst den geforderten Zinsen — zugesprochen, im übrigen die Klage abgewiesen. Die Revision des Beklagten, mit der er das Berufungsurteil anfocht, soweit er zu mehr als 97,20 ℳ und Zinsen davon verurteilt worden war, wurde zurückgewiesen aus folgenden

Gründen:

„Das Oberlandesgericht geht rechtlich bedenkenfrei davon aus, daß der Beklagte sowohl gegenüber S. wie gegenüber M., den beiden Rechtsvorgängern der Klägerin, Schadensersatz wegen Nichterfüllung verlange, und daß die Unterlage für diese Ansprüche eine gegenseitige Abrechnung zu bilden habe. Unstreitig darf der Beklagte in diese zu seinen Gunsten einsetzen:

a) den Betrag der Zahlungen, die er an die Unternehmer vor Empfang der Nachricht von der Abtretung geleistet hat,
b) die Summe der von den Unternehmern abgetretenen und der Klägerin vorgehenden Forderungsanteile,
c) die zur Fertigstellung der Bauten selbst aufgewendeten Beträge,

und er muß — auch das ist unstreitig — zu seinen Ungunsten einsetzen den vereinbarten Werklohn. Danach stellt sich die Rechnung bei

	S.	M.
zu a)	25312,19 ℳ	32878,87 ℳ
„ b)	33990,93 „	57256,65 „
„ c)	5996,80 „	13311,27 „
Summe	65299,92 ℳ	103446,79 ℳ
Werklohn	71000,— ℳ	110000,— ℳ
mithin an sich noch zu zahlen	5700,08 ℳ	6553,21 ℳ.

Streitig ist der Ansatz zweier weiterer Posten, die der Beklagte zu seinen Gunsten berücksichtigt wissen will. Das sind

1. die Vertragsstrafen von je 5200 ℳ, an deren Stelle schlimmstenfalls die wirklich erlittenen Mietausfälle treten sollen,

2. die nach Empfang der Nachricht von der Abtretung an die Unternehmer gezahlten Beträge.

Zu 1 führt das Oberlandesgericht aus, daß die Unternehmer gemäß § 326 BGB. und § 17 KO ihrer Pflicht, die Bauten fertigzustellen, ledig geworden seien, deshalb auch nicht die für den Fall nicht rechtzeitiger Vollendung versprochene Vertragsstrafe zu zahlen brauchten. Gleichwohl billigt es dem Beklagten den Ansatz der wirklich erlittenen Mietausfälle zu; die Wohnungen hätten statt, wie geplant, am 1. Oktober 1914, erst am 1. April 1915 bezogen werden können. Die Stellung des Oberlandesgerichts ist in sich widerspruchsvoll. Es will nach den angezogenen Belegstellen dem Beklagten grundsätzlich keinen Anspruch wegen verzögerter Erfüllung gewähren, tut es aber doch, indem es die Mietausfälle zuspricht. Sie sind nicht entstanden, weil S. und M. (oder vielmehr der Konkursverwalter) im September und im April 1915 schließlich nicht erfüllten, sondern weil sie bis zum 1. Oktober 1914, als der Anspruch auf Erfüllung noch bestand, nicht erfüllt hatten.

Richtig ist, daß Schadensersatz wegen Nichterfüllung und Schadensersatz wegen verzögerter Erfüllung nicht nebeneinander begehrt werden können. Es wird also stets zu prüfen sein, ob die Art, wie der Schadensersatz wegen Nichterfüllung berechnet wird, noch Raum läßt für einen Schadensersatz wegen verspäteter Erfüllung. Nebeneinander werden beide Forderungen gestellt, wenn sie gleichzeitig fällig geworden sein sollen. Einen solchen Fall hat das ROHG. Bd. 6 S. 194 entschieden. Der Käufer verlangte Schadensersatz wegen Nichterfüllung, weil ihm gewisse Papiere an einem 12. September nicht geliefert waren, und berechnete den Schaden aus dem Unterschiede zwischen dem Börsenwert am 12. September und dem Vertragspreis. Außerdem wollte er noch den Schaden ersetzt haben, den er erlitten, weil er eben am 12. September nicht in den Besitz der Papiere gekommen sei. Dies wurde abgelehnt. Ähnlich lag der vom ROHG. Bd. 13 S. 423 flg. entschiedene Fall. Auch hier wird das unzulässige Nebeneinander der beiden Ansprüche betont (S. 425). Dasselbe geschieht in der vom Oberlandesgerichte herangezogenen Bemerkung des Kommentars von RGR. zu BGB. § 341 Anm. 2. Den Gegensatz zu diesem Nebeneinander bildet das Nacheinander. In einem vom vormaligen preußischen Obertribunal entschiedenen Falle (Striethorst, Arch. Bd. 46 S. 330) war eine Presse bis zum 10. September aufzustellen, sie wurde aber erst am 1. Oktober aufgestellt, genügte nicht und mußte schließlich vom Unternehmer zurückgenommen werden, nachdem der Besteller am 26. November seinen Rücktritt vom Vertrag erklärt hatte. Die Vertragsstrafe wegen verzögerter Lieferung wurde für die Zeit vom 10. September bis 1. Oktober zugebilligt, weil der Unternehmer sie an diesem Tage neben der ordnungsmäßigen Lieferung auch hätte bezahlen müssen; die mangelhafte Leistung könne ihn nicht nachträglich von der bereits verwirkten Strafe befreien. In dem RGZ. Bd. 2 S. 26 entschiedenen Falle waren Hölzer bis 10. Juli zu liefern; sie wurden erst im August und nur zum Teil geliefert; am 26. August erklärte der Käufer, daß er sich das Fehlende auf Kosten des Verkäufers beschaffen werde und sich den Anspruch auf Vertragsstrafe sowohl wegen Verspätung des Gelieferten, als auch für die Zeit bis zur anderweitigen Beschaffung des Fehlenden vorbehalte. Dieser letztere Anspruch wurde unter Berufung auf ROHG. Bd. 13 S. 425 abgesprochen, weil der Verkäufer nach dem Schreiben vom 26. August nicht mehr habe zu liefern brauchen, der Käufer jetzt also nur noch Schadensersatz wegen Nichterfüllung, aber nicht mehr Vertragsstrafe wegen verspäteter Lieferung fordern dürfe. Die Vertragsstrafe für die Zeit bis zum 26. August wurde hingegen an sich für verfallen erachtet und nur wegen mangelnden Vorbehalts bei der Abnahme der Teillieferung nicht zugesprochen; vgl. hierzu Rehbein, BGB. Bd. 2 S. 237 Anm. 14 a. E. Auf dem gleichen Standpunkte steht endlich das Urteil des II. Senats vom 29. Januar 1907, II. 335/06. Wenn der Käufer, heißt es dort, wegen Lieferungsverzugs des Verkäufers nach § 326 BGB. Schadensersatz wegen Nichterfüllung gewählt hat, dann kann er als Mindestbetrag auch dieses Schadens die bis zum Ablauf der Nachfrist verwirkte Vertragsstrafe fordern; vgl. hierzu Staub-Könige, HGB. 9. Aufl, Exkurs zu § 374 Anm. 57. Der Käufer darf also außerdem noch den weiteren Schaden berechnen, den er dadurch erleidet, daß beim Ablaufe der Nachfrist überhaupt nicht geliefert ist. Das vom Berufungsgerichte herangezogene Urteil des Oberlandesgerichts Hamburg (ROLG. Bd. 17 S. 423) sagt richtig, daß der Besteller nach der Aufhebung des Vertrags nicht mehr die Strafe wegen Verspätung fordern dürfe; es versteht darunter aber, daß nach dem Zeitpunkte der Aufhebung die Strafe nicht mehr gefordert werden dürfe, während sie nur für den Zeitraum nach der Aufhebung nicht mehr gefordert werden darf.

In dem zur Entscheidung stehenden Falle hatte der Unternehmer S. die Bauten bis zum 1. Oktober 1914 fertigzustellen. Die ihm schließlich gesetzte Nachfrist lief am 15. September 1915 ab. An diesem Tage hätte er also an sich vollständige Erfüllung leisten und die Vertragsstrafe für die Zeit vom 1. Oktober 1914 bis 15. September 1915 zahlen müssen. Sein Nichtleisten kann seine Lage nicht verbessert haben, er muß also die einmal bis zum Ende der Nachfrist verwirkte Strafe zahlen und außerdem noch den durch sein Nichtleisten entstandenen Schaden ersetzen. Da der Beklagte freiwillig erklärt hat, wegen des Krieges die Vertragsstrafe erst vom 1. Januar 1915 ab fordern zu wollen, so hat S. also für die $36^{5}/_{7} = 37$ Wochen (§ 4 des Vertrags) vom 1. Januar bis 15. September 1915 insgesamt 3700 ℳ Vertragsstrafe zu zahlen.

Im Falle M. ist die Pflicht des Unternehmers, den Vertrag zu erfüllen, und das entsprechende Recht des Beklagten erst durch die die Erfüllung ablehnende Erklärung des Konkursverwalters erloschen. Die Konkurseröffnung allein hatte jene Wirkung noch nicht, sie schuf nur einen Schwebezustand, vgl. Jaeger, KO. 5. Aufl. zu § 17 Anm. 43. Ebensowenig hatte der Tod des M. jene Wirkung, wie die Revisionsbeklagte auszuführen sucht. Es handelt sich bei der Erfüllung eines Werkvertrags nicht um eine höchstpersönliche, sondern um eine auch durch einen Dritten erfüllbare Leistung. Die Verbindlichkeit zu dieser Leistung geht also auf den Erben über. Die Erfüllung ist vom Konkursverwalter am 26. April 1915 abgelehnt worden. Wenn M. oder vielmehr der Konkursverwalter an diesem Tage erfüllt hätte, so würde der Beklagte außer vollständiger Erfüllung die Vertragsstrafe für $16^3/_7$ = 17 Wochen (§ 4 des Vertrags) vom 1. Januar bis 26. April 1915 zu verlangen gehabt haben. Er kann also auch jetzt gegenüber der von M. an die Klägerin abgetretenen Forderung die Vertragsstrafe in Höhe von 1700 *M* geltend machen und außerdem den Schadensersatz wegen Nichterfüllung fordern. Die vom Beklagten nur in zweiter Linie geltend gemachten Mietausfälle können bei diesem Ergebnis nicht mehr in Ansatz kommen. Sie fallen in die Zeit, für die die Vertragsstrafe zu bezahlen ist.

Hilfsweise lehnt das Oberlandesgericht es ab, die Vertragsstrafen zu berücksichtigen, weil der Beklagte nicht behauptet habe, sie sich bei der Abnahme der Arbeiten vorbehalten zu haben. Dabei übersieht das Oberlandesgericht aber, daß die Unternehmer die übernommenen Arbeiten überhaupt nicht fertiggestellt haben, daß es zu einer Annahme als Erfüllung nicht gekommen ist, daß also der Anspruch auf Vertragsstrafe durch vorbehaltlose Annahme als Erfüllung nicht erlöschen konnte. Wenn der Beklagte im Laufe des Prozesses der Klägerin als der neuen Gläubigerin gegenüber erklärt hat, daß die von S. angefangenen Bauten Anfang Januar 1916 fertiggestellt seien, und daß er die von M. begonnenen Bauten als zu demselben Zeitpunkte fertiggestellt ansehen wolle, obwohl es tatsächlich nicht zutreffe, so liegt in diesen nicht einmal den Unternehmern gegenüber abgegebenen Erklärungen nicht, wie das Oberlandesgericht anzunehmen scheint, eine Annahme als Erfüllung, vielmehr nur die Ankündigung, daß jetzt die Unterlagen für die Schadensberechnung beisammen seien. Wo der Beklagte von den durch M. ausgeführten Bauten spricht, fährt er auch ausdrücklich fort: er wolle die Abrechnung der Bauten schon jetzt erfolgen lassen.

Die ermittelten Vertragsstrafen sind zugunsten des Beklagten in die oben aufgemachten Rechnungen einzusetzen, denn auch sie gehören zu den Einzelposten der gegenseitigen Abrechnung, sie sind nicht selbständige Forderungen, mit denen der Beklagte etwa gegenüber den eingeklagten Teilbeträgen seiner Schuld aufrechnen könnte. Werden die Vertragsstrafen in die am Eingange dieser Urteilsgründe aufgemachte Abrechnung eingestellt, so zeigt sich, daß immer noch Restbeträge von ihm verschuldet bleiben, aus denen er die von S. abgetretenen 1500 *M* und die von M. abgetretenen 3000 *M* zahlen müßte. Es kommt deshalb weiter darauf an," . . . (folgt Zurückweisung des oben unter Nr. 2 wiedergegebenen Verlangens des Beklagten).

61. Ist zur Annahme eines Gewerbebetriebs im Sinne des § 76 des durch das Gesetz über einen Warenumsatzstempel vom 26. Juni 1916 abgeänderten Reichsstempelgesetzes eine auf Erzielung von Gewinn gerichtete Tätigkeit erforderlich?

VII. Zivilsenat. Urt. v. 19. November 1918 i. S. preuß. Staat (Bekl.) w. Einkaufsgesellschaft (Kl.). Rep. VII. 306/18.

I. Landgericht I Berlin.
II. Kammergericht daselbst.

Das Reichsgericht hat die Frage verneint.

Aus den Gründen:

... „Wenn auch bei der Auslegung eines Reichssteuergesetzes davon auszugehen ist, daß das Gesetz, wenn es einen der Reichsgesetzgebung bekannten Rechtsbegriff verwendet, diesen Begriff im Zweifel in dem bereits festgelegten Sinne gemeint hat, so ist doch in jedem einzelnen Falle zu prüfen, ob nicht das Steuergesetz erkennbar den Begriff in einem abweichenden sei es engeren oder weiteren Sinne gebraucht hat. Hier liegen Umstände vor, die für letzteres sprechen. Zunächst kommt die Entstehungsgeschichte des Gesetzes über einen Warenumsatzstempel in Betracht. Dem Reichstage war im Jahre 1916 der Entwurf eines Quittungsstempelgesetzes vorgelegt, wonach über Zahlungen für gelieferte Waren von bestimmter Höhe eine stempelpflichtige Quittung ausgestellt werden sollte, und zwar sollte die Verpflichtung zu einer solchen Quittungsausstellung jedermann, auch den Nichtgeschäftsmann treffen. Dieser Gedanke eines allgemeinen Quittungsstempels wurde von der Reichstagskommission als die Allgemeinheit zu sehr belastend abgelehnt und in den Kommissionsberatungen der Entwurf über einen Warenumsatzstempel in der Fassung aufgestellt, wie er sodann zum Gesetz geworden ist. Während in § 83a RStempG. der Warenumsatz, der **nicht** im Betrieb eines inländischen Gewerbes erfolgt, dadurch dem neuen Stempel unterworfen wurde, daß über alle im Inlande für Warenlieferungen erfolgenden Zahlungen von mehr als 100 *M* eine stempelpflichtige Quittung auszustellen ist, wurde es für nicht angängig erachtet, den Gewerbetreibenden für die in ihren Betrieben bewirkten Umsätze in bezug auf jede einzelne, 100 *M* übersteigende Zahlung einen solchen Quittungszwang aufzuerlegen, vielmehr erschien es geboten, solchen Geschäftsleuten die Zahlung eines Jahrespauschals nachzulassen. Dementsprechend wurde im § 76 bestimmt: „Wer ... ein ... Gewerbe betreibt, hat ... am Schlusse des Kalenderjahrs ... den Gesamtbetrag der Zahlungen anzumelden, die" usw. Daß hier das Gesetz zu den unter den § 76 und somit nicht unter den § 83a fallenden Gewerbetreibenden nicht nur solche Personen gerechnet wissen will, die etwa im Sinne der Reichsgewerbeordnung als Gewerbetreibende anzusehen sind, spricht es dadurch ausdrücklich aus, daß es im Abs. 2 des § 76 bestimmt: „als Gewerbebetrieb gilt auch der Betrieb der Land- und Forstwirtschaft usw." Wenn das Gesetz dann fortfährt: „Die Gewerbsmäßigkeit einer Unternehmung wird nicht dadurch ausgeschlossen, daß sie von einer öffentlichen Körperschaft oder daß sie von einem Verein, einer Gesellschaft oder einer Genossenschaft, die nur an die eigenen Mitglieder liefern, betrieben wird", so ist dadurch erkennbar zum Ausdruck gebracht, daß ein Gewerbebetrieb im Sinne des Gesetzes auch dann als vorliegend angesehen werden soll, wenn das von einer Gesellschaft betriebene Unternehmen im einzelnen Falle nicht darauf abgestellt ist, Gewinn zu erzielen sondern vielmehr durch den Betrieb lediglich bezweckt wird, durch die Lieferung an die Mitglieder deren Warenbezug zu verbilligen. Diese Auffassung wird dadurch unterstützt, daß kein verständiger Grund abzusehen ist, einem solchen Unternehmen, das doch gleich den auf Erzielung von Gewinn abgestellten Betrieben den Warenumsatz dauernd geschäftsmäßig betreibt, unter Freilassung von der Verpflichtung zur Zahlung eines Jahrespauschals nach § 76 die in § 83a vorgesehene Verpflichtung zur Ausstellung stempelpflichtiger Einzelquittungen aufzuerlegen.

Bieten somit Wortlaut und Zweck der gesetzlichen Bestimmungen an sich schon einen ausreichenden Anhalt für die von dem Bundesrate nach der Bekanntmachung des Reichskanzlers vom 23. Oktober 1916 vertretene Auffassung, daß zur Annahme eines Gewerbebetriebes im Sinne des § 76 „eine auf Erzielung von Einnahmen aus Warenumsätzen gerichtete geschäftliche Tätigkeit" ausreicht, so spricht der Umstand, daß der Bundesrat alsbald nach dem Inkrafttreten des Gesetzes vom 26. Juni 1916 sich in diesem Sinne über das, was das Gesetz unter „Gewerbebetrieb" verstanden wissen will, ausgesprochen hat, weiter immerhin auch für die Richtigkeit der von der Revision vertretenen Auslegung. Zutreffend weist die Revision schließlich auch noch auf die Bekanntmachung des Bundesrats vom 14. November 1916, betr. Befreiungen von Warenumsatzsteuer, hin, die gleichfalls die Auffassung des Bundesrats erkennen läßt, daß eine auf Gewinnerzielung gerichtete Absicht nach § 76 nicht die Voraussetzung der Anmeldepflicht ist." . . .

---

62. 1. Kann der Schiedsrichter eine Vergütung nur von derjenigen Partei verlangen, die ihn ernannt hat?

2. Zur Frage der Entgeltlichkeit der schiedsrichterlichen Tätigkeit. Einfluß vorzeitiger Beendigung derselben.

III. Zivilsenat. Urt. v. 3. Dezember 1918 i. S. R. (Kl.) w. Z. & Cie. (Bekl.). Rep. III. 333/18.

I. Landgericht Wiesbaden.
II. Oberlandesgericht Frankfurt a. M.

Für ein schiedsgerichtliches Verfahren zwischen dem Ingenieur St. und der Beklagten waren als Schiedsrichter von St. der Kläger, von der Beklagten ein gewisser P. ernannt worden. Nach etwa zwei Jahren stellte der Kläger, von der Beklagten mit Erfolg abgelehnt, seine schiedsrichterliche Tätigkeit ein. Da er von St. eine Vergütung nicht erhalten konnte, verlangte er eine solche von der Beklagten. Die Klage wurde jedoch abgewiesen, die Berufung des Klägers zurückgewiesen. Auf seine Revision wurde das Berufungsurteil aufgehoben und die Sache an das Berufungsgericht zurückverwiesen.

Gründe:

„Die Behauptung, daß ein früherer Teilhaber der Beklagten dem Kläger eine Vergütung ausdrücklich versprochen habe, wird vom Berufungsgericht in tatsächlicher Würdigung für widerlegt erachtet und kommt für die Revisionsinstanz nicht mehr in Betracht. Im übrigen bestätigt das Berufungsgericht die Abweisung der Klage, indem es erwägt, daß zwar ein Vertragsverhältnis zwischen dem Kläger und der Beklagten entstanden sei, die Pflicht zur Entrichtung einer Vergütung an den Schiedsrichter aber grundsätzlich nur denjenigen treffe, der ihn ernannt habe, und Anhaltspunkte für eine abweichende Regelung im vorliegenden Falle nicht vorhanden seien. Diese Auffassung entspricht nicht der Stellung und Aufgabe des Schiedsrichters und kann daher nicht gebilligt werden. Der Schiedsrichter soll gleich dem staatlichen Richter einen Rechtsstreit entscheiden, also eine Tätigkeit entfalten, an deren Erledigung beide am Streite beteiligte Parteien in gleicher Weise ein Interesse haben. Die Rechtsprechung, der sich in diesem Punkte auch das Berufungsgericht anschließt, nimmt folgerichtig an, daß mit der Übernahme des Schiedsrichteramtes ein Vertragsverhältnis zwischen dem Schiedsrichter und beiden Parteien entstehe, mag auch seine Ernennung nur durch die eine Partei geschehen sein (RGZ. Bd. 41 S. 251, 255, Bd. 59 S. 247, 252). Die Zusammensetzung des Schiedsgerichts kann in verschiedener Weise geregelt sein. Die Schiedsrichter können von den Parteien gemeinschaftlich, es kann aber auch, wie § 1028 ZPO. als ergänzende Regel vorsieht, von jeder Partei ein Schiedsrichter ernannt werden, wobei die Ernannten vielleicht ihrerseits einen Obmann zu wählen haben. Die Ernennung kann ferner Dritten, auch der einen Partei allein übertragen werden. Es ist nicht abzusehen, weshalb das Verhältnis der einzelnen Schiedsrichter zu den Parteien in diesen Fällen verschieden behandelt werden müßte, obgleich doch die Tätigkeit, die sie gemeinschaftlich ausüben, beiden Parteien gleichmäßig geleistet werden soll. Der Umstand, daß der einzelne Schiedsrichter in einem Vertragsverhältnis zu beiden Parteien steht, hat zur Folge, daß ihn beide zur Erfüllung der übernommenen Aufgabe anhalten können (RGZ. Bd. 59 S. 252) und daß er beiden für die ordnungsmäßige Erfüllung haftet. Was aber für seine Pflichten anerkannt ist, muß auch für seine Rechte gelten. Wenn er also für seine Tätigkeit eine Vergütung überhaupt zu beanspruchen hat, dann müssen ihm dafür beide Parteien haften. Der Antrag auf Übernahme des Schiedsrichteramtes ist, gleichviel von wem er an den in Aussicht genommenen Schiedsrichter gestellt wird, in dem Sinne zu verstehen, daß dieser beiden Parteien gegenüber in gleicher Weise berechtigt und verpflichtet sein soll. Die Parteien haften ihm daher für eine Vergütung nach § 427 BGB. als Gesamtschuldner. Nur diese einheitliche Haftung beider Parteien ohne Unterschied, von wem die Ernennung ausgegangen ist, entspricht auch der Art und Weise, wie der Schiedsrichter sein Amt ausüben soll. Der Schiedsrichter soll, wie der staatliche Richter, über den Parteien stehen und, wenn auch freier als dieser, so doch ebenso unbefangen und unparteiisch urteilen (RGZ. Bd. 41 S. 255, Bd. 50 S. 249). Dies setzt aber, was für die Beurteilung des ganzen Verhältnisses wesentlich ist, eine gewisse Unabhängigkeit voraus, und diese wäre nicht gewährleistet, wenn der einzelne Schiedsrichter mit seinen Vergütungsansprüchen nur auf die eine oder andere Partei angewiesen wäre. Die Eigenart des schiedsrichterlichen Verhältnisses führt daher notwendig zu einer dem Berufungsurteil entgegengesetzten Auffassung. Die dort angestellte Erwägung, die Willensmeinung der Parteien werde im allgemeinen die sein, daß jeder Teil für die Bezahlung des von ihm zu ernennenden Schiedsrichters aufzukommen habe, ist nicht entscheidend. Es kommt nicht darauf an, was die Parteien des schiedsrichterlichen Verfahrens gedacht und gewollt haben, sondern wie ihr Verhalten nach Treu und Glauben unter Berücksichtigung von Zweck und Inhalt der schiedsrichterlichen Tätigkeit sich darstellt, und wie es namentlich von dem Schiedsrichter selbst, der ihnen als Vertragsteil gegenübertritt, aufgefaßt werden durfte und mußte. Abweichende Vereinbarungen mögen zulässig sein und namentlich in dem Sinne getroffen werden können, daß der Schiedsrichter sich zunächst an die Partei halten soll, die ihn ernannt hat. Ohne solche besonderen Vereinbarungen, die hier nicht in Frage stehen, kann das Vertragsverhältnis nach Treu und Glauben nur so verstanden werden, daß dem Schiedsrichter gegenüber beide Parteien zur Entrichtung der ihm zustehenden Vergütung verpflichtet sind.

Ob der Schiedsrichter für seine Tätigkeit eine Vergütung zu beanspruchen hat, das ist, entsprechend den in §§ 612 Abs. 1, 632 BGB.

für Dienst- und Werkvertrag gegebenen Vorschriften, grundsätzlich danach zu bestimmen, ob die schiedsrichterliche Tätigkeit den Umständen nach nur gegen eine Vergütung zu erwarten ist. Die Bejahung dieser Frage für den vorliegenden Fall ergibt sich schon aus der Tatsache, daß der Kläger von Beruf Ingenieur ist. Es verstand sich danach von selbst, daß er eine Vergütung erwartete, und auch die Parteien konnten hierüber nicht in Zweifel sein. Sie waren es auch, soweit ersichtlich, niemals. Das Berufungsgericht erwähnt im ersten Teil seiner Gründe selbst, daß die Beklagte dem Kläger einen wenn auch unverbindlichen Kostenvorschuß gewährte, und auch abgesehen hiervon, drehte sich oer Streit immer nur darum, in welcher Höhe und von wem ihm eine Vergütung zu leisten sei.

Der Anspruch des Klägers läßt sich auch nicht, wie die Beklagte meint, mit der Erwägung erledigen, daß es zu einem Schiedsspruche nicht gekommen sei, der Kläger also das versprochene Werk nicht hergestellt habe. Der zwischen dem Schiedsrichter und den Parteien des schiedsrichterlichen Verfahrens abgeschlossene Vertrag ist kein Werkvertrag. Er fällt überhaupt unter keine der im Bürgerlichen Gesetzbuch ausdrücklich geregelten Vertragsarten, ist vielmehr, wie in der Rechtsprechung anerkannt ist (RGZ. Bd. 59 S. 247, Bd. 65 S. 175, Bd. 74 S. 323), mit Rücksicht auf die Eigenart der schiedsrichterlichen Tätigkeit als ein Vertrag besonderer Art anzusehen. Den Gegenstand des Vertrags, der insoweit eher dem Auftrag oder Dienstvertrag zu vergleichen ist, bildet nicht nur die Erlassung eines Schiedsspruches, sondern die gesamte schiedsrichterliche Tätigkeit. Findet diese also, wie hier infolge nachträglicher Ablehnung des Schiedsrichters, ein vorzeitiges Ende, so ist die bloße Tatsache der Beendigung des Vertragsverhältnisses noch kein Grund, ihm eine Vergütung auch für das bis dahin Geleistete zu versagen. Ob sonstige Umstände dem Anspruche des Klägers entgegenstehen, bedarf erst noch der Feststellung."

---

63. Anfechtung der Jahresbilanz einer Gesellschaft m. b. H. wegen willkürlicher, zwecks Bildung einer Rücklage für Ausgaben und Verluste künftiger Jahre vorgenommener Abschreibungen.

GmbHG. §§ 29, 42, 46 Nr. 1; HGB. § 40.

II. Zivilsenat. Urt. v. 6. Dezember 1918 i. S. P. Gesellschaft m. b. H. (Bekl.) w. H. (Kl.). Rep. II. 222/18.

I. Landgericht III Berlin, Kammer für Handelssachen.
II. Kammergericht daselbst.

Die Klägerin ist Inhaberin eines Geschäftsanteils der beklagten Gesellschaft m. b. H. Sie hat in der zur Beschlußfassung über die Feststellung der Bilanz für das Geschäftsjahr 1915 einberufenen Gesellschafterversammlung vom 8. Mai 1916 geltend gemacht, daß ein als „Sonderabschreibungskonto" in die Bilanz eingestellter Betrag von 111000 *M* Reingewinn sei und als solcher verteilt werden müsse; sie ist jedoch überstimmt worden und hat den Bilanzfeststellungsbeschluß durch Klage angefochten. Das Landgericht hat der Anfechtung stattgegeben, weil die in Betracht kommenden Aktivposten ihrem wirklichen Werte entsprechend in der Bilanz aufgeführt seien und die Sonderabschreibung von 111000 *M* eine willkürliche Minderbewertung darstelle. Die Berufung der Beklagten ist zurückgewiesen worden, ihre Revision erfolglos geblieben.

Aus den Gründen:

... „Nach § 29 Abs. 1 GmbHG. haben die Gesellschafter, soweit nicht im Gesellschaftsvertrag ein anderes bestimmt ist, Anspruch auf den nach der jährlichen Bilanz sich ergebenden Reingewinn; nach § 42 desselben Gesetzes kommen für die Aufstellung der Bilanz mit gewissen Maßgaben die Vorschriften des § 40 HGB. zur Anwendung, wonach bei der Aufstellung der Bilanz sämtliche Vermögensgegenstände zu dem Werte anzusetzen sind, der ihnen in dem Zeitpunkte beizulegen ist, für den die Aufstellung stattfindet, und nach § 46 Nr. 1 GmbHG. unterliegt die Feststellung der Bilanz der Bestimmung der Gesellschafter. Der Zusammenhang dieser Vorschriften ergibt zwar, daß die Abschätzung des Wertes, den die vorhandenen Vermögensgegenstände in dem genannten Zeitpunkte haben, also auch die Vornahme der zur Darstellung des Wertes etwa erforderlichen Abschreibungen, der Gesellschafterversammlung zusteht und daß der einzelne Gesellschafter sich einem auf pflichtgemäßem Ermessen beruhenden Beschlusse der Mehrheit zu fügen hat. Er ergibt jedoch gleichzeitig, daß beim Fehlen einer dies zulassenden Bestimmung des Gesellschaftsvertrags der Anspruch des einzelnen Gesellschafters auf den Jahresgewinn nicht durch die willkürliche Minderbewertung von Vermögensgegenständen vereitelt oder geschmälert werden darf (vgl. Urt. d. RG. vom 7. November 1916, II. 259/16, in der Zeitschr. f. AktGes. Bd. 24 S. 139). Hiervon sind beide Vorinstanzen ausgegangen, sie haben aber die Überzeugung erlangt, daß der wirkliche Wert, den die hier in Betracht kommenden Vermögensgegenstände der Beklagten — Autodroschken, Waren und Materialien — am 31. Dezember 1915, d. h. an dem Tage, für den die Bilanz des Geschäftsjahres 1915 aufgemacht worden ist, in ihrem damaligen Zustande hatten, nach Vornahme durchaus ausreichender Abschreibungen mit 71092 *M* auf Garagekonto und mit 66276,58 *M* auf Warenkonto richtig in der Bilanz aufgeführt stehe, und daß die von der Beklagten zur Rechtfertigung des Sonderabschreibungskontos von 111000 *M* geltend gemachten Umstände diesen Wert nicht zu beeinflussen vermöchten. Inwiefern sie dabei das Gesetz verletzt haben sollten, ist nicht erkennbar. Wenn, wie die Beklagte behauptet hat, zu der nach Beendigung des Krieges vorzunehmenden Instandsetzung der Autodroschken ein Betrag von 60000 *M* für die Beschaffung neuer Reifen und ein solcher von 30000 *M* für die Ausbesserung von Schäden aufgewandt werden muß, wenn unter großen Kosten eine neue Werkstattorganisation aufzubauen ist, wenn die Einarbeitung neuer Arbeiter und die Wiedereinrichtung der Werkzeugmaschinen für die Herstellung von Automobilen erhebliche Kosten verursachen, auch die Beschaffung von Rohstoffen für eine neu in die Wege zu leitende Fabrikation bedeutende Schwierigkeiten machen wird, und wenn weiter am 31. Dezember 1915 damit gerechnet werden mußte, daß der Geschäftsbetrieb der kommenden Jahre statt eines Gewinnes einen Verlust bringen werde, so mag es vom Standpunkt einer vorsichtigen Geschäftsführung aus zweckmäßig, ja vielleicht im Interesse der Erhaltung des Unternehmens geradezu notwendig gewesen sein, aus dem Reingewinne des Jahres 1915 in Höhe von 111000 *M* eine Rücklage zu bilden, statt den Betrag unter die Gesellschafter zu verteilen. Das alles hat jedoch mit der Bewertung der vorhandenen Vermögensgegenstände nach dem Stande vom 31. Dezember 1915 nichts zu tun. Vielmehr ergibt die eigene Darstellung der Beklagten, daß die Sonderabschreibung der 111000 *M* lediglich zur Deckung künftiger Betriebsaufwendungen, Anschaffungskosten oder Geschäftsverluste dienen sollte. Dieser Verwendung des Reingewinns hat die Klägerin mit Recht widersprochen." ...

---

64. Kann nach § 1 der Bekanntmachung vom 14. Januar 1915 (RGBl. S. 17) der Vorsitzende des Prozeßgerichts dem Kriegsteilnehmer schon vor Zustellung der Klage einen Vertreter bestellen?

II. Zivilsenat. Urt. v. 6. Dezember 1918 i. S. der D. Intern. H. Co. (Kl.) w. F. P. (Bekl.). Rep. II. 214/18.

I. Landgericht I Berlin, Kammer für Handelssachen.
II. Kammergericht daselbst.

Die Frage ist vom Reichsgerichte bejaht worden aus folgenden

Gründen:

... „In den unteren Instanzen hat sich der Beklagte in erster Linie darauf berufen, daß bei der Bestellung des Vertreters in mehrfacher Beziehung ungesetzlich verfahren, daher eine rechtswirksame Bestellung eines Vertreters überhaupt nicht erfolgt, ein gültiges Urteil also gegen ihn, den Beklagten, nicht ergangen sei. Die Bestellung hätte nicht vor der Erhebung der Klage erfolgen dürfen, sie hätte, nachdem sie erfolgt war, dem Vertreter von Amts wegen zugestellt werden müssen, der Richter habe unterlassen, Verwandte des Beklagten oder andere mit dessen Verhältnissen vertraute Persönlichkeiten zu hören und von der erfolgten Bestellung dem Beklagten Mitteilung zu machen, er habe eine weitab vom Gerichtssitze wohnende und daher ungeeignete Persönlichkeit gewählt, und die Bestellung sei nicht erforderlich gewesen zur Verhütung offenbarer Unbilligkeiten. Alles das hat der Vorderrichter mit einwandfreier Begründung als für die gültige Bestellung des Vertreters bedeutungslos abgelehnt. Zweifelhaft erscheint nur die Frage, ob es zulässig war, daß schon vor Erhebung der Klage ein Vertreter bestellt wurde oder mit anderen Worten, ob der Anspruch der Klägerin gegen den Beklagten dadurch rechtshängig geworden ist, daß die Klagschrift nicht dem Beklagten unmittelbar, sondern dem ihm bestellten Vertreter zugestellt wurde.

In Rechtsprechung und Literatur sind die Meinungen hierüber geteilt. Doch sind durchschlagende Gründe für eine engere Auslegung des Gesetzes nicht vorgebracht worden. Der Wortlaut spricht so gut für die eine wie für die andere Auslegung. Schon vor Erhebung der Klage sind die Beziehungen des Rechtsverhältnisses fest gegeben, nach denen sich gegebenenfalls die Zuständigkeit des Gerichts bestimmt, so daß es auch schon vor der Erhebung der Klage ganz sinngerecht ist, von „dem Prozeßgericht“ und seinem Vorsitzenden zu sprechen, wie das denn auch im § 57 ZPO. geschieht, der die Bestellung eines Parteivertreters vor Klagerhebung zum Gegenstande hat. Der dem Ausdruck Kriegsteilnehmer in § 1 der Bekanntmachung beigefügte Hinweis auf § 2 des Gesetzes vom 4. August 1914 dient allerdings der näheren Bestimmung dieses Begriffes Kriegsteilnehmer, hat aber offenbar nur die unter den Nrn. 1 bis 3 daſ gruppierten Begriffsmerkmale im Auge. Es kann nicht wohl die Meinung sein, daß es zum Begriffe des Kriegsteilnehmers gehöre, daß gegen ihn eine Klage anhängig ist. Und wenn schließlich gesagt worden ist, daß ein Bedürfnis nicht vorliege, die Erhebung der Klage gegen einen Kriegsteilnehmer dadurch zu erleichtern, daß die Zustellung der Klagschrift an einen Vertreter des Beklagten ermöglicht wird, so weisen die Gegner nicht ohne Berechtigung darauf hin, daß gerade die Zustellung der Klagschrift gegenüber dem Kriegsteilnehmer auf Schwierigkeiten stoßen kann, so daß die Möglichkeit, schon vor Erhebung der Klage mit der Bestellung eines Vertreters vorzugehen, nur zweckmäßig und dringend erwünscht erscheine, zumal dies nicht ohne vorgängige Prüfung geschehen soll, ob es zur Verhütung offenbarer Unbilligkeit erforderlich ist.

Fehlt es somit an einem durchschlagenden Beweisgrunde für die engere Auslegung, so spricht für die entgegengesetzte Auffassung, daß der gegenwärtige Fall nicht ohne Vorgang ist, daß es noch andere Fälle gibt, in welchen dem Vorsitzenden des Gerichts die Machtbefugnis verliehen ist, der Partei einen Vertreter zu bestellen, so, wenn eine nicht prozeßfähige Partei, die ohne gesetzlichen Vertreter ist, verklagt werden oder wenn ein Recht an einem derelinquierten Grundstücke geltend gemacht werden soll, §§ 57, 58 ZPO., und daß das in diesen Fällen gerade zu dem Zwecke erfolgen soll, die Erhebung der Klage zu ermöglichen. Noch näher liegt der Hinweis auf § 9 Abs. 2 des Gesetzes vom 4. August 1914, wonach der nicht prozeßfähigen Partei, deren gesetzlicher Vertreter Kriegsteilnehmer ist, ein anderer Vertreter bestellt werden kann, und zwar — wie hier ausdrücklich gesagt ist — nicht nur zur Fortsetzung des eingeleiteten Prozesses, sondern auch zur Erhebung der Klage. Es muß daher auch hier der Wille des Gesetzes dahin verstanden werden, daß es keinen Unterschied machen soll, ob die Klage schon erhoben ist oder nicht."

**65. 1. Zur Auslegung der Hamburger Kriegsklausel von 1905.
2. Kann der Abandon auf Bedrohung mit einer Art von Totalverlust gestützt werden, die als solche dem Versicherer nicht zur Last fällt? Was ist zur Bedrohung mit Konfiskation erforderlich?**

HGB. §§ 849, 861, 821 Nr. 3; Allg. SVB. von 1867 §§ 101, 116, 70 Nr. 3.

I. Zivilsenat. Urt. v. 7. Dezember 1918 i. S. O. F. (Kl.) w. Nordd. Vers.-Ges. u. Gen. (Bekl.). Rep. I. 141/18.

I. Landgericht Hamburg, Kammer für Handelssachen.
II Oberlandesgericht daselbst.

Der Kläger ist Inhaber der Police vom 27. März 1915, auf welche die Beklagten dem Inhaber für Rechnung wen es angeht 44000 ℳ auf 5 Faß gesalzene Schafsdärme nach den Hamburger Allg. Seeversicherungsbedingungen von 1867 einschließlich Kriegsrisiko gemäß der Hamburger Kriegsklausel im neutralen Dampfer von Dedeagatsch nach Venedig und weiter per Bahn nach Deutschland oder der Schweiz versichert haben. In der Kriegsklausel heißt es:

Die Police deckt (auch) die durch die Klausel „Nur für Seegefahr" ausgeschlossenen Gefahren, jedoch haftet der Versicherer nicht:

1. für Kosten...

2. für die nachstehenden Folgen eines durch Kriegsgefahr verursachten Aufenthalts: Verderb und Verminderung der Güter, sowie andere Schäden, die während der Ausladung und Lagerung der Güter eintreten, soweit solche Schäden durch die Klausel „Nur für Seegefahr" (§ 101 nebst Zusatz) gedeckt sind bzw. gedeckt werden können. Die der ersten Bestimmung entgegenstehenden Vorschriften des § 70 sub 3 werden aufgehoben.

3. Für die Auferlegung von Zöllen . . .

Die Konnossemente sollten lauten „von neutralen Abladern an italienische Empfänger". Die Ware ist im Juli 1915 in Venedig angekommen und lagert seither dort bei dem Spediteur Marcello. Versuche des Klägers und seiner Schweizer Beauftragten, sie aus Italien nach der Schweiz weiterzubefördern oder in Italien zu verkaufen, sind erfolglos gewesen. Nach Behauptung des Klägers ist sie wegen des Kriegszustandes mit Österreich und Deutschland von der italienischen Regierung angehalten worden.

Der Kläger stützt sich in erster Linie auf Totalverlust, da die Ware inzwischen durch inneren Verderb völlig entwertet sei. Er hat aber zugleich am 24. Dezember 1915 den Abandon erklärt und verlangt daraufhin die Versicherungssumme, indem er eventuell Sicherheitsleistung anbietet. Infolge der Anhaltung sei die Ware mit Totalverlust, jedenfalls durch die Gefahr des Verderbens oder der Beschädigung bedroht; es sei aber auch anzunehmen, daß die italienische Regierung sie einziehen werde, da Schafdärme sich zu Kriegszwecken, sei es im medizinischen Betriebe sei es zur Wurstfabrikation, verwenden ließen. Vermutlich sei diese Einziehung inzwischen auch erfolgt.

Die Beklagten bestreiten, daß die Ware durch inneren Verderb untergegangen sei, machen aber auch geltend, daß sie hierfür gemäß der Hamburger Kriegsklausel nicht haften würden. Der Abandon sei gleichfalls unberechtigt, da die Ware nicht mit Totalverlust bedroht sei; sie sei auch nicht einmal von einer Verfügung von Hoher Hand betroffen, sie werde nur nicht während des Krieges aus Italien herausgelassen. Die Gefahr der Konfiskation bestehe nicht, zumal es sich nicht um einen Gegenstand des Kriegsbedarfs handle; zu medizinischen Zwecken seien gesalzene Därme nicht mehr verwendbar.

Die Klage ist in den Instanzen abgewiesen worden. Die Revision des Klägers wurde zurückgewiesen aus folgenden

Gründen:

„Die auf den Totalverlust gestützte Klage ist mit Recht abgewiesen, einmal, weil das Berufungsgericht sich nicht davon hat überzeugen können, da die Ware völlig vernichtet ist oder daß sie konfisziert wurde; sodann aber, weil der durch Kriegsaufenthalt verursachte Verderb nach der vorliegenden Kriegsklausel nicht dem Versicherer zur

Last fällt. Der Auslegung der Kriegsklausel, wie sie das Berufungsgericht vorgenommen hat, kann freilich nicht beigetreten werden; sie wird von der Revision zutreffend beanstandet. Der Nebensatz in Nr. 3 „soweit solche Schäden usw." ist nur auf die Worte „andere Schäden", nicht auch auf die Worte „Verderb und Verminderung der Güter" zu beziehen. Die Nr. 2 der Klausel betrifft Schäden an der Ware selbst (im Gegensatze zu Kosten, Nr. 1) und enthält zwei Bestimmungen: 1. soll für Verderb und Verminderung der Ware als Folge eines durch Kriegsgefahr verursachten Aufenthalts nicht gehaftet werden. Zu dieser „ersten Bestimmung" wird zur Sicherheit im Schlußsatze bemerkt, daß die ihr entgegenstehenden Vorschriften des § 70 sub 3 aufgehoben werden; 2. soll für andere Schäden, die während der Ausladung und Lagerung der Güter eintreten, insoweit nicht gehaftet werden, als sie durch die Klausel „nur für Seegefahr" gedeckt sind bzw. gedeckt werden können. Die erste Bestimmung entspricht der allgemeinen Neigung der Versicherer, die Tragung jedes Schadens abzulehnen, der durch eine Verzögerung der Reise verursacht wird, welche auch in dem insoweit auf der Hamburger Tagung von Oktober 1918 angenommenen Entwurfe der Allg. Deutschen Seeversicherungsbedingungen von 1914 § 28 Satz 3 zum Ausdrucke gekommen ist. Sie schließt daher den hier angeblich vorliegenden Schaden, daß die Ware infolge der auf Kriegsgefahr beruhenden langen Lagerung durch inneren Verderb zugrunde gegangen sein soll, von der Versicherung aus. Insoweit wird § 70 Nr. 3 Allg. SVB. aufgehoben, während er für Verderb und Verminderung, die nicht auf Kriegsgefahr beruhen, unberührt bleibt. Die zweite Bestimmung dagegen betrifft andere Schäden, und zwar solche, die an sich (abstrakt) sowohl auf Kriegs- wie auf reiner Seegefahr beruhen können. Im Sinne des allgemeinen Grundsatzes, daß nur solche Schäden zu Lasten des Kriegsversicherers sind, die zunächst durch Kriegsgefahr verursacht sind (Allg. SVB. § 101 Abs. 1), nimmt sie dann die nicht hierher gehörigen Schäden von der Kriegsklausel aus, indem sie sie als solche kennzeichnet, die unter die Klausel „nur für Seegefahr" fallen oder doch gemäß § 101 Allg. SVB. nebst Zusatz unter dieser Klausel mit Zusatzprämie gedeckt werden können. Es bleiben also übrig nicht durch Reiseverzögerung veranlaßte Schäden, die unmittelbar auf Kriegsgefahr beruhen, z. B. auf roher Behandlung bei einer durch die feindliche Regierung angeordneten Ausladung und Lagerung. Im vorliegenden Falle wird nur ein auf Reiseverzögerung beruhender Schaden behauptet, wegen dessen die Versicherung versagt.

Auch bezüglich der Klage aus dem Abandon muß dem Berufungsgericht im Ergebnis beigetreten werden. Es kann dahingestellt bleiben, ob die Ware als angehalten anzusehen ist, obwohl eine direkt gegen sie gerichtete Maßnahme der italienischen Regierung nicht dargetan werden kann, sie vielmehr nur durch die allgemeine Verhinderung der Ausfuhr derartiger Waren mitbetroffen ist. Kein Gewicht ist auf die Behauptung der Klägerin zu legen, daß es ihr nicht gelungen ist, die Ware in Italien zu verkaufen, denn diese Behauptung ist zu unbestimmt, um daraus eine Verfügung von Hoher Hand zu entnehmen. Mit Recht aber hat das Berufungsgericht verneint, daß die Ware durch die Verhinderung der Ausfuhr mit Totalverlust bedroht ist. In dieser Hinsicht kann die Möglichkeit, daß sie infolge der langen Lagerung verdirbt, nicht in Betracht gezogen werden, denn da die Beklagten sich wegen dieses Schadens, falls er wirklich eintritt, freigezeichnet haben, so können sie auch nicht dafür haftbar gemacht werden, wenn er nur droht (RGZ. Bd. 90 S. 146). Davon, daß die Ware der Gefahr der Konfiskation unterliegt und in einer darauf gerichteten Absicht festgehalten wird, hat sich das Berufungsgericht nicht überzeugen können. Die in dieser Hinsicht aufgestellten Behauptungen waren zu unbestimmt, um zu einem anderen Schlusse zu nötigen und eine Beweisaufnahme zu veranlassen. Im wesentlichen laufen sie darauf hinaus, daß die Ware zur Wurstfabrikation geeignet sein würde und aus diesem Grunde einen Anreiz zur Konfiskation bieten könnte. Diese Gefahr erklärt das Berufungsgericht ohne Rechtsirrtum für fernliegend, weil es sich nicht um eine direkt für Kriegszwecke verwendbare Ware handle. Daß eine Zerstörung des Lagerhauses und damit der Ware durch Geschosse, Feuersbrunst u. dgl. zu befürchten sei, ist eine neue Behauptung, die in den Instanzen nicht aufgestellt war. Dort ist nur ganz im allgemeinen auf die Möglichkeit der Beschädigung und des Verderbs hingewiesen." ...

---

66. 1. Ist § 829 BGB. auch im Falle des § 844 anwendbar?
2. Verjährung des Anspruchs aus § 829.

VI. Zivilsenat. Urt. v. 9. Dezember 1918 i. S. C. (Bekl.) w. H. (Kl.). Rep. VI. 252/18.

I. Landgericht Hannover.
II. Oberlandesgericht Celle.

Der Beklagte hat am 2. September 1912 die Tochter der Klägerin erschossen; dabei hat er sich in einem die freie Willensbestimmung ausschließenden Zustande krankhafter Störung der Geistestätigkeit befunden. Die Klägerin forderte auf Grund der §§ 823, 829, 844 Abs. 2 BGB. die Feststellung der Schadensersatzpflicht des Beklagten. Während das Landgericht die Klage abwies, stellte das Oberlandesgericht fest, daß der Beklagte verpflichtet sei, der Klägerin durch Entrichtung einer Geldrente den ihr durch die Tötung ihrer Tochter entstandenen Schaden insoweit zu ersetzen, als

1. die Getötete während der mutmaßlichen Dauer ihres Lebens zur Gewährung des Unterhalts an die Klägerin verpflichtet gewesen sein würde;
2. die Billigkeit nach den Umständen, insbesondere nach den Verhältnissen der Beteiligten, eine Schadloshaltung erfordere;
3. dem Beklagten nicht die Mittel entzogen würden, deren er zum standesmäßigen Unterhalt sowie zur Erfüllung seiner gesetzlichen Unterhaltspflichten bedürfe.

Die Revision des Beklagten wurde zurückgewiesen.

Gründe:

... „Das Berufungsgericht hat die Klage, soweit sie sich lediglich auf § 844 Abs. 2 BGB. gründet, in der Erwägung abgewiesen, daß die Klägerin bereits kurz nach dem Tode ihrer Tochter sowohl von dem ihr dadurch erwachsenen Schaden als auch davon, daß der Beklagte ihre Tochter getötet hat, Kenntnis erhalten habe, daß daher die dreijährige Verjährungsfrist zur Zeit der Klagerhebung bereits abgelaufen gewesen sei. Dagegen hat es — unter Darlegung, daß die Voraussetzungen zur Anwendung des § 829 BGB. gegeben seien — den Einwand der Verjährung, soweit er gegen den auf diese Vorschrift sich stützenden Klaganspruch gerichtet ist, für unbegründet erachtet und hierzu ausgeführt, jene Umstände seien nicht ausreichend, um die Kenntnis der Klägerin von der Person des Täters als des Ersatzpflichtigen zu begründen. Denn der Beklagte habe im Sinne des § 829 als Täter erst in Frage kommen können, wenn die Klägerin gewußt habe, daß er für den von ihm verursachten Schaden auf Grund des § 827 nicht verantwortlich war. Vor erlangter Kenntnis von diesem für den Bestand des Anspruchs maßgebenden Umstande könne die Verjährung nicht beginnen. Die Kenntnis von einer schon zur Zeit der Tat bestehenden Geisteskrankheit des Beklagten habe die Klägerin aber erst innerhalb der letzten drei Jahre vor der Klagerhebung erlangt.

Die Revision macht geltend, die Vorschrift im § 829 gewähre nur dem Verletzten einen Anspruch, bestreitet daher, daß sie auf den hier vorliegenden Fall des § 844 anwendbar sei. Diese Ansicht geht fehl. Richtig ist allerdings, daß bei der Singularität jener Vorschrift eine entsprechende Anwendung auf andere unerlaubte Handlungen als die darin ausdrücklich erwähnten (§§ 823 bis 826) ausgeschlossen ist (RGZ. Bd. 74 S. 143). Allein wie vom Reichsgerichte die Anwendbarkeit des § 829 auf die Fälle der §§ 830, 833 Satz 2, 836 deswegen angenommen worden ist, weil in ihnen nicht eine Handlung besonderer Art aufgestellt, sondern nur ein Anwendungsfall des aus § 823 sich ergebenden Tatbestandes behandelt wird (RGZ. a. a. O.· Warneyer 1915 Nr. 283, 1916 Nr. 278; Komm. v. RGR. zu § 829 Anm. 1), so kann aus dem gleichen Grunde die Anwendbarkeit des § 829 auf den Fall des § 844 keinem Zweifel unterliegen, da auch diese Bestimmung den — objektiven — Tatbestand des § 823 voraussetzt. Es ist auch kein innerer Grund ersichtlich, der es rechtfertigen könnte, die Anwendbarkeit des § 829 auf den Fall des § 844 auszuschließen.

Auch die Ausführungen, mit denen das Berufungsgericht den Einwand der Verjährung, soweit er sich gegen den Anspruch aus § 829 richtet, zurückgewiesen hat, sind frei von Rechtsirrtum. Dieser Anspruch ist kein Schadensersatzanspruch der gewöhnlichen Art. Es läßt sich nicht der Auffassung beitreten, es gebe einen besonderen Anspruch aus § 829 überhaupt nicht, vielmehr bleibe der Anspruch aus den §§ 823 bis 826 trotz der Nichtverantwortlichkeit des Täters nach Maßgabe des § 829, soweit es die Billigkeit verlange, aufrecht und die Behauptung des Mangels der Verantwortlichkeit sei Einrede, die durch Replik gemäß § 829 ganz oder teilweise geschlagen werde. Der Anspruch aus § 829 ist ein Billigkeitsanspruch und unterscheidet sich von den auf §§ 823 bis 826 gestützten Ansprüchen in bezug auf Grundlage und Tragweite (RGZ. Bd. 74 S. 146). Er hat zur Voraussetzung u. a. auch die, daß die schädigende Handlung, die, bei Zurechnungsfähigkeit begangen, den Tatbestand einer unter die §§ 823 bis 826 fallenden unerlaubten Handlung darstellen würde, in einem Zustande der im § 827 bezeichneten Art oder von einem Kinde vorgenommen worden ist. Solange der Geschädigte diesen Umstand noch nicht kennt, läßt sich nicht sagen, daß er von der Person des nach § 829 „Ersatzpflichtigen" Kenntnis erlangt hat, und erst von dem Zeitpunkte dieser Kenntnis — und der Kenntnis des Schadens — an läuft die dreijährige Verjährung (§ 852). Die Feststellung des Berufungsgerichts, daß die Klägerin davon, daß der Beklagte ihre Tochter in einem Zustande der im § 827 bezeichneten Art tötete, Kenntnis erst innerhalb der letzten drei Jahre vor der Klagerhebung erlangt hat, ist frei von Rechtsirrtum." . . .

---

67. Hat ein außerhalb seines Wohnortes kommissarisch beschäftigter Postbeamter während eines in dieser Zeit ihm gewährten Erholungsurlaubs Anspruch auf Fortzahlung von Tagegeldern?

Gesetz, betr. die Rechtsverhältnisse der Reichsbeamten, vom 31. März 1873 (RGBl. S. 61) § 18; Verordnung, betr. die Tagegelder, die

Fuhrkosten und die Umzugskosten von Reichsbeamten, in der Fassung vom 8. September 1910 (RGBl. S. 993) § 2.

III. Zivilsenat. Urt. v. 10. Dezember 1918 i. S. Deutsches Reich (Bekl.) w. St. (Kl.). Rep. III. 337/18.

I. Landgericht Metz.
II. Oberlandesgericht Colmar.

Der in C. als Postsekretär angestellte Kläger wurde seit Kriegsbeginn vertretungsweise bei dem Postamt in M. beschäftigt. Infolgedessen wurden ihm neben seinem Gehalte Tagegelder in Höhe von 8 *M* bewilligt. Für die Zeit vom 17. bis zum 26. Juli 1915 erhielt er Erholungsurlaub. Da der Beklagte ihm für diese 10 Tage die Tagegelder verweigert, erhob er Klage auf Nachzahlung von 80 *M*. Das Landgericht und das Oberlandesgericht verurteilten antraggemäß. Auf die Revision des Beklagten wurde die Klage abgewiesen aus folgenden

Gründen:

„Die Entscheidung des Oberlandesgerichts, welche die Berechtigung der Forderung des Klägers aus § 18 RBG. in Verb. mit § 2 der auf ihm fußenden Verordnung über die Tagegelder und Fuhrkosten der Reichsbeamten in der Fassung vom 8. September 1910 herleitet, ist nicht zu billigen. Sie steht mit dem Wortlaute der angezogenen Bestimmungen nicht in Einklang und nimmt die Interessen der Beamten in einseitiger, ebenso den Interessen des Reichs wie dem Rechtscharakter und dem Zwecke der Tagegelder widerstreitender Weise wahr. Es ist davon auszugehen, daß die Tagegelder den Beamten keine besonderen Vorteile neben ihrer Besoldung gewähren, sondern nur verhindern sollen, daß ihnen durch Dienstleistungen bei einer auswärtigen Behörde wirtschaftliche Nachteile entstehen. Sie bilden weder einen Teil des Gehaltes noch eine dem Gehalte rechtlich gleichstehende Vergütung der Arbeitsleistungen des Beamten, sondern bezwecken lediglich die Erstattung von Ausgaben, die mit einer auswärtigen Amtsausübung unvermeidlich verbunden sind oder wenigstens verbunden zu sein pflegen. Das ist den Motiven zu dem preußischen Gesetze, betr. die Tagegelder und Reisekosten der Staatsbeamten vom 24. März 1878 (Anlagen zu den Sten. Ber. des Hauses der Abgeordneten von 1871/75 Aktenst. 4) zu entnehmen, und dafür, daß der Gesetzgeber im Reiche sich von anderen rechtlichen oder wirtschaftlichen Gesichtspunkten habe leiten lassen, fehlt es an jedem Anhalte. Wenn er daher in § 18 RBG. und in § 2 der genannten Ergänzungsverordnung den Anspruch der Reichsbeamten auf Tagegelder von einer dienstlichen „Beschäftigung" außerhalb ihres Wohnortes abhängig macht, so ist kein Anlaß zu der nur durch zwingende Gründe zu rechtfertigenden Annahme gegeben, daß er, wie das Oberlandesgericht unterstellt, dem

Worte Beschäftigung eine über den gewöhnlichen Sprachgebrauch hinausgehende Bedeutung beigelegt und mit ihm auch Beschäftigungsunterbrechungen hat decken wollen. Nach der Fassung und dem Zwecke des Gesetzes unterliegt es vielmehr keinem Zweifel, daß die Zahlungsverbindlichkeit des Beklagten dadurch bedingt ist, daß der Beamte am Sitze der auswärtigen Behörde seinem Austräge gemäß tätig wird und tätig bleibt oder, dem an ihn ergangenen Rufe folgend, ihr dort wenigstens seine Dienste zur Verfügung stellt und hält. Sie entsteht, wie der erkennende Senat bereits in dem Urteile vom 28. April 1914 (RGZ. Bd. 84 S. 407/08), allerdings für das Geltungsgebiet des preußischen Gesetzes vom 24. März 1873, ausgesprochen hat, immer von neuem an jedem Tage und für jeden Tag, an welchem diese Voraussetzung vorliegt, an welchem der Beamte also nach den Erfahrungen des Lebens gezwungen wird, infolge seiner auswärtigen Tätigkeit außerordentliche Ausgaben zu machen, die ihm an seinem Wohnort erspart geblieben wären. Daraus folgt, daß der Anspruch des Beamten auf Tagegelder so lunge ruht, als seine auswärtige Diensttätigkeit aus Gründen, die in seiner Person liegen, unterbrochen wird und erst nach Wegfall der Dienstbehinderung wieder von neuem auflebt, es sei denn, daß gesetzliche oder Verwaltungsvorschriften für einzelne Unterbrechungsfälle eine andere Regelung treffen.

Der Staat und die Steuerzahler haben ein gleich hohes Interesse daran, daß dem Beamten nicht Unkosten vergütet werden, die ihm überhaupt nicht oder doch nicht aus Anlaß einer Dienstausübung erwachsen. Das würde aber geschehen, wenn die Auffassung des Oberlandesgerichts richtig wäre. Der Kläger, der sich infolge seines Urlaubs von M. entfernte, war während dessen Dauer gar nicht in der Lage, dort Ausgaben für seinen Lebensunterhalt, für Nahrungs- und Genußmittel zu machen. Insoweit würde er durch Fortzahlung der Tagegelder in unzulässiger Weise bereichert werden.

Freilich mag bei kurzfristiger Abwesenheit, wie auch im vorliegenden Falle, eine zeitweise Aufgabe der Wohnung rechtlich oder wirtschaftlich nicht angängig sein. Die Miete wird aber regelmäßig nur den bei weitem kleinsten Teil der durch die Tagegelder zu deckenden Ausgaben darstellen. Rechnet mun z. B. für ein dem Stande eines Postsekretärs entsprechend eingerichtetes Zimmer einen Monatspreis von 30 bis 40 ℳ, so würde auf den täglichen Mietzins nur der 6. bis 8. Teil der 8 ℳ betragenden Tagegelder entfallen. Da diese übrigens, wenn sie auch grundsätzlich keine Gewinnquelle für die Beamten bilden sollen, dennoch über ihren Zweck hinaus häufig die tatsächlichen Tagesausgaben überschreiten, so ermöglichen sie oft Ersparnisse, aus denen die Beamten kleine wirtschaftliche Nachteile der in Rede stehenden Art bei einer in ihrem Interesse erfolgenden Dienstunterbrechung wieder auszugleichen vermögen. Sollte das in dem einen oder dem anderen Falle nicht möglich sein, so muß der Beamte das auf sich nehmen oder auf die Dienstunterbrechung, d. h. auf Urlaub verzichten.

An dieser Rechtslage haben auch die auf Grund des § 27 der Tagegelderverordnung zu deren Ausführung erlassenen Bestimmungen des Reichskanzlers vom 29. September 1910 (RGBl. S. 1071) nichts geändert. Wie deren § 17 Abs. 1 im Wege der Schlußfolgerung zu entnehmen ist, kommen bei Unterbrechung der Dienstreise oder der dienstlichen Tätigkeit während einer solchen die Tagegelder in Wegfall, sofern die Unterbrechung durch Umstände veranlaßt wird, die auf persönlichen Rücksichten beruhen. Freilich kann der Revision darin nicht beigetreten werden, daß die Beschäftigung eines Beamten bei einer Behörde außerhalb seines Wohnorts eine Reise im weiteren Sinne, einen Unterfall des § 1 der Verordnung darstelle. Die §§ 1 und 2 daselbst behandeln vielmehr zwei ganz verschieden geartete, selbständige Fälle. Es ist jedoch kein Grund ersichtlich, weshalb eine auf privaten Rücksichten beruhende Unterbrechung der auswärtigen Diensttätigkeit im Sinne des § 2 der Tagegelderverordnung anders behandelt werden sollte als die einer Dienstreise. Auf sie muß vielmehr der im § 17 der Ausführungsbestimmungen ausgesprochene Grundsatz, welcher der wirtschaftlichen Bedeutung der Tagegelder und den Interessen der Beamten in gleicher Weise gerecht wird, sinngemäße Anwendung finden. Wie also der Beamte bei Dienstreisen nur während der durch die Ausführung von Dienstgeschäften bedingten Abwesenheit von seinem Wohnorte Tagegelder erhält, so hat er im Falle der dienstlichen Beschäftigung bei einer auswärtigen Behörde auf sie, wie im Gegensatze zu dem Oberlandesgerichte festzustellen ist, grundsätzlich auch nur so lange Anspruch, als gerade diese Beschäftigung das Fernbleiben von seinem Wohnorte erfordert.

Unbedenklich bedeutet der Erholungsurlaub eine Befreiung vom Dienste aus persönlichen Rücksichten. Denn wenn dem Staate auch daran liegen muß, die Arbeitskraft der Beamten möglichst frisch und möglichst lange zu erhalten, so hat er ihnen doch keinen Anspruch auf zeitweise Entbindung von den Dienstgeschäften eingeräumt. Bei Urlaubserteilung handelt es sich vielmehr in erster Linie um eine Fürsorgemaßregel zugunsten der Beamten, auf welche jeder, der sie entbehren zu können glaubt, ohne weiteres zu verzichten berechtigt ist. Im gegebenen Falle hat der Kläger den Urlaub ausdrücklich erbeten und somit sein persönliches Interesse daran deutlich bekundet.

Nun soll allerdings nach § 49 Abs. 1 der Allgemeinen Dienstanweisung für Post und Telegraphie Abschn. X Abt. 2 den Beamten und Unterbeamten „das Diensteinkommen" auch bei Erholungsurlaub unverkürzt weiter gezahlt werden. Aber Tagegelder fallen nicht unter das Diensteinkommen im Rechtssinne. Zu diesem gehören nur die den Charakter einer Unterhaltsrente tragenden Einkünfte des Beamten an Gehalt, Wohnungsgeld, Teuerungszulagen, Remunerationen und ähnliche Einnahmen, nicht aber der Ersatz von Aufwendungen, die der Beamte aus seinem Diensteinkommen oder seinem sonstigen Vermögen bestritten hat. Deshalb sind auch die Tagegelder weder pensionsfähig (§ 42 Nr. 5 RBG.) noch einkommensteuerpflichtig (vgl. elf.-lothr. Ges. vom 13. Juli 1901 und für Preußen Urt. des OVG. vom 2. April 1902, abgedr. im Min. Bl. f. innere Verw. S. 127). Auch auf die §§ 45 und 46 ADA. Abschn. X Abt. 2 kann sich der Kläger nicht berufen. Nach ihnen sind die Oberpostdirektionen und die Vorsteher der Verkehrsanstalten befugt, Urlaub von beschränkter Dauer zur Erledigung persönlicher Angelegenheiten, die ersteren insbesondere auch zu Erholungszwecken unter Belassung der „Dienstbezüge" zu erteilen. Die Annahme, die Allgemeine Dienstanweisung habe in den §§ 45 und 46 unter „Dienstbezügen" etwas anderes verstanden als unter „Diensteinkommen" im § 49, ließe sich indessen nur dann rechtfertigen, wenn sie aus zwingenden Gründen unabweisbar erschiene. Daß solche Gründe hier vorliegen, kann nicht zugegeben werden. Aber selbst wenn man zugunsten des Klägers das Gegenteil als richtig unterstellen würde, so haben doch die in Betracht kommenden Behörden von der ihnen erteilten Ermächtigung keinen Gebrauch gemacht. Denn die Fortbewilligung der Tagegelder hätte, weil sie eine Ausnahme von der gesetzlichen Regel darstellt, ausdrücklich und unzweideutig zum Ausdruck gebracht werden müssen. Mangels einer solchen Erklärung muß auch verneint werden, daß der Kläger durch seine Eingabe vom 25. Juni 1915, in welcher er die Oberpostdirektion um Fortzahlung der Tagegelder während seines Urlaubs bittet, und durch dessen zeitlich später liegende Erteilung durch das Postamt 12 einen dem Gebiete des öffentlichen Rechtes angehörigen vertragsähnlichen Anspruch auf die Tagegelder erlangt hat. Er wußte, daß in der Verfügung vom 31. Mai 1915, welche das Postamt 12 zur Erteilung von Erholungsurlaub in gewissen Grenzen ermächtigte, die etwaige Fortbewilligung der Tagegelder keine Erwähnung gefunden hatte. Deshalb gerade richtete er sein Gesuch vom 25. Juni an die Oberpostdirektion. Wenn ihm kurze Zeit darauf nicht von dieser, sondern von dem Postamte 12 ohne Erwähnung seiner Eingabe und ohne Beantwortung ihres Inhaltes Urlaub bewilligt wurde, so war er unter diesen Umständen nicht zu der Annahme berechtigt, daß seiner Bitte um Fortgewährung der Tagegelder entsprochen war. Wollte er von dem Urlaube nur unter dieser Voraussetzung Gebrauch machen, so mußte er sich über deren Eintritt oder Nichteintritt und über das Schicksal seines Gesuches durch Nachfrage Sicherheit zu verschaffen suchen."

68. 1. Kann der deutsche Wechselindossatar, der den Wechsel im Jahre 1914 vor Beginn des Krieges an eine französische Bank weiterbegeben hat, vor Rückerwerb des Wechsels gegen den deutschen Akzeptanten bedingungsweise auf Zahlung klagen?

2. Ist in diesem Falle die Verjährung des Wechselanspruchs gegen den Akzeptanten durch die Bundesratsverordnungen vom 30. September und 20. Oktober 1914 (RGBl. S. 421, 443) einstweilen ausgeschlossen?

3. Kann eine Feststellungsklage mit der Begründung erhoben werden, daß die Frage unter 2 wegen Zweifelhaftigkeit der einschlägigen Bestimmungen von einem anderen Richter zuungunsten des Klägers entschieden werden könnte?

V. Zivilsenat. Urt. v. 2. Dezember 1918 i. S. Elf. Bankgesellschaft (Kl.) w. Norddeutsche Bank (Bekl.). Rep. V. 282/18.

I. Landgericht Hamburg.
II. Oberlandesgericht daselbst.

Die Klägerin hat drei über je 50000 *M* lautende mit dem Fälligkeitstermine des 20. August 1914 von der Beklagten angenommene Wechsel, die sie diskontiert hatte, vor Ausbruch des Krieges an eine französische Bank indossiert und dieser übergeben, und zwar nach ihrer Behauptung nur zum Zwecke der Verpfändung für eine Kontokurrentschuld. Aus Besorgnis, daß das Wechselrecht verjähren oder sonst untergehen könnte, hat die Klägerin beantragt: 1. die Beklagte zu verurteilen, ihr gegen Aushändigung jedes der drei Wechsel oder eines entsprechenden Ausschlußurteils 50000 *M* zu zahlen; 2. hilfsweise, die Verpflichtung der Beklagten zu der Zahlung gegen Aushändigung des Wechsels oder des Ausschlußurteils festzustellen. Das Landgericht verurteilte die Beklagte, die der Klägerin die Klagebefugnis bestritten und sich überdies auf die Bundesratsverordnungen vom 30. September und 20. Oktober 1914 berufen hatte, nach dem Hauptantrage. Auf die Berufung der Beklagten wies das Oberlandesgericht die Klage überhaupt ab. Die Revision der Klägerin wurde zurückgewiesen aus folgenden

Gründen:

1. Das Berufungsgericht hat der Klägerin zwar zugestanden, daß sie ihrer seinerzeit durch Indossament erworbenen Wechselrechte nicht dadurch verlustig gegangen ist, daß sie die Wechsel demnächst an die französische Bank weiter indossiert und begeben hat, zumal wenn dies nach der Behauptung der Klägerin nur verpfändungshalber erfolgt wäre. Den in erster Linie erhobenen Leistungsanspruch erachtet das

Berufungsgericht jedoch zunächst schon deshalb für hinfällig, weil die Klägerin sich nicht im Besitze der Wechsel befindet. Und daß die Klägerin dieserhalb nicht die Zahlung sofort und schlechthin fordern kann, ist unzweifelhaft (Art. 39 WO.). Auch die Revision selbst zieht das nicht in Zweifel. Sie hält hier nur entgegen, daß die Klägerin den Zahlungsanspruch überhaupt nur als einen bedingten geltend gemacht und das Berufungsgericht dieses verkannt habe. Letzteres trifft indes insofern nicht einmal zu, als das Berufungsgericht die Berechtigung des Leistungsanspruchs tatsächlich auch vom Gesichtspunkte des § 259 ZPO. aus geprüft hat, augenscheinlich also davon ausgehend, wovon übrigens auch die Revision nur ausgehen kann, daß die Zahlung, entsprechend dem Klagantrage, nur unter der Bedingung beansprucht sein sollte, daß sich die Klägerin durch den Wiedererwerb der Wechsel zu deren Herausgabe nebst Quittung (Art. 39 WO.) instand gesetzt oder daß sie ein auszuhändigendes Ausschlußurteil erlangt hätte. Allein die Revision übersieht gänzlich, daß der Leistungsanspruch, der als bedingter allein in § 259 ZPO. seine Grundlage finden könnte, nur dann als zulässig anzusehen gewesen wäre, wenn den Umständen nach die Besorgnis bestände, daß die Beklagte sich der rechtzeitigen Leistung entziehen werde. Solche Umstände hat nun aber das Berufungsgericht vermißt, und auch die Revision vermochte auf keinen solchen Umstand hinzuweisen. Sie wendet nur noch ein, daß unerörtert geblieben sei, ob nicht die Klägerin ihrer Behauptung gemäß noch die mittelbare Besitzerin der Wechsel geblieben sei. Aber inwiefern der etwaige mittelbare Besitz der Klägerin (§ 868 BGB.) über die aus Art. 39 WO. oder aus § 259 ZPO. sich ergebenden Bedenken hinweghelfen könnte, ist von der Revision nicht gesagt und läßt sich überhaupt nicht einsehen.

Die Abweisung des Leistungsanspruchs erweist sich mithin in jeder Hinsicht als rechtlich unbedenklich.

2. Die Abweisung der hilfsweise erhobenen Feststellungsklage ist erfolgt, weil der Klägerin das gemäß § 256 ZPO. erforderliche rechtliche Interesse an der alsbaldigen Feststellung fehle. Auch dies Ergebnis ist entgegen der Meinung der Revision zu billigen.

Ob nicht schon entscheidend wäre, daß die Klägerin sich nicht oder noch nicht wieder im Besitze der Wechsel befindet, ist der Feststellungsklage gegenüber unerörtert geblieben und bedarf auch jetzt keiner Entscheidung. Die Klägerin hatte ihr rechtliches Interesse bisher lediglich auf die Behauptung gestützt, daß die Erhebung der Feststellungsklage (im Falle einer Abweisung des Leistungsanspruchs) zur Unterbrechung der Verjährung ihrer Wechselforderungen (§ 209 BGB.) notwendig sei; auch die schriftliche Revisionsbegründung hatte nur diesen Standpunkt vertreten. Diese Begründung muß aber schon dann versagen, wenn die Annahme des Berufungsgerichts zutrifft, daß die befürchtete Verjährung in Wahrheit überhaupt nicht droht. Die bezeichnete Annahme erscheint in der Tat als gerechtfertigt.

Allerdings kann dem Berufungsgerichte insoweit nicht beigetreten werden, als es annahm, daß die Verjährung tatsächlich nicht einmal begonnen habe, und zwar deshalb nicht, weil die durch § 2 der Verordnung vom 30. September 1914, betreffend das Zahlungsverbot gegen England, in Verb. mit der gegen Frankreich gerichteten Verordnung vom 20. Oktober 1914 vorgesehene Stundung auch im Verhältnis zwischen den beiden Parteien Platz greife. Denn gemäß Art. 77 WO. konnte und mußte die Verjährung beginnen schon vom Tage des Verfalls der Wechsel, also vom 20. August 1914 ab, weil damals bis zum Inkrafttreten der Verordnung vom 20. Oktober 1914 der Beginn der Verjährung noch durch nichts gehindert war. Aber eine andere Frage ist es, ob die in der Verordnung vorgesehene Stundung nicht derart zurückwirkt, daß man jetzt die Sache so anzusehen hat, als sei die vormals begonnene Verjährung in Wirklichkeit dennoch nicht in Lauf gekommen. Und diese Frage ist allerdings zu bejahen, sofern man grundsätzlich davon auszugehen hat, daß die Bestimmung der Verordnung auch im Verhältnisse zwischen den Parteien Anwendung verlangt. Der § 2 der Verordnung vom 30. September 1914, der auch im Rahmen der Verordnung vom 20. Oktober Geltung hat, bestimmt nämlich hinsichtlich derjenigen Forderungen, welche erst an einem späteren Tage als dem 30. Juli 1914 fällig werden, daß sie von diesem späteren Tage an bis auf weiteres als gestundet gelten. Der Sinn dieser Vorschrift ist also augenscheinlich der, daß schon der Zeitpunkt der Fälligkeit der in Betracht kommenden Forderungen als „bis auf weiteres" hinausgeschoben gelten muß. Ist das aber der Fall, dann muß es sich auch für den gegenwärtigen Fall ergeben, daß die Sache jetzt so anzusehen ist, als wären die Wechselforderungen der Klägerin an die Beklagte als die Akzeptantin der Wechsel nicht schon am 20. August 1914 fällig geworden, als wären vielmehr diese Verfalltage ebenfalls bis auf eine weitere, noch unbestimmte Zeit hinausgeschoben worden; und dann wäre die letzte Folge der Bestimmung — immer ihre Anwendbarkeit auch gegenüber der Klägerin vorausgesetzt — in der Tat die, daß die vormals tatsächlich begonnene Verjährung als nicht begonnen gelten müßte, weil sie mangels der Voraussetzung der Fälligkeit noch nicht beginnen konnte (Art. 39 WO., § 198 BGB.). — Hätte man übrigens in der durch § 2 VO. vorgesehenen Stundung nur einen Hemmungsgrund im Sinne des § 202 Abs. 1 BGB. zu finden, dann wäre das Ergebnis des Beginnes der Verjährung kein anderes. Denn in diesem Falle müßte man dem Hemmungsgrunde der Stundung, der Verordnung gemäß, entsprechend die rückwirkende Tragweite beimessen.

Die hier in erster Linie vorliegende Frage nunmehr, ob die Vorschriften der Verordnung vom 30. September 1914 auch im Verhältnisse zwischen den Parteien überhaupt anwendbar sind, und ob mithin auch die etwaigen Forderungen der Klägerin an die Beklagte wirklich als im Sinne des § 2 VO. gestundet gelten müssen, war aus folgenden Erwägungen zu bejahen.

Bedenken gegen die Bejahung könnte freilich die Tatsache erregen, daß der Zweck der beiden Verordnungen vom 30. September und 20. Oktober 1914 nur der ist, Zahlungen an das betroffene feindliche Ausland zu hindern, und daß sonach im Sinne der Verordnungen kein ausreichender Anlaß bestände, auch in die Beziehungen zwischen zwei in Deutschland befindlichen Parteien einzugreifen. Die Annahme des Berufungsgerichts, daß gemäß § 4 VO. vom 30. September 1914 gerade bei Wechselforderungen die in § 2 vorgesehene Stundung unterschiedslos allen Wechselgläubigern gegenüber, also auch den im Inlande befindlichen, wirksam sei, könnte ebenfalls bedenklich sein. Diese Vorschrift lautet: „Bei Wechseln, bei denen zur Zeit des Inkrafttretens dieser Verordnung die Frist für die Vorlage zur Zahlung und für die Protesterhebung wegen Nichtzahlung noch nicht abgelaufen ist, wird durch das Zahlungsverbot und die Stundung die Zeit, zu der die Vorlage zur Zahlung und die Protesterhebung wegen Nichtzahlung zulässig und erforderlich ist, bis nach dem Außerkrafttreten dieser Verordnung hinausgeschoben. ..." Es ließe sich also vielleicht einwenden, daß die Vorschrift ihrem eigenen Wortlaute nach, abgesehen vom Zahlungsverbote, auch gestundete Wechselforderungen voraussetzt und daß über die Stundung nicht der § 4, sondern der voraufgehende § 2 handelt. Überdies verhält sich der § 4 nur über die Erstreckung der Fristen zur „Vorlage" der Wechsel oder zur „Protesterhebung", demnach anscheinend nur über Fälle, wo diese beiden Rechtshandlungen eine wechselrechtliche Rolle spielen, und bei Wechselforderungen an den Akzeptanten, wie hier der Fall, ist weder die Vorlage im technischen Sinne, wie beim Sichtwechsel, noch die Protesterhebung von wechselrechtlicher Bedeutung. Indes man wird dem Willen der Verordnungen doch nur dann gerecht, wenn man ihre Anwendung, namentlich auch die des § 2 von der Stundung, und insbesondere wenn es sich um Wechselforderungen handelt, in der hier befürworteten Ausdehnung gestattet.

Zunächst scheint bei Wechselforderungen schon das Ergebnis kein wünschenswertes und kein befriedigendes, daß die Fälligkeit des Wechselanspruchs eine verschiedene sein sollte, je nachdem der Gläubiger im feindlichen Gebiete oder im Inlande seinen Wohnsitz hat. Vielmehr scheint es mehr einer natürlichen und sachgemäßen Auffassung zu entsprechen, daß für alle Gläubiger ein gleicher Zeitpunkt der Fälligkeit des Anspruchs im Sinne des Art. 39 WO. besteht, und daß daher, wenn die Fälligkeit gegenüber dem einen Gläubiger, dem im Auslande befindlichen, hinausgeschoben ist, dieses gegenüber allen etwaigen Gläubigern wirksam ist. Es scheint doch in der Natur der Dinge zu liegen, daß es bei Wechseln gleichmäßig nur einen und denselben Tag des Verfalls geben kann.

Die Berechtigung der Annahme, daß in Fällen der hier gegebenen Art, wo ein in Deutschland befindlicher Indossatar den Wechsel an eine im betroffenen feindlichen Auslande befindliche Person weiter begeben hat und demnächst dem im Inlande befindlichen Akzeptanten gegenüber von seinem alten Wechselrechte Gebrauch machen will, diese Wechselforderung oder die Wechselschuld ebenfalls als gestundet gelten muß, ergibt sich aber positiv aus der Bestimmung des Abs. 2 Satz 1 des § 2 BO., wonach die Stundung auch gegen „jeden Erwerber des Anspruchs" wirkt, es sei denn, „daß der Erwerb vor dem 31. Juli 1914, oder, wenn der Erwerber im Inland seinen Wohnsitz oder Sitz hat, vor dem Inkrafttreten dieser Verordnung stattgefunden hat". Denn hiernach steht es fest, daß jeder Wechselgläubiger, der sich als „Erwerber des Anspruchs" ansehen und behandeln lassen muß, auch die gemäß § 2 Abs. 1 eingetretene Stundung gegen sich gelten zu lassen hat oder anderseits für sich geltend machen kann (was für den Fall der Verjährung in Betracht kommt). Fraglich könnte hier allerdings immer noch sein, ob oder inwiefern auch die Klägerin als „Erwerber des Anspruchs" angesehen werden kann. Es ist nicht zu übersehen, daß sie ihrer Klage nach lediglich das Recht verfolgen will, das sie aus dem vormals auf sie ausgestellten Indossamente herleitet. Und zuzugeben ist ihr freilich, daß sie durch die Weiterbegebung der Wechsel an die französische Bank, zumal wenn es nur verpfändungshalber geschehen wäre, ihres alten Wechselrechtes nicht verlustig gegangen ist, daß sie es vielmehr behalten hat. Es entspricht diese Auffassung den ständig anerkannten Rechtsgrundsätzen, wie sie in der Plenarentscheidung des ROHG. Bd. 24 S. 1 entwickelt und demnächst auch vom Reichsgericht in Bd. 77 S. 187 der Sammlung angenommen worden sind. Indes anderseits kommt in Betracht, daß die Klägerin ihr altes Recht gleichwohl noch nicht ungehindert zur Geltung bringen kann, denn dazu bedarf sie erst der weiter begebenen Wechsel, und diese muß sie erst einlösen. Tut das aber die Klägerin, dann hat sie damit erst die Möglichkeit oder das Recht erlangt, von der Beklagten gegen Aushändigung der quittierten Wechsel Zahlung fordern zu können (Art. 39 WO.), und insofern träfe auch die Voraussetzung der Verordnung zu, daß die Klägerin Erwerberin „des Anspruchs" geworden wäre: ihr altes Recht hätte einstweilen geruht und erst durch die Einlösung und Wiederverschaffung der Wechsel wäre es wieder voll wirksam geworden. Ob endlich die Klägerin diesen Erfolg schon während der Herrschaft der Verordnung vom 20. Oktober 1914 oder erst nach ihrer Außerkraftsetzung erzielen würde, kann einen Unterschied in Ansehung der vorliegenden Fragen nicht machen. Es ginge nicht an, die Klägerin, falls sie die eingelösten Wechsel erst nach Außerkraftsetzung der Verordnung wieder erwürbe, anders und zwar in gewissem Sinne schlechter zu stellen, als sie stehen würde, wenn sie sich noch während der Herrschaft der Verordnung die Möglichkeit verschafft hätte, ihr Recht voll wirksam zu machen. Im letzteren Falle müßte die Klägerin nach diesseitiger Auffassung zweifellos als „Erwerber des Anspruchs" angesehen werden, und würde für sie daher auch unbedingt die Gefahr der Verjährung ihrer Ansprüche infolge deren Stundung beseitigt sein; kann die Klägerin aber erst in späterer Zeit die Wechsel wieder erwerben, dann muß auch dieser Erwerb als ein solcher angesprochen werden, wie ihn der Abs. 2 des § 2 VO. im Auge hat, so daß auch jetzt die daraus sich ergebenden Folgen zu ziehen sein würden. Daß im übrigen die Klägerin die bestimmte Absicht hat, ihre Wechsel, die sie lediglich in Pfand gegeben haben will, wieder einzulösen, kann nach Lage der Sache nicht zweifelhaft sein.

Gegen die ausdehnende Auslegung der Vorschrift des Abs. 2 a. a. O. kann auch der Umstand nicht sprechen, daß die Klägerin durch die Einlösung und durch den Wiedererwerb der Wechsel nicht die Rechtsnachfolgerin der französischen Bank werden und gegebenenfalls nicht deren Anspruch, sondern nur ihr altes Wechselrecht zur Geltung bringen würde. Schon der Ausdruck „jeder Erwerber" a. a. O. verbietet eine so enge Auslegung, als sollte nur der mit einer Rechtsnachfolge im rechtlichen Sinne verbundene Erwerb als ein Erwerb im Sinne der Verordnung verstanden werden. Der Ausdruck „jeder Erwerb" ist offenbar gewählt worden, um auch jede Art von Erwerb in möglichst weiter Umgrenzung hierher rechnen zu können. Und daß das wirklich so ist, erhellt um so mehr, wenn man die Zweckbestimmung des Abs. 2 ins Auge faßt, die nach der Begründung der Verordnung und wie es auch auf der Hand liegt dahin geht, eine Umgehung des gegen das feindliche Ausland gerichteten Zahlungsverbots, die durch Abschiebung der Forderung an eine im Inlande befindliche Persönlichkeit bewerkstelligt werden könnte, auszuschließen. Dieser Zweck kann aber dann allein mit Sicherheit erreicht werden, wenn man alle einschlägigen Fälle in das Anwendungsgebiet des Abs. 2 hineinzieht, in denen ein Inländer sich in die Lage versetzt hat, den Anspruch, der zuvor dem im Auslande befindlichen Gläubiger zugestanden hatte, nunmehr seinerseits geltend zu machen, sei es aus dem Rechte des Ausländers, sei es nach den obwaltenden Umständen aus eigenem Rechte, wie das beim Wiedererwerbe eines rückläufigen Wechsels nach der hierfür geltenden, zuvor bezeichneten Rechtskonstruktion vorkommen kann. Ob der Wiedererwerb in derartigen Fällen ein rechtlich wohl begründeter oder ob es auf eine Umgehung des Gesetzes abgesehen gewesen war, wird überdies ohne eingehende Untersuchung des Falles gar nicht erkennbar sein. — Daß die Vorschrift des Abs. 2 a. a. O. möglichst weit verstanden sein will, erweist endlich auch die Schlußbestimmung des Abs. 2, die dem „Erwerber des Anspruchs" auch den gleichstellt, der durch dessen Erfüllung einen Erstattungsanspruch erlangt hat. Auch hier kann jedenfalls von einem Rechtsübergange keine Rede sein. Unmittelbar kann diese Bestimmung im gegebenen Falle allerdings nicht Anwendung finden, weil die Klägerin ausschließlich die Wechselsumme selbst verlangen will.

Nach alledem scheint es somit geboten, der Auffassung des Berufungsrichters dahin zu folgen, daß, weil die in der Verordnung vorgesehene Stundung auch der Klägerin gegenüber wirksam ist, zu ihren Ungunsten wie zu ihren Gunsten, die Gefahr der Verjährung ihrer Forderungen nach den jetzigen Verhältnissen ohnehin nicht besteht, und daß die Klägerin sonach auch eines besonderen Schutzmittels gegen die Gefahr der Verjährung, wie es hier die Feststellungsklage darstellen soll, überhaupt nicht bedarf. Alsdann fehlt es ihr aber auch an dem gemäß § 256 ZPO. erforderlichen Feststellungsinteresse.

Um der Feststellungsklage für alle Fälle trotzdem die nötige prozessuale Grundlage zu geben, hat der Vertreter der Klägerin in der mündlichen Verhandlung noch ausgeführt, daß die Tragweite der Verordnungen vom 20. Oktober und 30. September 1914 sicherlich sehr zweifelhaft und ungewiß sei, und daß aus diesem Grunde auch nicht abzusehen sei, wie der mit der künftigen Leistungsklage befaßte Richter die Frage der Verjährung beurteilen würde. So habe jetzt schon in zwei gleich liegenden Sachen ein anderes Oberlandesgericht eine dem hier angefochtenen Berufungsurteil entgegengesetzte Auffassung dahin vertreten, daß der Ablauf der Verjährung durch die genannten Verordnungen nicht gehindert sei. Abgesehen nun davon, daß die Klägerin bisher in der dargestellten Weise ihre Hilfsklage nicht gerechfertigt hatte, auch nicht gerügt worden ist, daß das Berufungsgericht eine solche Begründung unbeachtet gelassen hätte, so vermag auch das jetzige Vorbringen der Revision die Hilfsklage nicht zu halten. Die Ungewißheit, um deren willen das Feststellungsinteresse der Klägerin als vorhanden angenommen werden soll, liegt nicht in dem gegebenen Rechtsverhältnisse selbst, sondern bestände allein in den Besorgnissen der Klägerin und allerdings auch der Möglichkeit wegen, daß die zu entscheidenden Fragen in Ansehung der Verjährung demnächst eine ihr ungünstige Entscheidung, je nach der Auffassung des befaßten Richters, erfahren könnten. Das alles vermag jedoch die Voraussetzungen des

§ 256 ZPO. nicht zu erfüllen. Als rechtliches Interesse im Sinne des § 256 ist zwar jedes Interesse anzusehen, das sich „in irgendeiner Weise auf die Rechtsverhältnisse des Klägers bezieht“ (RGZ. Bd. 35 S. 393; Jur. Wochenschr. 1906 S. 121 Nr. 29), und dahin kann auch ein bloß wirtschaftliches Interesse gehören, wie in zahlreichen Entscheidungen angenommen worden ist. Aber immer müßte doch die Gefährdung, gegen die sich der Kläger schützen will, in dem Rechtsverhältnisse selbst, in dessen eigener Zweifelhaftigkeit oder Ungewißheit ihren Grund haben, und das liegt nicht vor, wenn der Kläger seine Rechtslage einzig und allein deswegen für gefährdet ansieht, weil er über die Tragweite der anzuwendenden Rechtsnorm Zweifel hegt, wie das im gegebenen Falle bei der Klägerin der Fall ist. Daß im übrigen die nämliche Rechtsnorm von mehrfachen Gerichten je verschieden gedeutet und angewendet wird, entspricht der Erfahrung; aber es würde das der Feststellungsklage durch § 256 ZPO. zugewiesene Gebiet weit überspannt werden, wenn man schon aus jenem Grunde den Feststellungsklagen Raum geben wollte. Was insbesondere die Feststellungsklage als Schutzmittel gegen die Verjährung anlangt, so ist sie bisher auch nur in Fällen „drohender Verjährung“ zugelassen worden (RGZ. Bd. 49 S. 114, Bd. 61 S. 168; Jur. Wochenschr. 1910 S. 239 Nr. 23), wenigstens standen nur solche Fälle in Frage. Hier aber droht die Verjährung eben nicht.“

---

69. Kann ein Pachtvertrag wegen persönlicher Zwistigkeiten zwischen Pächter und Verpächter oder zwischen dem Pächter von Pfarrländereien und dem an diesen nutzungsberechtigten Pfarrer fristlos gekündigt werden?

III. Zivilsenat. Urt. v. 13. Dezember 1918 i. S. Sz. (Bekl.) w. Katholische Kirchengemeinde Gr. Kr. (Kl.). Rep. III. 265/18.

I. Landgericht Thorn.
II. Oberlandesgericht Marienwerder.

Die Klägerin fordert von dem Beklagten die Räumung der Pfarrländereien, die sie ihm durch Vertrag vom 20. September 1907 auf die Zeit vom 15. August 1907 bis zum 30. Juni 1922 verpachtet hat, weil er sich gegen den Pfarrer der Gemeinde wiederholt in strafbarer Weise vergangen habe. Das Landgericht verurteilte den Beklagten zur Räumung des Pachtgutes. Das Berufungsgericht wies die Berufung des Beklagten zurück, weil der Beklagte durch sein Verhalten gegenüber dem damaligen Pfarrer der Kirchengemeinde in einer

Weise gegen seine vertraglichen Pflichten verstoßen habe, die einem vertragswidrigen Gebrauche der Pachtsache gleichzustellen sei. Die Revision des Beklagten wurde zurückgewiesen.

Aus den Gründen:

„Die Revision erachtet es für unzulässig und im Widerspruch mit der durch § 157 BGB. gebotenen, Treu und Glauben entsprechenden Vertragsauslegung stehend, daß das Berufungsgericht dem Räumungsanspruch der Klägerin wegen rein persönlicher Zwistigkeiten zwischen dem Beklagten und dem Pfarrer der klagenden Gemeinde stattgegeben habe. Dem Berufungsgericht ist jedoch, wenigstens im Ergebnis, beizutreten.

In den §§ 553, 554 BGB. ist dem Vermieter ein außerordentliches Kündigungsrecht gegeben; die Bestimmung des § 553 schützt das Interesse des Vermieters an der Erhaltung der vermieteten Sache gegen deren vertragswidrigen Gebrauch durch den Mieter, die des § 554 wahrt die Rechte des Vermieters auf die ihm für die Überlassung des Gebrauches der Mietsache gebührende Gegenleistung. Den persönlichen Beziehungen zwischen dem Vermieter und dem Mieter und den daraus erwachsenden Störungen des Vertragsverhältnisses zwischen ihnen ist in diesen Sonderbestimmungen des Mietrechtes nicht Rechnung getragen; ebensowenig ist dies hinsichtlich der Pacht geschehen, auf die jene Sonderbestimmungen nach § 581 Abs. 2 Anwendung finden. Miete und Pacht führen nicht, wie Dienst- und Gesellschaftsvertrag, notwendig zu näheren persönlichen Beziehungen zwischen den Vertragsparteien; tatsächlich bringen sie indes, insbesondere die Miete, die Parteien vielfach in fortlaufende persönliche Berührung, die zu Störungen des Hausfriedens und damit auch der besonderen vertraglichen Beziehungen unter ihnen führen kann. In weitem Umfange sehen deshalb die Mietverträge eine Kündigung wegen persönlicher Zwistigkeiten zwischen den Parteien vor. Aber auch mangels solcher ausdrücklicher Vertragsbestimmungen kann das Vertragsverhältnis sowohl der Miete als der Pacht von einem feindseligen persönlichen Verhältnis zwischen den Parteien dann nicht unberührt bleiben, wenn besondere vertragliche Beziehungen ein engeres verständiges, friedliches Zusammenwirken bedingen und die Feindschaft zwischen den Parteien eine derartige Schärfe annimmt, daß sie ein solches Zusammenwirken unmöglich macht. In solchen Fällen besonderer Art ist auch für die Miete und die Pacht die Geltung des Grundsatzes anzuerkennen, daß bei Rechtsverhältnissen von längerer Dauer, die ein persönliches Zusammenarbeiten der Beteiligten und daher ein gutes Einvernehmen erfordern, beim Vorliegen eines wichtigen Grundes jederzeit die Auskündigung erfolgen kann, eines Grundsatzes, der zwar nur für bestimmte Rechtsverhältnisse im Gesetze ausdrücklich ausgesprochen ist — vgl. §§ 626, 723 BGB., §§ 70,

77 Abs. 3, 92 Abs. 2, 133, 161 Abs. 2 HGB., §§ 124a, 133b GewO. —, dem aber eine allgemeine Bedeutung zugesprochen werden muß, vgl. RGZ. Bd. 78 S. 389.

Ein solcher Fall besonderer Art liegt hier vor. Durch die Bestimmungen des Pachtvertrags ist die Notwendigkeit eines persönlichen, friedlichen Zusammenwirkens des beklagten Pächters mit dem Pfarrer als dem Vorsitzenden des Vorstandes der Verpächterin gegeben. Der Pfarrer hatte nicht nur in Gemeinschaft mit den anderen Mitgliedern des Kirchenvorstandes die gesetzlichen und vertraglichen Befugnisse der Verpächterin dem Beklagten gegenüber wahrzunehmen, sondern es standen ihm als Nutznießer der kirchlichen Ländereien auch besondere persönliche Rechte gegenüber dem Beklagten zu, die ihn in ein engeres persönliches Verhältnis zu diesem brachten.... (Dies wird näher dargelegt und sodann fortgefahren:)

Die Durchführung dieser vertraglichen Rechte des Pfarrers ist bei einem fortdauernden feindlichen Verhältnis, bei einer gehässigen Gesinnung des Pächters gegen diesen auf das Äußerste gefährdet. Die Fortsetzung des Vertragsverhältnisses ist alsdann der Kirchengemeinde, die die vertraglichen Rechte des Nutzungsberechtigten zu wahren verpflichtet ist und bei einem derartigen Zustande selbst in ihren Vertragsrechten schwer verletzt und gefährdet wird, nach Treu und Glauben nicht zuzumuten. Daß der Beklagte gegen den Pfarrer eine derart feindselige Gesinnung wiederholt betätigt hat, ist vom Berufungsgericht auf Grund der gegen den Beklagten wegen Beleidigung und Körperverletzung gefällten strafgerichtlichen Urteile festgestellt. Der Beklagte hat den Pfarrer bei verschiedenen Gelegenheiten, bei denen ihr Verhältnis als Nutznießer und Pächter der Kirchenländereien sie zusammenführte, nicht nur in gröblicher Weise beschimpft, sondern er hat ihn auch mißhandelt und ist mit einer Heugabel auf ihn losgegangen....

Inwieweit den Pfarrer ein Verschulden an der Feindschaft zwischen ihm und dem Beklagten trifft, bedarf im gegenwärtigen Rechtsstreit, in dem es sich nur um die Berechtigung zur Vertragsauflösung, nicht um Schadensersatzansprüche handelt, keiner Feststellung. Die fristlose Kündigung aus wichtigem Grunde setzt nicht notwendig ein Verschulden desjenigen, dem gekündigt wird, voraus. Daß hier die Unerträglichkeit des Fortbestehens des Vertragsverhältnisses zum wesentlichen Teile von dem Beklagten verschuldet ist, ergibt sich übrigens aus den nicht angefochtenen Feststellungen des Berufungsgerichts." ...

---

70. 1. Provision auch aus Erhöhungen des Kaufpreises, soweit diese nicht rein als Ersatz von Mehrauslagen bewilligt sind. Welche Bedeutung hat dabei die Ersparung durch Produktionssteigerung?

2. Tragweite der Rechtskraft eines Teilurteils.

III. Zivilsenat. Urt. v. 13. Dezember 1918 i. S. L.-Fabrik (Bekl.) w. Sp. (Kl.). Rep. III. 259/18.

I. Landgericht Hannover.
II. Oberlandesgericht Celle.

Auf Grund einer beiderseits schriftlich bestätigten Abrede der Parteien vom September 1914 beansprucht der Kläger von der Beklagten aus deren Patronenlieferungen an die Heeresverwaltung, und zwar aus den dafür eingegangenen Zahlungen, eine Provision von 3 % und fordert entsprechende Feststellung und Verurteilung zur Rechnungslegung. Die Beklagte lieferte der Heeresverwaltung bis 6. April 1916 eine bestimmte Anzahl Patronen; der Preis betrug zunächst eine bestimmte Summe für das Tausend und wurde sodann vom Januar 1915 ab achtmal erhöht. Das Landgericht hat der Klage entsprochen und der Berufungsrichter hat durch rechtskräftiges Teilurteil die Berufung der Beklagten insoweit zurückgewiesen, als die Provision aus dem ursprünglich angesetzten Preise berechnet wird. In diesem Teilurteil wurde insbesondere der Einwand einer nur viermonatigen Dauer der Provisionsverpflichtung und der Einwand eines am 1. Mai 1915 vollzogenen Neuabschlusses zwischen der Beklagten und der Heeresverwaltung verworfen und ein Verstoß des Provisionsvertrages gegen die guten Sitten verneint. Die Beklagte hat an den Kläger freiwillig und sodann in Verfolg des Teilurteils Zahlungen gemacht; der strittig gebliebene Provisionsanspruch aus den Mehrpreisen beläuft sich noch auf rund den vierten Teil dieser Zahlungen. Auch bezüglich des Restanspruchs hat das nunmehr mit der Revision angefochtene Berufungsurteil die Berufung der Beklagten zurückgewiesen.

Die Revision der Beklagten hatte Erfolg.

Gründe:

„Nach der rein tatsächlichen Auffassung des Berufungsrichters umfaßte die Provisionsabrede, welche der anfänglichen Preisbestimmung vorausgegangen war, an sich die sämtlichen bei der Beklagten eingegangenen Preiszahlungen, jedoch mit Ausschluß derjenigen Beträge, welche der Beklagten von der Heeresverwaltung rein als Ersatz von Mehrauslagen bewilligt worden sind; auch diese Einschränkung beruht ganz auf tatsächlicher, rechtsirrtumsfreier, übrigens der Beklagten günstiger Auslegung. Die Beklagte hat unter Beweis gestellt, daß die sämtlichen Preiserhöhungen immer nur Auslagenersatz gewesen seien. Der Berufungsrichter meint jedoch, die in runden, auf Schätzung beruhenden Summen geforderten und bewilligten Preiszuschläge seien nach dem Vorbringen der Beklagten selbst kein reiner Auslagenersatz. Sie seien von ihr zwar mit Erhöhung der Rohstoff- und Betriebskosten, jedoch ohne Erwähnung der Ersparung durch die außerordentliche Produktionssteigerung begründet worden. Ein Nachweis, daß sie reiner Auslagenersatz gewesen seien, sei nicht führbar; deshalb müsse die Provision auch aus den erhöhten Preisen bezahlt werden.

Diese Begründung ist nicht zureichend und nicht haltbar.

Der Berufungsrichter sagt mit keinem Worte, was er unter „Ersparung durch die außerordentliche Produktionssteigerung" versteht; schon darum bleibt seine Erwägung unverständlich und nicht nachprüfbar. Eine Ersparung durch die Produktionssteigerung kann in mannigfaltiger Art erwachsen: durch bessere Ausnützung der menschlichen Arbeitskraft im Wege der eine Verbesserung, Beschleunigung und Verbilligung der einzelnen Arbeitsakte bewirkenden Arbeitsteilung; durch bessere Ausnützung und steigende Amortisation der maschinellen Ausrüstung; durch Verbilligung des Rohstoffbezugs infolge Einkaufs größerer Mengen; durch Verteilung der gleichgebliebenen sog. Generalunkosten auf einen an Umfang, Ausdehnung und Arbeitsergebnis gewachsenen Betrieb. In allen diesen Richtungen hatte die Beklagte der Heeresverwaltung gegenüber bei den einzelnen Preiszuschlägen Ausführungen gemacht, insbesondere über relative und absolute Erhöhung der Arbeitslöhne, über notwendige kostspielige Neubeschaffung von Maschinen und über erhebliche Steigerung der Rohstoffpreise an sich und infolge des Warenmangels für jede noch so große Menge. Es ist deshalb nicht abzusehen, wie der Berufungsrichter aufstellen konnte, die Beklagte habe die von ihr geforderten Preisaufschläge der Heeresverwaltung gegenüber nicht als reinen Auslagenersatz begründet. Die Beklagte hat dies allerdings getan, und sie hat im Prozesse unter Antritt schlüssiger Beweise hieran klar und deutlich festgehalten. Die Beweise sind schlüssig auch um deswillen, weil es sich der Natur der Sache nach nicht um Errechnung bis in die kleinsten Zahlen, sondern nur um eine, wenn auch genaue und vorsichtige, so doch immerhin runde Abschätzung der Produktionskosten der Beklagten handeln kann.

Die Auslegung des Berufungsrichters geht dahin, daß dem Provisionsanspruche der Stand des Reingewinns, wie er sich im September 1914 aus den damaligen Verhältnissen und aus dem damals entsprechend bemessenen Preise ergab, nach dem Willen der Parteien zugrunde zu legen sei; daß also ein äußerlich höherer Preis nur insoweit von der Provision erfaßt werde, als aus ihm ein größerer Reingewinn fließe, nicht aber insoweit, als der Preiszuschlag nur Ersatz höher gewordener Auslagen sei. Von diesem Standpunkte aus entfällt der Provisionsanspruch, soweit in den Preiszuschlägen Auslagenersatz darin steckte, und dies kann zu einem größeren oder kleineren Teile der Fall gewesen sein. Daß die Beklagte die Provision aus dem vollen Betrage der Preiszuschläge bezahlen müsse, wenn sie nicht beweise, daß der ganze Preiszuschlag reiner Auslagenersatz sei, geht durchaus fehl. Wenn festgestellt wird, daß — was jetzt schon durch den Briefwechsel der Beklagten mit der Heeresverwaltung wahrscheinlich gemacht ist — die Preiszuschläge, wenn auch nicht völlig, so doch zum überwiegenden Teile wirklich nur Auslagenersatz waren, und zwar Ersatz der Mehrauslagen für Rohstoffe, wenn also eine Erhöhung des Reingewinns der Beklagten über den Stand von September 1914 hinaus durch die Preiszuschläge nur zum kleineren oder kleinsten Teile eintrat, dann bleibt von der Vertragsauslegung des Berufungsrichters aus unverständlich, warum die Beklagte aus ihren reinen Auslagen Provision sollte zahlen müssen, weil sie in den Preiszuschlägen neben dem Ersatz dieser Auslagen auch noch eine Reingewinnerhöhung erzielte.

Die bisherige sachliche und rechtliche Würdigung gibt zugleich Material für die von der Revision erbetene Nachprüfung, ob nicht ein Verstoß gegen die guten Sitten zu bejahen sei. Das jetzt angefochtene Urteil hat die Erwägungen des Teilurteils wiederholt und erweitert und dabei die Ausführung des Klägers, die Frage sei durch das Teilurteil rechtskräftig erledigt, für nicht zutreffend erklärt. Jedoch steht nach dem Teilurteil zwischen den Parteien rechtskräftig fest, daß die Provisionsabrede für die ganze Zeit und für die gesamte Patronenmenge bis zum ursprünglichen Preisbelaufe und damit bis zu den bereits bezahlten Provisionsbeträgen nicht gegen die guten Sitten verstößt. Die Frage der Sittenwidrigkeit darf also nur noch für den späteren und höheren Preisbelauf und für den daraus unter Umständen zu folgernden Provisionsrestbetrag erhoben werden. Insoweit aber ist die Sittenwidrigkeit ohne weiteres zu verneinen. Diese Restforderung bildet nur den letzten Teil und Ausläufer eines die Beklagte in viel weiterem Maße beschwerenden, jedoch als unanstößig festgestellten Vertrages, und sie soll dem Kläger nur dann zufließen, wenn und soweit der Beklagten eine Reingewinnerhöhung erwachsen ist. Eben darum wird die Frage der Sittenwidrigkeit ganz oder zum Teil gegenstandslos, falls die Vollbeträge oder gewisse Teilbeträge der Preiszuschläge als reiner Auslagenersatz nachgewiesen sind und damit die entsprechende Provisionsforderung selbst zurückgeschlagen wird."

---

71. Zur Auslegung der Befreiungsvorschrift des § 11 Nr. 4g des Reichserbschaftssteuergesetzes vom 3. Juni 1906 (RGBl. S. 654).

VII. Zivilsenat. Urt. v. 13. Dezember 1918 i. S. F. (Kl.) w. preuß. Staat (Bekl.). Rep. VII. 173/18.

I. Landgericht I Berlin.
II. Kammergericht daselbst.

Die Klägerin und ihr Ehemann, der Geheime Justizrat Dr. F. in Berlin, haben ihren am 4. Oktober 1916 gefallenen Sohn Friedrich F. beerbt. Der Wert des Nachlasses ist auf 56554,65 ℳ ermittelt worden. Dazu gehörten Buchschulden des deutschen Reichs und des preußischen Staates im Nennwerte von 69500 ℳ und ein Meininger Hypothekenpfandbrief im Nennwert von 500 ℳ. Der Erbanfall an den Ehemann der Klägerin wurde zunächst ganz steuerfrei gelassen, später ist von ihm ein Steuerbetrag von 19 ℳ erfordert worden. Die Klägerin hat 4 v. H. von $\frac{56554{,}65}{2}$ = 1131 ℳ Erbschaftssteuer bezahlen müssen. Sie hat mit Zustimmung ihres Ehemannes Klage auf Rückzahlung erhoben. Die Klage wurde abgewiesen, die Berufung zurückgewiesen. Auch die Revision blieb ohne Erfolg.

Gründe:

„Die Klägerin nimmt die Freiheit von der Erbschaftssteuer nach § 11 Nr. 4g des Reichserbschaftssteuergesetzes in Anspruch. Danach bleibt von der Steuer ein Erwerb befreit, der anfällt leiblichen Eltern, Großeltern und entfernteren Voreltern, soweit der Erwerb in Sachen besteht, die sie ihren Abkömmlingen durch Schenkung oder Übergabevertrag zugewandt hatten. Das Vorbringen der Klägerin, daß die den Nachlaß bildenden Gegenstände im Wege der Schenkung an den Erblasser gelangt seien, ist vom Beklagten bisher nicht in Zweifel gezogen worden. Gestritten wurde nur darüber, ob der Ehemann der Klägerin allein oder ob er gemeinsam mit der Klägerin geschenkt habe. Von der hiernach unstreitigen Tatsache, daß eine Schenkung vorliegt, sind auch die Instanzgerichte ausgegangen. Wenn jetzt der Beklagte in der Revisionsbeantwortung darzulegen sucht, daß es sich bei dem überwiegenden Betrage der Schuldbuchforderungen nicht um ein Geschenk sondern um die Hingabe einer Ausstattung im Sinne des § 1624 BGB. gehandelt habe, so kann er damit gegenüber dem vom Berufungsrichter tatsächlich festgestellten Sachverhalte nicht gehört werden.

Die unter den Parteien streitige Frage hat das Kammergericht dahin entschieden, daß nur der Ehemann der Klägerin als Schenker anzusehen ist. Rechtliche Bedenken sind dagegen nicht zu erheben. Die Klägerin lebte und lebt mit ihrem Ehemann in dem Güterstande der Verwaltungsgemeinschaft, zunächst nach dem märkischen Provinzialrecht, seit dem 1. Januar 1900 nach dem Bürgerlichen Gesetzbuche, vgl. Art. 46 preuß. AG. z. BGB. Ihr eingebrachtes Gut überließ sie, wie sie vorträgt, nach der Heirat dem Ehemann zu Eigentum. Dadurch erwarb sie eine Forderung auf Rückgabe des Wertes des Eingebrachten, das gesamte vorhandene Vermögen aber wurde Vermögen des Mannes. Wenn die Klägerin davon spricht, daß sie mit ihrem Ehemann in tatsächlicher Gemeinschaft des Vermögens gelebt habe und noch lebe, so kann das rechtlich nur bedeuten, daß ihr Ehemann ihr Verfügungen über sein Vermögen gestattet hat und noch gestattet. Auf diese Weise mag es auch gekommen sein; daß die Klägerin gemeinsam mit ihrem Ehemann über Teile seines Vermögens verfügt und ihrem Sohne Friedrich unentgeltliche Zuwendungen gemacht hat, durch die dieser bereichert wurde. Es lag alsdann eine Schenkung vor, aber eine Schenkung nur des Ehemannes, nicht auch der Klägerin. Zum Begriff der Schenkung gehört nach § 516 BGB., daß der Schenker den Beschenkten aus seinem eigenen Vermögen bereichert; an diesem Erfordernis fehlt es in dem unterstellten Falle jedenfalls bei der Klägerin. Sie hat nicht behauptet, daß zunächst sie für ihre Person von ihrem Manne das Miteigentum an den dem Sohne Friedrich zu schenkenden Gegenständen — sei es entgeltlich sei es unentgeltlich — übertragen erhalten habe. Für den Fall übrigens, daß der Meininger Hypothekenpfandbrief, was nach dem Vortrage der Klägerin möglich ist, schon unter der Herrschaft des Allgemeinen Landrechts geschenkt sein sollte, sei hervorgehoben, daß auch schon nach Allgemeinem Landrechte die Vermögensminderung auf seiten des Schenkers und zugunsten des Beschenkten zum Wesen der Schenkung gehörte (vgl. Förster-Eccius, Preuß. Privatrecht Bd. 2 § 122 II; Striethorst Arch. Bd. 42 S. 121).

Da die Klägerin aus dem Vermögen ihres Mannes nicht „schenken" konnte, so brauchte über diese Frage nicht verhandelt zu werden. Damit erledigt sich die von der Klägerin erhobene Verfahrensrüge ohne weiteres. Ebenso kann unerörtert bleiben, wie die Erbschaftssteuer zu berechnen wäre, wenn beide Eheleute als Schenker in Frage kämen.

Die Klägerin vertritt nun aber weiter die Ansicht, daß jeder einem Elternteil anfallende Erwerb von der Erbschaftssteuer befreit ist, wenn er in Sachen besteht, die ein Elternteil — gleichviel welcher — dem Abkömmling geschenkt hat. Die Entstehungsgeschichte des Gesetzes, auf die sich die Revision beruft, ergibt nichts Wesentliches für diese Auffassung. Die Frage, wie es zu halten sei, wenn nur ein Elternteil schenke und beide erben, wurde weder in den Beratungen der Kommission noch in denen der Vollversammlung berührt. Der Abg. v. Savigny hat hier davon gesprochen, daß Elterngut und Kindesgut ein einheitliches Familiengut bildeten und deshalb der Anfall von Kindesgut an die Eltern eigentlich nicht besteuert werden dürfe. Er hilft sich aber über dies Bedenken mit dem Hinweis auf die Vorschrift des § 11 Nr. 4g RGStG. hinweg, weil danach steuerfrei bleibe, was von den Eltern den Kindern zugewandt sei. Seine Ansicht trifft zu für alles, was Eltern ihren Kindern aus gemeinschaftlichen Vermögensmassen zuwenden; sie trifft nicht in vollem Umfange zu für das, was einzelne Elternteile den Kindern aus Sondervermögen zuwenden. Der

Abg. v. Savigny hat sich über die Tragweite der Befreiungsvorschrift geirrt, weil er die Verschiedenheit des ehelichen Güterrechts nicht in Ansatz gebracht hat. In dem gleichen Irrtum sind vielleicht noch andere Abgeordnete und vielleicht auch Regierungsvertreter befangen gewesen; daraus folgt aber nicht, daß das Gesetz in einer Weise auszulegen ist, für die sein Wortlaut keinerlei Anhalt bietet. Die Entscheidungen sind nach dem Gesetze zu treffen, nicht nach den Ansichten und Absichten der an der Gesetzgebung beteiligten Personen. Was hiervon nicht erkennbar in das Gesetz übergegangen ist, muß außer Betracht bleiben. Gegen den Satz, daß die Verschiedenheit des ehelichen Güterrechts auch zu einer verschiedenen Bemessung der Erbschaftssteuer führen kann, wendet sich auch die Revision. Sie übersieht dabei aber, daß die verschiedenen Güterrechte verschieden wirken sollen, und daß es deshalb nichts Auffallendes hat, wenn die Verschiedenartigkeit ihrer Wirkungen sich auch auf dem Gebiete der Erbschaftssteuer bemerkbar macht.

Die Ansicht der Klägerin würde dazu führen, etwas wie eine Elternschaft anzunehmen, ein Rechtsgebilde, in dem die beiden Elternteile zu einer höheren Einheit zusammengefaßt werden. Die Elternschaft würde es sein, die da schenkt und die da erbt. Dem Bürgerlichen Gesetzbuch ist dieser Begriff fremd. In dem schon erwähnten § 1624 z. B., der bestimmt, inwieweit eine Ausstattung als Schenkung zu gelten hat, wird immer nur von den Zuwendungen des Vaters oder der Mutter und den Vermögensverhältnissen des Vaters oder der Mutter gesprochen. Im § 1925, der die Eltern des Erblassers zu gesetzlichen Erben der zweiten Ordnung beruft, bedeutet der Ausdruck Eltern nicht so viel wie Elternschaft; es werden darunter nur die beiden Elternteile als einzelne Personen verstanden. Das ergibt Abs. 2, nach welchem die Eltern zu gleichen Teilen erben sollen; das ergibt Abs. 3, der den Fall behandelt, wenn der Vater oder die Mutter zur Zeit des Erbfalls nicht mehr lebt. Es ist von vornherein nicht anzunehmen, daß das Erbschaftssteuergesetz, das erst erlassen ist, als das Bürgerliche Gesetzbuch schon in Kraft getreten war, sich auf einen anderen Standpunkt gestellt hat. Das ist auch tatsächlich nicht der Fall. § 28 Abs. 1 RESt G. bestimmt: „Die Erbschaftssteuer wird nach dem ganzen Erwerbe jedes einzelnen Beteiligten besonders unter Berücksichtigung seines Verhältnisses zum Erblasser berechnet". Eine Ausnahme zugunsten der Eltern ist nicht gemacht. Es kommt also jeder Elternteil für sich in Betracht; das Schenkerverhältnis ist bei jedem von ihnen erforderlich, um seinen Erwerb von der Steuer zu befreien. Verhältnis im Sinne des § 28 ist nicht bloß das Verwandtschaftsverhältnis, sondern z. B. auch das Dienst- oder Arbeitsverhältnis des § 11 Nr. 4h und ebenso das Schenkerverhältnis des § 11 Nr. 4g.

Gegen die Ansicht der Klägerin spricht auch, daß in der streitigen Befreiungsvorschrift die Großeltern und die entfernteren Voreltern den Eltern unterschiedslos gleichgestellt sind. Was diesen recht ist, müßte jenen billig sein. Es müßte also z. B. das, was einer der beiden Großväter oder einer der vier Urgroßväter dem Enkel oder Urenkel zugewandt hat, auch dann von der Steuer befreit sein, wenn es dem anderen Großvater oder einem der anderen Urgroßväter anfällt. Diesen Rechtssatz wird die Klägerin selbst nicht aufstellen wollen.

Die Revision hat weiter auszuführen gesucht, daß der § 11 Nr. 4g bei dem vom Kammergericht vertretenen Standpunkt eigentlich unanwendbar sei, wenn beide Eltern erbten, und sie hat dem Kammergericht insoweit den Vorwurf der mangelnden Folgerichtigkeit gemacht; es habe sich über die Bestimmung des bürgerlichen Rechts hinweggesetzt, nach der dem einzelnen Miterben nicht ein Anteil an dem einzelnen Nachlaßgegenstand, vielmehr nur ein Recht an der Hälfte des Inbegriffs zustehe. Zuzugeben ist, daß die Ausführungen des Kammergerichts insoweit an einer gewissen Unklarheit leiden. Die Gemeinschaft der Miterben, also auch die der beiden ihren Sohn beerbenden Elternteile, ist nach §§ 2032 flg. BGB. eine Gemeinschaft zur gesamten Hand. Miterben haben aber nicht bloß, wie das Kammergericht anzunehmen scheint, Anteile zur gesamten Hand an dem Nachlaß als solchem, sondern auch an den einzelnen zum Nachlaß gehörigen Gegenständen. Die Vorschrift des § 2033 Abs. 2 BGB. läßt darüber keinen Zweifel und auch die vom Kammergericht für das Gegenteil angezogene Entscheidung RGZ. Bd. 90 S. 232 (235) erkennt das ausdrücklich an; sie lehnt es mit Rücksicht auf § 2033 Abs. 2 nur ab, daß der Anteil an den einzelnen Nachlaßgegenständen verpfändet werden kann. Die Rechtsnatur eines Anteils zur gesamten Hand ist streitig. Einem Bruchteilsrecht steht er nicht gleich. Am treffendsten wird sein Wesen RGZ. Bd. 65 S. 235 umschrieben, wenn es dort heißt: grundsätzlich ist jeder Gemeinschafter auf das Ganze berechtigt, er ist nur durch die Rechte seiner Mitteilhaber eingeschränkt. Von diesem Standpunkt aus kann § 11 Nr. 4g RErbStG. ohne Schwierigkeiten angewendet werden, wie folgendes Beispiel ergibt. Ein Sohn werde von seinen in Verwaltungsgemeinschaft lebenden Eltern beerbt, sein Nachlaß bestehe in Sachen im Werte von 10000 ℳ, davon habe ihm sein Vater Sachen im Werte von 6000 ℳ geschenkt. Wird die Erbschaftssteuer für den Vater berechnet, so scheiden die von ihm dem Sohn geschenkten und ihm jetzt ganz, aber beschränkt durch das Recht der Mutter, angefallenen Sachen im Werte von 6000 ℳ aus dem Nachlaß aus, er beträgt für den Vater nur 4000 ℳ, sein gesamthänderischer Anteil daran ist nach § 1925 Abs. 2 BGB. mit $^1/_2$ zu bewerten, der Vater hat also 2000 ℳ mit 4 v. H. = 80 ℳ zu versteuern. Wird die Steuer für die Mutter berechnet, so scheiden keine Geschenke aus, der Nachlaß beträgt für sie 10000 *M*, ihr gesamthänderischer Anteil darauf ist auf 5000 *M* zu bewerten, sie hat also an Steuer 4 v. H. von 5000 *M* = 200 *M* zu entrichten. Das Kammergericht kommt zu dem gleichen Ergebnis, aber auf einem anderen Wege. Dieser kann grundsätzlich nicht gebilligt werden, da er die Gemeinschaft zur gesamten Hand und die Gemeinschaft von Bruchteilen nicht klar voneinander sondert.

Das Wesen der Erbengemeinschaft und das Bestehen gesamthänderischer Anteile der Miterben auch an den einzelnen Nachlaßgegenständen ist übrigens auch in den Gesetzentwürfen betr. Abänderung des Erbschaftssteuergesetzes verkannt, die in den Jahren 1908 und 1909 dem Reichstag vorgelegt, von diesem aber nicht angenommen wurden, vgl. U. Hoffmann, REStG., 2. Aufl., S. 83 flg.

Die Klägerin hat endlich noch ausgeführt: wenn das, was ihr jetzt aus dem Vermögen ihres Ehemannes auf dem Umwege über den Sohn zugeflossen sei, ihr unmittelbar von ihrem Ehemann angefallen wäre, so würde sie keine Erbschaftssteuer zu bezahlen brauchen. Das ist richtig, unrichtig ist aber die daraus gezogene Folgerung, daß der Umweg über den Sohn an der einmal gegebenen Steuerfreiheit nichts zu ändern vermöge. Hier liegt ein offenbarer Trugschluß vor. Die Erbschaftssteuer ist zu berechnen nach dem Erbfall, der tatsächlich eingetreten ist, nicht nach einem, der möglicherweise eingetreten sein könnte.

Auf die letzten unter den Parteien noch streitigen Fragen, ob nämlich unter die Befreiungsvorschrift des § 11 Nr. 4g REStG. nur Sachen im Sinne des § 90 BGB., d. h. nur körperliche Gegenstände fallen, und ob Buchschulden von Reich und Staat körperliche Sachen sind oder wenigstens als solche zu gelten haben, braucht hiernach nicht mehr eingegangen zu werden. Auch wenn diese Frage zugunsten der Klägerin zu beantworten wären — vgl. aber zu der ersten Frage RGZ. Bd. 89 S. 298 flg. —, müßte es bei dem von ihr bemängelten Ansatz der Erbschaftssteuer bleiben. Sie hat eben nicht geschenkt oder auch nur mitgeschenkt, für sie ist die Erbschaftssteuer zu berechnen, wie für die Mutter in dem obigen Beispiel. Das ist geschehen, und dabei muß es sein Bewenden behalten."

---

72. Verkauf von Zucker seitens einer Raffinerie, deren Inlandslieferung kontingentiert ist, zum Transitpreise frei Lieferung Seeschiffseite in den Freihafen. Welche Bedeutung hat der nachträgliche Wegfall des Einfuhrzolls für die Vertragserfüllung?

BGB. § 242.

I. Zivilsenat. Urt. v. 14. Dezember 1918 i. S. S. C. H. (Bekl.) w. H. Sch. & Co. (Kl.). Rep. I. 196/18.

I. Landgericht Magdeburg, Kammer für Handelssachen.
II. Oberlandesgericht Naumburg a. S.

Laut Schlußschein vom 8. Juli 1914 verkaufte die Beklagte der Klägerin 1000 Zentner Ia ungeblauten Granulated zum Preise von 12 *M* für 50 kg inkl. Sack frei Seeschiffseite Hamburg Basis Wasserverladung gegen Kassa abzüglich 1% gegen Receipt, lieferbar zur Hälfte bis 10. September, zur Hälfte bis 10. Oktober 1914 längsseite Hamburg. Nach Ausbruch des Krieges bat die Klägerin am 7. August 1914, nichts abzuschicken, bis weitere Instruktion erfolge. Die Beklagte erklärte sich hiermit am 10. August unter dem Bemerken einverstanden, daß der Schluß als solcher selbstverständlich bestehen bleibe. Dann ruhte die Sache bis 3. Februar 1915. An letzterem Tage schrieb die Beklagte, daß es ihr, nachdem durch die in letzter Zeit erlassenen Bestimmungen für den Verkehr mit Zucker eine ganz neue Lage geschaffen, unmöglich geworden sei, den Schluß zu liefern und sie sich genötigt sehe, denselben zu streichen. Die Klägerin lehnte dies ab und die Parteien korrespondierten weiter über die Berechtigung des Standpunktes der einen oder der anderen Partei, wobei die Beklagte betonte, daß sie nur zu liefern brauche, wenn die Ausfuhr für die verkaufte Ware gesichert sei. In ihrem Briefe vom 24. März 1915 erklärte sich die Beklagte zur Lieferung bereit, falls die Klägerin ihr die Unterlagen für die Beschaffung der Ausfuhrbewilligung gebe. Die Klägerin erwiderte am 26. März 1915, daß sie bereit sei, die Ware sofort abzunehmen, und um Lieferung bitte, daß aber die Beschaffung einer Ausfuhrbewilligung nicht ihre Sache sei. Am 27. März stellte die Beklagte der Klägerin eine Frist zur Beschaffung der Ausfuhrbewilligung bis 15. April 1915. Dies lehnte die Klägerin ab, worauf die Beklagte die Frist am 14. bis zum 20. April 1915 verlängerte. Die Klägerin lehnte dies nochmals ab und bestand auf Lieferung ohne Ausfuhrbewilligung. Die Beklagte erklärte am 10. Mai, daß sie, da die Frist zum Nachweis der Ausfuhrbewilligung verstrichen sei, auf ihrem Standpunkt, den Schluß zu annullieren, beharre. Darauf setzte die Klägerin am 19. Mai Nachfrist zur Lieferung bis 9. Juni 1915 mit der Maßgabe, daß sie nach Ablauf der Frist die Leistung ablehne und Schadensersatz verlange. Da die Beklagte nicht lieferte, erhob die Klägerin Klage auf Schadensersatz.

Landgericht und Oberlandesgericht erkannten dementsprechend. Die Revision der Beklagten hatte keinen Erfolg.

Gründe:

„Nach den vom Oberlandesgericht eingeholten amtlichen Auskünften war die Ausfuhr des von der Beklagten gemäß dem Schlußschein vom 8. Juli 1914 zu liefernden Zuckers zunächst nach Kriegsausbruch, weil verboten, nicht möglich, dann aber von Oktober 1914 bis Februar 1915 gegen behördliche Ausfuhrerlaubnis zulässig, die indes seit Februar 1915 auch nicht mehr erteilt wurde. Auf diese „Veränderung der Verhältnisse" berief sich die Beklagte in ihrem Briefe vom 3. Februar 1915, als sie an die Klägerin mit der Erklärung herantrat, daß sie den Schluß streiche, indem sie der Auffassung war, daß, weil eine Ausfuhrerlaubnis seit Februar 1915 nicht mehr zu erwarten sei, für die Erfüllung des Schlusses Unmöglichkeit eingetreten sei. Auf diesem Standpunkt beharrte die Beklagte auch weiter in ihren Briefen und sie war seit Ende März 1915 nur zur Lieferung bereit, falls ihr die Klägerin dennoch eine Ausfuhrerlaubnis nachwiese.

Auf der Grundlage dieser in dem Briefwechsel vertretenen Auffassung verteidigte die Beklagte auch im ersten und zweiten Rechtszuge in erster Linie ihre Berechtigung zur Verweigerung der Lieferung, indem sie geltend machte, daß Vertragsbedingung für die Lieferung die Möglichkeit der Ausfuhr gewesen sei. Dies erhelle einmal aus der Schlußscheinklausel „frei Seeschiffseite Hamburg Cassa gegen Receipt", sei aber zweitens auch ausdrücklich vereinbart. Das Oberlandesgericht hat auf Grund erhobenen Beweises einwandfrei verneint, daß eine solche Vereinbarung ausdrücklich getroffen sei, aber auch zutreffend die Auffassung der Beklagten abgelehnt, daß die Schlußscheinklausel „frei Seeschiffseite Hamburg Kassa gegen Receipt" der Beklagten die Berechtigung gab, die Lieferung von der Bedingung der Ausfuhrmöglichkeit abhängig zu machen. Verkehrsüblich und wie sich auch daraus ergibt, daß diese Klausel sich innerhalb der Bestimmung des Preises befindet, war dadurch nichts weiter zum Ausdruck gebracht, als daß der Zucker frei in das Freihafengebiet Hamburg zu liefern war. Sofern der Beklagten nicht andere Gründe für die Lieferungsweigerung zur Seite standen, hatte sie auf das Begehren der Klägerin, das nach der einwandfreien Feststellung des Oberlandesgerichts nicht ungebührlich verzögert und nur auf Lieferung in den Freihafen Hamburg gerichtet war, zu liefern, und ihre Forderung, nur gegen Nachweis der Ausfuhrmöglichkeit aus dem Freihafen ins Ausland liefern zu wollen, war unberechtigt.

Von anderen Gründen, die die Beklagte für ihre Berechtigung der Lieferungsweigerung geltend gemacht hatte, kommt für die Revisionsinstanz, da die übrigen vom Oberlandesgericht, ohne daß die Revision dagegen Angriffe erhoben hat, einwandfrei abgelehnt sind, nur folgender in Betracht. Die Beklagte hatte geltend gemacht, den Raffinerien, zu deren Verband sie gehöre, sei die Lieferung von Zucker nach dem Inland kontingentiert. Sie habe für sich und den Verband der Raffinerien ein erhebliches Interesse daran gehabt, daß der zur Lieferung in den Freihafen Hamburg verkaufte Zucker auch ausgeführt werde, jedenfalls nicht wieder zu ihrem und des Verbandes Schaden ins Inland komme. Hierfür sei bis 8. März 1915 Gewähr dadurch geboten gewesen, daß bei Einfuhr des Zuckers aus dem Freihafen ins Inland nicht nur die Verbrauchsabgabe, sondern auch der erhebliche Eingangszoll zu zahlen gewesen wäre; mit Rücksicht hierauf sei es auch nicht erforderlich gewesen, mit der Klägerin ausdrücklich zu vereinbaren, daß der Zucker nicht wieder in das Inland eingeführt werden dürfe. Durch Bundesratsverordnung vom 8. März 1915 (RGBl. S. 135) sei aber bestimmt, daß Zucker aus dem Freihafengebiete zollfrei ins Inland eingeführt werden könne. Dadurch sei seit 8. März 1915 eine ihre und des Verbandes Interessen so wesentlich berührende Änderung eingetreten, daß ihr nicht habe zugemutet werden können, den Zucker, den die Klägerin nach Wegfall des Eingangszolls nunmehr jederzeit ins Inland hätte verkaufen können, noch wie begehrt in das Freihafengebiet zu liefern.

Es ist anzuerkennen, daß der Beklagten, da sie zum Transitpreise in den Freihafen verkauft hatte, nach Wegfall des Eingangszolls im Hinblick auf Treu und Glauben nicht eine Lieferung zugemutet werden durfte, die ihre und des Verbandes Interessen dadurch in erheblicher Weise schädigte, daß aus der Lieferung in den Freihafen tatsächlich eine solche ins Inland gemacht würde. Das ist auch die Auffassung des Verkehrs, wie sich aus der Auskunft der Handelskammer in Hamburg ergibt. Die Möglichkeit, daß die Klägerin aus der Lieferung in den Freihafen eine solche in das Inland machte, lag aber nach Wegfall des Eingangszolls seit 8. März 1915 nahe, und Treu und Glauben sowie Verkehrsauffassung (§ 242 BGB.) hätten es berechtigt erscheinen lassen, daß die Beklagte gegenüber dem Begehren der Klägerin, in den Freihafen zu liefern, Garantien verlangte, die ihre und des Verbandes Interessen vor einer Schädigung durch Einfuhr aus dem Freihafen in das Inland sicherten. Ein solches Verlangen hat die Beklagte nach Inhalt des Briefwechsels nicht gestellt; sie stützte in diesem Briefwechsel ihre Lieferungsweigerung vielmehr in ungerechtfertigter Weise nur auf die Ausführungsmöglichkeit aus dem Freihafen ins Ausland. Es wird auch anerkannt werden müssen, daß es gegen Treu und Glauben und Verkehrsauffassung verstoßen würde, wenn die Klägerin jetzt, wo sie wegen der unberechtigten Erfüllungsweigerung Schadensersatz verlangt, für den im übrigen die Voraussetzungen des § 326 BGB. dargetan sind, den Schaden auf der Grundlage der Einfuhrmöglichkeit aus dem Freihafen in das Inland beanspruchen würde und wenn ihr ein solcher Schaden dem Grunde nach durch das angefochtene Urteil zugesprochen wäre. Dies ist aber nicht der Fall. Die Klägerin hat ihren Schadensanspruch wegen Nichterfüllung unter der Darlegung begründet, daß sie den Zucker, wenn er geliefert wäre, in dem Freihafen zur maßgeblichen Zeit jederzeit, ohne ihn ins Inland einzuführen, zur Versorgung von nach dem neutralen Ausland fahrenden Schiffen sowie auch zur Versorgung der Marine mit Nutzen hätte verwerten können, und das Oberlandesgericht hat durch Einholung einer Auskunft der Handelskammer in Hamburg festgestellt, daß dies der Fall war. Das angefochtene Urteil ist dementsprechend dahin zu verstehen, daß der Grund des Schadensanspruchs nur insoweit für gerechtfertigt erklärt ist, als Schaden in Betracht kommt, der dadurch entstanden ist, daß die nicht gelieferte Ware nicht im Freihafen selbst, ohne daß sie ins Inland eingeführt wurde, verwertet werden konnte. Die Klägerin und das Oberlandesgericht haben sich also bei der Schadensklage auf den Standpunkt gestellt, daß die Beklagte so zu behandeln sei, als sei ihr die Nichteinführnng in das Inland aus dem Freihafen tatsächlich garantiert gewesen, und auf ein weiteres als diese Garantie hatte sie, als die Lieferung von ihr begehrt wurde, nach Treu und Glauben und Verkehrsauffassung keinen Anspruch. Hiernach ist der Schadensanspruch in der von der Klägerin geltend gemachten und vom Oberlandesgericht anerkannten Begrenzung zutreffend für gerechtfertigt erklärt."

---

73. Fahrlässigkeit bei Geltendmachung eines zwar formell eingetragenen, materiell aber der Neuheit entbehrenden Gebrauchsmusters.

BGB. §§ 823, 276; Reichsges., betr. den Schutz von Gebrauchsmustern v. 1. Juni 1891 §§ 1 bis 4.

VI. Zivilsenat. Urt. v. 19. Dezember 1918 i. S. P. (Kl.) w. Bö. u. Gen. (Bekl.). Rep. VI. 279/18.

I. Landgericht Cöln.
II. Oberlandesgericht daselbst.

Für den Beklagten zu 2a wurde am 10. Juni 1908 in die Gebrauchsmusterrolle des Patentamts unter Nr. 342454 ein Gebrauchsmuster für Socken eingetragen, deren Oberteil ganz oder teilweise aus Wolle, deren Unterteil dagegen aus nichtwollhaltigen Stoffen besteht. Seine Rechte aus diesem Gebrauchsmuster übertrug der Beklagte zu 2a der von ihm in Gemeinschaft mit dem Beklagten zu 2b betriebenen offenen Handelsgesellschaft H. B., der Beklagten zu 1. Am 21. März 1911 richtete die Beklagte zu 1 an die Firma L. & S. in D., die von dem Kläger den Vertrieb seiner Socken erhalten hatte, ein Schreiben, in dem sie diese unter Hinweis auf das für sie eingetragene Gebrauchsmuster vor dem Vertrieb der vom Kläger bezogenen Söckchen warnte, sie aufforderte, die gemachten Offerten zurückzuziehen und ihr mit einem Anspruch auf Schadensersatz drohte. Nach Behauptung des Klägers hat die Beklagte zu 1 Schreiben desselben Inhalts an zwei andere Firmen gerichtet, denen der Kläger gleichfalls den Vertrieb seiner Sockenfabrikate übertragen hatte. Der Kläger macht weiter geltend, daß die Beklagte zu 1 den mit ihren Schreiben verfolgten Zweck, ihm den Vertrieb seiner Socken unmöglich zu machen, im vollen Umfange erreicht habe, da seine Kunden ihre namhaften Bestellungen infolge jener Schreiben der Beklagten zu 1 widerrufen hätten.

Der Kläger behauptet ferner, daß ihm infolgedessen ein sehr erheblicher Schaden erwachsen sei. Er verlangt im gegenwärtigen Rechtsstreit von der Schadenssumme einen Teilbetrag von 16000 *M*, indem er geltend macht, die Inhaber der Beklagten zu 1, nämlich die Beklagten zu 2, hätten bei Absendung jener Schreiben gewußt, daß ihr Gebrauchsmuster nicht schutzfähig, insbesondere nicht neu gewesen sei.

Die Beklagten, die behaupten, sie seien zur Zeit der Absendung jener Schreiben von der Gültigkeit des Gebrauchsmusters überzeugt gewesen und auch jetzt noch davon überzeugt, haben die Abweisung der Klage und widerklagend beantragt, festzustellen, daß dem Kläger keinerlei Schadensersatzansprüche gegen die Beklagten zustehen.

Das Landgericht hat den Klaganspruch dem Grunde nach für gerechtfertigt erklärt, das Berufungsgericht dagegen den beiden Beklagten zu 2 einen Eid darüber auferlegt, daß ihnen, als die Firma L. & S. sowie zwei weitere Firmen vor der Verletzung des Gebrauchsmusters Nr. 342454 verwarnt wurden, nicht bekannt gewesen sei, daß schon vor der Anmeldung des Gebrauchsmusters Socken hergestellt und in Verkehr gebracht worden waren, deren Oberteil teilweise aus Wolle und deren Unterteil aus nichtwollhaltigem Stoff bestand. Falls die beiden Beklagten den Eid leisten, soll die Klage abgewiesen, falls sie ihn nicht leisten, soll der Klaganspruch dem Grunde nach für gerechtfertigt erklärt werden.

Auf die Revision des Klägers wurde die Berufung der Beklagten gegen das erstinstanzliche Urteil zurückgewiesen.

Gründe:

„1. Das Berufungsgericht geht zunächst in Übereinstimmung mit dem ersten Richter zutreffend davon aus, daß die Handlungsweise der Beklagten einen Eingriff in einen eingerichteten Gewerbebetrieb darstelle und dieser als ein durch § 823 BGB. geschütztes Rechtsgut anzusehen sei. Diese Auffassung steht mit der ständigen Rechtsprechung des Reichsgerichts im Einklang (vgl. RGZ. Bd. 58 S. 24, Bd. 64 S. 52).

Sodann legt das Oberlandesgericht den Inhalt des Gebrauchsmusters der Beklagten dar und stellt aus dem von der Beklagten zu 1 und dem Beklagten zu 2a gegen den jetzigen Kläger geführten Vorprozesse des Landgerichts Chemnitz fest, daß der Beklagte zu 2a in diesem Prozesse rechtskräftig verurteilt worden ist, in die Löschung des für ihn eingetragenen Gebrauchsmusters Nr. 342454 einzuwilligen.

Diesem Urteil mißt das Berufungsgericht für den vorliegenden Rechtsstreit keine Bedeutung bei. Es nimmt nämlich an, daß das in jenem Vorprozeß ergangene erstinstanzliche wie das Berufungsurteil nur deshalb die Löschung des Gebrauchsmusters des Beklagten zu 2a ausgesprochen habe, weil der in der Verwendung von nur teilweise aus Wolle bestehenden Oberteilen der Socken liegende Erfindungsgedanke durch die Anmeldung nicht offenbart worden sei. Daraus folgert es weiter, es erscheine ausgeschlossen, daß die Beklagten diesen auf juristischem Gebiete liegenden Grund der Unwirksamkeit des Gebrauchsmusters gekannt hätten; sie seien deshalb auch ohne das Vorliegen besonderer Umstände, deren Vorhandensein nicht behauptet worden, nicht verpflichtet gewesen, nach dieser Richtung Erkundigungen einzuziehen.

Diese Erwägungen sollen offenbar dazu dienen, die Fahrlässigkeit der auch nach der Ansicht des Berufungsgerichts vorliegenden objektiv widerrechtlichen Handlungsweise der Beklagten zu verneinen. Schon insofern erscheinen die Darlegungen des Berufungsgerichts nicht unbedenklich. Es gewinnt nämlich den Anschein, als ob das Oberlandesgericht der Eintragung eines Gebrauchsmusters eine Bedeutung beilegt, die ihr nicht zukommt.

Im Gegensatz zu den für das Patentrecht geltenden Grundsätzen, wonach die Erteilung des Patents (und die gemäß § 19 PatG. erfolgte Eintragung in die Patentrolle) dem Patentinhaber ohne weiteres das ausschließliche Recht verleiht, den Gegenstand der Erfindung gewerbsmäßig herzustellen, in Verkehr zu bringen und feilzuhalten (§ 4 PatG.), erlangt derjenige, zu dessen Gunsten ein Gebrauchsmuster in die Gebrauchsmusterrolle eingetragen ist, nur dann ein ausschließliches Recht, das Muster gewerbsmäßig nachzubilden und in Verkehr zu bringen, wenn es dem Arbeits- oder Gebrauchszweck durch eine neue Gestaltung, Anordnung oder Vorrichtung dient. Mit anderen Worten: die Eintragung in die Gebrauchsmusterrolle verleiht dem Eingetragenen kein ausschließliches Benutzungsrecht, das ihn ermächtigen könnte, in den bestehenden Gewerbebetrieb eines anderen einzugreifen, wenn nicht die Voraussetzungen vorliegen, die in § 1 GebrMustG. aufgestellt sind.

Es kann also schon ein fahrlässiger Eingriff in den Gewerbebetrieb eines anderen vorliegen, wenn jemand, zu dessen Gunsten ein Gebrauchsmuster eingetragen ist, lediglich auf Grund dieser Tatsache einem Gewerbetreibenden den Vertrieb solcher Gegenstände verbietet, auf die sich das Gebrauchsmuster bezieht. Wer auf Grund eines für ihn eingetragenen Gebrauchsmusters sich eines Eingriffs in den Gewerbebetrieb eines anderen schuldig macht, kann demnach unter Umständen schon dann fahrlässig im Sinne des § 823 BGB. handeln, wenn er sich nicht die Überzeugung von der Wirksamkeit seines Gebrauchsmusters verschafft hat, ehe er die Eintragung nachsucht. Denn diese wird im Gegensatz zu den für die Patenterteilung geltenden Vorschriften der §§ 20 flg. PatG. nicht auf Grund einer behördlichen Prüfung darüber verfügt, ob die materiellen Voraussetzungen vorliegen, unter denen nach § 1 GebrMustG. ein Gebrauchsmuster einen Anspruch auf Rechtsschutz hat. Vielmehr muß das Patentamt nach § 3 GebrMustG. die Eintragung des Gebrauchsmusters in die Gebrauchsmusterrolle schon dann anordnen, wenn lediglich die formellen Voraussetzungen des § 2 des Gesetzes vorliegen (vgl. auch Urt. des RG. vom 27. Februar 1900, VIa. 347/99).

2. Erscheint schon aus den vorstehenden Gründen die Annahme des Berufungsgerichts, den Beklagten könne um deswillen eine Fahrlässigkeit nicht zur Last gelegt werden, weil sie den auf juristischem Gebiete liegenden Grund der Unwirksamkeit ihres Gebrauchsmusters nicht gekannt hätten, nicht ganz bedenkenfrei, so geben vollends die weiteren Ausführungen der Vorinstanz zu erheblichen rechtlichen Bedenken Anlaß.

Das Berufungsgericht hat nämlich weiter ausgeführt, daß in den beiden von den Beklagten über das Gebrauchsmuster Nr. 342454 geführten Vorprozessen gegen Bi. (Landgericht Cöln) und gegen den jetzigen Kläger (Landgericht Chemnitz) zwar auch behauptet worden sei, der Gegenstand des Gebrauchsmusters sei zur Zeit der Anmeldung nicht neu gewesen. Über diese Frage sei aber in beiden Prozessen eine richterliche Entscheidung nicht gefällt worden. Der Prozesse gegen Bi. sei durch Vergleich beendet und in dem Prozeß gegen den jetzigen Kläger sei die Neuheit des Gebrauchsmusters unterstellt worden. In dem Prozesse gegen Bi. hätten zwar die Zeugen K. und Sch. bei ihrer im April 1911 erfolgten Vernehmung ausgesagt, daß sie bereits seit 25 Jahren Socken führen, bei denen der Unterteil aus Baumwolle, der Oberteil aus wollhaltigem Garn hergestellt sei. Daraus wird von dem Berufungsgericht weiter die Schlußfolgerung gezogen, daß durch die Bekundungen der beiden Zeugen die „fehlende Neuheit" des Gegenstandes des hier fraglichen Gebrauchsmusters festgestellt sei. Da aber deren Vernehmung erst nach Absendung der Verwarnungsschreiben der Beklagten zu 1 stattgefunden, diese auch nicht die Verpflichtung gehabt habe, sich danach zu erkundigen, was diese Zeugen aussagen würden, und es den Beklagten auch nicht zum Verschulden angerechnet werden könne, daß sie die Vernehmung der Zeugen nicht abgewartet, ehe sie ihre Verwarnungsschreiben abgesandt, so könnte ihnen dieserhalb eine fahrlässige Handlungsweise nicht zur Last gelegt werden. Sie seien aber auch nicht einmal verpflichtet gewesen, nach erlangter Kenntnis von der Aussage der beiden Zeugen ihre Verwarnung durch einen entsprechenden Widerruf zurückzunehmen, da es ausgeschlossen erscheine, daß die Aussagen der Zeugen K. und Sch. sie in ihrer Überzeugung von der Neuheit ihres Gebrauchsmusters irgendwie erschüttert hätten. Somit liege auch darin keine Fahrlässigkeit der Beklagten, daß sie es unterlassen hätten, nach Kenntnisnahme von diesen Zeugenaussagen ihre Verwarnung zurückzunehmen.

In diesen Ausführungen tritt noch deutlicher als in den bereits unter 1 erörterten Erwägungen des Berufungsgerichts zutage, daß es die Bedeutung der Eintragung eines Gebrauchsmusters verkannt hat. Da diese Eintragung dem Eingetragenen nur ein rein formelles, nicht aber ein materielles Recht gewährt, so übt er es, wie der erkennende Senat bereits in dem Urteil vom 3. Juli 1916, VI. 186/16 ausgesprochen hat, lediglich auf seine Gefahr und Verantwortung aus, soweit es sich um die Frage der Neuheit und der Vorbenutzung des Gebrauchsmusters handelt. Demnach muß „derjenige, der auf Grund eines Gebrauchsmusters mit dem einschneidenden Verbot, die Ware weiter herzustellen und feilzuhalten, in einen fremden Gewerbebetrieb eingreift und dadurch Schaden verursacht, fortdauernd aufs sorgfältigste prüfen, ob und wie lange er hierzu berechtigt ist".

Geht man von diesem grundsätzlichen Standpunkt aus, so liegt ein fahrlässiges Verhalten der Beklagten zu 1 schon darin, daß sie, obwohl der Beklagte des Vorprozesses Bi. schon in dem Schriftsatz vom 3. März 1911 unter Berufung auf die Zeugen K. und Sch. behauptet hatte, daß der Gegenstand des Gebrauchsmusters Nr. 342454 bereits am 25. Mai 1908, dem Tage seiner Anmeldung beim Patentamt, in Deutschland offenkundig benutzt worden sei, gleichwohl am 21. März 1911 die hier fräglichen Verwarnungsschreiben abgesandt hat. Denn die Beklagten mußten damit rechnen, daß die Zeugen K. und Sch. die Richtigkeit der Angaben des damaligen Beklagten Bi. bestätigen würden.

Einer ganz besonders groben Fahrlässigkeit haben sich aber die Beklagten dadurch schuldig gemacht, daß sie nach der im April 1911 erfolgten Vernehmung der Zeugen K. und Sch., die, wie das Berufungsgericht selbst nicht verkennt, die Behauptung des Bi. im vollen Umfang bestätigt haben, indem es davon ausgeht, daß durch deren Bekundungen „die fehlende Neuheit des Gegenstandes des Gebrauchsmusters festgestellt sei", gleichwohl ihre Verwarnung nicht zurückgenommen haben.

Das Berufungsgericht, das die Beklagten zu einem derartigen Widerruf nicht für verpflichtet erachtet, tritt dadurch mit seinen eigenen Ausführungen in Widerspruch. Es legt nämlich zunächst besonderes und entscheidendes Gewicht darauf, daß die Verwarnung bereits vor erfolgter Vernehmung der Zeugen K. und Sch. abgesandt war. Daraus ist zu folgern, daß selbst vom Standpunkte des Berufungsgerichts aus die Absendung der Verwarnungsschreiben nach erfolgter Vernehmung der Zeugen hätte unterbleiben müssen. Ist dies aber richtig, so war der Widerruf der Verwarnungsschreiben durch die Beklagten unter allen Umständen erforderlich, nachdem die Zeugenvernehmung erfolgt war.

Das Berufungsurteil, das somit zu Unrecht eine Fahrlässigkeit der Beklagten verneint hat, unterliegt deshalb der Aufhebung wegen Verletzung des § 823 BGB." ...

---

74. Was ist im Falle der Nichtigkeit eines beiderseits erfüllten Kaufvertrags als ungerechtfertigte Bereicherung herauszugeben?

BGB. §§ 812, 818.

II. Zivilsenat. Urt. v. 20. Dezember 1918 i. S. N. (Bekl.) w. Landgemeinde Berlin-Oberschöneweide (Kl.). Rep. II. 204/18.

I. Landgericht I Berlin.
II. Kammergericht daselbst.

Am 13. April 1916 bot der Beklagte der Klägerin bis zu 9000 Pfund dänischen Goudakäse für 2,28 *M* das Pfund zum Kauf an. Die Klägerin erklärte telegraphisch die Annahme des Angebots und bestellte dem Beklagten, nachdem dieser ihr durch Brief vom 14. April 1916 das Zustandekommen des Geschäfts bestätigt hatte, vereinbarungsgemäß bei ihrer Bank in Hamburg einen Kredit in Höhe des Kaufpreises. Der Beklagte sandte die Ware, und zwar 7960 Pfund, an die Klägerin ab und erhielt von der Bank gegen Aushändigung des Duplikatfrachtbriefes den Betrag von 18148,80 *M* ausbezahlt. Am 3. und 4. Mai 1916 zeigte die Klägerin dem Beklagten an, daß etwa 30 Zentner der Ware verdorben seien. Da der Beklagte die Zurücknahme ablehnte, ließ sie am 14. August 1916 die ganze Sendung durch einen Gerichtsvollzieher öffentlich versteigern und forderte sodann von dem Beklagten die Zurückzahlung des Kaufpreises abzüglich des erzielten Versteigerungserlöses von rein 3396,55 *M*. Der Beklagte beantragte die Abweisung der Klage, weil die Bemängelung der Ware ungerechtfertigt sei, er wurde aber vom Landgerichte zur Zurückzahlung der geforderten 14752,25 *M* verurteilt. In der Berufungsinstanz machte er geltend, daß der Kaufvertrag mangels der durch § 88 Nr. 7 Abs. 2 der Landgemeindeordnung vom 3. Juli 1891 vorgeschriebenen Form nichtig und der von der Klägerin erhobene Wandelungsanspruch aus diesem Grunde hinfällig sei. Die Klägerin entgegnete, ihr Vertreter, der Gemeindeschöffe K., sei durch Gemeindebeschluß mit der Bearbeitung der Verpflegungsangelegenheiten und daher auch mit der Bearbeitung der hier in Rede stehenden Angelegenheit beauftragt gewesen; sollte er aber trotzdem keine Vertretungsmacht gehabt haben und der mit dem Beklagten geschlossene Vertrag nichtig sein, so sei ihr Anspruch nach § 812 BGB. berechtigt. Das Kammergericht billigte letzteres und wies die Berufung des Beklagten zurück. Die Revision blieb erfolglos.

Aus den Gründen:

... „Es unterliegt keinem Bedenken, daß der im April 1916 zwischen den Parteien abgeschlossene Kaufvertrag wegen Nichtbeobachtung der Form des § 88 Nr. 7 Abs. 2 der Landgemeindeordnung vom 3. Juli 1891 (GS. S. 233) nichtig ist. Denn wenn auch der Gemeindeschöffe K. als Vorsitzender der Nahrungsmittelversorgungskommission der Klägerin deren Ernährungsangelegenheiten und damit die hier in Rede stehende Angelegenheit zu bearbeiten hatte, so kann doch nicht davon die Rede sein, daß ein Geschäft, wie der Ankauf von etwa 80 Zentner Käse, das die Klägerin zur Zahlung eines Kaufpreises von mehr als 18000 *M* verpflichten sollte, zu den keines Gemeindebeschlusses bedürftigen und deshalb von der Form des § 88 a. a. O. befreiten Geschäften der laufenden Verwaltung gehört hätte (RGZ. Bd. 64 S. 408, Bd. 73 S. 205, Warneyer 1912 Nr. 143, 474).

Aus der Nichtigkeit des Kaufvertrags ergab sich nun zwar nicht, wie das Berufungsgericht meint, für jede Partei gegen die andere ein völlig selbständiger Bereicherungsanspruch, so daß es Sache des Beklagten gewesen wäre, gegenüber dem von der Klägerin erhobenen Anspruch auf Rückzahlung des aus ihrem Vermögen an ihn gelangten Kaufpreisbetrags seinen eigenen Bereicherungsanspruch durch Widerklage, Zurückbehaltung oder Aufrechnung geltend zu machen. Eine solche Auffassung findet in dem vom Berufungsgericht angeführten, lediglich die örtliche Zuständigkeit des Gerichts betreffenden Urteile des erkennenden Senats vom 25. Oktober 1901 (RGZ. Bd. 49 S. 421) keine Stütze (vgl. Warneyer 1910 Nr. 406). Vielmehr geht die ständige Rechtsprechung des Reichsgerichts dahin:

Im Falle der Nichtigkeit eines beiderseits erfüllten Kaufvertrags hat gemäß §§ 812, 818 Abs. 1 BGB. jeder Teil in erster Linie einen Anspruch auf Rückgabe der von ihm gemachten Leistung in Natur. Können aber die beiderseitigen Leistungen nicht mehr in Natur zurückgegeben werden, so ist es nicht angängig, für die Frage, inwieweit eine Partei bereichert ist, bloß die von ihr empfangenen Leistungen in Betracht zu ziehen. Es entspricht vielmehr dem natürlichen Rechtsgefühl und der Billigkeit, daß die durch Leistung und Gegenleistung erwachsenen Vorteile und Nachteile gegeneinander abgewogen, sonach alle Nachteile, die mit dem die Grundlage des Bereicherungsanspruchs bildenden Tatbestand in einem ursächlichen Zusammenhange stehen, als Vermögensminderung berücksichtigt werden. Nur der so sich ergebende Überschuß stellt sich als ungerechtfertigte Bereicherung dar. Zurückbehaltungs- und Aufrechnungsgrundsätze kommen dabei nicht zur Anwendung. Der Wegfall der Bereicherung braucht nicht einredeweise geltend gemacht zu werden, er ist zu berücksichtigen, wenn er sich aus dem Sachverhältnis ergibt. Der Werterstattungsanspruch ist in sich beschränkt (vgl. RGZ. Bd. 54 S. 137, Bd. 72 S. 1, Bd. 86 S. 343; Gruchot Bd. 55 S. 963, Bd. 62 S. 239).

Diese Sätze, an denen der Senat festhält, führen aber nicht zu dem von der Revision gezogenen Schlusse, daß der Beklagte nur um den Überschuß des empfangenen Kaufpreises über den Wert der Ware zur Zeit der Lieferung ungerechtfertigt bereichert wäre. Solange die Rückgabe in Natur möglich war, hatte jeder Teil dem anderen lediglich das als Leistung Empfangene herauszugeben. Der Beklagte hätte also gegen Rückempfang der Ware den vollen Kaufpreis zurückzahlen müssen, auch wenn die Ware sich inzwischen erheblich verschlechtert und dadurch an Wert verloren hatte. Denn nach Bereicherungsgrundsätzen traf die Gefahr der Wertverringerung nicht die Klägerin, sondern den Beklagten. Es erscheint deshalb nicht zulässig, jetzt, nachdem die Rückgabe der Ware in Natur unmöglich geworden ist, als das, was der Beklagte gegen Empfang des Kaufpreises aus seinem Vermögen aufgeopfert hat, den Wert anzusehen, den die Ware zur Zeit der Lieferung hatte. Vielmehr entspricht es den Bestimmungen des § 818 Abs. 2, 3, im Verhältnis der Parteien zueinander nur das als vom Beklagten aufgeopfert gelten zu lassen, was von dem Werte der Ware noch im Vermögen der Klägerin vorhanden ist. Das ist nach dem feststehenden Sachverhalte der Betrag des bei der Versteigerung der Ware erzielten Reinerlöses, so daß die grundlose Bereicherung des Beklagten in dem Überschusse des empfangenen Kaufpreises über diesen Betrag besteht, der Beklagte also mit Recht zur Zahlung der 14752,25 *M* verurteilt worden ist." ...

---

75. Ist die pensionsfähige Dienstzeit eines Oberlehrers, der erst bei seiner festen Anstellung den Diensteid geleistet hat,

1. von dem Beginn des Probejahrs oder

2. auch dann von dem Beginne seiner ersten Hilfslehrertätigkeit ab zu rechnen, wenn er nur zu einer Vertretung als Hilfslehrer berufen wurde?

Preuß. Gesetz, betr. die Pensionierung der unmittelbaren Staatsbeamten usw., vom 27. März 1872/25. April 1896 §§ 13, 14 Nr. 5.

III. Zivilsenat. Urt. v. 3. Januar 1919 i. S. P. (Kl.) w. preuß. Staat (Bekl.). Rep. III. 283/18.

I. Landgericht Breslau.
II. Oberlandesgericht daselbst.

Der Kläger, bis zum 1. April 1916 Oberlehrer am staatlichen Gymnasium in M., wurde zu diesem Tage unter Bewilligung eines jährlichen Ruhegehalts von 4578 *M* in den Ruhestand versetzt. Er beansprucht Erhöhung des Ruhegehalts, weil in seine auf 24 Jahre 295 Tage berechnete Dienstzeit 1. die Zeit vom 1. Oktober 1888 bis zum 4. Mai 1890, von dem Ende des Probejahrs bis zum Beginne seiner erster Beschäftigung als Hilfslehrer, und 2. die Zeit vom 6. Juli 1890 bis zum 11. August 1892, von dem Ende der ersten bis zum Beginne der zweiten Beschäftigung als Hilfslehrer nicht eingerechnet seien; er habe in diesen Zeiträumen beschäftigungslos zur Verfügung des Provinzialschulkollegiums gestanden. Auf seine Beschwerde gegen die Ruhegehaltsfestsetzung von dem Minister der geistlichen und Unterrichts-Angelegenheiten im Einverständnis mit dem Finanzminister im Juni 1916 abschlägig beschieden, hat er am 27. November 1916 Klage auf Zahlung eines weiteren jährlichen Ruhegehaltsbetrags von 604,50 *M* erhoben. Das Landgericht hat nach dem Klagantrag erkannt. Die Berufung des Beklagten hatte zum Teil Erfolg; das Oberlandesgericht hat nur den zweiten der streitigen Zeiträume für anrechnungsfähig erklärt und dem Kläger nur einen weiteren Betrag von jährlich 267 *M* zugesprochen. Die hiergegen von beiden Teilen erhobenen Revisionen sind zurückgewiesen worden.

Gründe:

„1. Der Kläger begründet seinen Anspruch auf Einrechnung der Zeit von dem Ende seines Probejahrs bis zum Beginne seiner ersten Hilfslehrertätigkeit in sein pensionsfähiges Dienstalter damit, er sei, wenn er auch erst zu Beginn seiner festen Anstellung den Diensteid geleistet habe, doch schon mit dem Antritte seines Probejahrs in den Staatsdienst eingetreten, daher sei seine Dienstzeit nach § 13 Satz 2 BPG. von diesem Zeitpunkte an zu rechnen. Dieser von dem Landgericht gebilligten Auffassung ist das Berufungsgericht mit Recht und mit zutreffender Begründung entgegengetreten.

Aus der Vorschrift des § 14 Nr. 5 BPG., die in der Fassung des Gesetzes vom 25. April 1896 lautet:

„Bei Berechnung der Dienstzeit kommt auch die Zeit in Anrechnung, während welcher ein Beamter . . .

5. als Lehrer (§ 6 Abs. 2) der vorgeschriebenen praktischen Ausbildung sich unterzogen hat. Dabei wird ein vorschriftsmäßig zurückgelegtes Ausbildungsjahr stets zu zwölf vollen Monaten gerechnet“

ergibt sich unzweideutig, daß das Probejahr keinen Staatsdienst im Sinne des § 13 Satz 2 bildet; sonst wäre dieses Jahr schon auf Grund der letzteren Vorschrift anzurechnen und jene überflüssig oder, wenn sie nur zur Beseitigung von Zweifeln aufgenommen wäre, anders gefaßt worden. Daß durch sie aber nicht nur, wie das Landgericht angenommen hat, Zweifel abgeschnitten werden sollten, ergibt sich aus der von dem Berufungsgerichte herangezogenen Entstehungsgeschichte. Die Nr. 4 und 5 des § 14 sind in das Beamtenpensionsgesetz vom 27. März 1872, und zwar Nr. 5 in der Fassung: „5. als Lehrer (§ 6) das vorgeschriebene Probejahr abhielt", durch die Kommission des Abgeordnetenhauses eingeschaltet worden. Dabei ist zu Nr. 4, die die Anrechnung der Zeit vorschreibt, während deren ein Beamter „eine praktische Beschäftigung außerhalb des Staatsdienstes ausübte, insofern und insoweit diese Beschäftigung vor Erlangung der Anstellung in einem unmittelbaren Staatsamte behufs der technischen Ausbildung in den Prüfungsvorschriften ausdrücklich angeordnet ist", erwogen worden, daß für manche Arten von technischen Staatsbeamten in den Prüfungsvorschriften eine längere praktisch-technische Ausbildung vorgeschrieben sei, ehe sie zur Prüfung zugelassen werden und in den Staatsdienst eintreten könnten; diese Ausbildungszeit müsse der Zulassung zur Prüfung vorhergehen, nach der erst die Vereidigung erfolgen könnte; die Nichtanrechnung dieser Zeit würde daher die technischen Beamten gegen die Beamten anderer Verwaltungszweige, deren praktischer Vorbereitungsdienst wie der der Juristen und Verwaltungsbeamten nach der Vereidigung beginne, zurückstellen. Zu Nr. 5 heißt es dann in dem Kommissionsberichte: „Auf gleicher Stufe wie die praktische Vorbereitungszeit der technischen Beamten steht das von den Lehrern an den höheren Unterrichtsanstalten vor der Vereidigung abzuhaltende Probejahr. Auch dieses mußte daher durch den Zusatz unter Nr. 5 zur Anrechnung gelangen" (Kommissionsber. Nr. 189, Anl. zu den Sten. Ber. des Abg.-H. 11. Legisl.-Per. 2. Sess. 1871/72 Bd. 2 S. 1089). Die gleichen Ausführungen machte der Berichterstatter in der Sitzung des Abgeordnetenhauses vom 2. März 1872 (Sten. Ber. des Abg.-H. 1871/72 Bd. 2 S. 1067 flg.); zu Nr. 5 insbesondere bemerkte er: „Die Nr. 5 bezieht sich lediglich auf die Lehrer; das Probejahr derselben liegt auch vor ihrem Eintritt in den unmittelbaren Staatsdienst, vor ihrer Vereidigung nämlich. Auch dieses muß aus gleichen Gründen zur Anrechnung gelangen, da ja auch die Lehrer während des Probejahrs dem Staate Dienste leisten, wenngleich sie nicht im unmittelbaren Staatsdienste stehen." Diese Entstehungsgeschichte der gesetzlichen Vorschriften des § 14 Nr. 4, 5 läßt keinen Zweifel an der Richtigkeit der schon aus dem Gesetze selbst zu entnehmenden Auffassung, daß die vorgeschriebene praktische Ausbildungszeit, insbesondere das Probejahr der

Lehrer, ebenso wie die vorgeschriebene praktische Beschäftigung der technischen Beamten, auf die Dienstzeit angerechnet werden soll, obwohl sie vor der Vereidigung liegt und keinen Staatsdienst im Sinne des § 13 Satz 2 darstellt. Das Berufungsgericht weist außerdem auch zutreffend darauf hin, daß nach § 14 Nr. 5 BPG., wie in dem Urteile des erkennenden Senats vom 19. März 1918 (Warneyer Nr. 105) dargetan, nur das vorgeschriebene eine, nicht etwa auch ein zweites Probejahr anzurechnen sei, während nach des Klägers Auffassung auch ein solches zur pensionsfähigen Dienstzeit gehören müßte.

Diesen aus dem Gesetze selbst in Verbindung mit seiner Entstehungsgeschichte entnommenen Erwägungen gegenüber fallen die von dem Kläger und dem Landgerichte für die Gegenmeinung angeführten Gründe nicht ins Gewicht. Dies gilt insbesondere von den im ersten Urteil erwähnten, vor dem Erlasse des Beamtenpensionsgesetzes ergangenen Bestimmungen über das Probejahr vom 30. März 1867, die die Befugnisse der Probekandidaten regeln, und dem Erlasse vom 17. April 1912, der die Vereidigung für den Zeitpunkt des Antritts des Seminarjahrs vorschreibt. In dem Urteile des erkennenden Senats RGZ. Bd. 84 S. 62 flg. ferner ist nur die Beamteneigenschaft nicht vereidigter Hilfslehrer im Sinne des § 13 Satz 2 BPG. anerkannt, und daß deren Rechtslage von der der Probekandidaten wesentlich verschieden ist, ist in Bd. 94 S. 198 näher dargetan.

Die Revision des Klägers ist demnach zurückzuweisen.

2. Der Beklagte greift mit seiner Revision die Annahme der beiden Vorinstanzen an, daß der Kläger mit dem Beginne seiner ersten Hilfslehrertätigkeit nicht nur für die Zeit dieser Tätigkeit, sondern dauernd in den Staatsdienst im Sinne des § 13 Satz 2 BPG. eingetreten und ihm daher die Zeit zwischen seiner ersten und seiner zweiten Beschäftigung als Hilfslehrer anzurechnen sei. Diese Annahme steht aber völlig im Einklange mit den Entscheidungen des erkennenden Senats Bd. 86 S. 289 und Bd. 94 S. 198, an denen festzuhalten ist. Der Umstand, daß der Kläger im Jahre 1890 nur zur Vertretung eines Oberlehrers als Hilfslehrer berufen wurde, steht der Begründung eines dauernden Staatsbeamtenverhältnisses ebensowenig entgegen wie die in jenen Entscheidungen bereits gewürdigte Tatsache, daß das Verhältnis zwischen der Unterrichtsverwaltung und den Kandidaten in der hier in Betracht kommenden Zeit nur ein sehr loses gewesen ist. Unstreitig hat sich der Kläger in der Zwischenzeit fortgesetzt zur Verfügung der Schulbehörde gehalten und um weitere Beschäftigung gebeten, die nicht etwa endgültig abgelehnt wurde, sondern nur infolge Überfüllung vorläufig nicht gewährt werden konnte; das genügt zur Annahme der Fortdauer des einmal begründeten, nicht ausdrücklich zeitlich beschränkten Staatsbeamtenverhältnisses."

76. Zum Begriff der in der Tarifnr. 1 A b Abs. 2 RStempG. bezeichneten Gesellschaften m. b. H., die „den Erwerb oder die Verwertung von Grundstücken betreiben".

VII. Zivilsenat. Urt. v. 10. Dezember 1918 i. S. Kaolinwerke H. (Kl.) w. sächs. Staat (Bekl.). Rep. VII. 242/18.

I. Landgericht Dresden.
II. Oberlandesgericht daselbst.

Die durch den Gesellschaftsvertrag vom 30. November 1916 errichtete klagende Gesellschaft hat für diesen Vertrag auf Erfordern des Beklagten entsprechend ihrem Stammkapital von 200000 *M* 5 v. H. mit 10000 *M* nach der Tarifnr. 1 A b Abs. 2 RStempG. als Stempel bezahlt. Mit der Klage fordert sie hiervon 4000 *M* zurück unter der Begründung, es sei nur eine Abgabe von 3 v. H. nach Abs. 1 der genannten Tarifnummer zu entrichten gewesen. Das Landgericht wies die Klage ab; die Berufung wurde zurückgewiesen. In der Revisionsinstanz wurde das Berufungsurteil aufgehoben und dem Klagantrage stattgegeben aus folgenden

Gründen:

„Der für die Beurkundungen von Gesellschaftsverträgen, betreffend die Errichtung von Gesellschaften m. b. H, in der Tarifnr. 1 A b Abs. 1 des Reichsstempelgesetzes vom 3. Juli 1913 bestimmte Stempel von 3 v. H. des Stammkapitals erhöht sich nach Abs. 2 daselbst auf 5 v. H. bei Gesellschaften m. b. H., die nach dem Inhalt des Gesellschaftsvertrags oder auch nur tatsächlich den Erwerb oder die Verwertung von Grundstücken betreiben. Im vorliegenden Falle ist nach § 2 des Gesellschaftsvertrags Gegenstand des Unternehmens der klagenden Gesellschaft der Ankauf der Grundstücke H. Bl. 47 und 69, ihr Abbau auf Kaolin und die Verwertung des Kaolins und der Nebenprodukte, sowie der Erwerb weiterer Grundstücke zu dem gleichen Zwecke. Die Meinung des Berufungsrichters, daß hiernach der Errichtungsvertrag unter den Abs. 2 der Tarifnr. 1 A b falle, ist nicht zu billigen.

Da aus der Steuervorschrift selbst für die streitige Frage, was unter Gesellschaften, die den Erwerb oder die Verwertung von Grundstücken betreiben, zu verstehen sei, unmittelbar über den Wortlaut hinaus nichts zu entnehmen ist, muß zum Verständnis des Gesetzes auf dessen Entstehungsgeschichte zurückgegangen werden. Die Vorschrift des Abs. 2 war in gleicher Fassung schon im Entwurf enthalten. Die amtliche Begründung des Entwurfs (S. 24) erklärt den hohen Stempel von 5 v. H. gegenüber den Grundstücksverwertungsgesellschaften für gerechtfertigt, „insofern sie reine Spekulationsgeschäfte treiben und bisher zum Teil lediglich zum Zwecke der Umgehung der Grundstücksumsatzstempel

17*

und der Zuwachssteuer gegründet worden sind". Nach B Abs. 2 der dem Entwurfe beigegebenen Veranschlagung des Ertrags aus Tarifnr. 1 A b betrug das in den Jahren 1910 und 1911 im Durchschnitt in Zugang gekommene Kapital von Gesellschaften m. b. H., „welche den Erwerb oder die Verwertung von Grundstücken betreiben", 30 Millionen Mark. Im unmittelbaren Anschluß hieran wird im nächsten Absatze dieser Betrag als „die auf die den Grundstückshandel betreibenden Gesellschaften entfallenden 30 Millionen Mark" bezeichnet. Danach beabsichtigte der Entwurf, im Abs. 2 in erster Reihe diejenigen Gesellschaften zu treffen, deren dauernder geschäftlicher Betrieb auf den Handel mit Grundstücken gerichtet ist. Eine entgegenstehende Auffassung ist auch bei der Beratung des Gesetzes nirgends zum Ausdruck gelangt. In der Reichstagssitzung vom 26. Juni 1913 erklärte auf Anfrage der Kommissar des Bundesrats, unter den Gesellschaften, die den Erwerb oder die Verwertung von Grundstücken betreiben, habe nichts anderes verstanden werden sollen als was § 3 des Zuwachssteuergesetzes vom 14. Februar 1911 unter Gesellschaften verstände, bei denen zum Gegenstande des Unternehmens die Verwertung von Grundstücken gehöre. Hiernach sei Voraussetzung der Steuerpflicht zwar nicht, daß die Verwertung in einer Veräußerung bestehe, es sollten aber anderseits durch die Steuervorschrift nicht getroffen werden Gesellschaften, die zum Zweck ihres Fabrikationsbetriebs Grundstücke erwerben oder die, nachdem derartige Grundstücke zu ihrem Fabrikationsbetriebe gedient hätten, diese Grundstücke, weil sie nicht mehr gebraucht würden, wieder veräußerten. Die amtliche Begründung zum § 3 des Zuwachssteuergesetzes äußert sich S. 34 dahin, der § 3 beziehe sich nicht auf solche Gesellschaften, die gelegentlich der Geschäftsveränderung oder -verlegung oder aus anderen außerhalb der Grundstücksverwertung liegenden Gründen ihren Besitz veräußern und dabei einen Gewinn erzielen. Als Verwertung komme nicht nur die Veräußerung in Frage, sondern auch andere Vorgänge, die in ihrer wirtschaftlichen Bedeutung der Veräußerung gleichkämen. Ebendahin äußerte sich in der Reichstagskommission der Reichsschatzsekretär (KommBer. Nr. 515 S. 12). Ferner hat nach dem Kommissionsbericht über die dritte Lesung (Nr. 596 S. 12) der Vertreter des Reichsschatzamts widerspruchslos ausgeführt, unter Veräußerung sei nicht jede nur gelegentliche Veräußerung oder jede bergmännische oder andere Benutzung, sondern nur eine solche zu verstehen, die auf eine Nutzbarmachung des Mehrwertes abziele. Es herrschte in der Kommission darüber Einverständnis, daß z. B. eine Bergwerksgesellschaft auch nicht deshalb als unter § 3 fallend angesehen werden könne, weil sie gelegentlich gezwungen sei, zur Vermeidung des Ersatzes von Bergschäden Grundstücke anzukaufen und dann wieder zu verkaufen. Auch die Entstehungsgeschichte des Zuwachssteuergesetzes ergibt hiernach, daß der Gesetzgeber unter Grundstücksverwertungsgesellschaften solche Gesellschaften verstand, deren Betrieb dahin gerichtet ist, durch handelsmäßige Veräußerung von Grundstücken oder durch ihr wirtschaftlich gleichstehende Geschäfte einen Gewinn zu erzielen. Nicht aber sollten getroffen werden Gesellschaften, die Grundstücke erwerben, um sie zu anderen gewinnbringenden Zwecken zu verwenden, z. B. sie zum Fabrikationsbetriebe zu gebrauchen oder sie durch bergmännische oder ähnliche Ausbeutung zu benutzen. Solcher Gebrauch und solche Benutzung bewirkt nicht, daß Grundstücksverwertung, das ist die Ersetzung des Grundstücks selbst durch seinen Wert, „betrieben", der Grundbesitz mobilisiert wird, führt vielmehr die Grundstücke ihrer Verwendung zu ihrer natürlichen Bestimmung zu, dem Menschen als Mittel zur Erzeugung von Werten und als Quelle solcher Werte zu dienen.

Im vorliegendem Falle, bei dem vom Beklagten nicht behauptet wird, daß die klagende Gesellschaft zur Umgehung von Abgaben errichtet ist, erfolgte der Erwerb der Grundstücke und soll auch der Erwerb der später noch zu kaufenden Grundstücke nur zu dem Zweck erfolgen, sie zur Kaolingewinnung in einer dem bergmännischen Betrieb ähnlichen Art zu benutzen und sie zum Fabrikationsbetriebe zu gebrauchen, letzteres nicht nur in dem Sinne, daß sie als Fabrikationsstätte dienen sollten, sondern auch, um ihnen die zum Fabrikationsbetrieb erforderlichen Rohstoffe zu entnehmen. Daß vielleicht beide Zwecke durch den Erwerb der Grundstücke gleichzeitig erfüllt werden, führt nicht zu der Annahme, daß hier mittels des Betriebes der Gesellschaft das Grundstück durch seinen Wert ersetzt werden soll. Der Betrieb ist nicht dahin gerichtet, unter Wiederaufgabe des Grundstücks selbst dessen Wert im Wege des Umsatzes sich zu eigen zu machen, sondern den Wert der Früchte des Grundstücks, die seiner Bestimmung gemäß zu ziehen sind, durch Ausbeutung und Verarbeitung zu erlangen (§ 99 Abs. 1 BGB.). Auch nach vollendeter Ausbeutung ist das Grundstück kein anderer Gegenstand als das seinerzeit zur Ausbeutung erworbene, mag es auch infolge des Fortfalls des Kaolins geringwertiger geworden sein. Der Berufungsrichter hält den Abs. 2 der Tarifnr. 1 A b hier deshalb für anwendbar, weil die Verwertung eines Grundstücks „die wirtschaftliche Umsetznng des Nutzungswerts des Grundstücks — durch Fruchtziehung oder auf andere Weise — in andere Güter" sei. Der Betrieb ist aber hier nicht auf den Umsatz des Grundstücks selbst, sondern auf den Umsatz der mittels des Grundstücks gewonnenen Früchte und auf den Gebrauch und die Benutzung des Grundstücks gerichtet. Vom Standpunkte des Berufungsrichters aus würde auch der Erwerb von Grundstücken, die lediglich zum Zwecke dauernder landwirtschaftlicher Benutzung gekauft würden, als unter den Abs. 2 fallend anzusehen sein, und es ließe sich überhaupt kaum ein Erwerb denken, bei dem dies nicht zuträfe; denn Grundstücke werden nicht erworben, um sie ungebraucht liegen zu lassen, sondern um aus ihrem Besitze durch Fruchtziehung oder auf andere Weise, z. B. auch durch ihre Veräußerung, Vorteil zu ziehen. Von einer wirtschaftlichen Umsetzung des Nutzungswerts des Grundstücks läßt sich nur reden, wenn das Grundstück selbst — ganz oder zum Teil — gegen ein dem Nutzungswert entsprechendes Entgelt an einen Dritten veräußert wird. Fehlt es hiernach dem Betriebe der Klägerin an dem Merkmale des Grundstückshandels, auch wenn man diesen Begriff im weitesten Sinne des Wortes nimmt, so ist vom Beklagten die Mehrabgabe des Abs. 2 zu Unrecht erhoben und der Unterschiedsbetrag zurückzuzahlen. Daran kann auch der Hinweis des Beklagten auf die Vorschrift des Abs. 4 der Tarifnr. 1 A b nichts ändern, nach der für gewisse Handwerkergesellschaften sich der Stempel von 5 v. H. auf die Hälfte ermäßigt. Diese Gesellschaften bezwecken, wie des näheren der Inhalt des Abs. 4 ergibt, die spätere Veräußerung des zu erwerbenden und zu bebauenden oder fertigzubauenden Grundstücks mit möglichst hohem Gewinne. Bei ihnen handelt es sich also um wirkliche Grundstücksverwertung im Sinne der Steuervorschrift, und ihre Errichtung würde dem vollen Stempel von 5 v. H. unterliegen, wenn nicht das Gesetz selbst aus Billigkeitsrücksichten für sie eine Ausnahme geschaffen hätte."

---

77. Welche Tragweite hat die Vorschrift, daß eine aus dem Gesamtgut erfolgende Zuwendung an einen Abkömmling, der nur von einem der Ehegatten abstammt, als von diesem Ehegatten gemacht gilt?

BGB. §§ 2331, 2054.

IV. Zivilsenat. Urt. v. 16. Dezember 1918 i. S. H. (Kl.) w. W. u. Gen. (Bekl.). Rep. IV. 276/18.

I. Landgericht Stargard i. P.
II. Oberlandesgericht Stettin.

Die in kinderloser Ehe und in allgemeiner Gütergemeinschaft lebenden Eheleute Albert und Anna P. in Marsdorf haben am 5. Mai 1905 ein gemeinschaftliches Testament errichtet und darin als Erben sich gegenseitig und als Nacherben die Beklagten eingesetzt, welche Kinder der Ehefrau P. aus deren erster Ehe sind. Die Ehefrau P. ist am 30. November 1911, der Ehemann am 19. August 1912 gestorben. Beim Ableben des letzteren war seine Mutter noch am Leben und machte Ansprüche auf den Pflichtteil geltend; die Erben behaupteten aber, daß der Nachlaß überschuldet sei und deshalb ein Pflichtteil der

Mutter nicht in Frage komme. Auf Grund Abtretung seitens der Mutter des Albert P. macht nunmehr die Klägerin den Anspruch auf den Pflichtteil geltend. Das Landgericht hat die Klage abgewiesen. Auf die Berufung der Klägerin hat das Oberlandesgericht ein Teilurteil erlassen, durch das unter anderem in Höhe von 4503,03 ℳ die Berufung der Klägerin zurückgewiesen wurde. Die von der Klägerin eingelegte Revision hatte zum Teil Erfolg, nämlich soweit in Höhe von 3750 ℳ die Berufung zurückgewiesen worden war.

Gründe.

„Den hauptsächlichsten Streitpunkt bildet die Frage, ob für die Berechnung des Pflichtteils der Mutter des Albert P. ein Betrag von 15000 ℳ dem Nachlasse des Genannten hinzuzurechnen sei oder nicht. Mit diesem Betrage hat es folgende Bewandtnis:

Auch schon in der früheren Ehe der Ehefrau P., aus welcher die Beklagten stammen, hatte Gütergemeinschaft bestanden. Vor Eingehung der zweiten Ehe hatte sich die Genannte mit ihren Kindern in der Weise auseinandergesetzt, daß sie den Bauernhof übernahm und jedes der Kinder 1500 ℳ zugewiesen bekam, so daß die Kinder kraft Totteilung wegen ihrer Ansprüche an den väterlichen und den mütterlichen Nachlaß abgefunden waren. Als jedoch später der von der Mutter in die Gütergemeinschaft der zweiten Ehe eingebrachte Bauernhof zu einem Preise verkauft wurde, der viel höher war als der bei der Teilung mit den Kindern zugrunde gelegte Wert, und ein Reinerlös von 15000 ℳ verblieb, beschlossen die Eheleute P., den ersteheIichen Kindern einen Ausgleich für das ihnen bei der Teilung entgangene Vermögen zu verschaffen. Sie bestimmten deshalb in ihrem gemeinschaftlichen Testament — worin sie sich gegenseitig zu Erben und die genannten Kinder zu Nacherben einsetzten —, daß die Kinder für den Fall des Vorablebens der Ehefrau nicht erst beim Eintritte des Nacherbfalls, dem Ableben des Ehemanns, bedacht sein, sondern daß sie schon bei Erreichung der Volljährigkeit je 7500 ℳ und zwar als Vermächtnis erhalten sollten, wobei aber ausdrücklich bestimmt wurde, daß durch dieses Vermächtnis nur der Nachlaß der Ehefrau P. beschwert sein und daß es nur dann wirksam sein solle, wenn der Betrag dieses Nachlasses dafür ausreichend sei. Schon bald nach der Errichtung des Testaments verkauften die Eheleute P. auch denjenigen Bauernhof, den der Ehemann in die Gütergemeinschaft eingebracht hatte, und hierbei wurde vom Kaufgeld ein hypothekarisch gesicherter Betrag von 15000 ℳ den beiden Kindern erster Ehe zu gleichen Teilen zugewiesen. Daß neben dieser Zuwendung auch der Vermächtnisanordnung noch eine Bedeutung zukäme, wird von den Beklagten nicht geltend gemacht.

Die Klägerin behauptet, daß auch die bezeichneten 15000 ℳ vom Pflichtteilsrecht ergriffen würden; sie spricht sich nicht bestimmt darüber aus, ob der ordentliche Pflichtteilsanspruch oder der Pflichtteilsergänzungsanspruch geltend gemacht werde, aber nach Lage der Sache kann nur der letztere in Frage kommen, da jedenfalls durch die Zuweisung an die Kinder die 15000 ℳ aus dem Vermögen der Eltern ausgeschieden sind und deshalb jetzt keinen Bestandteil des Nachlasses bilden können. Auch das Berufungsgericht faßt das Klagebegehren in diesem Sinne auf; es sagt hierzu: Auch wenn man der Klägerin darin beitrete, daß die Zuwendung der 15000 ℳ aus dem Kaufgeld eine Schenkung darstelle, sei der Klaganspruch unbegründet; denn der § 2325 BGB., der den Pflichtteilsberechtigten berechtige, die Hinzurechnung eines vom Erblasser verschenkten Gegenstandes zum Nachlasse zu verlangen, werde durch § 2331 erheblich eingeschränkt, indem dieser bestimme, daß eine aus dem Gesamtgute der allgemeinen Gütergemeinschaft gemachte Zuwendung im allgemeinen als von jedem Ehegatten zur Hälfte gemacht gelte, wenn sie jedoch an einen Abkömmling erfolge, der nur von einem der Ehegatten abstamme, als von diesem Ehegatten gemacht gelte. Letzterer Fall sei hier gegeben, denn die Kinder, denen die 15000 ℳ aus dem Gesamtgute zugewendet seien, stammten nur von der Ehefrau P. ab; die Rechtsvorgängerin der Klägerin sei aber nur am Nachlasse des Ehemanns pflichtteilsberechtigt. Hiernach seien die 15000 ℳ dem Nachlasse nicht hinzuzurechnen.

Diese Erwägung des Berufungsgerichts wäre dann nicht zu beanstanden, wenn feststände, daß von der fraglichen Zuwendung an die Beklagten nicht der Anteil des Ehemannes am gütergemeinschaftlichen Vermögen betroffen worden wäre, sondern nur der Anteil ihrer Mutter, in dem Sinne, wie es die Eheleute bei der oben erwähnten Vermächtnisanordnung als in ihrer Absicht liegend bezeichnet hatten.

Aber das Berufungsgericht geht auf eine Prüfung nach dieser Richtung nicht ein, und aus seinen Ausführungen muß entnommen werden, daß es den § 2331 ganz uneingeschränkt auslegen und auch dann für anwendbar halten will, wenn etwa von den Eheleuten das ganze Gesamtgut an nicht gemeinschaftliche Kinder eines von ihnen verschenkt worden ist. Es ist zuzugeben, daß der Wortlaut der Vorschrift diese Auslegung gestatten würde, aber bei näherer Betrachtung ergibt sich, daß sie nicht so gemeint sein kann. Sie muß vielmehr mit einer Einschränkung, nämlich dahin verstanden werden, daß die Zuwendung an die nicht gemeinschaftlichen Kinder eines Eheteils (oder an eine Person, von der nur er abstammt) nur insoweit als von dem letzteren gemacht gilt, als die auf ihn treffende Hälfte des Gesamtguts reicht.

Allerdings kann genau genommen, solange die Gütergemeinschaft besteht, nicht von einer auf einen Ehegatten treffenden Hälfte des gemeinschaftlichen Vermögens gesprochen werden, da das Vermögen solange eine völlig einheitliche Masse bildet. In der Rechtsprechung zum preußischen Allgemeinen Landrecht hatte man sich denn auch auf diesen folgerichtigen Standpunkt gestellt und demgemäß ausdrücklich sogar die Anschauung abgelehnt, daß bei Ausstattung eines gemeinschaftlichen Kindes aus dem Gesamtgute die Zuwendung als von jedem Elternteile zur Hälfte gemacht angesehen werden könnte, weil jede Annahme einer Quotenteilung der zur gemeinschaftlichen Masse gehörigen Rechte und Pflichten als begriffswidrig ausgeschlossen sei (preuß. Obertribunal Bd. 74 S. 66; RGZ. Bd. 23 S. 290 unten). Diese strenge Folgerung aus dem Begriffe der Gütergemeinschaft hat jedoch das Bürgerliche Gesetzbuch absichtlich fallen lassen, indem es die früher als begriffswidrig abgelehnte Quotenteilung für Zuwendungen an gemeinschaftliche Kinder ausdrücklich vorgeschrieben hat (§§ 2054, 2331, vgl. auch § 1465). Nun ist allerdings mit der Vorschrift, daß gegebenenfalls eine einzelne Zuwendung als in zwei Hälften, nach ihrer Herkunft von den zwei Elternteilen, zerlegt zu gelten habe, nicht auch schon gesagt, daß die gemeinschaftliche Masse selbst als in gewissem Sinne in zwei Hälften zerfallend zu denken sei. Aber letzteres ist offenbar der gemeinsame Gedanke, welcher den einzelnen in den §§ 2054, 2331 enthaltenen Vorschriften zugrunde liegt. Dieser Gedanke kommt erst dann zu seinem vollständigen Ausdrucke, wenn man die bezeichneten Paragraphen dahin ergänzt: die Zuwendung gilt als von diesem Ehegatten „aus seinem (gedachten) Anteil am gemeinschaftlichen Vermögen" gemacht.

Die Notwendigkeit einer solchen Ergänzung ergibt sich zwingend aus dem Zwecke der Vorschrift. Dieser geht unverkennbar dahin, zu verhindern, daß die Vereinigung des gesamten Vermögens in der gütergemeinschaftlichen Masse die Möglichkeit biete zu einer die Erbteile (§ 2054) oder die Pflichtteilsrechte (§ 2331) der Verwandten eines der Eheleute beeinträchtigenden Verschiebung des Vermögens von einer Seite auf die andere. Diesem Zwecke dient die Vorschrift in völlig sachgemäßer Weise, wenn man sie in der oben bezeichneten Weise eingeschränkt auffaßt; ihre Wirkung würde aber geradezu in das Gegenteil verkehrt werden, wenn man sie in der uneingeschränkten Weise, wie das Berufungsgericht will, anwenden würde. Es ist auch schlechterdings kein Grund ersichtlich, der es rechtfertigen könnte, einer Schenkung, die der Erblasser an ein Stiefkind gemacht hat, eine bevorzugtere Stellung gegenüber Pflichtteilsberechtigten einzuräumen als jeder anderen von ihm gemachten Schenkung.

Die Fassung des § 2331, der von Zuwendung, nicht von Schenkung spricht, könnte Anlaß zu dem Zweifel geben, daß hier etwa nur der eigentliche Pflichtteilsanspruch, nicht der Pflichtteilsergänzungsanspruch behandelt werden sollte. Aber aus der Entstehungsgeschichte ergibt sich deutlich, daß die Vorschrift für beide Fälle gelten soll. Denn im Entwurf I war der Inhalt des jetzigen § 2331 auf zwei Paragraphen verteilt: § 1991 für den eigentlichen Pflichtteil, § 2017 für den außerordentlichen Pflichtteil (jetzt Pflichtteilsergänzungsanspruch). Erst nachdem in der Kommission für die zweite Lesung beide Paragraphen inhaltlich gebilligt worden waren (Prot. Bd. 5 S. 525, 596), wurden sie nachträglich zum jetzigen § 2331 zusammengezogen, wobei dann der allgemeinere Ausdruck Zuwendung auch für die im § 2325 erwähnten Schenkungen verwendet wurde.

Da nach dem oben Gesagten bei richtiger Auslegung des § 2331 die dem Ehemanne P. zustehende Hälfte am gemeinschaftlichen Vermögen, die allein für den Klaganspruch in Betracht kommt, von jener Vorschrift überhaupt nicht getroffen wird, so besteht kein Anlaß zu einem Eingehen auf die Frage, ob mit dem „gilt" im bezeichneten Paragraphen eine zwingende, Parteivereinbarungen ausschließende Regelung getroffen werden sollte, und zwar um so weniger, als sich aus der oben erwähnten Vermächtnisanordnung folgern läßt, daß die Eheleute P. ebenso wie mit dem Vermächtnis, auch mit der Schenkung an die Beklagten den Anteil des Mannes am Gesamtgute nicht belastet wissen wollten, also insoweit nichts anderes anordnen wollten, als was auch der § 2331 nach der oben besprochenen Auslegung vorschreibt.

Wohl aber bietet die Streitlage Anlaß, eine andere Frage aufzuwerfen, nämlich die Frage des Zeitpunkts, für welchen zu prüfen ist, ob sich die Zuwendung an nicht gemeinschaftliche Kinder innerhalb des ihrem Elternteile zustehenden Hälfteanteils am gütergemeinschaftlichen Vermögen hält. Bisher ist im Prozeß auf den Stand dieses Vermögens nicht näher eingegangen worden. Jedoch ergibt sich aus den Prozeßakten im Zusammenhalte mit den Testamentsakten, daß, wenigstens nach den Behauptungen der Beklagten über den vorhandenen Nachlaß, eine erhebliche Vermögensminderung seit der fraglichen Schenkung eingetreten sein muß, so daß man je nach dem der Prüfung zugrunde zu legenden Zeitpunkte zu verschiedenen Ergebnissen gelangen könnte. Nun würde zwar manches dafür sprechen, jener Prüfung den Zeitpunkt der Schenkung zugrunde zu legen (vgl. Jur. Wochenschr. 1916 S. 1117 N. 7); aber für die jetzige, etwas anders liegende Frage muß doch ein anderer Zeitpunkt, nämlich der der Beendigung der Gütergemeinschaft, als der maßgebende angesehen werden (vgl. Jur. Wochenschr. 1911 S. 996 Nr. 43). Denn bis zu diesem Zeitpunkte besteht die Möglichkeit einer Änderung — sei es Mehrung oder Minderung — der gütergemeinschaftlichen Masse, so daß vorerst der Begriff der Hälfte dieser Masse eines greifbaren, als Unterlage einer Berechnung verwertbaren Inhalts entbehrt. Mit der Beendigung der Gütergemeinschaft ergibt sich dann die erforderliche feste Unterlage für die Prüfung, wieviel von dem Gesamtgut als Anteil auf jeden Ehegatten entfällt und ob und inwieweit auch solches Vermögen verschenkt worden ist, das ohne die Schenkung auf den mit dem Beschenkten nicht verwandten Eheteil getroffen hätte. Die Frage, welche Wirkungen das auf die Pflichtteilsrechte der Erben des letzteren hat, kann allerdings noch nicht im Augenblicke der Endigung der Gütergemeinschaft, sondern erst dann beantwortet werden, wenn diese Pflichtteilsrechte entstehen, also beim Ableben des betreffenden Ehegatten. Aber das bietet keine Besonderheit, da auch bei der gewöhnlichen, nach § 2325 zu behandelnden Schenkung auf solche Weise verfahren werden muß." ....

---

78. Kann der Mieter einer Benzintankanlage den Erlaß des Mietzinses fordern, wenn er durch Kriegsereignisse und dadurch veranlaßte behördliche Maßnahmen behindert war, Benzin zu beschaffen und die Tankanlage zu benutzen?

BGB. §§ 323, 537.

III. Zivilsenat. Urt. v. 3. Januar 1919 i. S. D. (Bekl.) w. B. (Kl.). Rep. III. 271/18.

I. Landgericht II Berlin.
II. Kammergericht daselbst.

Der Kläger, der vom Beklagten eine Benzintankanlage nebst Kellerräumen gemietet hatte, behauptete, daß er während des Krieges von dem Benzintank infolge der behördlichen Beschlagnahme und der Veräußerungsverbote sowie infolge des Verschwindens des Benzins aus dem Handel keinen Gebrauch machen könne; er verlangte deshalb den Erlaß des auf den Benzintank entfallenden Teiles des Mietzinses. Seinem dahin gehenden Feststellungsantrag entsprach das Berufungsgericht, während das Landgericht die Klage abgewiesen hatte.

Die Revision des Beklagten wurde zurückgewiesen.

Aus den Gründen:

„Es kann dahingestellt bleiben, ob das Vertragsverhältnis zwischen den Parteien hinsichtlich der Benzintankanlage mit dem Berufungsgericht als Pacht oder, wie die Revision ausführt, als Miete aufzufassen ist, weil die Tankanlage nicht in gleicher Weise wie z. B. die dem Betrieb einer Gastwirtschaft dienenden Räume als Mittelpunkt der gewerblichen Tätigkeit des Geschäftsinhabers anzusehen sei. Auch wenn man ein Mietverhältnis für vorliegend ansieht, ist es gerechtfertigt, den Anspruch auf den Zins für diese Anlage fortfallen zu lassen, solange der Kläger durch die Kriegsereignisse und die dadurch veranlaßten behördlichen Maßnahmen behindert war, von der Anlage den bestimmungsgemäßen Gebrauch zu machen.

Die den Gegenstand des Vertragsverhältnisses bildende Tankanlage war so beschaffen und so besonders eingerichtet, daß sie nur zu einer ganz bestimmten Art der Verwendung, der Aufnahme von Benzin und vielleicht von ähnlichen Stoffen, geeignet war. Daraus erhellt ohne weiteres, daß auch nur diese Art der Verwendung als die nach dem Inhalte des Vertrags vorausgesetzte und gewollte angesehen werden kann. Wird diese Art der Verwendung durch außerordentliche Ereignisse, welche in keiner Weise mit der Person des Mieters zusammenhängen, wie durch behördliche Maßnahmen infolge des Krieges oder auch durch sonstige durch den Krieg herbeigeführte Verhältnisse, unmöglich, so geht die dadurch verursachte Einbuße zu Lasten des Vermieters. Die besondere Einrichtung des Vertragsgegenstandes hat hier die gleiche Bedeutung, wie die örtliche Lage der Mietsache in dem Falle, den das Urteil des erkennenden Senats RGZ. Bd. 91 S. 54 betrifft. Der Vermieter, der die Anlage mit ihrer besonderen Einrichtung geschaffen hat und der in dem mit Rücksicht auf diese besondere Einrichtung bemessenen Mietpreise auch die Vergütung gerade für die Überlassung der Sache zu dem bestimmten Gebrauch erhält, verliert den Anspruch auf diese Vergütung, wenn der bestimmungsmäßige Gebrauch überhaupt, nicht nur gerade für die Person des Mieters, unmöglich wird. Es folgt dies aus dem Wesen des gegenseitigen Vertrags, auf dem sowohl § 323 wie § 537 BGB. beruhen, deren sinngemäße Anwendung hier gerechtfertigt ist. Nach der besonderen Art des Vertragsverhältnisses gestaltet sich die Möglichkeit der Verwendung der Sache zu dem bestimmten Gebrauche zu einem Teile der dem Vermieter obliegenden Leistung im Sinne des § 323; der Wegfall dieser Möglichkeit behaftet die Sache zwar nicht unmittelbar mit einem Fehler im Sinne des § 537, erzeugt aber eine diesem gleiche Wirkung, daß die Sache zu dem vertragsmäßigen Gebrauche nicht mehr tauglich erscheint." ....

---

79. Zur Auslegung der §§ 793 Abs. 2 und 786 Abs. 3 HGB. Ist der Versicherer verhindert, die Herabsetzung der Taxe zu fordern, wenn er bei Abschluß der Versicherung mit der wesentlichen Übersetzung einverstanden war?

I. Zivilsenat. Urt. v. 8. Januar 1919 i. S. Deutsche Rückversicherungs-Aktienges. (Bekl.) w. Firma J. W. W. (Kl.). Rep. I. 198/18.

I. Landgericht Hamburg, Kammer für Handelssachen.
II. Oberlandesgericht daselbst.

Durch Police vom 29. Dezember 1915 versicherte die Klägerin bei der Beklagten 10 Pakete von je drei Briefen, enthaltend je 8500 für die Liberianische Regierung bestimmte Briefmarken im Nennwerte von $ 1355,—, „taxiert zu 30000 ℳ auf Grund gegenseitiger Vereinbarung ohne weiteren Beweis", als holländische Einschreibsendungen von Amsterdam nach Liberia auf Grund der Hamburger Allg. Seeversicherungsbedingungen einschließlich Kriegsgefahr.

Die Parteien sind darüber einverstanden, daß die Sendung von den Engländern beschlagnahmt wurde und daß die Klägerin daraufhin berechtigterweise den Abandon erklärt hat. Die Beklagte hat aber nur 10000 ℳ vergütet als den wahren Wert der Sendung, indem sie Herabsetzung der Taxe auf diesen Betrag wegen wesentlicher Übersetzung verlangt. Die Klägerin gibt zu, daß die Herstellungskosten nicht mehr als 10000 ℳ betragen haben, behauptet jedoch, daß die Parteien bei Abschluß der Versicherung darüber einverstanden gewesen seien, daß nicht ihr Eigentumsinteresse, sondern das Interesse an der glücklichen Ankunft der Marken versichert sein sollte. Dies Interesse sei sehr groß gewesen. Sie habe zunächst an einflußreiche Personen in Liberia 90000 ℳ bezahlen müssen, um den Auftrag zu erhalten, ferner habe sie für die Herstellung dieser und anderer gleicher Marken etwa 36000 ℳ aufgewandt. Das Geschäft stehe ihr einschließlich Zinsen mit 145000 ℳ zu Buch. Gewinn habe sie dadurch erwarten können, daß die Regierung von Liberia die ihr übersandten Marken in Verkehr gebracht haben würde und sie dadurch in die Lage gekommen wäre, die anderen gleichzeitig hergestellten Marken besonders an Briefmarkensammler abzusetzen. Demgemäß habe sie den Wert der abgesandten Marken mit 30000 ℳ angenommen. Die Beklagte sei von ihrer Maklerfirma H. & C. M. ausdrücklich darauf hingewiesen worden, daß weder der nominelle Wert der Marken noch die Kosten der Herstellung, sondern letztere zuzüglich Versandkosten, sonstiger Unkosten und imaginären Gewinns als Versicherungssumme in Betracht kämen. Die Klägerin verlangt demnach Zahlung weiterer 20000 ℳ nebst Zinsen.

Die Beklagte beantragt Klagabweisung. Sie bestreitet, daß Vereinbarungen neben der Police getroffen seien, hält solche aber auch gegenüber dem Wortlaute der Urkunde für unerheblich. Es handle sich um eine reine Güterversicherung, ein anderweites Interesse sei nicht versichert worden; das sehr mittelbare Interesse an dem Absatz anderer Marken könne in dieser Weise auch nicht versichert werden, jedenfalls würde die Beklagte eine solche Versicherung nicht eingegangen sein.

Das Landgericht hat nach der Klage verurteilt, indem es annahm, daß in Wahrheit das Interesse der Klägerin an der Ankunft der Ware versichert worden sei. Das Oberlandesgericht ist in letzterer Hinsicht anderer Ansicht und nimmt reine Güterversicherung an; trotzdem hat es die Berufung der Beklagten zurückgewiesen, weil die Parteien darüber einverstanden gewesen seien, daß neben dem wirklichen Werte eine „Reihe werterhöhender Umstände und Eigenschaften“, insbesondere die von der Klägerin bei der Einleitung des Geschäftes aufgewandten Kosten, bei der Wertbemessung Mitberücksichtigung finden sollten und daß daher die Beklagte nach Treu und Glauben die Herabsetzung der Taxe nicht verlangen könne.

Auf Revision der Beklagten wurde dies Urteil aufgehoben aus folgenden

Gründen:

„Die Begründung des angefochtenen Urteils ist unklar und rechtsirrtümlich. Zunächst wird festgestellt, daß eine reine Güterversicherung vorliege, bei der die Versicherungssumme den wirklichen Wert der Güter weit übersteige, und daß sich hierüber beide Parteien vollkommen klar gewesen seien. Davon, daß imaginärer Gewinn oder ein anderes Interesse versichert werden sollte, sei mit keinem Worte die Rede. Sodann aber heißt es, daß nach dem übereinstimmenden Willen der Parteien und kraft beiderseitiger Vereinbarung eine Reihe wertsteigernder Umstände und Eigenschaften, insbesondere die von der Klägerin bei Einleitung des Geschäftes aufgewandten erheblichen Kosten, bei der Wertbemessung Mitberücksichtigung finden sollten. Dies müsse die Beklagte auch jetzt gegen sich gelten lassen. Was damit gesagt sein soll, ist unklar. Liegen nach Ansicht des Oberlandesgerichts Umstände und Eigenschaften vor, welche den Wert der Sendung tatsächlich so weit erhöhten, daß die Annahme einer Versicherungssumme von 30000 ℳ gerechtfertigt war, so ist die Feststellung, daß letztere den wirklichen Wert der Ware weit überstieg, unrichtig. Allerdings fehlt es dann an einer Begründung dafür, inwiefern insbesondere Kosten, die die Klägerin zur Einleitung des Geschäftes aufgewandt hatte, den wirklichen Wert der Ware steigern konnten. Sollte aber die Ansicht des Berufungsgerichts dahin gehen, daß eine von den Parteien bewußterweise vereinbarungsgemäß aus irgendwelchen unzutreffenden Gründen vorgenommene Übersetzung der Taxe die Beklagte hinderte, die Herabsetzung zu verlangen, so würde dies rechtsirrtümlich sein. Zwar ist der § 793 Abs. 2 HGB. nicht lediglich ein Anwendungsfall des § 786 Abs. 3, so daß auch dort die Versicherung insoweit ungültig wäre, als die Versicherungssumme den Versicherungswert übersteigt, vielmehr ist die Regelung bei der taxierten Police insofern eine andere, als einmal nur eine wesentliche Übersetzung in Betracht kommt, und sodann diese nicht von dem Versicherten geltend gemacht werden kann (RGZ. Bd. 90 S. 367) noch von Amts wegen zu berücksichtigen ist. Nur der Versicherer kann die Herabsetzung der Taxe verlangen. Immerhin ist auch diese Bestimmung unter dem Gesichtspunkte der das öffentliche Interesse verfolgenden Vorschrift des § 786 Abs. 2 und 3 dahin auszulegen, daß das Recht des Versicherers durch Parteivereinbarung nicht ausgeschlossen werden kann, weil sonst den Wettassekuranzen Tür und Tor geöffnet wäre. Es kommt daher nicht darauf an, ob auch der Versicherer sich der Übersetzung der Taxe bewußt war und aus welchen Gründen er sich damit einverstanden erklärt hat. Vielmehr hat er unter allen Umständen das Recht, die Herabsetzung der Taxe wegen wesentlicher Übersetzung zu fordern (vgl. RGZ. Bd. 11 S. 13, Bd. 19 S. 215; Lehmann, Zeitschr. f. Vers. Wissenschaft Bd. 11 S. 785 flg.).

Hiernach läßt sich die Entscheidung des Berufungsgerichts nur halten, wenn entweder bei Annahme einer Güterversicherung mit genügender Begründung festgestellt werden kann, daß die Versicherungssumme den wirklichen Wert nicht wesentlich überstiegen hat, oder wenn festgestellt wird, daß trotz des gewählten Wortlautes der Police die Parteien darüber einverstanden waren, daß nicht der Wert der Ware zur Zeit und am Orte der Versendung zuzüglich der in § 799 Abs. 1 HGB. (§ 22 Abs. 1 Allg. SVB.) bezeichneten Kosten, sondern ein anderes der Versicherungssumme im wesentlichen entsprechendes Interesse der Klägerin versichert werden sollte. Die Annahme des Berufungsgerichts, daß trotz eines solchen Einverständnisses der Parteien doch der Wortlaut der Police maßgebend sein würde, ist ebenfalls rechtsirrtümlich. Keine von jenen beiden Feststellungen kann nach Lage der Sache schon jetzt in der Revisionsinstanz getroffen werden. Daher ist das angefochtene Urteil aufzuheben und die Sache zur anderweiten Verhandlung und Entscheidung an das Berufungsgericht zurückzuverweisen." ...

---

80. 1. Zum Begriff der Tatsache im Sinne von § 14 UWG. und § 824 BGB.

2. Handelt der Patentinhaber auf seine Gefahr, wenn er öffentlich vor Patentverletzungen warnt und dabei dem Patent eine Auslegung gibt, die später von den Gerichten als zu weitgehend befunden wird?

II. Zivilsenat. Urt. v. 10. Januar 1919 i. S. S. P. Frères & Co. G. m. b. H. (Kl.) w. D.-Grammophon-Aktienges. (Bekl.). Rep. II. 220/18.

I. Landgericht I Berlin.
II. Kammergericht daselbst.

Die Beklagte ist Inhaberin des eine Sprechmaschine betreffenden Patentes 154180 mit Zusatzpatent 156419. Der Anspruch des Hauptpatentes lautet: „Sprechmaschine, dadurch gekennzeichnet, daß der Schalltrichter in einem entsprechend hohen, die Sprechmaschine tragenden tischartigen Gestell so eingebaut ist, daß die Schallöffnung desselben innerhalb des Gestelles am Fuße des letzteren ausmündet, während das andere, engere Ende des Trichters mit einem die Schalldose tragenden hohlen verschwenkbaren Schallarm in an sich bekannter Weise durch ein Kugelgelenk verbunden ist." Das Zusatzpatent hat folgenden Anspruch: „Sprechmaschine mit einem in das Gestell derselben eingebauten Schalltrichter nach Patent 154180, dadurch gekennzeichnet, daß der Schalltrichter einen ovalen Querschnitt hat und dicht unter dem Boden des Apparatgehäuses wagerecht liegend angeordnet ist, zum Zweck, die Dimensionen des Apparates gering zu machen und dem letzteren seinem Äußeren noch die gewöhnliche Form einer Sprechmaschine geben zu können."

In den Jahren 1912 und 1913 vertrat die Beklagte die Auffassung, daß die Patente ganz allgemein die Anordnung des Schalltrichters unten im Apparatgehäuse schützten. Unter die Erfindung sollten daher u. a. auch die von der Klägerin vertriebenen Apparate fallen, bei denen eine nicht metallene Schallvorrichtung einen Teil des Gehäuses selbst bildet. Von dieser Auffassung ausgehend, erließ sie mündlich sowie namentlich durch die Presse Warnungen an Fabrikanten und Händler, mit sog. trichterlosen Apparaten in die Patente einzugreifen.

Teils vor, teils nach diesen Veröffentlichungen ergingen auf Patentverletzungsklagen der jetzigen Beklagten Urteile des Landgerichts I Berlin, die die Patente in ähnlich weitem Sinne auslegten; durch Urteil vom 13. Mai 1911 rat auch das Kammergericht einer solchen Auslegung bei. Dagegen entschied das Kammergericht in einer Sache gegen die jetzige Klägerin am 8. Oktober 1913, daß die Erfindung auf die konkrete Ausführungsform des Apparates beschränkt sei; das Wesentliche liege in der gesicherten Unterbringung des Schalltrichters in einem die Maschine tragenden besonderen Gestelle. Dieses Urteil wurde vom I. Zivilsenat des Reichsgerichts am 25. Februar 1914 bestätigt.

Am 25. August 1914 erhob die Klägerin die gegenwärtige Klage auf Zahlung von 400000 ℳ Schadensersatz. Sie warf der Beklagten vor, durch ihre Warnungen gegen § 14, §§ 3, 13 Abs. 2, § 1 UWG., § 1 Gew.O., §§ 823 flg. BGB. verstoßen zu haben. Die Beklagte bestritt die Voraussetzungen dieser Vorschriften, da sie weder unrichtige Tatsachen behauptet habe noch schuldhaft vorgegangen sei.

Beide Vorinstanzen wiesen die Klage ab. Auch die Revision blieb erfolglos.

Gründe:

„Die von der Klägerin beanstandeten Preßartikel sind enthalten in der Fachzeitschrift „Offizielle Grammophon-Nachrichten", und zwar in der Nr. 1 vom 1. Januar 1912, Nr. 9 vom 1. September 1912, Nr. 3

vom 1. März und Nr. 4 vom 1. April 1913. Die Beklagte gibt darin die Formeln verschiedener zu ihren Gunsten ergangener Urteile wieder, teilweise auch Stellen aus den Entscheidungsgründen; sodann legt sie die Patente aus und erklärt, Verletzungen nicht dulden zu wollen. In der Nummer vom 1. April 1913 findet sich auch eine Bemerkung über Anrufung staatsanwaltschaftlicher Hilfe. Ebenso hat ein Angestellter der Beklagten in einer Versammlung des Bundes der Sprechmaschinenhändler Deutschlands mit Anzeigen beim Staatsanwalt gedroht.

Im Anschluß an die Entscheidung des erkennenden Senats RGZ. Bd. 88 S. 437 setzt das Berufungsgericht zunächst auseinander, daß hierin die Behauptung einer unrichtigen (unwahren) „Tatsache" im Sinne des § 14 UWG. oder des § 824 BGB. nicht zu finden ist. Bestimmte Handlungen, durch die die Patente verletzt sein sollen, sind gar nicht angegeben. Die Beklagte hat die Schlußfolgerungen mitgeteilt, die sie aus den Patentschriften und aus den bis dahin ergangenen Gerichtsentscheidungen auf den Umfang der Patente zog. Das ist die Wiedergabe einer logischen Urteilstätigkeit, nicht aber die Behauptung von Tatsachen. Mit Unrecht meint die Revision, die Beklagte habe den Anschein erweckt, als ob ihre Ansicht über den Schutzumfang von den Gerichten endgültig festgestellt sei. Von den Urteilen des Reichsgerichts vom 2. Dezember 1911 in den Nichtigkeitsklagen der L. Aktiengesellschaft heißt es in den Artikeln vom 1. Januar und 1. September 1912 nur, die Klagen seien abgewiesen, das entgegengehaltene Material für unerheblich erachtet worden, die Patente beständen demnach zu Recht. Was dann über den Schutzumfang der Patente gesagt wird, gibt sich durch Wortfügung und Druckanordnung (besondere Absätze) deutlich als subjektive Ansicht der Beklagten. Es wäre auch im höchstem Maße auffallend, wenn diese in Artikeln, die sich an ein sachverständiges Publikum wandten, hätte behaupten wollen, das Reichsgericht habe im Nichtigkeitsprozeß den Umfang der Patente festgestellt. Anlangend ferner die Urteile des Landgerichts I Berlin vom 1. November 1910 und des Kammergerichts vom 13. Mai 1911 in der Sache gegen die Firmen L. und B., so liegt die Behauptung einer unrichtigen Tatsache nicht um deswillen vor, weil die damaligen Gerichte über den Schutzumfang natürlich nur mit Bezug auf die Klage gegen die genannten beiden Beklagten entschieden hatten. Auch diese Selbstverständlichkeit bedurfte Fachleuten gegenüber keiner Hervorhebung. Ebenso verhält es sich mit dem Vorwurf, in der Nummer vom 1. März 1913 fehle ein Hinweis darauf, daß die beiden Urteile des Landgerichts I Berlin vom 7. Februar 1913 in den Sachen gegen Bi. & Fr. und gegen die jetzige Klägerin noch nicht rechtskräftig waren. Das Berufungsgericht bemerkt mit Recht, es habe auf der Hand gelegen, daß Landgerichtsurteile vom 7. Februar 1913 (dieses Datum wird in Verbindung mit Bi., wenn auch nicht mit der jetzigen Klägerin in dem Artikel erwähnt) am 1. März desselben Jahres, dem Erscheinungstage der Nummer, noch keine Rechtskraft erlangt haben würden. Von einer Behauptung der unrichtigen Tatsache, daß das Gegenteil der Fall sei, ist also keine Rede.

Die übrigen Klagegründe verneint das Berufungsgericht, weil die Beklagte ohne Verschulden und in gutem Glauben an ihr Recht gehandelt habe. Es erwägt, es möge zu weit gegangen sein, wenn sie die Patente dahin auslegte, daß allein schon die Verlegung des Schalltrichters nach unten und zwar so, daß das Triebwerk entweder über dem Trichter oder neben oder in ihm zu liegen kam, geschützt sei. Sie könne sich aber auf die Urteile vom 7. Februar 1913 berufen, die diese Ansicht geteilt hätten. Der Umstand, daß der Apparat der jetzigen Klägerin keinen Schalltrichter aus Metall und kein tischartiges Gestell aufwies, sei damals für unerheblich erklärt worden, da es genüge, daß der Raum zwischen dem Traggestell für das Triebwerk und dem Boden des Apparates zur Unterbringung des Trichterersatzes ausreiche. Wenn die geschäftsplanmäßig mit der Entscheidung der Patentstreitigkeiten betraute 16. Zivilkammer des Landgerichts I Berlin eine so weitgehende Auslegung des Patentes 154180 vertreten habe, könne nicht festgestellt werden, daß der Beklagten die Unrichtigkeit dieser Auslegung bekannt oder aus Fahrlässigkeit unbekannt gewesen sei. Dies um so weniger, als das Landgericht, obwohl ihm das abweichende Urteil des Kammergerichts vom 8. Oktober 1913 vorlag, in der das Patent 156419 betreffenden Entscheidung vom 23. Dezember 1913 an seinem Standpunkte mit eingehender Begründung festgehalten habe. Das Landgericht lehne es dort ausdrücklich ab, das Wesen des Zusatzpatentes in der konkreten Ausführungsform des Apparates, in der Unterbringung des Trichters in einem besonderen Gestelle, zu erblicken. Es lege Gewicht darauf, daß der Erfinder des Patentes 154180 der erste gewesen sei, „welcher die Vorteile des Schutzes des Trichters durch Ausnutzung des unter der Maschinerie vorhandenen Raumes unter Beibehaltung der gegebenen Grundfläche des Apparates und der Möglichkeit, dadurch einen großen Schalltrichter zu verwenden, erkannt“ habe. Es führe aus, daß der Apparat der jetzigen Klägerin und der Firma Bi. & Fr. durch die Merkmale des Patentes 156419 gekennzeichnet sei. Der Umstand, daß die Veröffentlichungen der Beklagten vom 1. Januar und 1. September 1912 diesen Urteilen zeitlich vorangingen, hindere nicht, daß sich die Beklagte zum Nachweis ihres guten Glaubens auf die Urteile berufen könne. Denn jedenfalls folge aus ihnen, daß der Standpunkt der Beklagten möglich sei und sich vertreten lasse. Wenn die Klägerin, um die Schlechtgläubigkeit darzutun, auf die Verhandlungen verweise, die die Beklagte in den Jahren 1906 und 1907 mit der Firma E. H. Nachf. über den Erwerb des Patentes 154180 geführt habe, so gehe das fehl.

Allerdings habe die Beklagte hier wiederholt erklärt, sie halte das Patent für wertlos und erwerbe es nur zu spekulativen Zwecken, um die Konkurrenz einzuschüchtern. Diese Äußerungen bewiesen aber nicht, daß sie wirklich der Ansicht sei, zu der sie sich bekannte. Vielleicht habe sie die zu kaufende Ware in ihrem Werte heruntergesetzt, um den Preis zu drücken; möglich sei auch, daß sie sich später von der Bedeutung und dem Werte des erworbenen Patentes überzeugt habe.

Gegenüber diesen Erwägungen bleibt die Revision dabei, ein Verschulden sei deshalb anzunehmen, weil die Urteile vom 7. Februar 1913 bei den Veröffentlichungen vom 1. Januar und 1. September 1912 noch nicht vorhanden und bei den letzten beiden noch nicht rechtskräftig waren. Die Beklagte, meint sie, habe wissen müssen, daß die Frage, ob die Patente verletzt waren, im Auslegungsstreit erst durch die rechtskräftige Entscheidung gelöst werden könne. Wenn sie die beanstandeten Behauptungen über den Schutzumfang der Patente aufstellte, die Kundschaft einschüchterte und sogar mit dem Staatsanwalte drohte, so habe sie dies angesichts der Möglichkeit, daß das letztinstanzliche Urteil anders ausfiel, auf eigene Gefahr getan. Sie habe mit dem Eventualdolus gehandelt, daß ihre Auffassung sich schließlich als unrichtig erweisen könne. Der Grundsatz, daß Recht nur das sei, was der letzte Richter entscheide, gelte vornehmlich im Patentauslegungsstreite. Das Patent habe nur den Umfang, den ihm der letzte Richter zuspreche. Solange der Schutzumfang nicht rechtskräftig festgestellt sei, dürfe der Patentinhaber mit einer so einschneidenden Maßregel, wie sie die Einschüchterung der Kundschaft sei, nur dann vorgehen, wenn er durch sorgfältigste Prüfung die Überzeugung erlangt habe, daß seine Behauptung die Billigung der höchsten Instanz finden werde. In dieser Beziehung erhelle zugunsten der Beklagten nichts. Aus der Korrespondenz mit H. gehe im Gegenteile hervor, daß sie die Patente zunächst für wertlos gehalten habe; die Annahme einer späteren Sinnesänderung schwebe in der Luft. Die Patente seien auch niemals ausgeführt worden, da die Bauart unmöglich gewesen sei und die Beklagte von solchen Apparaten kein Stück abgesetzt haben würde.

Dieser Angriff kann keinen Erfolg haben. Ob die Patente ausgeführt worden sind, ist unerheblich; die Frage wird auch höchstwahrscheinlich mit der Meinungsverschiedenheit der Parteien über den Umfang des Schutzes zusammenfallen. Der Beweis, daß die Beklagte sie beim Erwerbe wirklich für wertlos gehalten habe, läßt sich nach Annahme des Berufungsgerichts nicht erbringen. Übrigens sind die Briefe, die die Klägerin für diese Schlußfolgerung verwertet, längst vor dem Beginne der Ankaufsverhandlungen geschrieben; die Beklagte bemühte sich damals um eine Lizenz und hat, als das fehlschlug, noch selbst die Nichtigkeitsklage angestrengt. Vor allem aber beruhen die Einwendungen der Revision auf einer starken Überschätzung der Bedeutung des richterlichen Urteils und werden dem guten Glauben des Patentinhabers nicht gerecht. Das Schlagwort „Recht ist, was der letzte Richter für Recht erkennt", ist aus der Wahrnehmung entsprungen, daß infolge der Schwäche der menschlichen Erkenntnis die Urteile der verschiedenen Instanzen, und zwar besonders in Patentverletzungssachen, nicht selten verschieden ausfallen. Aber auch in derartigen Streitigkeiten schafft das Gericht nicht Recht, sondern stellt nur fest, was nach dem Gesetze Recht ist. Es ist ganz verfehlt, aus jenem Schlagworte rechtliche Folgerungen zu ziehen, wie z. B. die, daß ein Patentinhaber über den Umfang seines Patentes nichts Sicheres wissen könne, bevor nicht in einem Verletzungsprozesse der I. Zivilsenat des Reichsgerichts gesprochen habe. Vielmehr kann er für sich allein ebensogut das Richtige finden wie später, wenn es zum Prozesse kommt, die höchste Instanz. Der Überzeugung, die er sich durch gewissenhafte Prüfung gebildet hat, darf er auch öffentlich Ausdruck geben. Es ist sein gutes Recht, vor der Begehung von Verletzungen zu warnen; er braucht nicht abzuwarten, bis solche begangen sind. Die gegenteilige Regelung würde vom Standpunkte des Gesetzgebers aus geradezu unbegreiflich sein. Da der Patentverletzer nur dann auf Schadensersatz haftet, wenn er den Eingriff in das Patent wissentlich oder in grober Fahrlässigkeit begeht (§ 35 PatG.), ist ein wirksamer Schutz der Patente ohne Warnungen des Inhabers vor Eingriffen überaus häufig nicht zu erzielen. Es versteht sich daher von selbst, daß der Inhaber bei solchen Warnungen nicht auf seine Gefahr handeln kann, derart, daß er der Konkurrenz schon dann für Schadensersatz aufkommen müßte, wenn seine Meinung über den Umfang der Patente demnächst von den Gerichten mißbilligt wird. Voraussetzung der Haftung ist vielmehr, daß ihm ein Verschulden zur Last fällt, in dem Sinne, den das Gesetz allgemein mit diesem Begriffe verbindet.

Im vorliegenden Falle hat das Berufungsgericht jedes Verschulden der Beklagten bedenkenfrei verneint. Mit der Feststellung der Überzeugung von ihrem Rechte fällt die Annahme eines Eventualdolus. Der Vorwurf der Fahrlässigkeit durfte als widerlegt angesehen werden im Hinblicke darauf, daß die auf dem Gebiete des Patentrechts besonders anerkannte 16. Zivilkammer des Landgerichts I Berlin wiederholt die gleiche Auslegung wie die Beklagte vertreten hat. Zugleich ist klar, daß das im guten Glauben an das Recht erfolgte Vorgehen keinen Verstoß gegen die guten Sitten enthält.

Hiermit erledigen sich die sämtlichen Gesetzesstellen, die die Klägerin außer § 14 UWG., § 824 BGB. noch angezogen hat (§ 3 mit § 13 Abs. 2 UWG., § 826 BGB., § 1 UWG., § 823 Abs. 2 BGB. mit § 1 GewO.). Zu dem durch die beiden letzten Paragraphen angedeuteten Gesichtspunkte der Störung des Gewerbebetriebes ist noch hervorzuheben, daß sich die Revision mit Unrecht auf das Urteil des VI. Zivilsenats des Reichsgerichts vom 3. Juli 1916 (Markenschutz und Wettbewerb Bd. 16 S. 111) beruft. Dort handelte es sich um den Gebrauchsmusterschutz; das Urteil legt ausdrücklich Gewicht darauf, daß dieser Schutz ohne sachliche Vorprüfung erteilt wird und dem Inhaber nur ein formales, kein irgendwie gesichertes Recht verleiht. Beim Patente verhält sich dies anders (§§ 21flg. PatG.)."...

---

81. Betrifft die Frage, ob zugunsten des Geschäftsbetriebs einer Gesellschaft m. b. H. ein Konkurrenzverbot besteht oder nicht, eine wesentliche Eigenschaft des Geschäftsanteils der Gesellschaft?

BGB. § 119 Abs. 2.

II. Zivilsenat. Urt. v. 14. Januar 1919 i. S. J. K. (Kl.) w. L. u. Gen. (Bekl.). Rep. II. 362/18.

I. Landgericht Hamburg, Kammer für Handelssachen.
II. Oberlandesgericht daselbst.

Die Klage ist gegen die Firma H. P. N., eine offene Handelsgesellschaft, und zugleich gegen deren Inhaber gerichtet. Das Geschäft ist, von kleinem Anfang ausgehend, immer mehr ausgedehnt worden. Die Firma besitzt Filialen in Berlin, Düsseldorf, Mannheim und Bremen. Es ist bei ihr Geschäftspraxis, daß sie, wenn bei einer Ausdehnung des Geschäfts auf neue Gebiete oder Waren eine gewisse Stabilität erreicht ist, diesen Zweig in eine Gesellschaft m. b. H. verwandelt, wozu auch in einzelnen Fällen fremde Kapitalien herangezogen worden sind, wodurch das Risiko verringert und dem Stammhause die Möglichkeit eines sicheren Verdienstes durch Provisionen verschafft wird. So ist am 20. September 1910 die Mandschurische Exportgesellschaft als Gesellschaft m. b. H. begründet worden mit einem Stammkapital von 1000000 ℳ. Ihr Zweck ist nach § 2 der Satzung der Einkauf landwirtschaftlicher Produkte in der Mandschurei sowie der Betrieb sonstiger Handelsgeschäfte irgendwelcher Art. In Wirklichkeit hat es sich immer nur um ersteres gehandelt. Am 9. Januar 1913 ist die klagende Firma der Gesellschaft in der Form beigetreten, daß das Stammkapital um 500000 ℳ erhöht, der entsprechende Stammanteil von den Mitbeklagten H. P. N erworben und gleichzeitig auf die Klägerin übertragen wurde, die es übernahm, die Einzahlungen zu leisten, und 50% hiervon gezahlt hat. Die Mandschurische Exportgesellschaft hat sich im wesentlichen auf den Export von Sojabohnen aus der Mandschurei nach Europa beschränkt, mit dem weiteren Umsatze von Waren auf dem europäischen

Markte hat sie sich im allgemeinen nicht befaßt. Wohl aber hat das letztere — in welchem Umfange ist Gegenstand des Prozesses — die Beklagte getan. In § 9 der Satzung der Gesellschaft m. b. H. lautet es: Die Gesellschaft hat mit der Firma H. P. N. und deren sämtlichen Filialen einen Vertrag geschlossen, nach welchem sich diese Firma für die Dauer von 10 Jahren verpflichtet, ihre Einkäufe in der Mandschurei durch die Gesellschaft vornehmen zu lassen.

Die Klägerin behauptet, daß in dieser Fassung die Verpflichtung der beklagten Firma nur unvollkommen zum Ausdruck gekommen sei. Diese habe sich im Laufe der seiner Zeit geführten Verhandlungen ganz allgemein verpflichtet, sei übrigens aber auch ohnedies nach Maßgabe des unter den Parteien bestehenden Rechtsverhältnisses verpflichtet gewesen, sich jedes Eigengeschäfts in Sojabohnen zu enthalten.

Die Klägerin beansprucht Rechnungslegung über alle seit ihrem Eintritt in die Gesellschaft in Sojabohnen abgeschlossenen Geschäfte und Schadensersatz dafür, daß die Beklagte diese Geschäfte auf ihren Namen und ihre Rechnung abgeschlossen hat. Sie hat auch erklärt, hilfsweise, für den Fall daß obige Bestimmung der Satzung nicht eine Auslegung in ihrem Sinne finden sollte, den Erwerb des Geschäftsanteils wegen Irrtums anfechten zu wollen, und beantragt, die Beklagten zur Erstattung des von ihr eingezahlten Betrags zu verurteilen.

Das Reichsgericht, das die Revision gegen das klagabweisende Berufungsurteil zurückwies, äußerte sich zu der Irrtumsanfechtung mit folgenden

Gründen:

... „Die Anfechtung des Erwerbes des Geschäftsanteils auf Grund des § 119 BGB. ist vom Vorderrichter mit Recht zurückgewiesen worden. Daß es sich bei dem Irrtum darüber, inwiefern die Stammfirma in ihrer geschäftlichen Betätigung freie Hand behielt, um einen Irrtum über eine Eigenschaft des Geschäftsanteils der Gesellschaft m. b. H. handle, gibt der Vorderrichter zu, ohne es zu begründen. Es ist aber nicht richtig. Der Tatbestand des § 119 Abs. 2 liegt gar nicht vor. Es handelt sich hierbei um eine Frage der rechtlichen und vertragsmäßigen Beziehungen, in welchen die Gesellschaft m. b. H. zu Dritten steht, und ohne den Worten und Begriffen Gewalt anzutun, kann man nicht ohne weiteres den Komplex solcher Beziehungen zu einer der Substanz einer Sache oder einer Person inhärierenden Eigenschaft umdeuten. Zudem muß es sich nach § 119 um einen Sachverhalt handeln, wie er typisch im Leben und Verkehr mehr oder weniger oft in gleicher Weise vorzukommen pflegt. Nur unter dieser Voraussetzung hat der Verkehr Veranlassung und Gelegenheit, sich über die Bedeutung einer Eigenschaft einer Person oder einer Sache, wie die Vorschrift das voraussetzt, ein Urteil zu bilden. Endlich ist es die Klägerin selbst, welche betont, daß sie ihren Anspruch nicht aus dem gesellschaftlichen Verhältnis der Mandschurischen Exportgesellschaft herleitet. Sie gründet ihn vielmehr auf einen besonderen, neben dem Erwerbe des Geschäftsanteils herlaufenden Vertrag mit den Beklagten, so daß, wenn sie dazu schreiten würde, ihren Geschäftsanteil auf einen Dritten zu übertragen, damit noch nicht ohne weiteres das hier geltend gemachte Recht auf den Dritten übergehen würde. Selbst wenn man also von einer Eigenschaft sprechen könnte, würde es sich doch nicht um eine Eigenschaft des Geschäftsanteils handeln."

---

82. 1. Rechtliche Natur eines Vertrags über die Einräumung eines persönlichen Rechtes zur Ausnutzung eines Kiesbergs gegen Entgelt.

2. Anwendbarkeit der §§ 581 Abs. 2, 577 Satz 1, 571 Abs. 1 BGB. in einem Falle, wo sich der Verpächter im Pachtvertrage die Vorauszahlung des gesamten Pachtzinses bedungen und solche geleistet erhalten hat.

III. Zivilsenat. Urt. v. 14. Januar 1919 i. S. R. (Kl.) w. St. (Bekl.). Rep. III. 336/18.

I. Landgericht I Berlin.
II. Kammergericht daselbst.

Der Fabrikbesitzer K. hat als Eigentümer des Gutes T. dem Kläger durch Vertrag vom 13. Februar 1911 1000 Quadratmeter Fläche zur Ausnutzung eines Kiesberges unter der Bedingung verpachtet, daß der Pächter die besseren Stellen bis 6 Meter, die ganzen 1000 Quadratmeter aber, wie es im Vertrage heißt, nicht mehr als $4^1/_2$ Meter tief ausbeuten dürfe. Der Pachtzins ist auf insgesamt 2700 ℳ vereinbart worden, wovon die letzte Rate am 1. Februar 1912 entrichtet werden sollte. Am 30. Juli 1913 hat K. das Gut an die Eheleute A. veräußert und aufgelassen. Am 12. Mai 1914 ist für den Beklagten der Nießbrauch am Gute eingetragen worden. Dieser hat die Duldung der Kiesentnahme verweigert. Der Kläger begehrt deshalb seine Verurteilung, die Entnahme in der Weise, wie es der Vertrag bestimmt, zu gestatten. Das Oberlandesgericht hat auf die Berufung des Beklagten das der Klage stattgebende Urteil des Landesgerichts aufgehoben und auf Klagabweisung erkannt. Die Revision des Klägers führte zur Aufhebung des Berufungsurteils und zur Zurückverweisung.

Gründe:

„Das Berufungsgericht läßt es unentschieden, welche rechtliche Natur dem Vertrage vom 13. Februar 1911 beizumessen ist, und vertritt die Meinung, daß, auch wenn ein Pachtverhältnis in Frage stehen sollte, der Beklagte zu dessen Fortsetzung nicht verpflichtet sein würde, weil der nach §§ 581 Abs. 2, 577 BGB. entsprechend anzuwendende § 571 Abs. 1 auf Pachtverträge keine Anwendung finden könne, die bestimmen, daß der Pachtzins in einer vorweg zu zahlenden Summe und nicht periodenweise zu entrichten sei.

Der von der Revision angestrebten Nachprüfung dieses Entscheidungsgrundes würde es nicht bedürfen, wenn der bezeichnete Vertrag entweder als Kauf, oder wenn er zwar als Pacht aber als solche eines Rechtes (RGZ. Bd. 70 S. 74), oder endlich wenn er zwar als Pachtvertrag über ein Grundstück anzusehen wäre, der Verpächter jedoch das Grundstück, wie der Beklagte geltend macht, dem Kläger zur Ausübung der Vertragsrechte nicht überlassen hätte (§§ 577, 571 Abs. 1). Keine dieser Voraussetzungen trifft indessen zu. Verträge, welche die Einräumung einer schuldrechtlichen Befugnis zur Gewinnung von Bodenbestandteilen gegen Entgelt zum Gegenstande haben, sind in der Rechtsprechung des Reichsgerichts sowohl unter dem früheren wie dem jetzigen Rechte in der Regel als Pachtverträge über Grundstücke und nur bei besonderer Sachlage als Kaufverträge aufgefaßt worden (Jur. Wochenschr. 1903 S. 131 Nr. 24, 1909 S. 451 Nr. 2). Im vorliegenden Falle sind weder der Vertragsurkunde noch dem Parteivorbringen Umstände zu entnehmen, die eine solche ausnahmsweise Behandlung des Vertrags rechtfertigen. Insbesondere ist die Gegenleistung des Klägers nicht nach der tatsächlichen Ausbeute, die er erzielen würde, bemessen, sondern auf eine feste Summe bestimmt worden. Hierbei haben allerdings die Vertragsparteien die von ihnen vermutungsweise angenommene Tiefe der Kiesschicht von 4 Meter zugrunde gelegt. Allein dem Kläger steht das Recht zu, die Schicht an den besseren Stellen bis zu 6 Meter, im ganzen bis zu 4 1/2 Meter Tiefe auszubeuten, und der Vertrag besagt nicht, daß der Kläger im Falle einer solchen Ausnutzung Nachzahlung zu leisten habe.

Die Annahme, daß der Pachtvertrag ein Recht und nicht ein Grundstück zum Gegenstand habe, ist ausgeschlossen, weil die sachgemäße Ausübung der eingeräumten Gerechtsame wirtschaftliche Maßnahmen des Pächters erfordert, die den Besitz des auszubeutenden Grund und Bodens zur Voraussetzung haben.

Die Überlassung der für die Kiesgewinnung in Betracht kommenden Bodenfläche ist unbedenklich darin zu erblicken, daß der Kläger im Einverständnis des Verpächters mit der Kiesentnahme begonnen hat. Hieran würde es nichts ändern, wenn mit den Ausführungen des Beklagten in der Revisionsinstanz davon auszugehen wäre, daß nicht ein räumlich abgegrenzter Teil des Kiesberges dem Ausbeutungsrechte des Klägers unterworfen sei, dieser vielmehr nach freiem Belieben die auszunutzende

Teilfläche bestimmen könne. Bei einer solchen Gestaltung der Vertragsrechte würde in der Gestattung der Kiesentnahme die Überlassung des ganzen Kiesberges zu finden sein (RGZ. Bd. 6 S. 7).

Die hier noch erforderliche Stellungnahme zu dem Entscheidungsgrunde des Berufungsgerichts hat dessen Unhaltbarkeit ergeben. Er trägt in den § 571 Abs. 1 eine Unterscheidung hinein, die ihm fremd ist. Das Berufungsgericht hält die erwähnte Beschränkung des Anwendungsbereichs der Vorschrift für geboten, weil der Gesetzgeber nach seiner aus § 573 erkennbaren Absicht dem Grundstückserwerber zur Entschädigung für den Eintritt in die Vermieterpflichten das Recht auf den Mietzins, der auf seine Eigentumszeit entfalle, in bestimmten Grenzen sichern wolle und weil diese Absicht durch die Vereinbarung einer Vorauszahlung des gesamten Mietzinses im Mietvertrage vereitelt werde. Damit konstruiert der Vorderrichter eine rechtliche Abhängigkeit zwischen dem Pflichtenkreise des Erwerbers und seinem Eintritt in den Genuß der Mietzinsen, für die das Gesetz keinen Anhalt bietet. Gegen Vorauserhebungen und Vorauszahlungen von Mietzinsen, die in Gemäßheit des Mietvertrags erfolgen, läßt das Gesetz dem Erwerber keinen Schutz angedeihen. Nach der Bestimmung des § 571 Abs. 1 tritt er in die sich während der Dauer seines Eigentums aus dem Mietverhältnis ergebenden Rechte ein. Der Wille des Gesetzes geht also nicht dahin, daß dem Erwerber unter allen Umständen ein Gegenwert für die ihm obliegende Überlassung der Mietnutzung gebühre. Es billigt ihm einen Anspruch auf Mietzins nur zu, wenn und soweit ihm infolge seines Eintritts in die Rechte des Vermieters ein solcher auf Grund des Mietvertrags erwächst. Ist daher der Mietzins nicht in Teilbeträgen, die nach dem Ablauf einzelner auf die Mietzeit verteilter Zeitabschnitte fällig werden, zu entrichten, sondern nach dem Mietvertrag in seinem vollen Betrage zu einer Zeit, die noch vor der Veräußerung des Grundstücks liegt, zu zahlen, so erlangt der Erwerber Mietzinsansprüche überhaupt nicht. Es verbleibt ihm nur der Rückgriff auf seinen Rechtsvorgänger nach Maßgabe des Veräußerungsvertrags. Aus dem § 573 und dem damit zusammenhängenden § 574 ist das Gegenteil nicht abzuleiten. Beide Vorschriften stellen, zum Teil im Interesse des Vermieters, zum Teil zum Schutze des Mieters, Ausnahmen von der sich aus § 571 Abs. 1 ergebenden Beschränkung der rechtsgeschäftlichen Verfügungsfreiheit der Vertragsparteien in Ansehung der Mietzinsen auf. Ihr Anwendungsgebiet muß deshalb in derselben Weise wie das der Regelvorschrift begrenzt werden und erstreckt sich demnach nicht auf solche Vorauserhebungen und Vorauszahlungen von Mietzins, die in Übereinstimmung mit dem Mietvertrag erfolgen. Hätte der Gesetzgeber zugunsten des Erwerbers auch die Rechtswirksamkeit im Mietvertrage vereinbarter Vorauszahlungen beschränken wollen, so hätte diese Absicht um so mehr eines unzweideutigen Ausdrucks im Gesetze bedurft, als hierdurch die Handlungsfreiheit der Mietparteien nicht unerheblich eingeengt worden wäre.

Die Protokolle der Kommission für die II. Lesung des Bürgerlichen Gesetzbuchs, welche die wesentliche geschichtliche Grundlage der §§ 571 flg. enthalten, unterstützen das gewonnene Ergebnis. Die Kommission hat den Eintritt des neuen Eigentümers in das Mietverhältnis so, wie es dem jetzigen § 571 entspricht, also in der Weise gestaltet, daß er sich unmittelbar kraft Gesetzes als eine Folge des Eigentumserwerbs und unabhängig von der Rechtsstellung des Veräußerers vollzieht Ein Antrag, die Rechte des Vermieters im Wege der Einzelrechtsnachfolge nach Maßgabe der für die Abtretung geltenden Grundsätze auf den Erwerber übergehen zu lassen, wurde abgelehnt. Ausschlaggebend waren dabei die Erwägungen, daß, wenn die Pflichten aus dem Mietvertrage mit dem Eigentum an dem Grundstücke verbunden würden, dem Erwerber als Entgelt für die ihm während seiner Eigentumszeit obliegenden Verpflichtungen die aus dem Mietverhältnis sich ergebenden Rechte des Vermieters eingeräumt werden müßten. Lasse man den Erwerber nur wie einen Zessionar in die aus dem Mietvertrage sich ergebenden Rechte eintreten, so würde dieser im Falle einer für längere Zeit erfolgten Vorauserhebung des Mietzinses durch den Vermieter für diese Zeit zur Gewährung des vertragsmäßigen Gebrauchs verpflichtet sein, ohne ein entsprechendes Entgelt hierfür zu erhalten (Protokolle Bd. 2 S. 139, 145). Aus dieser Begründung erhellt deutlich, daß der Erwerber in den Genuß der Mietzinsen für die Dauer seines Eigentums nur insoweit treten sollte, als solche nach dem Mietvertrage während dieser Zeit erwachsen und fällig werden würden. Überdies zeigt die Begründung, daß ein Ausgleich für die Ausbürdung der Vermieterpflichten nur durch die Beschränkung solcher rechtsgeschäftlicher Verfügungen über die Mietzinsen herbeigeführt werden sollte, die nicht schon im Mietvertrage vorgesehen waren. Nur Vorauserhebungen dieser Art haben die Protokolle, wie der Zusammenhang lehrt, im Auge.

Nach alledem konnte das Berufungsurteil nicht aufrechterhalten werden In der Sache selbst vermochte das Revisionsgericht nicht zu entscheiden, da die bisher noch nicht erörterten Streitpunkte Erwägungen erfordern, die auf tatrichterlichem Gebiete liegen."

---

83. Verstößt es gegen das Höchstpreisgesetz, wenn am Tage der Veröffentlichung der Höchstpreisfestsetzung, jedoch vor deren Inkrafttreten ein Verkauf auf Lieferung nach dem Zeitpunkte des Inkraft-

tretens zu einem den Höchstpreis übersteigenden Preise geschlossen wird?

Gesetz, betr. Höchstpreise, vom 4. August/17. Dezember 1914 (RGBl. S. 339, 513).

III. Zivilsenat. Urt. v. 21. Januar 1919 i. S. B. u. H. (Bekl.) w. A. (Kl.). Rep. III. 328/18.

I. Landgericht Cöln.
II. Oberlandesgericht daselbst.

Der Kläger behauptet, daß er am 29. Dezember 1914 von den Beklagten 15000 Meter Militärmantelstoff zu einem Preise gekauft habe, der den in § 3 der Verordnung des Bundesrats vom 22. Dezember 1914 festgesetzten Höchstpreis überschreitet. Er will die auf Grund des Geschäfts an die Beklagten bezahlten Beträge unter Vorbehalt entrichtet haben und hält sich deshalb für berechtigt, den Unterschied zwischen dem vereinbarten und dem Höchstpreise zurückzufordern. Das Oberlandesgericht hat auf die Berufung des Klägers das klagabweisende Urteil des Landgerichts aufgehoben und dem Klagantrag in der erweiterten Gestalt, die er in der Berufungsinstanz angenommen hat, stattgegeben. Die Revision der Beklagten führte zur Aufhebung des Berufungsurteils und zur Zurückverweisung.

Gründe:

„Der Berufungsrichter erachtet für unerheblich und läßt deshalb unentschieden, ob der Lieferungsvertrag, wie der Kläger behauptet, am 29. Dezember 1914, also nach dem am 24. Dezember erfolgten Inkrafttreten der Verordnung vom 22. Dezember 1914, oder, wie die Beklagten geltend machen, schon am zuletzt bezeichneten Tage zustande gekommen ist. Er weist darauf hin, daß die Nummer des Reichsgesetzblatts, in welcher die Verordnung veröffentlicht wurde, am 22. Dezember 1914 in Berlin zur Ausgabe gelangt ist, und knüpft hieran die Folgerung, daß der Höchstpreis für Militärtuch auch bei Zugrundelegung der Behauptung der Beklagten zur Zeit des Vertragsschlusses bereits festgesetzt gewesen sei. Da hiernach, führt er aus, der Abschluß zwischen der Festsetzung und dem Inkrafttreten des Höchstpreises bewirkt worden sei und da weiterhin die Vertragserfüllung erst nach dem Inkrafttreten habe erfolgen sollen, so seien die Parteien zur Beachtung der Höchstpreisbestimmung verpflichtet gewesen. Es liege somit in der Überschreitung des Höchstpreises ein Verstoß gegen die Verordnung und der Kläger könne daher nach den Darlegungen in RGZ. Bd. 89 S. 196 den unter Vorbehalt gezahlten Kaufpreis auf Grund von § 812 BGB. zurückfordern.

Diese Ausführungen werden von der Revision mit Grund als

rechtsirrtümlich bekämpft. Das Reichsgericht hat zwar in der erwähnten Entscheidung den Grundsatz aufgestellt, daß das Höchstpreisgesetz, welches hier in der Fassung der Bekanntmachung vom 17. Dezember 1914 in Betracht kommt, auch dann verletzt ist, wenn zwischen der Festsetzung und dem Inkrafttreten eines Höchstpreises ein Verkauf auf Lieferung nach dem Zeitpunkte des Inkrafttretens zu einem den Höchstpreis übersteigenden Preise geschlossen wurde. Ein Tatbestand, auf den dieser Grundsatz Anwendung finden kann, liegt jedoch im gegenwärtigen Falle nicht vor, wenn der Lieferungsvertrag, wie der Berufungsrichter unterstellt, schon an dem Tage, an welchem die Höchstpreisbestimmung veröffentlicht wurde, zustande gekommen ist. Indem die Verordnung vom 22. Dezember 1914 in § 6 den Anfangstermin ihrer verbindlichen Kraft auf einen späteren als den Tag ihrer Verkündung bestimmte, wollte sie allerdings nicht den beteiligten Verkehrskreisen die Möglichkeit gewähren, in der Zwischenzeit noch Geschäfte, die erst nach dem Tage des Inkrafttretens ihre Ausführung finden sollten, zu einem höheren als dem festgesetzten Höchstpreis einzugehen. Sie wollte aber noch vor dem Eintritt ihrer Geltungskraft in dem bei der Kürze der Zwischenzeit erreichbaren Maße die Gemeinkundigkeit ihrer Anordnungen herbeiführen (vgl. Warneyer 1917 S. 51 Nr. 40). Diesem Zwecke würde es widerstreiten, wenn die Verordnung so gehandhabt würde, daß sie bei der Beurteilung solcher rechtsgeschäftlicher Vorgänge, die sich am Tage der Veröffentlichung zugetragen haben, als vor diesem erlassen betrachtet würde. Eine derartige Sachbehandlung erscheint um so weniger annehmbar, als der Zeitpunkt, mit dem die durch die Ausgabe des Gesetzblattes erfolgende Verkündung der Verordnung als abgeschlossen gelten kann, nicht mit ausreichender Sicherheit feststellbar ist. Hätte der Gesetzgeber die Verordnung mit solcher Strenge angewendet wissen wollen, so würde er, wie es in anderen kriegswirtschaftlichen Bekanntmachungen geschehen ist, die Bestimmung getroffen haben, daß die Verordnung mit dem Tage ihrer Verkündung in Kraft trete (vgl. RGZ. Bd. 91 S. 339).

Ebensowenig wie hiernach der erste Entscheidungsgrund des Berufungsurteils stichhaltig ist, greift der Hilfsgrund durch.[1] Kaufverträge, die vor der Festsetzung von Höchstpreisen zu höheren Preisen gutgläubig abgeschlossen und bei dem Inkrafttreten der Höchstpreise noch von keiner Seite erfüllt sind, werden beim Mangel einer abweichenden Anordnung des Gesetzgebers von der Festsetzung nicht ergriffen. Sie können also auch nach deren Inkrafttreten ohne Verletzung der Höchstpreisbestimmung erfüllt werden. Die gegenteilige Ansicht führt zu einer Rückwirkung

[1] Daß nämlich Verträge der vorliegenden Art der Einwirkung einer Höchstpreisfestsetzung auch dann unterlägen, wenn sie vor deren Veröffentlichung zustande gekommen seien. D. E.

der gesetzlichen Preisregelung, die ohne eine wenigstens mittelbare Willenskundgebung des Gesetzgebers nicht zulässig ist (RGZ. Bd. 93 S. 316). Die hier einschlagende Verordnung gewährt einen Anhalt in dieser Richtung nicht." ...

---

84. Zur Frage der Gewährleistung des Verkäufers wegen Mängel einer bestimmten, auf Besicht verkauften Sache.

BGB. §§ 495, 459, 460, 472.

II. Zivilsenat. Urt. v. 21. Januar 1919 i. S. R. & Co. (Bekl.) w. L. (Kl.). Rep. II. 263/18.

I. Landgericht Hamburg, Kammer für Handelssachen.
II. Oberlandesgericht daselbst.

Am 7. September 1916 kaufte der Kläger von der Beklagten 500 Kisten sogenannte norwegische Sardinen, teils in Öl, teils in Bouillon, Marke „Walroß", auf Besicht. Da die Beklagte weder die Ware selbst noch Muster andiente, bestimmte ihr der Kläger eine Frist zur Lieferung mit der Erklärung, daß er nach Ablauf der Frist die Annahme ablehne. Die Beklagte lieferte nicht, worauf der Kläger, vorläufig in Höhe von 5000 *M*, Schadensersatz wegen Nichterfüllung forderte. Die Beklagte bestritt den Anspruch nach Grund und Betrag. Sie machte geltend, daß sie dem Kläger eine bestimmte Partie Sardinen verkauft habe, die sie selbst zwar schon gekauft, aber noch nicht besichtigt gehabt habe. Hinterher habe sich jedoch die Ware als so mangelhaft herausgestellt, daß der Kläger sie nicht gebilligt haben würde und daß er sie im Falle der Billigung nur mit Verlust hätte weiterverkaufen können.

Das Landgericht erklärte die Klage dem Grunde nach für gerechtfertigt. Das Oberlandesgericht verwarf zunächst durch Zwischenurteil den Einwand der Beklagten, daß der Kläger die Ware, wenn sie ihm vorgelegt worden wäre, nicht gebilligt haben würde, und wies sodann durch Endurteil die Berufung der Beklagten zurück. In der Begründung des Zwischenurteils wurde ausgeführt: Es handle sich um eine auf Besicht gekaufte, bestimmte Partie Ware. Der Meinung, daß bei der Klausel „auf Besicht" der Käufer nur das Recht habe, zu nehmen oder abzulehnen, nie aber Schadensersatz zu fordern, sei nicht beizutreten. Der Käufer habe auch hier ein Recht darauf, daß ihm kontraktliche Ware angedient, d. h. zunächst zur Untersuchung gestellt werde; er könne trotz Billigung im Sinne des § 495 BGB. Ansprüche aus kontraktwidriger Beschaffenheit erheben. Er habe unter allen Umständen den

Anspruch darauf, daß ihm durch Vorführung der Ware Gelegenheit gegeben werde, sich darüber zu entscheiden, ob er billigen wolle oder nicht. Werde dieser Anspruch nicht erfüllt, so erwachse dem Käufer nach erfolgloser Fristsetzung ein Anspruch auf Schadensersatz wegen Nichterfüllung; auf den Nichteintritt der aufschiebenden Bedingung (§ 495 Abs. 1 Satz 2) könne sich der Verkäufer nicht berufen, weil sie nach § 162 als eingetreten gelte. Die Beklagte sei zwar zum Beweise für ihre Einrede zu verstatten, daß der Kläger nicht gebilligt haben würde; die von ihr in dieser Hinsicht vorgetragenen Behauptungen seien aber nicht ausreichend. Wenn man unterstelle, daß die verkaufte Partie Ware so schlecht ausgefallen sei, wie das Gutachten besage, so ergebe sich daraus noch nicht, daß der Kläger die Ware nicht genommen haben würde, zumal mit einer Minderung des Kaufpreises gemäß § 472. Weiter hieß es in den Gründen des Endurteils: Ob ein Spezies- oder ein Genuskauf vorliege, sei nicht von entscheidender Bedeutung. Denn in beiden Fällen würde als kontraktliche Ware, sei es nach § 459 BGB., sei es nach § 360 HGB., nur eine kurante Ware (Handelsgut mittlerer Art und Güte) zu gelten haben, die als „sogenannte norwegische Sardinen in Öl oder in Bouillon Marke Walroß" bezeichnet werden könne. Wäre die in Rede stehende Ware von dieser Art und Beschaffenheit gewesen, so würde ohne weiteres anzunehmen sein, daß der Kläger sie mit Nutzen hätte verkaufen können, da derzeit eine starke Nachfrage nach solcher Ware bestanden habe und nichts dafür vorliege, auch von der Beklagten nicht behauptet worden sei, daß die Vereinbarung eines Preises von 104 *M* für die Kiste mit 100 Dosen bei Lieferung reeller Ware eine Überteuerung des Klägers enthielte. Nun sei allerdings erwiesen, daß die Ware, wenn auch nicht verdorben, vielmehr als Nahrungsmittel verwendbar und verkäuflich, so doch minderwertig gewesen sei. Allein der Kläger hätte aus den im Zwischenurteile vom 8. Oktober 1917 angegebenen Gründen wegen der Minderwertigkeit der Ware eine verhältnismäßige Herabsetzung des vereinbarten Kaufpreises gemäß § 472 BGB. verlangen und so, da er nach obigen Ausführungen an sich preiswert gekauft gehabt habe, einen Einstandspreis erzielen können, der ihm, zumal bei den bereits damals schwierigen Ernährungsverhältnissen in Deutschland, einen nutzbringenden Weiterverkauf ermöglicht hätte. Es sei also dargetan, daß der Kläger infolge der Nichterfüllung des Vertrags vom 7. September 1916 durch die Beklagte einen Schaden erlitten habe.

Auf die Revision der Beklagten wurde das Endurteil des Oberlandesgerichts aufgehoben.

Aus den Gründen:

... „Geht man mit dem Berufungsgerichte davon aus, daß der Vertrag vom 7. September 1916 den Kauf einer bestimmten Partie

Sardinen „auf Besicht" im Sinne des § 495 BGB. zum Inhalte hatte, so war zwar der Kauf schon mit dem Abschlusse des Vertrags zustandegekommen, seine Wirksamkeit war aber an die aufschiebende Bedingung der Billigung des Kaufgegenstandes durch den Kläger geknüpft. Die Beklagte war verpflichtet, die verkaufte Ware dem Kläger zur Besichtigung zu stellen; sie hatte jedoch, wenn es sich nicht um eine nur der Gattung nach bestimmte Sache handelte (vgl. RGZ. Bd. 93 S. 254), nicht, wie das Berufungsgericht meint, dafür einzustehen, daß die Ware zur Zeit der Besichtigung von mittlerer Art und Güte war (§§ 243 BGB., 360 HGB.), und auch nicht dafür, daß die Ware zu dieser Zeit nicht mit Fehlern behaftet war, die ihren Wert oder ihre Tauglichkeit zu dem gewöhnlichen oder dem nach dem Vertrage vorausgesetzten Gebrauch aufhoben oder minderten (§ 459 BGB). Denn wenngleich bei einem Spezieskauf „auf Besicht" der Verkäufer nicht ohne weiteres von jeder Gewährleistung für etwaige Sachmängel befreit ist (vgl. Jur. Wochenschr. 1906 S. 549 Nr. 17), so ist doch bei sinngemäßer Anwendung des § 460 BGB. für das Maß seiner Vertretungspflicht nicht der Abschluß des aufschiebend bedingten Vertrags, sondern die Billigung des Vertragsgegenstandes durch den Käufer entscheidend (Jur. Wochenschr. 1912 S. 858 Nr. 13). Der Verkäufer hat also, von den Fällen der Zusicherung und der Arglist abgesehen, nur solche Sachmängel zu vertreten, die der Käufer zur Zeit der Billigung weder kannte, noch infolge grober Fahrlässigkeit nicht kannte. Es ist daher verfehlt, wenn das Berufungsgericht annimmt, daß der Kläger im Falle der Lieferung der verkauften Sardinen berechtigt gewesen wäre, wegen der ihm beim Vertragsschlusse weder bekannten noch infolge grober Fahrlässigkeit unbekannten Mängel die Minderung des vereinbarten Preises zu beanspruchen, und wenn es den Anspruch des Klägers auf Schadensersatz wegen Nichterfüllung schon deshalb für dem Grunde nach gerechtfertigt erklärt, weil der Wert der trotz Fristsetzung gemäß § 326 nicht gelieferten Sardinen den nach § 472 geminderten Vertragspreis überstiegen habe. Der Kläger konnte die Sardinen, wenn sie mangelhaft waren, nach freiem Belieben billigen oder nicht billigen; billigte er sie aber, so hatte er sie trotz der ihm bekannten oder infolge grober Fahrlässigkeit unbekannten Mängel zum Vertragspreise anzunehmen, und zwar auch dann, wenn er die Billigung ohne Besichtigung erklärte. Die Beklagte kann sonach — da die Voraussetzungen des § 226 nicht vorliegen — keinesfalls geltend machen, daß der Kläger die Sardinen bei Besichtigung nicht gebilligt haben würde. Dagegen ist sie allerdings mit dem Einwande zu hören, daß sie den Kläger vor der Billigung von den Mängeln der Sardinen in Kenntnis gesetzt habe und daß ihm die Mängel im Falle der Besichtigung nur bei grober Fahrlässigkeit hätten verborgen bleiben können. Dieses Einwandes ist die Beklagte dadurch, daß sie die Ware trotz Fristsetzung weder geliefert noch zur Besichtigung gestellt hat, nicht verlustig gegangen. Stellt sich der Einwand als begründet dar, so ist der Klaganspruch dem Grunde nach nur dann gerechtfertigt, wenn die Ware trotz der Mängel für den Kläger einen den Vertragspreis übersteigenden Wert hatte. Dies hat das Berufungsgericht, abweichend vom Landgerichte, nicht festgestellt. Das angefochtene Endurteil ist daher aufzuheben. Dagegen ist das Zwischenurteil, wenn auch aus anderen als den vom Berufungsgericht angegebenen Gründen, gerechtfertigt." ...

85. Zum Unterschied zwischen Kauf und Einkaufskommission.

II. Zivilsenat. Urt. v. 24. Januar 1919 i. S. G. (Kl.) w. Luftfahrbank G. m. b. H. (Bekl.). Rep. II. 324/18.

I. Landgericht III Berlin, Kammer für Handelssachen.
II. Kammergericht daselbst.

Der Kläger behauptete, von der Beklagten anfangs Februar 1916 1000 Sack Zucker zu 95,50 *M* gekauft zu haben, und forderte wegen Nichtlieferung der Ware Schadensersatz. Da die Beklagte das Geschäft nur vermittelt haben wollte, stützte er die Klage auch auf Haftung für die Erfüllung durch den Dritten.

Die Klage wurde in allen Instanzen abgewiesen.

Aus den Gründen:

„Der Berufungsrichter sieht auf Grund des zwischen den Parteien stattgehabten Schrift- und Depeschenwechsels für erwiesen an, daß nicht ein Kauf-, sondern ein Kommissionsgeschäft abgeschlossen sei und daß die Beklagte dem Kläger zugleich mit der Anzeige von der Ausführung der Kommission den Verkäufer des Zuckers — E. in Amsterdam — namhaft gemacht habe, so daß sie auch nicht nach § 384 Abs. 3 HGB. für die Erfüllung des Geschäfts hafte. Ferner stellt der Berufungsrichter fest, daß die Beklagte das übernommene Geschäft mit der Sorgfalt eines ordentlichen Kaufmanns ausgeführt habe. ...

Mit der Revision ist in erster Linie geltend gemacht, die Annahme des Berufungsrichters, daß die Parteien ein Kommissionsgeschäft abgeschlossen hätten, beruhe auf der Auslegung der Parteikorrespondenz; sie sei nicht zwingend und einwandfrei, weil die Prüfung der Rechtsbeziehungen zwischen der Beklagten und E. fehle. Es bleibe möglich, daß ein Eigenkauf von der Beklagten mit E. vereinbart worden sei. Zum Beweise habe sich der Kläger auf die Korrespondenz zwischen der Beklagten und E. berufen. Dieser Beweis sei erheblich, aber vom

Berufungsrichter zu Unrecht übergangen. Denn unstreitig habe die Beklagte keine Kommission in Rechnung gestellt, auch nicht in Rechnung stellen wollen. Behauptet sei vielmehr vom Kläger, daß die Beklagte von E. billiger eingekauft als an den Kläger verkauft habe; treffe das zu, so liege nicht Kommission, sondern Eigenkauf vor.

Die Rüge ist nicht begründet. Die Korrespondenz der Parteien schließt in der Tat die Möglichkeit aus, daß die Beklagte den Zucker von E. für eigene und nicht vielmehr für Rechnung des Klägers, also für fremde Rechnung gekauft hat. Es ist anscheinend richtig, daß sie den Zucker von E. billiger als zu 95,50 ℳ für den Sack eingekauft hat; es ist dem Kläger auch zuzugeben, daß der kaufmännische Vermittler eines Geschäfts sich eine feste Vermittelungsprovision zu berechnen pflegt und es dem Regelfalle nicht entspricht, daß der Einkaufskommissionär dem Kommittenten an Stelle der Provision einen höheren Kaufpreis als den von ihm mit dem Dritten vereinbarten Preis in Rechnung stellt. Rechtsgrundsätzlich ist aber mit der Natur des Kommissionsgeschäfts sehr wohl auch ein Abkommen der Beteiligten vereinbar, daß derjenige, der Waren im eigenen Namen für den anderen, für dessen Rechnung, zu einem von diesem vorgeschriebenen Preis einkaufen (oder verkaufen) soll, sein Entgelt für die Geschäftsbesorgung in einem etwa von ihm erzielten billigeren Einkaufspreise (oder höheren Verkaufspreise) zu finden habe. Im vorliegenden Falle hat, wie der Berufungsrichter dargelegt hat, die Beklagte dem Kläger auf dessen Mitteilung, Zucker kaufen zu wollen, nicht etwa angeboten, ihm Zucker zu verkaufen, sondern ihm mitgeteilt, daß sie wegen des Ankaufs zu einem gewissen Preise unterhandele, und der Kläger hat darauf nicht erwidert, daß er den Zucker kaufe oder nehme, sondern die Beklagte beauftragt, das Geschäft abzuschließen. Die Beklagte hat sodann nach einer Depesche an Kläger vom 1. Februar 1916, daß das Geschäft geordnet sei, und einer solchen vom 4. Februar, daß der Kläger ein Akkreditiv eröffnen möge, dem Kläger mit Brief vom 4. Februar geschrieben „Verkäufer der 1000 Sack Zucker ist die Firma E., Amsterdam" und dabei zugleich auch noch ganz ausdrücklich bemerkt: „es gingen nunmehr durch unsere Vermittelung an Sie in Ordnung: 1000 Sack à 100 Kilo Farinzucker zur baldigen Lieferung nach Polen à ℳ 95,50". Der Kläger hat das nicht nur stillschweigend hingenommen, sondern er hatte selbst schon nach Empfang der Depesche der Beklagten vom 1. und 4. Februar an diese mit Brief vom 7. Februar geschrieben: „aus unserer Korrespondenz resultiert, daß Sie für mich 1000 Sack Sandzucker holländischer Provenienz abgeschlossen haben", und nach Empfang des Briefes der Beklagten vom 4. Februar hat er auf diesen geantwortet: „somit kauften Sie für mich: 1000 Sack Farinzucker zur baldigen Lieferung nach Polen à ℳ 95,50 ..." Die Parteien sind also vor wie nach Abschluß des Geschäfts völlig einig gewesen, daß der von der Beklagten unstreitig im eigenen Namen mit E. betätigte Kaufvertrag für Rechnung des Klägers abgeschlossen wurde (§ 384 HGB.). Da nun, wie der Kläger selbst sagt, eine anderweite Provision nicht berechnet worden ist und nicht berechnet werden sollte, es aber ausgeschlossen war, daß etwa die Beklagte das Geschäft für den Kläger ohne Entgelt besorgte (§ 354 HGB.), lag es klar zutage, daß in dem Kaufpreise von 95,50 *M* zugleich die Provision der Beklagten für die Geschäftsbesorgung enthalten war.

Der Kläger macht mit der Revision ferner geltend, daß auch im Rahmen des Kommissionsgeschäfts die rechtliche Beurteilung der Sache seitens des Berufungsrichters nicht einwandfrei erscheine." ... (wird zurückgewiesen)

---

86. Hat der Schuldner, dem die Schuld bis zur Besserung seiner Verhältnisse gestundet ist, unaufgefordert zu leisten und auch Ratenzahlungen anzubieten, sobald er dazu imstande ist?

BGB. § 242.

I. Zivilsenat. Urt. v. 22. Januar 1919 i. S. Firma G. C. D. (Kl.) w. Sch. (Bekl.). Rep. I. 216/18.

I. Landgericht Posen.
II. Oberlandesgericht daselbst.

Das Reichsgericht hat die Frage bejaht.

Aus den Gründen:

„Das Oberlandesgericht hält die Klage wegen des ihr entgegengesetzten Stundungseinwandes zurzeit für nicht begründet. Es geht zutreffend davon aus, daß sich die eingeklagte Hauptforderung der Klägerin auf 5156,78 *M* belaufe. Es führt weiter einwandfrei aus, daß der von der Klägerin dem M. gewährte Erlaß von 50% ihrer Forderung den Beklagten nicht befreit, die Klägerin aber ihm seine Schuld so lange gestundet habe, bis er infolge Besserung seiner wirtschaftlichen Verhältnisse zu ihrer Begleichung in der Lage sein werde. Den Eintritt dieser Bedingung verneint das Oberlandesgericht, weil der Beklagte Vermögen überhaupt nicht besitze und bei einem Monatsgehalt von 300 *M* auch mit Berücksichtigung der (von ihm bestrittenen) monatlichen Nebeneinnahme von 150 *M* bei der heutigen Teuerung ohne erhebliche Beeinträchtigung des standesmäßigen Unterhalts für sich und seine Familie nicht imstande sei, eine Schuld von über 5000 *M* zu begleichen. Es knüpft hieran die Schlußerwägung, zu einer von der Klägerin auch nicht verlangten Ratenzahlung sei der Beklagte nicht verpflichtet. Es könne daher dahingestellt bleiben, ob er die Schuld im Laufe von Jahren in Teilbeträgen zu tilgen vermöchte. Das Gericht wäre nicht befugt, hierüber eine Verhandlung anzubahnen.

Die Revision greift die Schlußerwägung mit der Rüge aus § 242 BGB. und § 139 ZPO. mit Recht an. Die dem Beklagten gewährte Stundung seiner Schuld fällt unter den Begriff der Besserungsklausel. Es stand nicht in seinem Belieben, die Klägerin zu befriedigen, sondern Treu und Glauben verpflichteten ihn, daß er, ohne deren Aufforderung abzuwarten, seine Zusage erfüllte, sobald seine wirtschaftlichen Verhältnisse es zuließen (§ 242 BGB.). Den Maßstab hierfür bildeten die Erfordernisse des standesmäßigen Lebensunterhalts. Auch wenn der Beklagte zu Ratenzahlungen sich nicht ausdrücklich verpflichtet hatte, geboten es ihm Treu und Glauben, solche der Klägerin anzubieten, sobald er zu ihnen imstande war. Bestand Streit unter den Parteien, ob die Voraussetzungen der Besserungsklausel vorlagen, so hatte der Richter darüber zu befinden. Hierzu gehörte auch die Entscheidung darüber, ob die Besserung der Verhältnisse dem Beklagten gestattete, die Schuld im ganzen auf einmal oder nur in Ratenzahlungen zu tilgen. Es durfte der Klägerin nur nicht mehr oder etwas anderes zugesprochen werden, als sie beantragt hatte (§ 308 ZPO.). Nach Ansicht des Oberlandesgerichts ist der Beklagte bei einer monatlichen Einnahme von 450 ℳ nicht in der Lage, die Forderung der Klägerin auf einmal zu begleichen. Es hat sich nicht darüber ausgesprochen, ob ihm die Begleichung durch Ratenzahlungen zugemutet werden könne. Auch hierüber war eine Entscheidung erforderlich. Trug das Oberlandesgericht Bedenken, sie abzugeben, weil die Klägerin mit Rücksicht auf die Fassung des Klagantrags Zahlung der ganzen geschuldeten Summe auf einmal forderte, so war die Fragepflicht auszuüben. Die Gründe, aus denen das Oberlandesgericht sich nicht für befugt erachtet hat, über die etwaige Tilgung der Schuld in Teilbeträgen mit den Parteien zu verhandeln, sind rechtsirrig." ...

---

87. 1. Zur Lehre von dem Privatbergregal, insbesondere unter der Herrschaft der preußischen Berggesetznovelle.

2. Zur Lehre von der Potestativbedingung.

Verordnung, betr. die Verhältnisse der vormals unmittelbaren teutschen Reichsstände in den preußischen Staaten, vom 21. Juni 1815 (GS. S. 105 Nr. 5); Instruktion, betr. die Ausführung dieses Edikts, vom 30. Mai 1820 (GS. S. 81) §§ 23, 62; ALR. II, 16 § 106, II, 14 § 26; Pr. AG. z. BGB. Art. 40; Gesetz, betr. Abänderung des Allgemeinen Berggesetzes, vom 18. Juni 1907 (GS. S. 119).

VII. Zivilsenat. Urt. v. 24. Januar 1919 i. S. F K. Aktiengesellschaft (Kl.) w. preuß. Staat (Bekl.). Rep. VII. 243/18.

I. Landgericht Cöln.
II. Oberlandesgericht daselbst.

Der Herzog von C. ist Besitzer der Standesherrschaft D. und als solcher Inhaber des Bergregals in dem standesherrlichen Gebiet. Am 9. April 1914 hat er allein und ohne Zuziehung von Agnaten, aber für sich und seine Rechtsnachfolger mit der Klägerin den Vertrag geschlossen, um dessen Versteuerung es sich gegenwärtig handelt. Der Vertrag betrifft einen 60 Maximalfelder großen Teil der Herrschaft und lautet in seinem § 1:

„Seine Durchlaucht der Herzog K. von C. verpflichtet sich und seine Rechtsnachfolger der F. K. Aktiengesellschaft in E. und deren Rechtsnachfolgern gegenüber, für das eingangs bezeichnete Gebiet

1. bei Mutungen auf Steinkohle, welche von der F. K. Aktiengesellschaft in E. oder deren Rechtsnachfolgern eingelegt oder erworben werden, auf die nach Maßgabe des vorstehend genannten Regulativs" — d. i. des Regulativs vom 11. Dezember 1839 — „ihm zustehenden Rechte der Ausschließung und Nutzung für eigene Rechnung zu verzichten;

2. von jeder im Vertragsgebiet auftretenden Mutung oder Feldesstreckung eines Dritten der F. K. Aktiengesellschaft oder deren Rechtsnachfolgern ohne Verzug Anzeige zu erstatten und auf Verlangen und Kosten der Firma oder deren Rechtsnachfolger das Recht der Ausschließung und der Nutzung für eigene Rechnung sowie den Anspruch auf Distriktsverleihung im Verwaltungs- und Rechtswege geltend zu machen und das betreffende Feld der Firma oder deren Rechtsnachfolgern zur Ausnutzung der erstrittenen Rechte zu überlassen, jedoch ohne irgendwelche Gewähr für den Ausgang des Verfahrens;

3. dem zu 1 und 2 Gesagten entsprechend von jetzt ab mit anderen im Vertragsgebiet auftretenden Mutern auf Steinkohle wegen Überlassung seiner Rechte zur Benutzung oder wegen Nichtausübung der Ausschließungs- oder Selbstnutzungsrechte Abmachungen nicht zu treffen.

Die Überlassung der Nutzung der Steinkohle erfolgt ohne Gewähr für das Vorhandensein dieses Minerals, für dessen Menge und Beschaffenheit."

Die Gegenleistung ist im § 2 auf 10,8 Millionen Mark vereinbart und bis zum 1. Mai 1925 in bestimmten Raten zahlbar. § 3 betrifft den Bergzehnten. Er ist vom 1. Mai 1929 ab ohne Rücksicht auf etwaige Kohlenförderung in einer Mindesthöhe von jährlich 30000 *M* zu zahlen. § 5 enthält Vorschriften über Steinsalze, Solquellen und andere dem Regal unterliegende Mineralien.

Der Notar hat den Vertrag mit 3 *M* verstempelt. Der Beklagte verlangt außerdem Verwendung des Reichs- und Landesstempels für die Veräußerung unbeweglicher Sachen nach Tarifnr. 11 RStempG. und Tarifst. 32 LStG. mit 72000 und 108000 *M*. Die Klägerin hat den Stempel unter Vorbehalt bezahlt und Klage auf Zurückzahlung erhoben.

Das Landgericht hat der Klage stattgegeben, das Oberlandesgericht hat sie abgewiesen. Auf die Revision der Klägerin wurde das Urteil des Oberlandesgerichts aufgehoben und die Sache zur anderweiten Verhandlung und Entscheidung an das Berufungsgericht zurückverwiesen.

Gründe:

„Das Oberlandesgericht unterwirft den Vertrag vom 9. April 1914 aus zwei Gründen den Grundstücksumsatzstempeln des Reichs und Preußens. Einmal nimmt es an, daß durch den Vertrag der „privatrechtliche Inhalt des Bergregals, ein grundstücksgleiches Recht" auf die Klägerin übertragen sei; sodann erblickt es in § 1 Nr. 2 des Vertrags ein lästiges Veräußerungsgeschäft, das künftig entstehendes Bergwerkseigentum zum Gegenstande hat. Der erste Grund ist in mehrfacher Hinsicht von Rechtsirrtum beeinflußt. Unzutreffend ist schon der Ausgangspunkt des Oberlandesgerichts, daß das Privatbergregal des Herzogs von C. nicht frei veräußerlich sei. Das Regal ist ihm gewährleistet durch Nr. 5 der Verordnung, betr. die Verhältnisse der vormals unmittelbaren teutschen Reichsstände in den preußischen Staaten vom 21. Juni 1815 und durch § 23 der zur Ausführung dieses Edikts erlassenen Instruktion vom 30. Mai 1820. In § 62 der genannten Instruktion heißt es weiter:

„Veräußern kann ein Standesherr seine Eigentumsrechte und die davon herrührenden Einkünfte, namentlich seine Domänen und Privatgüter, seine Bergwerke, Hütten und Hammerwerke, seine Jagd- und Fischereigerechtigkeit, . . . alles dies mit Beobachtung derjenigen Förmlichkeiten, welche seine Familienverfassung . . . vorschreiben."

Mit den „Bergwerken, Hütten und Hammerwerken" ist hier wie in den oben angeführten Bestimmungen nach dem Vorgange der Rheinbundakte vom 12. Juli 1806 — le droit des mines et usines — das Privatbergregal bezeichnet. Das ist in der Rechtslehre und der Rechtsprechung unstreitig (vgl. Brassert-Gottschalk, Preuß. Berggesetz S. 956flg., Urt. des OLG. Hamm vom 2. November 1898 in der Zeitschr. f. Bergrecht Bd. 40 S. 337). Das Privatbergregal ist also unbeschränkt veräußerlich. Die allgemeinen gesetzlichen Vorschriften stehen dem nicht entgegen, denn nach § 106 ALR. II, 16 und § 26 ALR. II, 14 darf das Bergwerksregal auf einen gewissen Distrikt oder auf ein bestimmtes Objekt gleich anderen niederen Regalien von Privatpersonen und Kommunen erworben und besessen werden.

Es kann auch nicht anerkannt werden, daß der Herzog von C. durch den Vertrag vom 9. April 1914 die aus seinem Bergregale sich ergebenden Privatrechte auf die Klägerin übertragen hat. Der Inhalt des Vertrags ergibt dafür nichts. Die Auslegung des Oberlandesgerichts setzt sich mit ihm geradezu in Widerspruch und verletzt dadurch die Grundsätze der §§ 133, 157 BGB. Den Inhalt des Rechtes des Herzogs von C. bildet nach dem Regulative für die Ausübung des Bergregals in der Herrschaft D. vom 11. Dezember 1839 außer dem Anspruch auf den Bergzehnten, § 9 das., das Recht, alle dem Bergregal unterworfenen Gegenstände und Gerechtsame sowohl selbst zu benutzen als auch andern zur Benutzung zu überlassen, § 1 das. Aus dem Rechte der Selbstbenutzung ergibt sich das in dem Vertrage vom 9. April 1914 vornehmlich behandelte Recht des Regalherrn, jeden dritten Muter auszuschließen und das Bergwerkseigentum für sich selbst zu erwerben (vgl. Klostermann, Lehrb. des preuß. Bergrechts S. 402 flg.). Dies Recht wird aber durch den Vertrag nicht auf die Klägerin übertragen. Der Herzog von C. verzichtet nur darauf, das Recht zum Nachteil der Klägerin zu verfolgen (§ 1 Nr. 1 des Vertrags), er verpflichtet sich, auf Verlangen der Klägerin sein Recht zu ihrem Vorteil auszuüben (§ 1 N. 2), und er verpflichtet sich endlich, mit andern im Vertragsgebiet auftretenden Mutern keine Abreden wegen Überlassung oder Nichtausübung seiner Rechte zu treffen (§ 1 Nr. 3). Der Herzog von C. bleibt also nach dem Vertrag im Besitze seiner Rechte, er darf sie nur nicht mehr nach freiem Belieben ausüben, sondern er muß sie ausüben oder er darf sie nicht ausüben je nach den Vorschriften der Klägerin, und um hierbei Streitfällen vorzubeugen, darf er mit dritten Mutern keine entgegenstehenden Vereinbarungen treffen. Grade diese letztere Bestimmung zeigt, daß der Herzog von C. trotz des Vertrages Inhaber seiner Rechte verbleibt, im Vertrage nicht dinglich darüber verfügt, sondern sich nur schuldrechtlich bindet. Es sind auch Fälle denkbar, in denen er seine Rechte unabhängig von den Weisungen der Klägerin und zu seinem eigenen Vorteil ausüben kann. Wenn ein Dritter in Zukunft in die Lage kommt, im Bezirke des Regals eine Mutung auf Steinkohle einzulegen, und die Klägerin nicht verlangt, daß der Herzog von C. ihn zu ihren Gunsten ausschließe, so kann er das Feld kraft seines Ausschließungsrechtes selbst erwerben und für sich behalten.

Verletzt ist endlich auch der Art. 40 preuß. AG. z. BGB. Es ist richtig, daß das Reichsgericht das Privatbergregal als ein dingliches Recht angesehen hat, sei es am Grundeigentum, sei es an den darin befindlichen Mineralien (vgl. Urt. vom 27. Mai 1893 in der Zeitschr. f. Bergrecht Bd. 34 S. 489). Das Oberlandesgericht will daraufhin das, was es den privatrechtlichen Inhalt des Bergregals nennt, ebenfalls als ein dingliches Recht ansehen. Schon das ist bedenklich, kann aber unerörtert bleiben. Auch wenn darin dem Oberlandesgerichte zu folgen wäre, wenn man also den privatrechtlichen Inhalt des Bergregals als eine sogenannte selbständige Gerechtigkeit anzusehen hätte, so würden doch die sich auf Grundstücke beziehenden Vorschriften des Bürgerlichen Gesetzbuchs dafür nur dann gelten, wenn die Gerechtigkeit ein Grundbuchblatt erhalten hätte (vgl. Art. 40 a. a. O. und RGZ. Bd. 74 S. 318). Wie in dieser Entscheidung näher ausgeführt ist, können selbständige Gerechtigkeiten ohne Grundbuch auch im Sinne der Stempelgesetze nicht als den unbeweglichen Sachen gleichgeachtete Rechte gelten. Es ist aber von keiner Seite behauptet worden, daß für das Privatbergregal des Herzogs von C. oder für seinen „privatrechtlichen Inhalt" ein Grundbuchblatt angelegt worden sei.

Der zweite Grund des Oberlandesgerichts kann an sich gebilligt werden. In dem § 1 Nr. 2 des Vertrags hat das Oberlandesgericht ohne Rechtsirrtum eine zwar bedingte, aber beiderseits bindende lästige Veräußerung künftigen Bergwerkseigentums gefunden, und für dieses gelten nach § 50 Abs. 2 ABG., Fassung des Art. 37 I preuß. AG. z. BGB., die sich auf Grundstücke beziehenden Vorschriften des Bürgerlichen Gesetzbuchs. Unerheblich ist dabei, daß das Oberlandesgericht, ebenso wie anscheinend auch der Vertrag vom 9. April 1914, die neuere Gestaltung des den Steinkohlenbergbau betreffenden Bergrechts nicht in Betracht gezogen hat. Der Anspruch auf Distriktsverleihung, von dem § 1 Nr. 2 des Vertrags spricht, bestand in dem Rechte des Regalherrn, sich ohne Erfüllung der gesetzlichen Bedingungen des Findens und des Mutens Felder von beliebigem Umfange verleihen zu lassen (Völkel, Grundzüge des preuß. Bergrechts S. 33 flg.). Diesem Rechte wurde nach der herrschenden Meinung (vgl. Brassert-Gottschalk a. a. O. S. 958 flg.), bereits durch § 250 Abs. 2 ABG. ein Ende gemacht. Danach unterliegt auch der Bergbau in den Regalbezirken den Bestimmungen des Allgemeinen Berggesetzes. Auch der Regalherr konnte nach diesem Gesetze nur durch Mutung und Verleihung Bergwerkseigentum erwerben, aber sein Ausschließungsrecht gab ihm die Befugnis, Mutung auf solche in seinem Regalbezirke belegenen Funde Dritter einzulegen, die noch nicht zur Verleihung, wenn auch schon zur Mutung, geführt hatten. Wurde auf einen Fund außerhalb des Regalbezirks das Feld in diesen hinein erstreckt — Feldeserstreckung im Sinne des § 1 Nr. 2 des Vertrags — so bedurfte der Regalherr, um muten zu können, eines entsprechenden Fundes in seinem Bezirke (vgl. Brassert-Gottschalk, a. a. O.). Dieser nach dem Allgemeinen Berggesetze sich ergebende und in dem Vertrage vom 9. April 1914 offenbar vorausgesetzte Rechtszustand ist durch das Gesetz, betr die Abänderung des Allgemeinen Berggesetzes, vom 18. Juni 1907 ebenfalls geändert worden. Nach § 2 Abs. 1 ABG. in seiner neuen Fassung steht die Aufsuchung und Gewinnung der Steinkohle und gewisser Salze und Solquellen dem Staat allein zu. Die ihm nach Abs. 3 a. a. O. vorbehaltenen 250 Maximalfelder sind ihm inzwischen verliehen worden (Brassert-Gottschalk a. a. O. S. 30). Nach Abs. 4 soll der Staat im übrigen das Recht der Aufsuchung und Gewinnung der Steinkohle an andere übertragen. Das Gesetz, das die Übertragung ordnen soll, ist noch nicht erlassen. An den Rechten der früher reichsunmittelbaren Standesherrn soll nach Art. VIII Abs. 3 des Ges. vom 18. Juni 1907 nichts geändert werden. Es ist aber klar, daß ihr Ausschließungsrecht als solches zurzeit gegenstandslos ist, da heute im Regalbezirke des Herzogs von C. außer ihm selbst niemand eine Mutung auf die dem Staate vorbehaltenen Mineralien, also auch auf die den Gegenstand des Vertrags vom 9. April 1914 bildende Steinkohle, einlegen kann. Gleichwohl verbleibt dem Vertrage seine Bedeutung für die Beteiligten. Wenn Preußen das vorbehaltene Gesetz erlassen und das Recht der Aufsuchung und Gewinnung der Steinkohle im Regalbezirke des Herzogs von C. und den daran angrenzenden Gebieten bestimmten Personen übertragen hat, so kann es sich dabei entweder um die Klägerin oder um beliebige dritte Personen handeln. Wird das Recht der Klägerin übertragen, so steht ihr § 1 Nr. 1 des Vertrags zur Seite; wird es beliebigen dritten Personen übertragen, so kann sich die Klägerin auf § 1 Nr. 2 und 3 des Vertrags stützen. In dem Falle der Nr. 2 kommt es, wenn im Vertragsgebiet eine Mutung oder Feldesstreckung eines Dritten auftritt, wenn die Klägerin das Verlangen äußert, der Herzog von C. möge sein Ausschließungsrecht geltend machen, wenn der Herzog von C. dies tut und das betreffende Feld ihm verliehen wird, schließlich dazu, daß der Herzog von C. das betreffende Feld der Klägerin oder deren Rechtsnachfolgern zur Ausnutzung der erstrittenen Rechte zu überlassen hat. Unter diesem im Vertrage gebrauchten Ausdrucke verstehen beide Parteien übereinstimmend die Übertragung des Bergwerkseigentums.

Es kann also unter den oben angeführten Umständen dazu kommen, daß Bergwerkseigentum durch Auflassung und Eintragung im Grundbuch aus einer Hand in die andere übergeht. Das leugnet auch die Klägerin nicht. Sie meint nur, daß ihr etwaiges künftiges Verlangen, der Herzog von C. möge sein Ausschließungsrecht geltend machen, sich rechtlich als Auftrag darstelle, daß auf Grund dieses Auftrags der Herzog von C. werde tätig werden und der Klägerin schließlich das Bergwerkseigentum werde übertragen müssen. So betrachtet werde es sich bei der künftigen Übereignung des Feldes um ein sogenanntes Abwickelungsgeschäft handeln, und diese Geschäfte seien dem Grundstücksumsatzstempel nicht unterworfen, weil sie nicht „freiwillige Veräußerungen" im Sinne der Stempelgesetze darstellten. Die Klägerin greift auf diese Weise einen der in den drei obigen Bedingungssätzen aufgeführten Umstände heraus, macht ihn zu einem selbständigen Rechtsgeschäfte — Auftrag — und leitet auf diese Weise die künftige Übereignungspflicht des Herzogs von C. nur mittelbar aus dem Vertrage vom 9. April 1914 her. Es ist aber kein Grund abzusehen, warum sie sich nicht bereits unmittelbar aus dem Vertrag ergeben, warum die in den obigen drei Bedingungssätzen aufgeführten Umstände nicht eine wirkliche Bedingung im Rechtssinne sein sollten. Die Revision führt aus, daß es im freien Belieben der Klägerin stehe, ob sie das „Verlangen" im Sinne des § 1 Nr. 2 des Vertrags äußern wolle, daß insoweit also überhaupt keine Bedingung vorliege. Nach den Vertragsabreden ist die Klägerin bei der künftigen Übereignung von Bergwerkseigentum die Berechtigte, und es ist anerkannt Rechtens, daß ein Vertrag unter einer Bedingung geschlossen werden kann, die in dem bloßen Wollen des Berechtigten besteht, RGZ. Bd. 72 S. 385 (VZS.), Bd. 77 S. 417. Außerdem aber — und das wird sich noch an anderer Stelle als bedeutsam erweisen — ist vorliegend die Vertragsbedingung nicht auf das bloße Wollen der Klägerin abgestellt. Erst muß durch das Handeln eines Dritten ein gewisser Tatbestand geschaffen werden, dann muß die Klägerin eine — allerdings von ihrem Belieben abhängige — Handlung vornehmen, nämlich das „Verlangen" im Sinne des § 1 Nr. 2 des Vertrags äußern, und endlich muß noch der Herzog von C. in der vereinbarten Weise tätig werden und damit Erfolg erzielen. Erst dann ist seine Übereignungspflicht gegeben. Es liegt hier „keine rein potestative, sondern eine in ihrer Wirkung der kasuellen gleichstehende sogenannte gemischte Bedingung vor," RGZ. Bd. 72 S. 385. Das von der Revision angeregte Bedenken greift also nicht durch. Wenn das Oberlandesgericht dazu gelangt ist, die Übereignungspflicht des Herzogs von C. unmittelbar aus dem — bedingten — Vertrag abzuleiten, so kann darin ein Rechtsirrtum nicht erblickt werden.

Die Revision bekämpft weiter die vom Oberlandesgerichte getroffene und zur Annahme eines Veräußerungsvertrages auch notwendige Feststellung, daß, wenn die Klägerin einmal ihr mehrerwähntes Verlangen geäußert hätte, der Herzog von C. dann auch berechtigt sei, von der Klägerin die Übernahme des in seiner Hand entstandenen Bergwerkseigentums zu fordern. Die Revision sucht darzulegen, daß es bei der von ihr ausführlich geschilderten Sach- und Interessenlage keineswegs Treu und Glauben entspreche, vielmehr durchaus dem Sinne des Vertrags widerstrebe, der Klägerin eine Erwerbspflicht aufzuerlegen. Mit diesen Angriffen kann die Revision nicht gehört werden, sie bewegen sich ersichtlich auf dem Boden der Vertragsauslegung, diese aber ist vom Revisionsrichter in der Regel nicht nachzuprüfen. Ausnahmevorschriften kommen vorliegend nicht in Frage. Rechtliche Bedenken sind gegen die Feststellung des Berufungsrichters nicht zu erheben. Er sieht die Verpflichtung der Klägerin in derselben Weise als bedingt an wie die Übereignungspflicht des Herzogs von C. Es hängt also die Verpflichtung auch der Klägerin von ihrem „Verlangen" ab. Daß sie damit nicht in unzulässiger Weise auf das bloße Wollen der Klägerin abgestellt ist, wurde schon oben dargelegt.

Die Revision sucht äußerstenfalls noch den Nachweis zu führen, daß § 1 Nr. 2 des Vertrags überhaupt nur auf einen bestimmten, örtlich abzugrenzenden Teil des Vertragsgebietes zur Anwendung gelangen könne, und sie wirft dem Berufungsrichter vor, daß er das Fragerecht hätte ausüben müssen, um diese Verhältnisse hinreichend klarzustellen. Auch diese Rüge ist unbegründet, schon ihr Ausgangspunkt ist falsch. Die von der Revision angezogenen Sätze des Schriftsatzes der Klägerin ... kranken daran, daß den vom Herzog von C. im Vertrage vom 9. April 1914 übernommenen Vertragspflichten eine absolute Wirkung beigelegt wird, und an dem weiteren Rechtsirrtum, daß zum Schürfen besondere Schürfscheine des Regalinhabers nötig seien. Das war vor dem Allgemeinen Berggesetze der Fall, ist durch dieses aber bereits abgeschafft worden (Brassert-Gottschalk, Anm. 1 zu § 8, S. 52). Die Vorschrift des § 2 des Regulativs vom 11. Dezember 1839, auf die sich die Klägerin beruft, ist durch das Allgemeine Berggesetz überholt. Der Vertrag vom 9. April 1914, der, wie erwähnt, den durch die Berggesetznovelle vom 18. Juni 1907 geschaffenen Rechtszustand noch nicht berücksichtigt, rechnet ja denn auch selbst damit, daß trotz der in § 1 unter Nr. 3 vom Herzog von C. übernommenen Vertragspflichten Mutungen Dritter, nicht bloß Feldesstreckungen, auftreten könnten, und trifft gerade auch für diesen Fall die Abrede des § 1 Nr. 2, über deren Wesen die Parteien streiten. Die von der Klägerin in den Vordergrund gerückten praktischen Gesichtspunkte können nicht entscheiden, wo es sich um rechtliche Möglichkeiten handelt. Denkbar bleibt auch nach dem Vertrag und auch bei der gegenwärtigen Gestalt des den Steinkohlenbergbau betreffenden Rechtes, daß die Klägerin das Bergwerkseigentum an den sämtlichen Feldern des Vertragsgebiets auf dem Wege des § 1 Nr. 2 des Vertrags erwirbt. Damit erledigen sich die von der Revision angeregten Bedenken.

Sollte der soeben als möglich unterstellte Fall eintreten, daß das Bergwerkseigentum an den sämtlichen Feldern des Vertragsgebiets durch Auflassung und Eintragung im Grundbuche von dem Herzog von C. auf die Klägerin übertragen wird, so würde nach der Auffassung der Klägerin, ebenso wie jetzt kein Vertragsstempel nach Tarifst. 32 a LStG und Tarifnr. 11 a RStempG. zu erheben wäre, so auch später kein Auflassungsstempel nach Tarifst. 6 LStG. und Tarifnr. 11 b RStempG.

zu erheben sein. Das würde, wie nebenbei bemerkt sein mag, ein auffälliges Ergebnis sein, da dann der ganze Umsatz des grundstücksgleichen Bergwerkseigentums in dem vorliegenden Falle steuerfrei bliebe. Wenn sonst Abwickelungsgeschäfte auf Grund von Aufträgen oder auch die in der Tarifst. 32 Abs. 6 LStG. und der Tarifnr. 11 a Abs. 2 RStempG. aufgeführten Beurkundungen, sofern ein Vollmachtsauftrag zugrunde liegt, von dem Grundstücksumsatzstempel frei bleiben, so ist regelmäßig für einen Umsatz der Stempel bereits bezahlt. Daran wird es aber in dem gegenwärtigen Falle fehlen. Der Herzog von C. erwirbt das Bergwerkseigentum, das er der Klägerin überträgt, nicht von einem Dritten, er erwirbt es eigentlich überhaupt nicht. Er besitzt es in seinem Bergregal bereits im Keime, und dieser Keim entwickelt sich auf dem gesetzlich vorgeschriebenen Wege der Mutung und Verleihung zu wirklichem Bergwerkseigentum. Im § 1 Nr. 2 des Vertrags verpflichtet sich der Herzog von C., sein im Keime bereits vorhandenes Bergwerkseigentum an die Klägerin zu übertragen. Es ist kein innerer Grund ersichtlich, der hier gegen den Ansatz des Grundstücksumsatzstempels spräche.

Der oben als möglich unterstellte Fall, daß nämlich sämtliche Felder des Vertragsgebietes durch Auflassung und Eintragung vom Herzog von C. auf die Klägerin übertragen werden, läßt auch kein Bedenken dagegen aufkommen, daß das Oberlandesgericht die Stempel von dem ganzen Entgelt berechnet hat. Mit Recht hat es sich übrigens dafür auch auf § 10 Abs. 1 LStG. berufen. Ebenso zutreffend hat es den bedingten Vertrag in Ansehung seiner Stempelpflichtigkeit einem unbedingten gleichgeachtet (§ 3 Abs. 2 LStG., § 85 Abs. 1 RStempG.).

Wenn nun auch in allen den angeführten Punkten dem Oberlandesgerichte beigetreten werden kann, so bleibt doch die Frage noch offen, ob der Herzog von C. den Vertrag vom 9. April 1914 einschließlich der Abrede des § 1 Nr. 2 das. allein und ohne Zuziehung von Agnaten wirksam schließen konnte, wie er das in § 6 des Vertrages allerdings versichert. War die Zustimmung der Agnaten erforderlich, so liegt der Fall des § 16 Abs. 3 LStG. vor, und die Stempelpflichtigkeit des Vertrags tritt dann erst ein, wenn die noch ausstehende Genehmigung erteilt ist, RGZ. Bd. 90 S. 113. Für das Reichsstempelgesetz ergibt sich derselbe Rechtssatz aus dem im § 84 das. aufgestellten Erfordernis, daß die freiwillige Veräußerung eines Grundstücks rechtswirksam beurkundet sein muß, ehe die Abgabe der Tarifnr. 11 das. zu entrichten ist".

...(Folgen Erörterungen über die etwaige Notwendigkeit der Zuziehung von Agnaten.)

„Nach diesen Richtungen hin bedarf die Sache noch weiterer Aufklärung."

88. 1. Erlischt bei Kriegsversicherung das versicherbare Interesse bezüglich des imaginären Gewinns ohne weiteres dadurch, daß der versicherte Cif-Käufer die Dokumente zurückweist?

2. Können auf eine gegen Kriegsgefahr für Mehrwert des imaginären Gewinns genommene laufende Police auch nach Kriegsausbruch beliebige Deklarationen vorgenommen werden?

3. Wirksamkeit von Deklarationen, aus denen der Gegenstand der Versicherung nicht ohne weiteres genau zu ersehen ist. Wie ist zu verfahren, wenn die Deklarationen den vereinbarten Höchstbetrag übersteigen und das versicherbare Interesse nach Beginn der Gefahr teilweise erloschen ist?

I. Zivilsenat. Urt. v. 25. Januar 1919 i. S. Neptunus-Assekuranz-Compagnie (Bekl.) w. H. P. N. (Kl.). Rep. I. 162/18.

I. Landgericht Hamburg, Kammer für Handelssachen.
II. Oberlandesgericht daselbst.

Laut laufender Police vom 1. Januar 1912, welche auch für das Jahr 1914 galt, hat die Klägerin bei der Beklagten Versicherung genommen

„auf imaginären Gewinn, Mehrwert und / oder andere Interessen, die nicht durch andere laufende Policen des Herrn Versicherten gedeckt sind, auf Abladungen von Getreide . . ."

In der Police heißt es:

„Im übrigen ist durch diese Police jedes Interesse gedeckt, welches der Herr Versicherte im Laufe dieses Jahres, dem Datum der Konnossemente der betreffenden Abladungen nach, an schwimmenden oder erst abzuladenden Gütern hat, und verpflichtet sich der Versicherer, stets die erforderliche Summe bis zum Maximalbetrage von 60000 ℳ für jedes einzelne Schiff versichert zu halten und die Aufgabe anzuerkennen, unter Verzichtleistung auf jeden Nachweis der Taxe und/oder des Interesses."

Die Beklagte hatte der Klägerin von ihr unterzeichnete Vordrucke zu Versicherungsscheinen behändigt, welche diese gemäß ihren Deklarationen auf die Police ausfüllen durfte. Durch Nachtrag auf der Police vom 25. Juli 1914 hatte die Beklagte, während die Police an sich „nur für Seegefahr" gemäß den Allg. Seeversicherungsbedingungen von 1867 galt, für Abladungen von Plätzen Südrußlands und Ostindiens nach Nord- und Westeuropa auch die Kriegsgefahr gemäß der Hamburger Kriegsklausel übernommen.

Die Klägerin hatte durch Verträge vom 4. bis 11. Juli 1914 8 Partien Gerste, im ganzen 1850 Tons, von P. B. in Rostow auf Hamburg gekauft, die noch im Juli mit dem österreichischen Dampfer

Daksa verladen wurden und von dem Verkäufer gegen Seegefahr versichert waren. Hierauf hat die Klägerin auf ihre laufende Police je nach der Marktlage teils in der Zeit vom 25. bis 28. Juli, teils am 3. August, wo die Daksa sich noch im Mittelmeere befand, Deklarationen unter gleichzeitiger Ausfüllung von Versicherungsscheinen vorgenommen. Der Betrag der ersteren war 15125 *M*, der vom 3. August 48800 *M*. Aus den Deklarationen, die unbeanstandet von der Beklagten entgegengenommen wurden, ergaben sich nur: Schiff, Herkunftsland, Bestimmungsort, Warenmenge, versicherter Betrag und Prämie, nicht aber die einzelnen Verträge oder Konnossemente.

Der Dampfer Daksa ist am 10. August von den Engländern aufgebracht und mit seiner Ladung kondemniert worden. Von der Gersteladung hatte die Klägerin 350 Tons rechtzeitig weiterverkauft, so daß diese aus der Versicherung ausschieden. Die Dokumente über 800 Tons hat sie aufgenommen und unverkauft in ihrem Besitze. Dagegen hat sie von den restlichen 700 Tons die Dokumente über 500 Tons am 1. August, die über 200 Tons am 3. August bei der Andienung zurückgewiesen. Sie behauptet, daß nach den ihren Angestellten erteilten Anweisungen und den darüber geführten Büchern die Deklarationen sich dergestalt über die ganze Ladung verteilten, daß in der Zeit vom 25. bis 28. Juli deklariert seien:

1. auf die verkauften 350 Tons	2100,— *M*
2. auf die zurückgewiesenen 700 Tons . . .	6725,— *M*
3. auf die 800 Tons	6300,— *M*
und ferner am 3. August:	
1. auf die 800 Tons	38400,— *M*
2. auf zu den 700 Tons gehörige 200 Tons	10400,— *M*
zusammen:	63925,— *M*

Die Klägerin ist nun der Meinung, daß sie unter Ausscheidung der auf die 350 Tons deklarierten 2100 *M* und Herabsetzung der dann verbleibenden Deklaration auf den vereinbarten Höchstbetrag von 60000 *M* den letzteren als den ihr entstandenen Schaden beanspruchen könne, und hat Verurteilung der Beklagten zur Zahlung von 60000 *M* nebst 5% Zinsen beantragt.

Die Beklagte hat Klagabweisung beantragt unter Erhebung verschiedener Einwendungen, von denen jetzt noch folgende in Betracht kommen:

1. Da die Deklarationen nicht ergeben, auf welche einzelne Posten sie gemacht seien, so könne dies nicht jetzt nachgeholt werden, vielmehr müßten sie, wenn sie überhaupt beachtlich seien, auf die ganze Ladung gleichmäßig verteilt werden. Dann würde auf die allein in Frage stehenden 800 Tons (s. Einwand 2) ein verhältnismäßig geringer Betrag entfallen.

2. Bezüglich der 700 Tons sei das versicherbare Interesse der Klägerin durch die Zurückweisung der Dokumente erloschen.
3. Am 3. August sei die Lage schon so gewesen, daß man unmöglich noch mit einem Gewinne bei der Ladung der Daksa habe rechnen können, vielmehr sei die Nichtankunft so gut wie gewiß gewesen. Daher habe die Klägerin einen imaginären Gewinn überhaupt nicht mehr deklarieren können.
4. Keinesfalls könne sie die gesamten 60000 ℳ fordern. Vielmehr seien sämtliche Deklarationen auf die 1850 Tons zu berücksichtigen und derart auf 60000 ℳ herabzusetzen, daß dabei eine gleichmäßige Erniedrigung der Einzeldeklarationen eintrete.

Das Landgericht hat unter Abweisung der Klage im übrigen die Beklagte zur Zahlung von 4695 ℳ nebst Zinsen verurteilt. Hiergegen hat nur die Klägerin Berufung eingelegt. Das Oberlandesgericht hat die Beklagte unter Abweisung der Klage wegen 18388,52 ℳ nebst Zinsen zur Zahlung weiterer 36916,48 ℳ nebst Zinsen verurteilt.

Auf Revision beider Parteien wurde das Urteil aufgehoben aus folgenden

Gründen:

„1. Wegen der 700 Tons nimmt das Oberlandesgericht an, daß das versicherbare Interesse der Klägerin dadurch vor Eintritt des Unfalls (10. August 1914) erloschen sei, daß sie am 1. und am 3. August die ihr angedienten Dokumente zurückgewiesen habe. Dem kann nicht beigetreten werden. Die Klägerin hatte die Ware cif Hamburg gekauft, dieselbe schwamm also für ihre Rechnung und Gefahr. Die Zurückweisung der Dokumente änderte an diesem Verhältnis zur Ware an sich nichts, sie verhinderte nur bis auf weiteres den Übergang des Eigentums auf die Klägerin. Diese blieb also nach wie vor die an der Ware und ihrer glücklichen Ankunft wie ein Eigentümer interessierte Cif-Käuferin. Somit blieb auch ihre Aussicht auf imaginären Gewinn von der glücklichen Ankunft der Ware abhängig. Daß sie die Dokumente berechtigterweise dem Verkäufer gegenüber zurückgewiesen habe, weil der Kauf hinfällig geworden sei, oder daß der Verkäufer sich nachträglich mit der Zurückweisung der Dokumente oder der Auflösung des Kaufes einverstanden erklärt habe, wird von keiner Seite behauptet. Es liegt auch nichts dafür vor, daß die Klägerin selbst den Kauf für hinfällig gehalten und aus diesem Grunde die Dokumente zurückgewiesen habe, vielmehr ist die nächstliegende Auslegung dieser Handlung die, daß sie den Eigentumsübergang vorläufig vermeiden wollte, damit die Ware bei etwaiger Beschlagnahme und prisenrechtlichem Verfahren als russisches Eigentum behandelt würde. Die inzwischen durch die Kondemnation teilweise wertlos gewordenen Dokumente liegen nach unbestrittener Behauptung der Klägerin noch bei der Deutschen Bank und könnten daher auch jetzt noch von ihr aufgenommen werden. Es ist an sich anzunehmen, daß die Aufnahme längst erfolgt wäre, wenn die Ware glücklich in Hamburg angekommen wäre, und daß somit der Klägerin der imaginäre Gewinn nicht durch die Zurückweisung der Dokumente, sondern durch den Versicherungsfall, d. h. die Beschlagnahme, verloren gegangen ist. Die Begründung, mit der das Oberlandesgericht den auf die 700 Tons bezüglichen Anspruch der Klägerin abgewiesen hat, ist hiernach nicht haltbar.

2. Anderseits ist aber auch die Begründung, mit der das Oberlandesgericht den gemäß der Deklaration vom 3. August 1914 erhobenen auf die 800 Tons bezüglichen Anspruch in der Hauptsache zugesprochen hat, nicht ausreichend. Es prüft lediglich, ob der am 3. August 1914 deklarierte imaginäre Gewinn absolut undenkbar oder wenigstens nach menschlicher Berechnung kaum zu erwarten war, m. a. W. ob damals schon feststand, daß der Dampfer Daksa Hamburg nicht mehr erreichen konnte. Allerdings hat die Beklagte selbst zu dieser Fragestellung Anlaß gegeben, indem sie bestreitet, daß die Klägerin einen den Deklarationen entsprechenden imaginären Gewinn noch habe erwarten können, weil nach dem Gutachten Z. die Gerste damals in Hamburg mit Rücksicht auf die Kriegsverhältnisse überhaupt nicht mehr, geschweige denn zu einem höheren als dem von der Klägerin gezahlten Kaufpreise, verkäuflich gewesen sei. Die Beklagte scheint danach der Meinung zu sein, daß sie nach § 793 Abs. 2 HGB. eine Herabsetzung der Taxe auf 0 gemäß dem in Hamburg für die bestimmte in Rede stehende schwimmende Gerste mit Rücksicht auf die Kriegsgefahr zu erzielenden Preise verlangen könne. Das ist aber nicht richtig. Bei Prüfung der Angemessenheit der Taxe darf die Höhe der Gefahr nicht in Betracht gezogen werden. Vielmehr kommt es darauf an, welcher Gewinn zu erwarten ist, falls die Gefahr glücklich überstanden wird. Das Berufungsgericht kommt dem richtigen Gesichtspunkte näher, indem es von einer exceptio doli spricht, die dem Anspruche dann entgegenstehe, wenn ein Überstehen der Gefahr objektiv gänzlich oder doch nahezu undenkbar gewesen sei. In Wahrheit handelt es sich um die Frage, ob die laufende Police vom 1. Januar 1912 mit Zusätzen nach Treu und Glauben auf eine Deklaration, wie sie hier am 3. August 1914 vorgenommen ist, bezogen werden darf. Nach bekannten Rechtsgrundsätzen hat die laufende Police die Wirkung, daß die in ihren Bereich fallenden Gegenstände ohne weiteres unter Versicherung kommen, sobald die Gefahr für sie zu laufen beginnt. Hier handelt es sich um eine Versicherung von Mehrwert auf imaginären Gewinn. Unter gewöhnlichen Verhältnissen würde daher, da die Preise in Hamburg für Gerste der fraglichen Art am 3. August auf etwa 180 *M* gestiegen waren, der von der Klägerin an diesem Tage deklarierte Mehrwert des imaginären

Gewinns ohne weiteres unter die Versicherung gefallen und die Klägerin nicht nur berechtigt, sondern auch verpflichtet gewesen sein, ihn zu deklarieren. Es fragt sich aber, ob die Police, in deren Zusatze vom 25. Juli 1914, also zwar bei drohender Kriegsgefahr, aber doch vor Ausbruch des Krieges, gegen eine feste Prämienzulage von $1/_8$ % die Mitversicherung der Kriegsgefahr vereinbart war, nach der Verkehrsauffassung dahin zu verstehen ist, daß sie auch Interessen begreift, die erst nach Kriegsausbruch, also bei fast unendlich gesteigerter Gefahr, unter die Versicherung fallen würden. Hätte es sich um eine Güterversicherung gehandelt, so könnte eine entsprechende Frage dahin aufgeworfen werden, ob die Versicherung auch noch Güter umfaßte, die erst nach Ausbruch des Krieges abgeladen wurden; in diesem Falle würde allerdings dem Versicherer wohl regelmäßig die Einrede eigenen Verschuldens des Versicherten zur Seite stehen. Von einem eigenen Verschulden des Versicherten kann in unserem Falle keine Rede sein, weil die Ware sich bei Eintritt der Gefahr des Verlustes des Mehrbetrags des imaginären Gewinns, m. a. W. als sich der letztere infolge des Kriegsausbruches und der Gefahr einer Beteiligung Englands am Kriege ungewöhnlich steigerte, bereits unterwegs befand und der Versicherte die Ausführung der Beförderung nicht hindern konnte. Dafür kommt aber in Betracht, daß dieser Eintritt der Gefahr, weil er mit der Entstehung des Mehrgewinns zusammenfiel, eine Bereicherung des Versicherten bedeutete, die sich nach Lage der Sache aller Wahrscheinlichkeit nach nur auf Kosten des Versicherers erreichen ließ. Demgemäß hat die Beklagte geltend gemacht, daß am 3. August kein Versicherer sich auf eine solche Versicherung eingelassen haben würde, und es fragt sich, ob die laufende Police nicht auf normale Versicherungen, die auch frei abgeschlossen werden konnten, zu beschränken ist. Diesen Gesichtspunkt hat das Berufungsgericht, das sich mit der Feststellung begnügt, daß am 3. August die Möglichkeit des Ankommens der Ware nicht ausgeschlossen war, nicht berücksichtigt. An Hand desselben wird die Frage erneuter Prüfung in der Berufungsinstanz, nötigenfalls unter Befragung von Sachverständigen, zu unterziehen und dabei auch die in keinem Verhältnis zu dem Risiko stehende Prämie zu berücksichtigen sein. Die Prüfung wird sich auch auf den am 3. August 1914 für die unter 1 behandelten 700 Tons deklarierten Mehrwert des imaginären Gewinns zu erstrecken haben.

3. Im übrigen sind die erhobenen Angriffe nicht begründet.

Die Deklarationen gaben allerdings insofern an sich zu Zweifel Anlaß, als die Warenpartien, auf die sie sich beziehen sollten, nicht ohne weiteres zu erkennen waren. Es steht aber fest, daß sie den in Hamburg notierten Preisen entsprachen und daß die betreffenden Warenmengen tatsächlich für die Klägerin auf dem Dampfer Daksa unterwegs waren. Wenn daher keine sonstigen Gründe (vgl. die vorstehende Erörterung unter 2) entgegenstehen, ist eine Versicherung auf Grund der laufenden Police gegeben. In Frage steht nur eine nachträgliche Erläuterung der Deklarationen, die sehr wohl auf Grund von außerhalb der Urkunde liegenden Beweisen erfolgen konnte. Das Berufungsgericht hat solche erhoben und daraufhin festgestellt, daß die Deklarationen zur Zeit der Vornahme ebenso gemeint gewesen sind, wie die Klägerin jetzt angibt. Da die Beklagte nicht zu behaupten vermag, daß diese Auslegung mit der tatsächlichen Sachlage irgendwie in Widerspruch steht, so muß es dabei sein Bewenden haben. Richtig ist allerdings, daß § 885 HGB. dabei nicht allein in Betracht kommt, weil es sich nicht nur um Feststellung des Schadens oder des Interesses, sondern auch um die Auslegung der Deklarationen und um die Frage handelt, ob sie der laufenden Police und dem zu erwartenden Gewinn entsprachen.

Die Rechnung des Oberlandesgerichts ist von seinem Standpunkt aus richtig. Insbesondere kann nicht in Betracht kommen, daß vor den Deklarationen auf See- und Kriegsgefahr schon 3700 *M* auf Seegefahr deklariert waren. Beide Versicherungen sind hinsichtlich der Überschreitung der Höchstgrenze für sich zu behandeln, wie denn auch nach der Police für Seegefahr 75000 *M* für jedes Schiff, dagegen für Kriegsgefahr nur 60000 *M* deklariert werden durften. Ebenso hat das Berufungsgericht von seinem Standpunkt aus mit Recht die überschießenden 3925 *M* auf die beiden Partien von 700 und 800 Tons entsprechend verteilt, weil beide zur Zeit der Deklaration in Risiko waren." ...

---

89. Darf der Konkursverwalter nach §§ 29 flg. KO. eine Zahlung anfechten, welche der Gemeinschuldner nach Eröffnung des Konkurses auf Grund eines Treuhandverhältnisses und in der Eigenschaft als Treuhänder an den Treugeber geleistet hat?

VII. Zivilsenat. Urt. v. 5. November 1918 i. S. H. H. (Kl.) w. Frau J. R. (Bekl.). Rep. VII. 202/18.

I. Landgericht Hamburg.
II. Oberlandesgericht daselbst.

Am 15. Oktober 1915 wurde über das Vermögen der offenen Handelsgesellschaft R. & Co. der Konkurs eröffnet und der Kläger zum Konkursverwalter bestellt. Seit November 1914 hatte die spätere Gemeinschuldnerin eine Granatdreherei betrieben. Das Fabrikinventar hatte ehemals einem Neffen der Beklagten, A. B., gehört, von dem es zur Sicherheit für eine Schuld von 5025 *M* an die Beklagte, seine

Gläubigerin, übertragen worden war. Von letzterer war das Inventar an die genannte Handelsgesellschaft gelangt. Der nähere Hergang war im Rechtsstreite streitig. Nach Behauptung des Klägers ist das Inventar der Handelsgesellschaft als Einlage des Sohnes der Beklagten, E. R., übereignet worden; die Beklagte behauptet, sie habe das Inventar der Firma R. & Co. zunächst nur zum Verkauf anvertraut und sodann, als eine Veräußerung nicht ausführbar gewesen sei, es der Firma auf deren Bitte zur Benutzung überlassen. Am 27. September 1915 hat E. R. namens R. & Co. das Maschineninventar für den empfangenen Kaufpreis von 5500 *M* an K. W. verkauft und zwei Tage darauf hat er, wie der Kläger behauptete, 4500 *M* an die Beklagte gezahlt.

Mit der Klage focht der Kläger auf Grund der Konkursordnung die Zahlung an und beantragte, die Beklagte zur Zahlung von 4500 *M* zu verurteilen. Das Landgericht gab dem Klagebegehren statt. Das Berufungsgericht wies dagegen die Klage ab. Auf die Revision des Klägers wurde das Berufungsurteil aufgehoben und die Sache zur anderweiten Verhandlung und Entscheidung zurückverwiesen.

Gründe:

„Wie das Berufungsurteil unangefochten feststellt, hat die Beklagte das Maschineninventar der Granatdreherei auf die Firma R. & Co. nicht zu vollen, uneingeschränkten Eigentumsrechten, sondern nur als Treuhandeigentum zur Benutzung, und zwar entweder mit oder ohne Ermächtigung zum Weiterverkauf übertragen. Davon ausgehend, erwägt das Berufungsurteil: Auf Vermögensstücke, die der Gemeinschuldner nur als Treuhänder zu Eigentum habe, stehe seinen Gläubigern ein Anspruch nicht zu. Es sei gleichgültig, ob W. den Kaufpreis für das Inventar an die Gemeinschuldnerin zahlen wollte und E. R. ihn so angenommen habe, und es sei auch unerheblich, ob letzterer an die Beklagte die gleichen Geldstücke aushändigte, die er von W. empfangen habe. Den Gläubigern gegenüber habe der Kaufpreisanspruch nicht zum Vermögen der Gemeinschuldnerin gehört. Da diese keinen Anspruch darauf gehabt hätten, daß der Kaufpreis der Gemeinschuldnerin zufloß oder gar ihr verblieb, habe in der Ablieferung an die Beklagte keine Benachteiligung der Gläubiger gelegen, auch wenn der Preis durch die Bücher oder Kasse der Gemeinschuldnerin ein- und ausgegangen sei. Sei bei der Eigentumsübertragung auf die Gemeinschuldnerin von einem Verkaufsauftrage nicht die Rede gewesen, so habe das Fabrikinventar zur Verfügung der Beklagten gestanden, sobald die ursprünglich verabredete Benutzung durch Abwickelung des Granatdrehauftrags ihr Ende erreicht habe. Verkaufte dann E. R. das Inventar, ohne sich des Einverständnisses der Beklagten zu versichern, so sei der erhaltene Gegenwert nur in die Rechtslage des ursprünglichen Treuhandgegenstandes getreten. Das Benutzungsrecht habe als erloschen gelten müssen, als ein weiterer Drehauftrag nicht zu beschaffen gewesen sei; daher sei auch ein solches Recht den Gläubigern nicht entzogen.

Auf diesem Wege gelangt das angegriffene Urteil dazu, für die am 29. September 1915 von dem Gesellschafter E. R. an die Beklagte geleistete Zahlung von 4500 oder 3400 *M*, gegen die sich der Anfechtungsanspruch des Klägers richtet, das Merkmal einer jeden nach den §§ 29 flg. KO. zulässigen Anfechtung, nämlich daß der angefochtene Akt eine Benachteiligung der Konkursgläubiger zur Folge gehabt habe, zu verneinen. Gegen die Urteilsbegründung sind jedoch im Einklange mit den von der Revision vorgetragenen Ausführungen rechtliche Bedenken zu erheben, die zur Aufhebung der Berufungsentscheidung und zur Zurückverweisung der Sache in die Berufungsinstanz führen.

Die Frage, ob die Konkursgläubiger objektiv benachteiligt sind, ist zu bejahen, wenn durch die angefochtene Zahlung aus dem Vermögen der Gemeinschuldnerin Werte ausgeschieden sind, welche ohne die Zahlung zur Verteilung an die Gesamtheit der Gläubiger zur Verfügung gestanden hätten. Der Fall liegt vor. Nach den Ausführungen des Berufungsurteils ist anzunehmen, daß die Handelsgesellschaft R & Co. in Ansehung des ihr zur Benutzung überlassenen Maschineninventars zwar Treuhänderin für die Beklagte, indes immerhin Eigentümerin geworden war, daß E. R. namens der Handelsgesellschaft das Inventar veräußert und den Kaufpreis von 5500 *M* empfangen hat, und daß somit dieser Erlös, der zur Gesellschaftskasse floß, Eigentum von R. & Co. geworden ist. Die Vereinnahmung ermöglichte die zwei Tage später an die Beklagte erfolgte Zahlung. Wäre aber der Betrag der Gesellschaftskasse verblieben, so hätte die Beklagte seiner Verteilung an die Gesamtheit der Konkursgläubiger nicht widersprechen dürfen. In der Rechtsprechung des Reichsgerichts und in der herrschenden Rechtslehre ist anerkannt, daß fiduziarisch übereignete Vermögensgegenstände im Konkurse des Treuhänders unter entsprechender Anwendung des § 43 KO. vom Treugeber ausgesondert werden dürfen (vgl. RGZ. Bd. 45 S. 80, Bd. 62 S. 198, Bd. 79 S. 121, Bd. 91 S. 12; **Jaeger** KO. § 43 Anm. 38 flg.). Wenn sich also das Maschineninventar noch bei Eröffnung des Konkurses im Treuhandeigentum der Gemeinschuldnerin befunden hätte, so würde der Beklagten ein das Beteiligungsrecht der Gesamtheit der Konkursgläubiger ausschließender Anspruch auf Aussonderung des Inventars zugestanden haben. Nachdem aber das Treugut an W. veräußert war und die Firma R. & Co. den Kaufpreis vereinnahmt hatte, bestand ein auf das Treuhandverhältnis zurückzuführender Anspruch der Beklagten von dinglicher Art nicht mehr. Aus dem § 46 KO. ergibt sich vielmehr unzweideutig für den vorliegenden Tatbestand, indes abgesehen von der angefochtenen Zahlung, daß die Beklagte auf Grund des Treuhandverhältnisses nur noch schuldrechtliche Ansprüche geltend machen konnte, die ihr im Konkurse der Treuhänderin die Stellung einer einfachen Konkursgläubigerin ohne Vorrecht vor den anderen Konkursgläubigern zuwiesen. Selbst in den Fällen einer Verkaufskommission, in denen der Kommittent Eigentümer des Kommissionsgutes, solange es der Kommissionär in Händen hatte, geblieben war, ist ersterer im Konkurse des letzteren auf eine bloße Konkursforderung ohne Aussonderungs- oder Absonderungskraft angewiesen, wenn der Kommissionär vor seinem Konkurse das Gut veräußert und den Preis eingezogen hat. Keineswegs läßt sich etwa der bei der Veräußerung an W. von R. & Co. erzielte Erlös als ein im Verhältnis zur Beklagten einer gleichen Beurteilung wie das Maschineninventar unterliegender fiduziarischer Erwerb auffassen. Ein fiduziarisches Eigentum hat zur Voraussetzung, daß der Gegenstand vom Treugeber aus seinem Vermögen dem Treuhänder anvertraut und übereignet ist (vgl. RGZ. Bd. 84 S. 214, Bd. 91 S. 12; Gruchot Bd. 54 S. 626). Dies Erfordernis ist bei jenem Erlöse nicht erfüllt. Auch die im Rechtssysteme für mannigfache Verhältnisse maßgebliche Regel des dinglichen Ersatzes, die in den Erörterungen der Vorinstanz berührt und herangezogen ist, kann dem angegriffenen Urteile nicht zur Stütze dienen. Wie der erkennende Senat schon wiederholt ausgesprochen hat, ist der Grundsatz der Surrogation kein allgemein geltender, sondern in Ansehung seiner Wirksamkeit und seines Umfanges nach den einzelnen ihn betreffenden Bestimmungen zu bemessen (vgl. RGZ. Bd. 70 S. 233, Bd. 94 S. 20). Bei einem zur Sicherung von Forderungen eingegangenen Treuhandverhältnis kann im Einzelfalle die Frage entstehen, ob eine der auf Surrogation bezüglichen Vorschriften aus dem Gebiete des Pfandrechts entsprechend anwendbar ist. Dies bedarf aber hier keiner Erörterung. Denn die Übertragung des Maschineninventars auf die Handelsgesellschaft R. & Co. war nicht zu Pfandzwecken, sondern deshalb erfolgt, damit die Firma das Inventar zur Granatdreherei benutzte, vielleicht auch, damit sie es weiter veräußerte. Aus der mit oder ohne Genehmigung der Treugeberin vorgenommenen Veräußerung des Treuguts an W. erwuchs der Beklagten ein auf Herausgabe des erzielten Erlöses oder auf Wertersatz gerichteter Anspruch gegen die Treuhänderin. Dieserhalb konnte aber die Beklagte, wenn die Zahlung vom 29. September 1915 unterblieb, im Konkurse der Treuhänderin immer nur eine Geldforderung verfolgen und anteilsmäßige Befriedigung aus der Masse nach dem für die Konkursgläubiger ermittelten Maßstabe erwarten."

90. Kann eine mit einer Zurückbehaltungseinrede behaftete Forderung aufgerechnet werden, wenn sich der Gegner hinsichtlich der Leistung, wegen deren er zurückhält, im Annahmeverzuge befindet?

BGB. §§ 387, 390.

I. Zivilsenat. Urt. v. 29. Januar 1919 i. S. St. Bank (Bekl.) w. N. Handelsbank (Kl.). Rep. I. 252/18.

I. Landgericht Verden.
II. Oberlandesgericht Celle.

Die Parteien standen miteinander in engen geschäftlichen Beziehungen. Die Klägerin klagt gegen die Beklagte eine Forderung aus laufender Rechnung in Höhe von 10000 *M* ein, die unbestritten ist. Die Beklagte macht gegenüber der Klagforderung aufrechnungsweise eine Gegenforderung auf Grund folgenden Sachverhalts geltend. Die Klägerin war Anfang 1914 im Besitze von 150000 *M* Aktien der Beklagten, die diese zu erwerben und anderweitig unterzubringen wünschte. Da die Beklagte selbst eigene Aktien nicht erwerben konnte, vereinbarte ihr Direktor M. in eigenem Namen mit der Klägerin, daß er die 150000 *M* Aktien käuflich übernehme und daß der Kaufpreis durch Zahlung von etwa 50000 *M* bar, durch Abtretung einer Hypothek und durch Abtretung einer Forderung von 33730,85 *M* gegen einen gewissen S. getilgt werden sollte. Dies Geschäft ist zur Ausführung gekommen. M. hat einige Zeit darauf das Geschäft wegen Irrtums und Täuschung angefochten. Die Beklagte behauptet, das Geschäft habe zur Grundlage gehabt, daß die Klägerin sich in geordneten Verhältnissen befinde. Nur dann wäre es der Beklagten, deren enge Beziehungen zur Klägerin bekannt gewesen seien, möglich gewesen, die 150000 *M* anderweitig unterzubringen. M. habe sich deshalb bei den Vertretern der Klägerin nach deren Verhältnissen erkundigt und habe eine befriedigende Auskunft erhalten. Bald habe sich jedoch herausgestellt, daß die Klägerin zahlungsunfähig sei und ihr Zusammenbruch bevorstehe. M. hat darauf das Geschäft angefochten; er hat seine Forderungen aus der Anfechtung an die Beklagte abgetreten. Mit diesen Forderungen, die sie auf 98000 *M* beziffert, rechnet die Beklagte auf. Die Klägerin hat die behauptete Täuschung bestritten und hat behauptet, die Aufrechnung sei auch aus dem Grunde unzulässig, weil die Beklagte die 150000 *M* Aktien nicht zur Verfügung stelle. Darauf hat die Beklagte erwidert, sie brauche die 150000 *M* Aktien nur gegen Zahlung der vollen 98000 *M* (einschließlich der Rückübertragung der Hypothek und der Forderung gegen S.) zur Verfügung zu stellen; bis dahin gebe sie die Aktien nicht zurück.

Landgericht und Oberlandesgericht haben zugunsten der Klägerin erkannt, weil die Aufrechnung unzulässig sei. Die Revision führte zur Aufhebung des Berufungsurteils.

Gründe:

„Der Klaganspruch ist unbestritten. Die Beklagte will mit einem Anspruch aufrechnen, den sie aus der Anfechtung des zwischen der Klägerin und dem früheren Direktor der Beklagten abgeschlossenen Kaufvertrags herleitet; sie verlangt auf Grund der Anfechtung und der Abtretung der Rechte ihres früheren Direktors Rückzahlung des Kaufpreises. Die Klägerin will diesen zurückhalten, weil die Beklagte ihr den Kaufgegenstand zurückzugewähren habe. Die Beklagte ist bereit, die gekauften Aktien zurückzugeben, aber nur gegen Rückzahlung des gesamten Kaufpreises, nicht jedoch gegen denjenigen Teil des Kaufpreises, der zur Aufrechnung gegen die Klagforderung (10000 ℳ) erforderlich ist.

Die Entscheidung über die Revision ist grundsätzlich abhängig von der Beantwortung der Frage, ob mit einer Forderung aufgerechnet werden kann, der eine Zurückbehaltungseinrede entgegensteht, und zwar insbesondere dann, wenn der Aufrechnungsgegner sich im Annahmeverzuge befindet.

Vorweg ist zu bemerken, daß es sich vorliegendenfalls um eine wahre Zurückbehaltungseinrede handelt. Denn nach der Rechtsprechung des Reichsgerichts sind bei Anfechtung eines gegenseitigen, von beiden Seiten bereits erfüllten Vertrags die beiderseitigen Ansprüche auf Rückgewähr selbständige Ansprüche, die nicht wie die Vertragsansprüche aus einem zweiseitigen Geschäfte voneinander abhängig sind. Es findet deshalb die Einrede des Zurückbehaltungsrechts statt, nicht aber die Einrede des nicht erfüllten Vertrags (RGZ. Bd. 49 S. 421).

Grundsätzlich bestimmt § 390 BGB., daß eine Forderung, der eine Einrede entgegensteht, nicht zur Aufrechnung verstellt werden kann. Es wird allgemein anerkannt, daß unter den hier gemeinten Einreden nicht nur zerstörende, sondern auch aufschiebende zu verstehen sind. Unter die aufschiebenden fällt die hier in Rede stehende Zurückbehaltungseinrede. Aber es fragt sich, ob diese Einrede der Aufrechnung auch dann entgegensteht, wenn der Aufrechnungsgegner sich im Annahmeverzuge hinsichtlich der Leistung, wegen der er zurückhalten will, befindet. Das Reichsgericht hat in Seufferts Archiv Bd. 59 Nr. 149 entschieden, daß ein Beklagter, der die Einrede des nicht erfüllten Vertrags gegen einen Vertragsanspruch erhebt, der aber seinerseits im Annahmeverzug ist, verurteilt werden muß, jedoch nicht bedingungslos, sondern Zug um Zug gegen die Gegenleistung. Daraus hat das OLG. Rostock, Seufferts Archiv Bd. 67 Nr. 150, geschlossen, daß eine solche Forderung nicht zur Aufrechnung verwandt werden könne, weil sich die Bedingung der Leistung Zug um Zug bei der Zulassung der Aufrechnung nicht durchführen lasse. Das ist jedoch aus der angeführten Entscheidung des Reichsgerichts nicht zu folgern. Denn jenes Urteil beruht auf der Erwägung, daß einerseits der Schuldner durch seinen Annahmeverzug noch nicht das Recht verliert, daß er nur Zug um Zug gegen die Gegenleistung zu leisten braucht, und daß anderseits eine Verurteilung Zug um Zug den Gläubiger in der Zwangsvollstreckung nicht in Schwierigkeiten verwickelt, da er nach § 274 Abs. 2 BGB. ohne Bewirkung der ihm obliegenden Gegenleistung zwangsweise vorgehen kann. Das Urteil beruht also auf einer Abwägung der beiderseitigen Interessen und kommt zu dem Ergebnis, daß eine Verurteilung Zug um Zug den Interessen beider Teile gerecht wird. In einem Falle wie dem vorliegenden läßt sich nun allerdings im entscheidenden Teile des Urteils nicht aussprechen, daß bei Zulassung der Aufrechnung der Aufrechnende die erhaltene Leistung zurückzugewähren habe. Aber auf der anderen Seite ist zu berücksichtigen, daß der Annahmeverzug des Aufrechnungsgegners nicht bewirken darf, daß der Beklagte von einer ihm zustehenden Einrede keinen Gebrauch machen kann. Es würde sonst durch den Verzug des einen Teiles dem anderen Teile ein — unter Umständen erheblicher — sachlicher Schade zugefügt. Das erscheint auf keinen Fall angängig. Den Interessen des Aufrechnungsgegners kann dagegen vollauf Rechnung getragen werden, wenn der Aufrechnende seine Gegenleistung zur Verfügung jenes hält. Unter der Voraussetzung, daß letzteres der Fall ist und der Gegner sich demgemäß im Annahmeverzuge befindet, werden also seine berechtigten Interessen durch die Zulassung der Aufrechnung nicht verletzt, wenngleich, wie erwähnt, im entscheidenden Teile des Urteils nicht zum Ausdruck gelangen kann, daß er ein Recht auf die Gegenleistung hat. Die Aufrechnung ist deshalb zuzulassen, wenn der Aufrechnende seine Gegenleistung angeboten hat und sie dauernd zur Verfügung seines Gegners hält.

Dies Ergebnis wird nicht nur den beiderseitigen berechtigten Interessen gerecht, sondern es entspricht auch dem Grundsatze, der im § 274 Abs. 2 BGB. seinen Ausdruck gefunden hat. Nach dieser Gesetzesbestimmung kann derjenige, dem eine Forderung zusteht, die mit einer Zurückbehaltungseinrede behaftet ist, dann, wenn sein Gegner sich im Annahmeverzuge findet, im Wege der Zwangsvollstreckung vorgehen, ohne die ihm obliegende Gegenleistung zu bewirken. Das Gesetz hat also den oben entwickelten Grundsatz, daß der Forderungsberechtigte in seinen Interessen nicht durch den Annahmeverzug des Gegners beeinträchtigt werden darf, für den Fall, daß jener entweder Kläger oder Widerkläger ist, ausdrücklich anerkannt. Was für den Widerkläger gilt, muß auch für den Aufrechnenden gelten. Wenn der Berechtigte sich durch Widerklage und Vollstreckung zwangsweise Befriedigung verschaffen kann, so ist kein Grund ersichtlich, weshalb er dasselbe Ziel nicht durch Aufrechnung sollte erreichen können. Das OLG. Rostock wendet a. a. O. ein, der Beklagte könne durch Annahmebereitschaft die Einrede wieder zur Geltung bringen, während bei der Aufrechnung infolge der das Erlöschen der Forderung herbeiführenden Wirkung (§ 389 BGB.) ein nachträgliches Zurückgreifen auf die Einrede unmöglich sei. Allein diese Erwägung erscheint nicht ausschlaggebend. Denn der Zurückhaltungsberechtigte kann auch dann, wenn er verklagt wird, sich die Gegenleistung nicht über die Zwangsvollstreckung hinaus verschaffen. Der entsprechende Zeitpunkt liegt, wenn aufgerechnet wird, in der Abgabe des Urteils. Dieser Unterschied erscheint nicht von solcher Bedeutung, daß er den vorstehend entwickelten Grundsatz zu Fall bringen könnte.

Im vorliegenden Falle wird die Sachlage dadurch etwas verwickelter, daß die Beklagte gegen die Aufrechnung nicht den gesamten Kaufgegenstand, sondern nur einen Teil desselben — nämlich denjenigen Teil, der dem zur Aufrechnung nötigen Betrage von 10000 ℳ entspricht — zurückzugewähren hat. Letzteres ergibt sich aus den Grundsätzen, die die Rechtsprechung über den Umfang des Zurückbehaltungsrechts herausgebildet hat. Dieselbe Verwickelung würde eintreten, wenn die Beklagte den Betrag von 10000 ℳ als Klägerin oder Widerklägerin geltend machte. Hieraus kann also ebenfalls kein Grund gegen die Zulassung der Aufrechnung entnommen werden. Es wird nach dem wirtschaftlichen Verhältnis des Gesamtkaufpreises zu dem zur Aufrechnung verstellten Betrage zu ermitteln sein, ein wie großer Teil des gesamten Kaufgegenstandes zurückzugewähren ist.

Aus diesen Gründen erscheint es nicht gerechtfertigt, wenn das Berufungsgericht die Zulässigkeit der Aufrechnungseinrede verneint hat. Die Einrede ist vielmehr zuzulassen, wenn die im vorstehenden dargelegten und die sonstigen Voraussetzungen gegeben sind." ...

---

91. Darf durch Zwischenurteil nach § 303 ZPO. über eine Verjährungseinrede, welcher die Gegeneinrede der Arglist gegenübersteht, entschieden werden, während die Beurteilung der Gegeneinrede einer späteren Entscheidung vorbehalten bleibt?

VII. Zivilsenat. Urt. v. 31. Januar 1919 i. S. B. (Kl.) w. Nationalbrauerei (Bekl.). Rep. VII. 325/18.

I. Landgericht Duisburg.
II. Oberlandesgericht Düsseldorf.

Die Klägerin hat in den Jahren 1905 bis 1907 im Auftrage der Beklagten verschiedene Bauarbeiten ausgeführt. Mit der im Jahre 1911 erhobenen Klage forderte sie unter Vorlegung eines Rechnungsauszugs den daraus ersichtlichen Saldo von 11540,34 *M*. Die Beklagte wendete in erster Linie ein, der Klaganspruch sei verjährt. Demgegenüber machte die Klägerin mit näherer Begründung geltend, die Verjährung sei durch Schuldanerkenntnisse der Beklagten unterbrochen, auch stehe dieser die Replik der Arglist entgegen. Das Landgericht erkannte auf Verurteilung der Beklagten zur Zahlung von 7639,36 *M* und auf Abweisung der Mehrforderung der Klägerin. In der von der Beklagten beschrittenen Berufungsinstanz erging ein Zwischenurteil vom 15. Februar 1917, wodurch „das Verteidigungsmittel der Beklagten, daß die eingeklagte Forderung an sich verjährt sei, für begründet erklärt" wurde. Durch Endurteil des Berufungsgerichts wurde sodann die Klägerin mit der Klage vollständig abgewiesen. Ihre Revision blieb erfolglos.

Aus den Gründen:

„Der Formel des Zwischenurteils vom 15. Februar 1917 kam, wie aus dessen Begründung klar zu ersehen ist, die Bedeutung zu, daß die erhobene Verjährungseinrede, an und für sich betrachtet, nämlich in der Richtung der Zeitdauer der maßgeblichen Verjährungsfrist und ihrer etwaigen Unterbrechung durch Anerkennungen des Klaganspruchs, indes unter Absonderung der klägerischen Replik der Arglist, für welche weitere Erörterung und spätere Entscheidung vorbehalten blieb, beurteilt und für begründet erklärt wurde. Die Revision beanstandet das auf Grund des § 303 ZPO. erlassene Urteil mit der Ausführung, das Berufungsgericht habe damit über das allerdings selbständige Verteidigungsmittel einer vorgeschützten Anspruchsverjährung unzulässigerweise nur zum Teil entschieden, wegen des zur späteren Beurteilung verwiesenen Gegeneinwandes der Arglist habe für die Verjährungseinrede das im § 303 vorgeschriebene Merkmal der Entscheidungsreife nicht vorgelegen. Das Bedenken entbehrt der Berechtigung. Die Einrede der Verjährung wie auch die Gegeneinrede der Arglist waren jede für sich zur abgesonderten Betrachtung und Beurteilung geeignet. In erster Reihe stand zur Prüfung, ob vor Erhebung der Klage die gesetzlich für den eingeklagten Anspruch maßgebliche Verjährungsfrist abgelaufen war. Bei Bejahung der Frage konnte in Anwendung des § 303 und unter Vorbehalt der Gegeneinrede die Entscheidung ergehen, daß wegen Erfüllung der gesetzlichen Erfordernisse der Verjährung die Einrede an sich begründet sei. Vom Ergebnis weiterer Verhandlung und Erwägung blieb dann noch abhängig, ob nach der besonderen Lage des Falles die Beklagte sich der Klägerin gegenüber wirksam auf den Eintritt der Verjährung berufen dürfe. So ist der Berufungsrichter verfahren. Das Zwischenurteil weist bedenkenfrei nach, daß für den Klaganspruch die zweijährige Verjährung des § 196 Abs. 1 Nr. 1 BGB., beginnend mit dem Schlusse des Jahres 1907, Platz greift und die Verjährungsfrist vor der Klagerhebung selbst dann schon abgelaufen war, wenn die im landgerichtlichen Urteil angezogenen Briefe der Beklagten, deren letzter vom 8. Februar 1909 datierte, Anerkennungen des später eingeklagten Anspruchs enthalten und die Verjährung unterbrochen haben sollten. Nachdem die Einrede, wie sie die Beklagte vorgebracht hatte, abgesondert von jedem weiteren Streitstoff, in Betracht gezogen war, hat das Zwischenurteil über die Einrede an sich nicht nur zum Teil, sondern erschöpfend entschieden. Damit ist das Gesetz nicht verletzt."....

---

92. 1. Ist die Verpflichtung zur Übertragung des gegenwärtigen Vermögens auch dann an die Form des § 311 BGB. gebunden, wenn in dem Vertrage die einzelnen das Vermögen ausmachenden Bestandteile bezeichnet sind?

2. Bedarf es in gleichem Falle zu den in den §§ 1444, 1487 BGB. bezeichneten Rechtsgeschäften der Einwilligung des anderen Gütergemeinschaftsgenossen?

3. Tritt fortgesetzte Gütergemeinschaft ein, wenn durch gemeinschaftliches Testament der Eheleute alle Abkömmlinge von der Gütergemeinschaft ausgeschlossen sind? Kann ein solcher Ausschluß auch stillschweigend erfolgen?

BGB. §§ 1508, 1511, 1516, 1518.

IV. Zivilsenat. Urt. v. 3. Februar 1919 i. S. B. u. Gen. (Kl.) w. H. (Bekl.). Rep. IV. 323/18.

I. Landgericht Hamburg.
II. Oberlandesgericht daselbst.

Die Kläger und ihr Bruder Friedrich sind die Kinder des Gastwirts Karl Oskar B. aus dessen erster Ehe. Am 15. August 1896 ging er die zweite Ehe ein mit der Witwe Adelheid P. Vorher, nämlich am 21. Juli 1896, fand die Einkindschaftung der beiden Kläger statt. Am 26. Mai 1905 errichteten die Eheleute ein gemeinschaftliches Testament. Sie setzten sich gegenseitig, „ihre" drei Kinder und die Beklagte, eine Nichte der Frau, zu Erben ein, bestimmten aber, daß der überlebende Ehegatte Vorerbe und als solcher von allen Verpflichtungen frei sein solle, deren Beseitigung das Gesetz zulasse. Er solle auf das freieste unter Lebenden über die beiderseitige

Vermögensmasse verfügen können. Der Vater der Kläger starb im Jahre 1913. Nach seinem Tode forderte und erhielt Friedrich B. seinen Pflichtteil. Am 22. Dezember 1916 schloß die Stiefmutter der Kläger mit der Beklagten einen Leibrentenvertrag. In dessen § 1 erklärt erstere:

„Mein ganzes Vermögen besteht in nominell 10000 ℳ 4% Hamburger Rente, welche zurzeit ungefähr 9000 ℳ Kurswert besitzen, und einem alten Hausstand, der höchstens 1000 ℳ wert ist. Da ich von 400 ℳ Zinsen meines Vermögens nicht leben kann, habe ich mich entschlossen, mit meiner Nichte ... einen Leibrentenvertrag dahin zu schließen, daß ich ihr mein vorstehend genanntes Vermögen, also die 10000 ℳ Wertpapiere und den Hausstand, zu Eigentum übergebe, wogegen sie sich verpflichtet, mir bis an das Ende meines Lebens 1000 ℳ zu zahlen.“...

Die Witwe B. starb am 19. Mai 1917.

Die Kläger hielten den Leibrentenvertrag aus verschiedenen Gründen für nichtig und beantragten, die Beklagte zu verurteilen, jedem von ihnen 3333,33 ℳ nebst Zinsen zu zahlen. In zweiter Linie behaupteten sie die „Hinfälligkeit“ des Testaments und machten deshalb den Anspruch auf Herausgabe des Gesamtnachlasses geltend. Die Klage wurde in beiden Instanzen abgewiesen. Die Revision der Kläger hatte keinen Erfolg.

Gründe:

„Die Kläger haben geltend gemacht, in dem Vertrage vom 22. Dezember 1916 habe Frau B. sich verpflichtet, der Beklagten ihr gesamtes Vermögen zu übertragen. Mangels gerichtlicher und notarieller Beurkundung sei daher der Vertrag nach § 311 BGB. in Verb. mit § 761 nichtig. Das Landgericht, dessen Gründe das Oberlandesgericht sich zu eigen macht, führt hierzu u. a. aus: Frau B. habe in dem Vertrage zwar erwähnt, daß die übertragenen Gegenstände ihr ganzes Vermögen ausmachten, sie wolle aber nicht sowohl ihr Vermögen als Gesamtheit als vielmehr die bezeichneten Gegenstände übertragen. Der Wirksamkeit des Vertrags stehe also der § 311 nicht entgegen. Diese Begründung ist rechtlich nicht zu beanstanden. Mit Recht beruft sich das Landgericht auf die Rechtsprechung des Reichsgerichts, wonach ein Vertrag, der die Veräußerung einer Mehrheit von Vermögensstücken zum Gegenstande hat, durch die Vorschrift des § 311 nicht berührt wird, auch wenn die veräußerten Gegenstände zusammen das ganze Vermögen des Veräußerers ausmachen und die Beteiligten sich dessen bewußt sind. In solchem Falle ist der Übertragungswille nur bezüglich der namhaft gemachten Gegenstände erklärt, so daß beim Vorhandensein weiterer Vermögensstücke diese nicht mit veräußert sind, während sie bei der Übertragung des Vermögens als Ganzen dazu gehören würden.

An dieser Beurteilung ändert im vorliegenden Falle auch der Umstand nichts, daß die zum „Hausstand" gehörenden Sachen nicht im einzelnen bezeichnet sind. Durch ihre Zusammenfassung unter einem Gesamtnamen lassen sie sich ohne weiteres bestimmen. Die Sache liegt nicht anders, als wenn sie im Vertrag einzeln aufgezählt wären (vgl. hierzu RGZ. Bd. 69 S. 416 und Warneyer 1917 Nr. 49). . . . .

Ferner wollen die Kläger die Unwirksamkeit des Leibrentenvertrags aus der Vorschrift des § 1487 in Verb. mit § 1444 BGB. herleiten. In dieser Beziehung ist die Rechtslage folgende: In der zweiten Ehe des Vaters der Kläger herrschte Gütergemeinschaft nach hamburgischem Rechte. Diese ist durch das hamburgische Gesetz, betr. den Güterstand der vor dem Inkrafttreten des Bürgerlichen Gesetzbuchs geschlossenen Ehen, vom 14. Juli 1899 in die Gütergemeinschaft des neuen Rechtes übergeleitet. Nach § 15 dieses Gesetzes stehen den gemeinschaftlichen Abkömmlingen im Sinne der Vorschriften über allgemeine Gütergemeinschaft (des Bürgerl. Gesetzbuchs) diejenigen Abkömmlinge aus früheren Ehen gleich, mit denen die Ehegatten einen Einkindschaftsvertrag geschlossen haben. Sieht man zunächst von dem Testamente der Eheleute B. vom 26. Mai 1905 ab, so würde zufolge jener Vorschriften nach dem Ableben des Vaters der Kläger zwischen diesen und ihrer Stiefmutter fortgesetzte Gütergemeinschaft eingetreten sein (§ 1483), und deshalb letztere nach §§ 1487, 1444 zu einem Rechtsgeschäfte, durch das sie sich zu einer Verfügung über das Gesamtgut im ganzen verpflichten wollte, der Einwilligung der Kläger bedurft haben. Denn der § 2 des erwähnten hamburgischen Gesetzes macht eine Ausnahme von den §§ 1444, 1487 BGB. nur zugunsten des Mannes.

Die Kläger sind der Ansicht, daß an dieser Rechtslage durch das Testament nichts geändert sei. Es trete mit §§ 1487, 1444 in Widerspruch und sei deshalb nach § 1518 „hinfällig". Dagegen steht die Beklagte auf dem Standpunkte, daß die Gütergemeinschaft durch das Testament aufgehoben sei. Das Berufungsgericht hat letztere Frage dahingestellt gelassen und ausgeführt, der Einwilligung der Kläger zu dem Vertrage habe es nicht bedurft, da ihre Stiefmutter, wie aus den Darlegungen über die Nichtanwendbarkeit des § 311 hervorgehe, nicht über das Gesamtgut im ganzen verfügt habe. Diese Begründung beruht auf Rechtsirrtum. Das Berufungsgericht verkennt die verschiedene rechtliche Bedeutung des § 311 einerseits und der §§ 1487, 1444 anderseits. Der § 311 enthält eine Formvorschrift. Er erschwert die Form für Verträge, durch welche jemand sein ganzes Vermögen in Bausch und Bogen einem anderen übertragen will. Ein solcher soll nicht in der Lage sein, formlos ein so „inhaltsschweres" Geschäft, ohne sich über dessen Bedeutung klar geworden zu sein, schließen zu können, und so vor Übereilung geschützt werden (Motive Bd. 2 S. 188 und das angef. Urt. bei Warneyer 1917 Nr. 49). Deshalb ist die Form nicht nötig, wenn zwar die übertragenen Gegenstände das gesamte Vermögen des Übertragenden bilden, diese aber im Vertrag im einzelnen bezeichnet sind. Dann kann er über die Tragweite des Geschäfts nicht mehr im unklaren sein. Ganz andere Bedeutung hat der § 1444. Er ist materiellrechtlicher Natur und soll verhindern, daß der Mann einseitig Geschäfte eingeht, die der Gütergemeinschaft das Substrat und der Ehefrau ihre Rechte am Gesamtgute zum einseitigen Vorteile des Mannes entziehen, also mit dem Wesen und Zwecke der Gütergemeinschaft in Widerspruch stehen (Motive Bd. 3 S. 351 zu II). Entsprechendes gilt nach § 1487 für die fortgesetzte Gütergemeinschaft. Von diesem Gesichtspunkt aus muß es aber für die Gültigkeit eines ohne Einwilligung des anderen Gütergemeinschaftsgenossen geschlossenen Vertrages ohne Bedeutung sein, wenn in dem Vertrag, aus dem ersichtlich ist, daß er das Gesamtgut im ganzen zum Gegenstande hat, auch noch die einzelnen, das Gesamtgut ausmachenden Vermögensbestandteile aufgezählt sind. So liegt die Sache hier. Nach §§ 1487, 1444 BGB. und § 2 des hamburgischen Gesetzes, betr. den Güterstand, würde es also darauf ankommen, ob die Behauptung der Beklagten richtig ist, daß die Erblasserin außer den im Vertrag angegebenen noch die weiteren von der Beklagten bezeichneten Vermögensgegenstände besessen hat.

Die Entscheidung kann aber aus einem anderen Grunde aufrechterhalten werden, und zwar deshalb, weil die vom Berufungsgerichte dahingestellt gelassene Frage, ob durch das Testament die fortgesetzte Gütergemeinschaft ausgeschlossen ist, bejaht werden muß. Eine solche Ausschließung der fortgesetzten Gütergemeinschaft kann auch stillschweigend durch Bestimmungen erfolgen, die mit dem Eintritte der fortgesetzten Gütergemeinschaft nicht vereinbar sind. Das ist hier geschehen, indem die Eheleute B., wie das Berufungsgericht unangefochten feststellt, sich gegenseitig zu Vorerben und die drei Söhne des Mannes und die Beklagte zu Nacherben berufen haben.

Daß etwa die Eheleute B. außer dem Gesamtgute Vorbehalts- oder Sondergut gehabt hätten und sich nur auf solches die letztwillige Verfügung beziehen sollte, ist nicht behauptet.

Allerdings kann das gemeinschaftliche Testament, auch wenn es in der Form des Ehevertrags (§ 1434 BGB.) geschlossen ist, den Ehevertrag im Sinne des § 1508 nicht ersetzen, weil das Testament nach § 2271 einseitig widerrufen werden kann. Allein wenn, wie es nach § 1511 zulässig ist, alle Abkömmlinge von der fortgesetzten Gütergemeinschaft ausgeschlossen sind, so kann es zu einer solchen begriffsmäßig nicht kommen, da zu jeder Gemeinschaft mehrere Personen gehören (vgl. Motive Bd. 4 S. 442). Das Urteil des V. Zivilsenats des Reichsgerichts vom 14. Dezember 1907 (Warneyer 1908 Nr. 163) steht der hier vertretenen

Auffassung nicht entgegen, da es einen anders gelagerten Fall betrifft. Formell war der Ausschluß der Gütergemeinschaft nach § 1516 Abs. 3 BGB. gültig. Die §§ 1487, 1444 BGB. finden deshalb keine Anwendung."...

---

93. Haftet eine Bank, deren Vorstand in geschäftlichen Angelegenheiten Auskunft erteilt, wegen einer wissentlich unrichtigen, von einer ihrer Depositenkassen instruktionswidrig erteilten Auskunft auf Schadensersatz?

BGB. §§ 30, 31, 826.

VI. Zivilsenat. Urt. v. 3. Februar 1919 i. S. der Kommanditges. auf Aktien „Dir. der Disk." (Bekl.) w. H. (Kl.). Rep. VI. 347/18.

I. Landgericht I Berlin.
II. Kammergericht daselbst.

Die Weinhandlung W. Schl. & Co. in Berlin stand mit dem Sch.schen Bankverein, Depositenkasse Charlottenburg, Stuttgarter Platz, in Geschäftsverbindung. Im Frühjahr 1913 richtete sie an die Klägerin die Anfrage, ob diese ihr Ware auf Kredit liefern und Wechsel diskontieren wolle, wobei sie ihre vorgenannte Bankverbindung als Referenz aufgab. Daraufhin schrieb die Klägerin am 2. April 1913 an den Bankverein „Charlottenburg, Stuttgarter Platz 13" und ersuchte um Auskunft über W. Schl. & Co., es interessiere sie vor allem, zu erfahren, ob man der Firma einen Kredit bis zu zirka 20000 ℳ in Ruhe bewilligen könne. Die Anfrage wurde unter dem 8. April 1913 von der Depositenkasse beantwortet, deren damalige Vorsteher F. und H. das Schreiben unterzeichnet haben. In der Auskunft wird zunächst der Inhaber von W. Schl. & Co. als ein „äußerst tüchtiger, intelligenter und versierter Geschäftsmann" bezeichnet, der das seit 1862 bestehende Geschäft 1896 von seinem Vater übernommen habe. Man bringe der Firma in Lieferantenkreisen Vertrauen entgegen, sie erziele durch ihre Filialen, etwa 160 an Zahl, bedeutenden Umsatz. Dann heißt es: „Zahlungen erfolgten, soweit wir beobachten konnten, stets prompt. Auch sollen der Firma seitens wohlhabender Verwandten des Inhabers reichliche Mittel zur Verfügung stehen." Die Klägerin trat nunmehr mit Schl. in Geschäftsverbindung, ihrer Behauptung nach auf Grund dieser Auskunft, lieferte an Schl. auf die Bestellungen vom 19. April und 10. Mai 1913 Wein und diskontierte auch Wechsel. W. Schl. & Co. geriet aber im Juli 1913 in Konkurs. Die Klägerin berechnet den ihr durch die Geschäftsverbindung mit Schl. entstandenen Schaden auf

17839,03 *M* und hat den Bankverein dafür verantwortlich gemacht. An Stelle des Bankvereins ist seine Rechtsnachfolgerin, die jetzige Beklagte, getreten.

Vom Landgerichte wurde die Klage abgewiesen, dagegen hat das Kammergericht den Klaganspruch dem Grunde nach für gerechtfertigt erklärt. Die Revision der Beklagten blieb erfolglos.

Aus den Gründen:

„Das Berufungsgericht geht davon aus, daß die Klägerin und der Bankverein nicht in Vertragsbeziehungen zueinander standen und auch durch die Auskunft nicht in solche getreten sind, daß vielmehr die Beantwortung der Anfrage der Klägerin eine Gefälligkeit war. Die Klägerin könne daher ihren Schadensersatzanspruch nur auf §§ 826, 30, 31 BGB. oder auf §§ 831, 826 das. stützen. Nach beiden Richtungen sei er dem Grunde nach gerechtfertigt. Die Auskunft sei absichtlich irreführend und auf Täuschung berechnet. Ob es für die Beurteilung der geschäftlichen Lage der Firma Schl. von Bedeutung sei, daß ihr der Bankverein am 16. Januar 1913 den bis dahin gegen Sicherstellung gewährten Kredit auf den 17. April 1913 gekündigt hatte, möge dahingestellt bleiben, jedenfalls habe sich seitdem die Lage der Firma so gestaltet, daß an ihrem Zusammenbruche nicht zu zweifeln gewesen sei. F. habe das ganz genau gewußt. Er habe der Firma einen ungedeckten Kredit von über 500000 *M* eingeräumt und dies durch falsche Buchungen verdeckt, da er gewußt habe, daß der Bankverein diese Kreditgewährung nicht genehmigt haben würde; er habe Schl. solange als möglich halten wollen. Diese Kreditierung verschweige die Auskunft. Daß sie für die Beurteilung der Kreditwürdigkeit von Schl. von ausschlaggebender Bedeutung sei, habe dem F. nicht verborgen sein können, er habe auch damit gerechnet, daß der Klägerin der Verlust ihrer Forderung drohe, wenn sie an Schl. auf Kredit liefere. Zehn Tage nach Erteilung der Auskunft habe F. die Flucht ergriffen. Auf die Auskunft habe die Klägerin vertrauen dürfen, da sie von einer Großbank erteilt sei; sie sei hierdurch zu dem Geschäftsverkehre mit Schl. bestimmt worden. F. sei aber ein satzungsmäßig bestellter besonderer Vertreter des Bankvereins gewesen und habe bei Erteilung der Auskunft in Ausführung der ihm zustehenden Verrichtungen gehandelt; der Bankverein habe daher für sein Verhalten einzustehen.

Die Revision macht geltend, daß zwar in der Satzung des Bankvereins die Errichtung von Depositenkassen vorgesehen sei, daß darin aber nichts über die Stellung ihrer Vorsteher und namentlich über deren Vertretungsbefugnis gesagt werde. Sie meint, das Berufungsgericht habe nicht ausreichend geprüft, welcher Art die Stellung der Depositenkassenvorsteher im allgemeinen und namentlich bei dem Bankvereine gewesen sei; sie sei nach den Instruktionen bei dem Bankverein eine unselbständige gewesen. Die einzelnen den Vorstehern zugewiesenen Geschäfte seien nicht richtig gewürdigt; welche Machtbefugnisse das Publikum den Vorstehern zuschreibe, sei unerheblich.

Der Angriff ist nicht begründet. Wenn die Satzung des Bankvereins in § 1 die Errichtung von Depositenkassen vorsieht, so erklärt sie diese Kassen hierdurch für satzungsmäßige Einrichtungen. Hiermit allein ist freilich die Anwendbarkeit des § 30 BGB. auf die Vorsteher noch nicht gegeben; dazu wird vielmehr noch gefordert, daß sie als besondere Vertreter für gewisse Geschäfte neben dem Vorstande bestellt sind. Sie mussen für einen gewissen Geschäftskreis eine selbständige Stellung haben, was damit vereinbar ist, daß sie im allgemeinen und namentlich im Innenverhältnis dem Vorstande gegenüber untergeordnet sind. Diese Voraussetzungen treffen für die Vorsteher der Depositenkassen des Bankvereins zu. Im Anschluß an ein Urteil des Reichsgerichts vom 8. Januar 1917 (Jur. Wochenschr. S. 285 Nr. 5) führt das Berufungsgericht zunächst allgemein aus, daß die Depositenkassen die Geschäfte des Bankiers mit dem Publikum besorgen, daß sie Rat bei geschäftlichen Dispositionen erteilen und Kredit gewähren, wobei sie im der Regel eine umfassende Vertretungsmacht besitzen. In bezug auf die Vorsteher der Depositenkassen des Bankvereins im besonderen aber wird festgestellt, daß sie insbesondere Aufträge auf Ankauf und Verkauf von Wertpapieren entgegen zu nehmen haben, daß sie selbständig die Sicherstellung bei Abschluß von Börsentermingeschäften prüfen und bestimmen und nur dann an die vorherige Genehmigung der Zentrale gebunden sind, wenn Ausnahmen von der allgemeinen Regel gemacht werden sollen, daß sie innerhalb bestimmter Beleihungsgrenzen Vorschüsse auf Wertpapiere gewähren und in gewissem Umfange Wechseldiskontierungen vornehmen dürfen. Daß ihnen sonach eine Vertretungsbefugnis im Sinne des § 30 BGB. zusteht, kann nicht zweifelhaft sein.

Für die Folgen einer von einem solchen Vertreter vorgenommenen unerlaubten Handlung haftet die juristische Person aber nur dann, wenn die Handlung in Ausführung der dem Vertreter zustehenden Verrichtungen stattgefunden hat (§ 31 BGB.). Für den Umfang dieser Verrichtungen gilt die Regel, daß sich die Vertretungsmacht eines solchen Vertreters in Zweifel auf alle Rechtsgeschäfte erstreckt, die der ihm zugewiesene Geschäftskreis gewöhnlich mit sich bringt. Trifft diese Voraussetzung in einem gegebenen Falle zu, so ist es Dritten gegenüber ohne Bedeutung, ob die vorgenommene Handlung dem Vertreter nach seiner Bestellung oder seiner Dienstinstruktion im Verhältnis zu dem ihm vorgesetzten Vorstande der juristischen Person erlaubt oder verboten war, es sei denn, daß der Dritte die Einschränkung der Vertretungsbefugnis kannte oder kennen mußte (vgl. RGZ. 86 S. 87 flg. und das oben angeführte Urteil des Senats vom 8. Januar 1917). Das Berufungsgericht hat nun die Frage, ob die Erteilung von Auskünften zu den handelsgebräuchlichen Verrichtungen einer Bank überhaupt oder doch zu denen des Bankvereins gehört habe, bejahend beantwortet, wobei es für das letztere mit Recht darauf hinweist, daß in der Zentrale des Bankvereins Formulare für die Übersendung von Auskünften vorhanden waren und noch im Jahre 1912 beschafft wurden. Von den Depositenkassen aber sagt es, daß das Publikum mit ihnen in erster Linie in Geschäftsverbindung trete und daß ihre vertretungsberechtigten Organe als die eigentlichen Ratgeber der Geschäftskreise anzusehen seien. Von der Depositenkasse Charlottenburg im besonderen wird sodann festgestellt, daß sie in nicht unerheblichem Umfang Auskünfte erteilt hat. War aber somit die Sachlage die, daß der Bankverein als solcher Auskünfte in geschäftlichen Angelegenheiten erteilte, daß er weiter für den geschäftlichen Verkehr mit dem Publikum besondere Einrichtungen, die Depositenkassen, geschaffen und sie zur Erfüllung dieser Aufgabe mit umfangreichen Vertretungsbefugnissen ausgestattet hat, so kann es nicht als rechtsirrig betrachtet werden, wenn das Berufungsgericht die Depositenkassenvorsteher des Bankvereins nach außen hin auch in bezug auf die Erteilung einer Auskunft als zur Vertretung des Bankvereins berechtigt ansieht und daher den Bankverein für die Handlungsweise F.s haften läßt. An die Auskunft der Handelskammer in Berlin, nach der es nicht zu dem Geschäftskreise von Vorstehern der Depositenkassen einer Großbank gehören soll, über Kunden der Bank dritten Personen, mit denen die Bank nicht in Geschäftsverbindung steht, Auskunft zu erteilen, war es nicht gebunden. Wenn der Bankverein den Depositenkassenvorstehern mündlich und schriftlich verboten hat, direkt Auskünfte an Dritte zu erteilen, so hat das nur Bedeutung für ihr Innenverhältnis zu der Zentrale der Gesellschaft, denn eine Verlautbarung dieses Verbots, etwa durch öffentliche Bekanntmachung, ist dem Publikum gegenüber nach der Feststellung des Berufungsgerichts nicht erfolgt. Es kommt auch nicht auf den von der Revision hervorgehobenen Umstand an, daß es der Direktion des Bankvereins nicht bekannt gewesen sei, daß die Depositenkasse in Charlottenburg und vielleicht noch andere Kassen tatsächlich Auskünfte erteilten. Denn auch dann, wenn das zutrifft und daher von einer Duldung dieses Verfahrens durch die Zentrale nicht die Rede sein kann, läßt sich hieraus nicht auf eine nach außen hin wirksame Einschränkung der dem Depositenkassenvorsteher im Zweifel zuzusprechenden Befugnisse schließen.

Durch diese Ausführungen wird die Haftung der Bank für die unrichtige Auskunft grundsätzlich gerechtfertigt." ...

---

94. Zum Begriffe der Schenkung, namentlich der belohnendem Schenkung im Gegensatze zu dem nachträglich bewilligten Entgelt für bereits geleistete Dienste.

BGB. § 516; Reichserbschaftssteuergesetz § 55.

VII. Zivilsenat. Urt. 7. Februar 1919 i. S. preuß. Staat (Bekl.) w. R. (Kl.). Rep. VII. 329/18.

I. Landgericht I Berlin, Kammer für Handelssachen.
II. Kammergericht daselbst.

Der Kläger ist Mitglied des Vorstandes der Aktiengesellschaft M. & G. in B.-Sch. Als solches hat er nach Ablauf des Geschäftsjahres 1915 auf Beschluß des Aufsichtsrates außer dem ihm vertragsmäßig Gebührenden weitere 50000 ℳ erhalten. Der Beklagte sieht das als Schenkung an und hat deshalb vom Kläger eine Schenkungssteuer von 7200 ℳ erfordert. Der Kläger hat sie bezahlt, verlangt sie aber mit der gegenwärtigen Klage zurück. Das Landgericht hat den Beklagten verurteilt. Seine Berufung und seine Revision sind zurückgewiesen worden.

Gründe:

„Den Begriff der nach § 55 Abs. 1 des Reichserbschaftssteuergesetzes vom 3. Juni 1906 steuerpflichtigen Schenkungen unter Lebenden bestimmt das Kammergericht zutreffend nach der Vorschrift des § 516 BGB. (vgl. RGZ. Bd. 70 S. 16). Danach wird geschenkt, wenn jemand aus seinem Vermögen einen anderen bereichert und beide Teile darüber einig sind, daß die Zuwendung unentgeltlich erfolgt. Die Revision will sich, wie sie besonders in der mündlichen Verhandlung betonte, grundsätzlich auf denselben Standpunkt stellen; gleichwohl meint sie, daß es auf den „Willen der Parteien zur Unentgeltlichkeit" nicht ankomme. Damit setzt sich die Revision in Widerspruch zu dem klaren Wortlaute des § 516 BGB., der diesen Willen erfordert. Darüber, ob die Bereicherung vorliegt, entscheiden objektive Gesichtspunkte; für die Frage der Unentgeltlichkeit ist der subjektive Standpunkt der Beteiligten maßgebend (vgl. RGZ. Bd. 62 S. 275, Bd. 75 S. 327). Zutreffend führt die Revision aus, daß § 516 eine Schenkungs-, d. h. Bereicherungsabsicht nicht zum Tatbestandsmerkmal der Schenkung mache. Das hat der erkennende Senat bereits früher ausgesprochen (RGZ. Bd. 70 S. 17) und daran hält er auch jetzt fest. Aber die Bereicherungsabsicht des Schenkers ist etwas anderes als sein Wille zur Unentgeltlichkeit. Auch darauf ist in der angezogenen Entscheidung bereits hingewiesen. Regelmäßig wird sich zwar die Bereicherungsabsicht schon aus der Einigung über die Unentgeltlichkeit ergeben, eine Schenkung wird aber auch dadurch nicht ausgeschlossen, daß der Zuwendende im Endziele sein eigenes Vermögen zu vermehren strebt. Auf die im Hintergrunde stehenden Absichten der Beteiligten legt das Gesetz keinen Wert maßgebend ist nach ihm nur die Einigkeit der Beteiligten darüber, daß die bestimmte einzelne Zuwendung unentgeltlich bewirkt wird.

Die Revision beruft sich auf das Urteil des Reichsgerichts vom 19. April 1917 IV 10/17, teilweise abgedruckt in der Jur. Wochenschr. S. 848, dafür, daß auch „bei anerkanntem Willen der Parteien zur Entgeltlichkeit der Zuwendung" eine Schenkung vorliegen könne. Nachdem sie einige Stellen aus jenem Urteil angeführt hat, kommt sie allerdings selbst zu dem Schluß: „Trotz des gegenteiligen Willens der Parteien, die die Eheschließung und deren Verpflichtungen als Entgelt für die vorgängige Barzahlung angesehen haben wollten, hat das Reichsgericht doch die Einigung über die Unentgeltlichkeit anerkannt." So ist es in der Tat. In jenem Falle hatte der bejahrte Bräutigam der jugendlichen Braut eine größere Summe Geldes übereignet und beide waren darüber einig gewesen, daß sie für die Eingehung der Ehe und für die daraus folgenden, von der Braut auch ausdrücklich übernommenen Pflichten zur Gattentreue und zur Pflege des künftigen Ehemannes als Gegenleistung dienen sollte. Das Reichsgericht erwägt, daß die Pflicht, dem Manne eine treue Gattin und Pflegerin zu sein, sich bereits aus dem Eheversprechen ergab, daß das Gegenversprechen der Braut sich also in der Zusage erschöpfte, schon bestehende Pflichten zu erfüllen, und daß deshalb die Abrede in ihrem sachlichen Inhalt eine Einigung über eine unentgeltliche Zuwendung des Bräutigams an die Braut enthielt. Das Reichsgericht hat also auch in dieser Entscheidung die Einigkeit über die Unentgeltlichkeit für erforderlich gehalten und hat sie festgestellt, trotzdem die Vertragschließenden bemüht gewesen waren, den Anschein der Entgeltlichkeit hervorzurufen. Ihr Wille zur Entgeltlichkeit ist also nicht anerkannt, sondern gerade für widerlegt erachtet worden.

In dem obenbezeichneten Urteile findet die Revision weiter ausgesprochen, daß Verpflichtungen, die zur Zeit des Vertragsschlusses über die Zuwendung schon bestanden, nicht das Entgelt für die Leistung sein können. Hätte der IV. Senat das als allgemeinen Rechtssatz und losgelöst von den Besonderheiten des Einzelfalls ausgesprochen, so würde er sich mit der feststehenden Rechtsprechung anderer Senate des Reichsgerichts in Widerspruch gesetzt haben. Der III. Senat (RGZ. Bd. 94 S. 159, Bd. 75 S. 327, Jur. Wochenschr. 1911 S. 94 Nr. 16), der VI. Senat (Jur. Wochenschr. 1917 S. 103 Nr. 5, RGZ. Bd. 74 S. 139, Bd. 72 S. 188) und der V. Senat (U. v. 21. April 1917, V. 384/16) stehen übereinstimmend auf dem Standpunkte, daß die nachträgliche Vergütung für bereits geleistete Dienste, selbst die für ursprünglich unentgeltlich geleistete Dienste, keine Schenkung zu sein braucht. Auch der erkennende Senat hat RGZ. Bd. 70 S. 18 bei der Frage nach dem Vorliegen einer Schenkung den „Gesichtspunkt der Belohnung für bereits früher geleistete Dienste" in Betracht gezogen. Tatsächlich hat sich aber der IV. Senat in seinem Urteile mit diesem Gesichtspunkte nicht beschäftigt, den von der Revision behaupteten allgemeinen Rechtssatz nicht aufgestellt. In jenem Falle konnte die streitige Frage vielleicht erheblich werden, wenn etwa behauptet worden wäre, daß die Geldsumme als nachträgliches Entgelt für die Verlobung hingegeben worden sei. Eine solche Behauptung war aber offenbar nicht aufgestellt worden.

Der vom Beklagten in diesem Zusammenhange gelegentlich gemachte Versuch, zwischen ursprünglich unentgeltlich und schon ursprünglich entgeltlich geleisteten Diensten zu unterscheiden, bei ersteren die Möglichkeit der nachträglichen Vereinbarung einer Vergütung zuzugeben, bei letzteren die Möglichkeit der nachträglichen Erhöhung der Vergütung aber zu leugnen, erscheint rechtsirrig. Das ist ein Unterschied des Grades, nicht der Art.

Anzuerkennen ist, daß es im Einzelfall oft schwierig sein wird, zu entscheiden, ob eine nachträgliche Bewilligung — oder Erhöhung — eines Entgelts für geleistete Dienste vorliegt, oder eine belohnende Schenkung, die steuerrechtlich der gewöhnlichen Schenkung gleichsteht (§ 56 RESt G). Die Entscheidung wird im wesentlichen auf tatsächlichem Gebiete liegen. Rechtlich ist daran festzuhalten, daß die belohnende Schenkung eben auch eine Schenkung ist, daß auch sie die Einigkeit der Beteiligten über die Unentgeltlichkeit der Zuwendung erfordert. Wirken also die geleisteten Dienste nur als Beweggrund, lösen sie ein Dankgefühl aus, dem durch eine freie Gabe genügt werden soll, und wird die Gabe von der Gegenseite in demselben Sinne angenommen, so liegt eine Schenkung vor. Haben dagegen die geleisteten Dienste auf der einen Seite das Gefühl einer wirklichen Schuld oder auf der anderen Seite das Gefühl eines wirklichen Anspruchs hervorgerufen, wird das Geleistete in der Annahme gegeben oder genommen, daß dadurch die Schuld abgetragen, die Dienste bezahlt werden sollen, so liegt keine Einigkeit über die Unentgeltlichkeit der Zuwendung und deshalb keine Schenkung vor (RGZ. Bd. 72 S. 191).

Diese Rechtssätze sind vom Kammergerichte bei der Entscheidung des gegenwärtigen Falles nicht verkannt worden. Es hat die Frage offen gelassen, in welchem Sinne der Kläger die 50000 ℳ entgegengenommen haben mag, ist aber in rein tatsächlicher Würdigung des Beweisergebnisses zu der Annahme gelangt, daß die Aktiengesellschaft M. & G. mit den 50000 ℳ gewisse vom Kläger geleistete außerordentliche Dienste habe abgelten wollen, daß die 50000 ℳ von der

Gesellschaft als eine Gegenleistung für die Dienste des Klägers angesehen worden seien. Diese tatsächliche Feststellung konnte und mußte das Kammergericht dazu führen, die Annahme einer Schenkung abzulehnen. Wenn die Revision in der mündlichen Verhandlung darauf hingewiesen hat, daß der Kläger keinen rechtlichen Anspruch auf die 50000 *M* gehabt habe, und wenn sie meint, daß schon deshalb die Annahme einer Schenkung notwendig sei, so übersieht sie, daß das Fehlen des Rechtsanspruchs wohl das objektive Merkmal der Bereicherung dartut, aber nicht zu dem Schlusse zwingt, daß die 50000 *M* nun auch subjektiv als unentgeltliche Leistung hingegeben worden seien. Auf diesem Standpunkte steht auch die amtliche Begründung zum Erbschaftssteuergesetz, in der es auf S. 34 heißt: „Gratifikationen an Beamte, Privatangestellte usw. werden überhaupt nicht als Schenkungen anzusehen sein, weil es sich bei dergleichen Zuwendungen um eine nachträgliche Abgeltung der von den Remunerierten geleisteten Dienste handelt; solche Zuwendungen werden daher unter demselben Gesichtspunkte wie lästige Verträge beurteilt werden können." Der Beklagte hat diese Sätze und ihre Anwendung auf stillschweigend zugesicherte Bestandteile der Vergütungen beschränken wollen. Dafür fehlt es aber an jedem Anhalt. Von vornherein, wenn auch stillschweigend, zugesicherte Gratifikationen dienen nicht dazu, geleistete Dienste nachträglich abzugelten. Die Gründe des Gesetzgebers sprechen offenbar von solchen Gratifikationen, die nicht zugesichert waren, die der Dienstgeber, wie nach den Feststellungen des Kammergerichts im vorliegenden Falle, einseitig und nachträglich bewilligt, weil er sich sagt, daß das bisherige Entgelt für die Dienste zu gering sei.

Die Revision hat weiter den vom V. Senat in seiner Entscheidung vom 21. April 1917 V. 384/16 ausgesprochenen Satz bekämpft, daß das Bewußtsein einer Vertragspartei, eine Verpflichtung auch nur sittlicher Art zu erfüllen, die Einigung über die Unentgeltlichkeit der Leistung hindere. Eines Eingehens hierauf bedarf es nicht. Nach den Feststellungen des Kammergerichts hat die Aktiengesellschaft durch die Hingabe der 50000 *M* nicht eine sittliche, sondern eine von ihr als gegeben angesehene rechtliche Verpflichtung erfüllen wollen. Im übrigen sind aber Schenkungen, durch die einer sittlichen Pflicht entsprochen wird, nach § 56 Abs. 2 REStG. von der Erbschaftssteuer befreit.

Der vom Berufungsrichter angestellte Vergleich zwischen den dem Kläger zugewendeteten 50000 *M* und einer nachträglichen Gehaltserhöhung ist in dem Sinne, wie ihn der Berufungsrichter vorgenommen hat, durchaus zutreffend. Er hat damit nur sagen wollen und nur gesagt, daß in beiden Fällen das Entgelt für ursprünglich bereits entgeltliche Leistungen erhöht werde oder erhöht worden sei. Er hat nicht gesagt, daß die bewilligten 50000 *M* eine Gehaltserhöhung darstellten. Die aus der Höhe der Summe von der Revision dagegen hergeleiteten Bedenken treffen also nicht den Gedankengang des Kammergerichts." ...

---

95. Ist die Bestimmung des § 326 Abs. 2 BGB. nur dann anwendbar, wenn der säumige Teil voraussehen konnte, daß infolge seines Verzugs die Erfüllung des Vertrags für den anderen Teil kein Interesse haben werde?

II. Zivilsenat. Urt. v. 7. Februar 1919 i. S. O. & Co. (Bekl.) w. H. & T. (Kl.). Rep. II. 255/18.

I. Landgericht I Berlin, Kammer für Handelssachen.
II. Kammergericht daselbst.

Die Klägerin kaufte Anfang März 1915 von der Beklagten 10000 Paar Hufeisen, ihrer Behauptung nach lieferbar bis zum 26. März 1915. Da die Beklagte nicht lieferte, forderte die Klägerin, angeblich weil die spätere Erfüllung für sie kein Interesse hatte, Schadensersatz wegen Nichterfüllung. Das Landgericht verurteilte die Beklagte nach dem Klagantrag. Ihre Berufung war erfolglos, ebenso die Revision.

Aus den Gründen:

... „Die Feststellung des Berufungsgerichts, daß die Beklagte sich seit dem Ablaufe des 26. März 1915 in Leistungsverzug befunden habe, ist rechtlich nicht zu beanstanden. Das gleiche gilt aber auch von der Feststellung, daß infolge dieses Verzuges die Erfüllung des Vertrags für die Klägerin kein Interesse mehr gehabt habe, und daß die Klägerin deshalb berechtigt gewesen sei, ohne Bestimmung einer Nachfrist statt der Erfüllung Schadensersatz wegen Nichterfüllung zu fordern. Das Berufungsgericht hat als erwiesen angesehen, und hiergegen ist von der Revision nichts erinnert worden, daß die in Rede stehenden 10000 Paar Hufeisen von der Klägerin an die Firma W., von dieser an die Firma B. und von der letzteren an das Traindepot in C. verkauft worden waren, daß die Ablieferung in C. bis zum 30. März 1915 zu erfolgen hatte, und daß die Heeresverwaltung und infolgedessen auch die Firmen B. und W. weder verpflichtet noch gewillt waren, eine spätere Lieferung anzunehmen. Daraus ergab sich ohne weiteres, daß die Klägerin, die ein Bankgeschäft betreibt, an der Erfüllung des von ihr mit der Beklagten abgeschlossenen Vertrags kein Interesse mehr hatte, als wegen des Leistungsverzugs der Beklagten die Möglichkeit der rechtzeitigen Ablieferung der Hufeisen in C. ausgeschlossen war. Ob die Beklagte voraussehen konnte, daß, wenn sie die Hufeisen nicht bis zum 26. März 1915 lieferte, das Interesse der Klägerin an der Vertragserfüllung fortfallen würde, ist für die Anwendbarkeit des § 326 Abs. 2 BGB. unerheblich. Hatte die Klägerin es unterlassen, die Beklagte auf die Notwendigkeit der Ablieferung der Hufeisen in C. bis zum 30. März 1915 aufmerksam zu machen, so konnte das nur für den Einwand der Beklagten aus § 254 Abs. 2 BGB. ins Gewicht fallen, daß ein ungewöhnlich hoher Schaden auf dem Spiele gestanden habe. Diesen Einwand hat jedoch das Berufungsgericht gleichfalls ohne Gesetzesverletzung zurückgewiesen." ...

---

96. 1. Wann entsteht, wenn der Käufer die Lieferung einer mangelfreien Sache anstelle der mangelhaften verlangt, der Anspruch des Verkäufers auf Rückgewähr der letzteren?

2. Kann dem Verkäufer, der geltend macht, daß die Rückgewähr infolge Verzugs des Käufers kein Interesse für ihn habe, weil er die Sache nun nicht mehr seinem eigenen Lieferanten zurückgeben könne, entgegengehalten werden, daß er sie als Händler anderweit verwerten könne?

BGB. §§ 480, 465, 286.

II. Zivilsenat. Urt. v. 11. Februar 1919 i. S. Handelsges. ländl. Genossensch. Aktienges. (Kl.) w. Thüring. Hauptgenossenschaft z. Bezug u. Vertrieb landwirtsch. Bedarfsartikel, e. G. m. b. H. (Bekl.). Rep. II. 361/18.

I. Landgericht I Berlin, Kammer für Handelssachen.
II. Kammergericht daselbst.

Die Klägerin kaufte von der Beklagten 1500 inoxydierte Kessel, die diese von der Firma A. in Hanau herstellen ließ. Die Beklagte lieferte zunächst 390 Kessel, welche vertragswidrig ausfielen und von der Klägerin durch Drahtnachricht vom 17. April 1916 zur Verfügung gestellt wurden.

Mit Schreiben vom 20. April verlangte die Klägerin Lieferung mangelfreier Ware gemäß § 480 BGB. und bestimmte dafür der Beklagten eine Nachfrist von 8 Tagen. Die Beklagte erwiderte, daß die Frist zu kurz sei und daß die Klägerin mit der Lieferung emaillierter Kessel anstelle inoxydierter, deren Beschaffung unmöglich sei, einverstanden sein möge. Nach anfänglicher Weigerung gab die Klägerin der Beklagten mit Brief vom 28. April Einteilung für 1000 emaillierte und 500 inoxydierte Kessel auf, erklärte, daß sie bereits in den nächsten Tagen die Rücksendung der zur Verfügung gestellten inoxydierten Kessel an ihr Cottbuser Lager und von dort in Sammelladung nach Hanau veranlassen werde, und behielt sich die Forderung von Schadensersatz vor. Am 2. Mai forderte die Beklagte die Klägerin zur unverzüglichen Rücksendung der mangelhaft gelieferten Kessel an die Firma A. auf. Im übrigen wurde der Briefwechsel über die Ersatzlieferung von den Parteien fortgesetzt. Die Beklagte betonte wiederholt, daß sie in so kurzer Zeit nicht liefern könne und daß die Beschaffung von inoxydierten Kesseln in guter Beschaffenheit infolge der Kriegsverhältnisse unausführbar sei. Die Klägerin dagegen verharrte bei ihrem Verlangen. Schließlich, am 15. Mai, schrieb sie der Beklagten, daß sie, damit der Schriftwechsel endlich einmal ein Ende erreiche, auf die Lieferung der 500 inoxydierten Kessel vollständig verzichte und mit derjenigen von 1000 emaillierten Kesseln zufrieden sei.

Noch am selben Tage forderte die Klägerin ihre Abnehmer durch ein Rundschreiben auf, die ihnen gelieferten inoxydierten Kessel sofort an ihr Cottbuser Lager zurückzusenden. Mit Schreiben vom 31. Mai sandte die Beklagte der Klägerin nochmals eine Aufgabe über die zurückzusendenden Kessel. Da diese aber in der Folgezeit nicht in Hanau eintrafen, bestimmte die Beklagte der Klägerin durch Schreiben vom 29. Juni eine Nachfrist zur Rücksendung bis zum 10. Juli, und zwar unter der Androhung, daß sie bei Nichteinhaltung der Frist die Annahme der Kessel ablehnen werde. Da die Kessel jedoch erst am 12. und 29. Juli in Hanau eintrafen, lehnte die Beklagte deren Annahme ab, so daß sie bei einem Spediteur eingelagert werden mußten.

Die Klägerin verlangte nunmehr mit der Klage Abnahme der eingelagerten Kessel und Bezahlung der aufgelaufenen Unkosten in Höhe von 426,79 *M*. Die Beklagte erhob Widerklage auf Zahlung von 6346,25 *M*. Sie forderte diesen Betrag in erster Linie als Kaufpreis für die verspätet zurückgesandten und daher von ihr zurückgewiesenen Kessel, hilfsweise aber als Schadensersatz wegen verspäteter Rückgewähr. Sie machte geltend, daß die Klägerin mit der Rücksendung der zur Verfügung gestellten Kessel in Verzug geraten und daß infolge fruchtlosen Ablaufs der ihr bestimmten Nachfrist gemäß §§ 467, 354 BGB. die Wandlung unwirksam geworden und der ursprüngliche Kaufvertrag wieder aufgelebt sei. Notfalls habe die Beklagte das Recht, Schadensersatz wegen Nichterfüllung der Rückgewährverpflichtung zu fordern. Die Klägerin habe die ihr bestimmte Nachfrist ungenutzt verstreichen lassen. Übrigens habe die Beklagte auch kein Interesse an der Rückgewähr mehr gehabt, weil die Firma A. ihr selbst für die Ablieferung eine Nachfrist bis zum 10. Juli unter der Androhung bestimmt habe, gegebenenfalls die Annahme der Kessel abzulehnen. — Demgegenüber suchte die Klägerin auszuführen, daß durch nachträgliche Vereinbarung der Parteien anstelle des ursprünglichen Schuldverhältnisses ein neues begründet worden sei, welches die Rücksendung der Kessel nur als einseitige Nebenverpflichtung enthalten habe. Für die Setzung einer Nachfrist sei daher kein Raum gewesen. Im übrigen sei die Bestimmung der Nachfrist ohne Verzug der Klägerin erfolgt und unangemessen kurz gewesen.

Das Landgericht wies die Klage ab und verurteilte die Klägerin, den Kaufpreis für die 390 zur Verfügung gestellten Kessel zu bezahlen. Das Berufungsgericht wies die Berufung, soweit die Klage in Betracht kommt, zurück und erklärte den mit der Widerklage hilfsweise geltend gemachten Schadensersatzanspruch dem Grunde nach für berechtigt. Auf die Revision der Klägerin wurde das Urteil aufgehoben aus folgenden

Gründen:

„Das Berufungsgericht ist aus folgenden Erwägungen zu seinem der Klägerin ungünstigen Ergebnis gelangt. Aus dem Briefwechsel der Parteien ergebe sich, daß diese nicht etwa eine Wandlung vollzogen, sondern einen Umtauschvertrag abgeschlossen hätten. Auf Grund dieses Vertrags habe die Beklagte mangelfreie Ware zu liefern und die Klägerin die in mangelhafter Beschaffenheit gelieferten Kessel zurückzugewähren gehabt.

Mit der Zurückgewährung sei die Klägerin in Verzug geraten. Zwar habe im vorliegenden Falle die Rücksendung der zur Verfügung gestellten Kessel nicht — wie an sich rechtens — Zug um Zug gegen Lieferung der Ersatzware erfolgen sollen; wohl aber habe die Klägerin mit Abschluß des Umtauschvertrags mit der Einsammlung und Rücksendung der mangelhaften Kessel beginnen müssen. Am 28. April 1916 sei der Umtauschvertrag spätestens zum Abschluß gelangt. Der weitere, bis zum 15. Mai sich hinziehende Briefwechsel der Parteien habe nur eine bisherige Meinungsverschiedenheit über die Art der Nachlieferung betroffen. Gemahnt sei die Klägerin zuerst am 2. Mai. Da sie erst am 15. Mai ihre Abnehmer zur Rücksendung der beanstandeten Kessel aufgefordert habe, sei es von ihr verschuldet, daß die Kessel nicht, wie es sonst hätte geschehen können, innerhalb 8 Wochen in Hanau eingetroffen seien. Die Folgen des Verzugs der Klägerin seien weder gemäß §§ 467, 354 noch auf Grund des § 326 BGB., welcher nur Verzug in Erfüllung einer Hauptverpflichtung im Auge habe, zu bestimmen. Maßgeblich sei hier vielmehr die Vorschrift des § 286 Abs. 1 und 2. Gemäß § 354, welcher laut § 286 Abs. 2 entsprechende Anwendung finde, habe die Beklagte der Klägerin eine Frist für die

Rücksendung der 390 Kessel unter der Androhung bestimmen können, daß sie bei fruchtlosem Ablaufe derselben die Annahme ablehnen werde. Als die Beklagte am 29. April die Frist bestimmt habe, sei die Klägerin bereits in Verzug gewesen. Auch gegen die Dauer der Frist lasse sich nichts einwenden, da es natürlich nicht erforderlich gewesen sei, der Klägerin erst Gelegenheit zum Beginn der ihr obliegenden Tätigkeit zu gewähren. Übrigens habe die Beklagte auch um deswillen Schadensersatz wegen Nicht- oder verspäteter Rücksendung der Kessel fordern können, weil sie an der Rücksendung infolge des Verzugs der Klägerin kein Interesse mehr gehabt habe. Die Firma A., welche die Kessel geliefert habe, die Nachlieferung mangelfreier Ware zu bewerkstelligen hatte, und der die mangelhaften Kessel zurückzusenden gewesen seien, habe ihrerseits der Beklagten für die Rücksendung eine Nachfrist bis zum 10. Juli bestimmt und die verspätet eintreffenden Kessel anzunehmen abgelehnt.

Demgegenüber rügt die Revision Verletzung der §§ 154, 286, 354 BGB., § 286 ZPO. Nach dem Inhalte des Briefwechsels der Parteien sei der Abschluß des Umtauschgeschäfts nicht vor dem 15. Mai erfolgt. Bis dahin hätten die Parteien noch über den Gegenstand der Nachlieferung verhandelt (§ 154 BGB.). Die Klägerin habe auf Nachlieferung von mindestens 500 inoxydierten Kesseln bestanden und infolge des hartnäckigen Widerstandes der Beklagten am 15. Mai auf Lieferung der inoxydierten Kessel völlig verzichtet. Das Schreiben der Beklagten vom 2. Mai habe daher keine Mahnung bewirken können. Anderseits sei die Verpflichtung der Klägerin zur Rücksendung unter Zugrundelegung der vom Berufungsrichter zugebilligten 8 Wochen nicht vor dem 10. Juli fällig geworden. Die Fristsetzung vom 29. Juni sei daher unwirksam gewesen. Überhaupt habe keine Möglichkeit für eine Fristsetzung bestanden, da der in § 286 Abs. 2 für entsprechend anwendbar erklärte § 354 den Verzug des Rücktrittsberechtigten, nicht aber denjenigen des Schuldners im Auge habe. Endlich genüge die Feststellung des angefochtenen Urteils, daß die Beklagte die streitigen Kessel nicht mehr der Firma A. habe zurückgeben können, keineswegs, um daraus den Mangel eines Interesses der Beklagten an der späteren Rücksendung herzuleiten. Diese habe als Händlerin die Ware jederzeit verwerten können.

Die Ausführungen des angefochtenen Urteils sind in ihrem wesentlichen Teile rechtsirrtümlich.

Das Berufungsgericht entnimmt dem zwischen den Parteien gepflogenen Briefwechsel, daß diese einen Umtauschvertrag abgeschlossen haben. Es meint, daß der Abschluß spätestens am 26. April zustande gekommen sei und mit diesem Zeitpunkte die Verpflichtung der Klägerin, für die Rücksendung der mangelhaften 390 Kessel Sorge zu tragen, begonnen habe. Schon der Ausgangspunkt des Berufungsgerichts trifft nicht zu. Am 20. April 1916 hat die Klägerin die Lieferung mangelfreier Ware gemäß § 480 BGB. verlangt, und an diesem Standpunkte hat sie grundsätzlich bis zum Schlusse festgehalten. Sie hat im Laufe des Briefwechsels lediglich den Vorstellungen der Beklagten, daß die Lieferung inoxydierter Kessel in guter Beschaffenheit auf unüberwindliche Schwierigkeiten stoße, Rechnung getragen, indem sie zunächst die Lieferung von 1000 emaillierten Kesseln anstelle der inoxydierten gestattete und schließlich auf Lieferung der restlichen 500 inoxydierten Kessel gänzlich verzichtete. Immer aber ist es bei der Geltendmachung eines gesetzlichen Rechtes verblieben, so daß eine durch Vertrag begründete Lieferpflicht nicht in Frage kam.

Maßgeblich für die Frage, wann der Anspruch der Beklagten auf Rückgewähr der mangelhaften Ware fällig geworden und damit die Voraussetzung für einen etwaigen Verzug der Klägerin eingetreten ist, sind die Vorschriften der §§ 480, 465. Wandlung, Minderung und Verlangen mangelfreier Ware beim Gattungskauf — §§ 462, 480 — werden gemäß § 465 vollzogen, sobald sich der Verkäufer auf Verlangen des Käufers mit ihnen einverstanden erklärt. Erst mit der Erklärung dieses Einverständnisses wird die getroffene Wahl unwiderruflich. Solange das Einverständnis weder erklärt noch durch ein rechtskräftiges Urteil ersetzt ist, kann der Käufer seine Wahl ändern. Erklärt also — wie im vorliegenden Falle — der Käufer, daß er mangelfreie Ersatzware geliefert verlange, so kann er, solange seine Wahl nicht unwiderruflich geworden ist, seinen Standpunkt ändern und z. B. lediglich Minderungsansprüche geltend machen. Es ist klar, daß der Käufer nicht verpflichtet ist, die als mangelhaft zurückgewiesene Ware zurückzugewähren, wenn und solange es ihm freisteht, die Ware zu behalten. Es ist daher nicht richtig, daß die mangelfreie Ware nur Zug um Zug gegen Rückgabe der mangelhaften verlangt werden kann. Vielmehr entsteht — mangels abweichender Vereinbarung — der Anspruch des Verkäufers auf Rückgewähr der mangelhaften Ware erst mit dem Vollzuge der Wahl im Sinne des § 465, d. h. in dem Zeitpunkte, wo der Verkäufer sein Einverständnis mit dem Verlangen mangelfreier Ware erklärt oder zur Abgabe solcher Erklärung rechtskräftig verurteilt ist.

Nun zeigt der zwischen den Parteien gepflogene Briefwechsel, daß erst mit dem 15. Mai 1915 Einverständnis über die Lieferung von Ersatzware geschaffen worden ist. Die Klägerin hatte kurz nach Bemängelung der gesandten 390 inoxydierten Kessel die Lieferung mangelfreier Ware gemäß § 480 verlangt, und zwar unter Bestimmung einer Nachfrist von einer Woche. Sofort hatte die Beklagte erwidert, daß die Lieferung inoxydierter Kessel unter den derzeitigen Verhältnissen untunlich und daß auch die Lieferfrist zu kurz bemessen sei. Die Klägerin war zunächst überhaupt nicht gewillt, auf die Einwendungen der Beklagten einzugehen. Erst am 28. April entschloß sie sich zu einem teilweisen Entgegenkommen, indem sie sich anstelle der 1500 inoxydierten Kessel mit 500 inoxydierten und 1000 emaillierten zufrieden gab. Dann entspann sich wegen der 500 inoxydierten Kessel ein weiterer Briefwechsel. Die Beklagte erklärte deren Lieferung in guter Beschaffenheit für unmöglich, während die Klägerin auf der Lieferung bestand. Endlich am 15. Mai gab die Klägerin ihren Widerstand auf und verzichtete gänzlich auf Lieferung der 500 inoxydierten Kessel. Bei dieser Sachlage kann nicht die Rede davon sein, daß die Beklagte schon am 26. oder 28. April ihr Einverständnis mit dem Verlangen der Klägerin nach Nachlieferung mangelfreier Ware erklärt hätte. Es kam natürlich wesentlich darauf an, was nachzuliefern war. Wenn und solange die Beklagte nicht imstande oder gewillt war, die vertraglich vereinbarte Ware zu liefern, war sie mit dem Verlangen der Klägerin, mangelfreie Ware zu liefern, nicht einverstanden. Erst als die Klägerin sich dem Willen der Beklagten hinsichtlich des Gegenstandes der Ersatzlieferung fügte, bestand Einverständnis zwischen den Parteien und mußte die der Klägerin zustehende Wahl als vollzogen gelten.

Aus diesen Erwägungen folgt, daß eine rechtswirksame Mahnung der Klägerin zur Rückgewähr der mangelhaften Ware vor dem 15. Mai überhaupt nicht stattfinden konnte. Der Ausgangspunkt des Berufungsgerichts bei Feststellung des Verzugs der Klägerin ist daher unrichtig und das angefochtene Urteil unterliegt der Aufhebung.

Bei der erneuten Verhandlung der Sache wird es die Aufgabe des Berufungsgerichts sein, zu prüfen, ob die Klägerin, welche mit der Beschaffung der Rücksendung nicht vor dem 15. Mai zu beginnen und an sich ihre Verpflichtung da zu erfüllen hatte, wo sich die Kessel befanden, durch ihren Verzug verschuldet hat, daß die 390 mangelhaft gelieferten Kessel nicht bereits am 10. Juli 1915 bei der Firma A. in Hanau angelangt sind.

Daß anderseits, wenn diese Prüfung zuungunsten der Klägerin ausfallen sollte, diese gemäß § 286 Abs. 2 Satz 1 zum Schadensersatz verpflichtet ist, hat das Berufungsgericht ohne Rechtsirrtum angenommen. Unstreitig waren die 390 der Klägerin gelieferten Kessel der Firma A. zurückzugeben. Diese Firma hatte aber der Beklagten eine Frist bis zum 10. Juli für die Rückgabe bestimmt und gleichzeitig für den Fall der Nichteinhaltung der Frist die Ablehnung der Annahme angedroht. Tatsächlich hat dann die genannte Firma, als die Kessel verspätet in Hanau eintrafen, ihre Drohung verwirklicht. Die Annahme des Berufungsgerichts, daß unter diesen Umständen die Beklagte ihrerseits kein Interesse mehr an der Rücklieferung der Kessel gehabt habe, greift die Revision ohne Grund an. Es kann unerörtert bleiben, ob die Beklagte als Händlerin jederzeit die Kessel hätte verwerten können. Die Beklagte beabsichtigte nicht, die als mangelhaft erkannten Kessel zu verkaufen, sondern wollte dieselben der Herstellerin zurückgeben, wozu sie überdies verpflichtet war, wenn sie ihr gegenüber Nachlieferung gemäß § 480 verlangte. Erhielt sie die Kessel nicht so rechtzeitig, daß sie mit ihnen ihrer eigenen Rückgewährspflicht genügen konnte, so war der Zweck der von der Klägerin zu beschaffenden Leistung verfehlt und diese hatte für die Beklagte kein Interesse mehr."

---

97. Findet die Auslegungsregel des § 125 Satz 2 BGB., daß der Mangel der durch Rechtsgeschäft bestimmten Form im Zweifel Nichtigkeit zur Folge hat, Anwendung, wenn die Parteien nach dem vollständigen Abschlusse des Rechtsgeschäfts vereinbaren, daß es beurkundet werden soll?

VI. Zivilsenat. Urt. v. 13. Februar 1919 i. S. H. (Kl.) w. J. (Bekl.). Rep. VI. 313/18.

I. Landgericht Bonn.
II. Oberlandesgericht Cöln.

Das Reichsgericht hat obige Frage verneint.

Aus den Gründen:

.... „Wie die Revision zutreffend rügt, ist die Ansicht des Berufungsgerichts rechtsirrig, daß, wenn die Parteien nach Abschluß eines Vertrags vereinbaren, ihn zu beurkunden, im Zweifel die Gültigkeit des Vertrags von der Beurkundung abhänge, und derjenige diese Vermutung zu entkräften habe, der etwas anderes behaupte. Die Beweisregel des § 125 Satz 2 bezieht sich vielmehr ebenso wie die des § 154 Abs. 2 BGB. (vgl. RGZ. Bd. 62 S. 78 und Urt. des RG. VI. 139/06) auf ein erst abzuschließendes, nicht auf ein bereits abgeschlossenes Rechtsgeschäft.

Die zwei Sätze des § 125 wurzeln in dem gleichen Boden und laufen nebeneinander. Wie Satz 1 ein Rechtsgeschäft im Auge hat, das vor Beobachtung der gesetzlichen Form noch nicht fertig und gültig ist, so setzt auch Satz 2 ein noch nicht fertiges Rechtsgeschäft voraus, das erst in der gewillkürten Form Gültigkeit erlangen soll. Der Satz 2 umfaßt zwei verschiedene Fälle, nämlich den Fall, daß die über einen

Vertrag verhandelnden Parteien vereinbaren, er solle in einer bestimmten Form errichtet werden, sowie den Fall, daß in einem Rechtsgeschäfte für spätere, damit im Zusammenhange stehende Rechtsgeschäfte, so für die Kündigung, die Verlängerung, den Rücktritt u. dgl. eine gewisse Form vorgeschrieben wird (vgl. Protokolle der II. Kommission Mugdan Bd. 1 S. 695, 696). § 125 Satz 2 spricht hiernach von einem abzuschließenden oder einem künftigen Rechtsgeschäfte. Die hier für Rechtsgeschäfte allgemein aufgestellte Regel wird in § 154 Abs. 2 für den Vertrag, der die Hauptform der Rechtsgeschäfte bildet, der Deutlichkeit halber wiederholt mit der ausdrücklichen Hervorhebung, daß die Bestimmung einen „beabsichtigten" Vertrag betreffe. Dagegen findet § 125 Satz 2 keine Anwendung, wenn ein Rechtsgeschäft gültig abgeschlossen ist und nach dem Abschluß die Parteien verabreden, daß es in eine bestimmte Form gebracht werden soll. Selbstverständlich können sie auch in einem solchen Falle ausmachen, daß es erst in der bestimmten Form wirksam werden soll. Aber die Auslegungs- und Beweisregel des § 125 Satz 2 greift dann nicht Platz.

Es ist auch gar nicht einzusehen, warum in diesem Falle die Vermutung dafür streiten soll, daß die Gültigkeit des Rechtsgeschäfts von der Erfüllung der vereinbarten Form abhänge. Tritt die Gültigkeit erst mit der Beurkundung ein, so wird damit das vorher fest abgeschlossene Rechtsgeschäft seiner Wirksamkeit entkleidet und aufgehoben. Es widerspräche allen Grundsätzen über die Beweislast, wenn diese nicht demjenigen zufiele, der die Aufhebung eines Rechtsgeschäfts, sondern dem, der seinen Fortbestand geltend macht. Während ferner nach aller Erfahrung und Regel die Parteien, wenn sie bei Unterhandlungen über ein rechtsgeschäftliches Abkommen verabreden, daß es beurkundet werden soll, seine Wirksamkeit an die Beurkundung knüpfen und auch nur das gelten lassen wollen, was beurkundet wird, kann und wird die gleiche Abrede, die sie nach dem Abschluß eines gültigen Rechtsgeschäfts treffen, die verschiedensten Zwecke verfolgen. Die Beurkundung kann zum Beweis, der Ordnung halber, zur juristischen Fassung, zum Ausweis bei Dritten, auf Wunsch eines Dritten, oder um diesem einen Gefallen zu erweisen, selbst aus Liebhaberei u. s. f. beschlossen werden. Nur jener Erfahrung und Regelgestaltung wollte das Gesetz durch die Vorschriften in § 125 Satz 2 und § 154 Abs. 2 Rechnung tragen. Dagegen bestand kein Anlaß zu einer gesetzlichen Beweisverteilung, wenn die Parteien nach Abschluß eines Rechtsgeschäfts, vielleicht geraume Zeit später, seine Beurkundung vereinbaren. Hier tritt vielmehr der allgemeine Beweisgrundsatz in Kraft, daß derjenige, der behauptet, die Form sei der Gültigkeit des Geschäftes halber bestimmt, und daraus Rechte ableitet, beweispflichtig ist.

Die Entstehungsgeschichte des § 125 Satz 2 läßt auch keinen

Zweifel, daß der Gesetzgeber von der vorstehenden Auffassung ausgegangen ist. § 125 ist aus § 91 Abs. 2 des I. Entwurfs hervorgegangen und mit gleichem Inhalt in knapperer Fassung Gesetz geworden. Die Motive, die sich über die Zweckmäßigkeit der Vorschrift verbreiten, sagen ausdrücklich: „Wird für einen bereits geschlossenen Vertrag eine Form nachträglich verabredet, so greift die Regel des Entwurfs selbstverständlich nicht Platz" (Mugdan Bd. 1 S. 452). In der II. Kommission wurde die Fassung angenommen, die jetzt Gesetz ist. Bei der Beratung des § 125 wurde beantragt: „4. Dem § 78 (G. 154) folgenden Absatz beizufügen: Ist eine Beurkundung des abzuschließenden Vertrags verabredet worden, so ist im Zweifel der Vertrag nicht geschlossen, solange die Beurkundung nicht erfolgt ist." Am Schluß des Protokolls heißt es: „Die Kommission hielt für beide Fälle (des § 125 Satz 2, nämlich, daß die Parteien bei der Unterhandlung über einen Vertrag verabreden, daß er beurkundet werden soll, oder daß in einem Vertrage für spätere Rechtsgeschäfte eine bestimmte Form vorgeschrieben wird, vgl. oben) die Aufnahme einer Auslegungsregel für ein praktisches Bedürfnis. . . Die Verschiedenheit zwischen dem Entwurfe, soweit er sich auf den ersten Fall bezieht, und dem Antrag 4 (jetzt § 154 Abs. 2) wurde als eine in der Hauptsache redaktionelle angesehen" (Mugdan Bd. 1 S. 695, 696). Nicht ohne Bedeutung ist ferner, daß in der Kommission beantragt war, in § 116 Abs. 2 des II. Entwurfs (I. Entw. § 78), der fast gleichlautend als § 154 Abs. 2 in das Gesetz übergegangen ist, das Wort „beabsichtigten" zu streichen. „Dieser Antrag will", heißt es im Protokolle, „während der Entwurf den Abs. 2 auf den Fall beschränkt, daß die Parteien bei Beginn oder im Laufe der Verhandlungen v o r der mündlichen Einigung die Beurkundung verabredet haben, die Vorschrift auch dann gelten lassen, wenn diese Abrede im unmittelbaren Anschluß an den mündlichen Vertragsschluß erfolgt ist. . . Der Antrag wurde abgelehnt, soweit er eine sachliche Änderung bezweckt, weil die Auslegungsregel in der vorgeschlagenen Erstreckung auf eine nach vorausgegangener mündlicher Einigung erfolgte Abrede der Beurkundung der tatsächlichen Begründung entbehre und zu rechtlichen Schwierigkeiten führe" (Mugdan Bd. 1 S. 688).

Hieraus erhellt sowohl der enge Zusammenhang zwischen § 125 Satz 2 und § 154 Abs. 2 wie die Übereinstimmung der II. Kommission mit den Motiven, daß § 125 Satz 2 gleich wie § 154 Abs. 2 sich auf den Fall nicht bezieht, wo erst nach Abschluß eines Rechtsgeschäfts dessen Beurkundung vereinbart wurde.

Da hier nun, wie das Berufungsgericht feststellt, nach der mündlichen, an sich gültigen Bürgschaftsübernahme des Beklagten die Schriftform verabredet worden ist, so hat der Beklagte, der daraus Rechte ableitet, daß die Schriftform Bedingung der Gültigkeit des Vertrags war, hierfür den Beweis zu liefern. Einen solchen Beweis hat er gar nicht angetreten. Er haftet daher aus der mündlichen Bürgschaftserklärung" (die nach § 350 HGB. gültig war)....

98.. Zum Begriff des Kaufs nach Probe.

BGB. § 494.

II. Zivilsenat. Urt. v. 14. Februar 1919 i. S. Verein. Dampfziegeleien H. W. & Co. (Bekl.) w. H. A. D. Sohn (Kl.). Rep. II. 298/18.

I. Landgericht Hamburg, Kammer für Handelssachen.
II. Oberlandesgericht daselbst.

Die Klage ging auf Zahlung des Preises für gelieferte Fleischkonserven und Margarine. Die Forderung im nachträglich ermäßigten Betrage von 11076 *M* war an sich unstreitig; die Beklagte wollte aber mit einer Gegenforderung gleichen Betrags auf Schadensersatz wegen Nichterfüllung aufrechnen. Es handelte sich dabei um 302 Kisten Rindfleischkonserven, die sie im Mai 1915 zur Verwendung in Gefangenenlagern von der Klägerin gekauft hatte und die bei Öffnung der Büchsen größtenteils als verdorben und zu menschlicher Nahrung ungeeignet befunden waren. Ihrer Behauptung zufolge wäre dem Geschäft ein tadelloses Muster zugrunde gelegt worden und Haltbarkeit für 4 bis 6 Wochen zugesichert. Dagegen führte die Klägerin aus, die Beklagte habe wissentlich bombierte Ware gekauft, die schleunigst dem Verbrauche zugeführt werden mußte.

Beide Instanzen verurteilten nach dem Klagantrage. Die Revision hatte keinen Erfolg.

Gründe:

„Das Berufungsgericht sieht die Behauptungen der Beklagten für widerlegt an. Ein Kauf nach Probe liege nicht vor,. da die bei den Vorverhandlungen vorgelegte Probe bei Abschluß des Geschäfts nicht in Bezug genommen, der Kauf vielmehr auf Grund eines Gesprächs über die voraussichtliche Haltbarkeit der Ware zustande gekommen sei, wobei jedoch die Klägerin irgendeine Gewähr nicht übernommen habe. Wie mit dem Sachverständigen N. gefolgert werden müsse, sei beiden Parteien schon nach dem auffallend niedrigen Preise von 44 *Pf* klar gewesen, daß entweder ein Teil der Ware nicht mehr verwendbar oder daß doch die Verwendbarkeit an schleunigen Verbrauch geknüpft war. Im Hinblick hierauf könne um so unbedenklicher festgestellt werden, daß alles, was über die Haltbarkeit hin- und hergeredet war, gegenüber den beiderseitigen Bestätigungsschreiben vom 17. und 19. Mai 1915 keine Bedeutung haben sollte. Danach habe die Beklagte ausdrücklich „ohne Garantie Ihrerseits" gekauft; nach dem Schreiben der Klägerin sei „die Ware, wie besprochen, sofort zu verbrauchen" gewesen. Offenbar habe sich die Beklagte der Hoffnung hingegeben, daß die Ware, wiewohl hinsichtlich ihrer Haltbarkeit gewisse Bedenken bestanden, noch geeignet sein werde, in den Gefangenenlagern verwendet zu werden, ohne in dieser Beziehung die Klägerin irgendwie haftbar machen zu wollen.

Diese Begründung ist rechtlich bedenkenfrei. Mit Unrecht wirft die Revision dem Berufungsgerichte vor, daß es die beiden Fragen, ob die Probedose als solche gelten sollte und ob Haltbarkeit gewährleistet war, miteinander vermenge. Die Revision irrt, wenn sie meint, gerade aus dem Ausschluß der Haltbarkeitsgarantie folge mit Notwendigkeit, daß wenigstens die Probe als maßgebend betrachtet worden sei. Das Berufungsgericht hat die Feststellung des ersten Richters, die Beklagte habe wissentlich bombierte Ware gekauft, nicht wiederholt; es hat auch unentschieden gelassen, ob die Probedose selbst bombiert war. Eine Aufklärung dieser Streitpunkte erübrigte sich angesichts des auffallend niedrigen Preises und der hervorgehobenen Sätze der Bestätigungsschreiben. Es durfte daraus geschlossen werden, daß die Beklagte nach Inhalt des Vertrags ein gewagtes Geschäft eingegangen ist. Ein Kauf nach Probe im Rechtssinne, bei dem die Eigenschaften der Probe als zugesichert anzusehen sind, war damit unvereinbar; die bei den Vorbesprechungen vorgelegte Probe hatte nur den Zweck, ihr einen ungefähren Anhalt zu geben, ob sie sich auf das Wagnis einlassen sollte." ...

---

99. Bestimmung des Kaufpreises auf der Grundlage von Londoner Notierungen, die zurzeit den allgemeinen Weltmarktpreis der Ware darstellten, unter gleichzeitiger Festsetzung eines Höchst- und eines Mindestpreises. Gelten Höchst- und Mindestpreis auch dann, wenn die Notierungen weggefallen sind oder nicht mehr den allgemeinen Weltmarktpreis wiedergeben? Welcher Preis tritt dann an die Stelle der Notierungen?

BGB. §§ 157, 242.

II. Zivilsenat. Urt. v. 14. Februar 1919 i. S. Ver. K. und L. (Bekl.) w. Nat. T.-M. A.-G. (Kl.). Rep. II. 314/18.

I. Landgericht I Berlin.
II. Kammergericht daselbst.

Durch Vertrag vom 29. Mai 1914 hat die Beklagte dem U., an dessen Stelle mit ihrer Bewilligung die Klägerin in den Vertrag eingetreten ist, die gesamte Produktion ihrer Kokereien K. und Cz. an Koksofenteer bis zu 12000 Tonnen im Jahre bis zum 31. Dezember 1919 verkauft. Nachdem als Preis für den Teer die sich im Monatsdurchschnitt ergebende Londoner Notiz des Journal of Gas Lighting mit einem Aufschlage von 5 *M* für die Tonne bestimmt war, heißt es in dem Vertrage: „der von Ihnen (Kläger) monatlich zu bezahlende Minimalpreis ist auf 30 *M* per Tonne und der Maximalpreis auf 35 *M* per Tonne festgesetzt".

Mit Brief vom 28. August 1916 teilte die Beklagte der Klägerin mit, daß, nachdem anstelle der Londoner Notierungen infolge der durch den Krieg geschaffenen Verhältnisse der gemeine inländische Verkaufswert getreten sei, sie diesen auf 4,50 *M* für 100 Kilo (also auf 45 *M* für die Tonne) bemesse und daß sie, falls die Klägerin nicht bis zum 10. September diesen Preis für die Produktion ab November 1916 zahlen zu wollen erkläre oder einen bestimmten Gegenvorschlag mache, vom November 1916 ab die weitere Teerlieferung ablehne. Die Klägerin erwiderte am 4. September 1916, daß nach ihrer Auffassung der Preis durch den klaren Wortlaut des Vertrags zweifelsfrei feststehe, daß ein Grund für das Ausscheiden der Londoner Notierungen nicht ersichtlich und, da diese zurzeit unter dem Minimalpreise lägen, sie rechtlich lediglich zur Zahlung von 30 *M* für die Tonne verpflichtet sei. Nur vergleichsweise erbot sie sich unter Wahrung ihres Rechtsstandpunktes, ab 1. November 1916 zunächst bis 1. April 1917 einen Preis von 32,50 *M* für die Tonne zu zahlen. Die Beklagte erklärte mit Brief vom 11. September 1916, daß sie das Angebot der Klägerin nicht annehme, deren Auffassung nicht teile und über ihre Teerproduktion vom 1. November 1916 ab anderweit verfüge.

Die Klägerin begehrte darauf Schadensersatz wegen Nichterfüllung des Vertrags. Indem sie den vertraglichen Maximalpreis von 35 *M* zugrunde legte, dem sie einen Marktpreis von mindestens 45 *M* für die Zeit seit dem 1. November 1916 gegenüberstellte, berechnete sie ihren Schaden bei einer Gesamtlieferung von ungefähr 8000 Tonnen für das Jahr auf jährlich 80000 *M*, mithin bis zum Ablaufe des Vertrags (31. Dezember 1919) auf 253333,33 *M*.

Während das Landgericht die Klage abwies, erklärte das Kammergericht den Anspruch dem Grunde nach für gerechtfertigt. Die Revision der Beklagten hatte keinen Erfolg.

Gründe:

„Nach der Feststellung des Berufungsgerichts ist die Beklagte, weil die Klägerin ihr Verlangen, vom 1. November 1916 ab für die Tonne Teer 45 *M* zu zahlen, abgelehnt und sich ihr gegenüber auf die Londoner Notierungen und den vereinbarten Höchstpreis berufen hat, von dem Vertrage zurückgetreten.

Ob auch heute noch, wie die Klägerin meint, die Londoner Notierungen den maßgebenden Preis für die Teerlieferungen der Beklagten ergeben, oder ob, wie das Landgericht in Übereinstimmung mit der Auffassung der Beklagten annimmt, anstelle der Londoner Notierung infolge der durch den Krieg veränderten Marktverhältnisse der inländische Marktpreis getreten ist, läßt das Berufungsgericht unentschieden. Dagegen nimmt es für alle Fälle, möge die Londoner Notierung oder der inländische Marktpreis maßgebend sein, an, daß die Beklagte einen höheren als den vertraglich festgesetzten Höchstpreis von 35 *M* für die Tonne auch für die Zeit vom 1. November 1916 ab nicht zu beanspruchen gehabt habe.

Der gegen diese Annahme gerichtete Angriff der Revision ist unbegründet.

Mit Recht geht das Berufungsgericht davon aus, daß, wenn bei einem Kaufvertrage, der den Preis nach einer künftigen, schwankenden Marktlage bestimmen läßt, ein Höchst- und ein Mindestpreis festgesetzt wird, diese Festsetzung den einzigen Zweck hat, das Risiko der Parteien bei dem Geschäft auf einen bestimmten Rahmen zu beschränken. So hatte im vorliegenden Falle die Klägerin niemals mehr als 35 *M* für die Tonne zu zahlen, mochte auch die Londoner Notierung zuzüglich des vereinbarten Aufschlags diesen Betrag noch so hoch übersteigen. Es fragt sich nur, ob der Höchstpreis auch dann noch gelten soll, wenn, wie die Beklagte behauptet, die Londoner Notierungen überhaupt oder wenigstens, weil sie nicht mehr den Weltmarktpreis für Teer darstellen, für den Vertrag der Parteien als preisbestimmend weggefallen sind.

Die Beklagte hatte unter Zeugenbeweis behauptet, die Vereinbarung des Höchst- und Mindestpreises sei „nicht unabhängig" von dem Bestehen der zur Zeit des Vertragsabschlusses den Weltmarktpreis anzeigenden Londoner Notierungen erfolgt; insbesondere für die Festsetzung des Höchstpreises auf 35 *M* sei der Umstand bestimmend gewesen, daß die Londoner Notierung seit dem Jahre 1905 niemals über diesen Preis hinausgegangen sei. Da nun die Londoner Notierung nur deshalb als preisbestimmend vereinbart sei, weil sie damals den allgemeinen Weltmarktpreis und damit auch den inländischen Marktpreis dargestellt habe, so sei an ihre Stelle, nachdem sie infolge der durch den Krieg veränderten Marktlage aufgehört habe, den allgemeinen Weltmarktpreis wiederzugeben, sich vielmehr für das Gebiet der Mittelmächte ein besonderer inländischer Marktpreis herausgebildet habe, dieser inländische Marktpreis getreten. Mit der Maßgeblichkeit der Londoner Notierungen für die Preisbestimmung seien auch die davon abhängigen Höchst- und Mindestpreise weggefallen, so daß nunmehr der gemeine inländische Marktpreis unbeschränkt durch den im Vertrage festgesetzten Höchstpreis maßgebend sei.

Diese Ausführungen der Beklagten sind nicht schlüssig. Wenn die Behauptung der Beklagten über die Abhängigkeit der Höchstpreisbestimmung richtig ist, so folgt daraus nicht ohne weiteres, daß der im Vertrag ohne Einschränkung festgesetzte, wenn auch bezüglich seiner Höhe von den damals vorliegenden Londoner Notierungen beeinflußte Höchstpreis nach dem Parteiwillen nicht mehr gelten soll, sobald die Londoner Notierungen für die Preisermittelung ausscheiden und an ihre Stelle sinngemäß eine andere Preisberechnung, insbesondere die nach dem inländischen Marktpreise, treten würde. Der Wortlaut des Vertrags läßt nicht, wie die Revision meint, eine solche Folge als gewollt erkennen, spricht vielmehr dafür, daß der Höchstpreis in Geltung bleibt, auch wenn, wie im vorliegenden Falle nach der Behauptung der Beklagten, infolge veränderter Marktlage anstelle der im Vertrage vorgesehenen Londoner Notierungen, die damals den allgemeinen Weltmarktpreis darstellten, der inländische Marktpreis tritt. In diesem Sinne legt das Berufungsgericht den Vertrag aus und beruft sich noch darauf, daß solche Höchst- und Mindestpreisfestsetzungen gerade gegen eine Veränderung der Marktlage die Parteien durch Beschränkung ihres Risikos sichern sollen. Die Auslegung des Berufungsgerichts beruht hiernach nicht auf Rechtsirrtum, insbesondere nicht auf Verletzung der §§ 133, 157 BGB. Auch bedurfte es nicht, wie die Revision meint, der Erhebung des von der Beklagten erbotenen Zeugenbeweises. ...

Wird die Auslegung des Berufungsgerichts zugrunde gelegt, so konnte die Beklagte keinesfalls mehr als 35 *M* für die Tonne beanspruchen und durfte nicht deshalb vom Vertrage zurücktreten, weil der von ihr geforderte Preis von 45 *M* von der Klägerin abgelehnt wurde. Ist sie aber zu Unrecht zurückgetreten, so ergibt sich daraus, was auch die Revision nicht bemängelt, daß der eingeklagte Schadensersatzanspruch wegen Nichterfüllung dem Grunde nach gerechtfertigt, mithin die Revision zurückzuweisen ist. Denn der erst in der Revisionsinstanz geltend gemachte Fall der Unmöglichkeit der Preisbestimmung und damit der Hinfälligkeit des Kaufvertrags ist nicht eingetreten, auch wenn die Londoner Notierungen, was bestritten ist, ihre maßgebliche Bedeutung für die Preisbestimmung verloren haben sollten. Für diesen Fall trat, wie die Beklagte selbst in den Vorinstanzen geltend gemacht und sich aus den beiderseitigen Parteivorbringen gemäß §§ 157, 242 BGB. ergibt, an die Stelle der Londoner Notierungen der inländische Marktpreis, so daß von einer Unbestimmbarkeit des Preises keine Rede sein kann (vgl. RG. II. 17/16 Jur. Wochenschr. 1916 S. 902)." ...

100. Hat der Schuldner an den gepfändeten, in seinem Gewahrsam belassenen Sachen unmittelbaren Besitz oder ist er Besitzdiener?

ZPO. § 808; BGB. §§ 855, 868.

VII. Zivilsenat. Urt. v. 14. Februar 1919 i. S. B. (Bekl.) w. W. (Kl.). Rep. VII. 269/18.

I. Landgericht Bremen.
II. Oberlandesgericht Hamburg.

Aus den Gründen:

... „Wie sich die Besitzverhältnisse gestalten, wenn der Gerichtsvollzieher die gepfändeten körperlichen Sachen im Gewahrsam des Schuldners beläßt, ist streitig.

In der Literatur ist, wie der Revision zuzugeben ist, die mit deren Auffassung übereinstimmende Ansicht vertreten, daß auch in diesem Falle, wie bei der Fortschaffung der Pfandsachen angenommen wird, der Gerichtsvollzieher unmittelbarer Besitzer ist und der Schuldner die rechtliche Stellung eines Besitzdieners im Sinne des § 855 BGB. einnimmt. Nach einer anderen Meinung wird dann in dem Besitzverhältnis überhaupt nichts geändert. Die dritte, soweit ersichtlich, von der Mehrzahl der Schriftsteller insbesondere neuerdings vertretene Auffassung geht dahin, daß, wenn die gepfändeten Sachen im Gewahrsam des Schuldners bleiben, dieser unmittelbarer Besitzer ist, der Gerichtsvollzieher und durch ihn der Gläubiger mittelbare Besitzer werden.

Der erkennende Senat erachtet die Beurteilung, daß der Schuldner unmittelbarer Besitzer der in seinem Gewahrsam belassenen gepfändeten Sachen ist, für die zutreffende. Der Schuldner darf diese Sachen, wenn ihm auch die Pfändung ihre pflegliche Behandlung zur Pflicht macht, weiter für sich benutzen. Ihm ist nur die Verfügung über sie und die Beseitigung der Pfändungszeichen strafrechtlich verboten (§§ 136, 197 RStGB.). Eine Änderung in dem früheren Besitzverhältnis tritt, entgegen der vorerwähnten zweiten Ansicht, damit ein, daß der Gerichtsvollzieher die gepfändeten Sachen nach § 808 Abs. 1 ZPO. zunächst in Besitz zu nehmen hat. Beläßt er sie dann im Gewahrsam des Schuldners, so räumt er diesem bis auf weiteres die den unmittelbaren Besitz darstellende tatsächliche Gewalt über sie wieder ein. Der Schuldner wird damit im Sinne des § 868 BGB. zum Besitze der Sachen auf Zeit berechtigt und ist zur Fortsetzung des Besitzes durch das strafrechtliche Verbot, sie der Verstrickung zu entziehen, verpflichtet. § 868 BGB. hat ein Vertragsverhältnis nicht zur Voraussetzung, die dort aufgeführten Vertragsformen dienen nur als Beispiele. Ein „ähnliches Verhältnis" kann auch kraft Gesetzes entstehen. § 808 ZPO. hat es geschaffen, indem er in der früheren Fassung als Ausnahme, jetzt als Regel die Belassung von Pfandobjekten im Gewahrsam des Schuldners anordnet. Darin findet die Beurteilung ihre Rechtfertigung, daß bis zur Versteigerung an solchen gepfändeten Sachen der Schuldner, nicht der Gerichtsvollzieher unmittelbaren Besitz hat. Als unmittelbarer Besitzer vermittelt der Schuldner dem Gerichtsvollzieher und dem Gläubiger den Besitz.

Daß der Schuldner die tatsächliche Gewalt über die in seinem Gewahrsam belassenen Pfandobjekte nur als Besitzdiener für den Gerichtsvollzieher oder den Gläubiger ausübt, kann nicht angenommen werden. Der Anwendung des § 855 BGB. auf die durch § 808 ZPO. geschaffene Rechtslage steht entgegen, daß das Besitzdienerverhältnis Beziehungen zwischen den Beteiligten voraussetzt, bei denen der Besitzdiener vermöge seiner sozialen Abhängigkeit von dem anderen Teile dessen sich auf eine Sache beziehenden Weisungen Folge zu leisten hat (RGZ. Bd. 71 S. 248). Wenn nun auch der Schuldner Weisungen, die der Gerichtsvollzieher zur Fortsetzung der Zwangsvollstreckung über die Pfandobjekte trifft, zu befolgen hat, so ist der Grund hierfür doch nicht seine soziale Abhängigkeit von dem Gerichtsvollzieher oder dem Gläubiger, sondern die amtliche Befugnis des Gerichtsvollziehers, der er sich zu fügen hat. Es wird ihm von diesem, wie ausgeführt, der Besitz ja auch nur auf Zeit übertragen." ...

---

101. Erlangt der Armenanwalt schon allgemein mit der Zustellung des Beiordnungsbeschlusses an ihn die Stellung eines Vertreters der armen Partei?

ZPO. § 115 Nr. 3, § 232 Abs. 2.

VII. Zivilsenat. Urt. v. 18. Februar 1919 i. S. D. (Kl.) w. Kreis Gummersbach (Bekl.). Rep. VII. 351/18.

I. Landgericht Cöln.
II. Oberlandesgericht daselbst.

Das Reichsgericht hat die Frage verneint aus folgenden

Gründen:

„Nach den Feststellungen des Vorderrichters hat der Kläger am 21. Juli 1917 auf der Gerichtsschreiberei des Oberlandesgerichts die

Bewilligung des Armenrechts zwecks Einlegung der Berufung gegen das am 6. Juli 1917 zugestellte Urteil des Landgerichts beantragt und gebeten, ihm den Justizrat Dr. C. als Anwalt beizuordnen. Der Beschluß, durch den das Armenrecht bewilligt und Justizrat Dr. C. beigeordnet wurde, erging am 1. August und wurde dem Anwalt am 4. August, dem Kläger jedoch erst am 6. August nachmittags um 4 Uhr in seiner Wohnung, da er selbst abwesend war, zu Händen seiner Ehefrau zugestellt. Der beigeordnete Anwalt hat mit einem am 15. August beim Berufungsgericht eingegangenen Schriftsatze Berufung eingelegt und gleichzeitig die Wiedereinsetzung in den vorigen Stand gegen die Versäumung der Berufungsfrist beantragt. Die Begründung der Ablehnung der Wiedereinsetzung verneint zwar ein eigenes Verschulden des Klägers an der Fristversäumung, nimmt aber ein solches des Anwalts an, das der Kläger gegen sich gelten lassen müsse. Der Armenanwalt habe bereits mit der Zustellung des Armenrechtsbeschlusses an ihn die Vertretereigenschaft erlangt und sei zur Einlegung der Berufung innerhalb der Frist in der Lage und verpflichtet gewesen.

Dem Berufungsgericht ist darin beizutreten, daß den Kläger nach Lage der Sache ein eigenes Verschulden an der Fristversäumung nicht trifft. Nun ist zwar die Frage, ob ein unabwendbarer Zufall die Wahrung der Frist verhindert hat (§ 233 Abs. 1 ZPO.), nicht auf Verschulden abzustellen. Die Abwesenheit eines Verschuldens ist — abgesehen von dem hier nicht in Betracht kommenden Falle des § 233 Abs. 2 ZPO. — nur ein negatives Erfordernis für die Wiedereinsetzung. Es muß vielmehr positiv ein Ereignis die Wahrung der Frist vereitelt haben, dessen Eintritt nach den besonderen Umständen des Falles auch durch die äußerste diesen Umständen angemessene und vernünftigerweise zu erwartende Sorgfalt nicht hätte verhindert werden können (RGZ. Bd. 48 S. 409, Bd. 71 S. 322, Bd. 77 S. 159). Aber die Verkennung des Begriffs des unabwendbaren Zufalls führt deshalb nicht zur Aufhebung des Urteils, weil der Kläger für seine Person nach dem festgestellten Sachverhalt auch bei Aufwendung der äußersten Sorgfalt die Fristversäumung nicht mehr hätte verhindern können.

Es fragt sich daher, ob das Verhalten des beigeordneten Anwalts der Wiedereinsetzung entgegensteht.

Zutreffend nimmt der Vorderrichter an, daß in der Zeit vom 4. bis zum Ablauf des 6. August die Einlegung der Berufung möglich gewesen wäre, auch wenn man berücksichtigt, daß der 5. August ein Sonntag war. Im Armenrechtsbeschluß waren die erstinstanzlichen Prozeßbevollmächtigten des Klägers benannt. Durch eine Anfrage bei diesen hätte der Anwalt unschwer noch am 4., jedenfalls aber am Vormittage des 6. August alles in Erfahrung bringen können, was zur rechtzeitigen Berufungseinlegung erforderlich war, insbesondere auch den Tag der

Urteilszustellung. Er wäre dann in der Lage gewesen, den Berufungsschriftsatz noch am 6. August beim Berufungsgericht einzureichen. Die Unterlassung dieser Maßnahmen würde sich unbedenklich dann als ein Verschulden des Anwalts darstellen, wenn er damals bereits Vertreter der Partei und ihr gegenüber zum sofortigen Handeln vertraglich verpflichtet gewesen wäre. Der Revision kann nicht zugegeben werden, daß aus dem Umstande, daß das Berufungsgericht es unterlassen hat, auf den kurz bevorstehenden Fristablauf hinzuweisen, der Anwalt auf eine längere, gefahrlose Dauer der Frist hätte schließen dürfen. Ein solcher Hinweis durch einen entsprechenden Vermerk auf dem Beschluß wäre bei der gegebenen Sachlage gewiß angezeigt gewesen, aber seine Unterlassung könnte die Säumnis des Anwalts nicht entschuldigen.

Rechtlichen Bedenken begegnet aber die Auffassung des Oberlandesgerichts, daß Justizrat C. schon mit der Zustellung des Armenrechtsbeschlusses an ihn Vertreter des Klägers geworden sei. Der Vorderrichter meint, daß jedenfalls dann, wenn die Partei im Armenrechtsgesuche die Bitte ausgesprochen hat, ihr einen bestimmten Anwalt beizuordnen, in dieser Bitte schon die Bevollmächtigung dieses Anwalts zu finden sei. Die Richtigkeit dieser Ansicht kann aber hier unentschieden bleiben; denn auch wenn man sie billigt, so muß doch in bezug auf das Innenverhältnis zwischen Partei und Anwalt, worauf es hier allein ankommt, weiter gefordert werden, daß dem Anwalte von der Bitte der Partei um Beiordnung seiner Person, die dann zugleich den Auftrag zur Geschäftsbesorgung enthielte, Mitteilung gemacht wird. Es ist aber unter den Parteien unstreitig, daß Justizrat C. innerhalb der Berufungsfrist von jener Bitte der Partei keine Mitteilung erhalten hat.

Die Entscheidung des Berufungsgerichts ließe sich daher — zunächst von der später noch zu besprechenden Frage der auftraglosen Geschäftsführung abgesehen — nur dann rechtfertigen, wenn in der Beiordnung des Armenanwalts entweder die Bestellung eines gesetzlichen Vertreters für die arme Partei zu erblicken wäre, oder verneinendenfalls, wenn ganz allgemein in jedem Armenrechtsgesuche schon die Bevollmächtigung des beizuordnenden Anwalts und der Auftrag zur Geschäftsbesorgung zu finden wäre. Daß der Armenanwalt gesetzlicher Vertreter der Partei sei, wird, soweit ersichtlich, in Rechtsprechung und Schrifttum einhellig abgelehnt. Mit Recht. Die Armenrechtsbewilligung ist ein öffentlichrechtlicher Akt der staatlichen Armenfürsorge. Der Staat will solchen Personen, die nicht in der Lage sind, ohne Beeinträchtigung des für sie und ihre Familie notwendigen Unterhalts die Kosten eines Prozesses zu bestreiten, dadurch zu Hilfe kommen, daß er ihnen die vorläufig unentgeltliche Prozeßführung ermöglicht, falls diese nicht aussichtslos oder mutwillig erscheint. Mit der Ermöglichung der unentgeltlichen Prozeßführung ist der Zweck der staatlichen Fürsorge vollkommen erreicht. Der armen Partei soll eine Vergünstigung gewährt, sie soll aber nicht in der Entschlußfreiheit, ob und wie sie den Prozeß führen und ob sie sich zur Prozeßführung des ihr beigeordneten Anwalts bedienen will, beschränkt werden. Durch die Beiordnung wird ihr ein Anwalt zur Verfügung gestellt. Ihrer freien Entschließung bleibt es vorbehalten, seine Dienste in Anspruch zu nehmen. Der Anwalt hat den Weisungen der Partei in bezug auf die Prozeßführung Folge zu leisten, und die arme Partei hat das Recht, ihm jederzeit die Vertretungsmacht zu entziehen, Rechte, die grundsätzlich einer gesetzlich vertretenen Person nicht zustehen. Es ist kein Grund abzusehen, weshalb die arme Partei in den Herrschaftsrechten über den Prozeß ungünstiger zu stellen wäre als eine zahlungsfähige Partei.

Es bleibt daher noch zu erörtern, ob in dem Armenrechtsgesuch allgemein schon die Bevollmächtigung und die Auftragserteilung für den beizuordnenden Anwalt zu finden oder doch vermutlich enthalten ist. In der Rechtsprechung und dem Schrifttum sind die Meinungen geteilt. Der erkennende Senat ist zur Verneinung gelangt. Maßgebend für diese Stellungnahme waren zunächst dieselben Gründe, aus denen oben die Annahme abgelehnt worden ist, daß der Armenanwalt durch den Armenrechtsbeschluß zum gesetzlichen Vertreter der armen Partei bestellt werde. Sie behält trotz der Armenrechtsbewilligung völlige Freiheit der Entschließung in der Auswahl ihres Prozeßvertreters. Der armen Partei kann, ebensowenig wie einer zahlungsfähigen, die Person des Anwalts gleichgültig sein. Möglicherweise bringt sie aus irgendwelchen Gründen dem ihr beigeordneten Anwalt kein Vertrauen entgegen. Es können ferner Umstände eintreten, die ihr die Prozeßführung nachträglich unnötig oder unzweckmäßig oder nicht ratsam erscheinen lassen, wenngleich das Gericht bei vorläufiger Prüfung der Sache diese für nicht völlig aussichtslos erachtet hat. Die Partei wäre dann, wenn man der gegenteiligen Ansicht folgt, auf den Widerruf der im Armenrechtsgesuche liegenden Vollmachtserteilung angewiesen. Hatte aber ein pflichteifriger Armenanwalt schon, bevor ihm der Widerruf zugeht, die Klage erhoben oder das Rechtsmittel eingelegt, vielleicht daraufhin auch schon die Gegenpartei ihrerseits einen Anwalt bestellt, so würden unnütze Kosten entstanden sein, deren Ersatz weder von der armen Partei noch auch von dem Armenanwalte zu erlangen wäre. Der einer armen Partei zu gewährende Rechtsschutz darf aber nicht so weit führen, daß die Interessen der Gegenpartei über das unbedingt erforderliche Maß hinaus beeinträchtigt werden. Anderseits erheischt auch das Interesse der armen Partei nicht die gegenteilige Annahme. Denn es kann ihr, auch wenn man nicht schon in dem Armenrechtsgesuche die Vollmachtserklärung findet, sondern es ihrer freien Entschließung überläßt, nach Beiordnung des

Anwalts ihn zu ihrem Vertreter zu bestellen, ein Rechtsnachteil nicht entstehen, wenn sie mit der Sorgfalt zu Werke geht, die von jedem, der einen Rechtsstreit führen will, zu verlangen ist. Sie muß dafür Sorge tragen, daß sie nach Zustellung des die Armenrechtsbewilligung aussprechenden Beschlusses den ihr beigeordneten Anwalt so zeitig bevollmächtigt und mit Anweisung versieht, daß etwaige Fristen gewahrt werden können. Ist sie dazu auch bei äußerster Sorgfalt nicht mehr in der Lage, — vorausgesetzt, daß sie sich nicht durch zu späte Einreichung des Armenrechtsgesuchs selbst in diese Unmöglichkeit versetzt hat —, so gewährt ihr die Wiedereinsetzung in den vorigen Stand den erforderlichen Rechtsschutz.

Dazu kommt folgende Erwägung: Der § 80 ZPO. schreibt vor, daß der Bevollmächtigte seine Bevollmächtigung durch eine schriftliche Vollmacht nachzuweisen und diese zu den Gerichtsakten abzugeben hat. In amtsgerichtlichen und in Ehesachen wird dieser Nachweis von Amts wegen gefordert, in Anwaltsprozessen ist er auf Verlangen der Gegenpartei zu führen. Es ist nun allgemein anerkannt, daß die Vorschrift des § 80 auch für den Armenanwalt gilt. Diese Ansicht gründet sich darauf, daß das Gesetz keine Ausnahme macht, und in der Begründung zu § 74 Abs. 1 des Entwurfs einer ZPO. (jetzt § 80) ist ausdrücklich ausgesprochen, daß für den Armenanwalt eine Ausnahme nicht gelten solle (vgl. Hahn-Mugdan, Mot. z. ZPO. Bd. 1 S. 189). Hiermit läßt sich aber die Ansicht nicht vereinbaren, daß in dem Armenrechtsgesuche bereits die Vollmacht für den beizuordnenden Anwalt erklärt sei. Wäre dem so, dann bedürfte es für den Armenanwalt nicht mehr des Vollmachtsnachweises; denn der urkundliche Nachweis befände sich schon in Gestalt des Armenrechtsgesuchs und des darauf ergangenen Bewilligungsbeschlusses bei den Gerichtsakten.

Der erkennende Senat befindet sich mit seiner Ansicht in Übereinstimmung mit der Entscheidung des I. Zivilsenats RGZ. Bd. 89 S. 42. Dort heißt es S. 44: „Die Zuordnung eines Pflichtanwalts steht — auch in Verbindung mit der Mitteilung des Zuordnungsbeschlusses an die Gegenpartei — der Bestellung eines Prozeßbevollmächtigten . . . nicht gleich", und S. 45: „Mit ihm (dem Beiordnungsbeschluß) erfüllt das Gericht nur seine öffentlichrechtliche Pflicht, der armen Partei einen Anwalt zur vorläufig unentgeltlichen Wahrnehmung ihrer Rechte zur Verfügung zu stellen. Er verpflichtet zugleich den Anwalt, sich ihr zur Entgegennahme der Vollmacht zur Verfügung zu halten, enthält aber keine Vollmachterteilung und begründet auch nicht die Vermutung einer solchen. Denn die arme Partei ist in ihrem Entschluß, ob sie dem ihr beigeordneten Anwalte Prozeßvollmacht geben will, völlig frei." Die vom erkennenden Senate vertretene Auffassung steht auch, soweit erkennbar, nicht im Widerspruche mit den Entscheidungen des VI. Zivilsenats

Bd. 41 S. 367 und Jur.-Wochenschr. 1904 S. 386 Nr. 12. In beiden Entscheidungen ist ausgesprochen, daß der Armenanwalt von dem Zeitpunkt ab, wo ihm seine Beiordnung bekannt geworden ist, in der Lage und veranlaßt sei, für die Partei zu handeln. Worauf der Senat die Pflicht des sofortigen Handelns damals gegründet hat, lassen die Ausführungen nicht erkennen; insbesondere nicht, ob der VI. Senat der Auffassung gewesen ist, daß in dem Armenrechtsgesuche schon die Bevollmächtigung zu finden sei, oder ob er die Veranlassung zum sofortigen Handeln etwa nur aus einer dem Armenanwalt obliegenden Anstandspflicht hergeleitet hat. Zur Herbeiführung einer Plenarentscheidung ist aber auch deshalb kein Anlaß gegeben, weil beide Entscheidungen des VI. Senats altes Recht betreffen.

Wenn hiernach im allgemeinen nicht anerkannt werden kann, daß der Armenanwalt mit der Zustellung des Beiordnungsbeschlusses schon die Eigenschaft des Vertreters der armen Partei erlangt und von da ab für ihn die Rechtspflicht besteht, für die Partei zu handeln, so soll doch anderseits nicht unausgesprochen bleiben, daß unter Umständen die Anstandspflicht (nobile officium) vom Armenanwalte fordern kann, daß er nach Zustellung des Beiordnungsbeschlusses die Dinge nicht einfach laufen läßt und wartet, bis die Partei sich an ihn wendet, sondern daß er seinerseits alsbald die Sache in Angriff nimmt, besonders wenn Veranlassung besteht, anzunehmen, daß für die Rechte der Partei Gefahr im Verzug ist. Aber diese Anstandspflicht begründet noch nicht die Vertretereigenschaft des beigeordneten Anwalts.

Das Berufungsgericht hat nun noch einen Hilfsgrund für seine Entscheidung gegeben. Es ist der Meinung, dadurch, daß Justizrat C. am 8. August sich an die erstinstanzlichen Bevollmächtigten des Klägers wandte und dann an den Kläger schrieb, habe er für diesen als Geschäftsführer ohne Auftrag gehandelt. Diese Geschäftsführung sei durch die spätere Bevollmächtigung vom Kläger genehmigt worden. Die Genehmigung erstrecke sich auf das gesamte Handeln des Anwalts und damit auch auf sein negatives Handeln, d. h. die pflichtwidrige, weil gegen § 677 BGB. verstoßende Unterlassung der zur Wahrung der Berufungsfrist erforderlichen Maßnahmen.

Auch diese Ausführungen sind nicht frei von Rechtsirrtum. In der Tätigkeit des Anwalts am 8. August und den folgendeu Tagen ist allerdings eine Geschäftsführung für die arme Partei zu finden. Es ist auch zutreffend, daß, wenn einmal der Anwalt mit der auftraglosen Geschäftsführung begonnen hat, er nichts unterlassen darf, was das Interesse der Partei zu tun gebietet, und ferner ist es richtig, daß auch solche Unterlassungen als genehmigt zu gelten haben, wenn nachträglich die ganze Geschäftsführung von der Partei schlechthin genehmigt wird. Aber die Genehmigung erstreckt sich, auch wenn sie schlechthin erteilt wird, nur auf die Übernahme der Geschäftsführung und auf diejenigen Handlungen und Unterlassungen, die nach der Übernahme liegen. Die Geschäftsführung für den Kläger ist aber von Justizrat C. erst nach Ablauf der Berufungsfrist, am 8. August, übernommen worden. Unterlassungen, die vorher liegen, können also nicht genehmigt sein. Es ist auch ganz ausgeschlossen, daß der Kläger mit seiner späteren Vollmachtserteilung an den Anwalt die Unterlassung der rechtzeitigen Berufungseinlegung, also die Fristversäumung, hätte genehmigen wollen."

---

102. Inwiefern können Parteibehauptungen zum Nachteile der Partei verwertet werden?

V. Zivilsenat. Urt. v. 19. Februar 1919 i. S. N. u. Gen. (Kl.) w. N. (Bekl.). Rep. V. 280/18.

I. Landgericht Schneidemühl.
II. Oberlandesgericht Posen.

Die Kläger verlangten auf Grund der näher bezeichneten Verträge von der Beklagten die Bezahlung des angeblichen Kaufpreisrestes von 13000 *M*. Die Beklagte wendete ein, daß ihre Kaufpreisschuld im Wege der Verrechnung bereits völlig gedeckt sei. Hierauf entgegnete die Klägerin, daß die in Rede stehenden Grundstücke der Beklagten in Wirklichkeit nur zur Verwaltung und Bewirtschaftung übergeben und ihr abredegemäß auch nur formell aufgelassen worden seien. Das Landgericht wies die Klage ab und auch die Berufung der Kläger wurde zurückgewiesen, desgleichen ihre Revision.

Gründe:

„Das Landgericht ging unter Berücksichtigung der näheren Umstände davon aus, daß im gegebenen Falle den Klägern der Beweis obliege, daß das Restkaufgeld noch nicht berichtigt sei. Das Berufungsgericht ist dieser Frage überhaupt nicht näher getreten, wie auch derjenigen nicht, ob die Beklagte ein Kaufgeld in der behaupteten Höhe überhaupt schuldig geworden ist; sein Ergebnis beruht vielmehr ausschließlich auf der Erwägung, daß die Kläger im Laufe des Rechtsstreits Behauptungen aufgestellt hätten, die ihrerseits dem ursprünglich geltend gemachten Klagegrunde seine Grundlage entzogen hätten. In dieser Hinsicht kommt tatbestandsmäßig folgendes in Betracht: ... (Folgt die Darlegung der nachträglichen Behauptungen der Kläger.) In

Gemäßheit dieses gesamten nachträglichen Vorbringens der Kläger ist das Berufungsgericht zu dem Ergebnis gelangt, daß jene ihren Anspruch auf die Kaufverträge gestützt, diesem Klagegrunde jedoch selbst den Boden dadurch wieder entzogen hätten, daß sie nachträglich die Kaufverträge als bloße Scheingeschäfte hinstellten.

Demgegenüber bemängelt es die Revision zwar nicht, daß das Berufungsgericht aus den nachträglichen Ausführungen der Kläger die Behauptung des Scheingeschäftes entnommen hat. Wohl aber bemängelt sie die Folgerungen, die das Berufungsgericht aus dem nachträglichen Verhalten der Kläger gezogen hat, indem sie einwendet, daß sich das Berufungsgericht mit dem Standpunkte beider Parteien in Widerspruch gesetzt habe. Die Kläger hätten daran festgehalten, daß der Klaganspruch auf Zahlung des Kaufpreises gehe, und niemals hätten sie die klagebegründende Behauptung, daß die Beklagte „schließlich doch" Eigentümerin der Grundstücke geworden sei und das Kaufgeld verschulde, fallen lassen wollen; wie ihre gesamten Ausführungen in der Replik und im Schriftsatze vom 7. Juni 1915 erkennen ließen, seien vielmehr die vom Berufungsgerichte zu ihrem Nachteile berücksichtigten Erklärungen der Kläger nur dazu bestimmt gewesen, den von der Beklagten erhobenen Einwand der Verrechnung der Kaufschuld zu widerlegen. Die Beklagte anderseits habe das Zustandekommen verbindlicher ernstlicher Kaufverträge nicht in Abrede gestellt, und wenn sie oder ihr Vertreter im zweiten Rechtszug auch geltend gemacht hätten, daß der Klaganspruch fallen müsse, wenn die Kaufverträge nur zum Schein oder in frauduloser Absicht abgeschlossen worden wären, so sei die Beklagte gleichwohl auch in jenem Schriftsatze dabei verblieben, daß sie die Grundstücke 24 Jahre lang zu Eigentum besessen habe und daß der Kaufpreis getilgt sei. Die Revision vermag jedoch mit diesen Einwendungen nicht durchzudringen.

Es ist ein anerkannter Grundsatz des Prozeßrechts, daß eine Partei, die eine ihr nachteilige Behauptung aufstellt, sich gefallen lassen muß, daß diese Behauptung auch zu ihren Ungunsten verwertet wird (vgl. RGZ. Bd. 67 S. 364, Bd. 78 S. 345, Bd. 86 S. 143; Planck, Lehrbuch des D. Zivilproz. Bd. 1 S. 251, 324; Bülow, Geständnisrecht S. 286 ff.; Stein, ZPO. Anm. II b. zu 288; Sydow-Busch, § 288 Anm. 4 a. E.). Von diesem Grundsatze hat das Berufungsgericht hier Gebrauch gemacht, indem es neben der Klagebehauptung, womit unzweifelhaft der Abschluß ernstlicher Kaufverträge geltend gemacht sein sollte, auch die nachträgliche Behauptung, daß es sich um bloße Scheingeschäfte gehandelt habe, berücksichtigte und hiernach, ungeachtet der Tatsache, daß die Kläger die nachträgliche Behauptung nur zur Widerlegung des gegnerischen Einwandes erfolgter Verrechnung der Kaufpreise aufgestellt hatten, zu der Annahme sich entschloß, daß das spätere

Vorbringen der Kläger den gegebenen Klagegrund wieder hinfällig gemacht habe. Zwar hat es in einem Zwischensatze auch ausgesprochen, daß es dem nachträglichen Vorbringen Glauben schenke. Aber diese Bemerkung war offenbar nicht von ausschlaggebender Bedeutung. Es erhellt das daraus, daß es seine Erwägungen mit dem Satze abschloß, daß die Klage „bei diesem Widerspruche in den Behauptungen der Klägerin scheitern müsse". Denn hiernach hat das Gericht das entscheidende Gewicht gerade nur darauf gelegt, daß die nachträgliche Behauptung der ursprünglichen widersprach, und zwar, wie das Urteil weiter zu verstehen ist, mit der Folge, daß die ursprüngliche Behauptung als Stütze des Klaganspruchs nicht mehr dienen konnte, während aus der nachträglichen Behauptung, da Scheingeschäfte nichtig sind, der auf Zahlung der Kaufpreise gerichtete Anspruch überhaupt nicht herzuleiten war. Bei Anwendung des zuvor angeführten prozeßrechtlichen Grundsatzes kommt es darauf in der Tat auch nicht an, ob das Gericht die ursprüngliche, gegebenenfalls klagbegründende Behauptung durch ein nachträgliches Vorbringen für widerlegt angesehen hat oder ansehen will. Es genügt vielmehr für die Anwendung des Grundsatzes, wenn die Partei in der Folge eine Behauptung aufstellt, die sie überhaupt gegen sich gelten lassen muß, und die sachlich geeignet ist, ihrerseits den auf eine frühere Behauptung gestützten Anspruch (oder eine darauf gestützte Einrede) als unbegründet erscheinen zu lassen.

Geht man von diesen Anschauungen auch im gegebenen Falle aus, dann kann die Haltbarkeit des von der Revision angefochtenen Ergebnisses nur noch davon abhängen, ob hier etwa die Umstände so besonders lagen, daß es dieserhalb unstatthaft gewesen wäre, die nachträgliche Behauptung der Kläger auch gegen sie zu verwerten. Das ist der von der Revision vertretene Standpunkt. Es kann ihr jedoch nicht recht gegeben werden. Der Umstand zuvörderst, daß die Klägerin an dem ursprünglichen Klagegrunde festgehalten und die Behauptung des Scheingeschäftes nur zur Beseitigung des Einwandes der erfolgten Verrechnung, also der Tilgung der Kaufpreisforderung, entgegengesetzt haben, hindert die Anwendung der in Rede stehenden prozeßrechtlichen Regel keineswegs. Unter diesen Umständen war vielmehr ihrer Anwendung gerade Raum gegeben. Denn jetzt traf es gerade zu, daß die Kläger die Begründetheit ihres einen Klagegrundes, auf den das Klagebegehren gestützt war, nämlich das Vorhandensein rechtswirksamer Kaufverträge, durch ihr nachträgliches Vorbringen wieder in Frage stellten. In dieser Hinsicht war es aber auch ohne Bedeutung, daß die Kläger erst durch den Einwand der Beklagten zu ihrem nachträglichen Vorbringen veranlaßt worden sind, da die sachliche Tragweite der nachträglichen Behauptung durch den Anlaß ihrer Aufstellung nicht berührt und nicht gemindert wurde. Daß aber das Gericht jene Behauptung lediglich zu dem Zwecke verwertete, zu dem sie aufgestellt worden war, darauf hatten die Kläger nach anerkanntem Grundsatze keinen Anspruch. Anders wäre es gewesen und läge die Sache, wenn die Kläger einerseits zwar an ihrem ursprünglichen Klagegrunde festgehalten, anderseits aber mit der nachträglichen Behauptung einen weiteren Klagegrund hätten nachschieben wollen, so daß beide Klagegründe nebeneinander hätten bestehen sollen. In solchem Falle wäre nur die Frage der Klagänderung in Betracht gekommen, wäre dagegen der Widerspruch zwischen den beiden Klagegründen und ihre Unvereinbarkeit miteinander den Klägern insofern unschädlich geblieben, als es jedem Kläger gestattet ist, sich auf mehrfache, einander widersprechende, in einem Eventualverhältnis zueinander stehende Klagegründe zu stützen (RGZ. Bd. 77 S. 206; Warneyer 1911 Nr. 287). Von einem solchen Falle ist hier jedoch keine Rede, da die Geltendmachung des Scheingeschäftes niemals, wie bereits bemerkt worden, zur Begründung des Anspruchs auf die Kaufpreisforderung, sondern lediglich zur Durchsetzung des ursprünglichen Klagegrundes mittels Beseitigung des dagegen von der Gegenseite erhobenen Einwandes dienen konnte und dienen sollte.

Auch die Tatsache, auf welche sich die Revision gleichfalls beruft, daß nämlich die Beklagte die nachträgliche Behauptung der Kläger ausdrücklich bestritten hat, schloß die Anwendbarkeit des in Rede stehenden prozeßrechtlichen Grundsatzes nicht aus. Mit Recht hat vielmehr das Berufungsgericht diesen Umstand für bedeutungslos erachtet. Ob eine Klagforderung begründet ist, muß aus dem Klagevorbringen selbst geprüft und entnommen werden, so daß die Abweisung der Klage zu erfolgen hat, schon wenn sich das Begehren nach dem gesamten Vorbringen als unschlüssig erweist (wie das namentlich auch im Versäumnisverfahren hervortritt). Im gegebenen Falle hat sich nun aus dem gesamten Vorbringen der Kläger selbst die Hinfälligkeit ihres Begehrens ergeben, und daher kommt es für das Ergebnis nicht darauf an, daß die Beklagte aus wohl erwogenem eigenen Interesse — weil es ihr an Aufrechterhaltung der Kaufgeschäfte lag — in erster Linie die nachträgliche Behauptung der Kläger als tatsächlich unzutreffend in Abrede stellte und erst eventuell die Hinfälligkeit des Klaganspruchs auch aus dem nachträglichen Vorbringen der Kläger hergeleitet wissen wollte. Auf alle Fälle hielt die Beklagte ihren Abweisungsantrag aufrecht, und dies Verlangen auf zwiefache, wenn auch innerlich sich widersprechende Arten zu begründen, war sie durchaus befugt. Hätte die Beklagte übrigens die nachträglichen Behauptungen der Kläger nicht bestritten, sie sich vielmehr selbst zu eigen gemacht, dann hätte das gerade nur zur Verschlimmerung der prozessualen Lage der

Kläger beigetragen, weil dann mit einem entsprechenden Geständnis der Kläger zu rechnen gewesen wäre und weil diese aus solchem Grunde des freien Widerrufsrechts verlustig gegangen sein würden. Der Umstand, daß die Beklagte die nachträgliche Behauptung der Kläger bestritt, konnte ihnen mithin insofern sogar zustatten kommen, als sie in der Lage geblieben waren, ihr nachträgliches Vorbringen frei zu widerrufen. Sie haben davon jedoch bis zuletzt Abstand genommen, und darum können sie sich jetzt auch nicht darüber beschweren, daß sie an ihrem Worte vom Gerichte festgehalten sind, und dieses zu ihrem Nachteile verwertet worden ist." . . .

Register.

Die Zahlen bedeuten die Seiten.

A. Sachregister.

H

B. Gesetzesregister.

1. Reichsgesetze.

a. Bürgerliches Gesetzbuch.

b. Einführungsgesetz zum Bürgerlichen Gesetzbuche.

c. Allgemeines Deutsches Handelsgesetzbuch.

d. Handelsgesetzbuch von 1897.

2. Landesrecht.

Altenburg.

Braunschweig.

Elsaß-Lothringen.

Hamburg.

Oldenburg.

Preußen.

a. Allgemeines Landrecht.

b. Einzelne Gesetze und Verordnungen.

3. Gemeines Recht.

C. Zusammenstellung der Entscheidungen nach der Zeitfolge.

Zusammenstellung

der

im vierundneunzigsten Bande, der neuen Folge vierundvierzigsten Bande,

mitgeteilten Entscheidungen

nach

Oberlandesgerichtsbezirken.

Berichtigungen.

Zweiundsiebzigster Band.

S. 385 Z. 15 v. u. statt „1907" lies „1908".

Einundneunzigster Band.

S. 162 Z. 4 v. o. statt „§ 717 Nr. 7" lies „§ 715 Nr. 7".
„ 390 „ 10 v. u. statt „§ 3" lies „§ 5".
„ 454 rechte Sp. Z. 18 v. o. statt „4. Juni" lies „3. Juni".

Zweiundneunzigster Band.

S. 32 Z. 6 v. u. statt „2247 Nr. 3" lies „2241 Nr. 3".
„ 36 „ 15 v. u. statt „Bd. 15" lies „1915".
„ 196 „ 3 v. u. statt „§ 269" lies „§ 369".
„ 337 „ 7 v. o. statt „§ 25 I" lies „§ 25 l".
„ 405 „ 5 v. o. statt „Abs. 1" lies „Abs. 2".
„ 445 3. Spalte Z. 9 v. u. statt „268—371" lies „268—271".
„ 453 linke Spalte Z. 10 v. o. statt „35—47" lies 35—37".

Dreiundneunzigster Band.

S. 47 Z. 16 v. o. statt „Klägerin" lies „Beklagte".
„ 202 „ 9 v. o. statt „Bd. 87 S. 359" lies „Bd. 86 S. 359".

Vierundneunzigster Band.

S. 60 Z. 4 v. o. statt „362" lies „262".
„ 99 „ 9 v. o. statt „Versicherungsbedingungen" lies „Beförderungsbedingungen".
„ 113 „ 12 v. u. statt „RGBl." lies „RZBl.".
„ 186 „ 11 v. o. statt „542" lies „562".

Generalregister zu Band 81—90.

S. 299 Z. 11 v. u. statt „§ 48" lies „§ 148".

Kolibri 360 GmbH
Ferdinand-Jühlke-Straße 7
99095 Erfurt, Deutschland
produktsicherheit@kolibri360.de